D1668500

Der Jahresabschluß

Von
Dr. Michael Heinhold

o. Professor für Betriebswirtschaftslehre
und Betriebswirtschaftliche Steuerlehre an der
Wirtschaftsuniversität Wien,

Steuerberater in München

Zweite Auflage

R. Oldenbourg Verlag München Wien

CIP-Titelaufnahme der Deutschen Bibliothek

Heinhold, Michael:
Der Jahresabschluß / von Michael Heinhold. — 2. Aufl. —
München ; Wien : Oldenbourg, 1988
   ISBN 3-486-20867-5

© 1988 R. Oldenbourg Verlag GmbH, München

Gesamtherstellung: R. Oldenbourg Graphische Betriebe GmbH, München

ISBN 3-486-20867-5

Inhaltsübersicht

Ausführliches Inhaltsverzeichnis

Vorwort zur ersten Auflage

Der Interessentenkreis, an den sich dieses Buch wendet, erstreckt sich sowohl auf Studierende als auch auf Praktiker.

Für den *Praktiker* werden nach meiner Überzeugung vor allem die Abschnitte 2 bis 6 von Nutzen sein. Hier wurde der Versuch unternommen,

- die neue Rechtslage in umfassender, aber dennoch bündiger Darstellung abzubilden,
- problematische Anwendungsbereiche durch praktische Beispiele zu erläutern und
- bestehende Gestaltungsalternativen auf ihre betriebswirtschaftliche Zweckmäßigkeit zu durchleuchten.

Abweichungen von der alten Rechtslage werden jeweils deutlich gemacht und, soweit wesentlich, kritisch analysiert.

Dem *Studierenden* sollte auch die Lektüre des mehr theoretischen Abschnittes 1 Pflicht sein. Vor dem Erlernen des anwendungsbezogenen Stoffes muß sich der Student über die grundsätzliche Problematik von Jahresabschlüssen, über die Vielschichtigkeit der Anforderungen, die von den unterschiedlichsten Bilanzadressaten an den Jahresabschluß gestellt werden, und somit über die Eignung des Jahresabschlusses als Informations- und Planungsinstrument im Klaren sein. Ich hoffe, das es mir halbwegs gelungen ist, dieses weite Problemfeld in kurzer, aber dennoch eindringlicher Form zu verdeutlichen.

Das Buch soll zwei Gruppen von wirtschaftswissenschaftlichen Studenten ansprechen: Zunächst diejenigen, die sich im *Hauptstudium* verstärkt dem Problembereich des Rechnungswesens zuwenden, vor allem also Studenten der Wahlfächer „Unternehmensrechnung“, „Wirtschaftsprüfung“, „Revisions- und Treuhandwesen“, „Betriebswirtschaftliche Steuerlehre“ u.dgl. Teilweise hat es sich auch im wirtschaftswissenschaftlichen *Grundstudium* an deutschen Universitäten durchgesetzt, daß im Anschluß an die Vermittlung der bloßen Technik des Rechnungswesens im Rahmen von Propädeutika tiefergehende Lehrveranstaltungen zur Bilanzierung Eingang in die Studienpläne gefunden haben. Auch diesem Hörerkreis soll das Buch als begleitende und vertiefende Lektüre dienen.

Abschließend möchte ich eine sehr eindringliche *Empfehlung zur Verwendung des Buches* geben, die im Übrigen für alle Lehrbücher gilt, die sich mit rechtswissenschaftlich orientierten Teildisziplinen der Betriebswirtschaftslehre befassen. Ein sinnvolles Lernen anhand eines solchen Lehrbuches erfordert den ständigen Bezug zu den Rechtsquellen. Der jeweilige Gesetzestext muß in die Lektüre einbezogen werden. Die zahlreichen Hinweise auf Paragraphen in Gesetzen, auf Richtlinien und Verordnungen, die ich in das Buch aufgenommen habe, sind deshalb nicht als zu überlesender bibliographischer Ballast zu verstehen, sondern als Aufforderung, die entsprechenden Stellen selbst nachzulesen und zu überprüfen. Nur auf diese Art kann man sich den Stoff vertieft und dauerhaft einprägen.

München, im April 1987   Michael Heinhold

Vorwort zur zweiten Auflage

Es ist für mich eine große, freilich nicht unerfreuliche Überraschung gewesen, als der Verlag im Frühjahr 1988 mit der Bitte an mich herangetreten ist, möglichst schnell eine Neuauflage meines Jahresabschlusses vorzubereiten.

Um die rechtzeitige Verfügbarkeit des Buches zu Beginn des Semesters sicherzustellen, mußte ich mich auf einige wenige Ergänzungen und auf die notwendigen Korrekturen beschränken. Aus demselben Grund, nämlich des enormen zeitlichen Engpasses, konnten die von mir gewünschten Änderungen nicht mehr in den gesetzten laufenden Text übernommen werden. Sie mußten vielmehr als Anhang an den im übrigen unveränderten Text angegliedert werden.

München, im April 1988   Michael Heinhold

Abschnitt 1
Arten, Interessenten, Zwecke und Theorien von Bilanzen

Kapitel 1
Bilanzarten

Unter dem Begriff Bilanz kann eine Reihe von unterschiedlichsten Rechnungen verstanden werden. Das Grundkonzept besteht jeweils in der Gegenüberstellung von zwei sich ergänzenden Wertkategorien. Wesentliches Merkmal ist die zahlenmäßige Ausgewogenheit, was bereits durch die Bezeichnung zum Ausdruck kommt: Das Wort Bilanz leitet sich ab vom lateinischen Bilanx = Waage.

Im kaufmännischen Bereich bezieht sich der Bilanzbegriff auf die Darstellung des Verhältnisses von Vermögen einerseits sowie Kapital (Eigenkapital und Schulden) andererseits. In diesem Sinne ist eine Bilanz eine Darstellung, die „in Form einer zusammenfassenden, zweiseitigen, betragsmäßig ausgeglichenen Geldrechnung über das Bilanzvermögen und Bilanzkapital einer Unternehmung Aufschluß gibt"[1]. Daß der Bilanzbegriff sich auch im betriebswirtschaftlichen Bereich nicht nur auf die Gegenüberstellung von Vermögen und Schulden, also auf die kaufmännische Bilanz im Sinne des Handelsgesetzbuches bezieht, machen Begriffe wie Sozialbilanz, Bewegungsbilanz, Erfolgsbilanz usw. deutlich.

Im folgenden werden einige Merkmale zur Systematisierung verschiedener Bilanzarten und die zugehörigen Bilanzen aufgezählt und kurz erläutert. Grundsätzlich kann man die Bilanzarten nach folgenden Kriterien unterteilen:

1) Häufigkeit der Bilanzerstellung

- Regelmäßige Bilanzen werden laufend, d.h. in regelmäßigen Zeitabständen erstellt, z.B. die jährliche Handelsbilanz, die jährliche Steuerbilanz, interne Monats- oder Quartalsbilanzen.
- Sonderbilanzen werden nur fallweise, bei Vorliegen besonderer Anlässe erstellt. Vor allem gehören hierzu die im Zusammenhang mit Finanzierungsvorgängen erforderlichen Bilanzen, z.B. Gründungsbilanz, Umwandlungsbilanz, Liquidationsbilanz, Sanierungsbilanz, Auseinandersetzungsbilanz, Konkursbilanz u. dgl.

2) Auslösende Vorschrift für die Bilanzerstellung

- Gesetzlich vorgeschriebene Bilanzen werden aufgrund der entsprechenden Rechtsvorschriften erstellt (z.B. §§ 242, 264 HGB, § 25a KWG, § 5 EStG usw.).
- Satzungsmäßig vorgeschriebene Bilanzen werden erstellt, wenn in Satzung, Gesellschaftsvertrag oder Statuten dies vorgesehen ist (z.B. interne Monatsbilanzen).

---

[1] Vgl. Heinen, E., Handelsbilanzen, 1986, S. 18.

- Freiwillig erstellte Bilanzen liegen vor, wenn eine Verpflichtung aus Gesetz oder Satzung nicht gegeben ist, der Vorstand aber z.b. monatliche Zwischenbilanzen benötigt, oder wenn zusätzlich zum gesetzlichen vorgeschriebenen Jahresabschluß Bewegungsbilanzen, Kapitalflußrechnungen oder andere Nebenrechnungen erstellt werden.

3) Adressatenkreis

- Externe Bilanzen richten sich an außenstehende Bilanzinteressenten. Diese haben entweder ein gesetzlich vorgesehenes Recht auf Bilanzinformationen (z.b. Steuerbilanz und Finanzamt, Handelsbilanz und Anteilseigner, Wirtschaftsprüfer und Aufsichtsrat). Sofern die Handelsbilanz publizitätspflichtig ist (z.b. die Bilanzen bestimmter Kapitalgesellschaften gem. § 325 HGB) sind vor allem Gläubiger und Aktionäre die Hauptadressaten. Häufig publizieren Unternehmen auch ohne gesetzliche Verpflichtung ihre Abschlüsse aus Gründen der Imagepflege und des Public Relations.
- Interne Bilanzen finden als Planungs- und Kontrollinstrument in der Unternehmung Verwendung. Die sich an den handels- und steuerrechtlichen Vorschriften orientierenden Bilanzen sind hierzu allerdings denkbar ungeeignet.

4) Bilanzierungszeitraum

- Je nach Bedarf der Unternehmensleitung können Wochen-, Monats- oder Quartalsbilanzen zusätzlich zu den obligatorischen Jahresbilanzen erstellt werden.

5) Zeitbezug der Rechnung

- Ist-Bilanzen basieren auf den Zahlen eines abgelaufenen (des letzten) Wirtschaftsjahres.
- Plan-Bilanzen sind Bilanzen, die streng nach dem Schema einer Bilanz (sei es Handelsbilanz, Bewegungsbilanz oder anderes), jedoch nicht mit Ist-, sondern mit Planwerten erstellt werden.

6) Zahl der einbezogenen Unternehmen

- Die Einzelbilanz umfaßt nur Zahlen aus dem Rechnungswesen eines Unternehmens.
- Gemeinschaftsbilanzen stellen eine additive Zusammenfassung mehrerer unselbständiger (z.B. Arbeitsgemeinschaften beim Bau) oder selbständiger Unternehmen dar. Wesentlich für die Sammel- oder Gemeinschaftsbilanz ist, daß die Bilanzpositionen ohne gegenseite Aufrechnung (z.B. Forderungen und Verbindlichkeiten zwischen den einbezogenen Unternehmen) rein additiv berechnet werden.
- Konsolidierte Konzernbilanzen dagegen berücksichtigen diese gegenseitigen Verflechtungen durch Aufrechnung (Konsolidierung). Bei der Kapitalkonsolidierung werden die Ansätze von Eigenkapital und Beteiligung gegeneinander aufgerechnet. Bei der Schuldenkonsolidierung erfolgt die Aufrechnung zwischen Forderungen und Verbindlichkeiten. Bei der Erfolgskonsolidierung werden Zwischengewinne eliminiert, die sich bei konzerninternen Lieferungen und Leistungen ergeben haben. Schließlich werden bei der Konsolidierung der Gewinn- und Verlustrechnung Aufwendungen und Erträge (z.B. Mieten, Zinsen u. dgl.) gegeneinander aufgerechnet.

7) Berücksichtigung von Bestands- oder Stromgrößen

- In der Beständebilanz werden die Bestände an Vermögen, Schulden und Eigenkapital zum Bilanzstichtag einander gegenübergestellt.
- In der Bewegungsbilanz werden die Bestandsveränderungen zweier aufeinanderfolgenden Beständebilanzen nach Mittelverwendung (Aktivmehrung oder Passivminderung) und nach Mittelherkunft (Aktivminderung oder Passivmehrung) zusammengefaßt. Durch weitere Untergliederungen lassen sich daraus Kapitalflußrechnungen ableiten.

8) Gegenstand der Bilanzierung

Man trifft hier üblicherweise folgende Unterteilung an[2]:

- Die Vermögensbilanz ist eine statische Bilanz[3] und hat den Hauptzweck, den Bestand und die Zusammensetzung des Vermögens darzustellen.
- Die Erfolgsbilanz hat dynamischen Charakter und hat als Hauptaufgabe die Ermittlung des periodenrichtigen Unternehmenserfolgs.
- Die Liquiditätsbilanz soll den Stand der Zahlungsfähigkeit der Unternehmung zum Ausdruck bringen. Sie sollte besser mit dem Begriff Finanzplan bezeichnet werden, weil sie mit dem landläufigen Begriff einer Bilanz (z.B. i.S. von § 242 HGB) überhaupt nichts gemeinsam hat.
- Auch Sozialbilanzen haben mit dem kaufmännischen Jahresabschluß nur den Begriff Bilanz gemein. Sie stellen im Idealfall eine quantitative Gegenüberstellung von sozialen und gesellschaftlichen Nutzenstiftungen und Nutzenentzügen durch das Unternehmen dar. In der Praxis beschränken sie sich auf eine verbale oder quantitative Darstellung der Leistungen, die das Unternehmen für seine Belegschaft, die Umwelt und die Gesellschaft erbracht hat, dienen also mehr der Imagepflege als der sozialen Rechenschaftslegung[4].

Nach diesem Überblick über das, was im betriebswissenschaftlichen Fachschrifttum unter Bilanzarten üblicherweise zusammengefaßt wird[5], wollen wir uns im folgenden auf die wohl wichtigste, weil gesetzlich vorgeschriebene und periodisch wiederkehrende Bilanz beschränken, die nach handelsrechtlichen Vorschriften erstellte Jahresbilanz.

Kapitel 2
Bilanzinteressenten und Interessenlagen

Die Erstellung einer Bilanz ist nicht Selbstzweck, sie dient vielmehr zur Befriedigung unterschiedlichster Bedürfnisse zahlreicher Personen. Unterteilt man die an der Unternehmensbilanz interessierten Gruppen (die sogenannten Bilanzadressaten) grob in zwei Gruppen, nämlich in externe und interne Bilanzadressaten, so läßt sich das in Abbildung 1 wiedergegebene Schema erstellen.

---

[2] Vgl. Wöhe, G., Bilanzierung, 1984, S. 39.
[3] Vgl. Kapitel 4 über Bilanztheorien, S. 20ff.
[4] Zur Vertiefung z.B. v. Wysocki, K., Sozialbilanzen, 1981.
[5] Vgl. z.B. Heinen, E., Handelsbilanzen, 1986, S. 18ff.

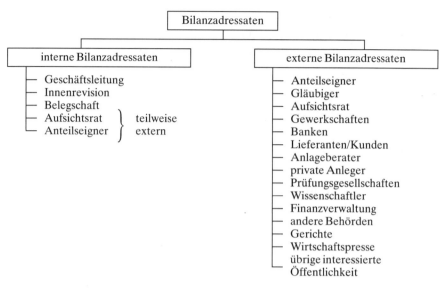

Abb. 1   Bilanzadressaten

Diese Aufteilung in **interne und externe Adressaten** will weder den Anspruch auf Vollständigkeit erheben, noch ist sie – vor allem in den Bereichen Anteilseigner, Aufsichtsrat und Gläubiger – ganz überschneidungsfrei. Die Aktionäre einer im Streubesitz befindlichen Aktiengesellschaft ebenso wie die Kommanditisten einer Publikums-KG können, obgleich Eigentümer, wohl nicht als Unternehmensinterne bezeichnet werden. Das andere Extrem stellen der Gesellschafter einer Ein-Mann-GmbH oder die wenigen Familienmitglieder, die Gesellschafter eines Familienbetriebes sind, dar. Entsprechend divergieren werden auch die Zielvorstellungen, die diese Adressaten an das Unternehmen und speziell an die Bilanz als Gewinnermittlungs- und -verteilungsinstrument stellen. Überschneidungen gibt es weiter im Bereich der Gläubiger, etwa wenn Gesellschafterdarlehen neben Bankkrediten vorhanden sind. Auch hier werden die Bilanzierungs- und Bewertungswünsche i.d.R. divergieren, insbesondere wenn der Gesellschafter gleichzeitig Mitglied der Geschäftsführung ist. Auch der Aufsichtsrat, der ja gemäß § 111 AktG die Geschäftsführung überwachen und den Jahresabschluß prüfen muß, kann nicht immer als rein externes Gremium gesehen werden, nämlich dann nicht, wenn das Unternehmen unter das Mitbestimmungsgesetz bzw. unter das Montan-Mitbestimmungsgesetz fällt. In diesen Fällen sind neben unternehmensexternen Gewerkschaftsvertretern v.a. eigene Beschäftigte des Unternehmens als Arbeitnehmervertreter im Aufsichtsrat obligatorisch (§ 7 MitbestG, § 6 Montan-MitbestG). Weiterhin können Aufsichtsratmitglieder zeitlich begrenzt zu Vorstandsvertretern bestellt werden (§ 105 Abs. 2 AktG), womit auch hier die Vermischung externer und interner Interessen vorliegen kann.

Im folgenden soll anhand eines einfachen Gedankenspiels demonstriert werden, daß die Zielvorstellungen, die einzelne Adressaten an die Bilanz stellen, durchaus konträr und unvereinbar sein können. Stellen wir für die Frage, wie die Vermögenspositionen der Aktivseite zu bewerten sind, jeweils zwei Alternativen zur Diskussion: möglichst hohe oder möglichst niedrige Wertansätze:

An **hohen Wertansätzen** dürfte zumindest der Teil der Anteilseigner interessiert sein, der hohe Gewinnausschüttungen präferiert. Denkbar und in vielen Fällen praktisch realisiert ist auch, daß die Geschäftsleitung, die ja die Bilanz gem. § 264 HGB aufzustellen hat, an überhöhten Wertansätzen interessiert ist, weil sie verhindern möchte, daß die schlechte oder gar hoffnungslose Ertragslage des Unternehmens bekannt wird. Je kritischer die Lage eines Unternehmens ist, desto mehr wird dieser Wunsch nach Bilanzbeschönigung bei der tatsächlichen Bilanzierung und Bewertung Berücksichtigung finden.

An **niedrigen Wertansätzen** werden vor allem Gläubiger interessiert sein, da hierdurch Gewinnausweis, -ausschüttung und -besteuerung reduziert und damit die Sicherheit des Kredits durch die gebildeten stillen Reserven erhöht wird. Die Bildung stiller Reserven durch planmäßige Unterbewertung zum Zwecke der (meist nur temporären) Steuerersparnis und der Substanzerhaltung können auch für Geschäftsleitung und Inhaber ein wesentliches Bewertungsmotiv sein, insbesondere in ertragsstarken Jahren.

Interesse an **richtigen Werten** – einmal unterstellt, daß es diese gäbe – kann man neben der Finanzverwaltung auch den Wirtschaftsprüfern, den Anlageberatern, der Wissenschaft und der sogenannten interessierten Öffentlichkeit unterstellen. Allerdings ist die Frage, wie ein richtiger Wertansatz aussehen soll, selbst hoch problematisch und hängt wiederum entscheidend vom Bilanzzweck ab. Aus der Sicht der Betriebswirtschaftslehre ist ein Wert, der sich am Prinzip der nominellen Kapitalerhaltung orientiert, als falsch, besser als unzweckmäßig zu bezeichnen, während eben dieser Wertansatz aus der Sicht des einkommensteuerlichen Bewertungsrechtes als richtig, d.h. zweckmäßig anzusehen ist.

Bereits aus dieser kleinen Gedankenspielerei, bei der beispielhaft versucht wurde, Adressaten und Wertansätze einander zuzuordnen, ergibt sich, daß die verschiedenen Adressatenkreise einer Bilanz unterschiedlichste Wertansätze und Bewertungsprinzipien für zweckmäßig erachten können. Das hängt wiederum ganz wesentlich von den unterschiedlichen Zielvorstellungen ab, die die einzelnen Bilanzadressaten mit dem Instrument Bilanz erreichen wollen.

Kapitel 3
Bilanzzwecke

Die Aussagekraft und damit der praktische Wert einer Bilanz kann folglich nicht objektiv und losgelöst von den teilweise divergierenden Zielvorstellungen und Bilanzadressaten gesehen werden[5a].

Beginnen wir mit einem kurzen historischen Rückblick[6]. Der Jahresabschluß, d.h. das Abschließen der Bücher und das Erstellen einer Bilanz, wird bei den frühen Buchhaltungsschriftstellern[7] überhaupt nicht erwähnt. Wenn der Abschluß vorgenommen wurde, dann lediglich zu dem einzigen Zweck, die rechnerische

---

[5a] Vgl. hierzu etwa Burkel, P., Arten, Aufgaben und Aussagekraft, BB 1985, S. 838ff.
[6] Vgl. Schneider, D., Geschichte, HWR, 1981, S. 616-630.
[7] Z.B. Luca Pacioli, 1494, vgl. bei Schneider, D., Geschichte (FN 6).

Richtigkeit der Buchführung zu kontrollieren. Bei der heutigen EDV-Buchführung, die mit zahlreichen Abstimmungs-, Kontroll- und Prüfungsroutinen ausgestattet ist, hat der Jahresabschluß seine Funktion als nur rechnerisches Kontrollinstrument weitestgehend verloren. Erst relativ spät begann sich die Ansicht durchzusetzen, daß der Bilanz weitergehende Funktionen als die der bloßen rechnerischen Kontrolle zukommen könne, etwa im Sinne der Ermittlung eines verteilungsfähigen Gewinns, der Kontrolle der Betriebsführung und der Versorgung von Interessenten mit Informationen über das Unternehmen. Solche Aufgabenzuweisungen finden sich im Schrifttum vorwiegend erst im 19. Jahrhundert.

1. Gesetzliche Bilanzzwecke

1.1 Informationsfunktion

Das Handelsrecht der Bundesrepublik Deutschland gibt folgende zentrale Auskunft zu den Aufgaben einer Bilanz:

§ 238 Abs. 1 HGB: „Jeder Kaufmann ist verpflichtet, Bücher zu führen und in diesen seine Handelsgeschäfte und die Lage seines Vermögens nach den Grundsätzen ordnungsmäßiger Buchführung ersichtlich zu machen".

Diese Verpflichtung befindet sich im ersten Abschnitt des dritten Buches des HGB. Es handelt sich um eine relativ vage Definition der Buchführungs- und damit der Bilanzzwecke. Sehr deutlich wird allerdings, daß der Bilanz eine Informationsaufgabe zugewiesen wird: **„ersichtlich machen"**.

Wesentlich präziser ist die Vorschrift des § 264 Abs. 2 HGB, der für Kapitalgesellschaften gilt:

§ 264 Abs. 2 HGB: „Der Jahresabschluß der Kapitalgesellschaft hat unter Beachtung der Grundsätze ordnungsmäßiger Buchführung ein den tatsächlichen Verhältnissen entsprechendes Bild der Vermögens-, Finanz- und Ertragslage der Kapitalgesellschaft zu vermitteln".

Auch hier ist die Informationsaufgabe, die das HGB der Bilanz bzw. dem Jahresabschluß[8] zuweist, eindeutig festgehalten: **„Bild vermitteln"**.

Aus den beiden zitierten Paragraphen des HGB geht allerdings nicht näher hervor, wer alles durch die Bilanz informiert werden soll. Sicher steht auf alle Fälle die Selbstinformation als Bilanzaufgabe fest, d.h. die Tatsache, daß der Bilanzierende sich gesetzlich erzwungene Informationen über die Lage seines Unternehmens schaffen muß. Diese **Selbstinformation** als Bilanzzweck gilt gleichermaßen für alle Kaufleute, d.h. für Einzelunternehmer, Personengesellschaften und für Kapitalgesellschaften. Darüber hinaus zielt der § 264 Abs. 2 HGB, der nur für Kapitalgesellschaften gilt, auch auf die Information externer Dritter (**Drittinformation**)[9]. Als Dritte, d.h. als externe Bilanzadressaten kommen folgende gesetzlichen Informationsempfänger in Frage, wie sich aus zusätzlichen rechtlichen Vorschriften ableiten läßt:

---

[8] Bestehend aus Bilanz, Gewinn und Verlustrechnung und (bei Kapitalgesellschaften) Anhang, vgl. § 242 Abs. 3 HGB sowie § 264 Abs. 1 HGB, vgl. auch S. 46ff..

[9] Vgl. Moxter, A., Bilanzlehre 1976, S. 61.

● **Die Anteilseigner:**

§ 325 Abs. 1 HGB sieht für Kapitalgesellschaften vor, daß der Abschluß den Gesellschaftern vorgelegt wird. Bei Einzelunternehmen und Personengesellschaften erübrigt sich eine entsprechende Regelung, da die persönlich haftenden Gesellschafter den Abschluß ohnehin unterschreiben müssen (§ 245 HGB). Kommanditisten als nicht persönlich haftende Gesellschafter haben gem. § 166 HGB das Recht zur Einsicht in die Bücher.

● **Die Abschlußprüfer:**

Alle prüfungspflichtigen Unternehmen müssen den Jahresabschluß und den Lagebericht von Wirtschafts- bzw. Buchprüfern prüfen lassen. Insofern richtet sich die Drittinformation als Bilanzaufgabe auch an diesen Adressatenkreis. Prüfungspflichtig sind (§ 316 Abs. 1 HGB):

● Mittelgroße und große Kapitalgesellschaften im Sinne des § 267 Abs. 2 und 3 HGB. Sie liegen vor, wenn *zwei der drei* nachfolgenden Bedingungen erfüllt sind:

Bilanzsumme   >   3.900.000 DM
Umsatzerlöse   >   8.000.000 DM
Beschäftigte im Jahresdurchschnitt > 50.

● Unter das Publizitätsgesetz fallende Unternehmen (§§ 1 und 6 PublG).

● **Die Finanzverwaltung:**

Das Einkommensteuerrecht kennt das sogenannte Maßgeblichkeitsprinzip der Handelsbilanz für die Steuerbilanz. § 5 Abs. 1 EStG sieht vor, daß für die Besteuerung das nach den handelsrechtlichen Grundsätzen ordnungsmäßiger Buchführung anzusetzende Betriebsvermögen, d.h. die Handelsbilanz, maßgeblich ist. Aufgrund dieser Vorschrift ist die Finanzverwaltung (Steuerbehörde) als weiterer externer Bilanzadressat zu verzeichnen.

● **Der Aufsichtsrat:**

Gem. § 170 AktG ist der Abschluß dem Aufsichtsrat obligatorisch unverzüglich nach der Aufstellung durch den Vorstand vorzulegen. Der Aufsichtsrat muß den Jahresabschluß billigen (§ 172 AktG).

● **Die interessierte Öffentlichkeit:**

Gemäß § 325 Abs. 1 HGB müssen alle Kapitalgesellschaften den Abschluß sowie den Lagebericht und gegebenenfalls den Bericht des Aufsichtsrates zum **Handelsregister** einreichen. Da die Einsicht des Handelsregisters sowie der zum Handelsregister eingereichten Schriftstücke jedem gestattet ist[10], unterliegen Kapitalgesellschaften einer theoretisch unbeschränkten Publizitätspflicht. Praktisch ist die Publizität allerdings dadurch begrenzt, daß die Einsichtnahme ins Handelsregister ein Aktivwerden des Interessenten voraussetzt. Diese Verpflichtung zur Einreichung ins Handelsregister besteht bei Einzelunternehmen und Personengesellschaften nur dann, wenn das Unternehmen unter das Publizitätsgesetz fällt. Dies ist dann der Fall (§ 1 PublG), wenn für den Abschlußstichtag und für die zwei darauf folgenden Abschlußstichtage jeweils mindestens zwei der drei nachstehenden Merkmale zutreffen:

Bilanzsumme   >   125.000.000 DM
Umsatzerlöse   >   250.000.000 DM
Beschäftigtenzahl im Jahresdurchschnitt > 5.000.

  § 9 PublG fordert hier die Einreichung zum Handelsregister.

---

[10] § 9 Abs. 1 HGB.

Eine weitergehende Information der interessierten Öffentlichkeit besteht in der Verpflichtung, den Jahresabschluß im **Bundesanzeiger** zu veröffentlichen. § 9 PublG fordert dies für alle Unternehmen, die nach § 1 PublG publizitätspflichtig sind, d.h. im wesentlichen für Einzelunternehmen und für Personengesellschaften[11]. Zur Veröffentlichung verpflichtet sind auch alle sogenannten großen Kapitalgesellschaften[12]. Eine große Kapitalgesellschaft liegt vor, wenn mindestens zwei der drei nachstehenden Merkmale überschritten werden (§ 267 Abs. 3 HGB):

Bilanzsumme   >   15.500.000 DM
Umsatzerlöse   >   32.000.000 DM
Beschäftigte im Jahresdurchschnitt > 250.

Die Information der interessierten Öffentlichkeit ist folglich eine zentrale Aufgabe der Bilanz von Kapitalgesellschaften sowie von denjenigen Unternehmen, die unter das PublG fallen. Besondere Erleichterung erfährt der interessierte Dritte bei der Informationsbeschaffung im Falle sogenannter großer Kapitalgesellschaften (§ 267 Abs. 3 HGB) oder publizitätspflichtiger Personengesellschaften und Einzelunternehmen (§9 PublG), da diese den Jahresabschluß nicht nur zum Handelsregister einreichen müssen, sondern auch zur Veröffentlichung verpflichtet sind.

Die **Informationsfunktion des Abschlusses** wird **für Kapitalgesellschaften** einerseits erheblich erweitert, da § 264 Abs. 2 HGB zusätzliche Angaben im Anhang erfordert, wenn der Jahresabschluß nicht ausreicht, um ein den tatsächlichen Verhältnissen entsprechendes Bild zu vermitteln. Für Einzelunternehmen und Personengesellschaften besteht diese zusätzliche Informationspflicht nicht. Sie ist auch nicht erforderlich, da der Abschluß i.d.R.[13] nicht für Externe bestimmt ist. Zum Zwecke der Selbstinformation, der der Abschluß im Sinne von § 242 HGB ausschließlich dient, ist eine Erläuterung des Bilanzinhaltes für den Bilanzersteller ex definitione unnötig. Zur unbegrenzten Aufgabe der Selbstinformation tritt bei Kapitalgesellschaften die erweiterte und detaillierter gefaßte Aufgabe der Drittinformation. Allerdings ist diese Information von Unternehmensexternen gesetzlich begrenzt. Die Begrenzung kommt durch den Zusatz „unter Beachtung der Grundsätze ordnungsmäßiger Buchführung" ebenso zum Ausdruck, wie durch die zahlreichen und detaillierten Ansatz- und Bewertungsvorschriften, die in den §§ 265ff. vorgesehen sind. Diese Begrenzung der Drittinformationsaufgabe ist im alten AktG a.F. von 1965 noch wesentlicher deutlicher zum Ausdruck gekommen[14]. Dort wurde nur ein „möglichst sicherer Einblick" und zwar ausschließlich „im Rahmen der Bewertungsvorschriften" explizit gefordert[15]. Die Drittinformationsaufgabe scheint also im neuen HGB für Kapitalgesellschaften erheblich umfassender zu sein. Dennoch wird sie durch die nach wie vor zu beachtenden gesetzlichen Vorschriften eingeschränkt. Die Vermutung, daß wegen der Formulierung „tatsächliche Verhältnisse" (dem sogenannten Grundsatz des **True and Fair View**) alle Informationsbeschränkungen fallen und auch etwa das Anschaffungswertprinzip oder das Nominalwertprinzip über Bord

---

[11] Vgl. § 3 PublG.
[12] § 325 Abs. 2 HGB.
[13] Ausnahme: Publizitätspflichtige Unternehmen nach § 9 PublG, vgl. oben.
[14] Vgl. Moxter, A., Bilanzlehre, 1976, S. 61.
[15] § 149 Abs. 1 AktG a.F.

geworfen würden, trifft nach allgemeiner Auffassung nicht zu[16]. Die Begründung zum Regierungsentwurf des Bilanzrichtliniengesetzes[17] stellt eindeutig klar, daß sich keine grundsätzlichen Änderungen ergeben:

„Die bisherige Formulierung des § 149 Abs. 1 Satz 2 AktG kann nicht übernommen werden, weil die Worte „im Rahmen" und „möglichst sicherer Einblick" bei den Beratungen der Vierten Richtlinie von den anderen Mitgliedstaaten mit der Begründung abgelehnt wurden, daß dadurch die Zielsetzung des Jahresabschlusses auf den Aktionärs- und Gläubigerschutz begrenzt werden würde. Für einzelne Mitgliedstaaten hätte diese ... Formulierung bedeutet, daß bestehende Generalklauseln hätten eingeschränkt werden müssen ... Trotz der anspruchsvollen Formulierung ist davon auszugehen, daß sich ... keine grundsätzlichen Änderungen ergeben". Die **Generalklausel** des § 264 Abs. 2 HGB kann deshalb nur dann herangezogen werden, wenn Auslegungs- oder Anwendungszweifel bei den einzelnen Vorschriften entstehen bzw. wenn Lücken im Gesetz zu schließen sind. „Die Generalklausel steht nicht in dem Sinne über der gesetzlichen Regelung, daß sie erlauben würde, den Inhalt und Umfang des Jahresabschlusses in Abweichung von den gesetzlichen Vorschriften zu bestimmen[18]".

Teilweise steht das Schrifttum dieser Ansicht skeptisch gegenüber, indem es befürchtet, daß die neue Generalnorm des § 264 Abs. 2 HGB durchaus Abweichungen von der bisherigen Bilanzierungspraxis insbesondere bei Bewertungsfragen bringen kann[19].

Auf alle Fälle müssen **im Anhang zusätzliche Angaben** gemacht werden, wenn die Bilanz also solche nicht in der Lage ist, das geforderte Bild von den tatsächlichen Verhältnissen zu geben (§ 264 Abs. 2 letzter Satz HGB).

Die Informationsaufgabe des Jahresabschlusses umfaßt u.a. die folgenden **Einzelaufgaben**[20]:

- Schutz der Gläubiger vor falschen Informationen über die Vermögens-, Finanz- und Ertragslage.
- Schutz der Gesellschafter vor falschen Informationen, deren Zweck es ist, Gewinnansprüche zu verkürzen oder zeitlich zu verschieben.
- Schutz der am Gewinn beteiligten Arbeitnehmer vor Gewinnverkürzungen und Gewinnverlagerungen.
- Schutz der Finanzbehörden vor falschen Informationen über die Besteuerungsgrundlagen.
- Schutz der am Betrieb interessierten Öffentlichkeit vor falschen Informationen über die Lage des Unternehmens.
- Schutz des Betriebes vor plötzlichem wirtschaftlichem Zusammenbruch (durch Selbstinformation).

---

[16] Vgl. Wöhe, G., Bilanzierung, 1984, S. 161f.
[17] Bundestags-Drucksache 10/317 vom 26.8.1983, S. 76.
[18] Ebenda, Zur Generalnorm vgl. auch Großfeld, B., Generalnorm, HuR, 1986, S. 192ff., vgl. Leffson, U., Bild der tatsächlichen Verhältnisse, HuR 1986, S. 94ff.
[19] Vgl. etwa Ordelheide, D., Hartle, J., Rechnungslegung, GmbHR, 1986, S. 10.
[20] Vgl. Wöhe, G., Einführung, 1984, S. 908ff.

1.2 Dokumentationsfunktion

Eine weitere gesetzliche Bilanzaufgabe ist die der Dokumentation. Die Vorschriften des HGB haben die Aufgabe, Urkundenbestände zu sichern und das Vorhandensein des Vermögens durch geeignete Aufzeichnungen zu belegen. In diesem Zusammenhang sind die Vorschriften zur Buchführung (§§ 238, 239 HGB), zur Erstellung des Inventars (§§ 240, 241 HGB), zur Bilanzaufstellung (§§ 242ff. HGB), zur Aufbewahrung (§ 257 HGB) und zur Vorlage, insbesondere im Rechtsstreit (§§ 258-261 HGB) hervorzuheben. Da sich die Dokumentation und Beweissicherung hauptsächlich bei der Verbuchung der Geschäftsvorfälle und den damit zusammenhängenden gesetzlichen Vorschriften vollzieht, wird im Schrifttum vereinzelt diskutiert, ob die Dokumentation überhaupt als Bilanzaufgabe und nicht nur als Buchführungsaufgabe zu sehen ist. Leffson[21] spricht im Zusammenhang mit der Dokumentationsfunktion nur von der Buchführung. Ähnliche Überlegungen führt Engels ins Feld[22]. Selbstverständlich ist es zutreffend, daß die Dokumentationsfunktion durch Erfassung der Geschäftsvorfälle in der Buchhaltung und nicht erst durch ihre periodische Bündelung in der Bilanz erfüllt wird. Dennoch ist die Bilanz neben Buchführung und Inventar ein zentrales Dokumentationsinstrument[23]. Allein schon die längere Aufbewahrungsfrist (Bilanz 10 Jahre, Buchungsbelege 6 Jahre, vgl. § 257 Abs. 4 HGB) und die divergierenden Vorschriften zur Aufbewahrungsform (Jahresabschlüsse dürfen nicht auf Bild- oder Datenträgern aufbewahrt werden, § 257 Abs. 3 HGB), weisen der Bilanz eine besondere Dokumentationsfunktion zu.

1.3 Gewinnfeststellungsfunktion

Eine weitere zentrale Aufgabe der Bilanz ist die Gewinnermittlung[23]. Die Ansatz- und Bewertungsvorschriften des HGB (insb. §§ 246ff. sowie §§ 266ff. HGB) engen den Freiraum der bilanziellen Gewinnmanipulation weitgehend ein und sorgen so für eine eindeutigere Gewinnermittlung.

Der Gewinnausweis in der Handelsbilanz ist vor allem aus drei Gründen von Bedeutung:

1. Er stellt die Grundlage für die Ertragsbesteuerung dar (ESt, KSt, GewESt) und ist damit ein wesentlicher Bestimmungsfaktor für die Liquidität des Unternehmens.
2. Er stellt die Grundlage für die Eigenkapitalbildung (Rücklagenbildung, Selbstfinanzierung) dar.
3. Er stellt die Grundlage für die Gewinnverteilung an die Anteilseigner dar.

Im Hinblick auf Punkt 3 (Gewinnverteilung) sehen Adler, Düring und Schmaltz[25] die Gewinnfeststellungsfunktion der Bilanz als besonders wichtig an: „Der aktienrechtliche Jahresabschluß ist somit in erster Linie eine Gewinnermittlungsbilanz".

---

[21] Vgl. Leffson, U., Grundsätze, 1982, S. 143ff.
[22] Vgl. Engels, W., Bemerkungen, 1976 S. 34f.
[23] Vgl. Moxter, A., Bilanzlehre Bd. I, 1984, S. 82.
[24] Vgl. v. Wysocki, K., Halbinger, J., Bilanz, 1981, HWR, Sp. 162.
[25] ADS, § 149 Tz. 12.

Allerdings sind auch nach Inkrafttreten des sogenannten Bilanzrichtliniengesetzes die Bilanzierungsvorschriften nicht frei von **Wahlrechten und Ermessensspielräumen,** so daß die Eindeutigkeit der Gewinnermittlung nach wie vor nicht gegeben ist, wenngleich zahlreiche Wahlrechte des „alten" AktG a.F. aufgehoben wurden. So z.B. sind Pensionsrückstellungen nunmehr obligatorisch[26]. Für entgeltlich erworbene immaterielle Vermögensgegenstände entfällt das bisherige Aktivierungswahlrecht[27], bei Sachanlagen entfällt das bisherige Abwertungswahlrecht[28], wenn die Wertminderung voraussichtlich nicht von Dauer sein wird.

Bezüglich der Gewinnermittlung ist weiterhin anzumerken, daß die allgemeinen Vorschriften des ersten Abschnittes im dritten Buch („Vorschriften für alle Kaufleute") wesentlich mehr Spielräume insbesondere bei der Bewertung lassen, als dies die Bestimmungen für Kapitalgesellschaften im zweiten Abschnitt des dritten Buches tun. Dies beginnt bei der schärferen Formulierung der Generalnorm[29] und erstreckt sich auf zahlreiche Einzelvorschriften[30].

Als Ergebnis bleibt festzuhalten, daß selbst die detaillierten Bilanzierungsvorschriften des HGB eine eindeutige, von Wahlrechten und Ermessensspielräumen freie Gewinnermittlung nicht gewährleisten. Überlagert und noch mehr von einer wünschenswerten Eindeutigkeit entfernt wird die Gewinnermittlung durch steuerliche Sondervorschriften (z.B. Sonderabschreibungen und andere steuerliche Bewertungswahlrechte), die wegen des **Maßgeblichkeitsprinzips** (§ 5 Abs. 1 EStG) auch in der Handelsbilanz ihren Niederschlag finden müssen.

In diesem Zusammenhang ist ein Blick auf Zweck und **Aufgaben der Steuerbilanz** erforderlich. Die Steuerbilanz dient ausschließlich der Gewinnermittlung zu Besteuerungszwecken[31]. Zunächst ist festzustellen, daß der Begriff Steuerbilanz in den Steuergesetzen nicht vorkommt. Eine Verpflichtung zur Erstellung einer eigenständigen steuerlichen Bilanz besteht folglich nicht[32]. Das Einkommensteuerrecht stellt nur auf die Begriffe Betriebsvermögen (§§ 4 und 5 EStG) und Gewinn (§ 4 EStG) ab. Die entsprechenden Werte sind jedoch unter Befolgung der handelsrechtlichen Grundsätze ordnungsmäßiger Buchführung zu ermitteln (§ 5 Abs. 1 EStG). Insofern genügt es, wenn aus der Handelsbilanz die steuerlichen Größen Gewinn und Betriebsvermögen entsprechend den zusätzlichen steuerlichen Vorschriften (insbes. §§ 4 bis 7g EStG) abgeleitet werden. Dies kann durch zusätzliche Nebenrechnungen (die sog. steuerliche Mehr- und Wenigerrechnung) und ergänzende Anlagen zur Handelsbilanz erfolgen. Da es rationalem Verhalten entspricht, Steuerbelastungen möglichst zu vermeiden, d.h. möglichst geringe Steuerbemessungsgrundlagen, also Gewinne, auszuweisen, sieht das Bilanzsteuerrecht wesentlich engere Bilanzierungs- und Bewertungsvorschriften vor, als das Handelsrecht. Insbesondere scheint das Einkommensteuerrecht auf die Festsetzung von Wertuntergrenzen abzuzielen, die nicht unterschritten werden dürfen. Für dieses **Divergieren der handels- und steuerrechtlichen Bilanzierungsvorschriften** sollen die folgenden Beispiele als Beleg angeführt werden:

---

[26] Vgl. die Erläuterungen zum Entwurf des Bilanzrichtliniengesetzes, Rechtsausschuß des deutschen Bundestags vom 1.8.1985, S. 29.

[27] §§ 246 und 248 Abs. 2 HGB.

[28] § 279 Abs. 1 HGB.

[29] § 264 Abs. 2 HGB gegenüber § 242 HGB.

[30] Z.B. Wertaufholungsgebot, § 280 HGB.

[31] Vgl. Tiedtke, K., Einkommensteuer, 1983, S. 154.

[32] Vgl. Wöhe, G., Steuerbilanz, HWStR, 1981, S. 1278.

- Die steuerlichen Herstellungskosten, die eine Aktivierung zu Teilkosten im Gegensatz zur handelsrechtlichen Regelung verbieten[33].
- Der Grundsatzbeschluß des Großen Senats des BFH[34], der bestimmt, daß handelsrechtliche Aktivierungswahlrechte steuerlich zu Aktivierungsgeboten (also höheres Vermögen, d.h. größerer Gewinn) und handelsrechtliche Passivierungswahlrechte steuerlich zu Passivierungsverboten (d.h. geringere Schulden, also größeres Betriebsvermögen und somit höherer Gewinn) werden[35].
- Die Begrenzung der degressiven Abschreibungssätze auf maximal 30% bzw. das Dreifache des linearen Abschreibungssatzes (§ 7 Abs. 2 EStG).
- Die zur Aufwandsvorverlagerung führenden Sammelbewertungsverfahren Hifo (highest in first out) und Lifo (last in first out, bei steigenden Preisen) sind handelsrechtlich erlaubt, steuerrechtlich jedoch verboten[36], wenn sie nicht den tatsächlichen Lagerdurchgang wiedergeben.

Die Liste der Beispiele ließe sich noch weiter fortführen.

Trotz der genannten Beispiele kann man den steuerlichen Bilanzierungsvorschriften nicht die generelle Tendenz vorwerfen, die Gewinne möglichst hoch ausweisen zu wollen. Die obersten Grundsätze, die den bilanzsteuerlichen Vorschriften zugrunde liegen, sind vielmehr

- objektivierte Gewinnermittlung und
- Gleichmäßigkeit der Besteuerung[37].

Der **Grundsatz der Objektivierung** zielt auf die Manipulationsfreiheit, die Ermessensbeschränkung, ab und soll verhindern, daß auf dem Wege der Wahlrechtsausübung der Gewinn und damit die Steuerbelastung beliebig zwischen den Jahren hin und her geschoben werden kann. Der **Grundsatz der Gleichmäßigkeit der Besteuerung** soll gewährleisten, daß gleiche wirtschaftliche Sachverhalte gleich besteuert werden[38]. Allerdings durchbricht der Gesetzgeber diese Grundsätze, da er aus politischen Gründen (Wirtschaftspolitik, Strukturpolitik, Konjunkturpolitik usw.) Bewertungsprivilegien und Bewertungswahlrechte zuläßt und damit Gewinn- und Steuerverlagerungen fördert. Infolgedessen sind die bilanzsteuerlichen Vorschriften nicht geeignet, dem Ziel einer objektivierten, periodengerechten Gewinnermittlung gerecht zu werden. Insofern ist die Steuerbilanz als „Mehrzweckinstrument ohne vorherrschende Ausrichtung" zu bezeichnen[39]. Bedauerlich ist, daß über das **Maßgeblichkeitsprinzip der Handelsbilanz für die Steuerbilanz**, die von den Zwecken der handelsrechtlichen Rechnungslegung deutlich abweichenden und in sich teilweise unvereinbaren Steuerbilanzzwecke (Objektivierung, Gleichmäßigkeit, Durchsetzung politischer Präferenzen) auf die Handelsbilanz durchschlagen und somit die eigentlichen Handelsbilanzzwecke überlagern und beeinträchtigen. Die einzig befriedigende Konse-

---

[33] Abschn. 33 EStR bzw. § 255 Abs. 2 HGB, vgl. unten, S. 203.
[34] BStBl. II, 1969, S. 291.
[35] Vgl. WP-Handbuch 1985/86, Bd. 1, S. 546.
[36] HIFO auch handelsrechtlich umstritten, vgl. WP-Handbuch 1985/86, Bd. 1, S. 598, vgl. auch S. 269, vgl. § 256 HGB und Abschn. 36 Abs. 2 EStR.
[37] Vgl. Coenenberg, A., Jahresabschluß, 1984, S. 37f., vgl. Moxter, A., Bilanzlehre Bd. I, 1984, S. 108ff.
[38] Vgl. auch Wöhe, G., Steuerbilanz HWStR, 1981, S. 1278.
[39] Bauer, J., Rechnungslegungspolitik, 1981, S. 32.

quenz zur Lösung dieses Dilemmas wäre die **Abschaffung des Maßgeblichkeitsgrundsatzes**[40].

1.4 Ausschüttungsregelungsfunktion

Die Regelung der Ausschüttungsfrage ist vor allem aus zwei Gründen eine der wichtigsten handelsrechtlichen Bilanzaufgaben:

Zum einen muß für all die Fälle, in denen die Haftung auf die Kapitaleinlage, d.h. auf das Gesellschaftsvermögen beschränkt ist, Sorge dafür getragen werden, daß diese Haftungsgrundlage in ausreichendem Umfang erhalten bleibt. Bilanzzweck ist die Sicherung des Mindesthaftvermögens. Insofern obliegt dem Jahresabschluß die Aufgabe, eine Sperrfunktion gegen zu hohe Ausschüttungen wahrzunehmen (**Ausschüttungssperrfunktion**).

Zum anderen jedoch muß sichergestellt werden, daß die Kapitalgeber für die Überlassung ihres Kapitals angemessene Dividenden erhalten. Es muß also die überzogene Verkürzung der Ausschüttung durch Bildung stiller Reserven verhindert werden (**Mindestausschüttungsfunktion**).

Es finden sich zahlreiche Einzelvorschriften im HGB, die diese beiden Ausschüttungsregelungen betreffen:

Vorschriften zur Ausschüttungssperrfunktion sind im Bereich der Gewinnverwendung und der Gewinnentstehung zu finden. Bei der **Gewinnverwendung** stellt die wichtigste Vorschrift die zwangsweise Dotierung von gesetzlicher Rücklage und Kapitalrücklage dar. Gemäß § 266 Abs. 3 A. III. 1. HGB ist eine gesetzliche Rücklage für große Kapitalgesellschaften vorgesehen. Für Aktiengesellschaften ist ihre Bildung obligatorisch (§ 150 AktG). Diese müssen 5% des um einen Verlustvortrag geminderten Jahresüberschusses in die gesetzliche Rücklage einstellen, so lange, bis die gesetzliche Rücklage und die Kapitalrücklage zusammen 10% des Grundkapitals erreichen (§ 150 AktG). Für GmbH's ist eine gesetzliche Rücklage nicht obligatorisch (§ 42 GmbHG). In die Kapitalrücklage sind das Agio aus Emmissionen von Aktien und Wandelschuldverschreibungen (d.h. der den Nennwert übersteigende Betrag) sowie Zahlungen von Vorzugsaktionären einzustellen (§ 272 Abs. 2 HGB). Beide Rücklagen, gesetzliche und Kapitalrücklage, sind selbst dann, wenn sie den geforderten Mindestbetrag von 10% des Grundkapitals übersteigen bei Aktiengesellschaften grundsätzlich für Ausschüttungen gesperrt (§ 150 Abs. 3 und 4 AktG).

Selbstverständlich ist auch das Haftungskapital selbst (also Grundkapital bei Aktiengesellschaften, Stammkapital bei Gesellschaften mit beschränkter Haftung, Kommanditkapital bei Kommanditgesellschaften) vor Ausschüttung und Rückzahlung gesichert. § 58 Abs. 5 AktG fordert: „Vor Auflösung der Gesellschaft darf unter die Aktionäre nur der Bilanzgewinn verteilt werden". Analoges gilt nach §§ 30ff. GmbHG für die GmbH sowie gemäß § 169 Abs. 1 HGB für den Kommanditisten einer KG.

Im Bereich der **Gewinnentstehung** tragen alle jene Vorschriften der Ausschüttungssperraufgabe Rechnung,

---

[40] Ebenda, S. 33 und die dort zitierte Literatur.

- die die Aktivierung eines Vermögensgegenstandes verhindern (Aktivierungs-verbot), wie das z.b. bei allen originären (selbsterstellten) immateriellen Ver-mögensgegenständen der Fall ist (§ 248 HGB);
- die Höchstwerte (d.h. Wertobergrenzen) für die Aktiva vorgeben. Hierunter fallen insbesondere folgende Vorschriften: § 252 Abs. 1 Nr. 4 HGB (Vorsichts-prinzip, Imparitätsprinzip, Realisationsprinzip),
  § 253 Abs. 1 HGB (Anschaffungs- bzw. Herstellungskosten als Obergrenze),
  § 253 Abs. 2 HGB (planmäßige und außerplanmäßige Abwertungsverpflich-tung beim Anlagevermögen),
  § 253 Abs. 3 HGB (strenges Niederstwertprinzip beim Umlaufvermögen),
  § 255 Abs. 4 HGB (obligatorische Abschreibung eines aktivierten Firmen-werts),
  § 282 HGB (obligatorische Abschreibung aktivierter Ingangsetzungskosten);
- die Mindestwerte für Verbindlichkeiten vorgeben (Rückzahlungsbetrag, § 253 Abs. 1 HGB).

Auch die **Vorschriften im Sinne der Mindestausschüttungsregelung** lassen sich untergliedern nach Gewinnverwendung und Gewinnverwendung.

Im Bereich der **Gewinnverwendung** sind folgende Regelungen getroffen:

Offene Handelsgesellschaften (OHG): § 122 HGB sieht eine 4 %ige Mindest-verzinsung des Kapitalanteils neben weiteren Entnahmemöglichkeiten vor.

Kommanditgesellschaften (KG): § 169 Abs. 1 HGB bestimmt, daß der Kom-manditist nur einen gesetzlichen Anspruch auf Auszahlung seines Gewinnanteils aber keine weiteren Entnahmemöglichkeiten hat.

Gesellschaft mit beschränkter Haftung (GmbH): § 29 GmbHG sieht ebenfalls den Anspruch des Gesellschafters auf seinen Gewinnanteil vor, jedoch unter der Einschränkung, daß im Gesellschaftsvertrag etwas anderes bestimmt werden kann.

Aktiengesellschaft (AG): § 58 Abs. 2 AktG beschränkt die Gewinnthesaurie-rung (Bildung freier Rücklagen) durch Vorstand und Aufsichtsrat auf 50% des Jahresüberschusses. Gemäß § 172 AktG haben Vorstand und Aufsichtsrat das Recht, den Abschluß festzustellen. Sie können also über die obigen 50% des Jah-resüberschusses ohne Berücksichtigung der Hauptversammlung verfügen.

Im Bereich der **Gewinnentstehung** tragen alle jene Vorschriften der Mindest-ausschüttungsfunktion Rechnung,

- die Aktivierungsgebote darstellen,
- die Mindestwerte (Wertuntergrenzen) für die Aktiva darstellen, z.B. Aktivie-rungsverpflichtung zu Anschaffungs- bzw. Herstellungskosten (§ 253 HGB), Verbot willkürlicher Abwertungen im Anlagevermögen durch die Verpflich-tung zu planmäßiger Abschreibung (§ 253 Abs. 2 HGB), Begrenzung des Vor-sichtsprinzips im Umlaufvermögen durch Vorgabe von Mindestwerten (Bör-sen-, Marktpreis, beizulegender Wert, steuerlicher Wert, § 253 Abs. 3 HGB)[41],
- die die Gründe für eine Rückstellungsbildung (Passivierung) begrenzen (§ 249 HGB).

---

[41] Nur bei Nicht-Kapitalgesellschaften besteht ein weitergehendes Abwertungswahlrecht durch § 253 Abs. 4 HGB. Für Kapitalgesellschaften ist es durch § 279 Abs. 1 HGB ausge-schlossen.

Hierbei ist festzustellen, daß das Bilanzrichtlinien-Gesetz teilweise schwächere Regelungen bezüglich der Mindestausschüttung enthält als die entsprechenden Regelungen des alten AktG, da die Rückstellungsmöglichkeiten erheblich erweitert wurden[42].

1.5 Schuldendeckungskontrollfunktion

Moxter stellt in seiner Bilanzlehre die Frage, ob die Kontrolle des Schuldendeckungspotentials des Unternehmens als eigenständige Bilanzaufgabe anzusehen sei[43]. Zunächst ist hier festzuhalten, daß die Bilanz denkbar ungeeignet ist, einen auch nur halbwegs sicheren Einblick in die künftige Zahlungsfähigkeit, d.h. Schuldendeckungsfähigkeit eines Unternehmens zu gewähren[44]. Hierfür ist der Finanzplan das geeignete Instrument. Abgesehen von dieser Tatsache, die die Schuldendeckungskontrolle als Bilanzaufgabe grundsätzlich in Frage stellt, kann man diese Schuldendeckungskontrolle als Teilaspekte sowohl der Informationsfunktion als auch der Ausschüttungssperrfunktion[45] sehen. Den Zusammenhang gibt Abbildung 2 wieder:

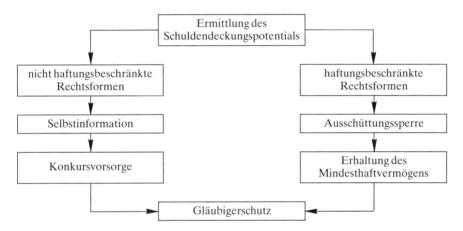

Abb. 2 Zusammenhang zwischen Schuldendeckungskontrolle und anderen Bilanzaufgaben[46]

Anzumerken ist weiterhin, daß die Steuerrechtsprechung, die wegen des Maßgeblichkeitsprinzips auch das Handelsbilanzrecht auszulegen hat, die Schuldendeckungsfunktion als Bilanzaufgabe ablehnt[47].

---

[42] Vgl. S. 136ff.
[43] Vgl. Moxter, A., Bilanzlehre, Bd. I, 1984, S. 86ff.
[44] Vgl. ebenda sowie Leffson, U., Grundsätze, 1982, S. 66f.
[45] Vgl. S. 6ff und 13f.
[46] Entnommen aus: Lamers, A., Aktivierungsfähigkeit, 1981, S. 191.
[47] Vgl. z.B. Döllerer, G., Gedanken, JbFSt 1979, S. 195ff.

1.6 Gesamtübersicht über die gesetzesimmanenten Bilanzaufgaben

Nach den obigen Ausführungen lassen sich die Bilanzaufgaben im wesentlichen in vier Gruppen unterteilen:

- Informationsfunktion
- Dokumentationsfunktion
- Gewinnfeststellungsfunktion
- Ausschüttungsregelungsfunktion.

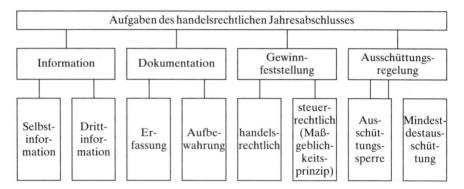

Abb. 3   Bilanzaufgaben im Überblick

2. Erweiterung des Bilanzzwecksystems

Stellt man die Anforderungen, die die Bilanzadressaten an den Abschluß stellen, beim Versuch, ein Bilanzzwecksystem zu definieren, in den Vordergrund, dann ist der bisher behandelte **juristische Ansatz** zu erweitern. Er umfaßt nur einen Teilausschnitt, jedoch nicht das volle Spektrum der Zielvorstellungen von Bilanzadressaten.

Als erster erweiterter Ansatz sei der **Bilanzaufgabenkatalog von Stützel**[48] erwähnt, der die Bilanzaufgaben in fünf primäre und fünf sekundäre Bilanzzwecke unterteilt.

Primäre Bilanzzwecke nach Stützel sind[49]:

1. Allgemeine Dokumentationsfunktion im Sinne der Sicherung von Urkundenbeständen gegen nachträgliche Inhaltsänderung im Interesse der Rechtspflege (Mindestadressatenkreis: Gerichtliche Instanz; Mindestumfang der Bilanzinformation: Dokumentation der Geschäftsvorfälle);
2. Zwang zur Selbstinformation des Unternehmers über seine Vermögens- und Ertragslage zum Gläubigerschutz (Mindestadressatenkreis: Unternehmer; Mindestumfang der Bilanzinformation: Feststellung der Unternehmenssolvenz);

---

[48] Vgl. Stützel, G., Bemerkungen, ZfB 1967, S. 314ff.
[49] Zitiert nach Heinen, E., Handelsbilanzen, 1986, S. 95.

3. Ausschüttungssperrfunktion der Bilanz bei Gesellschaften mit beschränkt haftenden Personen (Mindestadressatenkreis: Gläubiger im Konfliktfall; Mindestumfang der Bilanzinformation: Feststellung des Ausmaßes der Überschreitung des Sperrbetrages);
4. Transformation der im Gesellschaftsvertrag definierten Begriffe „Gewinn" und „Verlust" in Geldeinheiten zum Zwecke der Verteilung (Mindestadressatenkreis: Gesellschafter; Mindestumfang der Bilanzinformation: Feststellung der Höhe des Gewinns bzw. des Verlustes);
5. Bewertung und Bilanz als Instrument der Bestimmung des Umfangs gegebener Sachkompetenzen von Gesellschaftsorganen und als Mittel zur verdeckten Verschiebung solcher Kompetenzen (Mindestadressatenkreis: Mitglieder der Gesellschaftsorgane; Mindestumfang der Bilanzinformation: Aufgliederung des Eigenkapitals in gezeichnetes Kapital, Rücklagen, Gewinnvorträge, Verlustvorträge, Jahresüberschuß, Bilanzgewinn).

Als sekundäre Bilanzzwecke werden von Stützel genannt:

* Rechenschaftslegung nach außen,
* Rechenschaftslegung nach innen (z.B. Planabweichungen, Soll-Ist-Vergleich),
* das Erstellen von planungsrelevanten Zahlenunterlagen für die Unternehmensleitung,
* Kreditwürdigkeitsbeurteilung,
* Vermittlung von Informationen, die bestehende und potentielle Anteilseigner für ihre Entscheidung über Neueintritt, Verbleiben oder Ausscheiden als Gesellschafter benötigen.

Während die primären Zwecke nach Stützel durch die gesetzlichen Regelungen direkt gestütz und gefördert werden, ist die Erfüllung der sekundären Bilanzzwecke nur insoweit möglich, als dies die gesetzlichen Vorschriften zulassen. Hier, bei den sekundären Zwecken, tritt das Problem zum Vorschein, daß der nach den gesetzlichen Vorschriften erstellte Jahresabschluß die Erfüllung mancher Bilanzzwecke be- oder verhindern kann. Allerdings ist anzumerken, daß die gesetzlichen Bilanzierungsvorschriften nicht nur mit den sekundären Bilanzzwecken großteils unvereinbar sind. Teilweise widersprechen sie direkt den gesetzlichen Bilanzzwecken. Als Beispiel sei der inflationsbedingte Scheingewinn bei Veräußerungsgeschäften genannt, der nach der geltenden Rechtslage als Gewinn auszuweisen ist, was im direkten Widerspruch zum Bilanzzweck „Ausschüttungssperre" steht.

Bei der Behandlung der Ableitung von Jahresabschlußzielen unterscheidet Coenenberg[50] drei Ansätze. Neben den hier bereits besprochenen juristischen stellt er als zweiten Ansatz den gesamtwirtschaftlichen/gesellschaftsbezogenen sowie als dritten den einzelwirtschaftlichen Ansatz.

Bei den **gesamtwirtschaftlichen Bilanzzwecken** steht die Kommunikations- und Informationspflicht des bilanzierenden Unternehmens im Vordergrund, da durch die Unternehmenstätigkeit gesamtwirtschaftlich relevante Verhaltensweisen und Entscheidungen anderer Personen und Institutionen beeinflußt werden, da nur durch richtige Information eine gesamtwirtschaftlich optimale Ressourcenallokation gewährleistet werden kann und da die Konformität der Unternehmenstätigkeit mit gesellschaftlichen Wertvorstellungen überprüfbar sein muß.

---

[50] Vgl. Coenenberg, A., Jahresabschluß 1982, S. 511ff.

Die in der Hauptsache von Rappaport[51] vorgenommene Anlayse eines gesellschaftlichen Bilanzzweckssystems hat in die praktische Bilanz bislang kaum Eingang gefunden. Der handels- bzw. steuerrechtliche Jahresabschluß ist hierzu offensichtlich mangels theoretischer Vorarbeiten und wegen der wohl weitestgehend fehlenden Kausalzusammenhänge zwischen gesellschaftlichen Bilanzzwek-
ken und gesetzlichen Bilanzierungsvorschriften ungeeignet. Unter dem Schlagwort Sozialbilanz oder Sozialbericht finden sich solche Ansätze allenfalls in den
Geschäftsberichten bzw. Anhängen und Lageberichten als mehr oder weniger
vage Zusatzinformationen.

Unter dem **einzelwirtschaftlichen Ansatz** bei der Ableitung von Bilanzzwecken
ist das jeweilige Zielsystem der einzelnen externen und internen Bilanzadressaten zu untersuchen. Es ist zu überprüfen, inwieweit die Erwartungshaltung an die
Aussagen einer Bilanz übereinstimmen oder divergieren. Es stellt sich folglich
die Frage, ob die Ziele der verschiedenen Bilanzadressaten durch die für den Jahresabschluß geltenden Bilanzierungs- und Bewertungsregeln ausreichend erfüllt
werden können[52]. Die Betriebswirtschaftslehre hat in der neueren Organisations-
theorie das Koalitionsmodell in den Mittelpunkt gestellt[53]. Ein wesentlicher Bestandteil dieser Theorie ist die grundlegende Annahme unterschiedlicher, teilweise **konfliktärer Zielvorstellungen der Koalitionsteilnehmer**[54]. Nun ist der
Kreis der Koalitionsteilnehmer in diesem Koalitionsmodell der Unternehmung
so weit gefaßt, daß er als deckungsgleich mit dem der Bilanzadressaten gelten
kann. Bezieht man folglich die Ziele oder Zielsysteme der einzelnen Bilanzadressaten in das Bilanzzwecksystem mit ein, so wird ersichtlich, daß dieses System je
nach Bilanzadressat bzw. Adressatengruppe verschiedene, teils konfliktäre, teils
komplementäre Einzelzwecke gleichzeitig erfüllen muß.

In der folgenden Übersicht sollen nur einige denkbare Interessenlagen stich-
wortartig aufgezählt werden:

Bilanzadressat	mögliche Interessenlagen und Ziele
Arbeitnehmer allgemein	Maximierung der Detailinformation über das Unternehmen
Arbeitnehmer, gewinn-beteiligt	hoher Gewinnausweis, Reduzierung der stillen Reserven
Arbeitnehmer, um Arbeits-platz besorgt	Bildung hoher Reserven, Ausschüttungsminimierung
Anteilseigner	Erhöhung der stillen Reserven oder hoher Gewinausweis und Maximierung der Ausschüttung, je nach Nähe zum Unternehmen
Management	Substanzerhaltung, Imagepflege, Stärkung der Kredit-würdigkeit, Minimierung der Steuerbelastung, Minimie-rung des Aussagegehaltes der Bilanz nach außen, Maximierung des Aussagegehalts der Bilanz nach innen, Schönfärbung des Ergebnisses
Fiskus	periodengerechter und gesetzeskonformer Gewinnausweis
Gewerkschaften	Ausweis hoher Erträge und starker Eigenkapitalpositionen
Kunden/Lieferanten	Maximierung der Detailinformationen über das Unter-nehmen
Gläubiger	Substanzerhaltung, Bildung von Reserven, Minimierung von Ausschüttungen
potentielle Gläubiger	Ausweis guter Erträge und Aufdeckung der Reserven

Je nachdem, wie stark der Bilanzersteller (d.h. i.d. Regel der Vorstand) durch
die Bilanz das Verhalten einzelner Adressaten beeinflussen möchte, wird er die
Bilanzpositionen entsprechend gestalten. Die zwangsläufige Folge ist, daß die
Erfüllung anderer Bilanzaufgaben weniger gut oder gar nicht möglich ist.

Zusätzlich zu den bisher angesprochenen Determinanten eines allgemeinen
Bilanzzwecksystems (rechtliche Anforderungen, gesamtwirtschaftliche Anforderungen, individuelle Anforderungen) treten noch die **Anforderungen der betriebswirtschaftlichen Theorie** an die Bilanz. Neben den hier zentralen Fragen
der Kapital- und Substanzerhaltung sowie der Zukunftsorientierung der Bilanz
gehört zu diesem Problemkreis das ältere Problem des statischen und dynamischen Charakters der Bilanz, aber auch die neuere Frage der Einbeziehung der
Bilanztheorie in die Theorie der Unternehmung (Koalitionsmodell).

Fassen wir die Determinanten von Bilanzzwecksystemen zusammen, so ergibt
sich das in Abbildung 4 dargestellte Bild.

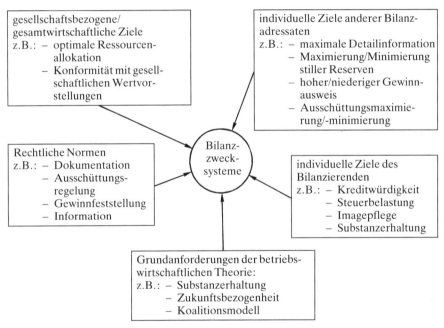

Abb. 4   Determinanten von Bilanzzwecksystemen

51 Vgl. Rappaport, A., Objectives, 1964, S. 951ff.
52 Vgl. Heinen, E., Handelsbilanzen, 1986, S. 101ff.
53 Vgl. Cyert, P., March, L., Behavioural Theory, 1963.
54 Vgl. Kupsch, P., Unternehmensziele 1979, S. 11ff.

Als Ergebnis muß festgehalten werden, daß es einen wissenschaftlich begründeten und allgemeingültigen Bilanzzweckkatalog nicht geben kann. Die Interessenvielfalt der am Bilanzierungsprozeß Interessierten und der in den Bilanzierungsprozeß Involvierten ist so divergierend, daß ein konkretes Bilanzzwecksystem jeweils abhängig ist

- von der jeweils konkreten Entscheidungssituation,
- von den jeweils betroffenen Interessentengruppen
- und von der Machtverteilung zwischen diesen Interessenten.

Im Ergebnis ist Heinen[55] zuzustimmen, der als Konsequenz fordert, daß jeder Bilanzzweck eine entsprechende Gestaltung von Inhalt und Aufbau der Bilanz erfordert.

Kapitel 4
Betriebswirtschaftliche Bilanztheorien als Konsequenz unterschiedlich gewichteter Bilanzzwecke

In den folgenden Überlegungen soll keine erschöpfende und detaillierte Übersicht über die einzelnen Bilanztheorien des betriebswirtschaftlichen Fachschrifttums gegeben werden. Es ist vielmehr beabsichtigt, den Zusammenhang zwischen der Bilanzaufgabe (oder auch dem Bündel von Aufgaben), die die einzelne Theorie der Bilanz zuweist und der jeweiligen Ausgestaltung dieser Theorie herauszuarbeiten. Aus Platzgründen wollen wir uns auf einige wenige, unter diesem Aspekt interessante Bilanztheorien beschränken.

Die betriebswirtschaftlichen Bilanztheorien unterteilt man üblicherweise in klassische und neuere Theorien (vgl. Abb. 5).

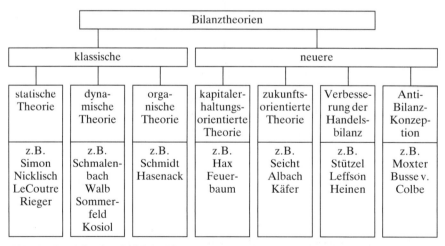

Abb. 5 Betriebswirtschaftliche Bilanztheorien und ihre Hauptvertreter

---

[55] Vgl. Heinen, E., Handelsbilanzen, 1986, S. 104.

1. Die statische Bilanztheorie

Die statischen Bilanztheorien sehen als Hauptaufgabe der Bilanz die Ermittlung und Gliederung des Vermögensbestandes. Von rechtlicher Seite erhielt die statische Bilanzauffassung durch die berühmt gewordene Entscheidung des Reichsoberhandelsgerichtes aus dem Jahre 1873 besonderes Gewicht. Hiernach hat die kaufmännische Bilanz den „Zweck, die Übersicht und Feststellung des Vermögensbestandes in einem bestimmten Zeitpunkte ... zu bewirken"[56]. Bezogen auf die im vorhergehenden Abschnitt behandelten Bilanzaufgaben steht eindeutig die Aufgabe im Vordergrund, Informationen über das Schuldendeckungspotential des Unternehmens zu geben. Nun beschränkt sich die statische Bilanzauffassung nicht auf diese Kernaussage. Insbesondere die betriebswirtschaftlichen Fachvertreter unter den Statikern knüpfen die Aufgaben der Bilanz auch an den Informationsbedürfnissen der Unternehmensführung an.

Hier ist insbesondere die sogenannte „**Totale Bilanz**" von Le Coutre[57] interessant. Le Coutre fordert von der Bilanz, daß sie allen an sie gestellten Aufgaben gerecht werden müsse. Die Bilanz soll hiernach folgenden Aufgaben dienen:

- Betriebserkenntnis und Betriebsübersicht,
- Betriebsführung und Disposition,
- Betriebsergebnisfeststellung,
- Betriebsüberwachung,
- Rechenschaftslegung.

Zusätzlich zu diesen allgemeinen Aufgaben zählt Le Coutre noch eine Reihe von Einzelaufgaben auf. Die Erfüllung dieser Aufgaben soll nach Le Coutre durch eine geeignete und detaillierte Bilanzgliederung erfolgen (systematische Gliederungslehre). Die einzelnen Bilanzpositionen werden nach unterschiedlichsten Kriterien auf die Bilanz verteilt (z.B. werbendes Vermögen, Sicherungsvermögen, Sozialvermögen, Verwaltungsvermögen, Überschußvermögen). Aus der Sicht der obigen Überlegungen zu den Bilanzaufgaben kann man dem Anspruch auf totale Aufgabenerfüllung durch eine, wenn auch noch so detailliert untergliederte Bilanz, nicht gerecht werden, insbesondere, da Bewertungsprobleme bei Le Coutre weitestgehend nur sekundäre Bedeutung haben. Es bleibt hinzuzufügen, daß die Le Coutre'schen Überlegungen keinen Eingang in das derzeit geltende Bilanzrecht gefunden haben.

2. Die dynamische Bilanztheorie

Dynamische Bilanzen haben den primären Zweck der periodischen Erfolgsabgrenzung. Von den Hauptvertretern der dynamischen Bilanzauffassung ist vor allem Schmalenbach[58] zu nennen, der die **periodenrichtige Erfolgsermittlung** und damit die Vergleichbarkeit der Gewinnausweise als zentrale Aufgabe sieht. Die Bilanz, die die gesamte Lebensdauer eines Unternehmens in einzelne Abschnitte zerteilt, muß periodenübergreifende „schwebende Geschäfte" solange als künfti-

---

[56] Zitiert nach Moxter, A., Bilanztheorien, HWR, 1981, Sp. 295.
[57] Vgl. Le Coutre, W., Grundzüge der Bilanzkunde, 1949.
[58] Vgl. z.B. Schmalenbach, E., Die dynamische Bilanz, 13. Auflage, 1963.

ge Einnahmen, Ausgaben, Erträge und Aufwendungen speichern, bis diese nach Beendigung des Geschäfts aufgelöst werden. Die Aktiva der Schmalenbach-'schen Bilanz werden folgerichtig als Vorleistungen, die Passiva als Nachleistungen bezeichnet (vgl. Abb. 6). Diese von Schmalenbach als „Kräftespeicher der Unternehmung" bezeichnete Bilanz weist – bei allen unterschiedlichen Einzelbezeichnungen der Bilanzpositionen – deutlich auf die im geltenden Bilanzrecht zu berücksichtigende zeitliche Abgrenzung (Rechnungsabgrenzungsposten und Rückstellungen, hier insbesondere Aufwandsrückstellungen) hin.

Aktiva	Bilanz	Passiva
Vorleistungen	Nachleistungen	
1. liquide Mittel	1. Kapital	
2. Ausgabe noch nicht Aufwand (z.b. noch abnutzbares Anlagevermögen; unverbrauchte Vorräte; Vorauszahlungen an Lieferanten)	2. Aufwand noch nicht Ausgabe (z.b. Verbindlichkeiten gegenüber Lieferern für schon verbrauchte Aufwandsgüter)	
3. Ausgabe noch nicht Einnahme (z.b. nicht abnutzbares Anlagevermögen; gewährte Darlehen)	3. Einnahme noch nicht Ausgabe (z.b. aufgenommene Kredite)	
4. Ertrag noch nicht Aufwand (z.b. selbsterstellte Anlagen)	4. Aufwand noch nicht Ertrag (z.b. Rückstellungen für unterlassene Instandsetzungen durch den eigenen Betrieb)	
5. Ertrag noch nicht Einnahme (z.b. Fertigerzeugnisse; Debitoren)	5. Einnahme noch nicht Ertrag (z.b. Anzahlungen von Kunden)	

Abb. 6   Grundschema einer dynamischen Bilanz nach Schmalenbach

Während die Bilanz bei Schmalenbach noch nicht erfolgswirksame Vorgänge enthält, besteht die GuV nur aus Aufwendungen und Erträgen, die der laufenden Periode zuzurechnen sind.

Aufwand	GuV	Ertrag
1. Aufwand jetzt, Ausgabe jetzt	7. Ertrag jetzt, Einnahme jetzt	
2. Aufwand jetzt, Ausgabe früher	8. Ertrag jetzt, Einnahme früher	
3. Aufwand jetzt, Ausgabe später	9. Ertrag jetzt, Einnahme später	
4. Aufwand jetzt, Ertrag jetzt	10. Ertrag jetzt, Aufwand jetzt	
5. Aufwand jetzt, Ertrag früher	11. Ertrag jetzt, Aufwand früher	
6. Aufwand jetzt, Ertrag später	12. Ertrag jetzt, Aufwand später	

Abb. 7   Grundschema der GuV-Rechnung bei der dynamischen Bilanztheorie nach Schmalenbach

Wie Seicht sehr anschaulich illustriert, ist es nicht immer möglich, die einzelnen Fachvertreter eindeutig der statischen oder der dynamischen Auffassung zuzuordnen[59], da in den einzelnen Bilanzvorschlägen unterschiedlichste dynamische und statische Komponenten enthalten sind. Dies folgt außerdem aus der Tatsache, daß dynamische Bilanzierungsziele im Schrifttum nicht eindeutig definiert sind. So finden sich durchaus unterschiedliche Zuordnungen in der Fachliteratur, etwa bei Kosiol[60], der den hier als Statiker aufgeführten Niklisch zu den Dynamikern zählt, weil er dem GuV-Konto eine erhebliche Bedeutung zuweist.

---

[59] Vgl. Seicht, G., Bilanztheorien, 1982, S. 37ff.
[60] Vgl. Kosiol, E., Bilanztheorie, HdSWR, Bd. 2, 1959, S. 229.

3. Die organische Bilanztheorie

Die dritte Gruppe der klassischen Bilanztheorien, die **organische Bilanztheorie**, sieht es als Hauptaufgabe der Bilanz an, der **Erhaltung der Unternehmenssubstanz** zu dienen (F. Schmidt[61] und W. Hasenack[62]). Ihr Anliegen gilt der Eliminierung von inflationsbedingten Scheingewinnausweisen. Da Erfolg nur die Differenz zwischen Umsatzerlös und Wiederbeschaffungspreis (= Tagesbeschaffungspreis am Bilanzstichtag) sein kann, müssen inflationsbedingte Wertsteigerungen des Vermögens erfolgsrechnerisch durch einen eigenkapitalähnlichen Passivposten in der Bilanz neutralisiert werden (Konto „Wertänderungen am ruhenden Vermögen" bei Schmidt oder „Leistungssicherungs- und Wachstumssicherungskonto" bei Hasenack). Die Bezeichnung „organische" Bilanztheorie stammt aus der Forderung der entsprechenden Vertreter dieser Theorie, daß die Unternehmung ihre relative Stellung im Organismus der Volkswirtschaft sichern muß. Hier unterscheiden sich die beiden Hauptvertreter. Schmidt vertritt die Forderung nach relativer Substanzerhaltung, d.h. das Unternehmen soll seine relative Bedeutung in der Volkswirtschaft behaupten. Hasenack fordert darüber hinaus die sogenannte leistungsäquivalente Substanzerhaltung – er bezieht das Schritthalten mit dem technischen Fortschritt in die Substanzerhaltung mit ein. Die Bewertung der Wirtschaftsgüter zu Tageswerten hat den zwischenzeitlich erfolgten technischen Fortschritt zu berücksichtigen.

4. Die neueren kapitalerhaltungsorientierten Bilanztheorien

Dieselbe Hauptaufgabe der Bilanz, wie sie auch die „Organiker" sehen, nämlich die Kapital- und Substanzerhaltung, sehen die zeitlich späteren, und deshalb neuere genannten Arbeiten insbes. von Hax[63] und Feuerbaum[64]. Der Unternehmenserfolg kann aus der Sicht der Substanzerhaltung auf zwei Arten gemessen werden:

- als Nominalerfolg (d.h. als Differenz von Nominalkapital zu Beginn und Ende des Jahres),
- oder als Substanzerfolg (d.h. als Differenz der Unternehmenssubstanz, bewertet zu Tageswerten).

Als Gewinn oder Verlust darf in der Bilanz nach Hax und Feuerbaum jeweils nur der kleinere der beiden Erfolgswerte ausgewiesen werden (kleinerer Gewinn bzw. größerer Verlust). Man spricht deshalb vom **Prinzip des doppelten Minimums.**

Hax und Feuerbaum unterscheiden sich unter anderem durch eine differenziertere Verrechnung der Scheingewinne mit Scheinverlusten. Hax, dessen Theorie unter dem Schlagwort „symmetrisches doppeltes Minimum" bekannt ist, behandelt Scheingewinne und Scheinverluste gleich, d.h. sie werden gegeneinander verrechnet. Feuerbaum (sogenannte polare Bilanz) will Scheingewinne immer voll eliminieren, jedoch Scheinverluste (sie entstehen bei sinkenden Wieder-

---

[61] Schmidt, F., Tageswertbilanz, 3. Aufl., 1951.
[62] Hasenack, W., Wirtschaftslage und Bilanzgestaltung, 1938.
[63] Hax, K., Die Substanzerhaltung, 1957.
[64] Feuerbaum, E., Die polare Bilanz, 1966.

beschaffungspreisen) als echte Verluste ausweisen (sogenanntes asymmetrisches doppeltes Minimum). Die Neutralisierung der Scheingewinne erfolgt auf der Passivseite in dem Posten „Substanzerhaltungsrücklage". Während bei Hax eine Auflösung dieser Rücklage durch Scheinverluste (bei sinkenden Wiederbeschaffungspreisen) vorgesehen ist, ist dies bei Feuerbaum ausgeschlossen.

Selbstverständlich befassen sich nicht nur die hier näher erläuterten Arbeiten mit der Kapital- und Substanzerhaltungsaufgabe der Bilanz. Auch Schmalenbach, Walb, Sommerfeld u.a.[65] behandeln das Problem und diskutieren geeignete Wertansätze. Die zentrale Bilanzaufgabe aus ihrer Sicht liegt jedoch in der periodengerechten Gewinnermittlung.

Ebenso wie die organischen Bilanzauffassungen sind die kapitalerhaltungsorientierten Theorien im Hinblick auf die Bilanzaufgaben vor allem unter dem Schutzaspekt zu sehen – Schutz des Unternehmens vor ungerechtfertigtem Substanzentzug durch Besteuerung und Ausschüttung sowie Schutz der Gläubiger durch Sicherstellung einer ausreichenden Schuldendeckungssubstanz.

5. Die zukunftsorientierten, kapitaltheoretischen Bilanztheorien

Die Vertreter der zukunftsorientierten Bilanztheorien (Albach, Käfer, Seicht u.a.[66]) gehen von der Überlegung aus, daß vergangenheitsbezogene Bilanzinhalte (z.B. Ermittlung von ausschüttbaren Vorjahresgewinnen) unvereinbar mit den Informationsbedürfnissen der meisten Bilanzadressaten sind. In- und externe Bilanzadressaten benötigen für ihre Kreditzusagen, Kapitalanlageentscheidungen, Managemententscheidungen usw. **zukunftsbezogene Informationen**. Die Bilanz muß dieser zukunftsgerichteten Informationsaufgabe gerecht werden, indem sie nach finanzmathematischen, kapitaltheoretischen Methoden rechnet. Die bekannten Implikationen (Kalkulationszufluß, Interner Zinsfuß) treten hier auf. Als Gewinngröße fungiert der sogenannte **ökonomische Gewinn,** der sich als Differenz der Ertragswerte zweier Perioden errechnet. Als **Ertragswert** bezeichnet man die abgezinsten zukünftigen Zahlungsüberschüsse. Zentrales Problem dieser Bilanztheorien stellt die Prognoseabhängigkeit der Bilanzaussage dar. Es ist nicht weiter verwunderlich, daß diese kapitaltheoretischen Bilanztheorien, trotz der betriebswirtschaftlichen Notwendigkeit dieses Ansatzes, wegen der zahlreichen für die praktische Bilanzerstellung enthaltenen Konkretisierungsprobleme keinen Eingang in das geltende Bilanzrecht und in die Bilanzierungspraxis gefunden haben. Praktische Bedeutung haben solche kapitaltheoretischen Ansätze lediglich bei der Ertragswertberechnung im Zusammenhang mit Unternehmensbewertungen gefunden[67].

In diesem Zusammenhang ist es von Interesse, daß bereits der Statiker Wilhelm Rieger[68] die Verwendung des Barwertes künftiger Gewinne als an sich richtiges Bewertungsprinzip gefordert, aber aus praktischen Gründen das Anschaffungswertprinzip als Notbehelf gewählt hat.

---

[65] Zu Schmalenbach vgl. oben, S. 21ff, Walb, E., Finanzwirtschaftliche Bilanz, 1966, Sommerfeld, H., Eudynamische Bilanzlehre, HWB, Bd. 1, 1926 Sp. 1340ff.

[66] Albach, H., Grundgedanken, ZfB, 1965, S. 21ff., Käfer, K., Die Bilanz, 1962, derselbe, Kapitalflußrechnungen, 1967, Seicht, G., Die kapitaltheoretische Bilanz, 1970.

[67] Vgl. WP-Handbuch 1985/86, Band 1, S. 1053ff.

[68] Rieger, W., Einführung, 1929, S. 203f.

6. Verbesserung oder Ersatz der Bilanz

Die beiden letzten der in Abb. 5[69] aufgeführten Theorieansätze basieren auf derselben Grunderkenntnis, nämlich, daß der derzeitige handelsrechtliche Jahresabschluß nicht geeignet ist, den an ihn gestellten Aufgaben gerecht zu werden. Ein Teil der hier angesprochenen Autoren (z.B. Stützel, Leffson, Koch)[70] ist der Ansicht, daß die Kluft zwischen Bilanzaufgaben und Bilanzeignung nicht so groß sei, daß sie nicht durch eine **Verbesserung der Handelsbilanz** überbrückt werden könnte. Diese Verbesserungen sollen etwa erzielt werden

- durch Änderung von Bewertungsvorschriften, z.B. Abschaffung des Niederstwertprinzipes[71] oder Modifizierung des Niederstwertprinzipes[72].
- durch zusätzliche Nebenrechnungen, z.B. aus der Bilanz abgeleitete Einzahlungs-/Auszahlungsrechnungen[73], z.B. durch Kapitalflußrechnungen[74], z.B. durch Kennzahlenberechnungen.
- durch Erstellung von Planbilanzen[75].
- durch Berechnung von bilanzanalytischen Kennzahlen.

Den umfassendsten Ansatz bietet Heinen[76], der mit seiner Theorie der „ergänzten Mehrzweckbilanz" ein vielgestaltiges, auf dem Grundmodell der Handelsbilanz aufbauendes und aus dieser abgeleitetes Konglomerat von Zusatz- und Ergänzungsrechnungen fordert, das den jeweiligen Zweck und Beeinflussungsmöglichkeiten der verschiedensten Bilanzadressaten jeweils gerecht werden soll. Hierzu einige Beispiele nach Heinen[77]: Ausweis zusätzlicher Bilanzpositionen, Erweiterung des Bilanzschemas, Erweiterung des Anhangs, Nebenrechnungen wie Kapitalflußrechnungen, Kapitalbindungspläne, Bewegungsbilanzen, Mehrfachbilanzierungen, Planbilanzen, Sozialbilanzen. Die Heinen'sche Theorie der ergänzten Mehrzweckbilanz „schließt die Forderung in sich ein, die engen Grenzen der Bilanztheorie zugunsten einer umfassenden Theorie der Kommunikationsbeziehungen in der Unternehmung und mit ihrer Umwelt zu überwinden"[78].

Die Vertreter der **Antibilanzkonzeptionen** verneinen diese Fundamentaleignung der Handelsbilanz. Auch sie sehen vor allem den zukunftsorientierten Aspekt der Bilanzziele und Bilanzaufgaben (abgeleitet aus den Zielen der Bilanzadressaten). Im Unterschied zu den kapitaltheoretischen Bilanztheorien befürworten sie praktikable Rechnungslegungsinstrumente, die auf kapitaltheoretische formale Darstellungen und überhöhtes Abstraktionsniveau verzichten. Moxter[79] sieht die Informationsbedürfnisse der Bilanzadressaten auf die künftig zu erwartenden Nettozahlungen gerichtet. Er fordert eine **finanzplanorientierte Rechnungslegung**. Hierdurch seien sowohl die traditionellen Bilanzaufgaben der

---

[69] Vgl. S. 20.
[70] Koch, H., Die Problematik, WPg, 1957, S. 1ff., 31ff., 60ff., Leffson, U., Kapitaldispositionsnachweis, NB, 1968, S.1ff., Stützel, G., Bemerkungen, ZfB, 1967, S. 314ff.
[71] Vgl. Schweitzer, M., Struktur, 1972, S. 137ff.
[72] Vgl. Koch, A., Problematik, WPg, 1957, S. 31ff.
[73] Vgl. Lehmann, M. R., Quintessenz, ZfB, 1955, S. 537ff., S. 669ff.
[74] Vgl. Leffson, U., Kapitaldispositionsnachweis, NB, 1968, S. 1ff.
[75] Vgl. Zwehl, W., Planbilanz, 1968, Metz, M., Planbilanzen, DB, 1977, S. 2ff.
[76] Heinen, E., Handelsbilanzen, 1986, S. 101ff.
[77] Ebenda, S. 107.
[78] Ebenda, S. 113.
[79] Moxter, A., Bilanzlehre, 1976, S. 375ff.

statischen Theorie (Schuldendeckungskontrolle) und der dynamischen Theorie (objektivierte Einkommensermittlung) erfüllbar, als auch die neuere, übergeordnete Bilanzaufgabe „Zielrealisierungskontrolle"[80]. Die herkömmliche Bilanz hält Moxter wegen des zu engen Bilanzbegriffs und wegen der zu Axiomen erstarrten Bilanzaufgaben (Vermögensermittlung und Gewinnermittlung) für unbrauchbar.

Busse von Colbe[81] lehnt ebenfalls die Handelsbilanz als unbrauchbares Instrument der Rechnungslegung ab, da sie keinen Einblick in die Liquiditätslage der Unternehmung vermitteln kann. Als Ersatz fordert er zwei Rechnungslegungsinstrumente: die retrospektive und die prospektive (vergangenheits- und zukunftsorientierte) **Kapitalflußrechnung**.

Leitet man die Bilanzaufgaben aus den Interessenlagen der Bilanzadressaten ab, dann ist als Resümee wohl festzuhalten, daß der nach handelsrechtlichen Vorschriften erstellte Jahresabschluß und die daraus abgeleitete Steuerbilanz nicht viel mehr dokumentieren können, als daß sie mit den gesetzlichen Bilanzierungsvorschriften übereinstimmten. Wobei nicht einmal sichergestellt ist, daß sie die gesetzesimmanenten Bilanzzwecke erfüllen, da sich diese zumindest teilweise widersprechen[82], vor allem aber da der Gesetzgeber weitestgehende Gestaltungsfreiräume läßt. Zur Befriedigung des Informationsbedürfnisses interner und externer Bilanzadressaten sind zusätzliche, teilweise bilanzergänzende, überwiegend jedoch bilanzersetzende Maßnahmen erforderlich.

---

[80] Ebenda, S. 384, S. 386ff.
[81] Busse von Colbe, W., Kapitalflußrechnungen, ZfB, 1. Ergänzungsheft 1966, S. 82ff.
[82] Vgl. S. 17.

Abschnitt 2
Die Grundlagen der Rechnungslegung

Kapitel 1
Rechtsgrundlagen

Die Rechtsgrundlagen, nach denen die handelsrechtliche Rechnungslegung zu erfolgen hat, bestehen aus drei Elementen. Das erste Element ist das **kodifizierte Recht**. Hierzu gehören all diejenigen Gesetze bzw. Gesetzesteile und Verordnungen, die sich mit Rechnungslegungsvorschriften befassen. Das zweite Element ist das **Richterrecht**, also die für die handelsrechtliche Rechnungslegung einschlägigen Urteile und Entscheidungen bundesdeutscher Gerichte. Hierzu gehören vor allem auch die Entscheidungen des obersten deutschen steuerlichen Gerichts, des Bundesfinanzhofes (BFH), da über das Maßgeblichkeitsprinzip – bzw. über dessen Umkehrung (was in der Steuerbilanz stehen soll, muß auch in die Handelsbilanz) – auch rein steuerliche Problemstellungen handelsrechtliche Bedeutung erhalten. Das dritte Element sind die sogenannten **Grundsätze ordnungsmäßiger Buchführung**, über deren Konkretisierung man nichts abschließendes im kodifizierten Recht findet – ein unbestimmter Rechtsbegriff also[1]. Sie spielen jedoch eine zentrale Rolle bei der Auslegung des Gesetzes und bei der Auffüllung von Lücken im Gesetz.

1. Kodifiziertes Recht

Es gibt eine Reihe von Gesetzesbestimmungen, die handelsrechtliche Rechnungslegungsvorschriften enthalten. Nach der Art des Geltungsbereiches lassen sie sich unterteilen in

- allgemeingültige Vorschriften für alle Kaufleute,
- rechtsformspezifische Vorschriften,
- größenspezifische Vorschriften,
- branchenspezifische Vorschriften.

1.1 Allgemeingültige Vorschriften

Das **Handelsgesetzbuch (HGB)** vom 10. Mai 1897 ist die zentrale Rechtsquelle für die handelsrechtliche Rechnungslegung. Gerade die Rechnungslegungsvorschriften haben hier in jüngster Zeit eine fundamentale Änderung erfahren. Aufgrund der vierten, siebenten und achten Richtlinie des Rates der Europäischen Gemeinschaften zur Koordinierung des Gesellschaftsrechts wurde es erforderlich, das kodifizierte Rechnungslegungsrecht in formeller wie in materieller Hin-

---

[1] Zu den unbestimmten Rechtsbegriffen vgl. Handwörterbuch unbestimmter Rechtsbegriffe im Bilanzrecht des HGB, Köln, 1986.

sicht zu überarbeiten. Hierdurch wurden nicht nur eine – gewisse – Harmonisierung der Vorschriften innerhalb der Europäischen Gemeinschaft, sondern vor allem auch eine gebotene Verbesserung und Vereinheitlichung der bundesdeutschen Rechnungslegungsvorschriften erreicht.

Insbesondere die 4. EG-Richtlinie zur Koordinierung der einzelstaatlichen Vorschriften über Form und Inhalt des Jahresabschlusses und des Lageberichts für Aktiengesellschaften (AG), für Kommanditgesellschaften auf Aktien (KGaA) und für Gesellschaften mit beschränkter Haftung (GmbH) sowie über die Offenlegung und Prüfung dieser Unterlagen vom 25. Juli 1978 hat den Gesetzgeber in der Bundesrepublik Deutschland veranlaßt, über die Zielsetzung der EG-Richtlinie hinaus eine wünschenswerte Bereinigung der deutschen Vorschriften zu vollziehen. Dies erfolgte mit dem sogenannten **„Bilanzrichtliniengesetz"**, einem Artikelgesetz, das die handelsrechtlichen Rechnungslegungsvorschriften in zahlreichen Einzelgesetzen (im AktG, GmbHG, PublG usw.) reduziert und nunmehr im HGB zusammenfaßt.

Rechtslage vor 1986:

Das Handelsgesetzbuch (HGB) enthielt im vierten Abschnitt des ersten Buches unter der Überschrift „Handelsbücher" die §§ 38 bis 47b. Diese regelten die Buchführungspflicht (§ 38) für Kaufleute, die Verpflichtung ein Inventar und eine Bilanz zu erstellen (§ 39), Bewertungsvorschriften (§ 40) sowie zahlreiche formale Vorschriften über Unterzeichnung, Organisation, Aufbewahrung und Vorlegung (§§ 41-47b) der Handelsbücher. Insbesondere die wichtigen Fragen einer detaillierteren Regelung des Bilanzinhaltes sowie der Bewertung waren äußerst knapp und unbefriedigend gehalten. So enthielt der die Bewertung regelnde § 40 HGB keinen Hinweis darauf, daß eine höhere Bewertung als zu den Anschaffungs- oder Herstellungskosten unzulässig ist. Dieses sogenannte Anschaffungswertprinzip (Anschaffungskostenprinzip) war und ist aber einer der fundamentalen, rechtsformunabhängigen Bewertungsgrundsätze der deutschen Bilanzierungspraxis. Solche für die handelsrechtliche Rechnungslegung zentralen Bilanzierungs- und Bewertungsregeln befanden sich im AktG und hatten somit formal nur Gültigkeit für Aktiengesellschaften. Die verbindliche Anwendung von aktienrechtlichen Vorschriften auf andere Rechtsformen war in vielen Fällen umstritten[2] und konnte allenfalls über die Grundsätze ordnungsmäßiger Buchführung (GoB) abgeleitet werden. In der Praxis bilanzierten allerdings auch andere Rechtsformen seit langem nach den aktienrechtlichen Regelungen (Gliederungsvorschriften, Aktivierungswahlrechte, Bewertungsregeln). Die Bilanzierungs- und Bewertungsvorschriften in anderen rechtsformspezifischen Gesetzen dagegen waren unbefriedigend (z.B. § 42 GmbHG mit dem Verweis auf den dürftigen § 40 HGB) und redundant in dem Sinne, daß sie Teile der aktienrechtlichen Vorschriften wiederholten (z.B. das Anschaffungswertprinzip in den §§ 153, 155 AktG sowie § 42 Nr. 1 GmbHG, § 33c Nr. 1 GenG).

Rechtslage ab 1986:

Nach Inkrafttreten des Bilanzrichtliniengesetzes vom 19. Dezember 1985 mit Wirkung vom 1. Januar 1987[3] haben sich formale und inhaltliche Änderungen ergeben. Die wesentliche formale Änderung ist eine Umstrukturierung des Han-

---

[2] Vgl. hierzu Wöhe, G., Bilanzierung, 1984, S. 161.

[3] Die vorgezogene Anwendung der neuen Bilanzierungsvorschriften auf ein früheres Geschäftsjahr ist zulässig (vgl. Art. 23 EGHGB, BGBl. I, S. 2355).

delsgesetzbuches. Die bisherigen Rechnungslegungsparagraphen (§§ 38-47b) wurden aufgehoben. Die Rechnungslegungsvorschriften wurden im Dritten Buch unter der Überschrift „Handelsbücher" neu zusammengefaßt. Das frühere Dritte Buch (Handelsgeschäfte) wurde zum Vierten Buch und das frühere Vierte Buch (Seehandel) wurde zum Fünften Buch. Die Regelungen in den gesellschaftsrechtlichen Spezialgesetzen (insbes. im Aktiengesetz) wurden auf rechtsformspezifische Besonderheiten beschränkt.

Das Handelsgesetzbuch hat nunmehr folgenden Aufbau:

Aufbau des Handelsgesetzbuches ab 19.12.1985

Erstes Buch: Handelsstand	§§ 1-104
(bestehend aus 8 Abschnitten)	
Zweites Buch: Handelsgesellschaften und stille Gesellschaft	§§ 105-237
(bestehend aus 3 Abschnitten)	
Drittes Buch: Handelsbücher	§§ 238-335
1. Abschnitt: Vorschriften für alle Kaufleute	§§ 238-263
1. Unterabschnitt: Buchführung, Inventar	§§ 238-241
2. Unterabschnitt: Jahresabschluß	§§ 242-256
1. Titel: Allgemeine Vorschriften	§§ 242-245
2. Titel: Ansatzvorschriften	§§ 246-251
3. Titel: Bewertungsvorschriften	§§ 252-256
3. Unterabschnitt: Aufbewahrung und Vorlage	§§ 257-261
4. Unterabschnitt: Sollkaufleute, Landesrecht	§§ 262-263
2. Abschnitt: Ergänzende Vorschriften für Kapitalgesellschaften (AG, KGaA, GmbH)	§§ 264-335
1. Unterabschnitt: Jahresabschluß der Kapitalgesellschaft und Lagebericht	§§ 264-289
1. Titel: Allgemeine Vorschriften	§§ 264-265
2. Titel: Bilanz	§§ 266-274
3. Titel: Gewinn- und Verlustrechnung	§§ 275-278
4. Titel: Bewertungsvorschriften	§§ 279-283
5. Titel: Anhang	§§ 284-288
6. Titel: Lagebericht	§ 289
2. Unterabschnitt: Konzernabschluß und Konzernlagebericht	§§ 290-315
1. Titel: Anwendungsbereich	§§ 290-293
2. Titel: Konsolidierungskreis	§§ 294-296
3. Titel: Inhalt und Form des Konzernabschlusses	§§ 297-299
4. Titel: Vollkonsolidierung	§§ 300-307
5. Titel: Bewertungsvorschriften	§§ 308-309
6. Titel: Anteilsmäßige Konsolidierung	§ 310
7. Titel: Assoziierte Unternehmen	§§ 311-312
8. Titel: Konzernanhang	§§ 313-314
9. Titel: Konzernlagebericht	§ 315
3. Unterabschnitt: Prüfung	§§ 316-324

Somit enthält das HGB nunmehr sämtliche allgemeinen Bilanzierungs- und Bewertungsgrundsätze. Die Vorschriften unterscheiden sich in der Schärfe sehr wesentlich nach der Person des Rechnungslegenden. Für **Einzelkaufleute und Personenhandelsgesellschaften** gilt nur der erste Abschnitt des Dritten Buches[4]. Insbesondere gelten für diese Unternehmen nicht:

- Die verschärfte Generalnorm des § 264 Abs. 2 HGB („... ein den tatsächlichen Verhältnissen entsprechendes Bild der Vermögens-, Finanz- und Ertragslage zu vermitteln", sogenannter Grundsatz des True and fair View). Es gilt hier nur die Norm des § 242 HGB: Der Kaufmann hat „... einen das Verhältnis seines Vermögens und seiner Schulden darstellenden Abschluß" sowie ... „eine Gegenüberstellung der Aufwendungen und Erträge des Geschäftsjahres (Gewinn- und Verlustrechnung)" nach den Grundsätzen ordnungsmäßiger Buchführung klar und übersichtlich aufzustellen (§ 243 HGB).
- Es gelten nicht die detaillierten Gliederungsvorschriften der §§ 265ff. HGB.
- Es gelten nicht die Bewertungsvorschriften der §§ 279ff. HGB, insbesondere das Wertaufholungsgebot (§ 280 HGB).
- Es muß kein Anhang und kein Lagebericht erstellt werden (§§ 284ff. HGB).
- Es muß kein Konzernabschluß aufgestellt werden, wenn die Muttergesellschaft keine Kapitalgesellschaft ist (§§ 290ff. HGB)[5].
- Es besteht keine Pflicht zur Prüfung des Abschlusses durch Abschlußprüfer (§§ 316ff. HGB)[6].
- Es besteht keine Pflicht zur Offenlegung und Veröffentlichung (§§ 325ff. HGB)[7].

1.2 Rechtsformspezifische Vorschriften

Rechtsformspezifische Rechnungslegungsvorschriften finden sich ergänzend zu den Bestimmungen des 1. Abschnittes des Dritten Buches des HGB in folgenden Gesetzen:

- Im Handelsgesetzbuch (2. Abschnitt des Dritten Buches, §§ 264-335 HGB, ergänzende Vorschriften für Kapitalgesellschaften).

---

[4] Soweit sie nicht gemäß § 1 PublG zur Rechnungslegung verpflichtet sind. Dann treffen auch für diese Rechtsformen die schärferen Bestimmungen der §§ 264ff. HGB zu, vgl. auch Woltmann, A., Die Bilanz der Personenhandelsgesellschaft, WPg 1985, Teil I, S. 245ff und Teil II, S. 275ff.

[5] Ausnahmen sieht das PublG vor, vgl. § 11 PublG.

[6] Ausnahmen wiederum aufgrund des PublG, vgl. § 6 PublG, vgl. unten, S. 353.

[7] Ausnahmen wiederum aufgrund des PublG, vgl. § 9 PublG, vgl. unten, S. 360, vgl. auch S. 7.

- Im Aktiengesetz (für Aktiengesellschaft und Kommanditgesellschaften auf Aktien, §§ 150-176 und 286 AktG).
- Im Gesetz betreffend die Gesellschaften mit beschränkter Haftung (§§ 41-42a GmbHG).
- Im Genossenschaftsgesetz (§ 33 GenG).

Der Zielsetzung des Bilanzrichtliniengesetzes zufolge wurden diese Gesetze von allgemeinen Rechnungslegungsvorschriften entlastet. Sie geben nunmehr ausschließlich rechtsformspezifische Besonderheiten wieder.

1.3 Größenspezifische Vorschriften

Rechnungslegungsvorschriften, die auf die Größe des bilanzierenden Unternehmens Bezug nehmen, finden sich neben dem Handelsgesetzbuch vor allem im sog. Publizitätsgesetz („Gesetz über die Rechnungslegung von bestimmten Unternehmen und Konzernen", PublG).

Rechtsformabhängige größenspezifische Vorschriften

Die **Regelungen des HGB** teilen die Kapitalgesellschaften in drei Größenklassen ein (§ 267 HGB), für die jeweils unterschiedliche Differenzierungsgrade der Rechnungslegungsvorschriften gelten (sogenannte größenabhängige Erleichterungen).

Die Größenklassen des § 267 HGB sind durch folgende Grenzen gekennzeichnet:

Kleine Kapitalgesellschaften (§ 267 Abs. 1 HGB) sind solche, die mindestens zwei der drei nachstehenden Merkmale nicht überschreiten:

Bilanzsumme:	3.900.000 DM
Umsatzerlöse:	8.000.000 DM
Beschäftigte im Jahresdurchschnitt:	50

Mittelgroße Kapitalgesellschaften (§ 267 Abs. 2 HGB) sind solche, bei denen mindestens zwei der drei Merkmale Bilanzsumme, Umsatzerlöse und Beschäftigtenzahl im Jahresdurchschnitt in den nachstehenden Intervallen liegen:

$$3.900.000 < \text{Bilanzsumme} \leq 15.500.000\,\text{DM}$$
$$8.000.000 < \text{Umsatzerlöse} \leq 32.000.000\,\text{DM}$$
$$50 < \text{Beschäftigte} \leq 250.$$

Große Kapitalgesellschaften (§ 267 Abs. 3 HGB) liegen vor, wenn mindestens zwei der für mittelgroße Kapitalgesellschaften geltenden Obergrenzen überschritten werden:

Bilanzsumme:	15.500.000 DM
Umsatzerlöse:	32.000.000 DM
Beschäftigte im Jahresdurchschnitt:	250.

Die Vorschriften des HGB (§§ 264ff.) gelten nur für Kapitalgesellschaften und zwar Aktiengesellschaften, Kommanditgesellschaften auf Aktien und Gesellschaften mit beschränkter Haftung. Die **GmbH & CoKG** wird hier nicht einbezogen, so daß sämtliche Regeln des zweiten Abschnitts des Dritten Buches diese Rechtsform grundsätzlich nicht betreffen (z.B. ausführliche Bilanzgliederung,

Anhang, Lagebericht, Prüfung, Veröffentlichung). Als Kapitalgesellschaft ist jedoch die Komplementär-GmbH von diesen Vorschriften nicht ausgenommen.

Rechtsformunabhängige größenspezifische Vorschriften

Unternehmensgrößenabhängige Rechnungslegungsvorschriften für Einzelunternehmen und Personengesellschaften (d.h. auch für die GmbH & CoKG) und für andere, nicht vom 2. Abschnitt des Dritten Buches HGB erfaßten Rechtsformen, finden sich im sogenannten Publizitätsgesetz (PublG).

Rechnungslegungs- und publizitätspflichtig sind hiernach alle Unternehmen mit den Rechtsformen (§ 3 PublG):

- Einzelkaufmann
- Personenhandelsgesellschaft
- Bergrechtliche Gewerkschaft
- rechtsfähige Stiftung des privaten Rechts
- Körperschaften, Stiftungen und Anstalten des öffentlichen Rechtes, soweit sie Kaufmann i.S. des HGB oder im Handelsregister eingetragen sind,

wenn sie zwei der drei nachstehenden Größenmerkmale überschreiten (§ 1 Abs. 1 PublG):

Bilanzsumme:	125.000.000 DM
Umsatzerlöse:	250.000.000 DM
Beschäftigtenzahl im Jahresdurchschnitt:	5.000

Die Rechnungslegungsvorschriften nach dem PublG kommen folglich nur für sehr große Unternehmen in Betracht. Im allgemeinen muß die Überschreitung der obigen Wertgrenzen drei unmittelbar aufeinanderfolgende Jahre bestanden haben, ehe die Rechnungslegungsverpflichtung zum dritten Abschlußstichtag beginnt (§ 2 PublG). Die Rechnungslegung hat dann entsprechend den für Kapitalgesellschaften geltenden Vorschriften des HGB zu erfolgen. (Hiervon sind gemäß § 5 PublG die folgenden HGB-Vorschriften betroffen: §§ 265, 266, 268-275, 277, 278, 281, 282). Allerdings gilt für die Pflicht zur Aufstellung nicht die durch den Grundsatz des „True and fair View" verschärfte (§ 264 HGB) Generalnorm, sondern der schwächere § 242 HGB. Rechnungslegungspflichtige Unternehmen nach PublG sind also nicht wie Kapitalgesellschaften (lt. § 264 HGB und Art. 2 Abschn. 3 der vierten EG-Richtlinie) verpflichtet, in ihrem Jahresabschluß „ein den tatsächlichen Verhältnissen entsprechendes Bild der Vermögens-, Finanz- und Ertragslage zu vermitteln".

Exkurs: Größenabhängige Rechnungslegungsvorschriften des Steuerrechts

Eine eigenständige Verpflichtung zur Führung von Büchern und zum Erstellen von Abschlüssen sieht das Steuerrecht im § 141 AO vor. Soweit sie nicht bereits nach Handelsrecht (§§ 238ff. HGB) dazu verpflichtet sind, müssen gewerbliche Unternehmen und Land- und Forstwirte Bücher führen, Bestandsaufnahmen durchführen und Abschlüsse machen, wenn eine der nachstehenden Größenordnungen überschritten wird:

Umsatz:	360.000 DM
Betriebsvermögen:	100.000 DM
Wert der land- und forstwirtschaftlichen Flächen:	40.000 DM
Gewinn aus Gewerbebetrieb:	36.000 DM
Gewinn aus Land- und Forstwirtschaft:	36.000 DM

Das Steuerrecht nimmt im § 141 Abs. 1 Satz 2 AO ausdrücklich bezug auf die handelsrechtlichen Vorschriften der §§ 238-263 HGB, die entsprechend anzuwenden sind. Die Buchführungs- und Abschlußverpflichtung des § 141 AO gilt nur für Kann-Kaufleute (§ 3 HGB) sowie für Kleingewerbetreibende (§ 4 HGB), da diese Personengruppen von den handelsrechtlichen Rechnungslegungsvorschriften der §§ 238ff. HGB nicht erfaßt werden. Durch diese steuerliche Buchführungs-Regelung soll sichergestellt werden, daß steuerliche Aufzeichnungen auch dann geführt werden, wenn das Handelsrecht an sich keine Verpflichtung hierzu vorsieht.

1.4 Branchenspezifische Vorschriften

Aufgrund der Besonderheit bestimmter Branchen bestehen zahlreiche Sonderregelungen. Sie sind vor allem durch abweichende Gliederungsvorschriften gekennzeichnet.

Zu diesen branchenspezifischen Spezialvorschriften zählen unter anderen:

- §§ 25a-31 KWG (Kreditwesengesetz),
- Verordnung über die Rechnungslegung von Versicherungsunternehmen vom 11.7.1973,
- Verordnung über die Rechnungs- und Buchführungspflichten von Krankenhäusern vom 10.4.1978,
- §§ 24ff. Hypothekenbankengesetz,
- §§ 22-26 Gesetz über Schiffspfandbriefbanken,
- §§ 25ff. Gesetz über Kapitalanlagegesellschaften,
- Verordnung über Formblätter für die Gliederung des Jahresabschlusses von Wohnungsunternehmen vom 22.9.1979,
- Verordnung über die Gliederung des Jahresabschlusses von Verkehrsunternehmen vom 27.2.1968

1.5 Steuergesetze und steuerliche Verordnungen

Wegen des Grundsatezs der Maßgeblichkeit der Handelsbilanz für die Steuerbilanz (vgl. S. 179) sind für die steuerrechtliche Bilanzierung zugleich auch alle handelsrechtlichen Rechtsvorschriften von Bedeutung. In der Praxis ergibt sich in vielen Fällen eine faktische Umkehrung dieses Maßgeblichkeitsgrundsatzes, da alles, was in die Steuerbilanz eingehen soll, auch in der Handelsbilanz enthalten sein muß. Insofern finden die bilanzsteuerlichen Rechtsvorschriften nicht nur steuerliche, sondern auch handelsrechtliche Beachtung.

Die Rechtsquellen, auf denen das Bilanzsteuerrecht im wesentlichen basiert, sind neben der im nächsten Abschnitt behandelten Rechtsprechung des Bundesfinanzhofs vor allem: **Das Einkommensteuergesetz** (EStG). Hier sind insbesondere die §§ 4 bis 7g von Bedeutung, die den steuerlichen Gewinnbegriff behandeln. **Die Einkommensteuerdurchführungsverordnung** (EStDV). Dies sind allgemein verbindliche Vorschriften, die von der Exekutive, d.h. von der Finanzverwaltung aufgrund einer Ermächtigung im EStG erlassen wurden. Für die Bilanzierung sind insbesondere die §§ 6 bis 23 EStDV relevant. **Die Einkommensteuerrichtlinien** (EStR). Sie stellen an sich nur Verwaltungsordnungen des Bundesministers der Finanzen dar und sind rechtlich nur für die nachgelagerten Behörden der Finanzverwaltung verbindend. In der Realität kommt ihnen jedoch der Charakter von allgemein verbindlichen Rechtsvorschriften zu. Dasselbe gilt für Erlässe und Schreiben des Bundesministers der Finanzen (BMF).

2. Rechtsprechung

Je klarer und eindeutiger die gesetzlichen Vorschriften sind, desto weniger Probleme gibt es bei der Anwendung des Gesetzes und desto weniger müssen sich die Gerichte mit diesen Problemen befassen. Wenn das kodifizierte Recht zu knapp formuliert ist, Fragen offen läßt oder viele unbestimmte Rechtsbegriffe[8] verwendet, dann haben die Gerichte diese Lücken auszufüllen. Insbesondere die Urteile und Entscheidungen der letztinstanzlichen, höchsten Bundesgerichte haben häufig eine über den konkreten Einzelfall hinausgehende Bedeutung. Durch die allgemeine Beachtung der höchstrichterlichen Rechtssprechung „kann aus Gerichtsgebrauch Gewohnheitsrecht" werden[9] oder, wie Moxter[10] schreibt: „nimmt der Urteilswortlaut eine dem Gesetzeswortlaut in mancher Hinsicht vergleichbare Stellung ein".

Nun zeigt sich, daß das hier an sich zuständige oberste Gericht, der **Bundesgerichtshof (BGH)** in Karlsruhe, nur relativ wenige Entscheidungen zur handelsrechtlichen Rechnungslegung getroffen hat[11]. Dies kann zwei Gründe haben: der erste Grund kann darin bestehen, daß die handelsrechtlichen Gesetzesvorschriften so klar und eindeutig sind, daß eine gerichtliche Auslegung nicht erforderlich ist, was angesichts der detaillierten Bestimmungen der bisherigen §§ 148ff. AktG denkbar wäre; im Gegensatz hierzu steht allerdings der dürftige § 40 HGB zur Bewertungsproblematik. Der zweite Grund kann darin bestehen, daß die betroffenen Bilanzadressaten letztlich keinen großen Wert auf gerichtliche Klärung von Streitfragen legen, was angesichts der langen Verfahrensdauern und des ungewissen Ausgangs einige Wahrscheinlichkeit aufweist.

---

[8] Zu den unbestimmten Rechtsbegriffen vgl. Handwörterbuch unbestimmter Rechtsbegriffe im Bilanzrecht des HGB, Köln, 1986.

[9] Castan, E., Rechnungslegung, 1984, S. 14.

[10] Moxter, A., Bilanzierung, 1982, S. 1.

[11] Hierzu einige Beispiele, zitiert nach Castan, E., Rechnungslegung, 1984, S. 14:
- BGH-Urteil vom 27.2.1961, betreffend die Bilanzierung von Pensionsanwartschaften, BB 1961, S. 426;
- BGH-Urteil vom 31.5.1965, Ausweis von Forderungen an Konzernunternehmen, BGHZ 44, 1966, S. 35;
- BGH-Urteil vom 11.7.1966, Bildung von Rückstellungen für Ausgleichsansprüche der Handelsvertreter, BB 1966, S. 915;
- BGH-Urteil vom 30.3.1978, Abgrenzung von Herstellungs- und Erhaltungsaufwand, BB 1978, S. 683;
- BGH-Urteil vom 31.10.1978, Behandlung von nichtigen und schwebend unwirksamen Anschaffungsgeschäften, NJW 1980, S. 183;
- BGH-Urteil vom 31.10.1978, Ausweis von Beteiligungen im Anlagevermögen, WPg, 1979, S. 158;
- BGH-Urteil vom 3.11.1975, Ausweis von Forderungen gegenüber verbundenen Unternehmen, BB 1976, S. 9;
- BGH-Urteil vom 1.3.1982, Bildung von Rückstellungen für Verluste aus schwebenden Geschäften, WPg, 1982, S. 591

Ganz anders sieht dies beim **Bundesfinanzhof (BFH)** in München aus. Die das Bilanzsteuerrecht betreffenden Entscheidungen des BFH gehen in die Tausende und sind kaum mehr zu überblicken. Der Grund für diese überaus häufige Anrufung des BFH mag darin liegen, daß steuerbilanzielle Streitfragen unterschiedliche Steuerbelastungen zur Folge haben und damit das Interesse nach endgültiger Klärung besonders groß ist. Die bilanzsteuerlichen Entscheidungen des BFH sind für die handelsrechtliche Rechnungslegung nicht ohne Bedeutung. Ein Grund hierfür ist im **Maßgeblichkeitsprinzip** zu sehen (§ 5 EStG). Entscheidungen des BFH wirken wegen dieses Prinzips, bzw. wegen dessen Umkehrung direkt auf die handelsrechtliche Bilanzgestaltung ein. Ein weiterer, in unserer Rechtsordnung verankerter Grund für die handelsrechtliche Relevanz von BFH-Entscheidungen liegt in dem verfassungsmäßigen Postulat, daß die Rechtsprechung zweier oberster Gerichtshöfe des Bundes in derselben Rechtsfrage nicht voneinander abweichen darf. Sollte dies doch der Fall sein, dann hat gemäß Art. 95 Abs. 3 Grundgesetz ein gemeinsamer Senat der obersten Gerichtshöfe für Vereinheitlichung der Rechtsprechung zu sorgen[12]. Sofern die Anrufung des gemeinsamen Senats wegen identischer Rechtsauffassungen nicht erforderlich ist, erübrigen sich – in Anbetracht der Vielzahl finanzrechtlicher Entscheidungen – gleichlautende Entscheidungen des Bundesgerichtshofes zum Bilanzrecht.

3. Die Grundsätze ordnungsmäßiger Buchführung (GoB)

3.1 Das Wesen der GoB

Die Grundsätze ordnungsmäßiger Buchführung stellen die allgemeinsten Buchführungs- und Bilanzierungsnormen dar. Sie bestehen zusätzlich zu den gesetzlichen Vorschriften und sollen die Lücken und Freiräume ausfüllen, für die das kodifizierte Recht keine oder keine ausreichenden Regelungen vorsieht. Da es zum Wesen der GoB gehört, daß sie **neben dem Gesetz** bestehen, können sie auch nicht vollständig kodifiziert werden. Ihre Bedeutung liegt vielmehr darin, daß sie sich laufend fortbilden und der Entwicklung anpassen, während Gesetze über größere Zeiträume unverändert weiter bestehen sollen. So gibt das derzeit geltende Recht auch keinerlei abschließende Definition oder Konkretisierung des Inhaltes dieser Grundsätze, wenngleich es ihre Anwendung und Einhaltung ausdrücklich fordert. So verpflichtet das Gesetz den Kaufmann in den Büchern „seine Handelsgeschäfte und die Lage seines Vermögens nach den GoB ersichtlich zu machen" (§ 328 Abs. 1 HGB). § 243 fordert als Aufstellungsgrundsatz: „Der Jahresabschluß ist nach den Grundsätzen ordnungsmäßiger Buchführung aufzustellen". § 264 Abs. 2 HGB bestimmt für Kapitalgesellschaften, daß das den tatsächlichen Verhältnissen entsprechende Bild der Ertrags-, Finanz- und Vermögenslage „unter Beachtung der Grundsätze ordnungsmäßiger Buchführung" zu vermitteln ist. Auch das Einkommensteuerrecht sieht in § 5 Abs. 1 EStG vor, daß das Betriebsvermögen anzusetzen ist, das nach den handelsrechtlichen Grundsätzen ordnungsmäßiger Buchführung auszuweisen ist.

Es hat immer wieder Bestrebungen gegeben, die Grundsätze ordnungsmäßiger Buchführung festzuschreiben und in das kodifizierte Recht aufzunehmen. Dies

---

[12] Näheres hierzu regelt das „Gesetz zur Wahrung der Einheitlichkeit der Rechtsprechung der obersten Gerichtshöfe des Bundes" vom 19.6.1968, BGBl. I. 1968. S. 661.

war z.B. beim ersten Entwurf des Bilanzrichtliniengesetzes 1980 der Fall. In der Begründung zu diesem Entwurf hieß es[13]: „Da aber eine einheitliche Durchführung ... erreicht werden soll, sieht der Entwurf vor, daß der Inhalt der GoB durch Rechtsverordnung festgelegt werden kann...". Der Gesetzgeber hat von diesem Vorhaben wieder Abstand genommen, wenngleich festzustellen ist, daß wesentliche Teile der GoB Eingang in das neue deutsche Handelsrecht gefunden haben (z.B. das Vorsichtsprinzip, das Imparitätsprinzip, das Realisationsprinzip, § 252 Abs. 1 Nr. 4 HGB). Auch bei sehr ausführlichen gesetzlichen Regelungen zu Buchführung und Jahresabschluß kann auf die GoB nicht verzichtet werden, wegen der Vielgestaltigkeit der Bilanzierungsprobleme und der **laufenden Fortentwicklung** von rechtlichen Gestaltungen (z.B. Leasing) und technisch-organisatorischen Entwicklungen (z.B. offene-Posten-Buchhaltung, Speicher-Buchführung, Außer-Haus-Buchführung). Es ist somit erforderlich, flexible, anpassungsfähige und **sich stets weiterentwickelnde Rechtsnormen** zusätzlich zum kodifizierten Recht zu setzen. Die GoB als unbestimmte Rechtsnorm sind als Ergänzung zu den Gesetzen ein zentraler Bestandteil der Rechnungslegungsvorschriften. Dies schließt nicht aus, daß Teile dieser Grundsätze in gesetzliche Regelungen übernommen werden und die Gesetze somit Teile der GoB enthalten, wie dies im neuen deutschen HGB in weiten Bereichen der Fall ist. Desgleichen ist es möglich, daß Vorschriften einerseits in Spezialgesetzen (wie z.B. dem AktG) kodifiziert sind, andererseits aber für Fälle außerhalb des Anwendungsbereiches dieser Spezialgesetze als GoB verbindliche Rechtsvorschriften darstellen. Als Beispiel hierzu sind viele Bestimmungen des alten Aktiengesetzes, insbesondere zur Gliederung und Bewertung in der Bilanz zu sehen. „Nach einer anfänglichen Unsicherheit hat sich nach Inkrafttreten des AktG 1965 die Auffassung durchgesetzt, daß es sich bei der überwiegenden Zahl der Regelungen des AktG um Grundsätze ordnungsmäßiger Buchführung handelt, die von jedem Kaufmann beachtet werden müssen"[14]. Ganz wesentlich haben hierzu die Rechtsprechung des BFH und die Erlässe der Finanzverwaltung beigetragen.

Es ist zu erwarten, daß die konkreteren Bestimmungen des 2. Abschnittes des Dritten Buches HGB auf dem Wege über die GoB auch für andere Rechtsformen verpflichtend werden – trotz gegenteiliger Absicht des Gesetzgebers. Diese Entwicklung ist bei den äußerst dürftigen Mindestgliederungsvorschriften, die sich aus § 247 HGB ergeben, durchaus zu begrüßen. Nach geltendem Handelsrecht entspricht der folgende Abschluß einer Einzelunternehmung oder Personengesellschaft, solange sie nicht die publizitätspflichtige Größenordnung des PublG erreicht, voll dem Gesetzeswortlaut, weitergehende Untergliederungen sind nicht vorgesehen:

---

[13] Bundesminister der Justiz, Vorentwurf eines Gesetzes zur Durchführung der 4. Richtlinie des Rates der Europäischen Gemeinschaften zur Koordinierung des Gesellschaftsrechts, 9522/1-3-1a SH3 vom 5. Februar 1980, Band 2, Begründung, S. 22.

[14] Ebenda, S. 7.

Bilanz:

Anlagevermögen	Eigenkapital
Umlaufvermögen	Schulden
Rechnungsabgrenzungsposten	Rechnungsabgrenzungsposten

GuV-Rechnung

Aufwendungen	Erträge
	Gewinn

Ein besonderes Problem wirft die Frage auf, welche der beiden nebeneinander existierenden Rechtsnormen – kodifiziertes Recht einerseits, GoB als unbestimmter Rechtsbegriff andererseits – im konkreten Fall vorrangig anzuwenden sind[15]. Die Antwort lautet einerseits: Grundsätzlich gehen die gesetzlichen Regelungen vor. Die GoB sind nur heranzuziehen, wenn das Gesetz auslegungsbedürftig ist oder Lücken aufweist. Die Antwort muß aber auch lauten: In den Fällen, in denen die Formulierung im Gesetz auf einem überholten Stand stehen geblieben ist, der Wortlaut des Gesetzes aber nicht mehr in der Praxis anwendbar ist, dann haben die GoB Vorrang vor dem Gesetzeswortlaut. Als Beispiel ist die Loseblatt-Buchführung zu nennen. Noch bis in die 70er Jahre dieses Jahrhunderts hinein verlangte das HGB in § 43 Abs. 2, daß die Bücher gebunden sind. Hasenack[16] schreibt hierzu noch 1955: „Aus der gesetzlichen Vorschrift, daß Bücher gebunden sein sollen, ergaben sich anfangs gewisse Schwierigkeiten. Sie wurden jedoch durch die Rechtssprechung mittels der Auslegung überwunden, daß es sich hinsichtlich der gebundenen Bücher um eine Soll-, nicht aber um eine Muß-Vorschrift handele". Mit ausschlaggebend für die Zulässigkeit entgegen dem Gesetzeswortlaut war ein Rechtsgutachten der Berliner Industrie- und Handelskammer aus dem Jahre 1927[17]. Eine entsprechende Änderung des § 43 HGB erfolgte erst 1976. Dies ist eines der deutlichsten Beispiele für die Gültigkeit der GoB entgegen dem Gesetzeswortlaut.

3.2 Rechtsformen und GoB

Es entspricht dem Wesen der GoB, daß sie gleichermaßen für alle Rechtsformen gelten. Dies wird auch durch den Gesetzgeber dokumentiert, der stets nur allgemein auf die GoB verweist, ohne rechtsformbezogene Spezifizierungen vorzunehmen (z.B. § 238 Abs. 1 HGB, § 243 Abs. 1, § 256 HGB). Allerdings haben die GoB für Kapitalgesellschaften weit weniger Bedeutung als für Einzelunternehmen und Personengesellschaften, da die gesetzlichen Rechnungslegungsvorschriften für Kapitalgesellschaften wesentlich ausführlicher sind. Dies hat sich durch das neue Dritte Buch des HGB (Bilanzrichtliniengesetz) zwar etwas geändert, dennoch sind die Bilanzierungsvorschriften für Nicht-Kapitalgesellschaften bei weitem nicht so konkret wie diejenigen für Kapitalgesellschaften – insb. was die Gliederungsvorschriften anbelangt.

---

[15] Vgl. Leffson, U., Grundsätze, 1982, S. 25.
[16] Hasenack, W., Buchhaltung 1955, S. 50.
[17] Abgedruckt im WP-Handbuch 1985/86, Bd. 1, S. 166f.

3.3 Ermittlung der GoB

Während man früher davon ausging, daß sich die GoB **auf induktivem Wege** aus der Praxis ehrbarer Kaufleute ableiten ließen[18], gilt inzwischen als herrschende Meinung, daß zusätzlich zur induktiven auch die **deduktive Methode** heranzuziehen ist. Hiernach sind die GoB aus den Zwecken der handelsrechtlichen Rechnungslegung herzuleiten[19]. Wie oben (S. 16) dargelegt wurde, lassen sich als wesentliche Elemente der Bilanzaufgaben angeben:

- Informationsfunktion
- Dokumentationsfunktion
- Gewinnfeststellungsfunktion
- Ausschüttungsregelungsfunktion.

Man kann diese Zwecke mit Stützel[20] als primäre Rechnungslegungszwecke bezeichnen. Ein weitergehender Konsens über die Bilanzzwecke besteht im Schrifttum nicht[21]. Insofern ist die Ermittlung der GoB ausschließlich auf deduktivem Wege höchst problematisch. Neben der Tatsache, daß auch die induktive Methode „Pionierarbeit und Zubringerdienste bei dem unausgesetzten Suchen nach fruchtbaren Hypothesen" leistet[22] muß auch auf die **teleologische (gesetzesauslegende) Vorgehensweise** zurückgegriffen werden. Hiernach sind die GoB, sofern im Gesetz kein expliziter Zweck zu finden ist, im Einklang mit den kodifizierten Rechtsvorschriften abzuleiten, d.h. der Sinnzusammenhang und die Entstehungsgeschichte der Gesetze sind als Auslegungskriterien heranzuziehen[23]. Für die Ermittlung der GoB sind somit auch die Regelungsabsicht und die Ziele und Normvorstellungen des Gesetzgebers sowie die dem Gesetz selbst innewohnende „Vernünftigkeit"[24] von Bedeutung.

Träger der ständigen Fortentwicklung der GoB muß folglich eine Vielzahl von Personen und Institutionen sein. Im Sinne der deduktiven Methode sind wohl am ehesten die Vertreter der Betriebswirtschaftslehre als Wissenschaft und die damit zusammenhängenden Berufsgruppen gefordert (Hochschullehrer, Wirtschaftsprüfer, Steuerberater, zugehörige Verbände und Kammern mit Fachveröffentlichungen, Fachgutachten, Stellungnahmen usw.). Im Sinne der teleologischen Methode sind Rechtswissenschaftler und insb. die Rechtsprechung gefordert. Im Sinne der induktiven Methode wirken Kaufleute, Unternehmer, Manager an der Entwicklung der GoB mit.

3.4 Inhalt der GoB

Die Gesetze sprechen nur von Grundsätzen ordnungsmäßiger Buchführung (§§ 238, 243, 264 HGB, § 5 EStG), nicht jedoch von gesonderten Grundsätzen ord-

---

[18] Vgl. Schmalenbach, E., Grundsätze, ZfhF, 1933, S. 225ff.

[19] Vgl. Baetge, J., GoB, HWR, 1981, S. 706 und die dort angegebene Literatur, vgl. auch Lang, J., Grundsätze, HuR 1986, S. 221ff., insbes. S. 234ff.

[20] Vgl. Stützel, G., Bemerkungen, ZfB, 1967, S. 314ff.

[21] vgl. Schneider, D., Steuerbilanzen, 1978, S. 122 vgl. auch v. Wysocki, K., Halbinger, J., Bilanz, HWR, 1981, Sp. 162 vgl. auch oben, S. 16ff.

[22] Leffson, U., Grundsätze, 1982, S. 29, vgl. auch Baetge, J., GoB, HWR, 1981, S. 707.

[23] Vgl. Baetge, J., ebenda.

[24] Vgl. Leffson, U., Grundsätze, 1982, S. 32, soweit man diese überhaupt sicher erforschen kann.

nungsmäßiger Bilanzierung. Die Bezeichnung der Grundsätze als solche der Buchführung besagt aber nicht, daß Bilanzierungsprobleme nicht Gegenstand der GoB sind. Dagegen spricht allein schon die rechentechnische und organisatorische Verknüpfung von laufender Verbuchung der Geschäftsvorfälle und Erstellung des Abschlusses. Buchführung ist hier in weitestem Sinne zu verstehen und schließt auch alle Bilanzierungsprobleme mit ein, insbesondere die Ansatz- und Bewertungsfragen. Will man begrifflich zwischen Grundsätzen ordnungsmäßiger Buchführung und Grundsätzen ordnungsmäßiger Bilanzierung unterscheiden, so ist festzuhalten, daß die Grundsätze ordnungsmäßiger Buchführung im Sinne der §§ 238, 243, 264 HGB, § 5 EStG auch die Grundsätze für den Jahresabschluß umfassen, die im Schrifttum weitestgehend als Grundsätze ordnungsmäßiger Bilanzierung bezeichnet werden. Es bietet sich an, von Grundsätzen ordnungsmäßiger Buchführung im engeren Sinne als Gegenstück zu den Grundsätzen ordnungsmäßiger Bilanzierung zu sprechen[25].

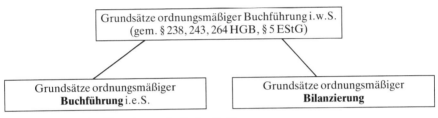

Abb. 8 Die beiden Hauptbestandteile der GoB

Die Grundsätze im engeren Sinne enthalten Organisations- und Formvorschriften (z.B. Buchungstechnik, Aufbewahrungspflichten, Grundbuch, Hauptbuch, Kontenrahmen, Datensicherungspflichten bei EDV-Buchführung usw.). Die Grundsätze ordnungsmäßiger Bilanzierung betreffen Fragen von Bilanzausweis, Ansatz und Bewertung.

Eine etwas andere Bezeichnung und Unterteilung der GoB wählt Leffson[26]:

Diejenigen Teile der Grundsätze, die die Buchführung i.e.S. betreffen, bezeichnet er als **Dokumentationsgrundsätze**[27]. „Die von der Geschäftstätigkeit ausgelösten Geld- und Güterbewegungen verschiedenster Art werden planmäßig erfaßt und systematisch geordnet, wobei die Richtigkeit und Vollständigkeit gewährleistet sein müssen. Mit der Dokumentation der Vorfälle liefert die Buchführung eine klare und sichere Grundlage für alle weiteren Zwecke des Rechnungswesens". Die eigentlichen Bilanzierungsgrundsätze werden von Leffson als **Rechenschaftsgrundsätze** bezeichnet[28].

3.4.1 Die GoB i.e.S. (Dokumentationsgrundsätze)

Durch diese Grundsätze soll sichergestellt werden, daß die Aufzeichnungen

● zuverlässig

---

[25] Vgl. Vodrazka, K., Inhalt des Jahresabschlusses, HBA, 1983, S. 59; vgl. auch Leffson, U., Grundsätze, 1982, S. 2.
[26] Vgl. Leffson U., Grundsätze, 1982, S. 143ff.
[27] Ebenda, S. 143.
[28] Ebenda, S. 158-444.

- vollständig und
- in geeigneter Darstellungsweise

festgehalten werden[29].

Das Schrifttum[30] formuliert hier üblicherweise die folgenden Forderungen:

3.4.1.1 Grundsatz des systematischen Aufbaus der Buchhaltung

Es ist nach dem System der kaufmännischen doppelten Buchhaltung zu verfahren. Hierunter fällt auch die Forderung nach Verwendung eines systematischen Kontenrahmens und Kontenplanes.

3.4.1.2 Grundsatz der Sicherung der Vollständigkeit der Konten

Es muß sichergestellt sein, daß die Buchungsinhalte nicht verändert oder beseitigt werden. Ältere Fassungen des § 43 HGB sahen hier das „Verbot zu radieren" und die Verpflichtung vor, daß die Bücher in gebundener Form geführt werden müssen. Durch die modernen Buchungsformen (Loseblatt Buchführung, Offene Posten Buchführung, EDV-Buchführung, Außerhaus-Buchführung) hat dieser Sicherungsgrundsatz wesentlich größere Bedeutung erlangt. Entsprechende Vorschriften sind zunächst in § 43 HGB, neuerdings in § 239 HGB eingegangen. „Eine Eintragung oder eine Aufzeichnung darf nicht in einer Weise verändert werden, daß der ursprüngliche Inhalt nicht mehr feststellbar ist" (§ 239 Abs. 3 HGB). Die besonderen Probleme, die sich bei EDV-Buchführung und Speicherung der Buchführungs-Daten auf magnetischen Datenträgern ergeben, haben dazu geführt, daß sich eigenständige Grundsätze ordnungsmäßiger Buchführung bei EDV-Einsatz gebildet haben[31].

3.4.1.3 Grundsatz der vollständigen und verständlichen Aufzeichnung

Die Geschäftsvorfälle sind einzeln (Einzelaufzeichnung), zeitgerecht (unmittelbar nach ihrem Anfallen) und damit in ihrer zeitlichen Reihenfolge (Grundbuchfunktion) aufzuzeichnen. Insbesondere bei Außerhaus-Buchführung, aber auch bei interner EDV-Buchführung im Stapelverarbeitungsbetrieb (Batch-mode) können durch die Forderung nach zeitnaher Verbuchung (Grundbuchfunktion) und Wirtschaftlichkeit des Buchführungssystems Konflikte auftreten, da das Buchen von angesammelten größeren Buchungsmengen rationeller ist als die sofortige Verbuchung jedes einzelnen Geschäftsvorfalles. Aus dem Einkommensteuerrecht kommend (Abschn. 29 Abs. 2 Nr. 2 EStR) hat sich hier als Grundsatz herauskristallisiert, daß die Ordnungsmäßigkeit noch gegeben ist, wenn monatliche Buchungen erfolgen, sofern durch organisatorische Maßnahmen sichergestellt ist, daß die Buchungsunterlagen zu ihrer grundbuchmäßigen Erfassung nicht verloren gehen. Lediglich der Barzahlungsverkehr ist täglich zu erfassen.

Zur Forderung nach Verständlichkeit zählt auch die Verpflichtung zur Aufstellung des Abschlusses in deutscher Sprache und in DM (§ 244 HGB).

---

[29] Vgl. Leffson, U., Grundsätze, 1982, S. 144.
[30] Vgl. Leffson, U., Baetge, J., Buchführungsvorschriften, HWR 1970, Sp. 315ff.
[31] GoS, Grundsätze ordnungsmäßiger Speicherbuchführung, vom 5. Juli 1978, BStBl. I, S. 250ff., vgl. auch die FAMA-Stellungnahme 1/75 zur Anwendung der GoB beim Einsatz von EDV-Anlagen im Rechnungswesen, WPg 1975, S. 555ff., vgl. auch S. 42f.

3.4.1.4. Beleggrundsatz

Ohne Beleg darf keine Buchung erfolgen. Fällt mit einem Geschäftsvorfall nicht zwangsläufig ein Beleg an (Rechnung, Quittung, Handelsbrief, sog. natürliche Belege), dann ist ein künstlicher Beleg (Eigenbeleg) zu erstellen, z.b. bei Abschlußbuchungen, Umbuchungen, Stornobuchungen. Belege müssen den Buchungsbetrag, den Belegtext, den Belegaussteller und das Ausstellungsdatum enthalten. Aus dem Beleg muß außerdem hervorgehen, welche Konten von dem im Beleg dokumentierten Geschäftsvorfall betroffen sind (Vorkontierung) sowie wann die Buchung erfolgt ist (Buchungsdatum). Die Belege sind geordnet, fortlaufend numeriert und in lückenloser Reihenfolge aufzubewahren. Weitergehende Probleme ergeben sich bei modernen Belegformen. Werden statt direkt lesbarer Belege nur **maschinenlesbare Datenträger** (Disketten, Magnetbänder) verwendet, so erfüllen auch diese die Anforderungen an einen Buchungsbeleg, wenn sichergestellt ist, daß „die Wiedergabe oder Daten (§ 257 Abs. 3 HGB)

- mit den empfangenen Handelsbriefen und den Buchungsbelegen bildlich, mit den anderen Unterlagen inhaltlich übereinstimmen, wenn sie lesbar gemacht werden, und
- während der Dauer der Aufbewahrungsfrist verfügbar sind und jederzeit innerhalb angemessener Frist lesbar gemacht werden können".

Erlaubt ist auch die Übertragung des Belegs auf **Mikrofilm**. „Mit der Verwendung von Mikroaufnahmen wird der gesetzlichen Aufbewahrungspflicht Genüge getan, wenn das Verfahren bei der Herstellung der Wiedergabe ordnungsmäßigen Grundsätzen entspricht und dabei gesichert ist, daß die Wiedergabe mit der Urschrift übereinstimmt. Die Orginale der verfilmten Schriftstücke können dann vernichtet werden"[32].

3.4.1.5 Aufbewahrungsgrundsatz

Dieser Dokumentationsgrundsatz der GoB fordert die Einhaltung der gesetzlichen Aufbewahrungsfristen. Hierzu zählen vor allem die Vorschriften des § 257 Abs. 1 und 4 HGB:

- **10-jährige Aufbewahrungsfrist** für Handelsbücher, Inventare, Bilanzen, Jahresabschlüsse, Lageberichte, Konzernabschlüsse, Konzerlageberichte sowie die zu ihrem Verständnis erforderlichen Arbeitsanweisungen und sonstigen Organisationsunterlagen (§ 257 Abs. 1 Nr. 1 HGB);
- **6-jährige Aufbewahrungsfrist** für Handelsbriefe (empfangene und Kopien der abgesandten) und Buchungsbelege (§ 257 Abs. 1 Nr. 2-4 HGB).

Weitere Aufbewahrungsfristen steuerlicher Art finden sich in § 147 AO. Sie sind im wesentlichen gleichlautend wie die Regelungen des § 257 HGB.

3.4.1.6 Grundsatz der internen Kontrolle

Die Zuverlässigkeit und Ordnungsmäßigkeit muß durch ein der Art und Größe des Unternehmens angemessenes **internes Kontrollsystem** gesichert werden. Ein solches System weist folgende Bestandteile auf[33]:

---

[32] Vgl. das Schreiben des BMF betreffend Verwendung von Mikrofilmaufnahmen zur Erfüllung gesetzlicher Aufbewahrungspflichten vom 21. Dezember 1971, BStBl. I, S. 647 sowie den zugehörigen Anhang „Grundsätze für die Aufzeichnung gesetzlich aufbewahrungspflichtiger Unterlagen auf Bildträgern" sowie die sog. „Mikrofilmgrundsätze" BMF vom 1. Februar 1984, BStBl. I, S. 155ff.

[33] Vgl. WP-Handbuch 1985/86 Bd. 1, S. 956ff.

- Organisationsplan,
- Dienst- und Arbeitsanweisungen,
- Kontenplan und Kontierungsrichtlinien,
- Personelle und maschinelle Kontrollen,
- vorgedruckte Belege, geregelter Belegfluß,
- regelmäßige Überprüfung des internen Kontrollsystems durch die Innenrevision.

3.4.1.7 Grundsatz der Klarheit und Nachprüfbarkeit

Die Buchführung muß so beschaffen sein, daß sie einem sachverständigen Dritten innerhalb angemessener Zeit einen Überblick über die Geschäftsvorfälle und die Lager des Unternehmens vermitteln kann. Die Geschäftsvorfälle müssen sich in ihrer Entstehung und Abwicklung verfolgen lassen (§ 238 Abs. 1 HGB).

3.4.1.8 Exkurs: GoB bei Einsatz von EDV-Anlagen im Rechnungswesen

Daß die Ordnungsmäßigkeit von EDV-Buchführungen nicht ohne weiteres und nach denselben Kriterien beurteilt werden kann, die für eine konventionelle Buchführung gelten, ist offensichtlich. Es sind deshalb eigenständige **Grundsätze ordnungsmäßiger Datenverarbeitung** zu beachten (GoDV). Einzelheiten (z.B. bezüglich Grundbuchfunktion, Belegfunktion, Aufbewahrung) wurden oben bereits erwähnt. Der Fachausschuß für moderne Abrechnungssysteme (FAMA) des Instituts der Wirtschaftsprüfer (IdW) hat hier in einer Stellungnahme die Anforderungen an die Dokumentation und das organisatorische System der Buchführung konkretisiert[34]. Der „Ausschuß für wirtschaftliche Verwaltung in Wirtschaft und öffentlicher Hand e.V." (AWV) hat für die Speicherbuchführung sog. **Grundsätze ordnungsmäßiger Speicherbuchführung (GoS)** ausgearbeitet[35]. Von Speicherbuchführung spricht man, wenn die Buchungen auf maschinell lesbaren Datenträgern gespeichert und nur bei Bedarf lesbar gemacht werden. Die konventionelle EDV-Buchführung besteht im Gegensatz dazu darin, daß die auf maschinell lesbaren Datenträgern aufgezeichneten Buchungen im Anschluß an die Verarbeitung vollständig und dauerhaft lesbar (visuell) gemacht und diese Datenträger nach der visuellen Wiedergabe gelöscht werden[36]. Konventionelle EDV-Buchführung und Speicherbuchführung können auch in Mischformen auftreten.

Die aufgestellten Prinzipien sind sehr weitreichend. Sie umfassen z.B. Grundsätze der Aufbauorganisation der EDV-Abteilung[37] und der Organisation des Arbeitsablaufs ebenso, wie die oben bereits erläuterten Probleme der zeitnahen Buchung, der Belegfunktion und der Aufbewahrung. Besonderes Gewicht liegt auf der Funktionssicherheit des Systems. Es müssen Verarbeitungsregeln für alle denkbaren Geschäftsvorfälle im Programm enthalten sein. Der Verarbeitungs-

---

[34] Stellungnahme FAMA 1/75 „Zur Auslegung der GoB beim Einsatz von EDV-Anlagen im Rechnungswesen", WPg 1975, S. 555ff.

[35] Abgedruckt als Anlage zum „Schreiben betreffend Grundsätze ordnungsmäßiger Speicherbuchführung, GoS", vom 5. Juli 1978, BStBl. I, S. 250.

[36] Vgl. GoS, Ziff. 1.2.

[37] Zur Trennung von Systementwicklung und Programmierung einerseits sowie Arbeitsvorbereitung und maschinelle Abwicklung andererseits vgl. FAMA 1/75, WPg 1975, S. 556.

ablauf und die Betriebsbereitschaft müssen durch technische Wartung und Softwarebetreuung sichergestellt sein.

Zentrale Vorschriften, insb. bei der Speicherbuchführung betreffen die Dokumentation und Prüfbarkeit des Buchhaltungsverfahrens. Die **Verfahrensdokumentation** muß sich insb. erstrecken auf[38]:

- Sachlogische Beschreibung des EDV-Abrechnungsverfahrens im Sinne von Anweisungen an die EDV-Programmierung; diese muß folgende Problembereiche behandeln:
  Aufgabenstellung,
  Beschreibung der Dateneingabe,
  Regelung der Datenerfassung,
  Verarbeitungsregeln einschließlich Kontrollen und Abstimmverfahren,
  Fehlerbehandlung,
  Beschreibung der Datenausgabe,
  Datensicherung,
  Sicherung der ordnungsgemäßen Programmanwendung.
- Anweisungen zur Regelung der Kommunikation des EDV-Abrechnungsverfahrens mit dem Gesamtsystem der Buchführung, wie z.B. die manuelle Vor- bzw. Nachbehandlung von Daten an den Schnittstellen zu anderen Abrechnungsverfahren.
- Beschreibung des Freigabeverfahrens mit dem die Übereinstimmung der Anweisungen mit den Funktionen der EDV-Programme festgestellt wurde.

Die Verfahrensdokumentation gehört zu den Unterlagen, die gem. § 257 Abs. 1 Nr. 1 HGB 10 Jahre aufbewahrt werden müssen. Außerdem muß die Ausdruckbereitschaft durch Bereitstellen von Software, Maschinenzeit, Personal usw. gewährleistet sein. Die Buchführung muß nach Konten und Grundbüchern jederzeit vollständig oder auszugsweise ausgedruckt werden können (in angemessener Frist lesbar machen, § 239 Abs. 4 HGB). Diese **Ausdruckbereitschaft** muß während der gesamten Aufbewahrungszeit gewährleistet sein.

3.4.2 Die Grundsätze ordnungsmäßiger Bilanzierung (Rechenschaftsgrundsätze)

Die eigentlichen Bilanzierungsgrundsätze – sie werden von Leffson als Rechenschaftsgrundsätze bezeichnet[39] – befassen sich mit Problemen von Ansatz, Ausweis und Bewertung in der Bilanz. Diese Grundsätze ordnungsmäßiger Bilanzierung enthalten bei aller Vielfalt der im Schrifttum vorgeschlagenen Systematisierungen im wesentlichen stets die folgenden Einzelgrundsätze[40]:

3.4.2.1 Der Grundsatz der Klarheit und Übersichtlichkeit

Hierzu gehören Forderungen mehr formaler Art, wie

- die Verwendung einer zweckmäßigen Bilanz und GuV-Gliederung. Dazu wurde bisher die Ansicht vertreten, daß die aktienrechtlichen Gliederungsschemata der alten §§ 151 und 157 AktG a.F. als Mindestvorschrift zu den GoB gehö-

---

[38] vgl. GoS, Ziff. 6, Dokumentation und Prüfung.
[39] vgl. Leffson, U., Grundsätze, 1982, S. 158-444.
[40] Ebenda, vgl. auch Wöhe, G., Bilanzierung, 1984, S. 166ff., Heinen, E., Handelsbilanzen, 1986, S. 156ff., ADS, § 149 Tz 19ff.

ren[41]. Dies dürfte auch für die Gliederungsvorschriften der neuen §§ 266 und 275 HGB zutreffen, die nur für Kapitalgesellschaften gelten. Sie stellen eine etwas modifizierte Form der früheren Regelungen des AktG a.F. dar[42].

- die Anwendung des Bruttoprinzips (Verbot von Saldierungen zwischen Aktiv- und Passivposten, bzw. zwischen Aufwands- und Ertragsposten)[43].

Als materielles Postulat, das hier zuzuordnen ist, ist der Grundsatz der Einzelbewertung zu nennen[44]. Dieser Grundsatz der Klarheit und Übersichtlichkeit ist durch das Bilanzrichtliniengesetz zu kodifiziertem Recht geworden: § 243 Abs. 2 HGB fordert ausdrücklich, daß der Jahresabschluß klar und übersichtlich sein muß[44a].

3.4.2.2 Der Grundsatz der Vollständigkeit

Auch dieser Grundsatz ist im neuen HGB kodifiziert (§ 246 HGB). Er gewährleistet, daß alle Vermögensgegenstände, Schulden, Rechnungsabgrenzungsposten, Aufwendungen und Erträge erfaßt werden und daß alle Informationen, die zur Bilanzierung und Bewertung zu berücksichtigen sind, auch tatsächlich berücksichtigt werden.

3.4.2.3 Der Grundsatz der Bilanzkontinuität (Bilanzstetigkeit)

Hierzu gehören vor allem die folgenden Postulate:

- Schlußbilanz des alten Jahres und Eröffnungsbilanz des neuen Jahres müssen identisch sein (Bilanzidentität).
- Form und Gliederung der Bilanz und GuV-Rechnung sollen beibehalten werden (formelle Bilanzkontinuität).
- Gleichmäßigkeit der Bewertungsmethoden und Fortführung der Wertansätze sollen gewährleistet sein (materielle Bilanzkontinuität). Abweichungen sind nur in begründeten Ausnahmefällen möglich.

In § 252 Abs. 1 Nr. 1 und Nr. 6 HGB sind die Grundsätze der Bilanzidentität und der materiellen Bilanzkontinuität kodifiziert worden.

3.4.2.4 Der Grundsatz der Bilanzwahrheit

Da sich der Wahrheitsbegriff in diesem Zusammenhang nur schwer konkretisieren läßt, wird im Schrifttum vorgeschlagen[45], den Wahrheitsgrundsatz durch die beiden Grundsätze der Richtigkeit und der Wahrhaftigkeit zu ersetzen. Richtig ist ein Bilanzansatz dann, wenn er den Bilanzzwecken und den Bilanzzielen am besten entspricht. Wahrhaftig ist er, wenn er willkürfrei ist. Unter diesen Grundsatz fällt auch das Verbot von wissentlich falschen Bilanzansätzen.

---

[41] Vgl. z.B. Wöhe, G., Bilanzierung, 1984, S. 156, vgl. auch Bundesminister der Justiz, Bilanzrichtliniegesetz-Vorentwurf vom 5.2.1980, Bd. 2. Begründung, S. 7 (vgl. Fußnote 13).

[42] Vgl. z.B. Hoffmann, W. D., Gliederung, BB, 1985, S. 630.

[43] Vgl. ADS, § 149, Tz 21, neuerdings auch Kodifiziert in § 246 Abs. 2 HGB.

[44] Vgl. ADS, § 149, Tz 21, neuerdings Kodifiziert in § 252 Abs. 1 Nr. 3 HGB.

[44a] Näheres zu diesem Grundsatz vgl. bei Ebenroth, C. T., Klar und Übersichtlich, HuR 1986, S. 264ff.

[45] Vgl. Leffson, U., Grundsätze, 1982, S. 163f., vgl. auch Weber, H., Unrichtige Wiedergabe und Verschleierung, HuR, 1986, S. 319ff.

3.4.2.5 Der Grundsatz der Vorsicht

Er fordert die Berücksichtigung von Risiken in der Buchführung und Bilanzierung mit dem Ziel, in der Bilanz nur Vermögenswerte und Gewinne auszuweisen, die selbst bei vorsichtiger Beurteilung der Vermögens- und Ertragslage des Unternehmens als relativ sicher angesehen werden können.

Diesem Grundsatz werden im Schrifttum[46] die folgenden Unterprinzipien zugeordnet:

- das **Realisationsprinzip**: Gewinne (d.h. auch Vermögenswertsteigerungen) dürfen in der Bilanz nur ausgewiesen werden, wenn sie tatsächlich realisiert sind.
- das **Imparitätsprinzip**: Verluste bzw. Vermögenswertminderungen müssen bereits dann ausgewiesen werden, wenn sie noch nicht realisiert, sondern nur wahrscheinlich sind.
- das **Niederstwertprinzip**: Sind für eine Vermögensposition verschiedene Wertansätze möglich (z.B. Anschaffungswert und Tageswert), dann ist aus Vorsichtsgründen der niedrigere Wert zu aktivieren.
- das **Höchstwertprinzip**: Sind für eine Schuldenposition mehrere Wertansätze möglich (z.B. Verfügungsbetrag und Rückzahlungsbetrag), dann ist aus Vorsichtsgründen der höhere Wert zu passivieren.

Im Gegensatz zu dieser Zuordnung zum Vorsichtsgrundsatz ordnet Leffson das Realisations- und Imparitätsprinzip auch dem von ihm zusätzlich aufgestellten Grundsatz der Abgrenzung zu[47]. Je nachdem, ob der zu erwartende Verlust auf unsicheren oder auf sicheren Erwartungen basiert, ist das Imparitätsprinzip mehr dem Vorsichts- oder dem Abgrenzungsgrundsatz zuzuordnen. Beim Realisationsprinzip argumentiert Leffson[48], daß die Überlegungen zur Objektivierung eines willkürfreien Realisationszeitpunktes dominieren, und nicht Vorsichtsüberlegungen. Deshalb bedürfe es auf dem Gebiet der Ertragsrealisation keines besonderen Vorsichtsprinzipes.

Abschließend ist anzumerken, daß das Vorsichtsprinzip, insb. das Imparitäts- und Realisationsprinzip inzwischen in § 252 Abs. 1 Nr. 4 HGB Eingang in den Gesetzeswortlaut gefunden haben: „Es ist vorsichtig zu bewerten, namentlich sind alle vorhersehbaren Risiken und Verluste, die bis zum Abschlußstichtag entstanden sind, zu berücksichtigen, selbst wenn diese erst zwischen dem Abschlußstichtag und dem Tag der Aufstellung des Jahresabschlusses bekannt geworden sind; Gewinne sind nur zu berücksichtigen, wenn sie am Abschlußstichtag realisiert sind".

Zusätzlich zu diesen im Schrifttum einheitlich angeführten Grundsätzen werden noch zwei zusätzliche Grundsätze ordnungsmäßiger Buchführung geführt, der Grundsatz der Abgrenzung und der Grundsatz der Wirtschaftlichkeit.

3.4.2.6 Der Grundsatz der Abgrenzung

Leffson[49] stellt diesen vom übrigen Schrifttum expressis verbis nicht aufgestellten Grundsatz als eigenständigen Grundsatz ordnungsmäßiger Buchführung auf.

---

[46] Vgl. z.B. Heinen, E., Handelsbilanzen, 1986, S. 166ff. vgl. Eisele, W., Technik, 1985, S. 24f., vgl. Rückle, D., Vorsicht, HuR 1986, S. 403ff.
[47] Leffson, U., Grundsätze, 1982, S. 422.
[48] Ebenda.
[49] Ebenda, S. 269ff.

Hierzu zählt er zunächst das Realisationsprinzip sowie das Imparitätsprinzip, das nur dann als Unterprinzip des Vorsichtsprinzips gelten kann, wenn unsichere Verlusterwartungen vorliegen. Bei sicheren Erwartungen sei es eindeutig ein Unterprinzip des Abgrenzungsgrundsatzes. Weiterhin gehört die Forderung nach Periodisierung des Faktorverbrauches (**Abgrenzung der Sache nach**) zum Abgrenzungsgrundsatz, d.h. zeitliche Zuordnung von Faktorverbrauch und Erlösen derart, daß zusammengehörende Erlös- und Verbrauchsposten in die Gewinn- und Verlustrechnung derselben Periode eingestellt werden (z.B. Abschreibungen)[50]. Dieses Prinzip regelt nicht die Trennung von betrieblichen und betriebsfremden Erträgen und Aufwendungen, es hat also nicht mit dem zu tun, was in der Betriebswirtschaftslehre üblicherweise unter Abgrenzung (vgl. Abgrenzungskonten im Gemeinschaftskontenrahmen) verstanden wird[51].

Die **Abgrenzung der Zeit nach** beinhaltet zum einen die Periodisierung zeitraumbezogener Zahlungen (z.B. Mieten, Versicherungen) im Sinne der transitorischen und antizipativen Rechnungsabgrenzung. Weiterhin gehört hierzu das Prinzip, daß nicht leistungsbezogene Wertänderungen (d.h. also a.o. Aufwendungen und a.o. Erträge) nicht periodisiert werden, sondern in der Periode zu berücksichtigen sind, in der sie anfallen. Betroffen sind Wertsteigerungen und Wertminderungen, die ohne Unternehmensleistung in dieser Periode anfallen (z.B. Erhöhung oder Kürzung früherer Aufwendungen durch Sonderabschreibung bzw. Auflösung von Rückstellungen), hierzu gehören aber auch Schenkungen und dgl.[52].

3.4.2.7 Der Grundsatz der Wirtschaftlichkeit

Baetge[53] will den Grundsatz der Wirtschaftlichkeit als weiteren wichtigen Grundsatz unter die von Leffson so genannten Rahmengrundsätze der GoB stellen. Da Wirtschaftlichkeit als Grundprinzip jeglichen Wirtschaftens angesehen wird und die Befolgung dieses Prinzips evident ist[54] gilt dieser Grundsatz naturgemäß auch für die Buchführung und Bilanzierung.

Abschließend zum Problem Grundsätze ordnungsgemäßer Buchführung soll ein Gesamtüberblick über die einzelnen Bestandteile der Grundsätze in Abb. 9 gegeben werden.

Kapitel 2
Bestandteile und Subjekte der Rechnungslegung

Die Antwort auf die Frage, aus welchen Einzeldokumenten die handelsrechtliche Rechnungslegung bestehen muß, hängt von verschiedenen Faktoren ab:

- von der Rechtsform,
- von der Unternehmensgröße,

[50] Ebenda, S. 270.
[51] Vgl. Heinhold, M., Buchführung, 1987, S. 44ff.
[52] Vgl. Leffson, U., Grundsätze, 1982, S. 298ff., vgl. auch Coenenberg, A., Jahresabschluß, 1982, S. 47f.
[53] Baetge, J., GoB, HWR, 1981, Sp. 710.
[54] Vgl. Koch, A., Die Betriebswirtschaftslehre, 1975, S.

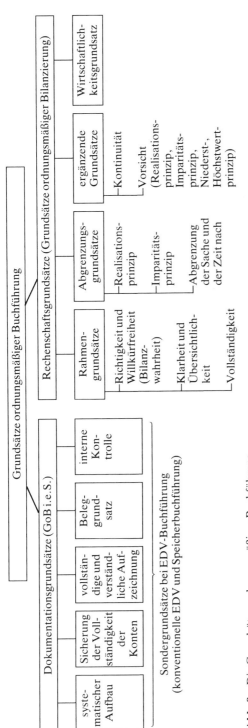

Abb. 9   Die Grundsätze ordnungsmäßiger Buchführung

- von der Branche, der das betroffene Unternehmen angehört,
- sowie von der Frage, ob ein Konzern vorliegt.

Basiselemente sind in jedem Fall die **Bilanz** und die **GuV-Rechnung**, die je nach Erfüllung zusätzlicher Kriterien um weitere Rechnungslegungselemente ergänzt werden müssen. **Bei Einzelunternehmen und Personengesellschaften besteht der Jahresabschluß ausschließlich aus Bilanz und GuV-Rechnung** (§ 242 Abs. 3 HGB). Bilanz und GuV bleiben auch die einzigen Bestandteile des Jahresabschlusses, wenn die betroffene Einzelunternehmung oder die Personengesellschaft die Größenordnungsgrenzen des § 1 PublG überschreitet[55]. § 5 Abs. 2 PublG schließt eine weitergehende Rechnungslegungspflicht für diese Rechtsformen ausdrücklich aus.

Der Jahresabschluß von **Kapitalgesellschaften**[56] erweitert sich unabhängig von der Größe dieser Gesellschaften um den sog. **Anhang**. Bilanz, GuV-Rechnung und Anhang bilden eine Einheit (§ 264 Abs. 1 HGB) und werden als erweiterter Jahresabschluß der Kapitalgesellschaft bezeichnet. Der Anhang dient der Erläuterung und Ergänzung von Bilanz und GuV-Rechnung. Insbesondere wenn besondere Umstände dazu führen, daß der Jahresabschluß ein den tatsächlichen Verhältnissen entsprechendes Bild nicht vermittelt, sind im Anhang zusätzliche Angaben zu machen (§ 264 Abs. 2 HGB). Nähere Einzelvorschriften hierzu enthalten die §§ 284-288 HGB[57]. Der Anhang entspricht in seiner Funktion dem bisherigen Geschäftsbericht der Aktiengesellschaft, wenngleich in Umfang und Inhalt Abweichungen gegeben sind.

Zusätzlich zu dem um den Anhang erweiterten Jahresabschluß haben Kapitalgesellschaften einen **Lagebericht** aufzustellen (§§ 264 Abs. 1 und 289 HGB), in dem der Geschäftsverlauf und die Lage der Gesellschaft darzustellen sind.

Zur Aufstellung von Anhang und Lagebericht sind außer Kapitalgesellschaften auch die folgenden Unternehmen verpflichtet:

- Genossenschaften (§ 33 GenG),
- Mit Ausnahme der Einzelunternehmungen und Personengesellschaften alle Unternehmen, die in den Geltungsbereich des Publizitätsgesetzes fallen (§ 5 Abs. 2 PublG, z.B. bergrechtliche Gewerkschaften, Vereine mit wirtschaftlichem Geschäftsbetrieb, Gewerbetreibende Stiftungen des Privatrechts, Körperschaften, Stiftungen oder Anstalten des öffentlichen Rechtes soweit sie Kaufmann oder im Handelsregister eingetragen sind, § 3 Abs. 1 PublG).
- Kreditinstitute beliebiger Rechtsform (§ 25a Abs. 2 KWG).
- Versicherungsunternehmen beliebiger Rechtsform (§ 55 Abs. 1 VAG).

Die dargelegten Bestandteile der Rechnungslegung eines einzelnen Unternehmens sind jeweils auch für einen **Konzern** zu erstellen (§§ 290ff. HGB). Dies gilt, wenn eine inländische Muttergesellschaft in der Rechtsform einer Kapitalgesellschaft die einheitliche Leitung von und Beteiligung an Tochterunternehmen (auch an Nicht-Kapitalgesellschaften) hat. Die entsprechenden **Bestandteile der Konzernrechnungslegung** sind

---

[55] Vgl. S. 49.
[56] Zur Problematik der Definition des Jahresabschlusses vgl. Helmrich, H., Umsetzung, WPg, 1984, S. 627ff.
[57] Vgl. unten, S. 332ff.

- der Konzernabschluß (bestehend aus Konzernbilanz, Konzern-GuV-Rechnung und Konzernanhang),
- der Konzernlagebericht.

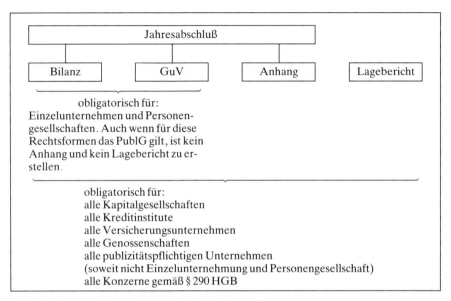

Abb. 10   Bestandteile und Subjekte der Rechnungslegung

In Zusammenhang mit der Besteuerung wird der Begriff der **Steuerbilanz** verwendet. Diese Bezeichnung ist irreführend. Das Steuerrecht fordert nirgendwo die Erstellung einer eigenständigen steuerlichen Bilanz. Vielmehr genügt es für die steuerliche Gewinnermittlung, wenn in einer Nebenrechnung zur Handelsbilanz die steuerlichen Abweichungen in Form von Hinzurechnungen zum bzw. Kürzungen vom Handelsbilanzgewinn berücksichtigt werden (vgl. § 60 Abs. 3 EStDV). In der Praxis hat sich allerdings der Begriff Steuerbilanz eingebürgert. Er umfaßt sowohl die eigenständige, ausschließlich nach steuerlichen Gesichtspunkten erstellte Bilanz, als auch die um die nötigen steuerlichen Nebenrechnungen erweiterte Handelsbilanz.

Abschnitt 3
Die Bilanz

Kapitel 1
Die formelle Gestaltung der Bilanz

1. Kontoform oder Staffelform?

Die handelsrechtliche Bilanz im Sinne von § 242 Abs. 1 HGB soll das Verhältnis des Vermögens und der Schulden des Kaufmannes darstellen, wobei weitere Gesetzesvorschriften eine detailliertere Aufgliederung vorsehen (§ 246 Abs. 1 und § 266 HGB). Grundsätzlich sind hierfür zwei Darstellungsformen möglich, die Kontoform und die Staffelform.

1.1 Staffelform

Eine Bilanz in Staffelform stellt die Aktiva und Passiva nicht horizontal einander gegenüber, sondern reiht sie vertikal untereinander. Der schematische Aufbau solch einer Bilanz ist in Abbildung 11 wiedergegeben.

Aktiva				
A. Anlagevermögen				
I. Immaterielle Vermögensgegenstände	100			
II. Sachanlagen	200			
III. Finanzanlagen	200	500		
B. Umlaufvermögen				
I. Vorräte	100			
II. Forderungen und sonstige Vermögensgegenstände	100			
III. Wertpapiere	100			
IV. Schecks, Kasse usw.	100	400		
C. Rechnungsabgrenzungsposten		100	1.000	
Passiva				
A. Eigenkapital				
I. gezeichnetes Kapital	100			
II. Kapitalrücklage	100			
III. Gewinnrücklagen	100			
IV. Gewinnvortrag	50			
V. Jahresüberschuß	50	400		
B. Rückstellungen		200		
C. Verbindlichkeiten		350		
D. Rechnungsabgrenzungsposten		50	1.000	

Abb. 11   Bilanz in Staffelform

1.2 Kontoform

Die Bilanz in Kontoform stellt dagegen die Aktiva und Passiva in horizontaler Anordnung gegenüber, wie die folgende vereinfachte Abbildung 12 zeigt.

Aktiva		Passiva	
A. Anlagevermögen		A. Eigenkapital	
I. Immaterielle Vermögens-		I. gezeichnetes Kapital	100
gegenstände	100	II. Kapitalrücklage	100
II. Sachanlagen	200	III. Gewinnrücklage	100
III. Finanzanlagen	200	IV. Gewinnvortrag	50
B. Umlaufvermögen		V. Jahresüberschuß	50
I. Vorräte	100	B. Rückstellungen	200
II. Forderungen	100	C. Verbindlichkeiten	350
III. Wertpapiere	100	D. Rechnungsabgrenzungsposten	50
IV. Schecks, Kasse usw.	100		
C. Rechnungsabgrenzungsposten	100		
Bilanzsumme	1 000	Bilanzsumme	1 000

Abb. 12　Bilanz in Kontoform

Rein formal hat die Staffelform gegenüber der Kontoform den Vorteil, daß überbreite Papierdimensionen (DIN A3-Querformat oder ähnliches) zur bildlichen Darstellung nicht erforderlich sind, da die Positionen nicht nebeneinander, sondern ausschließlich untereinander angereiht werden. Ein weiterer Vorteil der Staffelform besteht darin, daß Zwischensummen in eigenen Nachspalten ausgewiesen werden. Hierdurch wird die Struktur der Bilanz transparent und schnell erfaßbar. Im obigen Beispiel (Abb. 11) wurde nur eine 3-stufige Tiefengliederung der Bilanz verwendet, entsprechend ergaben sich nur 3 Summenspalten. Die reine Kontoform, die ohnehin schon durch den Nachteil der überbreiten Ausmaße gekennzeichnet ist, sieht solche Zusatzspalten nicht vor.

1.3 Mischformen

In der Praxis vor allem großer Unternehmen haben sich Mischformen aus Konto- und Staffelform herausgebildet. Die horizontale Gegenüberstellung der Aktiva und Passiva in Kontoform wird verbunden mit einer tiefer gegliederten Darstellung des Bilanzinhalts auf jeder Kontoseite unter Verwendung von Vorspalten.

1.4 Gesetzliche Vorschriften zur Form der Bilanz

Die 4. EG-Richtlinie stellt es dem Bilanzierenden frei, welche Darstellungsform er für die Bilanz wählt. Sie sieht in Art. 3 lediglich vor, daß die Stetigkeit bezüglich der Darstellungsform gewahrt werden muß. Dieses formale Stetigkeitspostulat gilt auch für das Handelsrecht in der Bundesrepublik Deutschland. Zum einen sieht § 265 Abs. 1 HGB vor, daß die Form der Darstellung beizubehalten ist. Für Kaufleute (d.h. Einzelunternehmen und Personengesellschaften), für die § 265 HGB nicht gilt (er befindet sich im 2. Abschnitt „Ergänzende Vorschriften für

Kapitalgesellschaften"), gilt das Stetigkeitspostulat aufgrund der GoB (Grundsatz der Bilanzkontinuität[1]).

Eine Vorschrift bezüglich der Darstellungsform enthält das deutsche HGB nur für Kapitalgesellschaften. § 266 Abs. 1 HGB schreibt wörtlich vor: „Die Bilanz ist in Kontoform aufzustellen". Eine entsprechende Vorschrift findet sich im 1. Abschnitt des Dritten Buches der für alle Kaufleute gilt nicht. Die praktische Handhabung sieht allerdings nach wie vor so aus, daß die Bilanz in der bereits beschriebenen Mischform[2] erstellt wird, d.h. in Kontoform, mit mehr oder weniger tief gestaffelter Darstellung jeder Kontoseite. Dies gilt für alle Rechtsformen, auch für Einzelunternehmen und Personengesellschaften, da die Bilanzen i.d.R. von Steuerberatern erstellt werden, deren EDV-Software eine weitestgehend vereinheitlichte Darstellungsform vorsieht.

1.4.1 Zusatzspalte für Vorjahreswerte

Durch die obligatorische Angabe der jeweiligen Vorjahreswerte erfährt die Bilanz, ob sie nun in Konto- oder Staffelform erstellt wird, eine weitere Vergrößerung. Es „ist zu jedem Posten der entsprechende Betrag des vorhergehenden Geschäftsjahres anzugeben" (§ 265 Abs. 2 HGB). Dies erfolgt zweckmäßigerweise in einer zusätzlichen Zahlenspalte. Auch diese Bestimmung gilt streng genommen nur für Kapitalgesellschaften (2. Abschnitt des Dritten Buches HGB), de facto wirkt sie sich auf alle Rechtsformen aus.

1.4.2 Anlagenspiegel (Anlagengitter)

Der „alte" § 152 Abs. 1 AktG a.F. sah vor, daß die Zugänge und Abgänge, die Zuschreibungen, die für das Geschäftsjahr gemachten Abschreibungen sowie die Umbuchungen bei den einzelnen Posten des Anlagevermögens gesondert aufzuführen waren. Dies entspricht dem Grundsatz der Klarheit und Übersichtlichkeit. Die Zahlen dieses sog. Anlagenspiegels befanden sich in entsprechenden Vorspalten vor dem Buchwert zum Bilanzstichtag. Hierdurch ergab sich eine sehr voluminöse Darstellung des Anlagevermögens im Vergleich mit den übrigen Bilanzpositionen.

Das neue Bilanzrecht sieht in § 268 Abs. 2 HGB eine Änderung[2a] in dreifacher Hinsicht vor:

1. Die Entwicklung der Posten des Anlagevermögens und der Ingangsetzungs- und Erweiterungskosten im Anlagenspiegel ist nicht mehr obligatorisch Bestandteil der Bilanz. Ist der Anlagenspiegel nicht in der Bilanz enthalten, dann muß er im Anhang dargestellt werden.
2. Die Verpflichtung zur Erstellung eines Anlagenspiegels erstreckt sich nicht mehr nur auf das Anlagevermögen, sondern auch auf die „Aufwendungen für die Ingangsetzung und Erweiterung des Geschäftsbetriebs", sofern diese als Bilanzierungshilfe aktiviert worden sind (§ 269 HGB[3]).

---

[1] Vgl. S. 44.
[2] Vgl. 52.
[2a] vgl. Harrmann, A., Der Anlagespiegel, DB 1984, S. 1416ff.
[3] Vgl. S. 93f.

3. Die Anzahl der Zusatzangabe ist gegenüber dem alten § 152 Abs. 1 AktG a.F. gestiegen. Nach § 268 Abs. 2 HGB sind nunmehr folgende Angaben im Anlagenspiegel zu machen:
   - die ursprünglichen Anschaffungs- oder Herstellungskosten
   - die Zugänge
   - die Abgänge
   - die Umbuchungen } des Geschäftsjahres
   - die Zuschreibungen
   - die gesamten bisherigen Abschreibungen (kumuliert),
   - der Buchwert zum Bilanzstichtag,
   - der Buchwert zum Vorjahresende.

Die Abschreibungen des Geschäftsjahres sind entweder in der Bilanz bei dem betreffenden Posten zu vermerken oder im Anhang in einer der Gliederung des Anlagevermögens entsprechenden Aufgliederung anzugeben.

Die Darstellung von Ingangsetzungskosten und Anlagevermögen in der Bilanz kann in einer Maximalform erfolgen, d.h. die gesamten Zusatzangaben zur Entwicklung dieser Bilanzposten stehen in der Bilanz. Die gesetzlich ebenfalls zulässige Minimalform sieht nur die Buchwerte zum aktuellen und Vorjahresstichtag vor, alle weiteren Angaben müssen dann im Anhang gemacht werden.

Bilanz-posten	ursprüngliche Anschaffungs- oder Her-stellungskosten	Zu-gänge	Ab-gänge	Um-bu-chun-gen	Zu-schrei-bungen	Summe der Ab-schrei-bungen	Buch-wert am 31.12.	Buch-wert Vor-jahr

Abb. 13 Beispiel für den Anlagenspiegel nach § 268 Abs. 2 HGB

Diese Erweiterung der Bestandteile des Anlagenspiegels trägt der Generalnorm des § 264 Abs. 2 HGB Rechnung, da hierdurch der Einblick in die Vermögenslage des Unternehmens im Vergleich zur alten Regelung des § 152 AktG a.F. deutlich verbessert wird. Vor allem die Angabe der **ursprünglichen Anschaffungs- oder Herstellungskosten** und die Höhe der bisher insgesamt gebuchten Abschreibungen ermöglichen eine bessere Information über das Alter der Anlagen, insb. wird hierdurch ein Abschätzen der stillen Reserven erleichtert. Das Verfahren der indirekten Abschreibung erübrigt sich somit für das Anlagevermögen. Entsprechend ist die Bilanzposition „Wertberichtigungen zum Anlagevermögen" im Gliederungsschema des § 266 HGB nicht mehr vorgesehen[4].

In der Spalte **Summe der Abschreibungen** werden planmäßige und außerplanmäßige Abschreibungen zusammengefaßt (wertmäßige Veränderungen). Es sind die gesamten bisher erfolgten Abschreibungen auf das vorhandene Anlagevermögen und die Ingangsetzungskosten, kumuliert über alle Jahre, anzugeben. Die **Abschreibungen des Geschäftsjahres** sind bei jedem Posten in der Bilanz zu ver-

---

[4] Zur indirekten Abschreibung vgl. etwa: Heinhold, M., Buchführung, 1987, S. 69ff.

merken oder im Anhang anzugeben (§ 268 Abs. 2 HGB). Hierzu empfiehlt es sich, den Anlagenspiegel um eine zusätzliche Spalte „Abschreibungen des Geschäftsjahres" zu erweitern oder im Anhang die Entwicklung der Abschreibungen in einer gesonderten Übersicht darzustellen[5].

In der Spalte **Zugänge** ist die im Geschäftsjahr erfolgte Zunahme des Anlagevermögens auszuweisen. Diese muß tatsächlich mengenmäßig stattgefunden haben. Eine bloße Wertsteigerung hingegen ist in der Spalte Zuschreibungen zu erfassen. Für alle Zugänge des Anlagevermögens besteht Aktivierungspflicht, soweit das Gesetz nicht ausdrücklich Aktivierungswahlrechte vorsieht. Die Aktivierung muß zu den vollen Anschaffungs- bzw. Herstellungskosten erfolgen, auch wenn der Vermögensgegenstand im selben Jahr voll abgeschrieben wird, wie dies z.b. bei den geringwertigen Wirtschaftsgütern der Fall ist[6]. Lediglich Anschaffungen bis zu DM 100 werden nach der Kaufmannspraxis hier nicht erfaßt[7].

Ein Zugang ist auch dann voll auszuweisen, wenn aufgrund steuerlicher Vorschriften stille Reserven auf ein Ersatzwirtschaftsgut übertragen werden[8]. Die erforderliche Wertminderung muß als außerplanmäßige Abschreibung in der hierfür vorgesehenen Abschreibungsspalte erfaßt werden[9].

Ein besonderes Problem stellt die Bewertung von Anlagepositionen mit **Festwerten** dar. Gemäß § 240 Abs. 3 HGB können Gegenstände des Sachanlagevermögens mit einer gleichbleibenden Menge und einem gleichbleibendem Wert angesetzt werden. Dies ist allerdings nur zulässig, wenn

- die Vermögensgegenstände regelmäßig ersetzt werden,
- ihr Gesamtwert von nachrangiger Bedeutung ist,
- ihr Bestand in seiner Größe und seinem Wert nur geringen Veränderungen unterliegt.

Im Falle solcher Festwerte erscheint ein Zugang nicht im Anlagenspiegel. Alle Aufwendungen zur Ergänzung (nicht Erhöhung) und Instandhaltung solcher in einem Festwert zusammengefaßten Vermögensgegenstände müssen direkt über die GuV-Rechnung als Periodenaufwand gebucht werden[10].

In der Spalte **Abgänge** sind die im Geschäftsjahr aus dem Anlagevermögen durch Veräußerung oder aus sonstigen Gründen (z.B. Brand, Diebstahl) ausscheidenden Vermögensgüter mit ihrem Restbuchwert zum Zeitpunkt des Ausscheidens anzusetzen. Abgänge müssen stets mengenmäßige Abgänge sein.

In der Spalte **Umbuchungen** werden Veränderungen des Anlagevermögens im Geschäftsjahr erfaßt, die weder mengen- noch wertmäßiger Art sind, sondern in der Bilanz lediglich anders ausgewiesen werden sollen (z.B. Umbuchungen von „Anlagen im Bau" auf „technische Anlagen" nach Fertigstellung des Baus). Probleme ergeben sich bei der Umwidmung von Umlaufvermögen in Anlagevermö-

---

5   Anregungen zur Gestaltung eines solchen „Abschreibungsspiegels" gibt z.B. Heuser, P., Die neue Bilanz, 1986, Tz. 294ff.
6   Vgl. § 6 Abs. 2 EStG.
7   Vgl. ADS § 152 Tz 17, vgl. auch Glade, A., Rechnungslegung, 1986, § 268 Tz 38ff., vgl. Abschn. 31 Abs. 3 EStR.
8   Nach § 6b EStG, Abschn. 35 EStR, vgl. ADS § 152 Tz 18.
9   Vgl. ADS § 152 Tz 18.
10 Vgl. ADS § 152, Tz 19, vgl. Glade, A., Rechnungslegung, 1986, § 268 Tz 35.

gen bzw. umgekehrt. Nach herrschender Meinung[11] können diese sowohl als Umbuchung aber auch als Zu- bzw. Abgang behandelt werden.

In der Spalte **Zuschreibungen** sind Wertzuschreibungen im Geschäftsjahr, d.h. positive Wertänderungen zu erfassen, die sich dadurch ergeben, daß in früheren Jahren vorgenommene zu hohe Abschreibungen korrigiert werden. Eine Wertzuschreibung aufgrund gestiegener Wiederbeschaffungspreise über die Anschaffungs- oder Herstellungskosten hinaus ist nach dem geltenden Bilanzrecht nicht zulässig.

Analog zu der hier für das Anlagevermögen vorgeführten Weise muß der Bilanzposten „**Aufwendungen für die Ingangsetzung und Erweiterung des Geschäftsbetriebs**" horizontal untergliedert werden. Hierbei sind nur die Spalten „Anschaffungs- bzw. Herstellungskosten", „Zugänge" und „Summe der Abschreibungen" von Bedeutung. Umbuchungen sind grundsätzlich nicht möglich, da der Posten keinen Vermögensgegenstand repräsentiert und folglich auch nicht auf Bilanzposten umgebucht werden kann, die Vermögensgegenstände repräsentieren. Da eine weitere vertikale Gliederung für die Ingangsetzungs- und Erweiterungsaufwendungen nicht vorgeschrieben ist, kommen auch Umbuchungen innerhalb dieser Bilanzierungshilfe nicht in Betracht (etwa von Ingangsetzungs- auf Erweiterungsaufwendungen[12]). Aus demselben Grund des Fehlens eines Vermögensgegenstandes ist ein Abgang (mengenmäßig) nicht möglich. Zuschreibungen sind wegen § 282 HGB nicht möglich, da ein aktivierter Betrag in jedem Geschäftsjahr zu mindestens einem Viertel durch Abschreibungen getilgt werden muß.

1.4.3 Die Gliederung der Bilanz

Das HGB gibt in § 266 Abs. 2 und 3 eine detaillierte Gliederungsvorschrift für Bilanzen großer Kapitalgesellschaften[13]. Das vollständige Gliederungsschema ist in Abbildung 14 auf S. 60ff wiedergegeben. Die Bilanz ist grundsätzlich in einer 3-stelligen Tiefengliederung zu erstellen, nach dem Schema

Großbuchstabe (Oberbegriff)   z.B. B. Umlaufvermögen
    römische Ziffer (Unterbegriff)   z.B. I. Vorräte
      arabische Ziffer (einzelner Posten) z.B.   1. Roh-, Hilfs- und Betriebsstoffe

Die Gliederungsvorschriften des § 266 Abs. 2 und 3 HGB sind nach Gliederungstiefe und Gliederungsumfang für alle großen und mittelgroßen Kapitalgesellschaften[14] zwingend vorgeschrieben. Abweichungen sind bis auf die im folgenden behandelten Ausnahmen nicht zulässig.

Gesetzlich zulässige bzw. gebotene Abweichungen vom Gliederungsschema

Eine **Reduzierung** des Gliederungsumfangs oder der Gliederungstiefe ist in folgenden Fällen zulässig:

• **Personengesellschaften und Einzelunternehmen** sind grundsätzlich nicht an das Gliederungsschema des § 266 HGB gebunden. Dieses gilt, da es im 2. Ab-

---

[11] Vgl. WP-Handbuch 1985/86, Band 1, S. 550, vgl. auch Glade, A., Rechnungselegung, 1986, § 268 Tz. 27.

[12] Vgl. Veit, K. R., Organisationsausgaben, WPg, 1984, S. 68.

[13] Zu den Größenordnungen vgl. S. 31f und 353 sowie § 267 HGB.

[14] Vgl. § 267 Abs. 2 und 3 HGB, vgl. S. 31f und 353.

schnitt des Dritten Buches steht, nur für Kapitalgesellschaften. Die Mindestgliederung für Nicht-Kapitalgesellschaften ergibt sich aus § 247 Abs. 1 HGB. Nach dieser, für alle Kaufleute geltenden Vorschrift, müssen in der Bilanz gesondert nur die folgenden Posten ausgewiesen werden:

Mindestbilanzgliederung für alle Kaufleute

Anlagevermögen	Eigenkapital
Umlaufvermögen	Schulden
Rechnungsabgrenzungsposten	Rechnungsabgrenzungsposten

Ganz konsistenz ist diese Mindestgliederungsvorschrift allerdings nicht, da auch die Bildung von Rückstellungen für alle Kaufleute verpflichtend ist (§ 249 HGB). Diese lassen sich aber keinem der obigen passiven Posten der Mindestgliederung zuordnen[15]. Die Praxis greift allerdings i.d.R. auch bei Nicht-Kapitalgesellschaften auf das Gliederungsschema des § 266, möglicherweise in verkürzter Form, zurück.

- **Kleine Kapitalgesellschaften** (§ 267 Abs. 1 HGB) brauchen die Aufschlüsselung der einzelnen Bilanzposten nach arabischen Ziffern nicht vorzunehmen. Für sie genügt die Erstellung einer verkürzten Bilanz, in der die Bilanzposten zusammengefaßt werden dürfen und nur unter Großbuchstaben und römischen Ziffern ausgewiesen werden müssen (§ 266 Abs. 1 HGB). Es handelt sich um eine Mindestvorschrift, die vollständige Gliederung nach § 266 Abs. 2 und 3 HGB ist auch für kleine Kapitalgesellschaften zulässig.

- Auch **große Kapitalgesellschaften** können einzelne der mit arabischen Ziffern versehenen Posten zusammenfassen, wenn diese einen für das Gesamtbild des Unternehmens i.S. von § 264 Abs. 2 HGB („ein den tatsächlichen Verhältnissen entsprechendes Bild") unerheblichen Betrag darstellen, oder wenn durch die Zusammenfassung die Klarheit der Darstellung gefördert wird. Allerdings muß – entsprechend dem Vollständigkeitsgrundsatz – im letzteren Fall ein detaillierter Ausweis im Anhang erfolgen (§ 265 Abs. 7 HGB).

- **Leerposten,** d.h. solche Posten, für die zwar im gesetzlichen Gliederungsschema ein Posten vorgesehen ist, die aber im Geschäftsjahr und im Vorjahr keinen Betrag ausgewiesen haben, können weggelassen werden. Leerposten müssen dagegen aufgeführt und mit dem Wert Null bilanziert werden, wenn unter diesem Posten im Vorjahr ein Betrag ausgewiesen wurde (§ 265 Abs. 8 HGB). Nach altem Recht konnten Leerposten in jedem Fall unberücksichtigt bleiben[16].

Eine **Erweiterung des Gliederungsumfanges oder der Gliederungstiefe** ist grundsätzlich möglich, da das Gliederungsschema des § 266 HGB nur eine Mindestgliederung vorschreibt. § 265 Abs. 5 HGB sieht die Möglichkeit zur Erweiterung ausdrücklich vor. Allerdings sind einer Erhöhung des Umfangs oder der Tiefe der Bilanzgliederung durch den Grundsatz der Klarheit und Übersichtlichkeit im Rahmen der GoB Grenzen gesetzt. Eine Erweiterung der Gliederung kann aufgrund der GoB auch zwingend sein, z.B. dann, wenn Vermögens- oder Schuldposten vorhanden sind, die das gesetzliche Gliederungsschema nicht vorsieht. Den Vollständigkeitsgrundsatz erzwingt hier die Erweiterung.

---

[15] Zum Eigenkapitalcharakter von Rückstellungen, insbesondere von Aufwandsrückstellungen vgl. unten, S. 134f.

[16] § 151 Abs. 2 AktG a.F.

Grundsätzlich kann die Erweiterung des Gliederungsumfanges auf drei Arten erfolgen:

1. Durch Einfügung zusätzlicher Posten. Solche neuen Posten dürfen allerdings nur dann hinzugefügt werden, wenn ihr Inhalt nicht von einem vorgeschriebenen Posten abgedeckt wird (§ 265 Abs. 5 HGB).
2. Durch Untergliederung eines vorgeschriebenen Postens in weitere Bestandteile. Hierdurch wird die Gliederungstiefe erhöht, es tritt eine weitere Vorspalte hinzu. Z.B. können die unter Aktiva B.II.2. erscheinenden Forderungen gegen ein verbundenes Unternehmen aufgegliedert werden:

> B.
>   II.
>   2. Forderungen gegen verbundene Unternehmen
>   a. Forderungen gegen in Mehrheitsbesitz stehende Unternehmen
>   b. Forderungen gegen ein herrschendes Unternehmen

Der gesetzlich vorgeschriebene Posten „2. Forderungen gegen verbundene Unternehmen" muß voll erhalten bleiben, auch wenn er weiter untergliedert wird.

3. Durch Aufteilung eines gesetzlich vorgeschriebenen Postens unter Wegfall dieses Postens. Diese von Adler/Düring/Schmaltz für den Posten „Betriebs- und Geschäftsausstattung" für zulässig erachtete Gliederungserweiterung[17] ist wegen des Gesetzeswortlautes nunmehr wohl ausgeschlossen: „... dabei ist jedoch die vorgeschriebene Gliederung zu beachten" (§ 265 Abs. 5 HGB).

Als Erweiterung des Gliederungsschemas kann auch die Hinzufügung von **Bilanzvermerken** zu einzelnen Bilanzposten bezeichnet werden. Ein Bilanzvermerk hat die Aufgabe, den Inhalt eines Bilanzpostens zu verdeutlichen. Insbesondere bei Forderungen und Verbindlichkeiten sollen hier Zusatzangaben zur Fristigkeit gemacht werden (§ 268 Abs. 4 und 5 HGB).

Beispiel: Passiva C. 2. Verbindlichkeiten gegenüber Kreditinstituten (davon mit einer Laufzeit bis zu einem Jahr).

Die gesetzlich erforderlichen Bilanzvermerke sind im einzelnen aus § 268 HGB ersichtlich. Sie sind in der nachstehenden Wiedergabe des gesetzlichen Gliederungsschemas nach altem (§ 151 AktG a.F.) und neuem (§ 266 HGB) Bilanzrecht jeweils angegeben (vgl. die Abbildung 14).

Gliederungskonflikte

Falls ein Vermögensgegenstand oder eine Schuld sachlich unter **mehrere Bilanzposten** fällt, so ist er unter dem Posten auszuweisen, wo er am besten der Bilanzklarheit dient. Seine Mitzugehörigkeit zu anderen Posten ist bei dem Posten, unter dem der Ausweis erfolgt, zu vermerken, oder im Anhang anzugeben, wenn dies zur Aufstellung eines klaren und übersichtlichen Jahresabschlusses erforderlich ist (§ 265 Abs. 3 HGB).

Das Gliederungsschema des § 266 HGB berücksichtigt im wesentlichen die **Gegebenheiten eines Industriebetriebs**. Andere Branchen können andere Bilanzgliederungen erforderlich machen. Für eine Reihe von Wirtschaftszweigen sind

---

[17] ADS § 151 Tz 12.

von § 266 HGB abweichende Bilanzgliederungen vorgesehen, für die besondere Formblätter durch Rechtsverordnung vorgeschrieben sind.

Es sind dies[18]

- Kreditinstitute,
- Bausparkassen,
- Wohnungsunternehmen,
- Verkehrsunternehmen,
- Versicherungsunternehmen.

Solche Unternehmungen haben die Bilanz nach den für sie geltenden Spezialvorschriften zu gliedern.

Ein besonderer Gliederungskonflikt entsteht, wenn in einem Unternehmen **mehrere Geschäftszweige** vorhanden sind, für die verschiedene Bilanzgliederungsvorschriften gelten. In diesem Fall ist die Gliederungsvorschrift eines Geschäftszweiges zu befolgen. Die Ergänzungen der Gliederung, die sich aufgrund der anderen, hier auch zutreffenden, aber in der Bilanz nicht berücksichtigten branchenspezifischen Gliederungsvorschriften ergeben, sind im Anhang anzugeben und zu begründen (§ 265 Abs. 4 HGB).

Gegenüberstellung von neuer und alter Bilanzgliederung

In der folgenden Übersicht (Abb. 14) wird das Bilanzgliederungsschema nach § 266 HGB vollständig wiedergegeben (einschließlich Bilanzvermerken) und dem „alten" Gliederungsschema nach dem inzwischen aufgehobenen § 151 AktG a.F. gegenübergestellt.

Hierbei wurde die im Gesetz vorgesehene Numerierung der Bilanzposten übernommen. Ohne Nummern und in Klammern stehen diejenigen Bilanzposten, deren Ausweis im Gesetz an anderer Stelle als in § 266 HGB bzw. § 151 AktG a.F. ausdrücklich gefordert wird.

Die Gegenüberstellung von alter und neuer Gliederung macht deutlich, daß die neue Bilanzgliederung gegenüber der alten aktienrechtlichen Gliederung

- sowohl Erweiterungen aufweist,
  z.B. bei den immateriellen Vermögensgegenständen,
    bei den Finanzanlagen,
    bei den Fristigkeitsangaben zu Forderungen,
    beim Eigenkapital,
    bei den Rückstellungen,
    bei den Fristigkeitsangaben zu Verbindlichkeiten,
- als auch Reduzierungen aufweist,
  z.B. bei den Grundstücken.

Die halbfett gedruckten Bilanzpositionen geben die nach neuem Recht geltende Mindestgliederung für sog. kleine Kapitalgesellschaften an[19]. In Klammern stehende, nicht mit einer Ziffer oder einem Buchstaben versehene Positionen, sind nicht im Gliederungsschema des § 266 enthalten. Sie sind gegebenenfalls aufgrund des angebenen § an dieser Stelle auszuweisen. Im übrigen orientiert sich die alphanumerische Klassifizierung der Abbildung 14 an der Bezeichnung der jeweiligen Bilanzposten im Gliederungsschema des § 266 HGB.

---

[18] Vgl. WP-Handbuch 1985/86 Bd. 1, S. 274ff., 373ff., 412f., 414ff.
[19] Vgl. S.31 und S. 353, vgl. auch § 266 Abs. 1 i.V.m. § 267 Abs. 1 HGB.

Bilanzgliederung nach § 266 HGB	Belegstelle, soweit nicht § 266 HGB	Bilanzgliederung nach dem „alten" § 151 AktG	Belegstelle, soweit nicht § 151 AktG
Aktiva: (Ausstehende Einlagen auf das gezeichnete Kapital davon eingefordert (Aufwendungen für die Ingangsetzung und Erweiterung des Geschäftsbetriebs	§ 272 HGB) § 269 HGB)	**Aktiva:** **I. Ausstehende Einlagen auf das Grundkapital;** davon eingefordert:	
A. Anlagevermögen **I. Immaterielle Vermögensgegenstände:** 1. Konzessionen, gewerbliche Schutzrechte und ähnliche Rechte und Werte sowie Lizenzen an solchen Rechten und Werten; 2. Geschäfts- oder Firmenwert; 3. geleistete Anzahlungen. **II. Sachanlagen:** 1. Grundstücke, grundstücksgleiche Rechte und Bauten einschließlich der Bauten auf fremden Grundstücken; 2. technische Anlagen und Maschinen; 3. andere Anlagen, Betriebs- und Geschäftsausstattung; 4. geleistete Anzahlungen und Anlagen im Bau.		**II. Anlagevermögen:** **A. Sachlagen und immaterielle Anlagewerte:** (Kosten der Ingangsetzung des Geschäftsbetriebes) 1. Grundstücke und grundstücksgleiche Rechte mit Geschäfts-, Fabrik- und anderen Bauten; 2. Grundstücke und grundstücksgleiche Rechte mit Wohnbauten; 3. Grundstücke und grundstücksgleiche Rechte ohne Bauten; 4. Bauten auf fremden Grundstücken, die nicht zu Nr. 1 oder 2 gehören; 5. Maschinen und maschinelle Anlagen; 6. Betriebs- und Geschäftsausstattung; 7. Anlagen im Bau und Anzahlungen auf Anlagen; 8. Konzessionen, gewerbliche Schutzrechte und ähnliche Rechte sowie Lizenzen an solchen Rechten;	§ 153 Abs. 4 AktG)

Abb. 14   Die Bilanzgliederung nach neuem und altem Recht

Bilanzgliederung nach § 266 HGB	Belegstelle, soweit nicht § 266 HGB	Bilanzgliederung nach dem „alten" § 151 AktG	Belegstelle, soweit nicht § 151 AktG
III. Finanzanlagen: 1. Anteile an verbundenen Unternehmen; 2. Ausleihungen an verbundene Unternehmen; 3. Beteiligungen; 4. Ausleihungen an Unternehmen, mit denen ein Beteiligungsverhältnis besteht; 5. Wertpapiere des Anlagevermögens; 6. sonstige Ausleihungen.		**B. Finanzanlagen:** 1. Beteiligungen; 2. Wertpapiere des Anlagevermögens, die nicht zu Nr. 1 gehören; 3. Ausleihungen mit einer Laufzeit von mindestens 4 Jahren; davon durch Grundpfandrechte gesichert:	
B. Umlaufvermögen: **I. Vorräte:** 1. Roh-, Hilfs- und Betriebsstoffe; 2. unfertige Erzeugnisse, unfertige Leistungen; 3. fertige Erzeugnisse und Waren; 4. geleistete Anzahlungen.		**III. Umlaufvermögen:** **A. Vorräte:** 1. Roh-, Hilfs- und Betriebsstoffe; 2. unfertige Erzeugnisse; 3. fertige Erzeugnisse, Waren.	
II. Forderungen und sonstige Vermögensgegenstände: 1. Forderungen aus Lieferungen und Leistungen; davon mit einer Restlaufzeit von mehr als einem Jahr 2. Forderungen gegen verbundene Unternehmen; davon mit einer Restlaufzeit von mehr als einem Jahr 3. Forderungen gegen Unternehmen, mit denen ein Beteiligungsverhältnis besteht; davon mit einer Restlaufzeit von mehr als einem Jahr 4. Sonstige Vermögensgegenstände; – davon mit einer Restlaufzeit von mehr als einem Jahr	§ 268 Abs. 4 HGB § 268 Abs. 4 HGB § 268 Abs. 4 HGB	**B. Andere Gegenstände des Umlaufvermögens:** 1. geleistete Anzahlungen, soweit sie nicht zu II A Nr. 7 gehören; 2. Forderungen aus Lieferungen und Leistungen; davon mit einer Restlaufzeit von mehr als einem Jahr; 3. Wechsel; davon bundesbankfähig: 4. Schecks, 5. Kassenbestand, Bundesbank- und Postscheckguthaben; 6. Guthaben bei Kreditinstituten; 7. Wertpapiere, die nicht zu Nr. 3, 4, 8 oder 9 oder zu II.B. gehören; 8. eigene Aktien unter Angabe ihres Nennbetrages;	
III. Wertpapiere: 1. Anteile an verbundenen Unternehmen; 2. eigene Anteile; 3. sonstige Wertpapiere;			

Abb. 14   Die Bilanzgliederungen nach neuem und altem Recht (Fortsetzung)

Bilanzgliederung nach § 266 HGB	Belegstelle, soweit nicht § 266 HGB	Bilanzgliederung nach dem „alten" § 151 AktG	Belegstelle, soweit nicht § 151 AktG

IV. Schecks, Kassenbestand, Bundesbank- und Postgiroguthaben, Guthaben bei Kreditinstituten.		9. Anteile an einer herrschenden oder an der Gesellschaft mit Mehrheit beteiligten Kapitalgesellschaft oder bergrechtlichen Gewerkschaften unter Angabe ihres Nennbetrags, bei Kuxen ihrer Zahl;
		10. Forderungen an verbundene Unternehmen;
		11. Forderungen aus Krediten, die
		  a) unter § 89,
		  b) unter § 115
		  fallen;
		12. sonstige Vermögensgegenstände	

C. Rechnungsabgrenzungsposten. (Bilanzierungshilfe für latente Steuerentlastung (Nicht durch Eigenkapital gedeckter Fehlbetrag	§ 274 Abs. 2 HGB) § 268 Abs. 3 HGB)	**IV. Rechnungsabgrenzungsposten** **V. Bilanzverlust**	

Passiva:
A. Eigenkapital:
  I. Gezeichnetes Kapital;
  II. Kapitalrücklage;
  III. Gewinnrücklagen:
    1. gesetzliche Rücklage;
    2. Rücklage für eigene Anteile;
    3. satzungsmäßige Rücklagen;
    4. andere Gewinnrücklagen;
  IV. Gewinnvortrag/Verlustvortrag*;
  V. Jahresüberschuß/Jahresfehlbetrag*;
  (* ersatzweise auch: Bilanzgewinn/Bilanzverlust möglich
	§ 268 Abs. 1 HGB)
	§ 273 HGB)
		Passiva:
		  I. Grundkapital
		  II. Offene Rücklagen:
		    1. gesetzliche Rücklage;
		    2. Rücklage für eigene Aktien;
		    3. andere Rücklagen (freie Rücklagen).	

(Sonderposten mit Rücklageanteil		**IIa. Sonderposten mit Rücklageanteil** **III. Wertberichtigungen**	§ 152 Abs. 5 AktG

Abb. 14 Die Bilanzgliederungen nach neuem und altem Recht (Fortsetzung)

Bilanzgliederung nach § 266 HGB	Belegstelle, soweit nicht § 266 HGB	Bilanzgliederung nach dem „alten" § 151 AktG	Belegstelle, soweit nicht § 151 AktG
B. Rückstellungen: 1. Rückstellungen für Pensionen und ähnliche Verpflichtungen; 2. Steuerrückstellungen (Rückstellungen für latente Steuern 3. sonstige Rückstellungen.	 § 274 Abs. 1 HGB)	**IV. Rückstellungen:** 1. Pensionsrückstellungen; 2. andere Rückstellungen.	
C. Verbindlichkeiten: 1. Anleihen, davon konvertibel davon mit einer Restlaufzeit bis zu 1 Jahr: 2. Verbindlichkeiten gegenüber Kreditinstituten davon mit einer Restlaufzeit bis zu 1 Jahr: 3. erhaltene Anzahlungen auf Bestellungen; davon mit einer Restlaufzeit bis zu 1 Jahr: 4. Verbindlichkeiten aus Lieferungen und Leistungen; davon mit einer Restlaufzeit bis zu 1 Jahr: 5. Verbindlichkeiten aus der Annahme gezogener Wechsel und der Ausstellung eigener Wechsel; davon mit einer Restlaufzeit bis zu 1 Jahr: 6. Verbindlichkeiten gegenüber verbundenen Unternehmen; davon mit einer Restlaufzeit bis zu 1 Jahr: 7. Verbindlichkeiten gegenüber Unternehmen, mit denen ein Beteiligungsverhältnis besteht; davon mit einer Restlaufzeit bis zu 1 Jahr: 8. sonstige Verbindlichkeiten davon aus Steuern, davon im Rahmen der sozialen Sicherheit, davon mit einer Restlaufzeit bis zu 1 Jahr:	§ 268 Abs. 5 HGB	**V. Verbindlichkeiten mit einer Laufzeit von mindestens 4 Jahren:** 1. Anleihen, davon durch Grundpfandrechte gesichert: 2. Verbindlichkeiten gegenüber Kreditinstituten; davon durch Grundpfandrechte gesichert: 3. sonstige Verbindlichkeiten; davon durch Grundpfandrechte gesichert: Von Nummern 1 bis 3 sind vor Ablauf von 4 Jahren fällig: **VI. Andere Verbindlichkeiten:** 1. Verbindlichkeiten aus Lieferungen und Leistungen; 2. Verbindlichkeiten aus der Annahme gezogener Wechsel und der Ausstellung eigener Wechsel; 3. Verbindlichkeiten gegenüber Kreditinstituten, soweit sie nicht zu V. gehören; 4. erhaltene Anzahlungen; 5. Verbindlichkeiten gegenüber verbundenen Unternehmen; 6. sonstige Verbindlichkeiten.	
D. Rechnungsabgrenzungsposten		**VII. Rechnungsabgrenzungsposten** **VIII. Bilanzgewinn**	

Abb. 14 Die Bilanzgliederungen nach neuem und altem Recht (Fortsetzung)

Kapitel 2
Der Inhalt der Bilanz

1. Aktivierungs- und Passivierungskriterien (Bilanzierungsfähigkeit)

Aktivieren heißt, einen Wert unter die Bilanzpositionen der Aktivseite, passivieren heißt, einen Wert unter die Bilanzpositionen der Passivseite aufnehmen. Unter dem Begriff der Bilanzierungsfähigkeit (**Bilanzierung dem Grunde nach**) versteht man die grundsätzliche Eignung eines Gutes unter einen Bilanzposten in die Bilanz aufgenommen werden zu können[20]. Erst wenn anhand abstrakter Aktivierungs- und Passivierungskriterien festgestellt ist, ob im Einzelfall Bilanzierungsfähigkeit gegeben ist, stellt sich die konkrete Frage, ob eine Aktivierungs- und Passivierungspflicht oder möglicherweise ein gesetzliches Wahlrecht oder ein Verbot besteht.

1.1 Kriterien der abstrakten Aktivierungsfähigkeit

Das Problem der Aktivierungsfähigkeit steht in direktem Zusammenhang mit dem handelsrechtlichen Begriff des Vermögensgegenstandes. Im Handelsrecht ist grundsätzlich **nur aktivierungsfähig, was als Vermögensgegenstand gilt**[21]. Die Konkretisierung von Aktivierungskriterien bzw. die Definition des handelsrechtlichen Begriffes Vermögensgegenstand gehört sowohl in der Literatur als auch in der Rechtssprechung zu den umstrittensten Gebieten des Bilanzrechtes[22]. Die Frage, wann ein Vermögensgegenstand vorliegt, d.h. wann die abstrakte Aktivierungsfähigkeit gegeben ist, wird vom Gesetz nicht beantwortet.

Zwar sind in das neue HGB erstmals Ansatzvorschriften explizit aufgenommen worden, jedoch zeigen die hier zusammengefaßten Regelungen (§ 246 bis 251 HGB) nicht auf, welche Voraussetzungen erfüllt sein müssen, damit ein Vermögensgegenstand vorliegt. Es wird lediglich gefordert, daß „sämtliche Vermögensgegenstände, Schulden, Rechnungsabgrenzungsposten..." im Jahresabschluß enthalten sein müssen, soweit gesetzlich nichts anderes bestimmt ist (§ 246 Abs. 1 HGB).

Auch das Bilanzgliederungsschema liefert keine Erkenntnisse über die Eigenschaften, die ein Posten aufweisen muß, um als aktivierungsfähig oder als aktivierungsunfähig qualifiziert zu werden. Es gibt keine erschöpfende Aufzählung aktivierungsfähiger Vermögensgegenstände, es stellt nur eine Mindestvorschrift dar. Allerdings lassen sich hieraus konkrete Beispiele gewinnen, was der Gesetzgeber als Vermögensgegenstand und damit als aktivierungsfähig betrachtet. Denn es würde der ratio legis widersprechen, wenn das Gesetz auch nur in einer einzigen Gliederungsvorschrift Tatbestandsmerkmale enthielte, für die es keinen Anwen-

---

[20] Vgl. Federmann, R., Bilanzierung, 1979, S. 112f.
[21] Vgl. Kaiser, H., Aktivierung, HWStR, 1981, S. 50, vgl. Schneider, D., Vermögensgegenstände, HuR 1986, S. 335ff.
[22] Vgl. Lamers, A., Aktivierungsfähigkeit, 1981, S. 97, S. 192, vgl. Freericks, W., Bilanzierungsfähigkeit, 1976, S. 122, Vgl. Federmann, R., Bilanzierung, 1979, S. 111.

dungsbereich gibt[23]. So sieht der Gesetzgeber offensichtlich den Geschäfts- oder Firmenwert – zumindest den entgeltlich erworbenen – als Vermögensgegenstand an (§ 266 Abs. 2 A I 2 in Verbindung mit § 248 Abs. 2 HGB), eine Ansicht, die im Schrifttum nicht unwidersprochen geblieben ist. Die Gründe hierzu sind später noch darzulegen[24].

Eine grundlegende Definition von Vermögensgegenstand und Aktivierungsfähigkeit muß aus den **Aufgaben des Jahresabschlusses** hergeleitet werden. Die hier relevante Bilanzaufgabe ist nach einhelliger Auffassung im Schrifttum die Ermittlung der **Schuldendeckungsfähigkeit**. Die Schuldendeckungskontrolle ist die für Aktiengesellschaften und Nicht-Aktiengesellschaften gleichermaßen geltende Basis für die Ableitung von handelsrechtlichen Aktivierungskriterien[25]. Mit dem Gläubigerschutz ist die Aktivierung nur solcher Vermögenswerte zu vereinbaren, die Schuldendeckungspotential darstellen[26]. Das Problem liegt nun darin, daß das Schuldendeckungspotential unterschiedlich definiert werden kann.

1.1.1 Einzelveräußerbarkeit (Verkehrsfähigkeit) als Aktivierungskriterium

Zählt man zum Schuldendeckungspotential nur die Werte, die sich bei Zerschlagung des Unternehmens durch Einzelveräußerung der Vermögenswerte erzielen lassen, dann folgt als abstraktes Aktivierungskriterium zwingend die Einzelveräußerbarkeit, auch Einzelverkehrsfähigkeit genannt. Aktivierungsfähig ist ein Objekt nur dann, wenn es verkehrsfähig ist, d.h. wenn das Objekt als solches, also nicht nur zusammen mit anderen Objekten, veräußerbar ist, wenn es selbständig am Rechtsverkehr teilnehmen kann[27].

Die Einzelverkehrsfähigkeit (Einzelveräußerbarkeit) wird von großen Teilen des handelsrechtlichen und betriebswirtschaftlichen Fachschrifttums als das Aktivierungskriterium schlechthin gesehen[28].

1.1.2 Einzelbewertbarkeit als Aktivierungskriterium

Die Rechtsprechung des Bundesfinanzhofes hat dem entgegengestellt, daß Aktivierungsfähigkeit bereits dann gegeben sei, wenn ein Objekt selbständig bewertungsfähig sei. Auf die Einzelveräußerbarkeit komme es hingegen nicht an. Dieser Argumentation hat sich das neuere betriebswirtschaftliche Schrifttum teilweise angeschlossen[29]. Allerdings wird die handelsrechtliche Grundforderung hier aufgegeben, daß eine Erhöhung des Schuldendeckungspotentials mit der Aktivierbarkeit verbunden sein muß, da auch solche Positionen selbständig bewertbar sind, die nicht unmittelbar zur Schuldendeckung herangezogen werden kön-

[23] Vgl. Lamers, A., Aktivierungsfähigkeit, 1981, S. 198.

[24] Vgl. unten S. 96, vgl. auch Moxter, A., Bilanzrechtsentwurf, BB, 1985, S. 1101.

[25] Vgl. Lamers, A., Aktivierungsfähigkeit, 1981, S. 190f.

[26] Ebenda, S. 193.

[27] Vgl. Moxter, A., Bilanzlehre, 1976, S. 274.

[28] Vgl. z.B. Kropff, B., in: Geßler/Hefermehl, AktG, 1973, Anm. 47 zu § 149 AktG; Federmann, R., Bilanzierung, 1979, S. 124; Coenenberg, A., Jahresabschluß, 1982, S. 62; Schneider, D., Abschreibungsverfahren, WPg, 1974, S. 365.

[29] Vgl. z.B. Moxter, A., Bilanzrechtsentwurf, BB, 1985, S. 1102, vgl. Castan, E., Rechnungslegung, 1984, S. 17.

nen (z.b. ein Firmenwert, der dadurch entstanden ist, daß bei Erwerb eines Betriebes oder Betriebsteils für die Übernahme eines großen Kundenstammes oder für eine besonders verkehrsgünstige Geschäftslage erhöhte Preise bezahlt wurden).

Als Begründung für den Verzicht auf das engere Aktivierungskriterium „Einzelverkehrsfähigkeit" wird stattdessen angeführt, daß es im handelsrechtlichen Jahresabschluß zahlreiche Positionen gibt, deren Aktivierungsfähigkeit trotz fehlender Einzelverkehrsfähigkeit außer Zweifel steht. Als Beispiele sind hier zu nennen:

• Forderungen, deren Abtretung vertraglich oder gesetzlich ausgeschlossen ist, die aber dennoch als Vermögensgegenstand aktiviert werden müssen;
• das Warenzeichenrecht, zu dem der BFH festgestellt hat[30], daß es nicht ohne den Betrieb veräußert werden könne, und es dennoch der wirtschaftlichen Wirklichkeit widerspräche, wenn man ihm die Eigenschaft des Vermögensgegenstandes absprechen würde;
• der entgeltlich erworbene Nießbrauch, der nicht übertragen werden kann (gem. § 1059 BGB).

Generell ist es bei bestimmten immateriellen Vermögensgegenständen (z.B. bei Konzessionen und Lizenzen u. dgl.) möglich und üblich, daß ihre Einzelveräußerbarkeit vertraglich oder gesetzlich ausgeschlossen wird, dennoch sind sie zweifellos Vermögensgegenstände (vgl. das Bilanzgliederungsschema von § 266 HGB, Pos. A I 1[31]).

Hohe praktische Bedeutung hat dieses Aktivierungskriterium „Einzelbewertbarkeit" deshalb erlangt, weil es vom BFH in ständiger Rechtsprechung zum **Wirtschaftsgutbegriff** angewandt wird[32]. Es gibt praktisch keine handelsrechtliche Rechtssprechung zum Begriff des Vermögensgegenstandes. Deshalb hat die Auslegung des Wirtschaftsgutbegriffes durch die Finanzrechtsprechung, die im wesentlichen von der Identität Wirtschaftsgut = Vermögensgegenstand ausgeht, direkte Auswirkungen auf die handelsrechtliche Bilanzierung. Da die **Steuerrechtsprechung** den Ausweis des Schuldendeckungspotentials als handelsrechtlichen Bilanzzweck ablehnt[33], ist dieses aus dem Finanzrecht stammende Aktivierungskriterium der Einzelbewertbarkeit handelsrechtlich trotz seiner hohen praktischen Bedeutung als unbefriedigend anzusehen.

1.1.3 Einzelverwertbarkeit als Aktivierungskriterium

Wegen der gesetzesimmanenten Widersprüche der Einzelverkehrsfähigkeit und wegen der handelsrechtlichen Fragwürdigkeit der Einzelbewertbarkeit als Aktivierungskriterien versucht das neuere Schrifttum[34] die Einzelverwertbarkeit als Aktivierungskriterium in den Vordergrund zu stellen. Als Vermögensgegenstände können hiernach nur solche Werte angesehen werden, die zur Schuldendek-

---

30 BFH vom 26.2.1975, BStBl. II, 1976, S. 14.
31 Vgl. auch Abb. 14 auf S. 60ff.
32 Vgl. BFH vom 15.4.1958, BStBl. III, S. 260; vom 16.5.1963, BStBl. III, S. 400; vom 28.4.1965, BStBl. III, S. 414.
33 Vgl. Döllerer, G., Gedanken, JbFSt, 1980, S. 195
   vgl. auch Lamers, A., Aktivierungsfähigkeit, 1981, S. 207.
34 Vgl. z.B. Lamers, A., Aktivierungsfähigkeit, 1981, S. 205ff.

kung verwertet werden können, auch wenn sie nicht einzeln veräußerbar sind. Sie müssen im Rahmen ihrer Verwertung einen Beitrag zur Abdeckung bestehender Verpflichtungen leisten können[35], z.b. ist die schuldrechtliche Überlassung der Ausübung des Nießbrauchs möglich (§ 1059 Satz 2 BGB), einzelverkehrsfähig ist der Nießbrauch jedoch nicht (§ 1059 Satz 1 BGB), z.b. führen auch nichtabtretbare Forderungen zu einem Geldzufluß und sind folglich zur Schuldendeckung verwertbar. Die Einzelveräußerbarkeit ist nur eine von mehreren in Betracht kommenden Verwertungsalternativen.

1.1.4 Zusammenfassung

Trotz der divergierenden Meinungen zur Aktivierungsfähigkeit in Grenzfällen gibt es einen großen Bereich der Übereinstimmung. Die Menge der nach dem Kriterium „Einzelverkehrsfähigkeit" möglichen Bilanzposten ist eine Teilmenge der Menge einzelverwertbarer Objekte. Diese wiederum ist Teilmenge der Obermenge, die nach dem Kriterium Einzelbewertbarkeit abgebildet wird. Abb. 15 verdeutlicht den Zusammenhang.

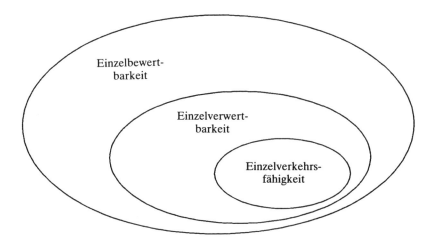

Abb. 15 Mengentheoretische Hierarchiestruktur der Aktivierungskriterien

Unstrittig ist folglich, daß alle einzelverkehrsfähigen Objekte zu den aktivierungsfähigen Vermögensgegenständen zählen. Unstrittig ist auch, daß bei denjenigen Posten, die das schwächste Kriterium nicht erfüllen, also nicht einmal einzeln bewertbar sind, die Aktivierungsfähigkeit nicht gegeben ist (z.B. allgemeiner Kenntnisstand und Ausbildungsniveau der Beschäftigten eines Unternehmens). Weiterhin besteht Konsens darüber, daß Vermögensgegenstände durch Geldleistungen erworben sein müssen, seien es selbst erstellte Vermögensgegenstände (Ausgaben für Beschaffung und Einsatz von Produktionsfaktoren), seien es gekaufte Vermögensgegenstände. Als Vermögensgegenstände zählen auch

---

[35] Ebenda, S. 207.

die durch Geschenk oder Tausch in das Betriebsvermögen gekommenen Werte[36] – hier hat die Ausgabe beim Rechtsvorgänger stattgefunden.

Für die Aktivierungsfähigkeit unerheblich ist auch die Frage, ob es sich um materielle oder immaterielle Vermögensgegenstände handelt.

1.2 Kriterien der Passivierungsfähigkeit

Neben den Rechnungsabgrenzungsposten und Korrekturposten (Wertberichtigungen zur Aktivseite) stehen auf der Passivseite die beiden großen Positionen Eigenkapital und Schulden (im weitesten Sinne, d.h. einschließlich Rückstellungen).

Das Eigenkapital ist seinem Wesen nach eine Differenzgröße zwischen Vermögen und Schulden (§ 242 Abs. 1 HGB). Das Problem der Passivierungsfähigkeit bezieht sich folglich nur auf den Bereich der Schulden. Entsprechend der GoB (Vollständigkeit und Vorsicht) ist der Begriff der passivierungsfähigen Schulden weit auszulegen.

Passivierungsfähig sind sowohl sichere Schulden (Verbindlichkeiten) als auch unsichere Schulden (dem Betrag oder der Fälligkeit nach), die in den Rückstellungen erfaßt werden. Der Begriff der Schuld ist hier nicht auf die Verpflichtung zu Geldzahlungen beschränkt, auch Verpflichtungen zu Sach- oder Dienstleistungen sind passivierungsfähig (z.B. erhaltene Anzahlungen, Gewährleistungsverpflichtungen).

Voraussetzungen für die Passivierungsfähigkeit einer Verpflichtung sind[37]:

- Es muß sich um eine Verpflichtung handeln, die Leistungen in der Zukunft erfordert (Ausgaben, Sach- oder Dienstleistungen).
- Die Verpflichtung muß am Bilanzstichtag rechtlich oder faktisch begründet sein.
- Die Verpflichtung muß selbständig bewertbar sein.

Bei den Kriterien der Passivierungsfähigkeit besteht kein Unterschied zwischen Handels- und Steuerrecht[38]. Die konkreten Einzelvorschriften, insbesondere zu Passivierungswahlrechten und -verboten allerdings weichen teilweise erheblich voneinander ab.

1.3 Bilanzierungspflicht, -verbot, -wahlrecht und -hilfe

1.3.1 Bilanzierungspflicht

Es entspricht den GoB, insb. dem Vollständigkeitsgrundsatz, der auch in das neue HGB explizit übernommen wurde (§ 246 Abs. 1 HGB), daß alle Werte, die die grundsätzliche Eignung aufweisen, in die Bilanz aufgenommen zu werden, auch tatsächlich aufgenommen werden müssen. Somit leitet sich aus dem Voll-

---

[36] Vgl. ADS, § 153 Tz 27 und 52, vgl. auch Glade, A., Rechnungslegung, 1986, § 255 Tz 13 sowie Teil I, Tz 471 und 500.
[37] Vgl. Castan, E., Rechnungslegung, 1984, S. 37, vgl. auch Schneider, D., Vermögensgegenstände, HuR 1986, S. 339ff.
[38] Vgl. John, W., Passivierung, HWStR, 1981, S. 1072ff.

ständigkeitsgebot die grundsätzliche Bilanzierungspflicht für alle Vermögensgegenstände und Schulden ab[39]. **Aus der Aktivierungsfähigkeit folgt die Aktivierungspflicht, aus der Passivierungsfähigkeit folgt die Passivierungspflicht.**

Eine Konkretisierung der Aktivierungs- und Passivierungspflichten gibt das Bilanzgliederungsschema des § 266 HGB. Die dort genannten Positionen müssen bilanziert werden (Bilanzierungsgebot), **sofern das Gesetz nicht ausdrücklich ein Wahlrecht oder ein Verbot vorsieht**[40]. Problematisch ist diese Rechtsvorschrift vor allem für den Geschäfts- oder Firmenwert, der nach mehrheitlicher Ansicht der handelsrechtlichen und betriebswirtschaftlichen Fachautoren keinen Vermögensgegenstand darstellt. Er ist weder einzeln veräußerbar, noch einzeln – zumindest nicht willkürfrei – bewertbar[41]. Das Gesetz ordnet den Firmenwert jedoch den Vermögensgegenständen zu (§ 266, Abs. 2 A I, Immaterielle Vermögensgegenstände). Die Firmenwertproblematik wird allerdings abgeschwächt durch die Tatsache, daß der Gesetzgeber im § 255 Abs. 4 HGB für den entgeltlich erworbenen (derivativen) Firmenwert ein Wahlrecht der Aktivierung einräumt, das wohl als Bilanzierungshilfe interpretiert werden muß[42]. Das Gesetz sieht weitere Durchbrechungen der Grundregel vor, daß aus der Aktivierungsfähigkeit die Aktivierungspflicht folgt. Eine sehr wichtige ist das Aktivierungsverbot für sog. originäre immaterielle Vermögensgegenstände, das sind solche, die nicht entgeltlich erworben, sondern selbst erstellt wurden. Obwohl solche selbstgeschaffenen immateriellen Werte durchaus Vermögensgegenstände sein können (z.B. Konzessionen, Lizenzen, Patente u. dgl.), wird in § 248 Abs. 2 HGB ihre Aktivierung ausnahmslos verboten[43].

1.3.2 Bilanzierungsverbote

Ist die Bilanzierungsfähigkeit (Aktivierungs- bzw. Passivierungsfähigkeit) nicht gegeben, dann gilt für das betroffene Objekt grundsätzlich ein Bilanzierungsverbot, sofern im Gesetz keine Ausnahmeregelungen vorgesehen sind und es sich nicht um Posten der zeitlichen Abgrenzung (Rechnungsabgrenzungsposten) handelt.

Aktivierungsverbote

Wie bereits oben festgestellt wurde, ist die Aktivierung originärer, d.h. selbst hergestellter immaterieller Vermögensgegenstände[44] grundsätzlich verboten, obwohl es sich um Vermögensgegenstände i.S. der obigen Definition[45] handelt.

---

[39] Vgl. ADS, § 149, Tz 35-37, so auch Glade, A., Rechnungslegung, 1986, § 246 Tz 4f; dasselbe gilt grundsätzlich auch steuerlich, vgl. Knobbe-Keuk, B., Bilanzsteuerrecht, 1985, S. 65.

[40] Vgl. Wöhe, G., Bilanzierung, 1984, S. 220, steuerlich bestehen hier Abweichungen, insbes. bei den Rückstellungen, vgl. S. 147ff und S. 274.

[41] Vgl. Moxter, A., Bilanzrechtsentwurf, BB, 1985, S. 1102, vgl. auch Glade, A., Rechnungslegung, 1986, § 266 Tz 47ff.

[42] Vgl. S. 96, anders im Steuerrecht, dort besteht Aktivierungspflicht, § 5 Abs. 2 EStG, vgl. auch Schmidt, L., EStG, 1984, § 5 Tz. 23a, vgl. auch WP-Handbuch 1985/86, Bd. 1, S. 592.

[43] Das Aktivierungsverbot gilt auch für die Steuerbilanz (vgl. § 5 Abs. 2 EStG).

[44] Vgl. S. 95, auch steuerlich ein Aktivierungsverbot, § 5 Abs. 2 EStG.

[45] Vgl. S. 64ff, bzw. steuerlich um ein Wirtschaftsgut handelt.

Abgesehen von diesen Ausnahmen erstrecken sich die Aktivierungsverbote des Handelsrechts ausschließlich auf Aufwendungen, denen keine Vermögensgegenstandseigenschaft zukommt. Hiervon sind z.B. betroffen:

- Aufwendungen für die **Gründung** des Unternehmens und für die Beschaffung des Eigenkapitals (diese beiden Aktivierungsverbote sind im Gesetz ausdrücklich erwähnt im § 248 Abs. 1 HGB)[46];
- Aufwendungen für **Grundlagenforschung**, soweit sie nicht ohnehin unter das Aktivierungsverbot originärer immaterieller Vermögensgegenstände fallen. Dagegen sind Aufwendungen für Zweckforschung, z.B. Weiterentwicklung eines Produktes im Rahmen der Herstellungskosten dieses Produktes aktivierungsfähig[47];
- Aufwendungen zur Unterhaltung, Instandhaltung bzw. Instandsetzung eines Anlagengutes (steuerlich: **Erhaltungsaufwand**). Solch ein Erhaltungsaufwand liegt vor, wenn er dazu dient, die Funktionsfähigkeit des Vermögensgegenstandes, z.B. einer Maschine, wiederherzustellen und sie in nutzungsfähigem Zustand zu erhalten[48]. Darüber hinausgehende Reparaturen (sog. Herstellungsaufwand) sind bei der betroffenen Aktivposition aktivierungspflichtig[49];
- Aufwendungen für **Reklame-** und Werbekampagnen.

Weiterhin besteht ein Aktivierungsverbot für diejenige Vermögensgegenstände, die nicht dem Unternehmen zuzuordnen sind, sondern zum **Privatvermögen** des Kaufmannes gehören.

Passivierungsverbote

Das Prinzip der kaufmännischen Vorsicht und das Vollständigkeitspostulat beschränken ein Verbot der Passivierung im wesentlichen auf die Fälle fiktiver Schulden und solcher Schulden, die eindeutig der Privatsphäre des Kaufmannes zugehören. Im Gegensatz zum alten Aktiengesetz (§ 152 Abs. 7 AktG a.F.) ist die Zulässigkeit von Rückstellungen in der Handelsbilanz durch die Berücksichtigung von Aufwandsrückstellungen (§ 249 Abs. 2 HGB) und Rückstellungen für latente Steuern (§ 274 Abs. 1 HGB) sehr viel weiter gefaßt.

Zu den handelsrechtlich[50] **zulässigen Rückstellungen** zählen die folgenden Fälle:

- Rückstellungen für ungewisse Verbindlichkeiten (§ 249 Abs. 1 HGB),
- Rückstellungen für drohende Verluste aus schwebenden Geschäften (§ 249 Abs. 1 HGB),
- Rückstellungen für unterlassene Instandhaltung (Nachholung innerhalb 3 Monaten bzw. innerhalb des Geschäftsjahres, § 249 Abs. 1 HGB) oder Abraumbeseitigung,

---

[46] Auch steuerlich ein Aktivierungsverbot, vgl. WP-Handbuch 1985/86, Bd. 1 S. 592.
[47] Vgl. Wöhe, G., Bilanzierung, 1984, S. 410, dies gilt auch steuerlich, vgl. Schmidt, L., EStG, 1984, § 5 Tz 31.
[48] Vgl. ADS, § 152, Tz 23.
[49] Näheres vgl. Abschn. 157 EStR.
[50] Steuerrechtlich ergeben sich insoweit Unterschiede, als Aufwandsrückstellungen und Rückstellungen für latente Steuern nicht zulässig sind (vgl. S. 147ff). Rückstellungen für unterlassene Instandhaltungen dürfen nur gebildet werden, wenn die Instandhaltungsarbeiten innerhalb von drei Monaten nachgeholt werde, Abschn. 31a Abs. 6 EStR.

- Rückstellungen für Gewährleistungen, die ohne rechtliche Verpflichtung erbracht werden (§ 249 Abs. 1 HGB),
- Rückstellungen für künftige Aufwendungen, die dem Geschäftsjahr zuzurechnen sind (sog. Aufwandsrückstellungen, § 249 Abs. 2 HGB)
- Rückstellungen für latente Steuern (§ 274 HGB).

Ein ausdrückliches Rückstellungsverbot findet sich in § 249 Abs. 3 HGB, der bestimmt, daß für andere als für die oben angeführten Zwecke Rückstellungen nicht gebildet werden dürfen. Dieses Rückstellungsverbot erstreckt sich auf die ohnehin evidenten Fälle der künftigen Aufwendungen, die ihre Ursache nicht im laufenden Geschäftsjahr haben sowie der Absicherung des allgemeinen Unternehmerrisikos. Diese Fälle erfüllen die oben[51] angeführten Passivierungskriterien nicht.

1.3.3 Bilanzierungshilfen

Von Bilanzierungshilfen spricht man in den Fällen, in denen die Bilanzierungsfähigkeit mangels Erfüllung der Bilanzierungskriterien nicht gegeben ist, in denen das Gesetz aber trotzdem eine Bilanzierungsmöglichkeit zuläßt. Es handelt sich folglich um Aufwendungen, die weder zu einem Vermögensgegenstand, noch zu einem Rechnungsabgrenzungsposten führen und sich eigentlich als Aufwand sofort gewinnmindernd (bzw. verlusterhöhend) in der Bilanz niederschlagen müßten[52].

Auf der **Aktivseite der Bilanz** bestehen die folgenden Bilanzierungshilfen:

- **Aufwendungen für die Ingangsetzung und Erweiterung des Geschäftsbetriebes** (§ 269 HGB[53]). Die Wirkung und wohl auch der gesetzlich beabsichtigte Zweck dieser Bilanzierungshilfe ist, daß durch die Aktivierung des Aufwandes Anlauf- bzw. Erweiterungsverluste buchungstechnisch vermieden werden. Jede Aktivierung hat eine Ertragsgegenbuchung zur Folge. Der Buchungssatz hierzu lautet etwa „per Aktivkonto Aufwendungen für die Ingangsetzung und Erweiterung an Erfolgskonto Andere aktivierte Eigenleistungen". Die erfolgswirksame Aktivierung neutralisiert somit die vorausgegangenen Aufwandsbuchungen, die durch die Ingangsetzungs- und Erweiterungskosten entstanden sind. Nach Neugründungen und größeren Betriebsumstellungen werden auf diese Weise die ansonsten zwangsläufig entstehenden großen Anlaufverluste aus der Bilanz ferngehalten.
- **Aktivische Steuerabgrenzung**[54] (§ 274 Abs. 2 HGB).
- **Disagio** (Differenz zwischen Rückzahlungsbetrag und Verfügungsbetrag eines Darlehens, § 250 Abs. 3 HGB). Häufig wird das Disagio zu den Rechnungsab-

---

[51] Vgl. S. 68.

[52] In der Steuerbilanz dürfen Bilanzierungshilfen nicht aktiviert werden, da es sich weder um ein Wirtschaftsgut noch um Rechnungsabgrenzungsposten handelt, vgl. z.B. Biergans, E., Einkommensteuer 1985, S. 190, zum handelsrechtlichen Begriff vgl. auch Busse von Colbe, W., Bilanzierungshilfen, HuR 1986, S. 86ff.

[53] Vgl. S. 93, vgl. auch Freericks, W., Ingangsetzung, HuR 1986, S. 250ff., vgl. Selchert, F. W., Der Bilanzansatz von Aufwendungen für die Erweiterung des Geschäftsbetriebs, DB 1986, S. 977ff., vgl. auch Veit, K. R., Zur Bilanzierung von Organisationsausgaben, WPg 1984, S. 65ff.

[54] Vgl. S. 112f.

grenzungsposten gezählt[55]. Inhaltlich handelt es sich jedoch um eine Bilanzierungshilfe, da eine Wahlmöglichkeit zwischen Aktivierung oder sofortiger
Aufwandsbuchung besteht. Dieses Wahlrecht ist bei den Rechnungsabgrenzungsposten im engeren Sinne (sog. transitorische Rechnungsabgrenzungsposten) nicht gegeben.

- **Fremdkapitalzinsen,** soweit das Fremdkapital zur Finanzierung eines bestimmten Vermögensgegenstandes verwendet wird (§ 255 Abs. 3 HGB)[56].

Zu den Bilanzierungshilfen muß streng genommen auch der **Geschäfts- oder
Firmenwert** gezählt werden, zumindest in den Fällen, in denen dieser Wert die
Kriterien der Aktivierungsfähigkeit nicht erfüllt. Wie Moxter[57] betont, erfüllt der
Firmenwert nicht einmal das Postulat nach selbständiger Bewertbarkeit, da er
nur „durch willkürliches Greifen isoliert bewertbar" ist. Dies gesteht sowohl der
Bundesfinanzhof[58] zu, als auch indirekt der Gesetzgeber – wie anders könnte die
nutzungsdauerunabhängige Mindestabschreibung von 25% des § 255 Abs. 4
HGB interpretiert werden? Eine solche Bewertungswillkür ist mit dem Sinn und
Zweck des handelsrechtlichen Jahresabschlusses unvereinbart[59]. Insofern muß
die „darf"-Regelung des § 255 Abs. 4 HGB korrekterweise als Bilanzierungshilfe
angesehen werden und nicht als Bilanzierungswahlrecht – letzteres bezieht sich
nur auf Vermögensgegenstände. Das Bilanzsteuerrecht sieht den Firmenwert
trotz allem als Wirtschaftsgut und sieht deshalb eine Aktivierungspflicht vor[59a]).

Auch der sog. **Verschmelzungsmehrwert** ist ein dem derivativen Firmenwert
ähnlicher Wert. Er entsteht bei der Verschmelzung von Kapitalgesellschaften
(Fusion, §§ 339ff. AktG). Da die Buchwerte der übernommenen Gesellschaft
von der übernehmenden Gesellschaft als Anschaffungskosten der Vermögensgegenstände und Schulden bilanziert werden müssen (§ 348 Abs. 1 AktG) entsteht
ein solcher Verschmelzungsmehrwert immer dann, wenn das Entgelt für die
Übernahme der Aktien (Stammanteile usw.) höher ist als die übernommenen
Schlußbilanzwerte. Der als Verschmelzungswert bezeichnete Differenzbetrag
darf nicht den einzelnen übernommenen Bilanzposten anteilig zugerechnet werden. Sofern er in der Bilanz ausgewiesen werden soll, ist er als Geschäfts- oder
Firmenwert auszuweisen[60]. Seinem Wesen nach ist der Verschmelzungsmehrwert eine Bilanzierungshilfe. Der Zweck seiner Aktivierung besteht darin, daß
Übernahmeverluste (Verschmelzungsverluste) buchungstechnisch vermieden
werden, die durch die sofortige Aufwandsbuchung der überhöhten Gegenleistung zwangsläufig entstehen (ähnlich wie bei den Ingangsetzungskosten).

Auf der **Passivseite der Bilanz** sind Bilanzierungshilfen nicht von Bedeutung.
Während das Kennzeichen der aktiven Bilanzierungshilfe die Aufwandsminderung durch Aktivierung ist, wird die passive Bilanzierungshilfe gekennzeichnet

---

[55] So z.B. im Steuerrecht, das deshalb für das Disagio die Aktivierungspflicht vorsieht, Abschn. 37 Abs. 3 EStR.

[56] Steuerlich ähnlich, jedoch restriktivere Bedingungen, vgl. Abschn. 33 Abs. 7 EStR.

[57] Vgl. Moxter, A., Bilanzrechtsentwurf, BB, 1985, S. 1102.

[58] BFH vom 12.8.1982, BStBl. II, 1982, S. 652.

[59] Moxter, A., Bilanzrechtsentwurf, BB, 1985, S. 1102.

[59a] Vgl. Knobbe-Keuk, B., Bilanzsteuerrecht, 1985, S. 71, vgl. auch BFH vom 25.11.1981,
BStBl. II 1982, S. 189.

[60] Vgl. § 348 Abs. 2 AktG sowie § 27 Abs. 2 KapErhG; zu den weiteren Voraussetzungen
für den Ansatz eines Verschmelzungsmehrwerts insbesondere die für die Fusion erforderliche Kapitalerhöhung der übernehmenden Gesellschaft vgl. ADS § 153 Tz 142ff.

durch Aufwandsverminderung durch Passivierungsverzicht. Teilweise wurde in dem nach altem Recht geltenden Passivierungswahlrecht für Pensionsverpflichtungen eine passive Bilanzierungshilfe anstelle eines Wahlrechtes gesehen[61].

1.3.4 Bilanzierungswahlrechte

Ein Bilanzierungswahlrecht (Aktivierungs- bzw. Passivierungswahlrecht) liegt dann vor, wenn ein aktivierungsfähiger Vermögensgegenstand oder eine passivierungsfähige Verbindlichkeit oder Rückstellung gegeben ist, das Gesetz aber eine ausdrückliche Wahlfreiheit zur Nicht-Bilanzicrung läßt[61a]. Das Streben der 4. EG-Richtlinie und des deutschen Bilanzrichtlinien-Gesetzes nach eindeutigen und aussagefähigen Jahresabschlüssen hat nicht nur zu einer verschärften Formulierung der sog. Generalnorm in § 264 Abs. 2 HGB geführt („ein den tatsächlichen Verhältnissen entsprechendes Bild ... zu vermitteln"). Es hat auch zur Folge gehabt, daß die bisherigen Wahlrechte bei der Bilanzgestaltung deutlich reduziert wurden. Bezüglich der Bilanzierungswahlrechte (Ansatzwahlrechte) bestehen nur noch wenige Freiräume. In der Steuerbilanz bestehen keine Freiräume, da nach dem Beschluß des BFH aus dem Jahre 1969 die Grundregel gilt, daß handelsrechtliche Aktivierungswahlrechte zur steuerlichen Aktivierungspflicht führen, handelsrechtliche Passivierungswahlrechte hingegen zum steuerlichen Passivierungsverbot[61b].

Auf der Aktivseite (Aktivierungswahlrechte)

Als Aktivierungswahlrecht wird der Fall des **unentgeltlichen Erwerbs** diskutiert. Bei unentgeltlich erworbenen Vermögensgegenständen wird im Schrifttum überwiegend ein Aktivierungswahlrecht gesehen[62], teilweise eine Aktivierungspflicht[63], teilweise auch ein Aktivierungsverbot[64]. Ein Wahlrecht ebenso wie ein Verbot widerspricht jedoch dem Vollständigkeitspostulat (§ 246 Abs. 1 HGB: „sämtliche Vermögensgegenstände"). Obwohl das neue HGB keine ausdrückliche Ausnahmebestimmung für unentgeltlich erworbene Vermögensgegenstände vorsieht, besteht nach neuem Recht wohl auch weiterhin ein Aktivierungswahlrecht[65].

Das bisherige Aktivierungswahlrecht für **derivative**, d.h. entgeltlich erworbene **immaterielle Vermögensgegenstände**[66] ist nunmehr zu einem Aktivierungsgebot geworden[67].

---

[61] Vgl. z.B. Castan, E., Rechnungslegung, 1984, S. 43.
[61a] Vgl. Siegel, T., Wahlrecht, HuR 1986, S. 417ff.
[61b] BFH vom 3.2.1969 (großer Senat), BStBl. II, S. 291.
[62] Vgl. z.B. Wöhe, G., Bilanzierung, 1984, S. 395.
   vgl. auch WP-Handbuch 1985/86, Bd. 1, S. 554.
[63] Vgl. z.B. Ellenberger W., WPg, 1971, S. 237, S. 276, vgl. auch Glade, Rechnungslegung, 1986, Teil I, Tz 500.
[64] Bei immateriellen Wirtschaftsgütern.
[65] Vgl. Glade, A., Rechnungslegung, 1986, § 255 Tz 18, steuerlich besteht Aktivierungspflicht, vgl. Biergans, E., Einkommensteuer, 1985, S. 268, vgl. auch § 7 EStDV.
[66] § 153 Abs. 3 AktG a.F.
[67] § 246 Abs. 1 HGB i.V. mit § 266 Abs. 2 A. I. HGB.

Steuerlich besteht an sich nur ein einziges Wahlrecht. Es handelt sich um das sog. **gewillkürte Betriebsvermögen**. Im Einkommensteuerrecht gilt, daß Wirtschaftsgüter, die in einem gewissen objektiven Zusammenhang mit dem Betrieb stehen als gewillkürtes Betriebsvermögen behandelt werden können (Abschn. 14 Abs. 3 und Abschn. 14a EStR). Insbesondere bei Grundstücken und Wertpapieren hat hier der Steuerpflichtige die Wahl, das Gut entweder dem Privatvermögen oder dem Betriebsvermögen zuzurechnen. Da solche Vermögensgegenstände als Privatvermögen nicht aktiviert werden dürfen, als gewillkürtes Betriebsvermögen jedoch aktiviert werden müssen, besteht ein echtes Aktivierungswahlrecht und zwar nicht nur in der Steuerbilanz. Das Maßgeblichkeitsprinzip (§ 5 Abs. 1 EStG) zwingt zur gleichartigen Behandlung in der Handelsbilanz. Allerdings gilt dieses Aktivierungswahlrecht nicht für Kapitalgesellschaften, da diese wegen ihrer eigenständigen Rechtspersönlichkeit kein Privatvermögen haben können.

Zu den in der Literatur häufig als Aktivierungswahlrechte bezeichneten Regelungen für den **derivativen Firmenwert** und für das **Disagio** (Damnum) wurde oben[68] schon festgestellt, daß es sich dem Wesen dieser Positionen nach eher um Bilanzierungshilfen, denn um Wahlrechte handelt.

Im Schrifttum findet man häufig als weiteres Aktivierungswahlrecht die Regelung angeführt, daß Rechnungsabgrenzungsposten dann nicht in der Bilanz gebildet zu werden brauchen, wenn es sich um geringfügige Beträge handelt[69]. Streng genommen kann man hier nicht von einem Aktivierungswahlrecht sprechen, wenn man ein solches nur im Zusammenhang mit einem Vermögensgegenstand definiert. Da Rechnungsabgrenzungsposten keine Vermögensgegenstände sind[70], sollte man besser von Abgrenzungswahlrechten sprechen.

Auf der Passivseite (Passivierungswahlrechte)

Durch das Vorsichtsprinzip sind Passivierungswahlrechte weitestgehend ausgeschlossen. Wahlrechte für bestehende Verbindlichkeiten sind grundsätzlich nicht mit GoB und Gesetz vereinbar. Wahlrechte können allenfalls bei den Rückstellungen bestehen. Das neue Bilanzrecht schränkt die Freiräume gegenüber der alten aktienrechtlichen Rückstellungsregelung (§ 152 Abs. 7 AktG a.F.) weiter ein. Insbesondere ist das bisherige Wahlrecht für Pensionsrückstellungen durch die längst überfällige Passivierungsverpflichtung ersetzt worden[71]. Infolge eines BGH-Urteils vom 27.2.1961 galt für Pensionsrückstellungen nur ein Passivierungswahlrecht. Der BGH begründet dies damit, daß nicht nur die künftige Zahlung, sondern auch die Frage ungewiß sei, ob der Zahlungsfall überhaupt eintritt[72]. Obwohl betriebswirtschaftlich und handelsrechtlich nur Gründe für eine Passivierungspflicht sprechen, hat sich der Gesetzgeber der Forderung nach Einführung eines Passivierungsgebotes stets widersetzt. Auch in den verschiedenen früheren Entwürfen des Bilanzrichtlinie-Gesetzes wurde dieses Passivierungs-

---

[68] Vgl. S. 71f.

[69] Vgl. WP-Handbuch 1985/86, Bd. 1, S. 614f.

[70] Vgl. ADS, § 152 Tz 178.

[71] Das steuerliche Passivierungswahlrecht für Pensionsrückstellungen des § 6a EStG gilt deshalb für Kaufleute nicht mehr. Wegen des Maßgeblichkeitsprinzips besteht nunmehr auch steuerlich die Passivierungspflicht.

[72] Vgl. ADS, § 152 Tz 161

wahlrecht beibehalten[73]. Erst mit dem Entwurf vom 1. August 1985 des Unterausschusses „Bilanzrichtliniengesetz" des Rechtsausschusses des deutschen Bundestages wurde dem Drängen der Fachwelt Rechnung getragen und die Passivierungspflicht verbindlich eingeführt. Allerdings wurde keine eigene Vorschrift, die die Pensionsrückstellung ausdrücklich gebietet, in das Gesetz aufgenommen. Die Erläuterungen zum Gesetzentwurf[74] führen hierzu aus, das dies nicht erforderlich sei: „Die Rückstellungspflicht ergibt sich ... aus der allgemeinen Rückstellungsverpflichtung für ungewisse Verbindlichkeiten nach § 249 Abs. 1 Satz 1 HGB. Einer weitergehenden gesetzlichen Regelung bedarf es nicht".

Nach neuem Bilanzrecht gilt nunmehr folgende Rückstellungsregelung:

Passivierungspflicht (§ 249 Abs. 1 HGB) besteht für

- Rückstellungen für ungewisse Verbindlichkeiten[75] (inklusive Pensionsrückstellungen),
- Rückstellungen für drohende Verluste aus schwebenden Geschäften[76],
- Rückstellungen für im Geschäftsjahr unterlassene Aufwendungen für Instandhaltungen, die innerhalb von 3 Monaten nachgeholt werden, oder für unterlassene Abraumbeseitigung[77],
- Rückstellungen für Gewährleistungen ohne rechtliche Verpflichtung[78],
- Rückstellungen für latente Steuern (§ 274 HGB)[79].

Ein **Passivierungswahlrecht** besteht für folgende Fälle:

- Rückstellungen für unterlassene Aufwendungen für Instandhaltung, wenn die 3-Monatsfrist überschritten wird, aber die Aufwendungen noch innerhalb des Geschäftsjahres[80] nachgeholt werden (§ 249 Abs. 1 letzter Satz HGB).
- Aufwandsrückstellungen[81], d.h. Rückstellungen für ihrer Eigenart nach genau umschriebene, dem Geschäftsjahr oder einem früheren Geschäftsjahr zuzuordnende Aufwendungen, die am Abschlußstichtag wahrscheinlich oder sicher, aber hinsichtlich ihrer Höhe oder des Zeitpunktes ihres Eintritts unbestimmt sind (§ 249 Abs. 2 HGB).

Die nach altem Recht gewährten Wahlrechte (Pensionsrückstellungen, Instandhaltungsrückstellungen und Gewährleistungsrückstellungen ohne rechtli-

---

[73] Z.B. im „Vorentwurf eines Gesetzes zur Durchführung der Vierten Richtlinie des Rats der Europäischen Gemeinschaften vom 5.2.1980" (hier § 233 Abs. 3 des Entwurfs); z.B. im „Entwurf eines Gesetzes zur Durchführung der Vierten Richtlinie des Rats der Europäischen Gemeinschaften" vom 26.8.1983, Bundestagsdrucksache Nr. 10/317 (hier § 250 Abs. 3 des Entwurfs); z.B. im „Entwurf einer geänderten Konzeption von Vorschriften des Bilanzrichtliniengesetzes", Rechtsausschuß des Deutschen Bundestags, vom 29. März 1985 (hier § 249 Abs. 3 des Entwurfs).

[74] Unterausschuß Bilanzrichtliniengesetz des Rechtsausschusses des Deutschen Bundestags, Erläuterungen zum Entwurf eines Gesetzes zur Durchführung der Vierten, Siebten und Achten Richtlinie des Rats der Europäischen Gemeinschaften vom 1.8.1985, S. 29.

[75] Näheres vgl. S. 138ff; auch steuerlich Passivierungspflicht, vgl. S. 147ff.

[76] Näheres vgl. S. 142f; auch steuerlich Passivierungspflicht, vgl. S. 147.

[77] Näheres vgl. S. 143f; auch steuerlich Passivierungspflicht, vgl. S. 148.

[78] Näheres vgl. S. 144; auch steuerlich Passivierungspflicht, vgl. S. 149.

[79] Näheres vgl. S. 139ff; steuerlich nicht zulässig, vgl. S. 149.

[80] In der Steuerbilanz: Rückstellungsverbot, falls die 3-Monatsfrist überschritten wird.

[81] Näheres vgl. S. 143ff; steuerlich nicht zulässig, vgl. S. 148.

che Verpflichtung) sind in § 249 Abs. 1 HGB zur Passivierungspflicht gewandelt worden. Es bleiben somit nur noch geringe Freiräume auf der Passivseite der Bilanz bestehen.

Ein weiteres Wahlrecht besteht für den Ansatz geringfügiger Beträge im Rahmen der Rechnungsabgrenzungsposten[82]. Wie oben bereits ausgeführt wurde, sollte man hier besser von einem Abgrenzungswahlrecht statt von einem Passivierungswahlrecht sprechen.

1.4 Wirtschaftliches Eigentum

Gemäß § 242 Abs. 1 HGB hat der Kaufmann (sei es ein Einzelunternehmer, eine Personengesellschaft oder eine Kapitalgesellschaft) „einen das Verhältnis **seines** Vermögens und **seiner** Schulden darstellenden Abschluß (Bilanz) aufzustellen". Bilanziert werden dürfen folglich nur Vermögensgegenstände und Schulden des Kaufmanns. Hierzu gehören in jedem Fall die Vermögensgegenstände, die sich im rechtlichen Eigentum des Kaufmannes bzw. der Gesellschaft befinden. Darüber hinaus kommen auch Vermögensgegenstände für die Bilanzierung in Betracht, die dem Kaufmann rechtlich nicht gehören. Die Frage, welche Vermögensgegenstände und Schulden dem Unternehmen gehören, ist primär nicht nach rechtlichen, sondern nach wirtschaftlichen Gesichtspunkten zu beurteilen[83]. Bilanzierungsfähig ist ein Vermögensgegenstand folglich immer dann, wenn er entweder

• im rechtlichen Eigentum oder
• im wirtschaftlichen Eigentum

des Kaufmannes (der Gesellschaft) steht.

Wirtschaftliches Eigentum ist gegeben, wenn ein anderer als der rechtliche Eigentümer die tatsächliche Herrschaft über einen Vermögensgegenstand in der Weise ausübt, daß der rechtliche Eigentümer für die gewöhnliche Nutzungsdauer von der Einwirkung auf den Vermögensgegenstand wirtschaftlich ausgeschlossen ist[84].

Abweichungen zwischen rechtlichem und wirtschaftlichem Eigentum können vor allem in folgenden Fällen auftreten:

• Eigentumsvorbehalt,
• Sicherungsübereignung,
• Forderungsabtretung,
• Kommissionsgeschäfte,
• Pensionsgeschäfte,
• bei Treuhandverhältnissen,
• beim Nießbrauch,
• bei Miet-, Pacht- und Leasingverträgen.

---

[82] Vgl. WP-Handbuch 1985/86, Bd. 1, S. 614f., vgl. auch Glade, A., Rechnungslegung, 1986, § 266 Tz 516.

[83] Vgl. ADS § 149 Tz 31, vgl. Glade, A., Rechnungslegung, 1986, § 240 Tz 22.

[84] Vgl. § 39 Abs. 2 AO, dasselbe gilt für die Handelsbilanz, vgl. Glade, A., Rechnungslegung, 1986, Teil I, Tz 323ff.

1.4.1 Eigentumsvorbehalt

Eigentumsvorbehalt liegt vor, wenn sich der Lieferant das Eigentum am geliefer-
ten Gegenstand bis zu dessen endgültiger Bezahlung vorbehält (§ 455 BGB). Die
Bilanzierung des Gegenstandes muß beim Erwerber erfolgen, da er das wirtschaftliche Eigentum hieran erworben hat, er übt die tatsächliche Herrschaft aus.
Dann allerdings, wenn der Eigentumsvorbehalt geltend gemacht wird, weil der
Erwerber seinen Zahlungsverpflichtungen nicht nachkommt, darf kein Ausweis
in der Bilanz mehr erfolgen[85].

1.4.2 Sicherungsübereignung und Verpfändung

Auch für den Fall, daß der Gläubiger seine Forderung durch Sicherungsübereignung einer Sache absichert (§§ 930, 868 BGB), bleibt der Schuldner wirtschaftlicher Eigentümer, da er die übereignete Sache weiter nutzen kann[86]. Derselbe
Grundsatz gilt auch für verpfändete Vermögensgegenstände[87].

1.4.3 Forderungsabtretung und Factoring

Wird eine Forderung durch Vertrag abgetreten, so tritt nach bürgerlichem Recht
(§ 398 BGB) der neue Gläubiger mit dem Abschluß des Vertrages an die Stelle
des alten Gläubigers. Die bilanzielle Behandlung ändert sich hierdurch nicht, die
Forderung bleibt nach wie vor bei demjenigen aktiviert, der sie abgetreten hat.
Er bleibt wirtschaftlicher Eigentümer[88].

Etwas anderes als bei der Abtretung einer Forderung stellt sich die Sachlage
beim sog. **Factoring** dar. Hierbei verkauft ein Unternehmen Forderungen an den
sog. Factor, i.d.R. ein Kreditinstitut. Dieser übernimmt die Debitorenbuchhal-
tung, das Mahnwesen und das Inkasso für den Forderungsverkäufer. Er bevorschußt die übernommenen Forderungen bis zu einem gewissen Prozentsatz. Der
nicht bevorschußte Rest wird gesperrt und üblicherweise einem Sperrkonto gutgeschrieben. Je nachdem, ob der Factor auch das Ausfallrisiko (Delkrederefunk-
tion) übernimmt, spricht man von echtem oder unechtem Factoring[89]. In der Bilanz des Forderungsverkäufers führt das Factoring in beiden Varianten zu einem
Aktivtausch. Die Forderungen aus Lieferungen und Leistungen scheiden aus der
Bilanz aus, bilanziert werden nunmehr die Forderungen gegen den Factor. Leistet dieser Vorschüsse, so tritt wieder ein Aktivtausch ein, zusätzlich sind Zinsen
hierauf zu verrechnen. Falls nicht der gesamte Betrag bevorschußt, und der gesperrte Betrag einem Sperrkonto gutgeschrieben wird, so muß der gesperrte Betrag im Anhang im Rahmen des Erläuterungsberichts (§ 284 Abs. 1 HGB) angegeben werden[90].

---

[85] Vgl. ADS § 149 Tz 32, § 160 Tz 172, vgl. WP-Handbuch 1985/86, Bd. 1, S. 542; dasselbe
gilt steuerlich, vgl. Biergans, E., Einkommensteuer, 1985, S. 153.
[86] Vgl. ADS § 160 Tz 171, vgl. WP-Handbuch 1985/86, Bd. 1, S. 542; dasselbe gilt für die
Steuerbilanz, vgl. Biergangs, E., Einkommensteuer, 1985, S. 153.
[87] Vgl. ADS § 149 Tz 32 sowie § 160 Tz 170.
[88] Vgl. ADS § 160 Tz 171; dasselbe gilt für die Steuerbilanz, vgl. Biergans, E., Einkommensteuer, 1985, S. 153.
[89] Näheres vgl. z.B. bei Wöhe, G., Bilstein, J., Unternehmensfinanzierung, 1986, S. 214ff.
[90] Vgl. Glade, A., Rechnungslegung, 1986, § 266 Tz 355.

1.4.4 Kommissionsgeschäfte

Ein Kommissionsgeschäft liegt vor, wenn sich ein Kaufmann (Kommittent, Auftraggeber) zum Ein- oder Verkauf von Waren oder Wertpapieren eines Unternehmers (Kommissionär, Beauftragter) bedient, der im eigenen Namen, aber für fremde Rechnung diese Geschäfte abwickelt. Sowohl für die Einkaufs- als auch für die Verkaufskommissionsgeschäfte gilt[91]:

Aktiviert wird die Ware beim Auftraggeber (Kommittent). Der Kommissionär wird im Falle der Verkaufskommision weder rechtlicher noch wirtschaftlicher Eigentümer. Im Falle der Einkaufskommission wird er zwar rechtlicher, jedoch nicht wirtschaftlicher Eigentümer, da er auf Rechnung und Risiko des Auftraggebers einkauft. Der Einkaufskommissionär bilanziert deshalb nicht die Ware, sondern nur die Forderungen gegen den Kommittenten und die Verbindlichkeiten gegen den Lieferanten.

1.4.5 Pensionsgeschäfte

Pensionsgeschäfte liegen vor, wenn Vermögensgegenstände, insb. Wertpapiere gegen Bezahlung an einen Dritten für eine bestimmte Zeit übertragen werden, bei später erfolgender Rückübertragung. Vom echten Pensionsgeschäft spricht man, wenn die Rückübertragung und der hierfür zu bezahlende Betrag vorher fest vereinbart wurden. Von unechten Pensionsgeschäften spricht man hingegen, wenn der Rückübertragungsanspruch fehlt oder wenn nur der Pensionsnehmer die Rückübertragung verlangen kann, nicht jedoch der Pensionsgeber.

Die bilanzielle Behandlung ist folgendermaßen[92]:

Bei **unechten Pensionsgeschäften** aktiviert der Pensionsnehmer die Vermögensgegenstände, der Pensionsgeber muß im Anhang auf die mögliche künftige Zahlung hinweisen, die sich aus der Rücknahmeverpflichtung des Pensionsgegenstandes ergeben kann (§ 285 Nr. 3 HGB).

Bei **echten Pensionsgeschäften** erfolgt die wirtschaftliche Zurechnung des Vermögensgegenstandes zum Pensionsgeber. Der Pensionsgegenstand bleibt in seiner Bilanz aktiviert. Für die Rücknahmeverpflichtung ist nach herrschender Lehre eine Verbindlichkeit zu passivieren.

1.4.6 Treuhandverhältnisse

Treuhandverhältnisse i.e.S. liegen vor, wenn der Treuhänder von einem Treugeber Vermögensgegenstände (sog. Treugut) zu vollem Recht erworben hat (durch Eigentumsübertragung oder Abtretung), wobei der Treuhänder das erworbene Recht am Treugut im eigenen Namen, aber nicht oder nicht ausschließlich im eigenen Interesse ausüben soll[93]. Das Treugut wird zu einer Art Sondervermögen des Treuhänders, das dem Zugriff seiner Gläubiger entzogen ist[94].

---

[91] Vgl. Glade, A., Rechnungslegung, 1986, Teil I, Tz 334-337; für die Steuerbilanz gilt dasselbe.

[92] Vgl. WP-Handbuch 1985/86, Bd. 1, S. 288; steuerrechtlich erfolgt die Zurechnung in beiden Fällen zum Pensionsnehmer, vgl. Schmidt, L., EStG, 1984, § 5 Tz 31.

[93] Zur Definition vgl. ADS § 149 Tz 52.

[94] Vgl. ADS § 149 Tz 55.

Bei Treuhandverhältnissen i.w.S. erhält der Treuhänder nicht das volle Recht, insbes. nicht das Recht, im eigenen Namen über das Treugut zu verfügen. Nach herrschender Meinung bleibt das Treugut in beiden Fällen **in der Bilanz des Treugebers** bilanziert, da durch die Begründung eines Treuhandverhältnisses i.d.R. keine Änderungen in der wirtschaftlichen Zugehörigkeit eintreten[95]. Hingegen sind Verpflichtungen, die der Treuhänder im eigenen Namen, aber im Auftrag des Treugebers übernommen hat von ihm zu passivieren, gleichzeitig ist sein Anspruch gegen den Treugeber auf Freistellung von dieser Verbindlichkeit zu aktivieren[96].

1.4.7 Nießbrauch

Eine Sache oder ein Recht kann in der Weise belastet werden, daß derjenige, zu dessen Gunsten die Belastung erfolgt, berechtigt ist, die Nutzungen aus der Sache zu ziehen (sog. Nießbrauch, §§ 1030, 1068 BGB). Ein Nießbrauch ist unpfändbar (§ 1059b BGB), unvererbbar und unveräußerbar (§ 1059 BGB). Er kann allenfalls bei der Umwandlung z.B. einer Kapitalgesellschaft auf den Rechtsnachfolger übergehen, sofern der Kapitalgesellschaft das Nießbrauchsrecht zugestanden hat (§ 1059a BGB).

Im allgemeinen ist der Nießbrauchsberechtigte nicht wirtschaftlicher Eigentümer. In diesen Fällen darf er das Recht **nicht aktivieren**. Dies gilt selbst dann, wenn der Nießbrauch auf Lebzeiten bestellt ist[97].

Nur in sehr eng begrenzten Ausnahmefällen ist der Nießbraucher als wirtschaftlicher Eigentümer anzusehen. Aus der BFH-Rechtsprechung haben sich hier die folgenden Grundsätze ergeben:

Der Nießbraucher muß das gesamte mit dem nießbrauchbelasteten Wirtschaftsgut verbundene Wirtschaftspotential realisieren können. Dies kann er nur dann, wenn er „in der Lage ist, den bürgerlich-rechtlichen Eigentümer von jeglicher Einwirkung auf den Nießbrauchgegenstand auszuschließen oder auf andere Weise an der Realisierung eines eventuellen Veräußerungsgewinnes aus dem Verkauf des Wirtschaftsgutes zu hindern"[98].

Biergans[99] zählt hierzu folgende Beispiele auf:

- Eine Übereignung des nießbrauchbelasteten Wirtschaftsgutes ist ausgeschlossen oder nur mit Zustimmung des Nießbrauchers möglich.
- Der Eigentümer hat beim Verkauf des Nießbrauchgegenstandes den Veräußerungserlös herauszugeben oder eine entsprechende Vertragsstrafe zu bezahlen.
- Der Vorbehaltsnießbraucher sichert sich die unentgeltliche Rückübereignung generell oder im Falle des Verkaufs. Vorbehaltsnießbrauch liegt vor, wenn ein Vermögensgegenstand entgeltlich oder unentgeltlich übereignet wird, wobei sich der Übertragende den Nießbrauch vorbehält[100].

---

[95] Vgl. ADS § 149 Tz 57, vgl. WP-Handbuch 1985/86, Bd. 1, S. 542; dasselbe gilt für die Steuerbilanz.
[96] Vgl. ADS § 149 Tz 62, vgl. WP-Handbuch 1985/86, Bd. 1, S. 542.
[97] So z.B. BFH vom 9.7.1954, BStBl. III, 1954, S. 250.
[98] Biergans, E., Einkommensteuer, 1985, S. 864.
[99] Ebenda.
[100] Zur Begriffsabgrenzung vgl. Biergans, E., Einkommensteuer, 1985, S. 847.

1.4.8 Miet- und Pachtverhältnisse

Werden Vermögensgegenstände gemietet oder gepachtet, so bleibt das rechtliche und wirtschaftliche Eigentum beim Vermieter. Eine Aktivierung in der Bilanz des Mieters ist ausgeschlossen. Miet- und Pachtverträge sind als solche nicht aktivierungsfähig. Insbesondere sind deshalb die bei der Betriebsaufspaltung vermieteten Gegenstände[101] des Anlagevermögens bei der Betriebskapitalgesellschaft nicht zu bilanzieren. Aktivierungsfähig sind dagegen Ein- und Umbauten des Mieters (z.B. Errichtung von Gebäuden auf gepachtetem Grund, Umbauten und Erweiterungen von gemieteten Gebäuden u. dgl.). Solche **Mieterbauten** sind im allgemeinen aktivierungsfähig[102], woraus die Bilanzierungspflicht folgt,

● sowohl, wenn sie nur zu einem vorübergehenden Zweck errichtet werden,
● als auch, wenn sie als wesentlicher Bestandteil in das Eigentum des Vermieters übergehen[103].

Grundsätzlich gilt diese Aktivierungsregelung auch für die Pacht ganzer Betriebe. Beim Betriebspächter sind nur diejenigen Vermögensgegenstände zu aktivieren, die dieser als Ersatz, Ergänzung oder Erweiterung angeschafft oder hergestellt hat[104]. In Grenzfällen, etwa wenn das Mietobjekt nach dem Tod des Vermieters in das rechtliche Eigentum des Mieters übergehen soll, kann auch eine Bilanzierung beim Mieter in Betracht kommen[105].

1.4.9 Mietkaufverhältnisse

Ein Mietkauf liegt dann vor, wenn der Mieter das im Mietvertrag eingeräumte Recht hat, das Mietobjekt während der Nutzung als Eigentümer zu erwerben, wobei die bisher gezahlten Mieten auf den Kaufpreis angerechnet werden. Ist dieser Erwerb von vornherein von beiden Parteien gewollt, so liegt ein sogenannter **unechter Mietkauf** vor. In diesem Falle ist der Mieter auch während der Mietphase wirtschaftlicher Eigentümer. Er muß das Mietobjekt bilanzieren.

Beim **echten Mietkauf** steht nicht fest, ob der Mieter von der ihm zugestandenen Kaufoption Gebrauch macht. Es liegt kein wirtschaftliches Eigentum vor, die Bilanzierung erfolgt beim Vermieter[106].

1.5 Leasing als spezielles Problem des wirtschaftlichen Eigentums

Unter Leasing versteht man die mietweise Überlassung eines Leasingobjektes (Investitionsgüterleasing, Konsumgüterleasing) von einem Leasinggeber an einen Leasingnehmer. Im Gegensatz zum normalen Mietverhältnis erfolgt das Leasing in der Bundesrepublik Deutschland häufig unter Zwischenschaltung einer

---

[101] Zur Betriebsaufspaltung vgl. Felix, G., Einführung in die Betriebsaufspaltung, 1979, S. 1-32.
[102] Die Frage der handelsrechtlichen Aktivierung richtet sich hier im wesentlichen nach den steuerrechtlichen Bestimmungen, so z.B. Glade, A., Rechnungslegung, 1986, § 266 Tz 115; vgl. hierzu das Schreiben des BMF vom 15.1.1976, BStBl. I S. 66.
[103] Vgl. ADS, § 149 Tz 47-48.
[104] Vgl. ADS § 149 Tz 49.
[105] Vgl. hierzu etwa Castan, E., Rechnungslegung, 1984, S. 23.
[106] vgl. auch bei Biergans, E., Einkommensteuer, 1985, S. 270f.

Leasinggesellschaft. Darüber hinaus unterscheiden sich Miete und Leasing i.d.R. auch dadurch, daß der Mieter aus Leasingverträgen (der sog. Leasingnehmer) häufig erhebliche zusätzliche Pflichten (z.B. Versicherung, Wartung, Reparatur) und Risiken (z.B. Risiko des zufälligen Unterganges, Einschränkung der Verwertbarkeit durch technischen Fortschritt u. dgl.) übernimmt. Das Leasing nimmt somit eine Zwischenstellung zwischen Mietverhältnis und Kauf ein.

Je nach konkreter Ausgestaltung des Leasingvertrages, ist es deshalb

- entweder als nicht bilanzierungsfähiges Mietverhältnis,
- oder als bilanzierungspflichtiger Kauf

zu behandeln. Die wirtschaftliche Zuordnung des Leasingobjektes zum Leasinggeber oder Leasingnehmer hängt daher von den im Leasingvertrag getroffenen Vereinbarungen ab. **Aus handelsrechtlicher Sicht** hat der Hauptfachausschuß des IdW zur Bilanzierungsfrage Stellung genommen[107], die jedoch keine eindeutigen Zuordnungsrichtlinien enthält. Das neue Bilanzrecht (§§ 242ff. HGB) äußert sich nicht zur Frage, wer aktivieren muß. Es schreibt lediglich vor, daß publizitätspflichtige Unternehmen im Anhang Angaben über finanzielle Verpflichtungen zu machen haben, die nicht in der Bilanz erscheinen (§ 285 Nr. 3 HGB). Hiervon sind auch Verpflichtungen aus Leasingverträgen betroffen.

Angesichts der großen Bedeutung, die die detaillierteren steuerlichen Regelungen auch für die handelsrechtliche Bilanzierung haben[108], werden im folgenden die steuerlichen Zurechnungsregeln für geleaste Vermögensgegenstände wiedergegeben. Die **steuerrechtliche Behandlung** von Leasingverträgen ist durch mehrere Erlässe und Schreiben des Bundesministers der Finanzen (BMF) konkretisiert worden[109]. Die handels- und steuerrechtlichen Ansichten zur Bilanzierung stimmen dabei weitestgehend überein, jedoch sind die steuerlichen Zurechnungskriterien weitaus detaillierter konkretisiert als die allgemeiner gehaltenen handelsrechtlichen Abgrenzungskriterien des IdW. In Einzelfällen könnten sich somit abweichende Zurechnungen ergeben. In der Praxis allerdings spielen die steuerlichen Vorschriften auch bei der handelsrechtlichen Bilanzierung eine große Rolle. Die folgenden Darstellungen basieren deshalb auf den steuerlichen Grundsätzen.

1.5.1 Arten von Leasingverträgen (Leasingarten)

Für die bilanzielle Behandlung ist die Unterteilung nach folgenden Kriterien von Bedeutung:

Nach dem Leasingobjekt:
- **Mobilien-Leasing** liegt vor, wenn sich das Leasingverhältnis auf bewegliche Vermögensgegenstände bezieht.

---

[107] HFA, Stellungnahme 1/73, Zur Berücksichtigung von Finanzierungsleasingverträgen im Jahresabschluß des Leasingnehmers, WPg 1973, S. 101f.

[108] Vgl. Glade, A., Rechnungslegung, 1986, Teil I, Tz 771.

[109] Insbesondere der sogenannte Mobilien-Erlaß vom 19.4.1971: Schreiben betreff ertragsteuerliche Behandlung von Leasingverträgen über bewegliche Wirtschaftsgüter, BStBl. I, 1971, S. 264ff.; sowie der sogenannte Immobilienerlaß vom 21.3.1972: Schreiben betreff ertragsteuerliche Behandlung von Finanzierungsleasingverträgen über unbewegliche Wirtschaftsgüter, BStBl. I., 1972, S. 188ff.; sowie der Erlaß zu Teilamortisationsverträgen von 22.12.1975: Schreiben betreff steuerrechtliche Zurechnung des Leasinggegenstandes beim Leasinggeber, abgedruckt z.B. im Handbuch der ESt-Veranlagung 1984, Beck-Verlag, München, S. 237ff.

- **Immobilienleasing** betrifft unbewegliche Güter, in der Praxis vor allem Grundstücke und Gebäude.

Nach der Verteilung des Investitionsrisikos:
- **Operate-Leasing**-Verträge belassen das Investitionsrisiko beim Leasing-Geber. Dies kommt vor allem in der kurzen zeitlichen Bindung des Leasingvertrages zum Ausdruck. Operate-Leasing-Verträge sind i.d.R. jederzeit kündbar.
- **Finanzierungs-Leasing**-Verträge übertragen das Investitionsrisiko dem Leasingnehmer. Der Leasingvertrag kann hier während der vereinbarten Grundmietzeit nicht gekündigt werden.

Nach dem Verhältnis von Grundmietzeit und Amortisationszeit (Pay-Out-Period):
- Bei **Full-Pay-Out-Verträgen (Vollamortisationsverträgen)** hat sich das verleaste Objekt bereits bei Ablauf der Grundmietzeit mit allen Nebenkosten (inklusive Gewinnzuschlag des Leasinggebers) voll amortisiert.
- Bei **Non-Pay-Out-Verträgen (Teilamortisationsverträgen)** reichen die Leasingraten während der Grundmietzeit nicht zur vollen Amortisation.

Nach der Verwendbarkeit des Leasing-Objektes:
- Beim **Spezialleasing** sind die Leasinggüter so speziell auf die Anforderungen des Leasingnehmers zugeschnitten, daß sie nur von diesen sinnvoll verwendet werden können.

Entscheidend für die bilanzielle Behandlung ist weiterhin, was **nach Ablauf der Grundmietzeit** geschieht. Es sind folgende Fälle möglich:

- Vereinbarung einer **Verlängerungsoption**
  In diesem Fall kann der Leasingnehmer eine Fortsetzung des Leasingverhältnisses verlangen, die in der Praxis meist zu erheblich niedrigeren Leasingraten erfolgt.
- Vereinbarung einer **Kaufoption**
  Der Leasingnehmer kann das Leasingobjekt durch Bezahlung eines Restkaufpreises rechtlich als Eigentum erwerben.
- **Keine Vereinbarung** eines Optionsrechtes
  In diesen Fällen hat der Leasingnehmer nach Ablauf der Grundmietzeit keinen Anspruch mehr, das Leasingobjekt zu nutzen.

1.5.2 Bilanzielle Behandlung des Operate-Leasing

Beim Operate-Leasing haben der Leasinggeber und Leasingnehmer die Möglichkeit, das Leasingverhältnis durch Kündigung vorzeitig zu beenden. Erfolgt eine Kündigung vor Ablauf der Amortisationsdauer, dann ist eine volle Amortisation nur durch mehrmaliges Vermieten zu erreichen. Der Leasinggeber trägt somit das volle Investitionsrisiko. In der Regel trägt er auch die Kosten für Reparatur, Instandhaltung und Wartung. Operate-Leasing kommt im allgemeinen nur für Vermögensgegenstände in Betracht, für die eine größere Zahl potentieller Mieter vorhanden ist. Für Spezialleasing ist es keine geeignete Vertragsform.

Bilanziell wird das Operate-Leasing **wie ein Mietvertrag** behandelt, das Leasingobjekt ist beim Leasinggeber zu bilanzieren. Die Leasingraten sind voll als Aufwendungen bzw. Erträge zu buchen.

1.5.3 Bilanzielle Behandlung des Finanzierungs-Leasing

Ob das wirtschaftliche Eigentum beim Leasinggeber oder Leasingnehmer liegt, hängt nach Ansicht des BFH und der Finanzverwaltung von mehreren Einzelkriterien ab.

1.5.3.1 Vollamortisationsverträge

Ein Vollamortisationsvertrag liegt vor, wenn während der unkündbaren Grundmietzeit

- die Anschaffungs- bzw. Herstellungskosten
- sowie alle Nebenkosten (inkl. Finanzierungskosten des Leasinggebers)

durch die Leasingraten gedeckt werden[110]. Innerhalb der Vollamortisationsverträge unterscheidet man zwischen Mobilien-Leasing und Immobilien-Leasing.

a) Leasingverträge über bewegliche Wirtschaftsgüter (Mobilienleasing)

Im bereits mehrfach zitierten Erlaß vom 19.4.1971 unterscheidet der BMF die folgenden Fälle[111]:

Fall 1: Spezialleasing

Bei Spezialleasingverträgen ist der Leasing-Gegenstand regelmäßig dem Leasingnehmer zuzurechnen, ohne Rücksicht auf das Verhältnis von Grundmietzeit und Nutzungsdauer, sowie ohne Rücksicht auf Optionsklauseln. Der Leasingnehmer ist wirtschaftlicher Eigentümer und muß das Objekt aktivieren.

Fall 2: Leasingverträge ohne Kauf- oder Verlängerungsoption

Die Zurechnung erfolgt **beim Leasinggeber**, wenn die Grundmietzeit

- mindestens 40% und
- höchstens 90%

der betriebsgewöhnlichen Nutzungsdauer beträgt. Begründet wird diese Zurechnungsregelung mit der Tatsache, daß bei diesen Grundmietzeiten der Herausgabeanspruch des Leasinggebers noch einen bedeutenden wirtschaftlichen Wert repräsentiert. Eine zwischenzeitliche Bilanzierung des Leasingobjektes beim Leasingnehmer widerspricht dem wirtschaftlichen Sachverhalt. Theoretisch sind die Prozentgrenzen nicht eindeutig festzuschreiben. Der Ansatz fester Werte entspricht aber den Forderungen nach Praktikabilität und Rechtssicherheit.

Die Zurechnung erfolgt **beim Leasingnehmer** in den übrigen Fällen, also wenn die Grundmietzeit

- weniger als 40% oder
- mehr als 90%

der betriebsgewöhnlichen Nutzungsdauer beträgt. Die kurze Amortisationszeit (40%) zeigt, daß die Finanzverwaltung offensichtlich von einem Ratenkaufvertrag ausgeht, auch dann, wenn ein Optionsrecht nicht besteht. Die lange Amortisationszeit (90%) wird mit der Begründung angesetzt, daß das Nutzungspotential des Leasingobjektes nahezu verbraucht ist und folglich der Herausgabeanspruch des Leasinggebers wertlos geworden sei.

---

[110] Vgl. den Mobilien-Erlaß sowie den Immobilienerlaß, näheres in Fußnote 109.
[111] Vgl. BStBl. I, 1971, S. 264.

Fall 3: Leasing-Verträge mit Kaufoption

Die Zurechnung erfolgt **beim Leasingnehmer**, wenn

- die Grundmietzeit weniger als 40% oder
- mehr als 90%

der betriebsgewöhnlichen Nutzungsdauer beträgt.

Die Zurechnung erfolgt ebenfalls **beim Leasingnehmer**, wenn

- die Grundmietzeit mindestens 40% und
- höchstens 90% der betriebsgewöhnlichen Nutzungsdauer beträgt, und
- der vereinbarte Kaufpreis bei Ausübung der Kaufoption niedriger ist, als der durch Abschreibungen geminderte Buchwert zum Veräußerungszeitpunkt.

Die Zurechnung erfolgt hingegen **beim Leasinggeber** in den übrigen Fällen, also wenn

- die Grundmietzeit mindestens 40%,
- und höchstens 90% der betriebsgewöhnlichen Nutzungsdauer beträgt,
- und der vereinbarte Kaufpreis **nicht** niedriger ist als der durch Abschreibungen geminderte Buchwert zum Verkaufzeitpunkt.

Die Zurechnung zum Leasingnehmer wird bei Vorliegen einer Kaufoption im Vergleich mit den vorher besprochenen Fällen erweitert. Hiernach ist der Leasingnehmer immer dann als wirtschaftlicher Eigentümer anzusehen, wenn die Kaufkonditionen so günstig sind, daß die Ausübung des Optionsrechtes wahrscheinlich ist.

Fall 4: Leasing-Verträge mit Verlängerungsoption

Die Zurechnung erfolgt **beim Leasingnehmer**, wenn

- die Grundmietzeit weniger als 40%
- oder mehr als 90%

der betriebsgewöhnlichen Nutzungsdauer beträgt.

Die Zurechnung erfolgt ebenfalls **beim Leasingnehmer**, wenn

- die Grundmietzeit mindestens 40%
- und höchstens 90% der betriebsgewöhnlichen Nutzungsdauer beträgt,
- und die Anschlußmiete bei Ausübung der Mietverlängerungsoption so niedrig ist, daß sie den Wertverzehr für den Leasinggegenstand nicht deckt, der sich unter Beachtung der linearen Abschreibung auf der Basis des Restbuchwertes und der Restnutzungsdauer ergibt.

Die Zurechnung erfolgt **beim Leasinggeber** in den übrigen Fällen, also wenn die Anschlußmiete ausreichend hoch ist, so daß die Ausübung des Optionsrechtes weniger wahrscheinlich ist. Im konkreten Fall müssen hierzu die Grundmietzeiten zwischen 40% und 90% der betriebsgewöhnlichen Nutzungsdauer liegen und die Anschlußmiete den abschreibungsbedingten Wertverzehr decken.

b) *Leasingverträge über unbewegliche Wirtschaftsgüter (Immobilienleasing)*

Im Erlaß des BMF vom 21.3.1972 wird für das Immobilienleasing die folgende Regelung getroffen:

1. Die Zurechnungskriterien sind für Grundstücke und Gebäude getrennt zu prüfen.

2. Die Zurechnung der Gebäude richtet sich nach den Grundsätzen des Mobilienleasings[112].
3. Für die Zurechnung der Grundstücke gilt:
   - Bei Verträgen ohne Kauf- oder Verlängerungsoption erfolgt die Zurechnung zum Leasinggeber.
   - Bei Verträgen mit Mietverlängerungsoption erfolgt die Zurechnung ebenfalls zum Leasinggeber.
   - Nur bei Verträgen mit Kaufoption erfolgt die Zurechnung stets dann zum Leasingnehmer, wenn auch das Gebäude dem Leasingnehmer zuzurechnen ist.
   - Bei Spezialleasingverträgen erfolgt die Zurechnung des Grund und Bodens im allgemeinen zum Leasingnehmer.

1.5.3.2 Teilamortisationsverträge

Solche Leasingverträge werfen besondere bilanzielle Probleme auf. Die Regelungen für Vollamortisationsverträge können nicht übernommen werden. Da die weitere Verwendbarkeit des Leasingobjektes nach Ablauf der unkündbaren Grundmietzeit beeinflußt wird durch die noch nicht voll gedeckten Investitions-, Finanzierungs- und sonstigen kalkulatorischen Kosten, gelten die obigen Begründungen für die Zurechnungskriterien nicht mehr.

Der Erlaß zu den Teilamortisationsverträgen[113] unterscheidet drei verschiedene Vertragstypen:

Fall 1: Vertragsmodell mit Andienungsrecht

Hier hat der Leasinggeber ein sog. Andienungsrecht. Der Leasingnehmer ist auf Verlangen des Leasinggebers verpflichtet, den Leasinggegenstand nach Ablauf der Grundmietzeit zu kaufen, und zwar zu einem Preis, der bereits bei Abschluß des Leasingvertrages fest vereinbart wird. Der Leasingnehmer dagegen hat kein Recht, den Kauf des Gegenstandes zu verlangen. Die Bilanzierung des Leasinggegenstandes hat hier **beim Leasinggeber** zu erfolgen. Dies wird damit begründet, daß der Leasinggeber die Chance der Wertsteigerung hat, weil er sein Andienungsrecht nicht ausüben muß, wenn er das Wirtschaftsgut zu einem über dem vereinbarten Preis liegenden Preis verkaufen kann. Der Leasingnehmer hingegen hat keine Einflußmöglichkeit auf die weitere Verwendung des Leasinggegenstandes, obwohl er das Risiko der Wertminderung voll trägt, da der Leasinggeber bei Marktpreisen, die unter den vereinbarten Preis gesunken sind, von seinem Andienungsrecht Gebrauch machen wird. In beiden Fällen der Preisentwicklung kann der Leasingnehmer nicht als wirtschaftlicher Eigentümer angesehen werden.

Fall 2: Vertragsmodell mit Aufteilung des Mehrerlöses

Der Leasinggeber veräußert hier den Leasinggegenstand nach Ablauf der Grundmietzeit. Die bilanzielle Behandlung des Leasinggegenstandes richtet sich hierbei nach der Verteilung des Veräußerungsgewinnes.

Es sind drei Fälle denkbar:

1. Der **Veräußerungserlös reicht nicht zur Restamortisation** aus. Die Differenz zwischen Gesamtkosten des Leasinggebers und bisher geleisteten Leasingra-

---

[112] Vgl. oben, S. 83f.
[113] Erlaß des BMF vom 22.12.1975, vgl. Fußnote 109

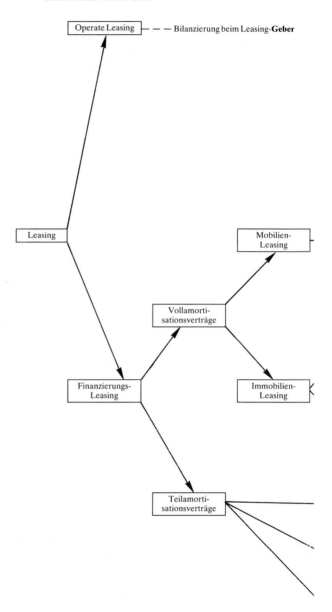

Abb. 16 Bilanzierung von Leasing-Objekten

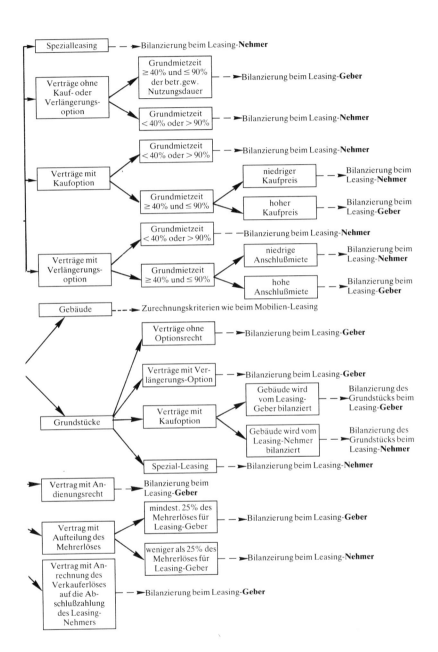

ten ist größer als der Veräußerungserlös. Ist der Leasingnehmer zum Ausgleich dieses Fehlbetrags verpflichtet, dann ist der Gegenstand **beim Leasinggeber** zu bilanzieren.

2. Der **Veräußerungserlös reicht zur Vollamortisation** aus. Vom Mehrerlös erhält der Leasinggeber **mindestens 25%**, der Leasingnehmer höchstens 75%. In diesem Fall ist der Leasinggeber als wirtschaftlicher Eigentümer anzusehen, da er noch in einem wirtschaftlich ins Gewicht fallenden Ausmaß an Wertsteigerungen beteiligt ist. Der Leasinggegenstand wird folglich **beim Leasinggeber** bilanziert.

3. Der **Veräußerungserlös reicht zur Vollamortisation** aus. Vom Mehrerlös erhält der Leasinggeber **weniger als 25%**. In diesem Fall ist der Leasinggeber nach Ansicht der Finanzverwaltung nicht als wirtschaftlicher Eigentümer anzusehen. Der Leasinggegenstand wird **beim Leasingnehmer** bilanziert. ·

Fall 3: Vertragsmodell mit Anrechnung des Verkaufserlöses auf die vom Leasingnehmer zu leistende Abschlußzahlung

Diese Variante gilt für Leasingverträge mit Kündigungsrecht des Mieters nach mindestens 40% der betriebsgewöhnlichen Nutzungsdauer. Der Mieter muß den zur Vollamortisation durch die bisherigen Leasingraten noch nicht gedeckten Betrag in einer Abschlußzahlung leisten, wobei der Veräußerungserlös, den der Vermieter erzielt, zu 90% auf die Abschlußzahlung des Mieters angerechnet wird. Ist der Veräußerungserlös höher als der zur Vollamortisation fehlende Betrag, dann steht der Mehrerlös ausschließlich dem Leasinggeber zu. Da bei dieser Vertragsvariante Wertsteigerungen voll dem Leasinggeber zugute kommen, ist er nach Ansicht der Finanzverwaltung nicht nur rechtlicher, sondern auch wirtschaftlicher Eigentümer. Die Bilanzierung des Leasinggegenstandes erfolgt also **beim Leasinggeber**.

1.5.3.3 Bilanzielle Folgen der Zurechnung des Leasing-Objektes

Erfolgt die Zurechnung beim Leasinggeber, so ergeben sich keine grundsätzlichen Abweichungen von der Buchung eines normalen Miet- oder Pachtvertrages. Aktivierung und Abschreibung erfolgen beim Leasinggeber, der Leasingnehmer bucht die Leasingrate voll als Aufwand.

Erfolgt hingegen die Zurechnung beim Leasingnehmer, so aktiviert dieser das Objekt und passiviert in gleicher Höhe eine Verbindlichkeit gegen den Leasinggeber. Die Leasingraten sind sodann jeweils aufzuteilen in einen Zins- und Kostenanteil sowie in einen Tilgungsanteil[114]. Während der Tilgungsanteil die Verbindlichkeit erfolgsneutral tilgt, ist der Zins- und Kostenanteil als Aufwand gewinnwirksam zu buchen. Zusätzlich hat der Leasingnehmer die Abschreibung geltend zu machen. Spiegelbildlich zur Bilanzierung des Leasingnehmers aktiviert der Leasinggeber eine Forderung gegen den Leasingnehmer als Gegenbuchung zum Abgang des Leasingobjektes aus seinem Vermögen. Tilgungsanteil sowie Zins- und Kostenanteil werden analog, d.h. forderungsmindernd bzw. gewinnerhöhend gebucht.

---

[114] Zum Verfahren der Aufteilung vgl. den Erlaß des BMF vom 13.12.1973: Schreiben betreff ertragsteuerliche Behandlung von Finanzierungsleasing-Verträgen; hier: Aufteilung der Leasing-Raten in einen Zins- und Kostenanteil sowie in einen Tilgungsanteil, abgedruckt z.B. in: Handbuch zur ESt-Veranlagung 1984, Beck-Verlag, München, 1985, S. 235. Ein Beispiel vgl. bei Heinhold, M., Buchführung, 1987, S. 86ff.

1.6 Betriebsvermögen und betrieblich genutztes Privatvermögen

Während vereinzelt die Ansicht vertreten wird, daß ein Kaufmann auch das Privatvermögen und die Privatschulden handelsrechtlich zu bilanzieren habe[115], gilt wohl als herrschende Lehre, daß die Privatsphäre des Kaufmannes keinen Einfluß auf den Bilanzinhalt haben darf. Privatvermögen ist somit nicht zu bilanzieren. § 242 Abs. 1 HGB bezieht die Bilanz als die Aufstellung des Vermögens und der Schulden des Kaufmannes ausdrücklich auf sein Handelsgewerbe, also auf die betriebliche und nicht auf die private Sphäre. Zum handelsrechtlichen Bilanzvermögen des Einzelkaufmannes gehören folglich alle Vermögensgegenstände, die von ihm bestimmt sind, dem Betrieb zu dienen. In bestimmten Grenzfällen hat er faktisch die Wahl, einen Vermögensgegenstand seinem Handelsgewerbe oder seiner Privatsphäre zuzurechnen (z.B. Wertpapierbestände als Finanzreserve, Grundstücke, sofern diese nicht privat genutzt werden). Steuerrechtlich spricht man in diesen Fällen von gewillkürtem Betriebsvermögen[116]. Voraussetzung für die Behandlung als **gewillkürtes Betriebsvermögen** ist, daß sich der Bilanzierende durch einen Willensakt für die Behandlung des Vermögens als Betriebsvermögen entscheidet, z.B. durch die entsprechende buchmäßige Behandlung.

Bei Personengesellschaften gehören diejenigen Vermögensgegenstände zum Bilanzvermögen, die zum Gesamthandsvermögen der Gesellschaft zählen. Das handelsrechtliche **Gesamthandsvermögen** umfaßt das gesamte gemeinschaftliche Gesellschaftsvermögen, also auch solche Vermögensgegenstände, die nicht im rechtlichen, aber im gemeinschaftlichen wirtschaftlichen Eigentum der Gesellschafter stehen. Nicht zum Gesamthandsvermögen zählen diejenigen Vermögensgegenstände, die im rechtlichen Eigentum nur eines einzelnen Gesellschafters stehen, auch wenn sie der Gesellschaft zur Nutzung überlassen werden[117]. Im Gegensatz zur Steuerbilanz ist in der Handelsbilanz also kein Platz für Sonderbetriebsvermögen einzelner Gesellschafter[118]. Des weiteren ist bei Personengesellschaften ebenso wie bei Kapitalgesellschaften ein gewillkürtes Betriebsvermögen nicht möglich, da es für diese Rechtsformen kein Gesellschafts-Privatvermögen gibt.

1.7 Herstellungsaufwand – Erhaltungsaufwand

Besondere Abgrenzungsprobleme im Rahmen der Bilanzierungsfähigkeit entstehen bei der Frage, wann Reparatur- und Instandhaltungsaufwendungen zu einem aktivierungspflichtigen Vermögensgegenstand, also zu einem Zugang auf der Aktivseite führen, und wann nicht. Die Kriterien, anhand derer die Aktivierbar-

---

[115] Mit der Begründung, daß er mit diesem für seine Betriebsschulden und mit dem Betriebsvermögen letztlich auch für seine Privatschulden hafte, vgl. z.B. Schlegelberger, F., Handelsgesetzbuch, 4. Aufl. Bd. 1, 1960, § 39 Tz 2

[116] Näheres vgl. z.B. Heinhold, M., Grundlagen, 1982, S. 85, vgl. auch Knobbe-Keuk, B., Bilanzsteuerrecht, 1985, S. 46ff.

[117] Es sei denn, die Gesellschaft ist wirtschaftlicher Eigentümer, vgl. oben, S. 76; vgl. hierzu Sudhoff, H., Bilanzierung, DB 1974, S. 842-844.

[118] Zur steuerrechtlichen Regelung vgl. z.B. Knobbe-Keuk, B., Bilanz- und Unternehmensteuerrecht, 1985, S. 297ff.; vgl. auch das Stichwort Gesamthandsgemeinschaft, in Wacker, W., Lexikon der deutschen und internationalen Besteuerung, 1982, S. 287f.

keit solcher Aufwendungen zu prüfen ist, werden neben den knappen Angaben in § 255 Abs. 3 Satz 1 HGB vor allem von der steuerlichen Rechtssprechung konkretisiert (Herstellungsaufwand – Erhaltungsaufwand).

Ein **aktivierungspflichtiger Herstellungsvorgang** liegt demnach vor[119],

- wenn die Aufwendungen nicht in erster Linie dazu dienen, den Gegenstand in seiner bestimmungsgemäßen Nutzungsmöglichkeit zu erhalten,
- sondern wenn sie dazu dienen, etwas Neues, bisher nicht Vorhandenes zu schaffen, insbesondere
- wenn der Vermögensgegenstand in seiner Substanz vermehrt wird,
- oder wenn er in seinem Wesen erheblich verändert wird (wesentliche Veränderung der Gebrauchs- oder Verwertungsmöglichkeit),
- oder über seinen bisherigen Zustand hinaus deutlich verbessert wird (z.b. erhebliche Verlängerung der Lebensdauer).

Aktivierungsfähiger Herstellungsaufwand ist nicht allein schon deshalb anzunehmen, weil mit notwendigen Erhaltungsmaßnahmen eine dem technischen Fortschritt entsprechende übliche Modernisierung verbunden ist[120]. Eine Aufzählung von typischen Beispielen ist kaum möglich, es kommt jeweils auf die konkreten Umstände des Einzelfalles an, auf die für den jeweiligen Sachverhalt geltende Verkehrsanschauung und letzten Endes auf die Grundsätze ordnungsmäßiger Buchführung. Sind die Voraussetzungen für die Aktivierung nicht gegeben, dann liegt Erhaltungsaufwand vor, der sofort und in voller Höhe als Aufwand in die GuV eingeht.

Für die Steuerbilanz ist anzumerken, daß der BFH in seiner jüngeren Rechtssprechung die Grenze zwischen Herstellungsaufwand und Erhaltungsaufwand zugunsten des letzteren verschoben hat[121].

1.8 Zeitpunkt der Bilanzierung

Der Zeitpunkt, zu dem die Bilanzierung (Aktivierung oder Passivierung) erfolgen muß, hängt von der Art des Vermögensgegenstandes bzw. der Schuld ab. Grundsätzlich kommt es bei Vermögensgegenständen auf den Zeitpunkt an, in dem das wirtschaftliche Eigentum entsteht oder erlischt[122].

Bei **beweglichen Sachen** entscheidet grundsätzlich der Eingang über den Zeitpunkt der Bilanzierung. Die Bilanzierung erfolgt dann, wenn die Ware beim Käufer eingegangen ist oder wenn er auf andere Weise die Verfügungsmacht darüber erhalten hat (z.B. durch die Aushändigung von Konnossementen, Ladescheinen, indossablen Lagerscheinen, Frachtbriefen sowie durch die Mitteilung des Spediteurs, Frachtführers oder Lagerhalters, daß die Ware bei ihm zur Abholung bereit steht)[123].

---

[119] Vgl. § 255 Abs. 2 Satz 1 HGB, vgl. Glade, A., Rechnungslegung, 1986, Teil I, Tz 547ff., vgl. auch WP-Handbuch 1985/86, Bd. 1, S. 551, zur Handhabung in der Steuerbilanz vgl. Abschn. 157 Abs. 3 EStR, dessen Bestimmungen sich konkret auf Gebäude beziehen, sinngemäß jedoch auch auf andere Vermögensgegenstände anwendbar sind.

[120] BFH vom 8.3.1966, BStBl. III, S. 324.

[121] Vgl. Schmidt, L., Einkommensteuergesetz, 1984, S. 328, § 6 Tz 20.

[122] Vgl. S. 171.

[123] Vgl. ADS § 149 Tz 41.

Grundstücke sind dann zu bilanzieren, wenn der Käufer nach dem Willen der Vertragspartner wirtschaftlich über das Grundstück verfügen kann. Frühestmöglicher Zeitpunkt ist der Abschluß des Notarvertrags, spätestmöglicher Zeitpunkt ist der rechtliche Eigentumsübergang (Grundbucheintragung).

Forderungen aus Lieferungen und Leistungen sind ebenso wie **Verbindlichkeiten aus Lieferungen und Leistungen** dann zu bilanzieren, wenn der Verkäufer alles zur Erfüllung des Vertrages erforderliche getan hat und die Gefahr des zufälligen Untergangs der Waren auf den Käufer übergegangen ist. Die Praxis bucht hier häufig vereinfachend zum Zeitpunkt des Rechnungsein- bzw. -ausganges[124].

Geleistete oder erhaltene **Anzahlungen** sind beim Geldaus- bzw. -eingang zu aktivieren oder zu passivieren.

Verbindlichkeiten sind grundsätzlich dann zu bilanzieren, wenn sie nach Rechtsgrund, Höhe und Fälligkeit feststehen. Auch hier kommt es nicht auf die rechtlichen, sondern auf die wirtschaftlichen Verhältnisse an (Zeitpunkt der Darlehensauszahlung statt Zeitpunkt des Kreditvertragsabschlusses). Im Gegensatz hierzu sind **Rückstellungen** bereits im Jahr der wirtschaftlichen Verursachung der künftigen Ausgabe zu passivieren, also wenn das Unternehmen glaubt, sich aus rechtlichen oder anderen Gründen einer Leistung nicht entziehen zu können, oder wenn ein drohender Verlust aus einem schwebenden Geschäft absehbar ist. Schwebende Geschäfte als solche dürfen jedoch nicht bilanziert werden, es sei denn, es erfolgen hierauf Anzahlungen, die zum Zeitpunkt des Geldzu- bzw. -abflusses aktiviert oder passiviert werden.

2. Die einzelnen Bilanzpositionen auf der Aktivseite

Soweit die Bilanzpositionen im gesetzlichen Gliederungsschema des § 266 aufgeführt sind, wird die alphanumerische Klassifizierung des Gliederungsschemas in die folgenden Abschnittsüberschriften übernommen (z.B. A.III.3. Beteiligungen). Werden Aktivposten in anderen Paragraphen vorgesehen, ohne im Gliederungsschema des § 266 HGB berücksichtigt zu sein, so werden im folgenden die Abschnittsüberschriften ohne alphanumerische Klassifikation angeführt (z.B. Ausstehende Einlagen auf das gezeichnete Kapital).

2.1 „Ausstehende Einlagen auf das gezeichnete Kapital"

Nach § 272 Abs. 1 Satz 1 HGB sind die ausstehenden Einlagen auf das gezeichnete Kapital vor dem Anlagevermögen gesondert auszuweisen und entsprechend zu bezeichnen. Unter gezeichnetem Kapital wird das Kapital verstanden, auf das sich die Haftung der Gesellschafter für die Verbindlichkeiten der Gesellschaft beschränkt. Die von den ausstehenden Einlagen bereits geforderten Einlagen sind gesondert zu vermerken.

Die ausstehenden Einlagen auf das gezeichnete Kapital sind **nur für Kapitalgesellschaften** relevant. Die Bildung dieses Bilanzpostens wird nötig durch die Bestimmung zum Beispiel des § 36a AktG, nach dem bei Bareinlagen der eingeforderte Betrag mindestens 25% des Nennbetrages umfassen muß. Die Differenz zum Nennbetrag muß als Korrekturposten aktiviert werden, wenn das gezeichne-

---

[124] Vgl. auch unten, S. 171 sowie Leffson, U., Grundsätze, 1982, S. 239ff.

te Kapital auf der Passivseite zum vollen Nennwert erscheinen soll. Haftungsrechtlich verkörpern die „ausstehenden Einlagen" die Forderung der Gesellschaft an ihre Gesellschafter, die vertragliche Einlage zu leisten. Nach § 54 AktG ist die Hauptverpflichtung der Aktionäre, ihre Einlage zu leisten. Analoges gilt für die GmbH, für die § 19 Abs. 2 GmbHG ausdrücklich bestimmt, daß die Gesellschafter nicht von der Verpflichtung zur Leistung ihrer Einlage befreit werden können.

Die **Darstellungsweise als aktiver Korrekturposten** unter gesondertem Vermerk der eingeforderten Beträge („davon eingefordert") entspricht der bisherigen Regelung des § 151 Abs. 1 AktG.

Beispiel: Die Behandlung der ausstehenden Einlagen in der Bilanz

Gezeichnetes Kapital	100
Eingefordert	70
Eingezahlt	50
d.h. eingeforderte, noch ausstehende Einlagen	20

Ausweis der ausstehenden Einlagen nach § 272 Abs. 1 Satz 2 HGB:

Bilanz

Ausstehende Einlagen	50	Gezeichnetes Kapital	100
davon eingefordert 20			

Eine **andere Darstellungsweise** stellt § 272 Abs. 1 Satz 3 HGB zur Wahl, die nach Art. 9 der 4. EG-Richtlinie ebenfalls zulässig ist. Hiernach ist auf der Passivseite nur das eingeforderte Kapital, also die Differenz zwischen gezeichnetem Kapital und noch nicht eingeforderten Beträgen auszuweisen. Die nicht eingeforderten ausstehenden Einlagen dürfen vom Posten gezeichnetes Kapital offen abgesetzt werden. Der verbleibende Betrag ist als Posten „eingefordertes Kapital" in der Hauptspalte der Passivseite auszuweisen. Der eingeforderte, aber noch nicht eingezahlte Betrag ist unter den Forderungen gesondert auszuweisen und entsprechend zu bezeichnen.

Fortführung des obigen Beispiels:

Indirekter Ausweis der ausstehenden Einlagen gemäß § 272 Abs. 1 Satz 3 HGB

Bilanz

.		A. Eigenkapital		
.		I. Gezeichnetes Kapital	100	
.		./. nicht eingeforderte		
.		ausstehende Einlagen		30
B. Umlaufvermögen		eingefordertes Kapital		70
II. Forderungen:				
.				
eingeforderte				
ausstehende				
Einlagen	20			

Weiterhin ist zu beachten, daß ausstehende Zahlungen der Gesellschafter, die über den Nennwert des gezeichneten Kapitals hinausgehen, nicht unter der Bezeichnung „ausstehende Einlagen" vor dem Anlagevermögen auszuweisen sind, sondern unter den sonstigen Vermögensgegenständen (Position B.II.4. des Bilanzgliederungsschemas von § 266 Abs. 2 HGB).

2.2 „Aufwendungen für die Ingangsetzung und Erweiterung des Geschäftsbetriebs"

Soweit sie nicht ohnehin bilanzierungsfähig sind (d.h. durch Schaffung eines Vermögensgegenstandes), dürfen diese Aufwendungen nach § 269 HGB als **Bilanzierungshilfe** aktiviert werden. Zu diesen Kosten der Ingangsetzung und Erweiterung des Geschäftsbetriebs gehören vor allem **Organisationskosten**, die für den Aufbau bzw. die Erweiterung der Innen- oder Außenorganisation des Unternehmens anfallen, z.B. der Betriebsorganisation, der Verwaltungsorganisation oder des Vertriebssystems. Nach herrschender Lehre gehören hierzu auch Ausgaben für eine Werbekampagne anläßlich des Beginns oder der Erweiterung des Geschäftsbetriebes, nicht jedoch die Kosten für laufende Reklame[125].

Wenn solche Aufwendungen aktiviert werden, dann dürfen Gewinne nur dann ausgeschüttet werden, wenn die nach der Ausschüttung verbleibenden, jederzeit auflösbaren Gewinnrücklagen zuzüglich eines Gewinnvortrags und abzüglich eines Verlustvortrags dem aktivierten Betrag mindestens entsprechen. Diese **Ausschüttungssperre** verdeutlicht, daß es sich bei diesen Aufwendungen nicht um Vermögensgegenstände handelt, sondern daß lediglich durch die Möglichkeit der Aktivierung für die Anlauf- oder Erweiterungsphase eines Unternehmens hohe Anlaufverluste bzw. eine eventuell eintretende Überschuldung vermieden werden soll[126]. Aktivierte Aufwendungen müssen in den folgenden Geschäftsjahren zu mindestens 25% jährlich durch Abschreibungen getilgt werden (§ 282 HGB), so daß spätestens nach 5 Jahren die Vollabschreibung erreicht ist. Nach der Systematik des Gesetzesaufbaus gilt diese Bilanzierungshilfe nur für Kapitalgesellschaften. Steuerlich ist die Aktivierung nicht zulässig.

Im Gegensatz zu den Ingangsetzungs- und Erweiterungsaufwendungen besteht für **Aufwendungen für die Gründung** des Unternehmens und für die Beschaffung des Eigenkapitals, ein Aktivierungsverbot (§ 248 Abs. 1 HGB). Hierunter fallen vor allem Gebühren für Gericht, Notar, Makler, Aufwendungen für Gutachten, Provisionen, Kosten der Aktienemission, sowie Kosten, die anläßlich der verschiedenen Maßnahmen der Kapitalerhöhung anfallen (z.B. Gesellschaftsteuer).

---

[125] Vgl. ADS § 153 Tz 125, zum neuen Recht vgl. auch Freericks, W., Ingangsetzung, HuR 1986, S. 252 ff., zum unbestimmten Rechtsbegriff „Erweiterung" vgl. Freericks, W., Erweiterung des Geschäftsbetriebes, HuR 1986, S. 163ff.

[126] Vgl. Bundestags-Drucksache 10/317 vom 26.8.1983, Entwurf eines Gesetzes zur Durchführung der Vierten EG-Richtlinie, S. 80, vgl. auch Glade, A., Rechnungslegung, 1986, § 269 Tz 1.

Betroffen vom Aktivierungsverbot sind auch die Kosten anläßlich der Ausgaben von Wandel- und Gewinnschuldverschreibungen und der Gewährung von Genußrechten[127].

2.3 „A. Anlagevermögen"

Beim Anlagevermögen sind nur die Gegenstände auszuweisen, die bestimmt sind, dauernd dem Geschäftsbetrieb zu dienen (§ 247 Abs. 2 HGB). Die zeitliche Bindung („dauernd") darf allerdings nicht im Sinne von „für alle Zeiten" interpretiert werden[127a]. Auch zeitlich begrenzte, sogar kurzfristig dem Geschäftsbetrieb dienende Vermögensgegenstände können Anlagevermögen sein, etwa eine Spezialmaschine, die ausschließlich zur Durchführung eines größeren Auftrags angeschafft wird, selbst dann, wenn sie noch im Jahr der Anschaffung wieder veräußert wird. Wesentlich für die Behandlung als Anlagevermögen ist die Zweckbestimmung (dem Geschäftsbetrieb dienend) zum Zeitpunkt des Abschlußstichtags[128]. Ändert sich die Zweckbestimmung, so kann ein Wechsel vom Umlaufvermögen zum Anlagevermögen oder umgekehrt geboten sein. Ein Grundstück z.B., das von einem Wohnungsbauunternehmen zum Zweck der Bebauung und Weiterveräußerung angeschafft wurde, gehört zum Umlaufvermögen. Wird statt dessen ein Verwaltungsgebäude des Unternehmens darauf errichtet, so ändert sich die Zweckbestimmung, der Ausweis hat dann im Anlagevermögen zu erfolgen. Von besonderer Bedeutung ist die Zweckbestimmung bei Wertpapieren, die als Finanzlage oder Beteiligung entweder im Anlagevermögen oder kurzfristig und jederzeit veräußerbar als Liquiditätspolster im Umlaufvermögen auszuweisen sind[129].

„A.I. Immaterielle Anlagegegenstände"

Wie die Untergliederung dieses Bilanzpostens zeigt, zählt der Gesetzgeber 3 Gruppen zu den immateriellen[129a] Anlagegegenständen:

- Konzessionen, gewerbliche Schutzrechte u.ä. Rechte und Werte sowie Lizenzen an solchen Rechten und Werten,
- den Geschäfts- oder Firmenwert,
- geleistete Anzahlungen.

---

[127] Vgl. ADS § 153 Tz 123. Nach altem Recht galt das Aktivierungsverbot allgemein für Kapitalbeschaffungskosten (§ 153 Abs. 4 AktG a.F.). Allerdings ändert die Beschränkung auf Eigenkapitalbeschaffungskosten im neuen § 248 HGB nichts am Aktivierungsverbot, da Geldbeschaffungskosten generell nicht aktivierungsfähig sind (vgl. Glade, A., Rechnungslegung, 1986, § 248 Tz 7), mit eng begrenzten Ausnahmen bei den Fremdkapitalzinsen, vgl. S. 184, sowie § 255 Abs. 3 HGB.

[127a] Vgl. Sieben, G., Ossadnik, W., Dauernd, HuR 1986, S. 105ff.

[128] Vgl. ADS § 152 Tz 2-5, vgl. auch Glade, A., Rechnungslegung, 1986, § 247 Tz. 22.

[129] Vgl. ADS § 151 Tz 159.

[129a] Zu den Kriterien für die Aktivierbarkeit und zur Konkretisierung des Begriffs vgl. Moxter, A., Immaterielle Vermögensgegenstände, HuR 1986, S. 246ff., vgl. auch Veit, K. R., Die Aktivierung immaterieller Wirtschaftsgüter, DB 1985, S. 557ff., vgl. auch Eibelshäuser, M., Immaterielle Anlagewerte, Wiesbaden 1983, vgl. Küppers, C., Der Firmenwert in Handels- und Steuerbilanz, DB 1986, S. 1633ff., vgl. auch Stüdemann, K., Grundlagen zur Unterscheidung von materiellen und immateriellen Gütern, DB 1985, S. 345ff.

Grundsätzlich sind immaterielle Vermögensgegenstände nur dann aktivierungsfähig, wenn sie entgeltlich erworben sind. Wurden sie nicht entgeltlich erworben, dann gilt für sie ein Aktivierungsverbot[130] (§ 248 Abs. 2 HGB).

„A.I.1 Konzessionen, gewerbliche Schutzrechte und ähnliche Rechte und Werte, sowie Lizenzen an solchen Rechten und Werten"

Eine wesentliche Abweichung zum alten § 151 Abs. 1 AktG a.F. besteht nicht. Im einzelnen zählt zu diesen Bilanzposten eine große Zahl solcher Rechte und Werte. **Konzessionen** sind Betriebserlaubnisse. Sie sind hier nur auszuweisen, wenn sie sich auf den ganzen Betrieb erstrecken[131], z.B. Schankkonzessionen im Gastgewerbe, Apotheken-, Güterfernverkehrs-, Omnibuslinienverkehrskonzessionen. Erstrecken sie sich auf den Betrieb einzelner Vermögensgegenstände oder Anlagen, so sind sie im Rahmen der Anschaffungskosten dieser Anlagen zu aktivieren[132].

Gewerbliche Schutzrechte sind z.B. Patente, Lizenzen, Marken-, Urheber- und Verlagsrechte, Gebrauchsmuster und Warenzeichen.

Zu den **ähnlichen Rechten und Werten** zählen etwa Zuteilungsquoten, Syndikatsrechte, Nutzungsrechte, Brenn- und Baurechte[133] sowie sonstige immaterielle Anlagewerte wie Erfindungen, Rezepte, Geheimverfahren, Know How. Hierzu zählt auch die EDV-Software[134]. Solche Rechte können firmenwertähnlich sein, sind aber vom Firmenwert streng zu trennen. Die Zuordnung zum Geschäfts- oder Firmenwert kommt dann in Frage, wenn der Wert anläßlich der Übernahme eines ganzen Unternehmens bezahlt wurde[135].

Für die unter A.I.1 angeführten immateriellen Vermögensgegenstände besteht **Aktivierungspflicht, sofern sie entgeltlich erworben wurden**. Ein Aktivierungswahlrecht, wie es im alten Bilanzrecht häufig aus § 153 Abs. 3 AktG a.F. abgeleitet wurde[136], ist dank des eindeutigen Gesetzeswortlauts nicht mehr gegeben.

Ob diese immateriellen Vermögensgegenstände im Zeitablauf an Wert verlieren, d.h. abnutzbar und somit abzuschreiben sind, hängt vom konkreten Einzelfall ab. Bei zeitlich befristeten Rechten (z.B. Patente, Urheberrechte u. dgl.) ist die Abnutzbarkeit grundsätzlich gegeben, die planmäßige Abschreibung somit verpflichtend. Nicht abnutzbar ist z.B. die Omnibuslinienverkehrskonzession[137].

„A.I.2 Geschäfts- oder Firmenwert"

Als Geschäfts- oder Firmenwert darf nach § 255 Abs. 4 HGB der Unterschiedsbetrag angesetzt werden, um den die für die Übernahme eines Unternehmens bewirkte Gegenleistung den Wert der einzelnen Vermögensgegenstände abzüglich der Schulden im Zeitpunkt der Übernahme übersteigt. Der **originäre**, d.h.

---

[130] Vgl. oben, S. 69.
[131] Vgl. Heinen, E., Handelsbilanzen, 1986, S. 268.
[132] Anschaffungsnebenkosten, vgl. S. 185.
[133] Vgl. ADS § 151 Tz 88.
[134] Vgl. Schmidt, L., Einkommensteuergesetz, 1984, § 5 Tz 31.
[135] Vgl. ADS § 153 Tz 130, ebenso WP-Handbuch 1985/86 Bd. 1, S. 592f.
[136] Vgl. WP-Handbuch 1985/86, Bd. 1, S. 583, gegenteiliger Ansicht ist z.B. Lamers, A., Aktivierungsfähigkeit, 1981, S. 241f.
[137] BFH vom 13.3.1956, BStBl. III, S. 149, weitere Beispiele für nicht abnutzbare immaterielle Vermögensgegensätnde gibt Glade, A., Rechnungslegung, 1986, § 266 Tz 46.

selbstgeschaffene Firmenwert ist von dieser Bilanzierungshilfe nicht betroffen. Für ihn gilt ein Aktivierungsverbot (§ 248 Abs. 2 HGB).

Komponenten des Firmenwertes können abnutzbare und nicht abnutzbare Werte sein. „Er umfaßt so unterschiedliche Dinge wie den Wert der Organisation eines Unternehmens, seine besonderen Fertigungs- und Verfahrenstechniken, das Vertriebsnetz, die Kundenbeziehungen, Quotenrechte, Kontingenzrechte, die Tüchtigkeit und den Ideenreichtum seiner Leiter und der im Unternehmen Tätigen, die Zukunftsaussichten u. ä. m."[138].

Voraussetzungen für die Aktivierung des Geschäfts- oder Firmenwertes sind:

- Es muß ein Unternehmen erworben werden. Dieses braucht keine rechtliche Selbständigkeit gehabt haben (also keine eigene Firma), auch der Erwerb von einzelnen Werken ist aktivierbar (Geschäftswert statt Firmenwert)[139]. Entscheidend ist, daß es selbständig als Unternehmen geführt werden und am Wirtschaftsleben teilnehmen könnte.
- Die Gegenleistung muß höher sein als der Zeitwert (nicht Buchwert!) der einzelnen übernommenen Vermögensgegenstände.

Im betriebswirtschaftlichen Fachschrifttum herrscht die Ansicht vor, daß es sich beim Firmenwert – entgegen der Anordnung im gesetzlichen Bilanzgliede-rungsschema – nicht um einen Vermögensgegenstand handelt, sondern um eine **Bilanzierungshilfe**[140]. Denn selbst wenn man den Firmenwert anhand des weite-sten Aktivierungskriteriums „Einzelbewertbarkeit" prüft[141], so ist er nicht als Vermögensgegenstand anzusehen, da eine willkürfreie Bewertung nicht möglich erscheint[142]. Der Gesetzgeber sieht diese Problematik offensichtlich ähnlich, da er für den Firmenwert keine Aktivierungspflicht vorschreibt, und überdies ge-nauso wie bei der Bilanzierungshilfe „Aufwendungen für die Ingangsetzung und Erweiterung" eine pauschale, willkürliche Abschreibungsdauer von höchstens 4 Jahren zuläßt (mindestens 25 % je Jahr). Alternativ zu dieser verkürzten Ab-schreibung läßt das Gesetz allerdings auch eine planmäßige Abschreibung über die Geschäftsjahre zu (§ 255 Abs. 4 HGB)[143].

„A.I.3 geleistete Anzahlungen"

Hier sind diejenigen Anzahlungen zu aktivieren, die in Zusammenhang mit dem Erwerb immaterieller Vermögensgegenstände geleistet wurden. Anzahlungen auf Sachanlagen und Anzahlungen auf Vorräte sind nicht hier, sondern unter der jeweils zutreffenden Bilanzposition zu aktivieren. Sobald der immaterielle Ver-mögensgegenstand angeschafft ist, ist die Anzahlung auf den entsprechenden Bi-lanzposten umzubuchen (z.B. Konzessionen).

---

[138] Vgl. ADS § 153 Tz 129.

[139] Vgl. ADS § 153 Tz 133.

[140] Vgl. oben, S. 72; anderer Ansicht ist Glade, der im Firmenwert auch keine Bilanzie-rungshilfe, sondern einen Bilanzposten „eigener Art" sieht, vgl. Glade, A., Rechnungs-legung, 1986, § 266 Tz 47.

[141] Vgl. oben, S. 65f.

[142] Vgl. Moxter, A., Bilanzrechtsentwurf, BB, 1985, S. 1102.

[143] Steuerlich besteht seit der Verabschiedung des Bilanzreichtliniengesetzes am 19.12.1985 eine Aktivierungspflicht sowie eine Abschreibungspflicht über die gesetzlich vorgegebene betriebsgewöhnliche Nutzungsdauer von 15 Jahren, vgl. § 7 Abs. 1 Satz 3 EStG.

Anzahlungen sind Vorleistungen eines Vertragspartners auf schwebende Geschäfte. Nach herrschender Lehre hängt die Aktivierbarkeit der Anzahlung nicht davon ab, ob die vom Vertragspartner noch zu erbringende Leistung, auf die die Anzahlung erfolgt, selbst aktivierbar oder direkt als Aufwand zu verrechnen ist (z.B. Anzahlung auf Marktuntersuchung durch ein Marktforschungsinstitut)[144]. Die Abgrenzung zu aktiven Rechnungsabgrenzungsposten ist in Grenzfällen schwierig.

„A.II. Sachanlagen"

Bei den Sachanlagen ist die Aktivierung eindeutig verpflichtend. Bilanzierungshilfen und -wahlrechte haben hier keinen Raum. Gestaltungsfreiräume für den Bilanzierenden können jedoch im Rahmen der Bewertung (Abschreibung) des Anlagevermögens in Betracht kommen[145].

„A.II.1 Grundstücke, grundstücksgleiche Rechte und Bauten einschließlich der Bauten auf fremden Grundstücken"

Das alte Bilanzrecht sah in § 151 Abs. 1 II A 1-4 AktG a.F. eine wesentlich ausführlichere Bilanzgliederung für Grundstücke und Gebäude vor. Der nach neuem Recht zwingende Maximalausweis für große und mittelgroße Kapitalgesellschaften[146] sieht nur eine einzige Bilanzposition für sämtliche Grundstücke, Gebäude und grundstücksgleichen Rechte vor. Da das Publizitätsgesetz in § 5 Abs. 1 PublG bezüglich der Gliederung und der einzelnen Bilanzposten auf § 266 HGB ausdrücklich verweist, sind auch publizitätspflichtige Großunternehmen beliebiger Rechtsform im Gegensatz zu früher von der Pflicht zur weiteren Aufgliederung des Bestands an Grundstücken und Gebäuden befreit.

Vor 1986 sah § 151 Abs. 1 AktG a.F. folgenden Ausweis vor:

1. Grundstücke und grundstücksgleiche Rechte mit Geschäfts-, Fabrik- und anderen Bauten;
2. Grundstücke und grundstücksgleiche Rechte mit Wohnbauten;
3. Grundstücke und grundstücksgleiche Rechte ohne Bauten;
4. Bauten auf fremden Grundstücken, die nicht zu 1 oder 2 gehören.

Durch diese ausführliche Gliederungsvorschrift wurde der Informationsgehalt der Bilanz erheblich erhöht. Insbesondere konnte man zwischen bebauten und unbebauten Grundstücken unterscheiden sowie zwischen bebauten Grundstücken, die dem Unternehmenszweck unmittelbar dienten (Geschäfts-, Fabrik- und andere Bauten) und solchen, die ihm nur mittelbar dienten (Wohnbauten). Der früher mögliche Einblick in die Struktur des Grundvermögens (betriebsnotwendiges Vermögen, Reservevermögen) ist nunmehr verwehrt. Es steht außer Frage, daß der Gesetzgeber die Generalnorm des § 264 Abs. 2 HGB (ein den tatsächlichen Verhältnissen entsprechendes Bild der Vermögenslage) besser unterstützt hätte, wenn er die informationsreichere alte Regelung des AktG beibehalten hätte und nicht auf die schlechtere Minimalregelung gemäß Art. 9 C II 1 der 4. EG-Richtlinie zurückgegangen wäre. Auch im Anhang werden weitergehende Aufschlüsselungen zu diesen Bilanzposten nicht gefordert (vgl. §§ 284, 285 HGB).

---

[144] Vgl. ADS § 151 Tz 134.
[145] Vgl. unten, S. 224ff.
[146] Vgl. S.353 sowie § 267 Abs. 2 und 3 HGB.

Da die Gliederung des § 266 HGB nur als Mindestvorschrift zu verstehen ist[147], steht es dem Bilanzierenden allerdings frei, zusätzliche Untergliederungen, sei es in der Vorspalte oder in der Hauptspalte – vorzunehmen.

Grundstücksgleiche Rechte sind Rechte, die gemäß BGB rechtlich wie Grundstücke zu behandeln sind. Hierzu gehören insbesondere[148]:

- Das Erbbaurecht. Es liegt vor, wenn ein Grundstück in der Weise belastet wird, daß der Begünstigte das veräußerliche und vererbliche Recht hat, auf oder unter dem Grundstück ein Bauwerk zu haben (§ 28 ErbbauVO). Ein vom Erbbauberechtigten errichtetes Gebäude ist dessen Eigentum, da es als wesentlicher Bestandteil des Erbbaurechts gilt (§ 12 ErbbauVO).
- Bergwerksgerechtigkeiten (Bergwerkseigentum) und andere Abbaugerechtigkeiten[149].
- Grunddienstbarkeiten (§§ 1018ff. BGB) und andere dingliche Rechte, die gemäß §§ 7ff. GBO im Grundbuch eingetragen werden.

Zu den **Grundstücken und Bauten** gehören auch die fest mit dem Grundstück oder Gebäude verbundenen Anlagen, soweit sie unter wirtschaftlicher Betrachtungsweise Teile des Grundstückes oder Gebäudes sind und der Benützung des Gebäudes dienen. Adler-Düring-Schmaltz nennen als Beispiele Heizungs-, Beleuchtungs-, Lüftungsanlagen, Zuleitungen, Installationen, Rolltreppen u. dgl.[150]. Hingegen gehören Maschinen und technische Anlagen, die dem Betriebszweck des Unternehmens dienen auch dann nicht zur Bilanzposition „A.II.1 Grundstücke usw.", wenn sie fest mit dem Grundstück oder Gebäude verbunden sind. Dies gilt selbst dann, wenn sie rechtlich Bestandteil des Grundstücks geworden sind. Es kommt ausschließlich auf die wirtschaftliche Zugehörigkeit an (z.B. Transport- und Förderanlagen, Kühltürme, Hochöfen u. dgl.). Diese Anlagen sind unter „A.II.2 Technische Anlagen und Maschinen" zu aktivieren.

Bauten auf fremden Grundstücken liegen insb. bei Miete oder Pacht vor, nicht jedoch im Falle des Erbbaurechtes. Eine Aktivierung unter dem Bilanzposten A.II.1 (Grundstücke, Grundstücksgleiche Rechte und Bauten ...) kommt nur dann in Frage, wenn es sich um Bauten handelt, d.h. um ganze Gebäude oder wesentliche Gebäudeteile. Ein bloßer Mieterein- oder -umbau wird im allgemeinen nicht hier, sondern unter dem Bilanzposten Betriebs- und Geschäftsausstattung (A.II.3) aktiviert[151].

„A.II.2 Technische Anlagen und Maschinen"

Hier sind Maschinen und technische Anlagen, soweit sie nicht Maschinen sind, auszuweisen. Begrifflich werden Maschinen in Kraft- und Arbeitsmaschinen unterteilt. Während Maschinen hauptsächlich durch mechanische Bewegung gekennzeichnet sind, ist der Begriff der technischen Anlagen weiter gefaßt. Hierzu gehören z.B. auch Apparate der chemischen Industrie, Hochöfen, Gießereien, Transportanlagen, Krane, Umspannwerke, Kokereien, Arbeitsbühnen, Rohrbrücken und Rohrleitungen, Krafterzeugungs- und -verteilungsanlagen, Gaso-

---

[147] Vgl. oben, S. 57.
[148] Vgl. WP-Handbuch 1985/86, Bd. 1, S. 570f.
[149] Vgl. ADS § 151 Tz 64.
[150] Vgl. ADS § 151 Tz 53.
[151] Vgl. ADS § 151 Tz 69, vgl. auch WP-Handbuch 1985/86, Bd. 1, S. 574f.

meter, Tankanlagen sowie alle zugehörigen Fundamente, Stützen usw. Nicht hierzu gehören diejenigen technischen Anlagen, die nach der Verkehrsanschauung unselbständig sind[152], oder nicht dem Unternehmenszweck (z.b. der Produktion) dienen[153] (z.b. Heizungsanlagen). Ersatzteile und Reparaturmaterial für Maschinen und technische Anlagen sollten hier und nicht als Vorräte im Umlaufvermögen aktiviert werden.

Großreparaturen und Generalüberholungen an solchen Maschinen und Anlagen sind als Zugang unter der Position technische Anlagen und Maschinen auszuweisen, wenn es sich um sog. Herstellungsaufwand handelt. Dieser liegt vor, wenn die Anlage in ihrer Gebrauchs- oder Verwertungsmöglichkeit wesentlich verändert wird[154].

„A.II.3 Andere Anlagen, Betriebs- und Geschäftsausstattung"

Unter diesem Posten sind vor allem Werkzeuge und Werkstätteneinrichtungen sowie Büro- und Geschäftseinrichtungen auszuweisen. Im einzelnen werden hierzu auch genannt[155]: Modelle, Vorrichtungen, Fahrzeuge aller Art, Transporteinrichtungen wie Drahtseilbahnen, Gleisanlagen, Lokomotiven, Wagen usw., soweit sie nicht als Teil einer Maschine oder technischer Anlagen unter A.II.2 auszuweisen sind. Zu den Büro- und Geschäftseinrichtungen gehören neben dem Mobiliar und den Büromaschinen auch Fernsprechanlagen und Rohrpostanlagen. Im Gegensatz zum alten Recht[156] wurde dieser Bilanzposten begrifflich erweitert um „andere Anlagen". Hierdurch wird klargestellt, daß Anlagen, sofern sie nicht technisch sind (z.B. biologische), unter diesem Posten auszuweisen sind[157].

Ein gewisses Abgrenzungsproblem bringen diejenigen Teile der Betriebs- und Geschäftsausstattung mit sich, die wegen ihrer kurzen Lebensdauer und des sofortigen Verbrauchs nicht zum Anlagevermögen gerechnet werden können (z.B. Maurerkellen, Malerpinsel u. dgl.). Hier ist nach kaufmännischem Ermessen zu erwägen, ob solche Arbeitsmittel nicht besser im Umlaufvermögen als Betriebsstoffe ausgewiesen werden sollen[158].

„A.II.4 Geleistete Anzahlungen und Anlagen im Bau"

Diese Bilanzposition entspricht voll der alten aktienrechtlichen Position II.A.7 „Anlagen im Bau und Anzahlungen auf Anlagen" des § 151 Abs. 1 AktG a.F..

Bei den **geleisteten Anzahlungen**[159] handelt es sich um Vorleistungen auf schwebende Geschäfte im Zusammenhang mit der Anschaffung von Gegenständen des Sachanlagevermögens. Die Übernahme der Anzahlung aus dem Umlaufvermögen (z.B. Bankguthaben, Kassenbestand) in das Anlagevermögen ist betriebswirtschaftlich begründet, da die Anzahlung als erste Phase einer Investition

---

[152] Vgl. ADS § 151 Tz 76.

[153] Vgl. z.B. Glade, A., Rechnungslegung, 1986, § 266 Tz 123.

[154] Vgl. oben, S. 89f, vgl. auch WP-Handbuch 1985/86, Bd. 1, S. 551 und Abschn. 24 und 157 EStR.

[155] Vgl. ADS § 151 Tz 78, vgl. auch Glade, A., Rechnungslegung, 1986, § 266 Tz 127f.

[156] § 151 Abs. 1 A. 6. AktG a.F.

[157] Vgl. Glade, A., Rechnungslegung, 1986, § 266 Tz 127ff.

[158] Vgl. ADS § 151 Tz 78.

[159] Vgl. oben, S. 96f.

angesehen werden kann. Sobald die Anlage angeschafft ist, erfolgt eine Umbuchung der Anzahlung auf das betroffene Anlagenkonto.

Zu den **Anlagen im Bau** zählen alle zu aktivierenden Aufwendungen, die für
noch nicht fertiggestellte Anlagen entstanden sind. Die Aktivierung ist obligatorisch, ob es sich um eigene Aufwendungen (Löhne, Gehälter, Materialverbrauch
usw.) oder fremdbezogene Leistungen handelt. Eine Zuordnung der im Bau befindlichen Anlagen zu den einzelnen Anlagenarten (Bauten, Maschinen usw.) ist
erst nach Fertigstellung der Anlage erforderlich. Dies erfolgt durch eine Umbuchung (vgl. Anlagenspiegel[160]).

„A.III. Finanzanlagen"

Finanzanlagen sind Geldinvestitionen in fremde Unternehmen. Sie können entweder durch Anteilserwerb am fremden Unternehmen (Beteiligungen) stattfinden, oder durch Erwerb von Geldforderungen gegen das Unternehmen (Darlehen, Ausleihungen) gekennzeichnet sein. Sachanlagen und immaterielle Anlagen dienen dem Geschäftszweck unmittelbar, durch sie wird der betriebliche Erfolg erzielt. Finanzanlagen dienen dem Geschäftszweck eher mittelbar, die Erträge und Aufwendungen, die hierdurch entstehen, gehören i.d.R. nicht zum Betriebsergebnis, sie sind jedoch im sog. Ergebnis der gewöhnlichen Geschäftstätigkeit[161] enthalten.

Maßgeblich für die Zugehörigkeit zum Anlagevermögen ist die Zweckbestimmung der Finanzanlage. Sie muß dem Geschäftsbetrieb dauernd zu dienen bestimmt sein[162]. Wertpapiere, die zum Zweck der jederzeitigen Veräußerbarkeit
gehalten werden, gehören folglich nicht zu den Finanzanlagen. Im Gegensatz
zum alten Gliederungsschema des § 151 AktG a.F. mit seinen 3 Untergliederungspunkten (Beteiligungen, Wertpapiere und Ausleihungen) sieht das neue
Recht in § 266 HGB eine wesentliche weitergehende Detaillierung vor. Wegen
der zwingenden Vorschriften der 4. EG-Richtlinie ist es erforderlich geworden,
die finanziellen Verflechtungen mit verbundenen Unternehmen und mit Unternehmen, mit denen ein Beteiligungsverhältnis besteht, kenntlich zu machen[163].

Unter den Finanzanlagen sind nunmehr folgende Positionen auszuweisen:

§ 266 Abs. 2 A.III. 1. Anteile an verbundenen Unternehmen;
                 2. Ausleihungen an verbundene Unternehmen;
                 3. Beteiligungen;
                 4. Ausleihungen an Unternehmen, mit denen ein Beteili
                    gungsverhältnis besteht;
                 5. Wertpapiere des Anlagevermögens;
                 6. sonstige Ausleihungen.

Zur begrifflichen Abklärung:

Anteile an Unternehmen sind gesellschaftsrechtliche Kapitalanteile an Kapital- und Personengesellschaften und ihnen wirtschaftlich gleichstehende gesell

---

[160] Vgl. oben, S. 53ff.
[161] Vgl. Nr. 14 der Gliederung der Gewinn- und Verlustrechnung beim Gesamtkostenver
     fahren (§ 275 Abs. 2 HGB) bzw. Nr. 13 bei Anwendung des Umsatzkostenverfahrens (§
     275 Abs. 3 HGB), vgl. auch unten S. 316.
[162] Vgl. oben, S. 94, vgl. § 247 Abs. 2 HGB.
[163] Art. 9 C. III. 1.-6. der 4. EG-Richtlinie.

schaftsähnliche Kapitalanlagen (z.b. stille Beteiligungen). Hierzu gehören Aktien, GmbH-Anteile, Kuxe, Kapitaleinlagen als persönlich haftender Gesellschafter, Kommanditeinlagen, Beteiligungen als stiller Gesellschafter, Beteiligungsdarlehen, Bohranteile, Genossenschaftsanteile u. dgl.[164].

Beteiligungen liegen vor, wenn nicht die langfristige Geldanlage, sondern die Beteiligungsabsicht im Vordergrund steht. § 271 HGB gibt als Beteiligungsdefinition an: „Beteiligungen sind Anteile an anderen Unternehmen, die bestimmt sind, dem eigenen Geschäftsbetrieb durch Herstellung einer dauernden Verbindung zu jenen Unternehmen zu dienen. Dabei ist es unerheblich, ob die Anteile in Wertpapieren verbrieft sind oder nicht". Während bei Personenhandelsgesellschaften (z.b. OHG, KG) unabhängig von der Höhe der Beteiligungsquote stets Beteiligungen an der Gesellschaft vorliegen[165], kann es bei Kapitalgesellschaften auf die Höhe der Beteiligungsquote ankommen. Nach § 271 HGB gilt ein Anteil an einer Kapitalgesellschaft im Zweifel dann als Beteiligung, wenn er mehr als 20% des Nennkapitals (z.b. Grund- oder Stammkapital) dieser Gesellschaft umfaßt.

Ausleihungen sind Kapitalforderungen, die dazu bestimmt sind, dem Geschäftsbetrieb langfristig („dauernd", § 247 Abs. 2 HGB) zu dienen. Die Ausleihung ist ein Unterfall der Forderung, sie muß aus einer Kapitalhingabe entstanden sein[166]. Zu den Ausleihungen zählen neben ungesicherten langfristigen Darlehen insb. die dinglich gesicherten Darlehen (Hypothek, Grundschuld, Rentenschuld). Forderungen aufgrund von Lieferungen und Leistungen (sog. Waren- und Leistungsforderungen) sind grundsätzlich keine Ausleihungen, auch wenn sie langfristig sind. Desgleichen gehören festverzinsliche Wertpapiere nicht zu den Ausleihungen.

Wertpapiere des Anlagevermögens sind Wertpapiere, die, ohne Beteiligung zu sein, dazu bestimmt sind, dem Geschäftsbetrieb dauernd oder langfristig zu dienen. Grundsätzlich sind Wertpapiere Urkunden über Vermögensrechte, wobei die Ausübung des Rechts an den Besitz der Urkunde geknüpft ist.

Im einzelnen zählen zu den Wertpapieren des Anlagevermögens[167]

- Festverzinsliche Wertpapiere (z.b. Obligationen, Pfandbriefe, öffentliche Anleihen),
- Wertpapiere mit Gewinnbeteiligungsansprüchen und Mitgliedschaftsrechten (z.b. Aktien, bei denen die Beteiligungsabsicht fehlt, Kuxe, Genußscheine).

„A.III.1 Anteile an verbundenen Unternehmen"

Der Absicht der 4. EG-Richtlinie entsprechend ist unter diesem Posten jeglicher Anteil an einem verbundenen Unternehmen auszuweisen. Hierdurch werden finanzielle Verflechtungen zwischen verbundenen Unternehmen transparent ge-

---

[164] Vgl. WP-Handbuch 1985/86, Bd. 1, S. 584f.
[165] Vgl. WP-Handbuch 1985/86, Bd. 1, S. 585;
vgl. auch: Deutscher Bundestag, Rechtsausschuß, Erläuterungen zum Entwurf eines Gesetzes zur Durchführung der 4., 7. und 8. Richtlinie des Rates der Europäischen Gemeinschaften zur Koordinierung des Gesellschaftsrechts, vom 1.8.1985, zu § 271, S. 43.
[166] Vgl. ADS § 151 Tz 101, vgl. auch Glade, A., Rechnungslegung, 1986, § 266 Tz 228.
[167] Vgl. WP-Handbuch 1985/86, Bd. 1, S. 589, vgl. auch Glade, A., Rechnungslegung 1986, § 266 Tz 245.

macht. **Verbundene Unternehmen** sind nach § 271 Abs. 2 HGB solche Unternehmen, die als Mutter- oder Tochterunternehmen in den Konzernabschluß einzubeziehen sind.

Grundsätzlich ist ein Unternehmen in den **Konzernabschluß** der Muttergesellschaft einzubeziehen (§ 290 Abs. 2 HGB), wenn dieser

- die Mehrheit der Stimmrechte zusteht, oder
- das Recht zusteht, die Mehrheit der Mitglieder des Verwaltungs-, Leitungs- oder Aufsichtsorgans zu bestellen oder abzuberufen und sie gleichzeitig Gesellschafter ist, oder
- das Recht zusteht, einen beherrschenden Einfluß aufgrund eines mit diesem Unternehmen abgeschlossenen Beherrschungsvertrags oder aufgrund einer Satzungsbestimmung dieses Unternehmens auszuüben.

Die Muttergesellschaft muß die Rechtsform einer Kapitalgesellschaft und ihren Sitz im Inland haben.

Für die Qualifizierung als verbundenes Unternehmen kommt es nicht auf die tatsächliche Erstellung eines Konzernabschlusses oder auf die tatsächliche Einbeziehung eines Tochterunternehmens in diesem Konzernabschluß an, sondern auf die Erfüllung der obigen Voraussetzungen gemäß § 290 HGB. Deshalb gelten Tochterunternehmen, die aufgrund von Ausnahmeregelungen (z.B. der §§ 295 und 296 HGB) nicht in den Konzernabschluß einbezogen werden, dennoch als verbundene Unternehmen.

Ein Unternehmen kann auch ohne Kapitalanteil als verbundenes Unternehmen eines anderen Unternehmens gelten, sei es, daß die einheitliche Willensbildung gemäß § 290 HGB auf anderem als dem Kapitalbeteiligungswege gegeben ist, sei es, daß die betroffenen Unternehmen nur indirekt erfaßt sind (Schwestergesellschaften).

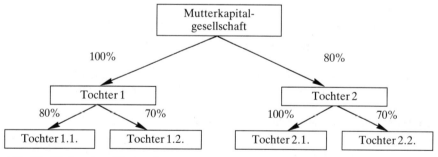

Abb. 17   Verbundene Unternehmen

Im Beispiel der Abbildung 17 muß jede Tochtergesellschaft aufgrund der Beteiligungsquote (Stimmrechte) in den Konzernabschluß der Muttergesellschaft einbezogen werden. Obwohl keinerlei Anteile oder Beteiligungen bestehen, sind z.B. die Tochtergesellschaften 1.1 und 2.1 verbundene Unternehmen i.S. von § 271 Abs. 2 HGB[168].

---

[168] Zu Zweifelsfragen bezüglich des Kreises der verbundenen Unternehmen vgl. Glade, A., Rechnungslegung, 1986, § 271 Tz 45.

Als Anteile an verbundenen Unternehmen sind unter Position A.III.1 nur diejenigen Anteile auszuweisen, die langfristig („dauernd") dazu bestimmt sind, dem Geschäftsbetrieb zu dienen (§ 247 Abs. 2 HGB). Wenn es sich bei den Anteilen um eine Beteiligung im Sinne von § 271 HGB handelt[169], so ist auch ein Ausweis unter die Bilanzposition „A.III.3 Beteiligungen" möglich. Allerdings ist die Mitzugehörigkeit zum jeweils anderen Bilanzposten in der Bilanz zu vermerken oder im Anhang anzugeben (§ 265 Abs. 3 HGB).

„A.III.2 Ausleihungen an verbundene Unternehmen"

Analog zur Regelung des Anteilsausweises sind Ausleihungen an verbundene Unternehmen hier gesondert auszuweisen. Sofern ein Beteiligungsverhältnis besteht, sind die Ausleihungen nicht hier, sondern unter „A.III.4 Ausleihungen an Unternehmungen, mit denen ein Beteiligungsverhältnis besteht" auszuweisen.

„A.II.3 Beteiligungen"

Unter dieser Bilanzposition werden sämtliche Beteiligungen[170] zusammengefaßt. An dieser Stelle ist anzumerken, daß nicht jede Beteiligung zwangsläufig zu einem verbundenen Unternehmen führt. So gelten z.B. Anteile an Personengesellschaften grundsätzlich als Beteiligungen, auch wenn die Beteiligungsquote so niedrig ist, daß möglicherweise die Einbeziehung in einen Konzernabschluß nicht obligatorisch ist (vgl. § 290 Abs. 2 HGB). Da diese Einbeziehung in den Konzernabschluß für ein verbundenes Unternehmen wesensbestimmend ist, liegt in diesem Falle trotz Beteiligung kein verbundenes Unternehmen vor.

Auch bei einer Kapitalgesellschaft ist im allgemeinen eine mindestens 50%ige Kapitalmehrheit (Mehrheit der Stimmrechte) für die Einbeziehung in den Konzernabschluß erforderlich. Da Beteiligungen nach § 271 Abs. 1 HGB bereits ab 20% des Nennkapitals bestehen, werden eine Reihe von Kapitalgesellschaften, an denen eine Beteiligung besteht, nicht in den Konzernabschluß einbezogen. Obwohl auch in diesem Falle eine Beteiligung vorliegt, handelt es sich nicht um ein verbundenes Unternehmen.

„A.III.4 Ausleihungen an Unternehmen, mit denen ein Beteiligungsverhältnis besteht"

Hier sind alle Ausleihungen an Beteiligungsunternehmen auszuweisen. Ist das Beteiligungsunternehmen gleichzeitig ein verbundenes Unternehmen, so kann der Ausweis auch unter A.III.2 erfolgen. Die Mitzugehörigkeit zum anderen Bilanzposten ist jedoch jeweils zu vermerken oder im Anhang gesondert anzugeben (§ 265 Abs. 3 HGB).

„A.III.5 Wertpapiere des Anlagevermögens"

Unter dieser Bilanzposition sind sämtliche Wertpapiere[171] auszuweisen, die dauernd oder langfristig dem Geschäftsbetrieb zu dienen bestimmt sind, soweit sie nicht gleichzeitig Anteile an verbundenen Unternehmen oder Beteiligungen sind.

---

[169] Vgl. oben, S. 101.
[170] Vgl. oben, S. 101.
[171] Vgl. oben, S. 101, 109.

Insbesondere zählen hierzu:

- festverzinsliche Wertpapiere (Pfandbriefe, Obligationen, Anleihen des Bundes, der Länder und der Kommunen sowie andere öffentliche Anleihen),
- Wertpapiere mit Gewinnbeteilungsansprüchen (z.B. Aktien, bei denen der Beteiligungscharakter trotz Daueranlage fehlt).

„A.III.6 Sonstige Ausleihungen"

Hier sind alle langfristigen Ausleihungen auszuweisen, die nicht an verbundene Unternehmen oder an Unternehmen mit denen ein Beteiligungsverhältnis besteht, gewährt werden.

2.4 „B. Umlaufvermögen"

Im Gegensatz zum Anlagevermögen[172] wird im HGB nicht exakt beschrieben, was unter Umlaufvermögen zu verstehen ist. In Abgrenzung zum Anlagevermögen und zu den Rechnungsabgrenzungsposten gehören zum Umlaufvermögen diejenigen Vermögensgegenstände, die nicht dazu bestimmt sind, dem Betrieb langfristig zu dienen. Dieser Begriffsumfang ergibt sich als Differenzgröße eindeutig aus der Gliederung der Bilanz. Die Aktivseite besteht aus 3 Hauptgruppen von Positionen, Anlagevermögen, Umlaufvermögen und Rechnungsabgrenzungsposten, die in der gesetzlichen Bilanzgliederung des § 266 HGB mit den Großbuchstaben A, B und C gekennzeichnet sind. Das Anlagevermögen besteht nach § 247 Abs. 2 HGB ausschließlich aus Vermögensgegenständen, die dem Unternehmen langfristig zu dienen bestimmt sind. Die Rechnungsabgrenzungsposten hingegen sind keine Vermögensgegenstände. Trotz dieser negativen Begriffsabgrenzung als Nicht-Anlagevermögen und Nicht-Rechnungsabgrenzungsposten wurde der Begriff des Umlaufvermögens als Oberbegriff sowohl bei der Aktienrechtsreform 1965 als auch bei der Bilanzrechtsreform 1986 beibehalten. Inkonsistent ist dieser Oberbegriff deshalb, weil nicht alle Positionen des Umlaufvermögens zum Umlauf, d.h. zum Verbrauch oder zur Veräußerung bestimmt sind.

Inhaltlich setzt sich das Umlaufvermögen aus 4 Untergruppen zusammen:

B. I. Vorräte
  II. Forderungen und sonstige Vermögensgegenstände
  III. Wertpapiere
  IV. Schecks, Kassenbestand, Bundesbank- und Postgiroguthaben, Guthaben bei Kreditinstituten

„B.I. Vorräte"

Zu den Vorräten gehören die auf Lager befindlichen und für den Produktionsprozeß oder den Absatz eines Unternehmens bestimmten Waren und Materialien (Stoffe). Dazu gehören auch die Anzahlungen, die im Zusammenhang mit der Anschaffung von Gegenständen des Vorratsvermögens geleistet werden. Anzahlungen, die das bilanzierende Unternehmen für Vorräte (insb. fertige Erzeugnisse und Waren) erhält, dürfen nach neuem Recht entweder offen von den Vorräten abgesetzt werden, oder als Verbindlichkeit unter „erhaltene Anzahlungen auf Bestellungen" passiviert werden (§ 268 Abs. 5 Satz 2 HGB).

---

[172] § 247 Abs. 2 HGB.

Die weitere Untergliederung des Vorratsvermögens berücksichtigt vor allem die praktischen Bedürfnisse von Produktionsbetrieben (Industriebetrieben).

„B.I.1 Roh-, Hilfs- und Betriebsstoffe"

Die Roh-, Hilfs- und Betriebsstoffe (RHB-Stoffe) sind Teile des Vorratsvermögens, die in der Produktion Verwendung finden. Zu den **Rohstoffen** gehören alle Stoffe, die unmittelbar als Hauptbestandteil in das Fertigprodukt eingehen (z.B. Spanplatten, Bezugsstoffe in der Möbelproduktion). **Hilfsstoffe** gehen ebenfalls in das Fertigprodukt ein, sie erfüllen jedoch nur eine Hilfsfunktion und sind für das Produkt von untergeordneter Bedeutung (z.B. Schrauben, Nägel, Leim, Lack in der Möbelproduktion). Zu den Hilfsstoffen kann auch das Verpackungsmaterial eines Produktes gehören, vor allem, wenn es für die Verkaufsfähigkeit des Produktes von Bedeutung ist[173]. **Betriebsstoffe** gehen nicht in das Fertigerzeugnis ein, sie werden jedoch beim Produktionsprozeß verbraucht (z.B. Heizungsmaterial, Treibstoffe, Schmiermittel und Reinigungsmaterial). Zu den Betriebsstoffen gehören auch die Bestände an Büromaterial und Werbematerial[174].

„B.I.2 Unfertige Erzeugnisse, unfertige Leistungen"

Zu den unfertigen Erzeugnissen gehören alle Vorräte, die noch nicht zu verkaufsfertigen Produkten fertiggestellt wurden. Von den Roh- und Hilfsstoffen unterscheiden sie sich dadurch, daß sie bereits Lohnkosten und Gemeinkosten verursacht haben. Werden nicht Erzeugnisse gefertigt, sondern Dienstleistungen erbracht, so war es üblich, anstelle der Position „unfertige Erzeugnisse" die Bilanzposition „Aufträge in Bearbeitung" auszuweisen. Wenngleich hierdurch keine Sache, sondern eine Forderung entsteht, hielten Adler-Düring-Schmalz[175] den Ausweis unter den Vorräten für bedenkenlos. Allerdings dürfe keine Zusammenfassung von Sachen und solchen Forderungen in einem Posten erfolgen. Die im Regierungsentwurf des Bilanzrichtliniengesetzes vom 26.8.1983[176] erfolgte Klarstellung, daß „noch nicht abgerechnete Leistungen" zu den Forderungen bzw. zu den sonstigen Vermögensgegenständen und nicht zu den Vorräten zu rechnen sind (§ 246 Abs. 3 des Regierungsentwurfs) wurde ins Gesetz nicht übernommen. Statt dessen wurde der Ausweis der unfertigen Leistungen bei den unfertigen Erzeugnissen vorgesehen. Kommen allerdings beide Vermögensarten gleichzeitig vor, so empfiehlt sich auch nach neuem Recht eine Aufteilung des Bilanzpostens[177].

„B.I.3 Fertige Erzeugnisse und Waren"

Unter den fertigen Erzeugnissen und Waren dürfen nur Erzeugnisse ausgewiesen werden, die verkaufs- und versandfertig sind. Hat ein Kunde ein Erzeugnis bestellt und ist dieses zur Auslieferung bereitgestellt, dann ist es noch hier auszuweisen und nicht unter Forderungen, da eine Behandlung als Forderung erst dann

---

[173] Vgl. ADS § 151 Tz 119, vgl. auch Glade, A., Rechnungslegung, 1986, § 266 Tz 287.

[174] Vgl. ADS § 151 Tz 120, vgl. auch Glade, A., Rechnungslegung, 1986, § 266 Tz 288ff.

[175] Vgl. ADS § 151 Tz 122.

[176] Vgl. Bundestagsdrucksache 10/317, S. 8.

[177] Vgl. Coenenberg, A., Die Einzelbilanz, 1986, S. 82, vgl. Leffson, U., unfertige Leistungen, HuR 1986, S. 315ff., vgl. auch Harrmann, A., Fertige und unfertige Erzeugnisse, DB 1986, S. 1412ff.

zulässig ist, wenn das Erzeugnis ausgeliefert wurde. Im allgemeinen hängt der Zeitpunkt der Forderungsentstehung von dem im Lieferungs- oder Leistungsvertrag vereinbarten Leistungsumfang ab. Normalerweise entsteht die Forderung erst, wenn das wirtschaftliche Eigentum auf den Käufer übergegangen ist, dieser die tatsächliche Herrschaft über die Ware ausübt und die Gefahr des zufälligen Unterganges trägt[178]. Erzeugnisse, die beim Kunden montiert werden (Außenmontage), sind solange als Bestand unter den fertigen Erzeugnissen auszuweisen, bis die Fakturierung (Rechnungserstellung) erfolgt ist[179].

Abgrenzungsprobleme bei der Zuordnung innerhalb der Vorräte kann es geben, wenn Zwischenprodukte einzelner Produktionsstufen sowohl verkauft werden (z.B. als Ersatzteile) als auch in Erzeugnisse übergeordneter Produktionsstufen eingehen. In diesen Fällen muß eine Aufteilung des Bestandes nach der Zweckbestimmung in unfertige und fertige Erzeugnisse erfolgen. Während fertige Erzeugnisse im wesentlichen vom Unternehmen selbst hergestellt werden, versteht man unter Waren sowohl Handelsartikel fremder Herkunft als auch Zukaufteile, die ohne wesentliche Weiterverarbeitung in die eigenen Erzeugnisse als Zubehör eingehen (z.B. Motoren, Antriebsaggregate, Reifen in der Automobilindustrie).

„B.I.4 Geleistete Anzahlungen"

Geleistete Anzahlungen sind Vorleistungen eines Vertragspartners auf im übrigen schwebende Geschäfte[180]. Betroffen sind Zahlungen an Dritte aufgrund abgeschlossener Liefer- oder Leistungsverträge, für die die Lieferung oder Leistung noch nicht erbracht ist. Da sich Anzahlungen im Rahmen des Umlaufvermögens praktisch ausschließlich auf das Vorratsvermögen beziehen, sind sie nach dem neuen Bilanzrecht auch dort zu bilanzieren – im Gegensatz zum alten § 151 AktG a.F., der den Ausweis unter der Position „andere Gegenstände des Umlaufvermögens" vorsah. Eine Zuordnung der Anzahlungen zu den einzelnen Bestandteilen des Vorratsvermögens („RHB-Stoffe, unfertige Erzeugnisse, fertige Erzeugnisse und Waren) ist nicht erforderlich.

„B.II. Forderungen und sonstige Vermögensgegenstände"

Forderungen können Kapitalforderungen (Ausleihungen) oder Leistungsforderungen (aufgrund von Lieferungen und Leistungen) sein. Sofern sie nicht dazu bestimmt sind, dem Geschäftsbetrieb dauern zu dienen (§ 247 Abs. 2 HGB) sind sie hier, im Umlaufvermögen, auszuweisen. Desweiteren sind hier alle diejenigen sonstigen Vermögensgegenstände anzusetzen, für die im Gliederungsschema des § 266 HGB für das Umlaufvermögen keine gesonderte Position vorgesehen ist.

Bei jedem gesondert ausgewiesenen Forderungsposten (B.II.1-B.II.4) ist jeweils zu vermerken, welcher Betrag eine Restlaufzeit von mehr als einem Jahr aufweist (§ 268 Abs. 4 HGB). Dies erfolgt außerhalb der Hauptspalte, durch den Zusatz: „davon mit einer Restlaufzeit von mehr als einem Jahr".

---

[178] Vgl. S. 91 und S. 170f, vgl. auch Harrmann, A., Fußnote 177.
[179] Vgl. WP-Handbuch 1985/86, Bd. 1, S. 597.
[180] Vgl. auch S. 143.

„B.II.1 Forderungen aus Lieferungen und Leistungen"

Zu diesen Forderungen gehören Ansprüche aus gegenseitigen Verträgen (Lieferungsverträge, Werkverträge, Dienstleistungsverträge u.ä.), die vom bilanzierenden Unternehmen bereits erfüllt sind, deren Erfüllung durch den Schuldner aber noch aussteht[181]. Auf die Fristigkeit der Forderung kommt es grundsätzlich nicht an, üblicherweise sind solche Forderungen jedoch kurzfristiger Art, sollten sie jedoch ausnahmsweise längerfristig sein, so sind Forderungen mit einer Restlaufzeit von mehr als einem Jahr nach § 268 Abs. 4 HGB gesondert zu vermerken („davon mit einer Restlaufzeit von mehr als einem Jahr"). Erfolgt eine Stundung der Forderung auf längere Zeit, so kann sie ihren ursprünglichen Charakter als Forderung aus Lieferungen und Leistungen verlieren. In diesem Falle ist sie auf die sonstigen Vermögensgegenstände umzubuchen[182]. Forderungen aus Lieferungen und Leistungen gegenüber verbundenen Unternehmen müssen nicht hier, sie können auch unter B.II.2 ausgewiesen werden. Forderungen aus Lieferungen und Leistungen gegen Unternehmen, mit denen ein Beteiligungsverhältnis besteht, können auch unter B.II.3 ausgewiesen werden. Die Mitzugehörigkeit zu den Forderungen aus Lieferungen und Leistungen ist jedoch jeweils in der Bilanz zu vermerken oder im Anhang zu erläutern (§ 265 Abs. 3 HGB).

Ein besonderes Problem stellt der **Zeitpunkt der Forderungsentstehung** dar. Da in die bilanzierte Warenforderung der Gewinn des Kaufmanns anteilig eingerechnet ist, darf die Forderung aus Lieferungen und Leistungen erst dann bilanziert werden, wenn der Gewinn als realisiert gelten kann (Realisationsgrundsatz der GoB[183]). Der späteste Zeitpunkt der Forderungsentstehung ist somit durch den Zeitpunkt gegeben, an dem die Lieferung bzw. Leistung erbracht ist, an dem also die tatsächliche Verfügungsmacht (das wirtschaftliche Eigentum) auf den Käufer übergeht. Üblicherweise ist die Forderung zu bilanzieren, wenn der Verkäufer alles zur Erfüllung des Vertrags erforderliche getan hat. Häufig wird als weiteres Kriterium der Zeitpunkt des Gefahrenüberganges genannt[184]. Die Praxis nimmt den Bilanzierungszeitpunkt für Forderungen dann an, wenn die Leistung abrechnungsfähig geworden ist. Mit der Rechnungserstellung entsteht die Forderung als selbständiger Vermögensgegenstand[185].

„B.II.2 Forderungen gegen verbundene Unternehmen"

Hier sind sämtliche Forderungen gegen verbundene Unternehmen auszuweisen. Insbesondere gehören Forderungen aus dem Lieferungs-, Leistungs- und Finanzverkehr mit verbundenen Unternehmen sowie Forderungen aus Unternehmensverträgen hierzu[186]. Erfolgt der Ausweis der Forderung aus sachlichen Gründen an einer Stelle (z.B. unter Forderungen aus Lieferungen und Leistungen oder unter Forderungen gegen Unternehmen mit denen ein Beteiligungsverhältnis besteht), so ist die Mitzugehörigkeit zu diesem Bilanzposten in der Bilanz zu vermerken oder im Anhang anzugeben (§ 265 Abs. 3 HGB). Auch hier sind Beträge mit einer Restlaufzeit von mehr als einem Jahr zu vermerken (§ 268 Abs. 4 HGB).

---

[181] Vgl. ADS § 151 Tz 138, vgl. auch Glade, A., Rechnungslegung, 1986, § 266 Tz 351.
[182] Vgl. ADS § 151 Tz 141.
[183] Vgl. oben, S. 45, 91 und S. 170ff.
[184] Vgl. ADS § 149 Tz 43, dagegen Leffson, U., Grundsätze, 1982, S. 244.
[185] Vgl. Leffson, U., Grundsätze, 1982, S. 244.
[186] Vgl. ADS § 151 Tz 172, vgl. auch Glade, A., Rechnungslegung, 1986, § 266 Tz 398f.

„B.II.3 Forderungen gegen Unternehmen, mit denen ein Beteiligungsverhältnis besteht"

Unter dieser Position sind sämtliche zum Umlaufvermögen gehörenden Forderungen gegen Beteiligungsunternehmen auszuweisen. Hierzu gehören neben den Forderungen aus Lieferungen und Leistungen vor allem auch die Forderungen aus dem Beteiligungsverhältnis selbst, z.b. Ansprüche auf Dividenden- und Gewinnausschüttungen. Bei Mehrfachzugehörigkeit der Forderung (z.b. zu Lieferungen und Leistungen und Beteiligungsforderungen) ist ein Vermerk oder eine Angabe im Anhang erforderlich (§ 265 Abs. 3 HGB). Auch hier sind Beträge mit einer Restlaufzeit von mehr als einem Jahr zu vermerken.

„B.II.4 Sonstige Vermögensgegenstände"

Unter diesem Bilanzposten sind sämtliche Forderungen und sonstigen Vermögensgegenstände auszuweisen, die dem Umlaufvermögen zuzurechnen und anderweitig nicht gesondert auszuweisen sind. Hierzu gehören insbesondere:

- Forderungen aus Darlehen, soweit sie nicht unter B.II.1-3 auszuweisen sind. Die nach altem Recht gesondert auszuweisenden Kredite an Mitglieder des Vorstands und des Aufsichtsrates verlieren ihre bilanzmäßige Sonderstellung und sind hier anzusetzen. Zur Offenlegung dieser besonders mißbrauchsverdächtigen Kredite sind nach neuem Recht im Anhang Angaben über Höhe, Zinssätze und wesentliche Konditionen zu machen (§ 285 Nr. 9c HGB)[187].
- Andere Forderungen, wie z.B. Gehaltsvorschüsse, Kostenvorschüsse (soweit es sich nicht um geleistete Anzahlungen handelt), Kautionen, Steuererstattungsansprüche, Schadensersatzansprüche, Ansprüche auf Investitionszulagen, Forderungen aus Bürgschaftsübernahmen und Treuhandverhältnissen, Rückdeckungsansprüche aus Lebensversicherungen, Vergütungsansprüche gemäß § 52 KStG[188].
- Forderungen aufgrund noch nicht abgerechneter Leistungen[189].
- Ansprüche auf Lieferung vertretbarer Sachen (z.B. Wertpapierdarlehen)[190].
- Kapitalanteile an Unternehmen, soweit sie nicht Finanzanlagen (A.III.) oder Wertpapiere des Umlaufvermögens (B.III.3) darstellen. Hierzu zählen z.B. GmbH- und Genossenschaftsanteile, die weder in Daueranlage- noch in Beteiligungsabsicht gehalten werden. Anteile an Personengesellschaften hingegen sind stets Beteiligungen im Sinne des Finanzanlagevermögens[191].

Nach § 268 Abs. 4 HGB besteht die Möglichkeit, daß unter dem Posten „sonstige Vermögensgegenstände" **Beträge** für Vermögensgegenstände ausgewiesen werden, **die erst nach dem Abschlußstichtag rechtlich entstehen**[191a]. Bei vertraglicher Vereinbarung zu nachschüssigen Mietzahlungen etwa erfolgt die Ertragsbuchung ebenso wie die Gegenbuchung (sonstige Vermögensgegenstände) im alten

---

[187] Vgl. unten, S. 348.
[188] Anspruch auf Vergütung des KSt-Erhöhungsbetrags, vgl. Felix, G., Streck, U., Körperschaftsteuergesetz, 1984, § 52 Tz 3; vgl. WP-Handbuch, 1985/86, Bd. 1, S. 613.
[189] Nach neuem Recht muß der Ausweis unter den Vorräten erfolgen, vgl. S. 105, vgl. auch Küting, K. H., Liquiditätsanalyse, DB, 1985, S. 1093
[190] Vgl. ADS § 151 Tz 195, vgl. auch WP-Handbuch 1985/86, Bd. 1, S. 613.
[191] Vgl. oben, S. 103.
[191a] Näheres bei Ebke, W., Vermögensgegenstände und Verbindlichkeiten, HuR, 1986, S. 343f.

Jahr, obwohl die Forderung rechtlich erst im neuen Jahr entsteht. Ein weiteres Beispiel ist der Fall eines Wechsels, der zulässigerweise als sonstiger Vermögensgegenstand ausgewiesen wird, bei dem der Ausstellungszeitpunkt im alten Jahr, der Fälligkeitszeitpunkt jedoch erst im neuen Jahr liegen. Haben solche antizipierten Forderungsbeträge einen größeren Umfang, dann sind sie im Anhang zu erläutern (§ 268 Abs. 4 letzter Satz HGB). Wie alle Forderungen müssen auch sonstige Vermögensgegenstände mit einer Restlaufzeit von mehr als einem Jahr gesondert vermerkt werden.

„B.III. Wertpapiere"

Wertpapiere sind hier auszuweisen, soweit sie nicht zum Anlagevermögen gehören. Wertpapiere sind Urkunden, in denen ein privates Recht in der Weise verbrieft ist, daß zur Ausübung des Rechts die Innehabung der Urkunde erforderlich ist. Man unterscheidet Rektapapiere (z.b. Sparbuch, Hypothekenbrief, Grundschuldbrief), Inhaberpapiere (z.b. Inhaberaktie, Inhaberteilschuldverschreibung) und Orderpapiere (z.b. Orderscheck, Wechsel, Namensaktie, Investmentzertifikat)[192].

„B.III.1 Anteile an verbundenen Unternehmen"

Die hier ausgewiesenen Beträge umfassen korrekterweise nur die in Wertpapieren verbrieften Anteile (z.B. Aktien, Kuxe), soweit sie jederzeit veräußerbar sind[193]. Ist die jederzeitige Veräußerbarkeit eingeschränkt (z.B. vertraglich oder satzungsmäßig), dann kann ein gesonderter Vermerk „davon beschränkt veräußerbar"[194] oder gar ein Ausweis unter „A.III.1 Anteile an verbundenen Unternehmen" im Rahmen des Anlagevermögens angebracht sein.

„B.III.2 Eigene Anteile"

Eigene Anteile sind Anteile der Gesellschaft an sich selbst (z.B. Aktien, GmbH-Anteile). Sie sind stets unter B.III.2 im Umlaufvermögen auszuweisen, auch wenn sie sinngemäß unter anderen Bilanzpositionen ausgewiesen werden könnten (z.B. A.III.5 Wertpapiere des Anlagevermögens). Diese Vorschrift ist explizit in § 265 Abs. 3 HGB enthalten.

Die eigenen Anteile nehmen eine Zwischenstellung zwischen Vermögensgegenständen und bloßen Korrekturposten zum Eigenkapital ein. Einerseits können sie einen echten Vermögenswert repräsentieren, z.B. wenn sie zur Veräußerung an Arbeitnehmer bestimmt sind (§ 71 Abs. 1 Nr. 2 AktG), oder zur Abfindung von Aktionären des beherrschten Unternehmens bei Abschluß eines Beherrschungsvertrages (§ 71 Abs. 1 Nr. 3 AktG) bzw. zur Abfindung von Aktionä-

---

[192] Vgl. Vormbaum, H., Finanzierung, 1981, S. 118ff. Die drei Wertpapierarten unterscheiden sich in der Übertragung auf Rechtsnachfolger; Rektapapiere: Zuerst ist das verbriefte Recht (z.b. die Forderung) abzutreten, daraus folgt das Recht auf Übergabe des Papiers.
Inhaberpapiere: Durch Einigung und Übergabe des Wertpapiers geht das im Papier verbriefte Recht auf den neuen Wertpapierbesitzer über.
Orderpapiere: Einigung und Übergabe und schriftliche Abtretungserklärung auf der Rückseite des Papiers (Indossament) sind zur Übertragung des Rechts erforderlich.

[193] Zum Begriff des verbundenen Unternehmens vgl. oben, S. 102 sowie § 271 Abs. 2 HGB.

[194] Vgl. ADS § 151 Tz 199, bzw. Angabe im Anhang, vgl. Glade, A., Rechnungslegung, 1986, § 266 Tz 472.

ren bei Eingliederung i.S. von § 320 Abs. 5 AktG. Im Falle der Liquidation des Unternehmens (z.B. bei Konkurs) sind eigene Aktien wertlos. Korrespondierend zur Aktivierung der eigenen Anteile ist auf der Passivseite eine „Rücklage für eigene Anteile" zu bilden (§ 272 Abs. 4 HGB).

„B.III.3 Sonstige Wertpapiere"

Hierzu zählen alle übrigen Wertpapiere des Umlaufvermögens. Grundsätzlich sind hier auch **Wechsel** anzuführen. Da der Gesetzgeber auf dem gesonderten Ausweis von Wechsel verzichtet hat, ist es möglich, Wechselforderungen auch unter „B.II. Forderungen und sonstige Vermögensgegenstände" auszuweisen. Ein Warenwechsel sollte sogar[195] unter „B.II.1 Forderungen aus Lieferungen und Leistungen" angeführt werden. Sofern die Wechselforderung erst nach dem Abschlußstichtag entsteht und es sich um einen größeren Betrag handelt, ist eine entsprechende Erläuterung im Anhang zweckmäßig. Sie ist obligatorisch, falls die Wechselforderung unter dem Posten „sonstige Vermögensgegenstände" ausgewiesen wird (§ 268 Abs. 4 HGB). Die Mitzugehörigkeit des unter Forderungen oder sonstigen Vermögensgegenständen ausgewiesenen Wechsels zur Position „B.III.3 sonstige Wertpapiere" ist wegen § 265 Abs. 3 HGB zu vermerken. Im Regierungsentwurf zum Bilanzrichtliniengesetz sah § 246 Abs. 4[196] die grundsätzliche Verpflichtung vor, Wechsel den Forderungen und sonstigen Vermögensgegenständen zuzuordnen, wenn dem Unternehmen die der Ausstellung des Wechsels zugrunde liegende Forderung zusteht. Dieses ausdrückliche Gebot ist in das endgültige Gesetz nicht übernommen worden.

„B.IV. Schecks, Kassenbestand, Bundesbank- und Postgiroguthaben, Guthaben bei Kreditinstituten"

Eine Aufteilung und der gesonderte Ausweis der einzelnen Bestandteile (Kasse, Schecks usw.) dieser Bilanzposition, so wie dies im alten Aktiengesetz noch vorgesehen war, ist nach neuem Recht nicht verpflichtend. Sie steht jedoch dem Bilanzierenden frei, wenn dadurch die Übersichtlichkeit der Bilanz nicht beeinträchtigt wird.

2.5 „C. Rechnungsabgrenzungsposten"

Als Rechnungsabgrenzungsposten sind auf der Aktivseite Ausgaben vor dem Abschlußstichtag auszuweisen, so weit sie Aufwand für eine bestimmte Zeit nach diesem Tag darstellen (§ 250 Abs. 1 HGB). Diese Beschränkung der Rechnungsabgrenzungsposten auf sog. **transitorische Vorgänge**, also auf solche, bei der die Zahlung im alten, aber der Aufwand erst im neuen Jahr anfallen, galt auch schon im alten Recht[197]. Antizipative Vorgänge (Ertrag jetzt, Zahlung später) dürfen nicht als Rechnungsabgrenzungsposten unter die Aktiva aufgenommen werden, da es sich hierbei nicht um Posten der Rechnungsabgrenzung sondern um Forderungen handelt.

---

[195] Vgl. Glade, A., Rechnungslegung, 1986, § 266 Tz 360.
[196] Bundestagsdrucksache 10/370, Entwurf vom 26.8.1983.
[197] § 152 Abs. 9 AktG a.F., zur neuen Rechtslage vgl. auch Sieben, G., Ossadnik, W., Aufwand, HuR 1986, S. 46ff.

Unter den aktiven Rechnungsabgrenzungsposten dürfen ferner ausgewiesen werden (§ 250 Abs. 1 Nr. 1 und 2 HGB):

- Als Aufwand berücksichtigte Zölle und Verbrauchssteuern, soweit sie auf am Abschlußtag auszuweisende Vermögensgegenstände des Vorratsvermögens entfallen,
- als Aufwand berücksichtigte Umsatzsteuer auf am Abschlußstichtag auszuweisende oder von den Vorräten offen abgesetzte Anzahlungen.

Die aktive Rechnungsabgrenzung für **Zölle und Verbrauchsteuern** kommt nur in Betracht, wenn die Abgaben nicht im Rahmen der Anschaffungs- bzw. Herstellungskosten aktivierungspflichtig sind, sondern als Aufwand behandelt werden müssen (z.B. die Biersteuer, die Mineralölsteuer u. dgl.). Die aktivierten Beträge sind aufzulösen, sobald die Gegenstände, für die sie angefallen sind, verkauft, verbraucht oder entnommen werden[198].

Zur Aktivierung von **Umsatzsteuer** als Rechnungsabgrenzungsposten gilt:

Enthält das Unternehmen Anzahlungen auf Bestellungen und ist im Anzahlungsbetrag Umsatzsteuer enthalten[199], so bestehen zwei Buchungsmöglichkeiten: Der Anzahlungsbetrag kann passiviert werden als erhaltene Anzahlungen, er darf aber auch offen von den Vorräten abgesetzt werden[200].

Wird die sog. **Bruttomethode bei der Verbuchung der Umsatzsteuer** angewandt[201], dann ist die Umsatzsteuer nicht gesondert ausgewiesen, sondern im passivierten oder aktivisch abgesetzten Betrag enthalten. Da die USt jedoch sofort als Schuld entsteht (nach Ablauf des einmonatigen USt-Voranmeldezeitraums) muß eine entsprechende Aufwandsbuchung erfolgen.

Um zu vermeiden, daß im Jahr der Vereinnahmung der Anzahlung solch ein Aufwand in Höhe der enthaltenen Umsatzsteuer entsteht, der erst im Jahre der Lieferung des angezahlten Gegenstandes wieder ausgeglichen würde, darf für den USt-Betrag ein Rechnungsabgrenzungsposten gebildet werden. Die Umsatzsteuer auf erhaltene Anzahlungen wird auf diese Weise erfolgsneutral behandelt[202]. Am besten läßt sich dies an einem einfachen Beispiel mit Hilfe von Buchungssätzen erklären (vgl. das Beispiel auf S. 112).

Dem Wesen nach handelt es sich hier um einen antizipativen Rechnungsabgrenzungsposten, dessen Aktivierung aufgrund von § 250 Abs. 1 Satz 1 HGB an sich verboten ist. Sie wird jedoch trotzdem gestattet, um die handelsrechtlichen Vorschriften an das geltende Steuerrecht anzupassen (§ 5 Abs. 4 EStG sieht eine Aktivierungspflicht für diesen antizipativen Posten vor).

Bei Anwendung der **Nettomethode** wird die USt-Schuld getrennt ausgewiesen und der Anzahlungsbetrag netto, als erhaltene Anzahlung passiviert. Eine Aktivierung der USt in einem Rechnungsabgrenzungsposten ist deshalb weder möglich noch nötig.

---

[198] Vgl. Glade, A., Rechnungslegung, 1986, § 250 Tz 24ff.
[199] Bei Anzahlungsbeträgen über 10000,– DM ist dies gesetzlich vorgeschrieben, vgl. § 13 Abs. 1 Nr. 1a UStG.
[200] Vgl. oben, S. 151, vgl. § 268 Abs. 5 Satz 2 HGB.
[201] Vgl. hierzu Heinhold, M., Buchführung, 1987, S. 50.
[202] Vgl. hierzu Glade, A., Rechnungslegung, 1986, § 250 Tz 29ff.; vgl. auch Knobbe-Keuk, B., Bilanzsteuerrecht, 1985, S. 98ff.; vgl. auch die Stellungnahme des HFA 1/1985 zur Behandlung der USt im Jahresabschluß, WPg 1985, S. 257ff.

Beispiel:	
Jahr 1: Erhaltene Anzahlung (incl. 14% USt)	114,–
Jahr 2: Lieferung, Gesamtumsatz (incl. 14% USt)	228,–

Buchungen ohne Aktivierung des Rechnungsabgrenzungspostens	Buchungen mit Aktivierung des Rechnungsabgrenzungspostens

Jahr 1:
Kasse   114,– an erhaltene
                          Anzahlungen   114,–
Aufwand 14,– an USt   14,–
	Jahr 1:
	Kasse 114,– an erhaltene
	                          Anzahlungen 114,–
	Akt.
	Rech-
	nungsab-
	grenzung 14,– an USt 14,–

Jahr 2:
Forde-
rungen   114,–
(aus Lie-
ferungen)
 	
erhaltene
Anzah-
lungen   114,– an Umsatzerlöse 200,–
                    USt   14,–
                    Ertrag   14,–
	Jahr 2:
	Forde-
	rungen 114,–
	
	erhaltene
	Anzah-
	lungen 114,– an Umsatzerlöse 200,–
	                   USt 14,–
	                   akt. Rech-
	                   nungsabgren-
	                   zung 14,–

Weiterhin darf das sog. **Damnum (Disagio, Darlehensabgeld)** unter den aktiven Rechnungsabgrenzungsposten ausgewiesen werden. Ein Damnum entsteht in Höhe des Unterschiedsbetrages, um den der Rückzahlungsbetrag einer Verbindlichkeit oder Anleihe höher ist als der Ausgabebetrag. Beim Damnum handelt es sich um eine Bilanzierungshilfe[203], die, sofern sie aktiviert und nicht sofort als Aufwand behandelt wird, planmäßig über die Laufzeit der Verbindlichkeit oder einen kürzeren Zeitraum abzuschreiben ist (§ 250 Abs. 3 HGB).

Ein weiterer Bestandteil der Rechnungsabgrenzung auf der Aktivseite ist die **Bilanzierungshilfe für aktive latente Steuern.** § 274 Abs. 2 HGB: „Ist der dem Geschäftsjahr und früheren Geschäftsjahren zuzurechnende Steueraufwand zu hoch, weil der nach steuerrechtlichen Vorschriften zu versteuernde Gewinn höher als das handelsrechtliche Ergebnis ist, und gleicht sich dieser im Verhältnis zur Handelsbilanz zu hohe Steueraufwand in späteren Geschäftsjahren voraussichtlich aus, so darf in Höhe der voraussichtlichen Steuerentlastung nachfolgender Jahre ein Abgrenzungsposten als Bilanzierungshilfe auf der Aktivseite gebildet werden". Dieser Posten ist gesondert auszuweisen, entsprechend zu bezeichnen und im Anhang zu erläutern. Wird ein solcher Posten ausgewiesen, dann dürfen Gewinne nur ausgeschüttet werden, wenn die nach der Ausschüttung verbleibenden Gewinnrücklagen (+/– Gewinn- bzw. Verlustvortrag) dem ausgewiesenen Betrag mindestens entsprechen. Da die Aktivierung als Bilanzierungshilfe gewinnerhöhend wirkt (Ertragsgegenbuchung), muß die **Ausschüttungssperregelung** verhindern, daß aufgrund dieser Bilanzierungshilfe ausgewiesene Gewin-

---

[203] Vgl. oben, S. 71f.

ne ausgeschüttet werden, obwohl nicht sicher ist, ob die gewinnverursachende Steuerentlastung tatsächlich eintritt. Tritt die Steuerentlastung in späteren Jahren ein, dann ist der ausgewiesene Betrag erfolgsneutral aufzulösen. Ist mit der Steuerentlastung nicht mehr zu rechnen, dann ist er aufwandswirksam aufzulösen. Der Fall solcher latenter Steuerentlastungen kann z.B. dann auftreten, wenn die Aktivierung von abnutzbarem Anlagevermögen in der Handelsbilanz zu niedrigeren Herstellungskosten als in der Steuerbilanz erfolgt[204]. Der Steuerbilanzgewinn ist im Jahr der Aktivierung aus handelsrechtlicher Sicht zu hoch. Da in den Folgejahren steuerlich höher abgeschrieben wird als handelsrechtlich (von den höheren steuerlichen Herstellungskosten), gleicht sich der zu hohe Steueraufwand später wieder aus. Dieser Effekt tritt z.B. auch ein bei steuerlich nicht anerkannten Rückstellungen – in der Handelsbilanz wird der Aufwand vorgezogen, in der Steuerbilanz darf er erst später berücksichtigt werden. Im Schrifttum wird insbesondere von Siegel[205] hervorgehoben, daß eine Bilanzierungshilfe, also faktisch ein Wahlrecht zu aktivieren, sowohl gegen die 4. EG-Richtlinie verstoße[206] als auch die Vergleichbarkeit von Abschlüssen erheblich beeinträchtige. Wünschenswert sei eine eindeutige Regelung, entweder Aktivierungspflicht des Postens oder Aktivierungsverbot mit Verpflichtung zu erläuternden Angaben im Anhang.

2.6 „Nicht durch Eigenkapital gedeckter Fehlbetrag"

Wenn das Eigenkapital durch Verluste aufgebraucht ist, und sich ein Überschuß der Passiva über die Aktiva ergibt, dann muß dieser Betrag (§ 268 Abs. 3 HGB)

- auf der Aktivseite
- am Schluß der Bilanz,
- unter der Bezeichnung „Nicht durch Eigenkapital gedeckter Fehlbetrag",
- gesondert ausgewiesen werden.

Dieser Posten zeigt die Höhe der **buchmäßigen Überschuldung** der Gesellschaft an. Überschuldung ist sachliche Voraussetzung für die Konkurseröffnung u.a.

- bei der Aktiengesellschaft (§ 207 KO, § 92 Abs. 2 AktG),
- bei der GmbH (§ 63 GmbHG),
- bei Personengesellschaften, wenn keine natürliche Person Vollhafter ist (§ 209 Abs. 1 KO).

---

[204] Z.B. weil keine Gemeinkosten aktiviert werden, vgl. zum Herstellungsbegriff S. 199ff.

[205] Vgl. Siegel, T., Latente Steuern, BB, 1985, S. 498.

[206] Gemäß Art. 43 Abs. 1 Nr. 11 der 4. EG-Richtlinie bestehen zwei Möglichkeiten: Entweder ist der latente Steuerertrag (ebenso wie die latente Steuerbelastung) in der Bilanz überhaupt nicht auszuweisen, sondern nur im Anhang zu bezeichnen. Wird er nicht im Anhang, sondern in der Bilanz ausgewiesen, dann besteht ein Zwang zum Ausweis, sowohl der aktivischen als auch der passivischen latenten Steuern.

3. Die einzelnen Bilanzposten auf der Passivseite

3.1 „A. Eigenkapital"

Im Vergleich zum **alten Aktienrecht**[207] führt das neue Recht im 3. Buch des HGB zu einer deutlich verbesserten Darstellung des Eigenkapitals. Die Verbesserung beginnt damit, daß der betriebswirtschaftlich zentrale Begriff des Eigenkapitals erstmals auch als Oberbegriff aller zum Eigenkapital zählenden Passivposten und Unterposten in der Bilanzgliederung erscheint. Nach altem Recht wurde keine Gesamtsumme aller zum Eigenkapital gehörenden Passiva ausgewiesen. Der Eigenkapitalausweis erfolgte aufgeteilt auf drei Gruppen, die Passivseite begann mit „I. Grundkapital" und „II. Offene Rücklagen". Gegebenenfalls war noch eine vierte Gruppe auszuweisen (IIa. Sonderposten mit Rücklagenanteil), die eine Mischposition aus Eigen- und Fremdkapital darstellte[208]. Der Bilanzgewinn, ebenfalls eine wichtige Eigenkapitalposition, stand erst im Anschluß an Rückstellungen, Verbindlichkeiten und Rechnungsabgrenzungsposten unter VIII. ganz am Ende der Passivseite. Ein Bilanzverlust war auf der Aktivseite auszuweisen.

Nach neuem Recht sind alle Eigenkapitalbestände systematisch untergliedert unter dem neuen Passivposten „A. Eigenkapital" auszuweisen. Die Untergliederung des Eigenkapitals in der Handelsbilanz unterscheidet sich danach, ob eine Rechtsform mit grundsätzlich variablem Eigenkapital oder konstantem Nennkapital (gezeichnetes Kapital) vorliegt.

Bei **Kapitalgesellschaften**[208a], bei denen es keine vollhaftenden Gesellschafter gibt, soll durch das konstante Kapitalkonto verhindert werden, daß Ausschüttungen erfolgen, ohne daß entsprechende Gewinne erwirtschaftet und Rücklagen gebildet wurden. Das Haftungskapital ist folglich in der Höhe des gezeichneten Kapitals konstant zu halten. Gewinne und Verluste berühren es nicht, sie sind als solche offen in der Bilanz auszuweisen. Eine Veränderung des gezeichneten Kapitals kann nur durch förmlichen Beschluß der Gesellschafterversammlung (bei der AG: Hauptversammlung) als Kapitalerhöhung oder Kapitalherabsetzung erfolgen. Im Gegensatz hierzu ist das Eigenkapital von **Einzelunternehmen, OHG und KG**[208b] variabel. Gewinne, Verluste, Ausschüttungen, Entnahmen und Einlagen verändern direkt das Eigenkapitalkonto. Entsprechend ist eine weitergehende Untergliederung des Eigenkapitals nicht erforderlich. Die Tatsache, daß mindestens ein vollhaftender Gesellschafter vorhanden ist, der auch mit seinem Privatvermögen haftet, macht die Aufrechterhaltung eines ausschüttungsgesperrten konstanten Mindesthaftkapitals nicht erforderlich. Konsequenterweise gelten die Ausweis- und Gliederungsvorschriften des § 266 Abs. 3 HGB nur für Kapitalgesellschaften. Sonderprobleme bestehen bei Mischformen, etwa der **KGaA,** die dadurch gekennzeichnet ist, daß neben der auf das Nennkapital beschränkten Haftung auch ein (oder mehrere) vollhaftende Gesellschafter (Komplementäre) vorhanden sind. Hier sind neben dem konstanten Nennkapital (gezeichnetes Kapital) auch das variable Kapitalkonto des Komplementärs auszu-

---

[207] § 151 AktG a.F.
[208] Vgl. hierzu unten, S. 125ff.
[208a] Vgl. Hommelhoff, P., Eigenkapital der Kapitalgesellschaften, HuR 1986, S. 134ff.
[208b] Vgl. Rückle, D., Klatte, K., Eigenkapital, HuR 1986, S. 113ff.

weisen, dem Gewinn- und Verlustanteile jeweils direkt gutgeschrieben bzw. belastet werden (§ 286 AktG).

„A.I. Gezeichnetes Kapital"

Hierunter ist der Teil des Eigenkapitals der Gesellschaft auszuweisen, zu dessen Einzahlung sich die Gesellschafter oder Mitglieder eines Unternehmens verpflichtet haben und auf das deren Haftung für die Verbindlichkeiten des Unternehmens beschränkt ist (§ 272 Abs. 1 HGB). Dem gezeichneten Kapital entsprechen bei der AG das Grundkapital (§ 6 AktG), bei der GmbH das Stammkapital (§ 42 GmbHG) sowie bei der Genossenschaft das Geschäftsguthaben der Genossen (§ 337 HGB).

Das gezeichnete Kapital ist grundsätzlich mit dem Nennbetrag anzusetzen. Der Mindestnennwert bei Aktiengesellschaften beträgt insgesamt 100.000,– DM (§ 7 AktG), der Mindestnennbetrag der einzelnen Aktie beträgt 50,– DM (§ 8 AktG). Bei Bareinlagen muß der gezahlte Betrag mindestens 25% des Nennbetrags des gezeichneten Kapitals (Grundkapital) betragen. Bei Gesellschaften mit beschränkter Haftung beträgt der Mindestnennwert 50.000 DM, der Mindestnennwert einer einzelnen Stammeinlage beträgt 500,– DM (§ 5 GmbHG). Ist das gezeichnete Kapital von den Gesellschaftern nicht vollständig einbezahlt, so sind die ausstehenden Einlagen entweder auf der Aktivseite vor dem Anlagevermögen gesondert auszuweisen, sie können aber auch vom Posten „Gezeichnetes Kapital" offen abgesetzt werden. In diesem Fall ist der verbleibende Betrag als Posten „eingefordertes Kapital" in der Hauptspalte der Passivseite auszuweisen. Außerdem ist der eingeforderte, aber noch nicht eingezahlte Betrag unter den Forderungen zu aktivieren. Näheres, insb. ein Beispiel, findet sich oben auf S. 92.

„A.II. Kapitalrücklage"

Rücklagen sind ebenso wie das gezeichnete Kapital Teil des Eigenkapitals. Im Gegensatz zu letzterem entstehen sie nicht aus der Einzahlung (bzw. der Verpflichtung zur Einzahlung) der konstanten Haftsumme durch die Gesellschafter, sondern aus anderen Kapitalzuführungen – sei es von außen oder von innen. Erfolgt die Kapitalzufuhr von außen, dann sind die Beträge in der Kapitalrücklage auszuweisen, erfolgt sie von innen, so führt dies in der Regel zur Erhöhung der Gewinnrücklagen. Das neue HGB weicht in seinen Gliederungsvorschriften zu den Rücklagen wesentlich von der bisherigen Regelung des § 151 AktG a.F. ab. Die Kapitalrücklage, die nicht aus laufenden Gewinnen, sondern aus einmaligen Zahlungen aufgrund von Finanzierungsvorgängen gespeist wird, war im alten Aktienrecht nicht vorgesehen. Nach neuem Recht ergibt sich eine Erhöhung der Kapitalrücklage anläßlich der Gründung oder einer Kapitalerhöhung.

Das Gesetz nennt in § 272 Abs. 2 konkret **vier Gründe für die Bildung** oder Aufstockung der Kapitalrücklage. Als Kapitalrücklage sind hiernach auszuweisen:

1. Der Betrag, der bei der Ausgabe von Anteilen einschließlich von Bezugsanteilen über den Nennbetrag hinaus erzielt wird. Gemeint ist das **Aufgeld (Agio)**, das sich **bei der Ausgabe von neuen Anteilen (z.B. Aktien)** als Differenz zwischen Ausgabekurswert und Nennwert ergibt. Üblicherweise wird eine Kapitalerhöhung vom Unternehmen nicht selbst am Markt plaziert. Dies über-

nimmt meist ein Bankenkonsortium, das das Agio in voller Höhe abführt. Seine Dienstleistungen stellt das Konsortium gesondert in Rechnung. Dieser Betrag darf nicht aktiviert werden, da es sich um Aufwendungen für die Gründung und für die Beschaffung des Eigenkapitals handelt (Aktivierungsverbot des § 248 Abs. 1 HGB). Die Regelung, daß auch das Agio auf Bezugsanteile in die Kapitalrücklage eingeht, stellt klar, daß die Zuführung zur Kapitalrücklage auch bei der sog. bedingten Kapitalerhöhung erforderlich ist. Bezugsanteile (Bezugsaktien) werden ausgegeben, wenn ein Umtausch- oder Bezugsrecht zum Bezug neuer Aktien zu den in § 192 AktG genannten Zwecken eingeräumt wird.

2. Der Betrag, der bei der Ausgabe von Schuldverschreibungen für Wandlungsrechte und Optionsrechte zum Erwerb von Anteilen erzielt wird. **Die bei der Ausgabe von Wandelschuldverschreibungen und Optionsrechten erzielte Mehreinnahme** ist in die Kapitalrücklage einzustellen. Die Ausgabe von Schuldverschreibungen für Wandlungsrechte und Optionsrechte (§ 221 AktG) kommt ebenfalls in Zusammenhang mit einer bedingten Kapitalerhöhung vor (§ 192 AktG). Es gibt zwei Varianten dieser Schuldverschreibungen, solche, die nach einer Sperrfrist, gegebenenfalls unter Zuzahlung der Wandelobligationäre, in neue Aktien umgetauscht werden können (Wandelschuldverschreibungen), sowie solche, mit denen ein Bezugsrecht für den Erwerb einer neuen Aktie verbunden ist (Optionsschuldverschreibungen). Die Gläubiger behalten im letzteren Falle ihre Schuldverschreibung und werden zusätzlich Aktionäre. In beiden Fällen ist es üblich, daß die Obligationäre für die Wandlung bzw. die Optionsausübung zusätzliche Leistungen erbringen müssen. Eine solche Mehrleistung entsteht z.B., wenn der Ausgabebetrag der Schuldverschreibung höher ist als der vereinbarte Rückzahlungsbetrag. Eine Mehrleistung der Obligationäre kann allerdings auch darin bestehen, daß sie einen unter dem Kapitalmarktzins liegenden Zinssatz für ihre Darlehenshingabe erhalten[209]. Der jeweilige Differenzbetrag ist sofort in die Kapitalrücklage einzustellen. Es kommt nicht darauf an, ob die Wandlungs- oder Bezugsoption später ausgeübt wird[210]. Auch hier dürfen Emmissionskosten das Agio nicht mindern[211].

3. Der Betrag von **Zuzahlungen,** den die Gesellschafter **gegen Gewährung eines Vorzugs** für ihre Anteile leisten. Der in der Praxis weitaus häufigste Fall von Zuzahlungen erfolgt gegen die Gewährung von Vorzugsrechten. Die Vorzugsrechte, die der Gesellschafter sich hierdurch sichert, können Vorzüge z.B. im Sinne des § 11 AktG sein (Bevorzugung bei der Gewinnverteilung oder bei der Verteilung des Gesellschaftsvermögens).

4. Der Betrag von **anderen Zuzahlungen,** den die Gesellschafter in das Eigenkapital leisten, unabhängig davon, ob die Zuzahlungen freiwillig oder aufgrund von Satzungen oder Gesetz erfolgen. Bei der GmbH sind Nachschüsse gemäß §§ 26ff. GmbHG in der Kapitalrücklage zu passivieren (§ 42 Abs. 2 GmbHG). Grundsätzlich dürfen Zuzahlungen nur dann in die Kapitalrücklage eingehen,

---

[209] Vgl. Bundestagsdrucksache 10/4268 vom 18.11.1985, Beschlußempfehlung und Bericht des Rechtsausschusses, Bericht der Abgeordneten Helmrich, Kleinert und Stiegler zu § 272, S. 106.

[210] Vgl. ADS § 150 Tz 33.

[211] Vgl. ADS § 150 Tz 113, vgl. auch Glade, A., Rechnungslegung, 1986, § 248 Tz 7, § 250 Tz 46, vgl. oben Nr. 1.

wenn die Leistung in das Eigenkapital gewollt ist, sodaß verdeckte Einlagen oder auch verlorene Zuschüsse nicht ohne weiteres erfaßt werden[212].

Durch das neue Recht ist die „alte" gesetzliche Rücklage des bisherigen § 150 Abs. 2 AktG a.f. aufgeteilt worden in die Kapitalrücklage (Zuzahlungen von außen) einerseits und in die neue Form der gesetzlichen Rücklage i.S. der Neufassung des § 150 Abs. 2 AktG andererseits, die nur noch thesaurierte Gewinne enthält, und deshalb nach neuem Recht unter den Gewinnrücklagen auszuweisen ist.

Für Aktiengesellschaften ist die **Auflösung der Kapitalrücklage** mit der Auflösung der gesetzlichen Rücklage gemeinsam geregelt. Hiernach gilt:

1) Übersteigen die gesetzliche Rücklage und die Kapitalrücklage zusammen nicht 10% (oder einen in der Satzung bestimmten höheren Teil) des Grundkapitals, so dürfen beide Rücklagen nur verwendet werden (§ 150 Abs. 3 AktG):
   - zum Ausgleich eines Jahresfehlbetrags, sofern dieser nicht durch einen Gewinnvortrag aus dem Vorjahr oder die Auflösung anderer Gewinnrücklagen ausgeglichen werden kann;
   - zum Ausgleich eines Verlustvortrags aus dem Vorjahr, soweit er nicht durch einen Jahresüberschuß gedeckt ist und nicht durch Auflösung anderer Gewinnrücklagen ausgeglichen werden kann.

2) Übersteigen die Kapitalrücklage und die gesetzliche Rücklage zusammen 10% (oder einen in der Satzung bestimmten höheren Teil) des Grundkapitals, so dürfen beide Rücklagen nur verwendet werden (§ 150 Abs. 4 AktG)
   - zum Ausgleich eines Jahresfehlbetrags bzw. eines Verlustvortrags aus dem Vorjahr, sofern er nicht durch einen Gewinnvortrag bzw. einen Jahresüberschuß gedeckt ist. Die vorrangige Auflösung anderer Gewinnrücklagen ist in diesem Fall nicht mehr erforderlich. Werden allerdings in diesem Jahr andere Gewinnrücklagen zum Zwecke der Gewinnausschüttung aufgelöst, dann dürfen auch jetzt die gesetzliche Rücklage und die Kapitalrücklage nicht zur Abdeckung eines Jahresfehlbetrags oder Verlustvortrags verwendet werden (§ 150 Abs. 4 letzter Satz AktG).
   - Zur Kapitalerhöhung aus Gesellschaftsmitteln nach den §§ 207 bis 220 AktG (Umwandlung von Rücklagen in Grundkapital).

Die Kapitalrücklage dient folglich neben dem gezeichneten Kapital und der gesetzlichen Rücklage zur Erfüllung der Bilanzaufgabe „**Ausschüttungssperre**"[213].

In der Bilanz der Aktiengesellschaft muß nach § 152 Abs. 2 AktG jeweils gesondert angegeben werden:

- der Betrag, der während des Geschäftsjahres in die Kapitalrücklage eingestellt wurde,
- der Betrag, der für das Geschäftsjahr aus der Kapitalrücklage entnommen wurde[214].

---

[212] Vgl. Bundestagsdrucksache 10/4268 vom 18.11.1985 (Fußnote 209), S. 107.
[213] Vgl. oben, S. 13ff.
[214] Vgl. hierzu den sogenannten Eigenkapitalspiegel, S. 124ff und Abb. 20.

„A.III. Gewinnrücklagen"

Als Gewinnrücklagen dürfen nur Beträge ausgewiesen werden, die im Geschäftsjahr oder in einem früheren Geschäftsjahr aus dem Ergebnis gebildet worden sind (§ 272 Abs. 3 HGB). Sie sind nach den gesetzlichen Bestimmungen in vier gesonderte Bilanzposten zu untergliedern.

„A.III.1 Gesetzliche Rücklage"

Die Aktiengesellschaft muß gemäß § 150 Abs. 1 AktG eine gesetzliche Rücklage bilden.

In diese sind einzustellen:

- der zwanzigste Teil (5%)
- des um einen Verlustvortrag aus dem Vorjahr geminderten Jahresüberschusses
- solange, bis die gesetzliche und die Kapitalrücklage zusammen den zehnten Teil (10%) oder einen in der Satzung bestimmten höheren Teil des Grundkapitals erreichen.

Die Auflösung der gesetzlichen Rücklage ist ebenso wie die der Kapitalrücklage im Sinne der Ausschüttungssperrfunktion nur zu bestimmten Zwecken zulässig[215].

„A.III.2 Rücklage für eigene Anteile"

Werden auf der Aktivseite eigene Anteile ausgewiesen (Bilanzposition B.III.2[216]), so ist in die Rücklage für eigene Anteile der Betrag einzustellen, der dem aktivierten Betrag entspricht (§ 272 Abs. 4 HGB). Diese Rücklage ist auch für Anteile, die ein herrschendes Unternehmen oder ein mit Mehrheit beteiligtes Unternehmen am abhängigen Unternehmen hält, zu bilden. Soweit frei verfügbare Gewinnrücklagen gegeben sind, darf die Bildung der Rücklage für eigene Anteile zu Lasten dieser Rücklagen erfolgen. Sind frei verfügbare Gewinnrücklagen nicht vorhanden, so ist sie zu Lasten des Ergebnisses zu bilden. Gesetzliche Rücklage und Kapitalrücklage dürfen nicht zur Bildung dieser Rücklage verwendet werden.

Die Rücklage für eigene Anteile darf nur in dem Umfang aufgelöst werden, in dem

- eigene Anteile ausgegeben, veräußert oder eingezogen werden,
- eine Abwertung der aktivisch ausgewiesenen eigenen Anteile aufgrund des strengen Niederstwertprinzips erfolgt (§ 253 Abs. 3 HGB).

Da diese Rücklage gesetzlich vorgeschrieben ist, muß sie bereits bei der Aufstellung der Bilanz gebildet werden, der einzustellende Betrag ist demnach der Verfügungsgewalt der Hauptversammlung entzogen.

„A.III.3 Satzungsmäßige Rücklagen"

Hierzu zählen Rücklagen, die aufgrund der Bestimmungen der Satzung zu bilden sind (sogenannte statutarische Rücklagen). Soweit sich die Satzungsbestimmung nur auf die Erhöhung des Prozentsatzes am Grundkapital bei der gesetzlichen

---

[215] Vgl. S. 117.
[216] § 266 Abs. 2 HGB, vgl. S. 109.

Rücklage erstreckt[217], liegt keine satzungsmäßige, sondern eine gesetzliche Rücklage vor. Sieht die Satzung darüber hinausgehende Zuführungen zu Gewinnrücklagen vor, dann sind diese gesondert als Satzungsrücklage auszuweisen. Es kann sich hierbei um zweckgebundene Rücklagen handeln (z.B. Substanzerhaltungsrücklagen, Werkerneuerungsrücklagen, Rücklagen für Rationalisierungsarbeiten, Rücklagen für den Ausbau der Vertriebsorganisation und Werbung u. dgl.[218]) oder um Rücklagen ohne Zweckbestimmung. Letztere liegen vor, wenn gemäß § 58 Abs. 1 AktG die Satzung festlegt, in welcher Höhe Beträge aus dem Jahresüberschuß in freie Rücklagen eingestellt werden müssen[219]. Der gesonderte Ausweis satzungsmäßiger Rücklagen war nach altem Recht nicht vorgesehen. Sofern die Satzung Vorschriften über die Auflösung solcher statutarischer Rücklagen enthält (z.B. bei zweckbestimmten Rücklagen), sind diese verpflichtend. Verstoßen etwa bei der Aktiengesellschaft Vorstand und Aufsichtsrat gegen die Satzungsbestimmungen bei der Feststellung des Jahresabschlusses, so hat das ausnahmslos die Nichtigkeit des gesamten Jahresabschlusses zur Folge (§ 256 Abs. 1 Nr. 4 AktG).

„A.III.4 Andere Gewinnrücklagen"

Soweit über die gesetzlich oder satzungsmäßig obligatorische Einstellung von Ergebnisteilen in die Rücklagen noch weitere Teile des Jahresüberschusses im Unternehmen zurückbehalten, d.h. in Rücklagen eingestellt werden sollen, muß dies unter der Position „Andere Rücklagen" erfolgen. Diese Rücklagenbildung kann sowohl durch Vorstand und Aufsichtsrat, als auch durch die Hauptversammlung erfolgen:

- **Vorstand und Aufsichtsrat** können diese Rücklagen bilden, da sie im Rahmen der gesetzlichen Bestimmungen über einen Teil des Jahresüberschusses (maximal die Hälfte) vorab verfügen können (§ 58 Abs. 2 AktG).
- Die **Hauptversammlung** kann im Rahmen des Gewinnverwendungsbeschlusses über den Teil des Jahresüberschusses, den Vorstand und Aufsichtsrat nicht bereits den Rücklagen zugeführt haben (den sog. Bilanzgewinn) verfügen (§ 58 Abs. 3 AktG).

Im Sinne des Bilanzzieles „**Ausschüttungssperre**" sind die genannten obligatorischen Rücklagen (gesetzliche Rücklage, satzungsmäßige Rücklage) zu bilden. Einer weitergehenden, möglicherweise gegen das Interesse der Anteilseigner erfolgenden Bildung solcher „anderer Rücklagen" durch Vorstand und Aufsichtsrat, muß im Sinne der **Bilanzfunktion „Mindestausschüttung"**[220] eine Grenze gezogen werden. Für Aktiengesellschaften z.B. ist diese Grenze in der Vorschrift des § 58 definiert.

Grenzen der Rücklagendotierung durch Satzung bzw. Vorstand und Aufsichtsrat bei der Aktiengesellschaft:

1. Stellt die Hauptversammlung den Jahresabschluß fest (§ 173 AktG), dann ist der Bildung solcher anderen, freien Rücklagen keine Grenze gesetzt, da die Aktionäre selbst über den Jahresabschluß beschließen. Allerdings darf für

---

[217] Vgl. oben, S. 118 oben.
[218] Vgl. ADS § 151 Tz 210.
[219] Für die GmbH sieht § 29 Abs. 1 GmbHG solche Satzungsrücklagen vor.
[220] Vgl. oben, S. 13.

diesen Fall die satzungsmäßige Rücklagendotierung maximal 50% des um
Verlustvortrag und Einstellung in die gesetzliche Rücklage gekürzten Jahresüberschusses betragen (§ 58 Abs. 1 AktG):

> Jahresüberschuß
> ./. Einstellung in die gesetzliche Rücklage
> ./. Verlustvortrag
> ────────────────────────────
> = Zwischensumme
> davon die Hälfte
> = maximale Einstellung in statutarische Rücklagen.

2. Stellen Vorstand und Aufsichtsrat den Jahresabschluß fest (§ 172 AktG), so
   können sie einen Teil des Jahresüberschusses, höchstens jedoch die Hälfte, in
   freie Rücklagen einstellen. Nun kann die Satzung bestimmen, daß ein höherer Teil des Jahresüberschusses durch Vorstand und Aufsichtsrat eingestellt
   werden darf. Als Obergrenze ist für diesen Fall vorgesehen, daß die „anderen
   Gewinnrücklagen" nach Einstellung nicht größer sein dürfen als 50% des
   Grundkapitals (§ 58 Abs. 2 AktG).

Es gibt zwei Ausnahmen, bei denen die Obergrenzen nicht beachtet werden
müssen. Es sind dies

- der Eigenkapitalanteil von Wertaufholungen (Zuschreibungen) bei Vermögensgegenständen des Anlagevermögens und Umlaufvermögens und
- der Eigenkapitalanteil von steuerfreien Rücklagen (bei der steuerrechtlichen
  Gewinnermittlung gebildeten Passivposten),

soweit dieser nicht im Bilanzposten „Sonderposten mit Rücklagenanteil"[221] ausgewiesen werden darf (§ 58 Abs. 2a AktG). Der Vorstand kann diesen Eigenkapitalanteil stets in voller Höhe den anderen Rücklagen zuführen. Sofern dieser
Betrag nicht gesondert in der Bilanz ausgewiesen wird, ist seine Höhe im Anhang
anzugeben (§ 58 Abs. 2a AktG).

Die **Auflösung der „anderen Rücklagen"** (Entnahme aus der Rücklage) erfolgt insbesondere zur Abdeckung eines Fehlbetrags oder Verlustvortrags. Sie ist
auch möglich, um Ausschüttungen in gewinnlosen Jahren zu ermöglichen oder
bei der Umwandlung von Rücklagen in gezeichnetes Kapital. Die restriktiven
Voraussetzungen, die für die Auflösung der gesetzlichen oder der Kapitalrücklagen vorgesehen sind, gelten für die „anderen Rücklagen" nicht.

In der Bilanz der Aktiengesellschaft müssen die **Veränderungen der Gewinnrücklagen** verdeutlicht werden (§ 152 Abs. 3 AktG). Bei den einzelnen Posten
der Gewinnrücklagen sind gesondert anzugeben

- die Beträge, die die Hauptversammlung aus dem Bilanzgewinn des Vorjahres
  eingestellt hat;
- die Beträge, die aus dem Jahresüberschuß des Geschäftsjahres eingestellt werden;
- die Beträge, die für das Geschäftsjahr entnommen werden.

Diese Angaben können statt in der Bilanz auch im Anhang erfolgen. Derart
detaillierte Veränderungsnachweise sind bei der **GmbH** nicht vorgesehen. Sie
sind dort auch grundsätzlich nicht erforderlich, da die Rücklagenbildung nicht ge-

---

[221] Vgl. unten, S. 125ff.

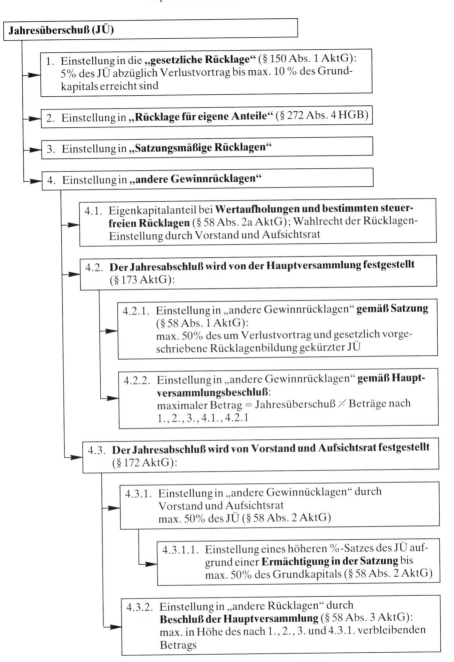

Abb. 18   Bildung von Gewinnrücklagen bei der Aktiengesellschaft

gen den Willen der Gesellschafterversammlung erfolgen kann (§ 46 GmbHG) und deshalb kein diesbezügliches Informationsbedürfnis der Gesellschafter besteht. Einstellungen in Rücklagen und Auflösungen von Rücklagen zum Zwecke der Ausschüttung können hier aus den Protokollen der Gesellschafterversammlungen ersehen werden.

Einen Gesamtüberblick über die Bildung von Gewinnrücklagen bei der Aktiengesellschaft gibt Abbildung 18 (vgl. S. 121).

„A.IV. Gewinnvortrag/Verlustvortrag und A.V. Jahresüberschuß und Jahresfehlbetrag"

Zwischen den Größen Jahresüberschuß/Jahresfehlbetrag, Gewinnvortrag/Verlustvortrag und Bilanzgewinn/Bilanzverlust besteht der folgende Zusammenhang:

	Jahresüberschuß (+) bzw. Jahresfehlbetrag (−)
+	Gewinnvortrag aus dem Vorjahr
−	Verlustvortrag aus dem Vorjahr
+	Entnahme aus Rücklagen
−	Einstellung in Rücklagen
=	Bilanzgewinn (+) bzw. Bilanzverlust (−)

Der Posten **Jahresüberschuß/Jahresfehlbetrag** weist den im Geschäftsjahr neu erzielten Gewinn bzw. neu eingetretenen Verlust nach[222]. Er gibt somit die Höhe des Unternehmenserfolgs der Berichtsperiode vor Erfolgsverwendung an. Derselbe Betrag, mit dem der Jahresüberschuß/Jahresfehlbetrag in der Bilanz ausgewiesen wird, muß sich in der Gewinn- und Verlustrechnung ergeben. Er ist dort die letzte Position und als Jahresüberschuß bzw. Jahresfehlbetrag unter der laufenden Nummer 20 beim Gesamtkostenverfahren bzw. unter der Nummer 19 beim Umsatzkostenverfahren auszuweisen[223] und stellt den Saldo der Erträge und Aufwendungen dar.

Ein Jahresfehlbetrag ist in der Bilanz mit negativem Vorzeichen auf der Passivseite anzusetzen. Ein Ausweis auf der Aktivseite kommt im Gegensatz zum alten Recht aufgrund des neuen Bilanzgliederungsschemas nicht mehr in Betracht[224].

Der **Bilanzgewinn** stellt den Teil des Jahresüberschusses dar, der nach der Rücklagenzuführung (gegebenenfalls Entnahme) durch Vorstand und Aufsichtsrat verbleibt. Wie bereits oben erläutert wurde[225], bestehen vier Möglichkeiten der Verwendung des Jahresüberschusses einer AG, auf die die Aktionäre in der Hauptversammlung im Normalfalle keinen Einfluß nehmen können:

- Einstellung in die gesetzliche Rücklage,
- Einstellung in die satzungsmäßige Rücklage
- Einstellung in die anderen Rücklagen durch Vorstand und Aufsichtsrat im Rahmen der gesetzlichen oder satzungsmäßigen Obergrenzen,
- Abdecken eines Verlustvortrags.

Der Bilanzgewinn gibt somit den Betrag an, über dessen Verwendung die Hauptversammlung noch zu beschließen hat. Er ist im wesentlichen nur für Aktiengesellschaften von Bedeutung. Bei anderen Rechtsformen ist die Erfolgsgröße „Bilanzgewinn/Bilanzverlust" nicht relevant, da nicht die Geschäftsführung,

---

[222] Vgl. ADS, § 157 Tz 186, vgl. Glade, A., Rechnungslegung, 1986, § 266 Tz 694.
[223] § 275 Abs. 2 und 3 HGB, vgl. unten S. 294f.
[224] Zur alten Regelung vgl. § 151 Abs. 1 V AktG a.F.
[225] Vgl. S. 118ff., insbesondere Abb. 18 auf S. 121.

sondern die Gesellschafterversammlung (§ 46 GmbHG) bzw. die Generalversammlung (§ 48 GenG) den Jahresabschluß feststellt. Die Gewinnverwendung liegt in diesen Fällen ausschließlich in den Händen der Gesellschafter bzw. Genossen.

Ein **Bilanzverlust** entsteht, wenn ein Jahresfehlbetrag nicht durch Entnahmen aus Rücklagen oder einen Gewinnvortrag ausgeglichen werden kann. Bilanzgewinn/Bilanzverlust geben den positiven oder negativen Saldo der Aktiva und Passiva nach erfolgter Teilverwendung des Jahresüberschusses durch den Vorstand wieder.

Ein durch die Hauptversammlung gefaßter **Gewinnverwendungsbeschluß** führt nicht zu einer Änderung des festgestellten Jahresabschlusses (§ 174 Abs. 3 AktG). Im Hauptversammlungsbeschluß sind die folgenden Einzelangaben erforderlich (§ 174 Abs. 2 AktG):

1. der Bilanzgewinn,
2. der an die Aktionäre auszuschüttende Betrag,
3. die in Gewinnrücklagen einzustellenden Beträge,
4. ein Gewinnvortrag,
5. der zusätzliche Aufwand oder Ertrag aufgrund dieses Gewinnverteilungsbeschlusses.

Ein solcher zusätzlicher Aufwand oder Ertrag aufgrund des Gewinnverteilungsbeschlusses entsteht z.B. dadurch, daß die KSt-liche Ausschüttungsbelastung hergestellt werden muß. Werden Eigenkapitalteile ausgeschüttet, die bereits dem vollen KSt-Satz von 56% unterlegen haben (sog. EK 56), so ergibt sich durch die 36%-ige Ausschüttungsbelastung eine nachträgliche KSt-Minderung (also ein Ertrag) von 20/44 = 5/11 = 45,4% des für die Ausschüttung verwendeten Eigenkapitals EK 56. Wird dagegen KSt-lich noch nicht belastetes Eigenkapital (sog. EK 0) ausgeschüttet, so ergibt sich ein zusätzlicher Aufwand für KSt von 36/44 = 9/11 = 81,8% des für die Ausschüttung verwendeten EK 0[226].

Der Bilanzgewinn wird im Jahresabschluß des Folgejahres nicht als solcher ausgewiesen. Er ist, sofern er nicht ausgeschüttet wurde, in die Gewinnrücklagen eingegangen, ein verbleibender Betrag wird als Gewinnvortrag ausgewiesen.

Der **Gewinnvortrag** ist der Teil des Bilanzgewinnes des Vorjahres, der weder in die Rücklagen eingestellt, noch an die Anteilseigner ausgeschüttet, noch anderweitig, z.B. zum Ausgleich eines Fehlbetrages aus dem laufenden Jahr, verwendet wurde. Er stellt somit einen Teil des Eigenkapitals dar, der aus Jahresüberschüssen des oder der Vorjahre gebildet, aber bislang noch keinem Verwendungszweck zugeführt wurde. Auch wenn der Gewinnvortrag aus der Bilanz des jeweiligen Vorjahres übernommen werden muß, kann ein Gewinn über mehrere Jahre vorgetragen werden, nämlich dann, wenn auch im jeweiligen Folgejahr keine Verwendung stattfindet. Analoges gilt für den **Verlustvortrag**. Er entsteht, wenn ein Vorjahresverlust nicht sofort aus dem Jahresüberschuß oder aus Rücklagen gedeckt wird. Entsprechend der Gliederung des § 266 HGB darf ein Verlustvortrag nicht als Korrekturposten auf der Aktivseite ausgewiesen werden. Er ist – mit negativen Vorzeichen – auf der Passivseite unter A.IV. anzusetzen.

---

[226] Näheres vgl. z.B. bei Heinhold, M., Grundlagen, 1982, S. 161ff.

Das neue Bilanzrecht hat eine grundlegende Änderung[226a] des **Ergebnisaus-weises** in Bilanz und GuV-Rechnung gegenüber der alten aktienrechtlichen Regelung gebracht. Nunmehr ist vorgesehen (§ 266 HGB), die vorgetragenen Ergebnisbestandteile (Gewinn- und Verlustvortrag) gesondert unter A.IV. auszuweisen sowie daran anschließend unter A.V. den Jahresüberschuß bzw. Jahresfehlbetrag. In diesem Fall unterbleibt die Berücksichtigung der Einstellungen in die und der Entnahmen aus den Rücklagen. Der Bilanzgewinn wird nicht ausgewiesen.

Nach der entsprechenden, für Aktiengesellschaften geltenden Vorschrift im alten Recht, wurde nicht der Jahresüberschuß bzw. Jahresfehlbetrag, sondern der Bilanzgewinn bzw. Bilanzverlust ausgewiesen. Ein Gewinn- bzw. Verlustvortrag war nicht als gesonderter Bilanzposten vorgesehen. Er war im Bilanzgewinn bzw. -verlust enthalten und somit aus der aktienrechtlichen Bilanz nicht ersichtlich[227]. Auch ein Vermerk in der Bilanz war nicht erforderlich. Lediglich in die GuV-Rechnung gingen der Jahresüberschuß/-fehlbetrag und der Gewinnvortrag/Verlustvortrag als eigene Posten ein[228]. Allerdings sieht § 268 Abs. 1 HGB die Möglichkeit vor, die Bilanz auch **nach vollständiger oder teilweiser Verwendung des Jahresergebnisses** aufzustellen. Dies wird bei Aktiengesellschaften der Regelfall sein, weil Einstellungen in Rücklagen aufgrund von Gesetz, Statuten oder bei freien Rücklagen im Rahmen der Höchstgrenzen im festgestellten Jahresabschluß bereits berücksichtigt sind. Bei der GmbH ist dies aufgrund statutarischer Rücklagen möglich. Wird die Bilanz nach vollständiger oder teilweiser Gewinnverwendung aufgestellt, dann schreibt § 270 Abs. 2 HGB vor, daß Entnahmen aus den und Einstellungen in die Rücklagen (Kapitalrücklagen und Gewinnrücklagen) bereits bei der Aufstellung der Bilanz zu berücksichtigen sind. In diesem Falle ist statt der Bilanzpositionen „A.IV. Gewinn-/Verlustvortrag" und „A.V. Jahresüberschuß/-fehlbetrag" die „alte" Position Bilanzgewinn/Bilanzverlust auszuweisen. Ein vorhandener Gewinn-/Verlustvortrag ist in den Bilanzgewinn/ Bilanzverlust einzubeziehen und außerhalb der Hauptspalte zu vermerken oder im Anhang anzugeben (§ 268 Abs. 1 HGB). Im Gegensatz zur alten Regelung des § 151 AktG a.F. ist ein Ausweis des Bilanzverlustes nicht mehr auf der Aktivseite zulässig. Er muß – mit negativen Vorzeichen – auf der Passivseite beim Eigenkapital ausgewiesen werden. Wird bei einer Aktiengesellschaft die Bilanz nach Verwendung des Jahresergebnisses aufgestellt, dann muß die Gewinnverwendung aus der GuV-Rechnung erkennbar sein. Dies fordert § 158 Abs. 1 AktG.

In der folgenden Abbildung 19 werden die beiden zulässigen Möglichkeiten des Ergebnisausweises im Jahresabschluß einander gegenübergestellt.

3.1.1 Der Eigenkapitalspiegel bei Aktiengesellschaften

Die neuen Gliederungsvorschriften für das Eigenkapital in § 266 HGB haben in § 152 Abs. 2 und 3 AktG eine neue Art des Eigenkapitalausweises nach sich gezo-

---

[226a] Vgl. Knop, W., Die Bilanzaufstellung nach teilweiser der vollständiger Ergebnisverwendung, DB 1986, S. 549ff., vgl. auch Liebs, R., Zur Neuregelung der Ergebnisverwendung, GmbHR 1986, S. 145ff.

[227] Vgl. ADS § 151 Tz 197, 255.

[228] § 157 Abs. 1 Nr. 28 und 29 AktG a.F.

Variante 1 (§ 266 Abs. 3 HGB)	Variante 2 (§ 268 Abs. 1 HGB)
Ausweis vor Ergebnisverwendung:	**Ausweis nach (teilweiser) Ergebnisverwendung** (i.d.R. nur für Aktiengesellschaften):
Bilanz:	**Bilanz:**
A.IV. Gewinnvortrag/Verlustvortrag	A.IV. Bilanzgewinn/Bilanzverlust
A.V. Jahresüberschuß/Jahresfehlbetrag	(davon Gewinn-/Verlustvortrag)
GuV-Rechnung	**GuV-Rechnung**
	(der AG § 158 Abs. 1 AktG)
20. Jahresüberschuß/Jahresfehlbetrag	20. Jahresüberschuß/Jahresfehlbetrag
	21. Gewinnvortrag, Verlustvortrag aus dem Vorjahr
	22. Entnahmen aus der Kapitalrücklage
	23. Entnahmen aus Gewinnrücklagen
	a. aus der gesetzlichen Rücklage
	b. aus der Rücklage für eigene Aktien
	c. aus der satzungsmäßigen Rücklage
	d. aus anderen Rücklagen
	24. Einstellungen in Gewinnrücklagen
	a. in die gesetzliche Rücklage
	b. in die Rücklage für eigene Aktien
	c. in satzungsmäßige Rücklagen
	d. in andere Rücklagen
	25. Bilanzgewinn/Bilanzverlust

Abb. 19 Zulässige Arten des Ergebnisausweises

gen. Analog zum Anlagenspiegel (Anlagengitter)[229] ist für die Eigenkapitalbestandteile jeweils ein gesonderter Nachweis ihrer Veränderungen während des Geschäftsjahres vorgeschrieben. Dies erfolgt zweckmäßigerweise in tabellarischer Form. Ein solcher Eigenkapitalspiegel muß aufgrund der gesetzlichen Vorschriften den in Abbilung 20 wiedergegebenen Mindestinhalt aufweisen[230].

3.2 Der „Sonderposten mit Rücklageanteil"

Neben den oben besprochenen und unter A.I. bis A.V. in der Bilanz auszuweisenden Eigenkapitalteilen sieht das HGB eine weitere Position vor, die partiellen Eigenkapitalcharakter hat. Es ist dies der sog. Sonderposten mit Rücklageanteil. Während die unter A.III. des Gliederungsschemas angeführten Gewinnrücklagen durchwegs aus versteuerten Gewinnen gebildet werden, ist der „Sonderposten mit Rücklageanteil" **aus unversteuerten Gewinnen** zu bilden. Steuerlich ist die Bildung oder Erhöhung dieser steuerfreien Rücklage nicht als steuerpflichtige Gewinnverwendung, sondern als gewinnmindernder bzw. verlusterhöhender Aufwand (Betriebsausgabe) zu behandeln. Bis auf sehr wenige Ausnahmen[231] schreibt das Bilanzsteuerrecht vor, daß steuerrechtliche Sonderbegünstigungen (Sonderabschreibungen, erhöhte Absetzungen, steuerfreie Rücklagen) in der

---

[229] Vgl. oben S. 53ff.
[230] Vgl. Gross, G., Schruff, L., Jahresabschluß, 1986, S. 175.
[231] Die wichtigste ist die sogenannte Preissteigerungsrücklage des § 74 EStDV.

Bilanzposition	Stand zu Beginn des Jahres	Einstellungen in Rücklagen			Ent- nahmen für das Geschäfts- jahr	Stand zum Ende des Jahres
		während des Ge- schäfts- jahres	aus Bilanz- gewinn des Vor- jahres	aus Jahres- über- schuß		
A. Eigenkapital						
I. Gezeichnetes Kapital	X					X
II. Kapitalrück- lage	X	X			X	X
III. Gewinn- rücklagen						
1. Gesetzliche Rücklagen	X		X			X
2. Rücklage für eigene Aktien	X			X		X
3. satzungs- mäßige Rücklagen	X		X			X
4. andere Gewinn- rücklagen	X		X			X
IV. Gewinnvor- trag/Verlust- vortrag	X					X
V. Jahresüber- schuß/Jahres- fehlbetrag	X					X

Abb. 20   Eigenkapitalspiegel bei Aktiengesellschaften (§ 152 Abs. 2 AktG)

Steuerbilanz nur dann geltend gemacht werden können, wenn sie gleichermaßen in der Handelsbilanz berücksichtigt werden. Diese Forderung ist durch das sog. **Maßgeblichkeitsprinzip der Handelsbilanz für die Steuerbilanz** begründet[232]. Die Ausdehnung dieses Prinzips auf steuerliche Sonderbewertungsvorschriften ist allerdings handelsrechtlich und betriebswirtschaftlich höchst problematisch, da hierdurch die handelsrechtlichen bzw. betriebswirtschaftlichen Bilanzaufgaben durch die Steuerbilanzaufgaben verdrängt werden. So ist z.B. nicht einzusehen, warum die 75%-ige steuerliche Sonderabschreibung für in Berliner Betriebsstätten befindliche Gegenstände des Anlagevermögens[233] auch das Handelsbilanzergebnis beeinträchtigen muß, da die Informations- und Schutzbedürfnisse der Anteilseigner, Gläubiger und anderer Bilanzadressaten durch diese regionale steuerliche Sondervorschrift wohl kaum berührt werden[234]. Dennoch ist für diese wie für die überwiegende Mehrzahl der übrigen steuerlichen Sonderbewertungsmöglichkeiten der gleichlautende Ausweis in Handelsbilanz und Steuerbilanz obligatorisch.

---

[232] Kodifiziert in § 5 Abs. 1 EStG und in § 6 Abs. 3 EStG.
[233] § 14 BerlinFG.
[234] Vgl. oben, S. 12.

Solche **steuerlichen Sonderbewertungen** können bilanztechnisch auf zwei Arten erfolgen. Die Gegenbuchung zum gewinnmindernden Aufwand kann nämlich stattfinden (281 Abs. 1 HGB)

- entweder durch Verminderung eines Aktivpostens im Sinne der direkten Abschreibung,
- oder durch Erhöhung eines Passivpostens im Sinne der indirekten Abschreibung.

Im ersten Fall wird durch die Buchung „per Aufwand (also Eigenkapital) an Anlagenkonto" eine Bilanzverkürzung bewirkt. Im zweiten Fall erfolgt ein Passivtausch (per Aufwand an Sonderposten mit Rücklageanteil). Der Sonderposten mit Rücklageanteil übernimmt somit die Funktion eines Wertberichtigungspostens zu Wertansätzen der Aktivseite. Im oben geschilderten Fall der steuerlichen Sonderabschreibung läßt sich der Wertberichtigungscharakter des gebildeten Passivpostens eindeutig und unmittelbar aus der buchungstechnischen Entstehung als indirekte steuerliche Sonderabschreibung erklären, etwa wenn im angeführten Beispiel die 75-%ige Sonderabschreibung des Berlinförderungsgesetzes nicht dem Anlagenkonto, sondern dem Sonderposten gutgeschrieben wird.

Daneben schreibt das Bilanzsteuerrecht die **Bildung oder Erhöhung von steuerfreien Rücklagen** vor, bei denen der Wertberichtigungscharakter noch nicht ersichtlich ist, weil das Wirtschaftsgut, dessen Wert berichtigt werden soll, noch nicht angeschafft oder hergestellt ist (z.B. bei der Rücklage für Ersatzbeschaffung[235], bei der Rücklage für die Übertragung stiller Reserven bei Veräußerung von bestimmten Gütern des Anlagevermögens[236]). Auch diese steuerfreien Rücklagen gehören zum Sonderposten mit Rücklageanteil. Schließlich kennt das Steuerrecht steuerfreie Rücklagen, bei denen der Wertberichtigungscharakter der Rücklae nicht unmittelbar gegeben ist. Hier geht es um die temporäre Steuerbefreiung von Gewinnteilen durch Aufwandsbuchungen, die mit der Verpflichtung verbunden sind, die steuerfrei gebildete Rücklage nach Ablauf der jeweils gesetzlich fixierten Fristen wieder gewinnerhöhend aufzulösen (z.B. Preissteigerungsrücklage[237], steuerfreie Rücklage bei Überführung bestimmter Wirtschaftsgüter in Gesellschaften, Betriebe oder Betriebsstätten im Ausland[238], steuerfreie Rücklage für Verluste von ausländischen Tochtergesellschaften[239]). Auch diese steuerfreien Rücklagen gehören zum Sonderposten mit Rücklageanteil.

Aus welchen Gründen der Sonderposten mit Rücklageanteil auch immer gebildet wird (als Wertberichtigung oder als steuerfreie Rücklage), er führt im allgemeinen nur zu einem **zeitlichen Hinausschieben der Steuerbelastung,** da

- entweder die Sonderabwertung zu einer zwangsläufigen Verringerung der normalen Abschreibung und somit zu höheren Gewinnausweisen und Steuern in den Folgejahren führt;
- oder die steuerfrei gebildeten Rücklagen nach Fristablauf gewinnerhöhend aufzulösen und nachzuversteuern sind.

---

[235] Abschn. 35 EStR.
[236] § 6b EStG.
[237] § 74 EStDV.
[238] § 1 AuslInvG.
[239] § 3 AuslInvG.

• Eine endgültige Steuerersparnis kann nur dann stattfinden, wenn die gewinn-erhöhende Auflösung in Verlustjahren anfällt – sei es durch Zufall oder durch gezielt geplante Steuerbilanzpolitik[240].

All diese steuerfreien Rücklagen und steuerlichen Wertberichtigungsposten sind unter dem Passivposten **„Sonderposten mit Rücklageanteil"** gem. § 273 HGB[241] von Kapitalgesellschaften auszuweisen. Dieser Posten ist in die Bilanz zwischen Eigenkapital und Rückstellungen aufzunehmen. Bei den passivierten Beträgen handelt es sich hierbei weder ausschließlich um Eigenkapital noch aus-schließlich um Fremdkapital. In Höhe der künftigen Steuerbelastung, die bei Auflösung der Rücklage anfällt, hat der Sonderposten mit Rücklageanteil Rück-stellungscharakter, in diesem Ausmaß stellt er also Fremdkapital dar. In Höhe des Nettogewinns nach Steuerabzug hat er Eigenkapitalcharakter. Nun läßt sich selbst bei konstanten Ertragsteuersätzen[242] der genaue Eigenkapitalanteil vor er-folgter Rücklagenauflösung nicht angeben, da man nicht sicher prognostizieren kann, welche Teile der Sonderposten in Gewinnjahren und welche in Verlustjah-ren aufgelöst werden – man kennt i.d.R. weder den genauen Zeitpunkt der Auf-lösung noch die Höhe der Steuerschuld.

Rechtsformspezifische Unterschiede

Das Handelsrecht macht bei den Sonderposten mit Rücklageanteil einen großen Unterschied zwischen den einzelnen Rechtsformen.

Personengesellschaften und Einzelkaufleute dürfen nach § 247 Abs. 3 HGB Son-derposten mit Rücklageanteil nur dann in der Bilanz ausweisen, wenn das Steuer-recht auch die Bildung einer Rücklage vorschreibt. Normale Sonderabschreibun-gen, für die das Steuerrecht nicht ausdrücklich die Bildung einer steuerfreien Rücklage vorsieht, sind im Handelsrecht aktivisch abzusetzen und dürfen nicht in den „Sonderposten mit Rücklageanteile" eingehen[243].

Diese Differenz ergibt sich aus der Tatsache, daß im Steuerrecht für Sonderab-schreibungen die Rücklagenbildung nicht vorgesehen ist. Der handelsrechtliche § 247 Abs. 3 HGB kann sich folglich nicht auf die steuerlichen Sonderabschrei-bungen beziehen. Der handelsrechtliche Abschreibungsparagraph (§ 254 HGB) sieht für diese Rechtsformen kein handelsrechtliches Wahlrecht zur Bildung ei-nes Sonderpostens vor, anders als der entsprechende Paragraph für Kapitalge-sellschaften (§ 281 Abs. 1 HGB).

Kapitalgesellschaften müssen, wenn das Steuerrecht die steuerfreie Rücklage vorschreibt, diese ebenfalls in der Handelsbilanz ausweisen. Der hier relevante § 247 Abs. 3 HGB gehört zu den rechtsformunabhängigen Vorschriften des HGB. Bei den steuerlichen Sonderabschreibungen haben die Kapitalgesellschaften je-doch ein Wahlrecht. Sie können diese Abschreibungen entweder direkt buchen, d.h. aktivisch absetzen wie die Personengesellschaften und Einzelkaufleute. Gem. § 281 Abs. 1 HGB ist aber auch folgendes Verfahren zulässig:

---

[240] Vgl. hierzu z.B. Börner, D., Krawitz, N., Steuerbilanzpolitik, 1977.
[241] In Verbindung mit § 281 HGB.
[242] 56% KSt sowie 13-15% GewESt, je nach Hebesatz.
[243] Vgl. z.B. Gross, G., Schruff, L., Jahresabschluß, 1986, S. 109.

- Der Unterschiedsbetrag zwischen handelsrechtlicher Abschreibung nach § 254 HGB und steuerlicher Sonderabschreibung darf in den Sonderposten mit Rücklageanteil eingestellt werden.
- Die Rücklage ist aufzulösen, wenn
- das Steuerrecht dies vorschreibt,
- oder der Vermögensgegenstand aus dem Vermögen ausscheidet,
- oder die steuerrechtliche Wertberichtigung durch handelsrechtliche Abschreibungen ersetzt wird.

Der letzte Punkt ist erläuterungsbedürftig: Wird ein Sonderposten mit Rücklageanteil aufgrund einer steuerlichen Sonderabschreibung gebildet, dann wird handelsrechtlich trotzdem in der gem. § 253 HGB richtigen Höhe abgeschrieben – so als hätte es keine steuerliche Sonderabschreibung gegeben. Erreicht die Summe aus steuerlicher Sonderabschreibung und bisher erfolgter handelsrechtlicher Normalabschreibung die Anschaffungs- oder Herstellungskosten, dann darf dem Anschaffungswertprinzip zufolge weder handelsrechtlich noch steuerrechtlich weiter abgeschrieben werden. Da aber die handelsrechtliche Normalabschreibung weitergeführt wird, muß eine neutralisierende Korrekturbuchung durch die gewinnerhöhende Auflösung des Sonderpostens mit Rücklageanteil erfolgen. Diese Vorgehensweise wird in Abbildung 21 anhand eines Beispiels erläutert.

Beispiel:	Anschaffungskosten		100,–			
	Nutzungsdauer		5 Jahre			
	handelsrechtliche Abschreibung					
	(§ 253 HGB)		20,– je Jahr			
	steuerrechtliche Sonderabschreibung					
	(§ 14 Abs. 1 BerlinFG)		75% im 1. Jahr,			
			Restbuchwert linear über			
			Restnutzungsdauer			
1	Jahr	1	2	3	4	5
2	handelsrechtliche Abschreibung	20	20	20	20	20
3	Restbuchwert in Handelsbilanz	80	60	40	20	0
4	steuerliche Abschreibung	75	6,25*	6,25	6,25	6,25
5	Restbuchwert in Steuerbilanz	25	18,75	12,5	6,25	0
6	Bildung (+) oder Auflösung (–) der steuerfreien Rücklage = Differenz zwischen steuerlicher und handelsrechtlicher Abschreibung	+55	–13,75	–13,75	–13,75	–13,75
7	Sonderposten mit Rücklageanteil	55	41,25	27,5	13,75	0

$$* \quad \frac{\text{Restbuchwert}}{\text{Restnutzungsdauer}} = \frac{25}{4} = 6,25$$

Abb. 21 Indirekte steuerliche Sonderabschreibung und Sonderposten mit Rücklageanteil

Diese Vorgehensweise hat den Vorteil, daß in der Handelsbilanz stets der gem. § 253 HGB richtige (im Beispiel linear abgeschriebene) Restbuchwert steht und in der GuV-Rechnung die handelsrechtlich richtige Abschreibung geltend gemacht wird. Die ertragserhöhende **Auflösung des Sonderpostens** verhindert, daß insgesamt über 100% abgeschrieben wird. Somit wird das Maßgeblichkeitsprinzip der Handelsbilanz für die Steuerbilanz eingehalten. Unter welchen Posten der GuV-Rechnung die Bildung und Auflösung des „Sonderpostens mit Rücklageanteil" zu erfolgen hat, schreibt § 281 Abs. 2 HGB genau vor. Bei der Bildung der steuerfreien Rücklage werden als handelsrechtliche Abschreibung nur 20 (lineare Abschreibung über 5 Jahre) ausgewiesen, als Restbuchwert in der Handelsbilanz folglich 80. Die steuerliche Zusatzabschreibung in Höhe von 75% − 20% = 55% erfolgt nicht unter dem Posten Abschreibungen der GuV sondern unter dem Posten „sonstige betriebliche Aufwendungen"[244]. Die Auflösung der steuerfreien Rücklage erfolgt unter dem Posten „sonstige betriebliche Erträge"[245] (§ 281 Abs. 2 HGB).

Durch die Neuregelung des Sonderpostens mit Rücklageanteil ergeben sich für die Unternehmen erhebliche **organisatorische und buchungstechnische Probleme**. Bislang waren die Sonderposten mit Rücklageanteil relativ konstante Positionen in der Bilanz, die nur wenige Buchungen erforderten. Durch die laufende Kontrolle, Erhöhung und Auflösung nach neuem Recht steigt der Buchungsaufwand enorm. Es wird deshalb im Schrifttum für sinnvoll erachtet, hierfür eigene Nebenbuchhaltungen einzuführen und die formale Darstellung in der Bilanz oder im Anhang in einer dem Anlagespiegel ähnlichen tabellarischen Form zu gestalten[246]. Eine mögliche Darstellungsform ist in Abbildung 22 wiedergegeben.

Bestandteile des Sonderpostens	Bestand am 1.1.	Zu- führung	Auf- lösung	Bestand am 31.12.
Steuerfreie Rücklage Rücklage nach § 6b EStG Rücklage nach § 3 AuslinvG . . . usw.		relativ wenige Bewegungen		
Sonderabschreibungen nach § 14 BerlinFG nach § 7g EStG . . . usw.		laufende Änderungen		
Summe				

Abb. 22   Entwicklung des Sonderpostens mit Rücklageanteil

Das Gesetz fordert in § 281 Abs. 2 HGB eine Angabe und Begründung der nach den einzelnen steuerlichen Vorschriften erfolgten Abschreibungen, Wertberichtigungen und Rücklagen im Anhang, sofern dies aus Bilanz und GuV-Rechnung nicht ersichtlich ist.

---

[244] § 275 Abs. 2 Nr. 8 HGB anstatt § 275 Abs. 2 Nr. 7a HGB.
[245] § 275 Abs. 2 Nr. 4 HGB.
[246] Vgl. Bolin, M. Haeger, B., Zündorf, H., Einzelaspekte, DB, 1985, S. 609.

Sonderposten mit Rücklageanteil (§ 247 Abs. 3 und § 273 HGB)			
		Behandlung in der Handelsbilanz bei	
Sachverhalt	Gründe für seine Bildung bzw. Erhöhung	Kapitalgesellschaften	Einzelunternehmen und Personengesellschaften
steuerliche Sonderabschreibung	§ 7 d EStG: Umweltschutzinvestitionen § 7 f EStG: Investitionen von privaten Krankenhäusern § 7 g EStG: Investitionen von Klein- und Mittelbetrieben § 79 EStDV: Umweltschutzinvestitionen* § 81 EStDV: Investitionen im Kohlen- und Erzbergbau § 82 d EStDV: Forschungs- und Entwicklungsinvestitionen § 82 f EStDV: Investitionen in Schiffe und Luftfahrzeuge § 3 Zonen RFG: Investitionen im Zonenrandgebiet § 14 BerlinFG: Investitionen in Berlin	Wahlrecht (§ 281 Abs. 1 HGB) – entweder direkte Abschreibung – oder: Buchung unter „Sonderposten mit Rücklagenanteil" Bildung des Sonderpostens: sonstige betriebliche Aufwendungen Auflösung des Sonderpostens: sonstige betriebliche Erträge	kein Wahlrecht, da § 281 nur für Kapitalgesellschaften gilt, folglich nur direkte Abschreibung, Passivierung als „Sonderposten mit Rücklageanteil" verboten
steuerfreie Rücklagen	§ 6 b EStG: Rücklage für die Übertragung stiller Reserven Abschn. 35 EStR: Rücklage für Ersatzbeschaffung § 1 AuslInvG: Rücklage bei Überführung bestimmter Wirtschaftsgüter ins Ausland § 3 AuslInvG: Rücklage für Verluste von ausländischen Tochtergesellschaften § 1 EntwLStG: Rücklage für Kapitalanlagen in Entwicklungsländern* RL betr. Zonenrandförderung** RL bei Stillegung von Steinkohlebergwerken*** RL gem. § 82 StBauFG	Passivierung als „Sonderposten mit Rücklageanteil" Bildung des Sonderungsposten: sonstige betriebliche Aufwendungen (§ 281 Abs. 2 HGB) Auflösung des Sonderpostens: sonstige betriebliche Erträge (§ 281 Abs. 2 HGB)	Aufwendungen (§ 242 Abs. 2 HGB) Erträge (§ 242 Abs. 2 HGB)

*   Inzwischen aufgehoben
**   genaue Quellenangabe: Schreiben betreff steuerliche Maßnahmen zur Förderung von Investitionen im Zonenrandgebiet nach dem § 3 des Zonenrandförderungsgesetzes vom 10.11.1978, BStBl. I. S. 451
*** genaue Quellenangabe: § 3 Abs. 1 Gesetz über steuerliche Maßnahmen bei der Stillegung von Steinkohlebergwerken, BGBl. I 1967, S. 403

Abb. 23   Sonderposten mit Rücklageanteil im Gesamtüberblick

Die unterschiedliche Behandlung von Kapitalgesellschaften und anderen Rechtsformen bei den Sonderabschreibungen ist in der besonderen Bedeutung der Drittinformationsaufgabe handelsrechtlicher Bilanzen von Kapitalgesellschaften begründet[247]. Da diese Regelung allein der besseren Aussagekraft von veröffentlichten Jahresabschlüssen dient, ist sie für andere Rechtsformen nicht relevant, sofern diese nicht nach Publizitätsgesetz veröffentlichungspflichtig sind. Im Sinne eines gesicherten Einblicks in die Vermögenslage (§ 264 Abs. 2 HGB) wäre allerdings nicht ein Methodenwahlrecht bei den steuerlichen Sonderabschreibungen, sondern eine Verpflichtung zur Bildung des Sonderpostens wünschenswert – sowie dies in den meisten Entwürfen zum Bilanzrichtliniengesetz enthalten war.

3.3 „B. Rückstellungen"

3.3.1 Begriff und Berücksichtigung in der betriebswirtschaftlichen Bilanztheorie

In der Gliederung der Passivseite stehen die Rückstellungen nach dem Eigenkapital und vor den Verbindlichkeiten. Rückstellungen haben den Charakter von Verbindlichkeiten, bzw. allgemeiner, von zukünftigen Ausgaben[248], die entweder nach ihrer Höhe, oder nach ihrer Fälligkeit[249], möglicherweise sogar in ihrer Entstehung überhaupt ungewiß sind[250]. Die wirtschaftliche Ursache für die künftige Ausgabe muß im gerade abgelaufenen Geschäftsjahr liegen. Buchungstechnisch wird bei der Bildung oder Erhöhung einer Rückstellung der Aufwand periodenrichtig im Jahr seiner Verursachung gebucht. Da eine Zahlungsverpflichtung noch nicht besteht, darf die Gegenbuchung weder bei den Verbindlichkeiten noch bei den liquiden Mitteln erfolgen, der Betrag ist bis zur Zahlung als Rückstellung zu passivieren. Wird aus der möglichen eine sichere Zahlungsverpflichtung, dann muß eine Umbuchung von der Position Rückstellungen auf die Position Verbindlichkeiten erfolgsunwirksam stattfinden, bzw. bei sofortiger Auszahlung wird die Rückstellung erfolgsunwirksam gegen ein Finanzmittelkonto aufgelöst („per Rückstellung an Kasse/Bank"). Diese hier gegebene, rein statische Definition der Rückstellung erweist sich aus betriebswirtschaftlicher und handelsrechtlicher Sicht allerdings als etwas zu eng. Sie wird im folgenden deshalb entsprechend erweitert werden müssen.

Rückstellungen haben in der betriebswirtschaftlichen **Bilanztheorie** Berücksichtigung gefunden, lange bevor das Handelsrecht ihre Notwendigkeit erkannte und zuließ[251]. Während nach der statischen Bilanzauffassung (vgl. die obige Rückstellungsdefinition) Rückstellungen als noch nicht engültig sichere Verbindlichkeiten ausschließlich Schuldencharakter tragen, ist die **dynamische Rückstellungsinterpretation** weiter gefaßt. Im Sinne einer periodenrichtigen Erfolgsermittlung[252] gehören zu den Rückstellungen alle künftigen Ausgaben, die im abge-

---

[247] Vgl. oben, S. 8.

[248] Vgl. Heinen, E., Handelsbilanzen, 1986, S. 249.

[249] Vgl. Albach, H., Die Bilanzierung von Rückstellungen, StbJB, 1968, S. 305ff., vgl. Glade, A., Rechnungslegung, 1986, § 249 Tz 2.

[250] Vgl. Eifler, G., GoB für Rückstellungen, 1976, S. 32, vgl. ADS § 152 Tz 93.

[251] Vgl. ADS § 152 Tz 93.

[252] Vgl. oben, S. 21f.

laufenen Jahr ihre wirtschaftliche Ursache haben – und zwar unabhängig davon, ob sie zu Schulden führen oder nicht. Den Schuldencharakter könnte man hier allenfalls noch auf dem Umweg über die „Eigenverbindlichkeiten"[253], d.h. Verbindlichkeiten des Unternehmens gegen sich selbst, aufrecht erhalten.

Aus dynamischer Sicht werden somit auch

- Rückstellungen für im Geschäftsjahr unterlassene Aufwendungen (z.B. Reparaturen, Instandhaltungen) sowie
- Rückstellungen für künftige Aufwendungen und Schadensfälle (Selbstversicherung)

erforderlich, die aus statischer Sicht nicht denkbar sind.

Betrachtet man die **Entwicklung der handelsrechtlichen Zulässigkeit von Rückstellungen,** so ist festzustellen, daß die betriebswirtschaftliche Theorie – und hier gerade die oft als besonders praxisfern geltende Bilanztheorie – erhebliche Auswirkungen auf die konkrete Gestaltung des Bilanzrechts hat. In zunehmendem Ausmaß wurde zunächst der statische, sodann der dynamische Aspekt berücksichtigt, wie die folgenden Beispiele zeigen:

Aktienrechtsreform 1931: Zulässigkeit und gesonderter Ausweis von Rückstellungen im statischen Sinne (ihrem Betrage nach noch nicht feststehende Schulden oder Verluste[254]).

Aktienrechtsreform 1937: Präzisierung des statischen Rückstellungsbegriffs und seines Ausweises in der Bilanz.

Aktienrechtsreform 1965: Erweiterung des Rückstellungsumfanges im Sinne der dynamischen Bilanztheorie („Rückstellung für unterlassene Instandhaltung" und „Rückstellung für unterlassene Abraumbeseitigung"[255]).

Bilanzrechtsreform 1985 (Bilanzrichtliniengesetz): Weitergehende Berücksichtigung dynamischer Rückstellungsposten durch die allgemeine Zulässigkeit von Aufwandsrückstellungen i.S. des § 249 Abs. 2 HGB (z.B. für Großreparaturen, für unterlassene Werbefeldzüge, für künftige Preissteigerungen[256].

Angesichts dieser fortschreitenden Entwicklung stellt sich die Frage nach der umfassendsten **handelsrechtlichen Definition des Rückstellungsbegriffes.** Eine sehr allgemeine aus den GoB abgeleitete Definition gibt Eifler[257].

Hiernach sind Rückstellungen:

1. Passivposten für Vermögensminderungen, die
2. Aufwand vergangener Rechnungsperioden darstellen,
3. durch künftige Handlungen der Unternehmung entstehen (Zahlungen, Dienstleistungen oder Eigentumsübertragungen an Sachen und Rechten),
4. nicht den Bilanzansatz bestimmter Aktivposten korrigieren, und
5. sich nicht eindeutig, aber ausreichend genau quantifizieren lassen.

Diese fünf Kriterien umfassen sowohl die statische als auch die dynamische Rückstellungskonzeption und sind insbesondere geeignet, Zweifelsfragen der

---

[253] Vgl. Seicht, G., Bilanzierungsprobleme, 1984, S. 421.
[254] Vgl. ADS § 152 Tz 98.
[255] Vgl. § 152 Abs. 7 Satz 2 AktG a.F.
[256] Vgl. unten, S. 143ff.
[257] Vgl. Eifler, G., GoB für Rückstellungen, 1976, S. 32.

Abgrenzung zu anderen, rückstellungsähnlichen Posten zu klären. Wöhe[258] nennt mit konkretem Bezug auf das neue deutsche Bilanzrecht, das dem dynamischen Charakter verstärkt Rechnung trägt, drei sich ausschließende Bedingungen, von denen eine erfüllt sein muß, um die Bildung einer Rückstellung zu rechtfertigen. Es sind dies folgende **Voraussetzungen für die Rückstellungsbildung**:

1. Es muß mit einer **Inanspruchnahme durch einen Dritten** zu rechnen sein
   - aufgrund einer bereits rechtswirksamen Verpflichtung (Beispiel: Pensionsrückstellung), oder
   - aufgrund einer bereits verursachten, aber noch nicht rechtswirksamen Verpflichtung (Beispiel: Steuerrückstellungen),
   - aufgrund der Wahrscheinlichkeit, daß eine Verpflichtung entsteht (Beispiel: Garantierückstellung).

oder

2. Es droht ein **Verlust aus einem schwebenden Geschäft mit einem Dritten,** d.h. aus einem von beiden Vertragspartnern noch unerfüllten Vertrag (Beispiel: Beschaffungspreissteigerungen bei ansonsten festen Lieferverträgen),

oder

3. Es entsteht ein **Aufwand** oder droht ein **Verlust**, die, **ohne Inanspruchnahme durch einen Dritten**, künftige Zahlungen nach sich ziehen werden (Beispiel: Rückstellungen für aufgeschobene Reparaturen oder Rückstellungen für „Selbstversicherungen").

3.3.2 Funktionen von Rückstellungen

Handelsrechtlich dienen Rückstellungen dem Gläubigerschutz und der Unternehmenserhaltung, indem sie durch rechtzeitige Aufwandsbuchungen verhindern, daß Gewinne ausgewiesen, versteuert und möglicherweise ausgeschüttet werden, die für künftige Zahlungen benötigt werden. Durch Rückstellungen wird vor allem einem der Grundsätze ordnungsmäßiger Buchführung Rechnung getragen, nämlich dem **Vorsichtsgrundsatz** in seiner speziellen Ausprägung des Imparitätsprinzipes[259]. Betriebswirtschaftlich üben die Rückstellungen zudem noch eine wichtige **Finanzierungsfunktion** aus, da sie Mittel an das Unternehmen binden. Je langfristiger die Rückstellung ist, desto länger steht dieses zwischenzeitliche Kapital dem Unternehmen zur Verfügung. Der Finanzierungseffekt aus Rückstellungen ist mit dem Finanzierungseffekt von Abschreibungen in gewissem Sinne vergleichbar[260].

3.3.3 Sind Rückstellungen Fremd- oder Eigenkapital?

Rückstellungen im Sinne der statischen Bilanztheorie haben grundsätzlich Fremdkapitalcharakter. Den dynamischen Aufwandsrückstellungen fehlt dieser Fremdkapitalcharakter zunächst. Allerdings können auch die statischen Rückstellungen nicht in jedem Fall voll als Fremdkapital angesehen werden, sie können vielmehr auch Eigenkapitalanteile in unterschiedlichstem Ausmaße beinhalten.

---

[258] Vgl. Wöhe, G., Bilanzierung, 1984, S. 513.
[259] Vgl. oben, S. 45, 170.
[260] Vgl. z.B. Perridon, L., Steiner, J., Finanzwirtschaft, 1986, S. 296ff.

Zum Fremdkapitalcharakter von Rückstellungen ist festzuhalten:

1. Werden Rückstellungen zu vorsichtig, d.h. zu hoch geschätzt, dann enthält der als Rückstellung ausgewiesene Betrag stille Reserven. Diese sind – vermindert um die bei ihrer Auflösung entstehenden Steuern – dem Eigenkapital zuzurechnen.

2. In Grenzfällen können selbst Rückstellungen für ungewisse Verbindlichkeiten gegenüber Dritten (statische Rückstellungen) voll als Eigenkapital gelten, z.B. wenn das Ereignis, für dessen Vorsorge die Rückstellung gebildet wurde, nicht eintritt (Gewinnen eines Schadensersatzprozesses u. dgl.). Dann muß die Rückstellung gewinnerhöhend, d.h. eigenkapitalerhöhend aufgelöst werden. Fällt diese Auflösung in ein steuerliches Verlustjahr, dann entsteht nicht einmal eine Steuerschuld.

3. Rückstellungen für künftige Aufwendungen, d.h. die typischen Rückstellungen i.S. der dynamischen Bilanztheorie (z.B. für Instandhaltungsarbeiten, für Großreparaturen usw.) führen überhaupt nicht zu Verbindlichkeiten, haben somit keinen Fremdkapitalcharakter. Dies gilt insbesondere dann, wenn die Arbeiten vom Betrieb selbst durchgeführt werden.

Eine ausschließliche Zuordnung zum Fremdkapital oder Eigenkapital ist bei Rückstellungen nicht möglich. Der früher erfolgten (bis einschließlich Aktiengesetz 1965) eher eindeutigen Zuweisung der Rückstellungen zur statischen Bilanzauffassung und damit zum Fremdkapital[261], steht neuerdings die etwas stärkere Betonung der dynamischen Komponente und damit des möglichen Eigenkapitalcharakters gegenüber. Konsequenterweise werden Rückstellungen im Bilanzgliederungsschema keiner der beiden Seiten zugeordnet.

3.3.4 Abgrenzung gegenüber anderen Bilanzposten

Zu dieser Abgrenzung ist es sinnvoll, die oben bereits dargestellten Rückstellungskriterien von Eifler[262] heranzuziehen.

Verbindlichkeiten beziehen sich nicht ausschließlich auf Aufwendungen vergangener Perioden (Kriterium Nr. 2 bei Eifler). Außerdem sind sie stets eindeutig quantifizierbar (Kriterium N. 5 bei Eifler). Selbst die antizipative Rechnungsabgrenzung (Aufwand jetzt, Ausgabe später), die als sonstige Verbindlichkeit und nicht als Rechnungsabgrenzungsposten zu buchen ist (§ 250 HGB), bezieht sich zwar auf den Aufwand früherer Perioden, ist jedoch eindeutig quantifizierbar.

Sonderposten mit Rücklageanteil können zwar ebenso wie dies bei Rückstellungen möglich ist, eine Mischposition aus Eigenkapital und Fremdkapital sein, sie stellen jedoch keine Vermögensminderung dar (Kriterium Nr. 1 bei Eifler), zudem entstehen sie nicht durch künftige Handlung der Unternehmung (Kriterium Nr. 3 bei Eifler). Außerdem sind sie in ihrem Betrag eindeutig quantifiziert (Kriterium Nr.5 bei Eifler).

Rücklagen sind keine Passivposten für Wertminderungen (Kriterium Nr. 1 bei Eifler), sondern einbehaltene Gewinne oder zusätzliches Eigenkapital aus einem Agio[263].

---

[261] Vgl. ADS § 152 Tz 102.
[262] Vgl. oben, S. 133.
[263] Vgl. oben, S. 115ff.

Rechnungsabgrenzungsposten (transitorische, d.h. Ertrag später, Zahlung jetzt 250 Abs. 1 HGB) betreffen nicht den Aufwand einer vergangenen, sondern den Ertrag der kommenden Periode (Kriterium Nr. 2 bei Eifler), außerdem sind sie eindeutig quantifizierbar (Kriterium Nr. 5 bei Eifler).

3.3.5 Zwecke, für die Rückstellungen in der Handelsbilanz[264] gebildet werden dürfen

Wenngleich die Rückstellungsregelung des § 249 HGB durch die Aufwandsrückstellungen sich der dynamischen Bilanztheorie weiter annähert, sind auch nach neuem Recht nicht alle betriebswirtschaftlich möglichen Rückstellungen in der deutschen Handelsbilanz zulässig.

Das Gesetz zählt die **Rückstellungszwecke** vielmehr erschöpfend auf:

Hiernach **müssen** Rückstellungen gebildet werden (Passivierungspflicht des § 249 Abs. 1 HGB):

1. für ungewisse Verbindlichkeiten,
2. für drohende Verluste aus schwebenden Geschäften,
3. für unterlassene Aufwendungen für Instandhaltung, die innerhalb von 3 Monaten, oder für Abraumbeseitigung, die im folgenden Geschäftsjahr nachgeholt werden,
4. für Gewährleistungen ohne rechtliche Verpflichtung.

Weiterhin **dürfen** Rückstellungen gebildet werden (Rückstellungswahlrecht des § 249 Abs. 1 letzter Satz und Abs. 2 HGB):

5. für unterlassen Aufwendungen für Instandhaltung, wenn die Aufwendung nach Ablauf der 3-Monatsfrist, aber noch innerhalb des folgenden Geschäftsjahres nachgeholt wird;
6. für Aufwandsrückstellungen, das sind Aufwendungen,
   - die in ihrer Eigenart genau umschrieben sind,
   - die dem Geschäftsjahr oder einem früheren Geschäftsjahr zuzuordnen sind (Jahr der Verursachung),
   - die am Abschlußstichtag wahrscheinlich oder sicher sind,
   - die jedoch hinsichtlich ihrer Höhe oder des Zeitpunktes ihres Eintritts unbestimmt sind.

Für andere Zwecke dürfen Rückstellungen nicht gebildet werden (§ 249 Abs. 3 HGB).

Diese Rückstellungsregelung unterscheidet sich vom alten Recht[265] dadurch, daß

- ein Wechsel erfolgt vom Wahlrecht zur Passivierungspflicht bei Rückstellungen für unterlassene Instandhaltung (3 Monate) und für Rückstellungen für Gewährleistung ohne rechtliche Verpflichtung;
- die Bildung von Aufwandsrückstellungen als Passivierungswahlrecht neu hinzugekommen ist.

---

[264] Zur steuerlichen Rückstellungsregelung vgl. S. 147ff und S. 274.
[265] § 152 Abs. 7 AktG a.F.

3.3.5.1 Rückstellungen für ungewisse Verbindlichkeiten

Merkmale dieser Rückstellung sind der Charakter als Schuld gegenüber einem Dritten sowie die Ungewißheit über Bestehen, Entstehen und/oder Höhe der Schuld. Der Schuldcharakter liegt eindeutig vor, wenn die Verpflichtung rechtlich bereits entstanden ist. Er liegt aber auch vor, wenn die wirtschaftliche Ursache für eine erst später entstehende Verbindlichkeit vor dem Bilanzstichtag liegt[266]. Die Schuld muß nicht in Geld, sie kann auch in einer Lieferung oder Leistung bestehen, wie dies bei Garantieleistungen aufgrund einer rechtlichen Verpflichtung im allgemeinen der Fall ist[267]. Die Ungewißheit einer Verbindlichkeit ist dann gegeben, wenn das Bestehen, das Entstehen oder die Höhe unsicher ist, d.h. am Bilanzstichtag noch nicht abschließend beurteilt werden kann. Ist nur der Fälligkeitstermin einer Verbindlichkeit ungewiß, so ist diese nicht unter Rückstellungen, sondern unter Verbindlichkeiten auszuweisen.

Die folgende Einzelbesprechung von Rückstellungen für ungewisse Verbindlichkeiten beschränkt sich auf einige wichtige Arten.

a) Pensionsrückstellungen

Rückstellungen für Pensionen und pensionsähnliche Verpflichtungen[268] (Position B.1 des Bilanzgliederungsschemas von § 266 HGB) müssen nach neuem Recht gebildet werden (**Passivierungspflicht**). Bislang galt ein Passivierungswahlrecht, das allerdings nicht durch den Wortlaut des „alten" § 152 Abs. 7 AktG a.F. gedeckt war. Das Wahlrecht ergab sich aufgrund eines Urteils des Bundesgerichtshofes aus dem Jahr 1961[269]. Ab 1987[270] sind Pensionsrückstellungen zwingend zu bilden. Diese Passivierungspflicht wurde ins neue Gesetz (§ 249 HGB) allerdings nicht expressis verbis aufgenommen. In den Erläuterungen zum letzten Entwurf des Bilanzrichtliniengesetzes[271] wird hierzu ausgeführt: „Die Rückstellungspflicht ergibt sich sodann aus der allgemeinen Rückstellungsverpflichtung für ungewisse Verbindlichkeiten... . Einer weitergehenden gesetzlichen Regelung bedarf es nicht. Die Rückstellung wird für alle Kaufleute erstmals gesetzlich geregelt. Das Passivierungswahlrecht, von dem heute ausgegangen wird, kann deshalb nur in dem Umfang fortbestehen, wie es gesetzlich eingeräumt wird. ... Die Verpflichtung soll jedoch nicht rückwirkend, sondern nur für künftige Zusagen vorgeschrieben werden. In Artikel 28 des Einführungsgesetzes zum Handelsgesetzbuche wird daher ein Passivierungswahlrecht für Zusagen, die vor dem 1.

---

[266] Vgl. ADS § 152 Tz 110, vgl. Glade, A., Rechnungslegung, 1986, § 249 Tz 47, vgl. auch Jonas, H., Die in der aktienrechtlichen Handelsbilanz zulässige Rückstellung für ungewisse Verbindlichkeiten, DB 1986, Teil I, S. 337ff., Teil II, S. 389ff.

[267] Sog. geldwerte Leistung, vgl. ADS § 152 Tz 111, vgl. Glade, A., Rechnungslegung, 1986, § 249 Tz 43.

[268] Pensionsähnliche Verpflichtungen sind z.B. zugesagte Treueprämien oder Tantiemezahlungen, wenn diese vom Erreichen einer Altersgrenze abhängen, Einzelheiten vgl. bei Siegel, T., Pensionsähnliche Verpflichtungen, DB, 1985, S. 1033f.

[269] Vom 27.2.1961, BGHZ, Bd. 34, S. 324; ebenso BGH vom 14.2.74, BB 1974, S. 854, vgl. auch WPg, 1961, S. 241.

[270] Gemäß Art. 23 des EGHGB können die Vorschriften des Bilanzrichtliniengesetzes in ihrer Gesamtheit auch für ein früheres Geschäftsjahr angewendet werden. In diesem Fall besteht für Pensionszusagen eine Passivierungspflicht.

[271] Deutscher Bundestag, Rechtsausschuß, Erläuterungen zu dem Entwurf eines Gesetzes zur Durchführung der 4., 7. und 8. Richtlinie des Rates der Europäischen Gemeinschaften zur Koordinierung des Gesellschaftsrechts vom 1.8.1985, S. 29.

Januar 1987 erteilt worden sind, als Übergangsregelung zugelassen". Diese eindeutige und betriebswirtschaftlich wünschenswerte Abschaffung des bisherigen Passivierungswahlrechtes von Pensionsrückstellungen zugunsten der Passivierungspflicht wurde vom Fachschrifttum seit langem und vehement gefordert[272]. Durch die nunmehr geltende handelsrechtliche Verpflichtung besteht **auch in der Steuerbilanz die Passivierungspflicht aufgrund des Maßgeblichkeitsprinzips**. Die Voraussetzungen, die erfüllt sein müssen, damit eine Pensionsrückstellung gebildet werden kann, sind vor allem im Steuerrecht, in § 6a EStG formuliert. Pensionsrückstellungen dürfen hiernach nur gebildet werden (**Voraussetzungen für die Passivierungsfähigkeit**), wenn

1. ein Rechtsanspruch des Pensionsberechtigten auf einmalige oder laufende Pensionsleistungen besteht,
2. die Pensionszusage keinen Widerrufsvorbehalt enthält (Ausnahmen: Existenzgefährdung des Unternehmens)[273],
3. die Pensionszusage schriftlich erteilt wurde (z.B. Einzelvertrag, Tarifvertrag, Pensionsordnung, Betriebsvereinbarungen u. dgl.)[274].

Pensionszusagen können nicht nur an Arbeitnehmer gegeben werden. Es besteht auch die Möglichkeit von Pensionszusagen an Gesellschafter einer Kapitalgesellschaft, sofern sie als Geschäftsführer tätig sind. Die hier früher bestehenden steuerlichen Beschränkungen (Beteiligung unter 50% und Altersgrenze 75 Jahre, sog. Bahrentheorie) sind inzwischen durch Änderung der Rechtssprechung des BFH gegenstandslos geworden[275]. Pensionsrückstellungen für Gesellschafter an Personengesellschaften bleiben steuerlich nach wie vor unzulässig.

b) Steuerrückstellungen

Sie müssen für alle diejenigen Steuern gebildet werden, die in der Handelsbilanz als Aufwand gelten, sofern im Zeitraum zwischen wirtschaftlicher Verursachung der Steuer und rechtskräftiger Entstehung der Steuerschuld (z.B. durch Steuerbescheid) der Abschlußstichtag liegt. Es sind dies die im Gliederungsschema der GuV-Rechnung nach dem Gesamtkostenverfahren unter den Ziffern 18. Steuern vom Ertrag sowie 19. Sonstige Steuern auszuweisenden Steuerarten (vgl. § 275 Abs. 2 HGB)[276].

Zu den **Steuern vom Einkommen und Ertrag** gehören:

- die Körperschaftsteuer,
- die Gewerbeertragsteuer.

---

[272] Vgl. etwa Binz, H. B. Vogel, H., Die Passivierungspflicht, DStR, 1980, S. 639f., Heubeck, K., Zur Berücksichtigung, BetrAV, 1980, S. 254f., Lemitz, H. G., Versorgungsverpflichtungen, DB, 1981, S. 2133f., 2188f. und 2240f.; Birk, D., Zur Verfassungsmäßigkeit, BB, 1983, S. 2065f., Ott, J., Pensionsanwartschaften, BB, 1983, S. 1643f.; Schulte, K. W., Pensionsverpflichtungen, BB, 1984, S. 2099f., Coenenberg, A., Jahresabschluß, 1982, S. 190; WP-Handbuch, 1985/86, Bd. 1, S. 631; Fachgutachten des IdW 1/1951 in: WPg 1951, S. 460, sowie Stellungnahme des HFA des IdW Nr. 1/1961, in: WPg 1961, S. 439, WPg 1975, S. 174, WPg 1976, S. 86.
[273] Vgl. Schmidt, L., Einkommensteuergesetz, 1984, § 6a Tz 4.
[274] Ebenda, Tz 5.
[275] Zur Voraussetzung des herrschenden Gesellschafters: BFH vom 15.12.1965, BStBl. 1966, III, S. 202,
zur Bahrentheorie: BFH vom 28.4.1982, BStBl. II, S. 612ff.
[276] Beim Umsatzkostenverfahren werden diese Steuern unter den Nummern 17 und 18 des § 275 Abs. 3 HGB ausgewiesen.

Zu den **Sonstigen Steuern** gehören:

- die Vermögensteuer,
- die Gewerbekapitalsteuer,
- die Grundsteuer,
- die Erbschaft-/Schenkungsteuer,
- sowie Ausfuhrzölle, Beförderungsteuer, Gesellschaftsteuer, Kraftfahrzeug-steuer, Mineralölsteuer, Wechselsteuer, Versicherungsteuer und eine Vielzahl weiterer Verbrauchsteuern (Biersteuer, Branntweinsteuer usw.).

Zurückzustellen sind die Beträge, die wirtschaftlich oder rechtlich bis zum Ablauf des Geschäftsjahres entstanden sind, aber noch nicht rechtskräftig veranlagt sind (bei Veranlagungssteuern). Ist die Steuerschuld nicht ungewiß (wie i.d.R. bei der Grundsteuer und bei vielen Verbrauchsteuern), kommt nicht eine Rückstellung, sondern eine Verbindlichkeit in Betracht.

Bei der **Körperschaftsteuerrückstellung** ist es erforderlich, zwei Steuersätze zu berücksichtigen:

- Für Ergebnisteile, die durch Gesetz, Satzung oder Vorstand bzw. Aufsichtsrat den Rücklagen zugeführt werden, ist der Körperschaftsteuersatz von 56% anzuwenden.
- Für Ergebnisteile, die ausgeschüttet werden sollen, ist vom Ausschüttungssatz (36%) auszugehen. Bei der Bildung der Körperschaftsteuerrückstellung auf auszuschüttende Gewinnanteile ist vom zu erwartenden Ausschüttungsbeschluß der Hauptversammlung auszugehen (§ 278 HGB). Es darf nicht mehr – im Gegensatz zur alten Regelung des § 157 AktG a.F. – für den Bilanzgewinn die Vollausschüttungshypothese unterstellt werden.

Steuern, die möglicherweise aufgrund einer steuerlichen **Außenprüfung** nachzuzahlen sind (Betriebsprüfungsrisiko), müssen ebenfalls zurückgestellt werden. Zu beachten ist, daß zwischen handelsrechtlicher und steuerrechtlicher Zulässigkeit von Steuerrückstellungen Unterschiede bestehen. Da in der Steuerbilanz die personenbezogenen Steuern (v.a. KSt und VSt) keine Betriebsausgabe darstellen (§ 10 KStG) dürfen hierfür keine Rückstellungen gebildet werden. In der Handelsbilanz ist die entsprechende Steuerrückstellung jedoch obligatorisch.

c) Rückstellungen für latente Steuern

Durch Umsetzung der 4. EG-Richtlinie in das deutsche HGB ist eine besondere Art der Steuerrückstellung für deutsche Kapitalgesellschaften erstmals verpflichtend geworden – die Rückstellung für latente Steuern. Im Gegensatz zu den obigen Steuerrückstellungen, bei denen die Steuerschuld wirtschaftlich bereits entstanden ist, kommen Rückstellungen für latente Steuern dann in Betracht, wenn aufgrund der Handelsbilanz die Steuerschuld bereits entstanden wäre, aufgrund abweichender steuerlicher Vorschriften die Steuerschuld tatsächlich aber erst später entsteht[276a].

§ 274 Abs. 1 HGB wörtlich: „Ist der dem Geschäftsjahr und früheren Geschäftsjahren zuzurechnende Steueraufwand zu niedrig, weil der nach den steuerrechtlichen Vorschriften zu versteuernde Gewinn niedriger als das handels-

---

[276a] Vgl. Heydkamp, W., Grundsätzliche Überlegungen zur Steuerabgrenzung, DB 1986, S. 1345ff., vgl. auch Weyand, S., Die Bilanzierung latenter Steuern, DB 1986, S. 1185ff.

rechtliche Ergebnis ist, und gleicht sich der zu niedrige Steueraufwand des Geschäftsjahres und früherer Geschäftsjahre in späteren Geschäftsjahren voraussichtlich aus, so ist in Höhe der voraussichtlichen Steuerbelastung nachfolgender Geschäftsjahre eine Rückstellung nach § 249 Abs. 1 Satz 1 zu bilden und in der Bilanz oder im Anhang gesondert anzugeben. Die Rückstellung ist aufzulösen, sobald die höhere Steuerbelastung eintritt oder mit ihr voraussichtlich nicht mehr zu rechnen ist".

Dieses Auseinanderklaffen zwischen handelsrechtlicher und steuerrechtlicher Beurteilung des Steueraufwandes entsteht immer dann, wenn

- in der Steuerbilanz gewinnmindernde Maßnahmen (z.B. steuerfreie Rücklagen oder Sonderabschreibungen) getroffen werden, die nicht gleichermaßen in der Handelsbilanz enthalten sind, oder
- wenn in der Handelsbilanz gewinnerhöhende Maßnahmen getroffen werden, die in der Steuerbilanz nicht nachvollzogen werden dürfen (z.B. Wertzuschreibungen, die gem. § 6 Abs. 1 Nr. 1 EStG steuerlich verboten sind).

Latente Steuern können folglich nur dann entstehen, **wenn das Maßgeblichkeitsprinzip zulässigerweise durchbrochen wird.**

Die wichtigsten Fälle sind:

- die steuerliche Preissteigerungsrücklage (§ 74 EStDV),
- Zuschreibungen[277],
- die Aktivierung von Fremdkapitalzinsen[278]. Steuerlich wird die Aktivierung von Fremdkapitalzinsen nur anerkannt, wenn die Herstellung sich über einen längeren Zeitraum erstreckt (Abschn. 33 Abs. 7 EStR), handelsrechtlich dürfen Fremdkapitalzinsen aktiviert werden, wenn das Darlehen zur Finanzierung des hergestellten Vermögensgegenstandes verwendet wird, ohne daß ein Mindestherstellungszeitraum vorgegeben ist (§ 255 Abs. 3 HGB).

Keine Einigkeit besteht im Schrifttum darüber, ob bei **aktiven Bilanzierungshilfen**[279] eine Rückstellung für latente Steuern in Frage kommt. Zwar ist in diesem Fall der Handelsbilanzgewinn höher als der Steuerbilanzgewinn, die Differenz gleicht sich auch später aus, wenn handelsrechtlich abgeschrieben wird, was steuerlich nicht möglich ist[280]. Die Gegner einer latenten Steuerrückstellung[281] argumentieren statisch, nämlich, daß es aufgrund von Bilanzierungshilfen nicht zu einer Steuernachzahlung kommen könne und folglich kein Grund für eine Rückstellung bestünde. Außerdem würde der Zweck der Bilanzierungshilfe, nämlich eine sonst eventuell eintretende Überschuldung zu verhindern, durch die „Passivierung latenter Steuern eingeschränkt, u.U. gar konterkariert"[282]. Die

---

[277] Vgl. unten S. 219ff, vgl. auch Siegel, T., Probleme latenter Steuern, BB, 1984, S. 1912, vgl. auch Streim, H., Wertaufholungsgebot, WPg 1983, S. 671-683 und WPg 1984, S. 412-416.

[278] Vgl. Bareis, H. P., Latente Steuern, BB, 1985, S. 1236; vgl. Harms, J. E., Küting, K. Probleme latenter Steuern, DB, 1985, S. 100; dieselben, DB, 1984, S. 1257; vgl. Siegel, T., Latente Steuern, BB, 1985, S. 500.

[279] Vgl. z.B. die Ingangsetzungskosten, vgl. oben, S. 93.

[280] Vgl. S. 71, FN 52, § 282 HGB.

[281] Z.B. Bareis, H. P., Latente Steuern, BB, 1985, S. 1235f., z.B. Siegel, T., Latente Steuern, BB, 1985, S. 499.

[282] Vgl. Siegel, ebenda, S. 499.

Befürworter dieser Rückstellung[283] lehnen den rein statischen Charakter auch bei latenten Steuerrückstellungen ab und betonen, daß es im Sinne der dynamischen Bilanztheorie nicht auf den Schuldcharakter der Rückstellung ankomme[284]. Insofern sei auch diese Rückstellung als Aufwandsrückstellung zu interpretieren.

Beispiel: Aktivierung von Fremdkapitalzinsen						
Aktivierung von Fremdkapitalzinsen in der Handelsbilanz 1987				10,–		
Gewinn vor Steuern und nach Aktivierung der Fremdkapitalzinsen in vorläufiger Handels- und Steuerbilanz				100,– je Jahr		
Die Aktivierung bezieht sich auf die Herstellung eines Vermögensgegenstandes des abnutzbaren Anlagevermögens, Nutzungsdauer				5 Jahre		
Abschreibung (Herstellung zu Jahresbeginn 1987)				linear		
Steuersatz				50%		
	1987	**1988**	**1989**	**1990**	**1991**	**Summe**
Steuerbilanz:						
Gewinn vor Steuern	100	100	100	100	100	500
– FK-Zinsen	−10	–	–	–	–	−10
= Steuerbilanzgewinn	90	100	100	100	100	490
– Steuern (50 %)	−45	−50	−50	−50	−50	−245
= Gewinn nach Steuern	45	50	50	50	50	245
Handelsbilanz:						
Jahresüberschuß nach Aktivierung der FK-Zinsen und vor Steuern	100	100	100	100	100	500
– anteilige Abschreibung der FK-Zinsen	−2	−2	−2	−2	−2	−10
= Jahresüberschuß vor Steuern	98	98	98	98	98	490
– effektive Steuerzahlung (50%, laut Steuerbilanz)	−45	−50	−50	−50	−50	−245
(fiktive Steuerschuld aufgrund des Handelsbilanzergebnisses)	(49)	(49)	(49)	(49)	(49)	(245)
+/− latenter Steueraufwand/ertrag* − = Aufwand (Bildung der Rückstellung)	−4					−4
+ = Ertrag (Auflösung der Rückstellung)		+1	+1	+1	+1	+4
Jahresüberschuß nach Steuern	49	49	49	49	49	245
Höhe der Rückstellung für latente Steuern	4	3	2	1	0	
* Berechnung: Steuerbilanzgewinn × 50% − handelsrechtlicher Jahresüberschuß (vor Steuern) × 50%						

Abb. 24 Rückstellung für latente Steuern

---

[283] Z.B. Harms, J. E., Küting, K., Probleme latenter Steuern, BB, 1985, S. 97; z.B. Hartung, W., Latente Steuern, BB, 1985, S. 635.
[284] Vgl. oben, S. 132f.

Bildung und Auflösung einer Rückstellung für latente Steuern sollen durch das in Abbildung 24 behandelte Beispiel demonstriert werden[285].

d) Weitere Rückstellungen für ungewisse Verbindlichkeiten

Rückstellungen für Gewährleistungen (mit rechtlicher Verpflichtung)

Ist zu erwarten, daß künftige Garantieleistungen zu erbringen sind, dann ist der zugehörige Aufwand möglichst in dem Jahr zu berücksichtigen, in dem die Lieferung oder Leistung erfolgt ist. Das Bestehen einer rechtlichen Verpflichtung ist Voraussetzung dafür, daß es sich um eine Rückstellung für ungewisse Verbindlichkeiten handelt. Sogenannte Kulanzrückstellungen, bei denen diese Verpflichtung fehlt, gehören nicht hierzu, es sei denn, das Unternehmen kann sich aus wirtschaftlichen Gründen der Kulanzleistung nicht entziehen[286]. Die ungewisse Verbindlichkeit kann in der Verpflichtung sowohl zu einer Geldleistung als auch zu einer Sach- oder Dienstleistung[287] bestehen. Letzteres wird im Gewährleistungsfall die Regel sein.

Rückstellung für Sozialplanverpflichtungen

sind zu bilden, wenn Sozialpläne bei Stillegung, Betriebseinschränkungen und anderen Betriebsänderungen Abfindungszahlungen an ausscheidende Arbeitnehmer vorsehen[288].

Ohne nähere Erläuterungen werden im folgenden noch weitere Arten von Rückstellungen für ungewisse Verbindlichkeiten aufgezählt[289]:

- Rückstellung für Kosten der Jahresabschlußprüfung, für Kosten der Hauptversammlung und sonstige durch den Jahresabschluß verursachte Kosten, soweit diese Kosten Verbindlichkeiten gegenüber Dritten begründen;
- Rückstellungen für Provisionen, Tantiemen und Gratifikationen;
- Rückstellungen für Boni und Rabatte für das abgelaufene Geschäftsjahr;
- Rückstellung für Nachgewährung von Urlaub oder Barabgeltung von nicht verbrauchten Urlaubsansprüchen;
- Rückstellung für den Ausgleichsanspruch des Handelsvertreters, soweit dieser nicht Versorgungscharakter hat (dann Bilanzierung bei den pensionsähnlichen Rückstellungen[290]);
- Rückstellungen für Prozeßrisiken;
- Rückstellungen für Patent- und Markenzeichenverletzungen;
- Rückstellungen für Inanspruchnahmen aus dem Wechselobligo, aus Bürgschaften und andere Haftungsverpflichtungen (z.B. Produkthaftung);
- Rückstellungen für Heimfallverpflichtungen,
- Rückstellungen für Bergschäden.

3.3.5.2 Rückstellungen für drohende Verluste aus schwebenden Geschäften

Auch für diese Rückstellungen besteht eine gesetzliche Passivierungspflicht. Diese sog. Drohverlustrückstellungen werden zwar im Gesetz neben den Rückstel-

---

[285] In Anlehnung an das Beispiel bei Harms, J. E., Küting, K., Probleme latenter Steuern, BB, 1985, S. 101.

[286] Vgl. ADS § 152 Tz 152, vgl. auch Glade, A., Rechnungslegung, 1986, § 249 Tz 51.

[287] Vgl. ADS § 152 Tz 111.

[288] Vgl. WP-Handbuch 1985/86, Bd. 1, S. 642.

[289] Vgl. ADS § 152 Tz 117ff., vgl. Glade, A., Rechnungslegung, 1986, § 249 Tz 60.

[290] vgl. S. 137 FN 268.

lungen für ungewisse Verbindlichkeiten genannt, nach herrschender Lehre handelt es sich hierbei jedoch um einen Unterfall der letzteren[291]. Es gilt somit, „daß Rückstellungen für drohende Verluste aus schwebenden Geschäften ... als Rückstellungen für ungewisse Schulden betrachtet werden können, da die Rückstellungen für den Betrag gebildet werden, um den die Verbindlichkeiten der Gesellschaft aus dem schwebenden Geschäft ihre Forderungen übersteigen"[292]. Schwebende Geschäfte ergeben sich aus Verträgen, die von beiden Seiten noch nicht erfüllt sind[292a].

Verluste aus schwebenden Geschäften entstehen, wenn die

- zu leistende Zahlung
- aufgrund geänderter wirtschaftlicher Verhältnisse
- höher ist, als der Gegenwert, den das Unternehmen für seine Zahlung erhält[293].

Drohende Verluste können aus verschiedensten Arten von Verträgen (z.B. Kauf-, Miet-, Pacht-, Arbeitsverträge) entstehen. Hierzu einige Beispiele:

- Bei einer Lieferverpflichtung zu festen Preisen steigen die Beschaffungspreise für Roh- und Hilfsstoffe über das kalkulierte Ausmaß hinaus;
- Ein Kaufvertrag wurde für eine Maschine abgeschlossen und die Maschine kann aufgrund von Nachfragerückgängen oder -verschiebungen in der Produktion nicht mehr sinnvoll eingesetzt werden;
- Mietverträge über Lagerräume müssen weiterhin erfüllt werden, die gesamte Lagerfläche wird aber wegen mangelnder Beschäftigung nicht mehr benötigt.

Voraussetzung für die Rückstellungsbildung ist, daß ein Verlust droht, d.h. mit einer bestimmten Wahrscheinlichkeit auch tatsächlich eintritt.

Diese Rückstellungsart läßt dem Ermessen des Bilanzierenden einen nicht unbeachtlichen Spielraum, der allerdings durch die allgemeinen Grundsätze der Vorsicht und Sorgfalt begrenzt wird.

3.3.5.3 Aufwandsrückstellungen

a) Rückstellungen für unterlassene Instandhaltung oder Abraumbeseitigung, die im folgenden Wirtschaftsjahr innerhalb von 3 Monaten nachgeholt werden (§ 249 Abs. 1 Nr. 1 HGB).

Auch für diese Rückstellung besteht nach neuem Recht eine Passivierungspflicht. Reparatur- und Instandhaltungsarbeiten werden üblicherweise laufend oder in festem Turnus durchgeführt. Unterbleibt eine solche Reparatur oder Wartung, z.B. weil eine Maschine wegen hoher Auftragsbestände im laufenden Einsatz bleiben muß, dann gehört der Instandhaltungsaufwand ins alte Jahr, auch wenn die Arbeiten erst im nächsten Jahr durchgeführt werden. Analoges gilt für die Abraumbeseitigung, einer Aufwandsart, die im Bergbau von Bedeutung ist. In der Literatur findet sich auch der Vorschlag, anstelle der Bildung einer Rückstellung für unterlassene Instandhaltung eine außerplanmäßige Abschreibung

---

[291] Vgl. Coenenberg, A., Jahresabschluß, 1982, S. 193, zu den Drohverlustrückstellungen vgl. weiter auch Jonas, H., Die in der aktienrechtlichen Handelsbilanz zulässige Rückstellung für drohende Verluste, DB 1986, S. 1733ff.

[292] ADS § 152 Tz 139.

[292a] Vgl. Friederich, H., GoB für schwebende Geschäfte, 1976, S. 13ff.

[293] Vgl. z.B. Wöhe, G., Bilanzierung, 1984, S. 549.

durchzuführen, die im Jahr der nachgeholten Instandhaltung durch eine Zuschreibung ausgeglichen wird[294].

Die Passivierungsverpflichtung des § 249 trägt dem dynamischen Charakter[295] der Bilanz Rechnung, es handelt sich um einen Posten zur periodenrichtigen Erfolgsabgrenzung. Die Rückstellung ist zu bilden, auch wenn das Unterlassen der Instandhaltung nicht zu einer ungewissen Verbindlichkeit führt. Steuerrechtlich gilt für die Instandhaltungsrückstellung ebenfalls eine Nachholfrist von 3 Monaten[296]. Für die Abraumbeseitigung ist handels- wie steuerrechtlich keine Frist vorgesehen[297]. Handelsrechtlich besteht für den Instandhaltungsfall ein weitergehendes Passivierungswahlrecht, soweit die Nachholung der Arbeiten die 3-Monatsfrist durchbricht, jedoch noch innerhalb des Geschäftsjahres erfolgt.

b) Rückstellungen für Gewährleistungen ohne rechtliche Verpflichtung (§ 249 Abs. 1 Nr. 2 HGB)

Sofern es sich bei diesen Rückstellungen um Gewährleistungen handelt, denen sich der Unternehmer aus faktisch-wirtschaftlichen Gründen nicht entziehen kann (sog. unechte Kulanzleistungen), handelt es sich um eine Rückstellung für ungewisse Verbindlichkeiten[298]. Die zusätzliche Passivierungspflicht auch für echte Kulanzleistungen stellt sicher, daß nunmehr alle Arten der Gewährleistung durch eine Rückstellung periodenrichtig als Aufwand behandelt werden – unabhängig davon, ob es sich um Rückstellungen mit Schuldcharakter oder um solche mit Aufwandscharakter handelt.

c) Aufwandsrückstellungen, allgemein

Neben den oben beschriebenen Spezialfällen von Aufwandsrückstellungen, für die eine Passivierungspflicht gilt, sieht § 249 Abs. 2 HGB ein **Passivierungswahlrecht für alle anderen Aufwandsrückstellungen** vor, soweit sie die im Gesetz genannten Bedingungen erfüllen.

Diese **Bedingungen** lauten:

• Es muß sich um ihrer Eigenart nach genau umschriebene Aufwendungen handeln.
• Diese Aufwendungen müssen dem Geschäftsjahr oder einem früheren Geschäftsjahr zuzuordnen sein (d.h. die Aufwandursache muß in der Vergangenheit liegen).
• Die Aufwendungen müssen am Abschlußstichtag wahrscheinlich oder sicher sein.
• Sie müssen aber hinsichtlich ihrer Höhe und des Zeitpunkts ihres Eintritts unbestimmt sein.

Es handelt sich hierbei um Rückstellungen im Sinne der dynamischen Bilanztheorie. Sie dienen also dem Ziel der periodenrichtigen Erfolgsabgrenzung. Beachtenswert ist, daß es sich bei diesen Rückstellungen um ein Passivierungswahlrecht handelt, dessen Ausübung nicht an einen bestimmten Bilanzstichtag gebunden ist, da auch die Möglichkeit der **Nachholung von unterlassener Rückstel-**

---

[294] Vgl. z.B. Siegel, T., Instandhaltungsrückstellungen, WPg, 1985, S. 14f.
[295] Vgl. S. 21f, 132f.
[296] Abschn. 31a, Abs. 6 EStR.
[297] Die Fristangabe in § 249 Abs. 1 Nr. 1 HGB gilt nur für unterlassene Instandsetzungen, vgl. auch BFH vom 26.6.1951, BStBl. III, S. 211.
[298] Vgl. oben, S. 142.

lungsbildung besteht („dem Geschäftsjahr oder einem früheren Geschäftsjahr zuzuordnende Aufwendungen", § 249 Abs. 2 HGB).

Diese Rückstellung darf offensichtlich nur dann gebildet werden, wenn die Aufwendung selbst nicht aktivierungspflichtig ist[299]. Eine Rückstellung z.B. für aktivierungspflichten Herstellungsaufwand kann vom Gesetzgeber nicht gewollt sein, auch wenn im Gesetz kein klarstellender Hinweis enthalten ist, da sonst für zukünftige Investitionen generell Rückstellungen zugelassen werden müßten[300].

Durch die generelle Zulässigkeit von Aufwandsrückstellungen wird dem Bilanzierenden eine uneingeschränkte Möglichkeit zur Periodenabgrenzung künftiger Aufwendungen geschaffen, die der Zeit vor dem Bilanzstichtag zuzurechnen sind[301].

Diese Passivierungshilfe für Aufwandsrückstellungen ist nicht unproblematisch. Solche Rückstellungen sind auf Plänen beruhende Verpflichtungen des Unternehmens gegen sich selbst, die realisierte Erträge vergangener Periode betreffen und in Zukunft zu Vermögensminderungen führen[302]. Solch geplante spätere Maßnahmen oder Selbstverpflichtungen sind aber mit erheblicher Unsicherheit bezüglich ihrer Durchführung behaftet. Um sicherzustellen, daß die Aufwandsrückstellung nicht als „Rückstellung zur Verhinderung drohender Gewinne" mißbraucht wird, schreibt das Gesetz ausdrücklich vor, daß die Aufwendung am Abschlußstichtag mit hoher Wahrscheinlichkeit oder sicher gegeben sein muß. Das Problem, in welchem Ausmaß und unter welchen Bedingungen der Verbrauch von Produktionsfaktoren bei späteren Maßnahmen einer früheren Periode zuzurechnen ist, dürfte objektiv kaum zu lösen sein.

Hinzuzufügen bleibt, daß solche Aufwandsrückstellungen beim derzeitigen Stand des Steuerrechts **in der Steuerbilanz nicht zulässig** sind.

Im folgenden werden einige wichtige **Anlässe zur Bildung von Aufwandsrückstellungen** besprochen.

1. Aufwandsrückstellung für Großreparaturen[303]

Problematisch ist bereits die Definition des Begriffs der Großreparatur. Es darf sich nach den obigen Ausführungen nicht um aktivierungspflichtigen Herstellungsaufwand handeln[304]. Es läßt sich auch allgemein nicht angeben, wo die Grenze zwischen Großreparatur und Kleinreparatur liegt. Weder die Höhe des Aufwands noch der zeitliche Abstand zwischen einzelnen Großreparaturen lassen sich als objektive Merkmale eindeutig festlegen. Weiterhin dürften zwischen unterlassenen Großreparaturen und unterlassenen Instandhaltungen (für die der Gesetzgeber ja eine Passivierungspflicht fordert) keine prinzipiellen, allenfalls graduelle Unterschiede bestehen[305]. Gibt es aber keine objektiven Abgrenzungs-

---

[299] Vgl. oben, S. 89.
[300] Vgl. Streim, H., Rückstellungen für Großreparaturen, BB, 1985, S. 1575.
[301] Vgl. Schruff, L., Gross, P., Jahresabschluß, 1986, S. 122.
[302] Vgl. Ordelheide, D., Hartle, J., Rechnungslegung, GmbHR, 1986, S. 16.
[303] Diese Art der Aufwandsrückstellung war in früheren Entwürfen zum Bilanzrichtliniengesetz die einzig zulässige Aufwandsrückstellung. Erst im letzten Entwurf, der dann als Gesetz verabschiedet wurde (Bundestagsdrucksache 10/4260 vom 18.11.1985) wurde diese Beschränkung fallengelassen.
[304] Vgl. oben, S. 89.
[305] Vgl. Selchert, F. W., Rückstellungen für Großreparaturen, DB, 1985, S. 1545.

regeln, dann wächst dem Bilanzierenden ein bedeutender Ermessensspielraum zu[306]. Dies ist im Sinne des „True and fair view" (§ 264, Abs. 2 HGB) höchst problematisch.

2. Aufwandsrückstellungen für geplante Werbemaßnahmen

Eine Rückstellung aus diesem Grund kommt z.B. in Frage, wenn eine vertragliche Verpflichtung zu turnusmäßigen Werbekampagnen besteht, deren Durchführung sich verzögert[307]. Im allgemeinen, d.h. ohne vertragliche oder faktische Verpflichtung zur Durchführung zu einem bestimmten Zeitpunkt, wird eine Rückstellung für unterlassene Werbefeldzüge nicht möglich sein, da es hierbei an zwei wesentlichen Voraussetzungen für die Zulässigkeit von Aufwandsrückstellungen fehlt, der ursächlichen Zuordnung des Werbeaufwands zum abgelaufenen oder einem früheren Geschäftsjahr sowie der Sicherheit der späteren Durchführung.

3. Aufwandsrückstellungen für Preissteigerungen

Liegt zwischen dem Verbrauch eines Produktionsfaktors und seiner Wiederbeschaffung ein Abschlußstichtag, und ist die Wiederbeschaffung nur zu gestiegenen Preisen möglich, so sind die Voraussetzungen für die Bildung einer Aufwandsrückstellung erfüllt:

- Es entsteht ein künftiger, in seiner Eigenart genau umschriebener Aufwand über die laufende Verbrauchsbuchung des Geschäftsjahres (z.B. Rohstoffverbrauch, Wareneinsatz oder Abschreibung) hinaus in Höhe der Preissteigerung.
- Der Aufwand ist sicher bzw. hochwahrscheinlich.
- Er ist dem Geschäftsjahr zuzuordnen (d.h. dem Jahr des Rohstoffverbrauchs, des Warenverkaufs oder der Maschinennutzung).
- Höhe und/oder Zeitpunkt des Eintritts sind unbestimmt (d.h. genaues Ausmaß der Preissteigerung und/oder Zeitpunkt, zu dem das wiederbeschaffte Gut verbraucht wird).

Für die Wiederbeschaffung von Vermögensgegenständen, deren Anschaffungskosten bei ihrem Verbrauch als Aufwand verrechnet werden, können folglich Aufwandsrückstellungen für Preissteigerungen gebildet werden[308]. Dies gilt nicht nur für die Anschaffung, sondern gleichermaßen auch für die Herstellung solcher Vermögensgegenstände (z.B. gestiegene Herstellungskosten durch Lohnerhöhungen usw.).

Konsequenz dieser Rückstellung ist, daß beim Verbrauch des zu gestiegenen Preisen wiederbeschafften Produktionsfaktors die Preissteigerungen nicht nochmal als Aufwand behandelt werden dürfen. Dies wurde bereits vorweg genommen. Die Rückstellung ist folglich gewinnerhöhend aufzulösen in dem Ausmaß, in dem das wiederbeschaffte Gut verbraucht wird.

---

[306] Vgl. Streim, H., Rückstellungen für Großreparaturen, BB 1985, S. 1576.
[307] Vgl. Ordelheide, D., Hartle, J., Rechnungslegung, GmbHR, 1986, S. 17.
[308] Vgl. Maul, K.H., Aufwandsrückstellungen, BB, 1986, S. 631-637.

Beispiel: Rohstoffverbrauch

Anschaffungskosten: 100,–
Verbrauch im Jahr 1987
Wiederbeschaffungskosten 1987: 110,–
Verbrauch des wiederbeschafften
Stoffs im Jahr 1988

Buchungen 1987

Aufwand (Rohstoffverbrauch) 110 an Rohstoffe   100,–
                                     Aufwandsrückstellung   10,–

Buchungen 1988

bei Wiederbeschaffung (zur Vereinfachung ohne Mehrwertsteuer):

    Rohstoffe   an Bank/Kasse   110,–

bei Verbrauch:
    Aufwand (Rohstoff-
    verbrauch)   100,–
    Aufwandsrück-
    stellung   10,– an Rohstoffe   110,–

Die Vorgehensweise ist bei mehrjähriger Nutzung analog, die Aufwandsrückstellung wird pro rata temporis aufgelöst. Die gewinnmindernde Abschreibung auf die wiederbeschaffte Maschine wird durch diese Rückstellungsauflösung reduziert.

3.3.6 Rückstellungen in der Steuerbilanz

Im Gegensatz zur handelsrechtlichen Regelung wird die Zulässigkeit von Rückstellungen in der Steuerbilanz restriktiver gehandhabt.

Steuerlich können Rückstellungen nur **für folgende Zwecke** gebildet werden[309]:

● für ungewisse Verbindlichkeiten,
● für drohende Verluste aus schwebenden Geschäften,

wobei die Drohverlustrückstellung nur ein Spezialfall der Rückstellung für ungewisse Verbindlichkeiten ist[310].

Rückstellungen für selbständig bewertungsfähige Betriebslasten, wie sie im Schrifttum häufig angeführt werden[311] sind nach derzeit geltender Rechtslage grundsätzlich nicht mehr zulässig[312]. Insbesondere wird hierdurch die Bildung

---

[309] Vgl. z.B. Schmidt, L., EStG, 1984, § 5 Tz. 38-45, vgl. auch Knobbe-Keuk, B., Bilanzsteuerrecht, 1985, S. 87ff.
[310] Vgl. Schmidt, L., EStG, 1984, § 5 Tz. 44a.
[311] Z.B. WP-Handbuch 1985/86, Bd. 1, S. 630.
[312] Schmidt, L., EStG, 1984, § 5 Tz. 45: „Ältere BFH-Urteile, in denen Rückstellungen für „selbständig bewertungsfähige Lasten" anerkannt sind (z.B. BFHE 76,651 = BStBl III 63,237), sind überholt".

von **Aufwandsrückstellungen**, soweit sie nicht zu Verbindlichkeiten gegenüber Dritten führen[313], steuerlich unmöglich gemacht.

Eine Sonderstellung dürfte aufgrund der neuen handelsrechtlichen Regelung die Rückstellung **für unterlassene Instandhaltung** einnehmen. Nach dem BFH-Urteil vom 30.11.83[314] war eine solche Rückstellung – entgegen früherer Rechtsprechung – nicht mehr passivierungsfähig, da handelsrechtliche Passivierungswahlrechte grundsätzlich zu einem steuerlichen Passivierungsverbot führen[315]. Gemäß Abschn. 31a Abs. 6 EStR war es jedoch nicht zu beanstanden, wenn vorerst bis zum Inkrafttreten des Bilanzrichtliniengesetzes diese Rückstellung weiterhin, allerdings unter strenger Beachtung der Dreimonatsfrist, gebildet wird. Nach der neuen Rechtslage dürften durch die Einführung einer allgemeinen Passivierungspflicht für alle Unternehmen in § 249 Abs. 1 HGB die zwischenzeitlich aufgetretenen Zweifel wieder ausgeräumt und die ablehnende Entscheidung des BFH[316] als überholt anzusehen sein[317], sodaß innerhalb der Dreimonatsfrist auch steuerlich von einer Passivierungspflicht auszugehen ist[318].

Ähnliches sollte auch für die Rückstellung für Abraumbeseitigung gelten, sodaß aus der eindeutigen handelsrechtlichen Passivierungspflicht auch die steuerliche Passivierungspflicht unter dem Gesichtspunkt einer ungewissen Verbindlichkeit folgt[319].

Wesentliche **Bedingungen für die steuerliche Anerkennung von Rückstellungen** sind[320]:

- Es muß eine ungewisse Verbindlichkeit (Verpflichtung zu einer Geld-, Dienst- oder Werkleistung) gegenüber einem Dritten bestehen oder voraussichtlich entstehen.
- Diese muß ihre wirtschaftliche Ursache im abgelaufenen Wirtschaftsjahr haben.
- Der Steuerpflichtige muß ernsthaft damit rechnen, daß er aus dieser Verbindlichkeit in Anspruch genommen wird.

Die Frage, ob eine solche Verbindlichkeit be- oder entsteht, ist nicht nur rechtlich zu prüfen (einklagbarer Anspruch eines Dritten). Auch eine sittliche oder wirtschaftliche Verpflichtung oder die betriebliche Übung sind für die steuerliche

---

[313] Insbesondere die nach neuem Handelsrecht möglichen Rückstellungen für Großreparaturen, für Preissteigerungen, vgl. S. 145ff.

[314] BStBl. 1984, II, S. 277.

[315] Beschluß des Großen Senats des BFH vom 3.2.1969, BStBl. II, 1969, S. 291, vgl. auch oben, S. 73.

[316] Vgl. Fußnote 314.

[317] Vgl. Glade, A., Rechnungslegung, 1986, § 249 Tz. 106, vgl. auch Beck'sches Steuerberater Handbuch 1986, Abschnitt B, Tz. 1186, S. 317.

[318] Zu den strengeren Anforderungen insbesondere an die Unaufschiebbarkeit und den erforderlichen Umfang der Instandhaltungsarbeiten vgl. Abschn. 31a Abs. 6 EStR.

[319] Vgl. Beck'sches Steuerberater Handbuch 1986, Abschnitt B, Tz 1186, S. 317, vgl. auch Glade, A., Rechnungslegung, 1986, § 249 Tz. 125. Zunächst galt ein Passivierungswahlrecht, BFH vom 26.6.1951, BStBl. III, 1951, S. 211. Durch das oben angeführte Urteil (Fußnote 314) wurde vom Schrifttum ein Passivierungsverbot angenommen, vgl. Schmidt, L., EStG, 1984, § 5 Tz. 57.

[320] Vgl. Schmidt, L., EStG, 1984, § 5 Tz. 39, vgl. auch Glade, A., Rechnungslegung, 1986, § 249, Tz. 62.

Rückstellungsbildung – ebenso wie in der Handelsbilanz – ausreichend[321]. Deshalb sind auch Rückstellungen für Gewährleistung ohne rechtliche Verpflichtung steuerlich passivierungsfähig. Ein Passivierungsverbot besteht jedoch, wenn das Motiv für die Gewährleistung die Werbung um künftige Aufträge ist[322].

Abweichungen von den handelsrechtlichen Vorschriften bestehen vor allem in folgenden Fällen:

Rückstellungen für latente Steuern (§ 274 Abs. 1 HGB) sind in der Steuerbilanz nicht möglich, da der Handelsbilanzgewinn, der für die Höhe der Rückstellung maßgeblich ist, für das Bilanzsteuerrecht keine relevante Bemessungsgrundlage ist. Mit der ausschließlich handelsrechtlichen Rückstellung für latente Steuern sind keine Auswirkungen auf die Steuerbilanz verbunden[323].

Steuerrückstellungen sind in der Steuerbilanz nur insoweit möglich, als sie Steuern betreffen, die bei der steuerlichen Gewinnermittlung Betriebsausgabe sind[324]. Bei Kapitalgesellschaften sind deshalb – im Gegensatz zur Handelsbilanz – weder eine KSt-Rückstellung noch eine VSt-Rückstellung möglich. Bei Einzelunternehmen und Personengesellschaften sind gemäß § 12 Nr. 3 EStG die Einkommensteuer und sonstige Personensteuern (z.B. VSt, Umsatzsteuer für den Eigenverbrauch, ErbSt) nicht abzugsfähige Ausgaben und deshalb nicht rückstellungsfähig. Steuerrückstellungen dürfen nur gebildet werden, wenn die Höhe der Steuerschuld ungewiß ist. Deshalb dürfen Steuerschulden, die bereits feststehen, nicht unter den Rückstellungen ausgewiesen werden (z.B. bereits rechtskräftig veranlagte Steuern, über längere Zeiträume fixe Steuern wie die Grundsteuer sowie die meisten Verkehr- und Verbrauchsteuern). Somit verbleiben für die Steuerrückstellungen in der Steuerbilanz im wesentlichen nur die Gewerbeertrag- und die Gewerbekapitalsteuer.

Rückstellungen für den Ausgleichsanspruch des Handelsvertreters gemäß § 89b HGB werden steuerlich nicht erkannt, da die Schuld am Bilanzstichtag weder rechtlich besteht noch wirtschaftlich verursacht ist. Der Ausgleich wird nach Ansicht des BFH für den Erfolg gezahlt, der erst aus den nach Vertragsende abgeschlossenen Geschäften erzielt wird[325]. Handelsrechtlich hingegen wird die wirtschaftliche Ursache bereits in der früheren Tätigkeit des Handelsvertreters gesehen und deshalb eine Rückstellung bejaht[326].

Besondere gesetzliche Rückstellungsregelungen sind im EStG für Pensionsrückstellungen und für bestimmte Schutzrechtsverletzugnen enthalten. In § 6a EStG ist ein steuerliches Passivierungswahlrecht für **Pensionsrückstellungen** vorgesehen, das wegen der neuen handelsrechtlichen Passivierungspflicht für Kaufleute bedeutungslos geworden ist. Das Maßgeblichkeitsprinzip erzwingt auch die steuerliche Passivierung. Im einzelnen regelt § 6a EStG Mindestanforderungen an die Art der Pensionszusage sowie den Beginn der Rückstellungsbildung und Bewertungsfragen[327].

---

[321] Vgl. Schmidt, L., EStG, 1984, § 5 Tz. 39a.

[322] Vgl. Herrmann/Heuer/Raupach, § 5 Tz. 620.

[323] Vgl. Beck'sches Steuerberater Handbuch 1986, Abschnitt B, Tz 1170, S. 315.

[324] Vgl. Schmidt, L., EStG, 1984, § 5 Tz. 39e.

[325] BFH vom 24.6.1969, BStBl. II 1969, S. 581, BFH vom 28.4.1971, BStBl. II 1971, S. 601, BFH vom 20.1.1983, BStBl. II 1983, S. 375.

[326] BGH vom 11.7.1966, in: DB 1966, S. 1267.

[327] Zur Pensionszusage vgl. oben, S. 138, zum Rückstellungsbeginn und zur Rückstellungshöhe vgl. unten, S. 278ff.

In § 5 Abs. 3 EStG werden die Voraussetzungen für die Zulässigkeit steuerlicher Rückstellungen wegen **Verletzung fremder Patente, Urheber- und ähnlicher Schutzrechte** geregelt. Es besteht grundsätzlich Passivierungspflicht, die allerdings erst dann ausgeübt werden darf, wenn der Rechtsinhaber seinen Anspruch wegen der Rechtsverletzung bereits geltend gemacht hat oder wenn mit der Geltendmachung ernsthaft zu rechnen ist. Diese gesonderte gesetzliche Regelung ist an sich überflüssig, da sich aus § 249 HGB und GoB nichts Abweichendes ergibt. § 5 Abs. 3 EStG sieht weiterhin ein steuerliches Auflösungsgebot für diese Rückstellung vor, falls die Ansprüche des Rechtsinhabers nicht innerhalb von drei Jahren ab Rückstellungsbildung geltend gemacht worden sind.

3.3.7 Der Ausweis der Rückstellungen in der Bilanz

Während § 249 HGB für alle Rechtsformen die Zwecke verbindlich vorschreibt, für die Rückstellungen gebildet werden müssen oder dürfen, gibt das Bilanzgliederungsschema des § 266 Abs. 3 HGB an, unter welchen Bilanzpositionen die Rückstellungen von Kapitalgesellschaften auszuweisen sind.

Hier fällt zunächst auf, daß die bisher durchgängig eingehaltene dreistufige hierarchische Untergliederung in

- Oberbegriffe (durch Großbuchstaben gekennzeichnet),
- Untergruppen (durch römische Ziffern gekennzeichnet) und
- einzelne Bilanzposten (durch arabische Ziffern gekennzeichnet)

bei den Rückstellungen durchbrochen wird. Es sind keine Untergruppen zu bilden. Da § 266 Abs. 1 HGB bestimmt, daß nur große und mittelgroße Kapitalgesellschaften die Bilanz in der vollen Gliederungstiefe erstellen müssen, d.h. die mit arabischen Ziffern versehene Bilanzposten einzeln ausweisen müssen, ist es für kleine Kapitalgesellschaften zulässig, Rückstellungen in einem einzigen Gesamtbetrag auszuweisen.

Für große und mittelgroße Kapitalgesellschaften gilt das folgende Gliederungsschema:

B. 1. Rückstellungen für Pensionen und ähnliche Verpflichtungen
   2. Steuerrückstellungen
   3. sonstige Rückstellungen.

Im Vergleich mit der alten Regelung des § 151 AktG a.F. sind die Steuerrückstellungen nunmehr gesondert auszuweisen. Rückstellungen, die in der Bilanz unter dem Posten „**sonstige Rückstellungen**" nicht gesondert ausgewiesen werden, sind im Anhang zu erläutern, wenn sie einen nicht unerheblichen Umfang haben (§ 285 Nr. 12 HGB). Dies gilt jedoch wiederum nur für große und mittelgroße Kapitalgesellschaften (§ 288 HGB).

Einen Gesamtüberblick über die zulässigen Rückstellungszwecke, die bestehenden Passivierungspflichten bzw. -wahlrechte sowie den Rückstellungsausweis in der Bilanz gibt Abbildung 25.

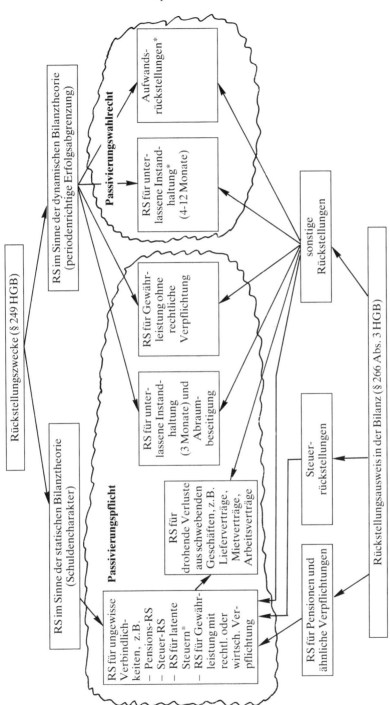

Abb. 25 Rückstellungszwecke und Rückstellungsausweis (* = steuerliches Passivierungsverbot)

3.4 „C. Verbindlichkeiten"

Verbindlichkeiten sind jene Verpflichtungen der Unternehmung, die am Bilanzstichtag sowohl der Höhe als auch der Fälligkeit nach feststehen[328]. Ebenso wie
bei den Rückstellungen sieht das Bilanzrecht vor, daß kleine Kapitalgesellschaften ihre gesamten Verbindlichkeiten in einem einzigen Betrag zusammenfassen
dürfen und unter der Position „C. Verbindlichkeiten" auszuweisen haben. Eine
weitergehende Untergliederung entfällt für diese Gesellschaften, da unter römischen Ziffern zusammengefaßte Untergruppen im Gliederungsschema des § 266
Abs. 2 HGB nicht vorgesehen sind. Der gesonderte Ausweis der mit arabischen
Ziffern gekennzeichneten Bilanzpositionen ist gem. § 266 Abs. 1 HGB nur für
mittelgroße und große Kapitalgesellschaften verpflichtend[329].

Die Untergliederung von Verbindlichkeiten kann grundsätzlich nach verschiedenen Kriterien erfolgen. Während das alte Aktienrecht[330] zunächst eine Untergliederung nach Fristigkeitsgruppen vorsah (Verbindlichkeiten mit einer Laufzeit von mindestens 4 Jahren und andere Verbindlichkeiten) und innerhalb dieser
Gruppen nach einzelnen Gläubigern unterteilte, berücksichtigt das neue Recht
nur noch die **Unterteilung nach Gläubigern**. Fristigkeitsangaben sind nur noch als
Bilanzvermerke („davon mit einer Restlaufzeit von weniger als 1 Jahr", § 268
Abs. 5 HGB) oder im Anhang zu machen (mit einer Restlaufzeit von mehr als 5
Jahren, § 285 Nr. 1a HGB). Diese neuen Pflichtangaben zu den Fristigkeiten die-
nen der Verbesserung des Einblicks in die Finanzlage des Unternehmens.

Nunmehr sind folgende **Pflichtangaben zu den Verbindlichkeiten** vorgesehen:

- Bei jedem der 8 gesondert auszuweisenden Verbindlichkeitsposten ist der **Betrag mit einer Restlaufzeit bis zu einem Jahr** in der Bilanz zu vermerken (§ 268
  Abs. 5 HGB). Es wird folglich nicht mehr, wie im alten Recht, auf die Gesamtlaufzeit abgestellt, sondern ausschließlich auf die Restlaufzeit. Probleme bei
  der Bestimmung der Restlaufzeit können sich bei Ratentilgungskrediten ergeben[331].
- Im Anhang sind folgende weitere Angaben zu den in der Bilanz auszuweisenden Verbindlichkeiten zu machen (§ 285 HGB):
  a) Der Gesamtbetrag der Verbindlichkeiten mit einer **Restlaufzeit von mehr
     als 5 Jahren**. Auch hier wird auf die Restlaufzeit und nicht – wie im alten
     Aktienrecht – auf die Gesamtlaufzeit abgestellt.
  b) Der Gesamtbetrag der Verbindlichkeiten, die **durch Pfandrechte oder
     ähnliche Rechte gesichert** sind.

Soweit die hier geforderten Angaben nicht aus der Bilnz ersichtlich sind, müssen sie von großen und mittelgroßen Kapitalgesellschaften im Anhang für jeden
einzelnen Verbindlichkeitsposten angegeben werden. Durch diese Vorschrift
entstehen 3 Kategorien von Verbindlichkeiten, mit kurzfristiger (1 Jahr), mittel-
fristiger (zwischen 1 und 5 Jahren) und langfristiger (5 Jahre) Restlaufzeit. Gesondert anzugeben sind nur die Verbindlichkeiten mit kurzen und langen Restlaufzeiten, der Bilanzleser kann sich die mittelfristigen Verbindlichkeiten jedoch
leicht selbst errechnen.

---

[328] Vgl. WP-Handbuch 1985/86, Bd. 1, S. 645, vgl. auch Hüttemann, U., GoB für Verbind-
    lichkeiten, 1976, S. 6ff.
[329] Zu den Größenklassen vgl. § 267 sowie S. 31 oder S. 353.
[330] § 151 Abs. 1 V. und VI. AktG a.F.
[331] Vgl. Geisthardt, A., Bedeutung, 1980, S. 299,
    vgl. auch Küting, K. H., Externe Liquiditätsanalyse, DB, 1985, S. 1094.

Im Schrifttum wird vereinzelt vorgeschlagen, den gesetzlichen Vermerks-
pflichten durch die Erstellung eines sog. „**Verbindlichkeitenspiegels**" ähnlich
dem Anlagenspiegel[332] nachzukommen. Solch ein Verbindlichkeitenspiegel
könnte das in Abbildung 26 dargestellte Aussehen haben[333].

Verbindlich-keit	Gesamt-betrag (DM)	mit einer Restlaufzeit von			gesicherte Beträge (DM)	Art der Sicherheit
		bis zu 1 Jahr (DM)	1 bis 5 Jahren (DM)	mehr als 5 Jahren (DM)		
1. Anleihen						z.B. Grund-pfandrechte
2. Verbind-lichkeiten gegenüber Kredit-instituten						
3. erhaltene Anzahlun-gen						Forderungs-abtretung
4. Verbind-lichkeiten aus Liefe-rungen und Leistungen						Sicherungs-übereignung u. dgl.
5. Verbind-lichkeiten aus der An-nahme gezo-gener und Ausstellung eigener Wechsel usw.						
Summe						

Abb. 26   Verbindlichkeitenspiegel

Soweit unter den Verbindlichkeiten in größerem Umfang antizipative Vorgänge ausgewiesen werden, also solche, bei denen die Aufwandsbuchung im Abschlußjahr erfolgt, die entsprechende Verbindlichkeit jedoch erst im Folgejahr
rechtlich entsteht[333a], ist dies im Anhang zu erläutern (§ 268 Abs. 5 HGB).

„C.1 Anleihen, davon konvertibel"

Anleihen sind langfristige Darlehen, die der Gesellschaft unter Inanspruchnahme des Kapitalmarkts gewährt wurden[334]. Hierzu zählen vor allem Teilschuldverschreibungen (Obligationen), aber auch andere Schuldverpflichtungen, z.B.

---

[332] Vgl. oben, S. 54.
[333] Vgl. Hoffmann, W. D., Praxisorientierte Einführung, BB, 1983, Beilage 1 zu Heft 5, S. 9.
[333a] Näheres bei Ebke, W., Vermögensgegenstände und Verbindlichkeiten, HuR, 1986, S. 343ff.
[334] Vgl. WP-Handbuch 1985/86, Bd. 1, S. 647.

Wandelschuldverschreibungen, Optionsanleihen und Gewinnschuldverschreibungen sowie – unter bestimmten Voraussetzungen – auch Genußscheine[335].

Teilschuldverschreibungen sind vertretbare Werte und lauten auf einen bestimmten Nennbetrag. Sie werden überwiegend als Inhaberpapiere ausgegeben. Die Emission von Teilschuldverschreibungen kann nur mit staatlicher Genehmigung erfolgen. Emittenten von Schuldverschreibungen sind hauptsächlich die öffentlichen Körperschaften und die Hypothekenbanken. Von den Privatunternehmen kommen praktisch nur Großunternehmen in der Rechtsform der Aktiengesellschaft als Emittenten in Frage, obwohl die Emissionsfähigkeit nicht an die Rechtsform geknüpft ist[336].

Wandelschuldverschreibungen und **Optionsanleihen** (§ 221 AktG) sind Teilschuldverschreibungen, die nach Ablauf einer vertraglichen Sperrfrist das Recht auf den Bezug von Aktien gewähren. Bei Wandelschuldverschreibungen (convertible bonds) erfolgt ein Umtausch der Schuldverschreibung gegen Aktien (Recht auf Umtausch in Aktien). Bei Optionsanleihen bleibt die Schuldverschreibung weiter bestehen, die Aktien werden zusätzlich vom Obligationär erworben (Recht auf Bezug von Aktien).

Gewinnschuldverschreibungen stellen insofern eine Sonderform der Obligation dar, als der Gläubiger zusätzlich zu oder anstelle von einem festen Darlehenszins einen bestimmten Gewinnanteil erhält. Der Charakter der Gewinnschuldverschreibung als Fremdkapital bleibt jedoch hiervon unberührt[337].

Genußrechte (Genußscheine) im Sinne von § 221 AktG sind i.d.R. nicht zu passivieren, da sie im Normalfall keine Verbindlichkeit des Unternehmens darstellen. Sie verbriefen einen Anteil am Reingewinn, eventuell auch am Liquidationserlös und werden vor allem im Sanierungsfall als zusätzlicher Anreiz zur Kapitaleinbringung oder als Entschädigung für den Erlaß von Schulden ausgegeben. Eine Passivierung ist jedoch immer dann erforderlich, wenn den Inhabern von Genußscheinen Forderungen zustehen, die nicht nur aus dem Gewinn oder dem Liquidationserlös zu leisten sind[338].

Grundsätzlich nicht zu den Anleihen gehören **Schuldscheindarlehen**, da sie nicht vom Kapitalmarkt, sondern von speziellen Kapitalsammelstellen (Finanzmakler, Versicherungsunternehmen) begeben werden[339].

Der Betrag der Anleihen, die **konvertibel** sind, muß in der Bilanz vermerkt werden („davon konvertibel"). Von Konvertibilität einer Anleihe spricht man, wenn die Anleihe umgewandelt werden kann in eine Anleihe mit veränderten Zins- und/oder Tilgungskonditionen. Die Konvertierung wird i.d.R. in zwei Schritten vollzogen.

1. Kündigung der Teilschuldverschreibung durch den Anleiheschuldner;
2. Angebot an die Anleihegläubiger zur Übernahme der Teilschuldverschreibung der neuen Anleihe.

---

335 Vgl. hierzu Perridon, L., Steiner, M., Finanzwirtschaft, 1986, S. 216ff.
336 Ebenda, S. 217f.
337 Ebenda, S. 228, vgl. auch § 221 AktG.
338 Vgl. ADS § 151 Tz 234, vgl. auch Glade, A., Rechnungslegung, 1986, § 266 Tz 775.
339 Vgl. Perridon, L., Steiner, M., Finanzwirtschaft, 1986, S. 237ff.

Die Gläubiger haben dann die Wahl zwischen der Zeichnung der Anleihe und der Tilgung ihrer Teilschuldverschreibung[340]. Der gesonderte Vermerk der konvertierbaren Anleihen in der Bilanz gibt dem Bilanzleser Informationen darüber, inwieweit es dem Unternehmen möglich ist, seine Anleiheverbindlichkeiten an sinkende Kapitalmarktzinsen anzupassen. Das über den Vermerk der Restlaufzeiten oben Gesagte gilt für Anleihen gleichermaßen[341].

„C.2 Verbindlichkeiten gegenüber Kreditinstituten"

Hierunter sind alle Verbindlichkeiten gegenüber in- und ausländischen Banken, unabhängig von ihrer Laufzeit auszuweisen. Die kurzfristigen Verbindlichkeiten mit einer Restlaufzeit von weniger als einem Jahr sind in der Bilanz zu vermerken, die langfristigen Verbindlichkeiten mit einer Restlaufzeit von mehr als 5 Jahren im Anhang anzugeben[342].

„C.3 Erhaltene Anzahlungen auf Bestellungen"

Erhaltene Anzahlungen sind Vorleistungen von Kunden, für die eine Lieferung oder Leistung durch das bilanzierende Unternehmen noch nicht erfolgt ist. Es handelt sich hierbei nicht um eine Geld-, sondern um eine Sach- oder Leistungsverpflichtung. Gemäß § 268 Abs. 5 Satz 2 HGB besteht ein Wahlrecht, die erhaltenen Anzahlungen auf Vorräte entweder bei den Vorräten selbst offen abzusetzen, oder sie unter der Position „C.3 erhaltene Anzahlungen als Verbindlichkeiten" auszuweisen[343]. Eine Saldierung mit den vom Unternehmen selbst geleisteten Anzahlungen[344] ist aufgrund des Bruttoprinzips (§ 246 Abs. 2 HGB) verboten ist.

„C.4 Verbindlichkeiten aus Lieferungen und Leistungen"

Hierzu zählen alle Zahlungsverpflichtungen aus Lieferverträgen, Werkverträgen, Dienstleistungsverträgen u. dgl. Gehört die Verbindlichkeit aus Lieferungen und Leistungen inhaltlich auch zu einer anderen Verbindlichkeit des Bilanzgliederungsschemas, handelt es sich z.B. gleichzeitig um eine Verbindlichkeit gegenüber einem verbundenen Unternehmen oder gegenüber einem Beteiligungsunternehmen, dann ist die Mitzugehörigkeit der Verbindlichkeit zu den anderen Bilanzposten zu vermerken oder im Anhang anzugeben (§ 265 Abs. 3 HGB), wenn dies der Bilanzklarheit und Übersichtlichkeit dient.

„C.5 Verbindlichkeiten aus der Annahme gezogener Wechsel und aus der Ausstellung eigener Wechsel"

Wechselverbindlichkeiten, die unter diesem Posten auszuweisen sind, entstehen entweder aus der Annahme eines auf das bilanzierende Unternehmen gezogenen Wechsels (sog. Tratte) oder aus der Ausstellung eines eigenen Wechsels (Solawechsel). Während im ersten Fall (gezogener Wechsel, Tratte) der Wechselaus-

---

340 Vgl. Schepers, W., Konversion, Lexikon der Betriebswirtschaft, 1983, S. 615f.
341 Vgl. S. 152.
342 § 268 Abs. 5 HGB bzw. § 285 Nr. 1a HGB.
343 Zur Behandlung der Umsatzsteuer vgl. S. 104 sowie § 250 Abs. 1 Nr. 2 HGB.
344 Position A. I. 3., A. II. 4. und B. I. 4. des Gliederungsschemas von § 266 HGB, vgl. auch S. 96, S. 99 und S. 106.

steller dem bilanzierenden Unternehmen als Bezogenem die Zahlungsanweisung gibt, die dieses durch „Querschreiben" akzeptiert, verpflichtet sich beim Solawechsel der Aussteller selbst zur Zahlung[345]. Auch sogenannte Gefälligkeitswechsel, also Wechsel, denen keine Gegenleistung gegenübersteht, sind hier zu passivieren[346]. Nicht zu passivieren sind sogenannte Kautionswechsel, d.h. Wechsel, die nur dann in Verkehr gebracht werden, wenn die Unternehmung ihren Verpflichtungen nicht nachkommt[347]. Ebenfalls nicht als Wechselverbindlichkeit ausgewiesen werden darf die Eventualverbindlichkeit, die sich aus dem Wechselregreß ergibt. Ist der Bezogene am Verfalltag nicht gewillt oder nicht in der Lage, die Wechselsumme zu bezahlen und bleibt gegebenenfalls auch ein Prolongationsansuchen ohne Erfolg, dann wird der Wechselprotest mangels Zahlung erhoben (Art. 44 WG). Der jeweilige Wechselinhaber kann gegen die Indossanten, den Aussteller und die anderen Wechselverpflichteten bei Verfall des Wechsels Rückgriff nehmen (Regreß, Art. 43 WG). Solche Regreßverpflichtungen sind nicht unter Wechselverbindlichkeiten auszuweisen sondern gem. § 251 HGB unter der Bilanz zu vermerken. Der Betrag geht somit nicht in die Bilanzsumme ein. Sofern eine Inanspruchnahme aus dem Wechselrückgriff droht, kommt eine Rückstellung in Betracht. Zusätzlich zu diesen **Eventualverbindlichkeiten** aus der Begebung und Übertragung von Wechseln sind unter der Bilanz auch Eventualverbindlichkeiten aus Bürgschaften (z.B. Scheck- oder Wechselbürgschaften) aus Gewährleistungsverträgen sowie Haftungsverpflichtungen aus der Bestellung von Sicherheiten für fremde Verbindlichkeiten, d.h. Verbindlichkeiten von Dritten zu vermerken (§ 251 HGB).

Die Haftungsverhältnisse sind auch dann anzugeben, wenn ihnen gleichwertige Rückgriffsforderungen gegenüberstehen. Während Einzelkaufleute und Personengesellschaften die Haftungsverhältnisse in einem Betrag ausweisen dürfen, müssen sie von Kapitalgesellschaften jeweils gesondert unter der Bilanz oder im Anhang angegeben werden. Hierbei sind auch die gewährten Sicherheiten anzugeben. Bestehen solche Verpflichtungen gegenüber verbundenen Unternehmen, so sind sie gesondert anzugeben (§ 268 Abs. 7 HGB).

„C.6 Verbindlichkeiten gegenüber verbundenen Unternehmen"

Es handelt sich hier um den Gegenposten zu den Aktiva „A.III.2 Ausleihungen an verbundene Unternehmen"[348] und „B.II.2 Forderungen gegen verbundene Unternehmen"[349]. Eine Saldierung ist aufgrund des Bruttoprinzips (§ 246 Abs. 2 HGB) grundsätzlich unzulässig. Da bei den Verbindlichkeiten ein getrennter Ausweis nach Gesamtrestlaufzeiten nicht vorgesehen ist, werden hier die lang- und kurzfristigen Verbindlichkeiten gegen verbundene Unternehmen zusammengefaßt. Bei Restlaufzeiten unter einem Jahr ist ebenso wie bei allen anderen Verbindlichkeiten ein Bilanzvermerk vorgeschrieben (§ 268 Abs. 5 HGB), bei Restlaufzeiten von mehr als 5 Jahren hat eine Angabe im Anhang zu erfolgen (§ 285 Nr. 1a HGB). Gehören Verbindlichkeiten außer zu den Verbindlichkeiten gegen verbundene Unternehmen sachlich auch noch zu anderen Verbindlichkeitsarten (z.B. Wechselverbindlichkeiten, Verbindlichkeiten aus Lieferungen

---

[345] Vgl. hierzu z.B. Heinhold, M., Buchführung, 1987, S. 120ff.
[346] Vgl. ADS § 151 Tz 243, vgl. auch Glade, A., Rechnungslegung, 1986, § 266 Tz 810.
[347] Vgl. ADS § 151 Tz 244, vgl. Glade, Tz 810.
[348] Vgl. oben, S. 103 zum Begriff des verbundenen Unternehmens vgl. oben, S. 102.
[349] Vgl. oben, S. 107.

und Leistungen), so besteht grundsätzlich eine Wahlfreiheit, unter welchem Posten der Ausweis erfolgt. Die Angabe der Mitzugehörigkeit bei den anderen Posten ist jedoch im allgemeinen erforderlich (§ 265 Abs. 3 HGB).

„C.7 Verbindlichkeiten gegenüber Unternehmen mit denen ein Beteiligungsverhältnis besteht"

Zur Abgrenzung von Beteiligungsunternehmen von verbundenen Unternehmen vgl. oben S. 101f. Der gesonderte Ausweis von finanziellen Verflechtungen mit beteiligten Unternehmen[350] dient dem besseren Einblick in die Vermögens- und Finanzlage des Unternehmens (§ 266 Abs. 2 HGB). Er war im alten Aktienrecht nicht vorgesehen. Bei sachlicher Mitzugehörigkeit zu anderen Verbindlichkeitsposten ist eine entsprechende Angabe in der Bilanz oder im Anhang erforderlich.

„C.8 Sonstige Verbindlichkeiten, davon aus Steuern, davon im Rahmen der sozialen Sicherheit"

Hier sind sämtliche lang- und kurzfristigen Verbindlichkeiten auszuweisen, die nicht unter die Positionen C.1 bis C.7 gehören.

Insbesondere fallen hierunter[351]:

1. Darlehen, sofern diese nicht von Kreditinstituten, verbundenen Unternehmen oder Unternehmen mit denen ein Beteiligungsverhältnis besteht, gegeben wurden.
2. Darlehen von rechtlich selbständigen Pensions- und Unterstützungskassen, sofern diese weder verbundene noch Beteiligungsunternehmen sind[352].
3. Gesellschafterdarlehen, sofern der Gesellschafter kein verbundenes oder Beteiligungsunternehmen ist.
4. Kapitaleinlagen von sog. typischen stillen Gesellschaftern. Der typische stille Gesellschafter gilt als Gläubiger und nicht als Mitunternehmer im steuerlichen Sinne, er trägt i.d.R. kein Risiko (keine Verlustbeteiligung) und ist weder an den stillen Reserven noch am Liquidationserlös beteiligt[353].
5. Schuldscheindarlehen, sofern diese nicht von Kreditinstituten, verbundenen oder Beteiligungsunternehmen begeben wurden.
6. Rentenverpflichtungen (Zeit- oder Leibrenten, die z.B. beim Erwerb von Vermögensgegenständen als Gegenleistung gewährt wurden).
7. Steuerschulden sowie einbehaltene und noch abzuführende Steuern. Hier sind nicht nur die Steuern auszuweisen, für die das Unternehmen als Steuerschuldner in Frage kommt (KSt, VSt, GewSt, USt usw.). Auch die Steuern, für die das Unternehmen als Steuerzahler, d.h. als Steuerentrichtungspflichtiger fungiert, gehören hierzu (Lohn- und Kirchensteuer der Arbeitnehmer, Kapitalertragsteuer). Die Steuerverbindlichkeiten sind gesondert zu vermerken („davon aus Steuern").

---

[350] Vgl. auch die Aktivposten A. III. 4. (Ausleihungen) und B. II. 3. (Forderungen), vgl. S. 103 und S. 108.
[351] Vgl. ADS § 151 Tz 252f., vgl. auch Glade, A., Rechnungslegung, 1986, § 266 Tz 824, vgl. Castan, E., sonstige Verbindlichkeiten, HuR 1986, S. 278ff.
[352] Vgl. ADS § 151 Tz 224.
[353] Vgl. Heinhold, M. Grundlagen, 1982, S. 285; vgl. auch Schmidt, L., Einkommensteuer, 1984, § 20 Tz 31.

8. Von der Unternehmung zu tragende Sozialabgaben. Hierzu gehören die noch nicht abgeführten Arbeitgeber- und Arbeitnehmerbeiträge zur Rentenversicherung, Krankenversicherung, Arbeitslosenversicherung und Unfallversicherung. Hierzu gehören auch Beiträge zum Pensionssicherungsverein, zur Pensionskasse, zur Direktversicherung, zu betrieblichen Unterstützungskassen und Stiftungen sowie von diesen Institutionen erhaltene Darlehen. Schließlich gehören noch die vom Unternehmen übernommenen Kosten für Kranken- und Kurbehandlung der Beschäftigten hinzu. Diese Verbindlichkeiten im Rahmen der sozialen Sicherheit sind gesondert zu vermerken („davon im Rahmen der sozialen Sicherheit").

9. Rückständige Löhne, Gehälter, Zinsen (sofern sie nicht Kreditinstitute betreffen), Mieten, nicht abgehobene Dividenden, Tantiemen, Provisionen und dgl.

Die obligatorischen **Angaben zu den Restlaufzeiten** sind bei den sonstigen Verbindlichkeiten besonders wichtig, da in diesem letzten Verbindlichkeitsposten eine Vielzahl von lang-, kurz- und mittelfristigen Schulden zusammengefaßt werden. In der Regel werden unter den sonstigen Verbindlichkeiten auch die **antizipativen Rechnungsabgrenzungen** ausgewiesen, d.h. jene Verbindlichkeiten, die aufgrund eines Aufwands im alten Jahr gebucht werden, aber rechtlich erst im neuen Jahr als Verbindlichkeit entstehen. Soweit solche antizipativen Posten einen größeren Umfang annehmen, sind sie im Anhang zu erläutern (§ 268 Abs. 5 HGB).

3.5 „D. Rechnungsabgrenzungsposten"

Wie bereits im alten Aktienrecht[354] dürfen als passive Rechnungsabgrenzungsposten nur sog. **Transitorien** ausgewiesen werden (§ 250 Abs. 2 HGB). Diese liegen vor, wenn im Abschlußjahr Einzahlungen bzw. Einnahmen stattfinden, denen ein Ertrag erst im nächsten Jahr folgt. Es handelt sich um Periodenerfolgsabgrenzungen i.S. der dynamischen Bilanztheorie.

Kapitel 3
Die Bewertung in der Bilanz

1. Allgemeine Bewertungsprinzipien

1.1 GoB-Entsprechung

Wie bereits im Kapitel 1 des 2. Abschnittes dieses Buches ausführlich dargelegt wurde[355], stellen die GoB, hier vor allem die als Rechenschaftsgrundsätze bzw. Bilanzierungsgrundsätze[356] bezeichneten Prinzipien allgemeine, rechtsformunabhängige Bilanzierungsnormen dar. Insbesondere gelten die die Bewertung be-

---

[354] § 152 Abs. 9 AktG a.F., vgl. Sieben, G., Ossadnik, W., Ertrag, HuR 1986, S. 153ff.
[355] Vgl. oben, S. 35ff.
[356] Vgl. oben, S. 43ff.

treffenden Teile der GoB für alle handelsbilanziellen Bewertungsprobleme. Im § 243 Abs. 1 HGB wird nämlich ausdrücklich klargestellt, daß der Jahresabschluß nach den GoB zu erstellen sei. Darüber hinaus schreibt das HGB eine Reihe von weiteren Bewertungsgrundsätzen vor. Trotz der zahlreichen Bewertungswahlrechte, die im einzelnen im HGB zugestanden werden, enthält das handelsrechtliche Bewertungssystem hierdurch gewisse Grundpfeiler, die jedoch nicht völlig unverrückbar sind, da es nach wie vor viele und gewichtige Ausnahmeregelungen gibt.

1.2 DM-Bewertung

Die erste konkrete Bewertungsvorschrift findet sich in § 244 HGB, der bestimmt, daß der Abschluß in Deutscher Mark aufzustellen ist. Diese an sich selbstverständliche Regelung hat viele Bewertungsprobleme zur Folge. Zunächst müssen hiernach alle auf ausländische Währungen lautenden Vermögensgegenstände und Schulden in DM umgerechnet werden. Sich ändernde Wechselkurse stellen die bilanzierenden Unternehmungen vor zahlreiche Bewertungsprobleme im Zusammenhang mit dieser Währungsumrechnung. Dürfen sinkende Wechselkurse bei auf ausländische Währung lautenden Verbindlichkeiten zu einer Reduzierung des Wertansatzes dieser Verbindlichkeit führen? Sind die für den Export bestimmten fertigen Erzeugnisse abzuwerten, wenn aufgrund geänderter Währungsparitäten wertmäßige Umsatzeinbußen zu befürchten sind? Müssen auf ausländische Währung lautende Wertpapiere abgewertet werden, wenn der Wechselkurs vorübergehend sinkt? Die Antworten auf diese und weitere, mit der Währungsumrechnung zusammenhängenden Fragen wird in den folgenden Abschnitten jeweils gesondert gegeben werden[357].

1.3 Das Anschaffungswertprinzip

Durch die Bilanzrechtsreform 1985 wurde das sog. Anschaffungswertprinzip als verbindlicher Bewertungsgrundsatz für alle Rechtsformen gesetzlich fixiert. Hiernach dürfen Vermögensgegenstände **höchstens mit den Anschaffungs- bzw. Herstellungskosten** angesetzt werden, die zum Zeitpunkt der Anschaffung oder Herstellung dieser Vermögensgegenstände angefallen sind, gegebenenfalls hat noch eine Verminderung des Wertes um die gesetzlich gebotenen Abschreibungen zu erfolgen. § 253 Abs. 1 HGB, der diese Höchstwertvorschrift enthält, befindet sich im ersten Abschnitt des Dritten Buches des HGB und gilt somit für alle Kaufleute. Wertsteigerungen über diese historischen Anschaffungs- oder Herstellungskosten hinaus sind grundsätzlich nicht zulässig. **Nach altem Bilanzrecht** galt das Anschaffungswertprinzip wörtlich genommen nur für Kapitalgesellschaften. Die alten § 153 Abs. 1 und § 155 Abs. 1 AktG a.F. enthielten die entsprechenden Vorschriften für das gesamte Anlagevermögen und Umlaufvermögen von Aktiengesellschaften. Der alte § 42 GmbHG a.F. sah das Prinzip bei der GmbH nur für Gegenstände vor, die nicht zur Weiterveräußerung bestimmt waren. Teilweise wurde auch schon im alten Recht das Anschaffungswertprinzip als

---

[357] Insbesondere in den Unterabschnitten „3.4 Finanzanlagevermögen", vgl. S. 245ff; „4. Umlaufvermögen" vgl. S. 250ff; und „6. Verbindlichkeiten", vgl. S. 273ff, vgl. auch Groh, M., Zur Bilanzierung von Fremdwährungsgeschäften, DB 1986, S. 869ff.

Bestandteil der GoB für allgemeinverbindlich gehalten[358], teilweise wurde seine
Gültigkeit für Einzelkaufleute und Personengesellschaften verneint[359]. Gewichtige Kommentarmeinungen zum alten Bilanzrecht schließen für Nicht-Aktiengesellschaften einen über die Anschaffungs- bzw. Herstellungskosten hinaus gehenden Wertansatz nicht aus, wenn eine Ausschüttungssperre durch einen entsprechenden Passivposten gewährleistet ist[360]. Dieser nicht unumstrittenen Rechts-
auslegung wird durch das Festschreiben der Wertobergrenze im neuen § 253 Abs.
1 HGB der Boden entzogen. Grundsätzlich läßt die 4. EG-Richtlinie in Art. 33
ein nationales Wahlrecht, ob die Anschaffungs- oder Herstellungskosten als
Wertobergrenze verbindlich vorgeschrieben werden, oder ob darüber hinausgehende Preissteigerungen in Vermögensgegenständen bilanziert werden dürfen.
Im Sinne der Eindeutigkeit und Einheitlichkeit der Rechtsvorschrift ist die ausdrückliche Ausdehnung des Anschaffungswertprinzips auf alle Rechtsformen, so
wie dies im neuen deutschen Bilanzrecht erfolgt, zu begrüßen. Aus betriebswirtschaftlicher Sicht, insb. aus der Sicht der Erhaltung der Unternehmenssubstanz
ist es jedoch zu bedauern, daß der Gesetzgeber die durch Art. 33 der 4. EG-
Richtlinie angebotene Möglichkeit zur Tageswertbilanzierung und somit zu einer
befriedigenden Lösung des Preissteigerungsproblems nicht ausgenutzt hat. Hinzuzufügen ist, daß das Anschaffungswertprinzip und das daraus resultierende
Nominalwertprinzip in der **Steuerbilanz** grundsätzlich nicht in Frage steht (§ 6
EStG).

1.4 Bilanzidentität

Die Wertansätze in der Eröffnungsbilanz des Geschäftsjahres müssen mit denen
in der Schlußbilanz des vorhergegangenen Geschäftsjahres übereinstimmen
(§ 252 Abs. 1 Nr. 1 HGB). Dieser Grundsatz der Bilanzidentität zählte bislang
schon als Unterprinzip des Kontinuitätsgrundsatzes und somit zu den Grundsätzen ordnungsmäßiger Buchführung[361]. Die ausdrückliche Erwähnung dieses
Grundsatzes dient der Klarheit der Bewertungsvorschriften, wäre im Grunde jedoch nicht erforderlich. Durch diese Regelung wird gewährleistet, daß der Inhalt
der Bilanzen aller Einzelperioden gleich dem Inhalt der Totalrechnung über die
gesamte Lebenszeit eines Unternehmens ist[362].

1.5 Der Going-Concern-Grundsatz

Der Going-Concern-Grundsatz im Rahmen der Bewertung besagt, daß bei der
Bewertung von der **Fortführung der Unternehmenstätigkeit**[362a] auszugehen ist

---

358 Vgl. z.B. Wöhe, G., Bilanzierung, 1984, S. 377;
   Heinen, E., Handelsbilanzen, 1985, S. 176;
   Seicht, G., Bilanzierungsprobleme, 1984, S. 58.
359 Vgl. Moxter, A., Bilanzlehre, 1976, S. 235.
360 Vgl. z.B. ADS § 153 Tz 9, Forster, K. H., Ausgewählte Fragen, WPg, 1972, S. 472;
   Schruff, L., Struktur, 1985, S. 48.
361 Vgl. oben, S. 44.
362 Vgl. Leffson, U., Grundsätze, 1982, S. 205.
362a Näheres zu diesem unbestimmten Rechtsbegriff vgl. bei Lutter, M., Fortführung, HuR
   1986, S. 185ff., vgl. auch Janssen, F. C., Überlegungen zum „Going concern concept",
   WPg 1984, S. 341ff.

(§ 252 Abs. 1 Nr. 2 HGB). Vermögensgegenstände und Schulden können unterschiedliche Werte haben, je nachdem, ob sie als Bestandteil eines fortzuführenden Betriebes oder losgelöst vom Betrieb anzusehen sind. Dies soll **an drei Beispielen** verdeutlicht werden:

Maschinelles Anlagevermögen: Gilt die Going-Concern-Prämisse nicht, so ist es durchaus möglich, daß der Einzelveräußerungspreis, der bei der Unternehmensliquidation erzielt werden kann (sog. Zerschlagungswert), geringer ist, als die um planmäßige Abschreibungen verminderten Anschaffungs- oder Herstellungskosten der Anlage. Unter Berücksichtigung der Unternehmensfortführung kann diesem Anlagegut ein höherer Wert zukommen, der das für das Unternehmen spezifische Nutzungspotential zum Ausdruck bringt. So führt etwa die Inbetriebnahme eines neuen Fahrzeugs zu einem sofortigen Verfall des Wiederverkaufspreises, der bei Unternehmensfortführung für den Wert dieses Vermögensgegenstandes belanglos ist.

Vorratsvermögen: Steigen die Marktpreise für fertige Erzeugnisse über die eigenen Herstellungskosten, so läßt sich bei Einzelveräußerung ein Wert erzielen, der über den Wert hinausgeht, den ein vorsichtiger Kaufmann seinem Vorratsvermögen unter dem Gesichtspunkt des Going-Concern beilegen würde. Solange die Gegenstände noch nicht verkauft sind, ist die Preissteigerung nicht als Gewinn realisiert und darf folglich auch nicht über die Bewertung des Vermögens als Gewinn ausgewiesen werden.

Schulden: Im Falle der Unternehmenszerschlagung können Verbindlichkeiten entstehen, die bei Unternehmensfortführung ohne oder von geringerer Bedeutung sind (z.B. Schadensersatzansprüche, Liquidationskosten, Sozialplanverbindlichkeiten). Zumindest kommen eine Neubewertung und Umbuchung von Rückstellungen auf Verbindlichkeiten in Betracht, die im Falle des Going-Concern nicht vorzunehmen sind.

Solange nicht rechtliche oder tatsächliche Gegebenheiten entgegenstehen, ist bei der Erstellung des Jahresabschlusses und hier insbesondere bei der Bewertung von der Unternehmensfortführung auszugehen. Es dürfen **keine Liquidationswerte** in die Jahresbilanz eingestellt werden, weder beim Anlagevermögen noch beim Umlaufvermögen[363]. Fortführung des Unternehmens bedeutet, daß der ganze Betrieb, oder zumindest wesentliche Teile des Betriebsprozesses aufrecht erhalten werden. **Steuerrechtlich** ist der Going-Concern-Grundsatz im Begriff des Teilwerts verankert. Teilwert ist der Betrag, den ein Erwerber des ganzen Betriebes im Rahmen des Gesamtkaufpreises für das einzelne Wirtschaftsgut ansetzen würde, wobei davon auszugehen ist, daß der Erwerber den Betrieb fortführt (§ 6 Abs. 1 Nr. 1 EStG).

Vom Unternehmensfortführungsgrundsatz darf handelsrechtlich nur dann abgewichen werden, wenn dem tatsächliche oder rechtliche Gegebenheiten entgegenstehen. Die Konkurseröffnung ist z.B. eine rechtliche, die Konkursnähe eine tatsächliche Gegebenheit.

---

[363] Dieser Grundsatz galt unverändert auch schon im „alten" Bilanzrecht, vgl. ADS S. 149, Tz 65.

1.6 Einzelbewertung

1.6.1 Grundsatz

Vermögensgegenstände und Schulden sind einzeln zu bewerten (§ 252 Abs. 1 Nr. 3 HGB). Dies gilt grundsätzlich für jeden einzelnen Vermögens- und Schuldposten. Bei der Bewertung in der Bilanz dürfen – bis auf wenige genau definierte Ausnahmen – mehrere, insbesondere verschiedenartige Posten nicht zusammengefaßt und als Ganzes bewertet werden[363a].

Der Grundsatz der Einzelbewertung besagt auch,

- daß Wertminderungen bei einem Bilanzposten nicht durch Wertsteigerungen bei anderen kompensiert werden dürfen. Es ist folglich nicht zulässig, gebotene Abwertungen, z.b. bei den Vorräten, mit der Begründung zu unterlassen, daß diese durch Kurssteigerungen bei den Wertpapieren ausgeglichen würden;
- daß Saldierungen zwischen artverwandten Aktiv- und Passivposten (z.B. Grundstücke und Grundstückslasten, Wertpapiere des Anlagevermögens und Schuldverschreibungen u. dgl.) unzulässig sind. Dieses Saldierungsverbot (sog. Bruttoprinzip) ist im Handelsrecht mehrfach abgesichert. Es wird außcr vom Einzelbewertungsgrundsatz auch durch das Verrechnungsverbot des § 246 Abs. 2 HGB sowie durch den Grundsatz der Klarheit und Übersichtlichkeit im Rahmen der GoB[364] gefordert;
- daß eine Unternehmensgesamtbewertung zum Zwecke der handelsrechtlichen Gewinnermittlung nicht zulässig ist.

1.6.2 Ausnahmen vom Grundsatz der Einzelbewertung

1.6.2.1 Beim Wertausweis in der Bilanz

Beim Ausweis des Wertes in der Bilanz sind die Wertansätze einzelner Vermögensgegenstände und Schulden zusammenzufassen, soweit es das Gliederungsschema des § 266 HGB vorsieht. Dies gilt insbesondere für kleinere Kapitalgesellschaften, die nach § 266 Abs. 1 HGB nur die mit römischen Zahlen bezeichneten Posten auszuweisen brauchen (z.B. die Summe der Sachanlagen bzw. Finanzanlagen jeweils nur in einem Wert). Sofern römische Zahlen im Gliederungsschema nicht vorgesehen sind, brauchen diese Unternehmen nur die mit Großbuchstaben bezeichneten Sammelpositionen auszuweisen (z.B. bei Rückstellungen oder Verbindlichkeiten). Es handelt sich hier um eine formale Vorschrift, die nur den Wertausweis in der Bilanz betrifft, nicht jedoch für die Wertermittlung der einzelnen Posten und Postenbestandteile gilt.

1.6.2.2 Bei der Wertermittlung

Für die Wertermittlung ist jeder einzelne Vermögensgegenstand und jede einzelne Schuld, auch wenn es sich um gleichartige Gegenstände handelt (z.B. mehrere Grundstücke, mehrere Rückstellungen usw.) einzeln zu bewerten. Organisatorisch bedeutet dies, daß in der Finanzbuchhaltung oder in einer entsprechenden Nebenbuchhaltung jeweils ein gesondertes Konto zu führen ist.

[363a] Vgl. Faller, E., Der Grundsatz der Einzelbewertung, BB 1985, S. 2017ff.
[364] Vgl. oben, S. 43, vgl. ADS § 149 Tz 21.

Zur Vereinfachung der Bilanzierung werden im Gesetz einige Ausnahmen vom Grundsatz der Einzelbewertung zugelassen. Sie berücksichtigen organisatorische bzw. technische Gegebenheiten.

Diese Ausnahmen sind:

a) Der Ansatz eines Festwertes (§ 240 Abs. 3 HGB)[365]

Sofern der Bestand von Vermögensgegenständen des Sachanlagevermögens sowie von Roh-, Hilfs- und Betriebsstoffen

- für das Unternehmen von nachrangiger Bedeutung ist,
- nur geringfügigen Veränderungen unterliegt (in seiner Größe, seinem Wert und seiner Zusammensetzung)
- und die Gegenstände regelmäßig ersetzt werden,

können diese Gegenstände mit einer **gleichbleibenden Menge (Festmenge)** und einem **gleichbleibenden Wert (Festwert)** angesetzt werden (§ 240 Abs. 3 HGB). In der Regel ist jedoch alle 3 Jahre eine körperliche Bestandsaufnahme und gegebenenfalls eine Korrektur des Festwertes erforderlich. Die Festwertbewertung ist nur beim Sachanlagevermögen und bei den Roh-, Hilfs- und Betriebsstoffen zulässig. Alle anderen Bilanzpositionen, insb. auch die fertigen und unfertigen Erzeugnisse sowie die Waren sind von dieser Bewertungsvereinfachung ausdrücklich ausgenommen.

Im Vergleich mit dem alten Bilanzrecht, das die Festwertbewertungen im § 40 Abs. 4 Nr. 2 HGB vorsah, hat sich eine Verschärfung der Zulässigkeitsvoraussetzungen ergeben. Die nach neuem Recht geltende Forderung, daß der Gesamtwert für das Unternehmen von nachrangiger Bedeutung sein muß, war im alten § 40 HGB nicht enthalten. Neu ist weiterhin die Forderung nach regelmäßigem Ersatz der Vermögensgegenstände.

Bei der Bewertung mit Festwerten sind planmäßige und außerplanmäßige **Abschreibungen grundsätzlich ausgeschlossen.** Ein Verbrauch dieser Vermögensgegenstände, d.h. die zu ersetzenden Abgänge führen nicht zu einer Reduzierung des Festwertansatzes. Sie werden buchhalterisch nicht erfaßt. Ersatzanschaffungen werden im Jahr der Anschaffung sofort und in voller Höhe, ohne Erinnerungswert als Aufwand behandelt (z.B. per Aufwand an Kasse).

Für die Bewertung mit einem Festwert kommen vor allem Gegenstände in Frage, die **Massengüter** sind, und bei denen eine Einzelbewertung auf organisatorische Schwierigkeiten stößt. Beim **Umlaufvermögen** können hier sämtliche Roh-, Hilfs- und Betriebsstoffe betroffen sein, die die genannten Bedingungen erfüllen. Beim **Anlagevermögen** spielen Festwerte vor allem bei der Betriebs- und Geschäftsausstattung eine Rolle, seltener bei den technischen Anlagen. Im Schrifttum werden als Beispiele genannt[366]: Hotelwäsche, Hotelgeschirr, Werkzeuge, Modelle, Formen, Transporteinrichtungen im Untertagebau, Schreib- und Rechenmaschinen, Feuerlöschgeräte, Laboratoriumseinrichtungen, Meß- und Prüfgeräte, Signal- und Gleisanlagen, Gerüst- und Schalungsteile[367].

---

[365] Zum Festwert vgl. auch oben, S. 55 sowie unten, S. 248 und S. 257.

[366] Vgl. ADS § 153 Tz 64, vgl. auch Glade, A., Rechnungslegung, 1986, § 240 Tz 69.

[367] Bezüglich der Gerüst- und Schalungsteile vgl. den Erlaß betreffend Festwertbewertung von Gerüst- und Schaltungsteilen vom 12.12.1961, BStBl. II, S. 194.

Bei der **erstmaligen Bildung** eines Festwertes sind die tatsächlichen Anschaffungs- bzw. Herstellungskosten um einen pauschalen Abschlag zu vermindern (Abnutzungssatz). Für Gerüst- und Schalungsteile von Bauunternehmen hat die Finanzverwaltung z.B. einen Abschlag von 40% festgelegt[368].

Die Festwertbestimmung wird in der Praxis auch durch Anwendung von Bezugsgrößen (Schlüsselgrößen) ermittelt (z.B. Umsatz, Belegschaftsstärke, Länge des Gleisnetzes). Solche Bezugsgrößen können allerdings nur dann sinnvoll angewendet werden, wenn sie in ihrer Entwicklung mit dem tatsächlichen Bestand parallel laufen[369]. Eine **Anpassung des Festwertes** muß nach steuerlichen Grundsätzen stets erfolgen, wenn der für den Bilanzstichtag festgestellte Wert (durch die in 3-Jahresintervallen obligatorische Inventur) den Festwert um 10% übersteigt. Der bisherige Festwert ist solange um die Anschaffungs- bzw. Herstellungskosten der im Festwert erfaßten und nach dem Bilanzstichtag des vorangegangenen Wirtschaftsjahres angeschafften oder hergestellten Wirtschaftsgüter aufzustocken, bis der neue Festwert erreicht ist. Ist der neue Festwert niedriger, so ist auf den niedrigeren Wert abzuschreiben[370].

Auch **steuerlich** ist ein Festwertansatz beim Anlagevermögen[371] und bei den Roh-, Hilfs- und Betriebsstoffen des Vorratsvermögens[372] zulässig.

b) Gruppenbewertung gem. § 240 Abs. 4 HGB

Für bestimmte Vermögensgegenstände läßt § 240 Abs. 4 HGB eine Gruppenbewertung mit dem gewogenen **Durchschnittswert**[373] zu.

Betroffen sind davon folgende Vermögensgegenstände:

- Vermögensgegenstände des Vorratsvermögens, sofern sie gleichartig sind. Im Gegensatz zum Festwertansatz[374] gilt dies für das gesamte Vorratsvermögen, also auch für die fertigen und unfertigen Erzeugnisse und die Handelswaren.
- Andere bewegliche Vermögensgegenstände, sowohl des Anlagevermögens, als auch des Umlaufvermögens, sofern sie gleichartig oder annähernd gleichwertig sind.

Diese Ausnahme vom Grundsatz der Einzelbewertung bestand bereits im alten Recht in § 40 Abs. 4 Nr. 1 HGB. Sie dient ebenso wie die Festwertmethode der Verwaltungsvereinfachung.

Das **Gleichartigkeitspostulat** fordert nicht, daß es sich um einander genau gleiche Gegenstände zu handeln braucht. Gleichartigkeit bedeutet vielmehr, daß die Gegenstände einander gleichen, jedoch nicht derselben Art angehören müssen, also z.B.

- Zugehörigkeit zur gleichen Warengattung, wie Bandeisen verschiedener Abmessungen;
- unfertige Erzeugnisse in den gleichen Produktionsstufen und mit den gleichen Produktionsverfahren erstellt;

---

[368] Ebenda.
[369] Vgl. Müller, W., Festwert, HWStR, Bd. 1, 1981, Sp. 466f.
[370] Vgl. WP-Handbuch, 1985/86, Bd. 1, S. 580f.
[371] Abschn. 31 Abs. 5 EStR.
[372] Abschn. 36 Abs. 4 EStR.
[373] Zur Durchschnittsbewertung vgl. auch bei den einzelnen Vermögensarten, S. 249 und S. 261ff, vgl. auch Hömberg, R., Gewogener Durchschnittswert, HuR 1986, S. 205ff.
[374] Vgl. oben, S. 163.

• Zugehörigkeit zu verschiedenen Warengattungen, jedoch Funktionsgleichheit.

Zur Gleichartigkeit gehört nach herrschender Lehre auch die annähernde Preisgleichheit der einzelnen Vermögensgegenstände[375].

Annähernde Gleichwertigkeit liegt vor, wenn der Spielraum zwischen höchstem und niedrigstem Einzelwert nicht sehr von einander abweichen. Im Schrifttum wird hier eine maximale Bandbreite von 20% bis 25% genannt[376].

Für die Gruppenbewertung der anderen, nicht zum Vorratsvermögen gehörenden beweglichen Vermögensgegenstände genügt nach dem Gesetzeswortlaut die **annähernde Gleichwertigkeit**. Gleichartigkeit muß nicht vorliegen. Dennoch ist es nicht zulässig, verschiedenartige Vermögensgegenstände nur deshalb zu einer Gruppe zusammenzufassen, weil sie zufällig gleichwertig sind. Dies widerspricht den GoB, insb. dem Grundsatz der Klarheit und Übersichtlichkeit. Desgleichen verbietet sich die Gruppenbewertung von besonders hochwertigen Vermögensgegenständen.

Als Bewertungsmaßstab ist der **gewogene Durchschnittswert** anzusetzen. Er berechnet sich als Quotient. Im Zähler steht die Summe der einzelnen Anschaffungs bzw. Herstellungskosten der Vermögensgegenstände, im Nenner die Gesamtmenge.

Beispiel: Gewogener Durchschnittswert

Anfangsbestand	10	Mengeneinheiten à 200	2 000
Zugang 1	25	Mengeneinheiten à 220	5 500
Zugang 2	15	Mengeneinheiten à 210	3 150
Summe	50	Mengeneinheiten	10 650

$$\text{gewogener Durchschnittswert} = \frac{10\,650}{50} = \underline{\underline{213}}$$

Abgänge und Endbestand sind im Beispiel mit 213 je Mengeneinheit zu bewerten, wenn die Bewertung mit gewogenen Durchschnittswerten nach § 240 Abs. 4 HGB erfolgen soll[377].

Steuerlich ist die Bewertung mit gewogenen Durchschnittspreisen sowohl beim Anlagevermögen[378] als auch beim Vorratsvermögen[379] zulässig.

c) Sammelbewertung mit Verbrauchsfolgeverfahren

Soweit es den Grundsätzen ordnungsmäßiger Buchführung entspricht, kann für den Wertansatz gleichartiger Vermögensgegenstände des Vorratsvermögens unterstellt werden, daß die zuerst oder daß die zuletzt angeschafften Vermögensge-

---

[375] Vgl. ADS § 155 Tz 102, vgl. WP-Handbuch 1985/86, Bd. 1, S. 599, vgl. Bernert, G., Gleichartige Vermögensgegenstände, HuR 1986, S. 216ff.

[376] Vgl. ADS § 155 Tz 140, vgl. Glade, A., Rechnungslegung, 1986, § 240 Tz 75.

[377] Auf weitere Verfeinerungen des Verfahrens, insbesondere auf die gleitende Durchschnittsmethode wird im Abschnitt über die Bewertung des Umlaufvermögens näher eingegangen, vgl. unten S. 261ff.

[378] Im Schrifttum wird aus der handelsrechtlichen Zulässigkeit die steuerrechtliche Zulässigkeit hergeleitet, vgl. z.B. Schmidt, L., EStG, 1984, § 6 Tz 40ff., vgl. Knobbe-Keuk, B., Bilanzsteuerrecht, 1985, S. 118.

[379] Vgl. Abschn. 36 Abs. 2 EStR.

genstände zuerst oder zuletzt oder in einer sonstigen beliebigen Folge verbraucht oder veräußert worden sind (§ 256 HGB).

Die wichtigsten dieser **Verbrauchsfolgeverfahren** sind:

- **First in First out (FIFO)**: Die zuerst hergestellten oder angeschafften Vermögensgegenstände werden zuerst verbraucht, so daß für die Bewertung der Lagerbestände die Werte der später angeschafften/hergestellten Vermögensgegenstände maßgeblich sind[380].

- **Last in First out (LIFO)**: Hier sind die Werte der zuerst angeschafften/hergestellten Vermögensgegenstände für die Bestandsbewertung maßgeblich[381].

- **Lowest in First out (LOFO)**: Da die Abgänge mit den niedrigsten Werten gebucht werden, bleiben für die Bestandsbewertungen die höheren Anschaffungs- oder Herstellungskosten. Die Bestände werden bewußt hoch bewertet[382].

- **Highest in First out (HIFO)**: Die Bestände werden niedrig bewertet, da die höchsten Anschaffungs- oder Herstellungswerte für die Verbrauchsbuchungen herangezogen werden[383].

- **Konzern in First out (KIFO)**: Diese bei konzerninternen Lieferungen mögliche Verbrauchsfolge gewährleistet, daß zunächst die konzerninternen Lieferungen als verbraucht gelten. Bei der Bewertung der Bestände wird mit dieser Methode die sog. Zwischengewinneliminierung reduziert oder überflüssig, weil im Endbestand weniger oder keine Waren aus konzerninternen Lieferungen mehr enthalten sind. Gewinne der liefernden Konzernunternehmung, die in den konzerninternen Verrechnungspreisen enthalten sind, gehen somit in geringerem Umfang oder gar nicht in die Bestandsbewertung ein und brauchen entsprechend bei der Erstellung der konsolidierten Konzernbilanz nicht eliminiert zu werden[384].

Da die genannten Verbrauchsfolgeverfahren ausschließlich für das Vorratsvermögen in Frage kommen, sollen nähere Einzelheiten, insb. über die handelsrechtliche Zulässigkeit der einzelnen Verfahren und über die rechentechnische Vorgehensweise später, unter den speziellen Bewertungsvorschriften behandelt werden.

d) Pauschalwertberichtigung von Forderungen

Pauschale Forderungsabwertungen können aufgrund spezieller Kreditrisiken[385], vor allem aber aufgrund des allgemeinen Kreditrisikos[386] vorgenommen werden. Eine Durchbrechung des Prinzips der Einzelbewertung liegt vor, weil die Pauschalabwertung von Forderungen nicht gesondert für jede einzelne Forderung erfolgt, sondern vom Gesamtbestand der Forderungen nach erfolgter aktivischer Absetzung der Einzelwertberichtigungen ausgeht. Die Pauschalabwertung be-

---

[380] Näheres, insbesondere Beispiele vgl. unten, beim Umlaufvermögen, S. 264f.
[381] Näheres vgl. unten, S. 265.
[382] Näheres vgl. unten, S. 270.
[383] Näheres vgl. unten, S. 268.
[384] Vgl. z.B. Busse von Colbe, W., Ordelheide, D., Vorratsbewertung, ZfB, 1969, S. 221ff.,
     vgl. auch unten, S. 271.
[385] Vgl. ADS § 152 Tz 84.
[386] Vgl. ADS § 152 Tz 82.

mißt sich nach den Erfahrungswerten der Vergangenheit oder nach branchenüblichen Sätzen[387].

Nach neuem Bilanzrecht muß die Pauschalwertberichtigung ebenso wie die Einzelwertberichtigung auf Forderungen aktivisch abgesetzt werden. Die indirekte Buchungsmethode über ein passives Wertberichtigungskonto, die nach altem Recht obligatorisch war[388], ist nicht mehr vorgesehen, da gesonderte passivische Wertberichtigungsposten zu Vermögensgegenständen im Gliederungsschema des § 266 HGB nicht mehr enthalten sind – mit Ausnahme des rein steuerrechtlich begründeten „Sonderpostens mit Rücklageanteil". Jegliche handelsrechtliche Abwertungen sind deshalb **aktivisch abzusetzen**. Da § 266 HGB nur für Kapitalgesellschaften[389] gilt, besteht bei Personengesellschaften und Einzelunternehmen weiterhin die Möglichkeit, Pauschalwertberichtigungen indirekt, also über einen passiven Wertberichtigungsposten zu bilanzieren.

e) Pauschalbewertung bei bestimmten Rückstellungen

Wenn eine größere Anzahl gleichartiger Risiken zu bewerten ist, kommt eine Pauschalbewertung in Betracht. Insb. bei Rückstellungen für Gewährleistungen mit oder ohne rechtliche Verpflichtung sowie bei Rückstellungen für drohende Inanspruchnahme aus dem Wechselobligo[390] und bei Rückstellungen für unterlassenen Instandhaltungsaufwand können Erfahrungswerte der Vergangenheit, die auch für die Zukunft als repräsentativ erachtet werden, Verwendung finden. Solche Pauschalbewertungen werden i.d.R. über Schlüsselgrößen gebildet, z.B. bei den Gewährleistungsrückstellungen in Prozent der nach Kundengruppen untergliederten Umsätze[391]. Als besondere Art der Pauschalbewertung wird im Schrifttum[392] die Berechnung der Höhe von Pensionsrückstellungen angeführt[393].

Einen zusammenfassenden Überblick über die zulässigen Abweichungen vom Grundsatz der Einzelbewertung gibt Abbildung 27 wieder.

1.7 Stichtagsbewertung

Die Vermögensgegenstände und Schulden sind **zum Abschlußstichtag** zu bewerten (§ 252 Abs. 1 Nr. 3 HGB). Maßgeblich für die Wertansätze sind folglich die Sachverhalte am Abschlußstichtag. Bilanzen werden erst längere Zeit nach dem Abschlußstichtag erstellt, bei Kapitalgeselschaften innerhalb von 3 bis 6 Monaten (§ 264 Abs. 1 HGB). Wie sind Tatsachen zu berücksichtigen, von denen der Bilanzierende nach dem Abschlußstichtag, aber noch vor Bilanzaufstellung Kennt-

---

[387] Vgl. Biergans, E., Einkommensteuer, 1985, S. 364, vgl. Schmidt, L., EStG, 1984, § 6 Tz 48b.
[388] § 152 Abs. 6 AktG a.F.
[389] Vgl. unten, S. 254.
[390] Vgl. hierzu BFH vom 27.4.1965, BStBl. III, S. 409.
[391] Vgl. Kupsch, P., Bilanzierung von Rückstellungen, 1975, S. 55.
[392] Vgl. etwa Castan, E., Rechnungslegung, 1984, S. 98.
[393] Näheres vgl. unten, S. 278ff.

Verfahren	Anwendbar für	Voraussetzungen
Festwert § 240 Abs. 3 HGB (i. Vb. mit § 256 HGB)	Sachanlagevermögen, Roh-, Hilfs- und Betriebsstoffe	– regelmäßiger Ersatz – Gesamtwert von untergeord- neter Bedeutung – Geringe Veränderungen in Größe, Wert und Zusammen- setzung des Bestands – alle 3 Jahre Inventur
Gewogener Durch- schnittswert § 240 Abs. 4 HGB (i. Vb. mit § 256 HGB)	Vorratsvermögen andere bewegliche Vermögensgegenstände	Gleichartigkeit Gleichartigkeit oder annähernde Gleichwertigkeit
Verbrauchsfolge- verfahren (FIFO, LIFO, HIFO usw.) § 256 HGB	Vorratsvermögen	GoB-Entsprechung
Pauschalwertberichti- gung von Forderungen	im wesentlichen: Forderungen aus Liefe- rungen und Leistungen	Erfahrungswerte
Pauschalbewertung be- stimmter Rückstellungen	z.B. für RS für Gewährleistung, RS für unterlassene Instandhaltung, RS für drohende Inan- spruchnahme aus Wechselobligo	Erfahrungswerte

Abb. 27   Zulässige Abweichungen vom Grundsatz der Einzelbewertung[394] in der Handelsbilanz

nis erlangt? Man unterscheidet hier zwischen sog. wertaufhellenden und wertbeeinflussenden Tatsachen[395].

Wertaufhellende Tatsachen liegen vor, wenn der Grund für eine Wertände-
rung am Abschlußstichtag bereits vorhanden, dem Bilanzierenden aber noch
nicht bekannt war. Es ist offensichtlich, daß solche objektiv gegebenen, aber
noch nicht bekannten Umstände bei der Bewertung berücksichtigt werden müssen, sobald sie bekannt werden.

Wertbeeinflussende Tatsachen liegen vor, wenn die Umstände, die eine Wert-
änderung verursachen, erst nach dem Bilanzstichtag eintreten. Solche wertbeeinflussenden Tatsachen enthalten nichts, was einen Rückschluß auf die Wertver-
hältnisse am Bilanzstichtag zuläßt. Sie dürfen deshalb in der Bilanz noch nicht berücksichtigt werden.

---

[394] Vgl. hierzu auch die ausführlichen Darstellungen bei der Besprechung der einzelnen
Vermögensgegenstände, zum Anlagevermögen, S. 248ff; zum Umlaufvermögen S.
256ff; vgl. auch Abb. 49 auf S. 258ff.
[395] Vgl. WP-Handbuch 1985/86, Bd. 1, S. 1601f., vgl. auch Glade, A., Rechnungslegung,
1986, Teil I, Tz 414f.

Die Trennung zwischen wertaufhellenden und wertbeeinflussenden Tatsachen ist nicht immer unumstritten. So darf etwa aus der Sicht des BFH eine Pauschalrückstellung für Wechselobligo nicht gebildet werden, wenn der Wechsel nach dem Bilanzstichtag, aber noch vor dem Zeitpunkt der Bilanzaufstellung eingelöst wurde[396]. Der überwiegende Teil des Fachschrifttums[397] sieht diesen Fall der Wechseleinlösung nicht als wertaufhellende Tatsache wie der BFH, sondern als wertbeeinflussende Tatsache, die für den Wertansatz der Rückstellung irrelevant ist. Die Pflicht zur Berücksichtigung wertaufhellender Tatsachen gilt auch dann, wenn dies zu höheren Wertansätzen führt und steuerlich somit zulasten des Kaufmannes geht (z.B. Zeitpunkt einer Zuschreibung gemäß § 280 HGB).

1.8 Vorsichtige Bewertung

1.8.1 Der Grundsatz

Das Vorsichtsprinzip gilt seit eh und je als wesentlicher Bestandteil der GoB[398]. Im neuen Bilanzrecht wird es erstmals ausdrücklich in den Gesetzestext des HGB aufgenommen: „Es ist vorsichtig zu bewerten ..." (§ 252 Abs. 1 Ziff. 4 HGB). Zahlreiche Wertansätze der Bilanz sind **zukunftsbezogen und somit unsicher.** Im Sinne der vorsichtigen Bewertung müssen Chancen und Risiken so eingeschätzt werden, daß die ausgewiesenen Vermögenswerte und Gewinne eher zu niedrig und die ausgewiesenen Schulden eher zu hoch angesetzt werden. Die Vermögens- und Ertragslage des Unternehmens muß trotz der Unsicherheit als relativ sicher i.S. einer Mindestrealisierbarkeit gelten können. Leffson[399] bezeichnet den vorsichtigen Wert als „Wert vom unteren Ende der Bandbreite". Vorsichtig bedeutet in diesem Zusammenhang auch, „daß der Bewertende gehalten sein soll, im Bewertungsprozeß gegebenenfalls den denjenigen Faktoren ein größeres Gewicht beizulegen, die geeignet sind, den Wertansatz von Vermögensposten zu ermäßigen bzw. von Schulden zu erhöhen"[400]. Willkürliche Unterbewertungen von Aktiva oder Überbewertungen von Passiva allerdings können und dürfen nicht mit dem Vorsichtsprinzip begründet werden, da dieses nur Bewertungsvorschriften innerhalb des Intervalls der wahrscheinlichen bzw. möglichen Werte gibt.

Das Vorsichtsprinzip hat seinen Niederschlag in einer Reihe von Einzelvorschriften und Bilanzierungsgrundsätzen gefunden, etwa in den Aktivierungsverboten des § 248 HGB, im Anschaffungswertprinzip des § 253 Abs. 1 HGB oder in den Abwertungsvorschriften der Absätze 2 bis 4 des § 253 HGB.

Neben diesen Einzelvorschriften, die sich jeweils auf konkrete Bilanzposten beziehen, hat das Vorsichtsprinzip vor allem durch vier allgemeine **Unterprinzipien** konkrete Form angenommen. Es sind dies

- das Imparitätsprinzip,
- das Realisationsprinzip,
- das Niederstwertprinzip,
- das Höchstwertprinzip.

---

396 BFH vom 19.12.1972, BStBl. II. 1973, S. 218
397 Vgl. hierzu Schmidt, L., Einkommensteuergesetz, 1984, § 6 Tz 6c und die dort angeführten, umfangreichen Literaturverweise.
398 Vgl. oben, S. 45, vgl. auch Rückle, D., Vorsicht, HuR 1986, S. 403ff.
399 Vgl. Leffson, U., Grundsätze, 1982, S. 432.
400 Vgl. ADS § 149 Tz 82.

1.8.2 Das Imparitätsprinzip

Ebenso wie das allgemeine Vorsichtsprinzip ist das Imparitätsprinzip erstmals ins Handelsrecht aufgenommen und mit Wirkung für alle Kaufleute kodifiziert worden (§ 252 Abs. 1 Nr. 4 HGB): „... namentlich sind alle vorhersehbaren Risiken und Verluste, die bis zum Abschlußstichtag entstanden sind, zu berücksichtigen ...". Die Risiken oder Verluste müssen bis zum Abschlußstichtag entstanden sein, d.h. sie müssen ihre Ursache in dem Jahr haben, für das der Abschluß erstellt wird. **Der Verlust muß noch nicht eingetreten sein**, es muß jedoch mit seinem Eintritt gerechnet werden. Mögliche Wertminderungen bei den Vermögensgegenständen sowie mögliche Zunahmen von Rückstellungen (ungewissen Verbindlichkeiten, drohenden Verlusten, künftigen Aufwendungen[401]) müssen bei der Bilanzierung berücksichtigt werden. Diese Problematik wurde bereits oben, bei den wertaufhellenden Tatsachen angesprochen. Die **Wertaufhellungstheorie** wird in die Formulierung des Imparitätsprinzips im § 252 Abs. 1 Nr. 4 HGB ausdrücklich einbezogen durch den Nebensatz „..., selbst wenn diese (Risiken und Verluste) erst zwischen dem Abschlußstichtag und dem Tag der Aufstellung des Jahresabschlusses bekannt geworden sind;". Sofern das Imparitätsprinzip eine **Aufwandsantizipation** aufgrund sicherer Daten fordert, kann man es nicht mehr dem Vorsichtsprinzip unterordnen. Die Zuordnung hat dann zum Abgrenzungsprinzip[402] zu erfolgen.

1.8.3 Das Realisationsprinzip

Im Gegensatz zu den Risiken und Verlusten, die bereits berücksichtigt werden müssen, sobald sie vorhersehbar sind, dürfen Gewinne nur dann berücksichtigt werden, wenn sie am Abschlußstichtag bereits realisiert sind. Durch dieses Realisationsprinzip werden zwei Komponenten der Bilanzierung betroffen,

- die Höhe des Wertansatzes und
- der Zeitpunkt der Gewinnrealisierung.

Bezüglich der **Höhe des Wertansatzes** wird das Realisationsprinzip durch das Anschaffungswertprinzip (§ 253 Abs. 1 HGB) konkretisiert. Solange der Gewinn nicht realisiert ist, z.B. durch einen Verkaufsakt, dürfen die als Höchstwerte vorgeschriebenen, gegebenenfalls um gesetzliche Abschreibungen verminderten Anschaffungs- oder Herstellungskosten bei der Bilanzierung nicht überschritten werden. Bei sehr strenger Auslegung müßte das Realisationsprinzip auch Wertzuschreibungen verbieten, die unterhalb der Höchstgrenze der Anschaffungs- oder Herstellungskosten bleiben. Entfällt der Grund für eine früher getätigte Sonderabschreibung, und wird deshalb der Wert des Bilanzansatzes entsprechend aufgestockt, ohne die Höchstgrenze zu überschreiten, so werden Gewinnerhöhungen bilanziert, die durch keinen Verkaufs- oder vergleichbaren Akt zustande gekommen sind – mithin ein Verstoß gegen das Realisationsprinzip. Dennoch sieht § 253 Abs. 5 HGB ein generelles Zuschreibungswahlrecht für diesen Fall vor, der sich für Kapitalgesellschaften in bestimmten Fällen zu einem Wertaufholungsgebot verschärft (§ 280 Abs. 1 HGB).

Probleme können sich bei der Bestimmung des **Realisationszeitpunkts** ergeben[403]. Der Realisationszeitpunkt ist der Zeitpunkt, an dem eine Lieferung oder

---

[401] Vgl. oben, S. 136.

[402] Vgl. oben, S. 45.

[403] Vgl. oben, S. 91 und S. 107.

Leistung als realisiert gilt, so daß aus dem Aktivum „Fertigerzeugnis" oder einer entsprechenden aktivierten Dienstleistung das Aktivum „Forderung" geworden ist[404] und der Differenzbetrag – so er positiv ist – den Gewinn erhöht.

Der Realisationszeitpunkt ist gegeben, wenn ein **Liefer- oder Leistungsvertrag** vom Bilanzierenden **einseitig erfüllt** ist. Zu diesem Zeitpunkt treffen im allgemeinen folgende Fakten zu[405]:

1. Ausgang des Sachgutes oder Beendigung der Dienstleistung;
2. Erfüllung des Vertrags durch den Liefernden oder Leistenden;
3. Die Verfügungsmacht über das Gut geht auf den Erwerber über;
4. Das Eigentum geht auf den Erwerber über;
5. Die Abrechnungsfähigkeit ist gegeben.

Den Konventionen der Praxis zufolge wird der Realisationszeitpunkt mit dem der **Rechnungserteilung** angenommen – wenngleich dieser Zeitpunkt mit dem der Abrechnungsfähigkeit, d.h. der Erfüllung aller obigen Kriterien nicht stets identisch sein muß[406].

Erstreckt sich die Leistungserstellung über mehrere Jahre (sog. **langfristige Fertigung**, etwa im Großanlagenbau, in der Bauwirtschaft und im Schiffsbau), so stellt sich die Frage der Teilabrechnung und **Teilgewinnrealisierung**.

Hier sind folgende Realisationszeitpunkte denkbar:

a) Der Gewinn entsteht erst nach vollständigem Abschluß des Projektes und Erfüllung des gesamten Vertrags. Die in den einzelnen Jahren erstellten Teilleistungen dürfen nur mit den angefallenen Anschaffungs- bzw. Herstellungskosten aktiviert werden. Diese Regelung entspricht voll dem Realisationsprinzip, ist betriebswirtschaftlich jedoch nicht befriedigend, da bei mehrjähriger Bauzeit auch die vorangegangenen Jahre an der Gewinnentstehung beteiligt sind. Der Jahresabschluß gäbe bei strenger Beachtung des Realisationsprinzipes ein völlig falsches Bild von der wirtschaftlichen Lage der Gesellschaft[407] und widerspräche somit der Generalnorm des § 264 Abs. 2 HGB).

b) Der Gewinn entsteht anteilig in den einzelnen Jahren, so daß eine Aktivierung von Teilgewinnen entsprechend dem Leistungsfortschritt in den einzelnen Jahren erfolgen kann. In diesem Fall werden nicht nur die Anschaffungs- oder Herstellungskosten der erbrachten Teilleistung bei den unfertigen Erzeugnissen aktiviert, sondern auch zusätzliche Gewinnanteile. Wenngleich die letztere Vorgehensweise der **Aktivierung von Teilgewinnen** dem Realisationsprinzip widerspricht, gehen Praxis und Schrifttum unter bestimmten Voraussetzungen von ihrer Zulässigkeit aus[408]. Diese **Voraussetzungen** sind[409]:

- Es muß sich um Fälle handeln, die für die einzelne Gesellschaft von sehr erheblicher Bedeutung sind.

---

[404] Vgl. Leffson, Grundsätze, 1982, S. 239
[405] Ebenda, S. 240.
[406] Vgl. ebenda, S. 244.
[407] Vgl. ADS § 149 Tz 70.
[408] So z.B. WP-Handbuch, 1985/86 Bd. 1 S. 599; ebenso steuerlich, vgl. Beck'sches Steuerberater-Handbuch 1986, Abschnitt A, Tz 381, S. 86, vgl. auch Schindler, J., Probleme bei langfristiger Fertigung, BB 1984, S. 1654ff.
[409] Vgl. ADS § 149 Tz 70.

- Eine Endabrechnung muß aus der Natur der Sache heraus erst nach längerer Zeit möglich sein.
- Es müssen für die einzelnen Jahre endgültige Teilabrechnungen erstellt werden.
- Aus späteren Fertigungsabschnitten dürfen keine Verluste drohen.

Da solche langfristigen Fertigungsaufträge im allgemeinen durch besondere Risiken gekennzeichnet sind (z.B. Faktorpreissteigerung), ist eine besonders vorsichtige Betrachtungsweise am Platz. Bei der Bemessung der Teilgewinne ist dem Vorsichtsprinzip deshalb in besonderem Maße Rechnung zu tragen. Keinesfalls kann von einer Pflicht zur Aktivierung von Teilgewinnen die Rede sein, es besteht ein – höchst problematisches – Gewinnrealisierungswahlrecht[410].

1.8.4 Das Niederstwertprinzip

Das Niederstwertprinzip leitet sich direkt aus dem Imparitätsprinzip her. Dieses fordert die Aufwandsantizipation und damit die Abwertung auf den niedrigeren Wert. Das Niederstwertprinzip gilt für die **Vermögensbewertung** und besagt grundsätzlich, daß bei Vorliegen verschiedener möglicher Werte für die kaufmännische Bilanzierung der niedrigste dieser Werte anzusetzen ist. Die Anschaffungs- oder Herstellungskosten müssen unterschritten werden, wenn die Vermögensgegenstände für das Unternehmen einen niedrigeren Wert haben. Als Alternativwert zu den historischen Anschaffungs- bzw. Herstellungskosten (bzw. den durch planmäßige Abschreibungen fortgeschriebenen Anschaffungs- bzw. Herstellungskosten) kommt der marktbedingte Wert, der Zeitwert in Frage. Das Gesetz spricht hier von dem Wert, der den Vermögensgegenständen am Abschlußstichtag beizulegen ist[411].

Entsprechend der geltenden Rechtslage unterscheidet man zwei Varianten des Niederstwertprinzips:

1. Das **gemilderte Niederstwertprinzip**. Der niedrigere Alternativwert muß grundsätzlich angesetzt werden. Wenn jedoch die Wertminderung nicht von Dauer ist, braucht er nicht berücksichtigt zu werden. Nach § 253 Abs. 2 HGB gilt das gemilderte Niederstwertprinzip nur für das Anlagevermögen.
2. Das **strenge Niederstwertprinzip**. Hier muß ausnahmslos, auch bei nur vorübergehender Wertminderung, der niedrigere Alternativwert angesetzt werden. Diese strenge Variante des Niederstwertprinzipes gilt gem. § 253 Abs. 3 HGB nur für das Umlaufvermögen.

Das Steuerrecht kennt das strenge Niederstwertprinzip als eigenständige Bewertungsvorschrift nicht. Aufgrund der Maßgeblichkeit der Handelsbilanz für die Steuerbilanz wirkt das handelsrechtliche strenge Niederstwertprinzip aber auch auf die steuerrechtlichen Wertansätze.

1.8.5 Das Höchstwertprinzip

Aus Imparitäts- und Realisationsprinzip folgt für die **Bewertung von Verbindlichkeiten und Rückstellungen** das Höchstwertprinzip. Dies sei an einem Beispiel verdeutlicht. Liegt der Zeitwert einer auf Auslandswährung lautenden Verbindlichkeit aufgrund von Wechselkursänderungen unter dem ursprünglichen Rück-

---

[410] Sowohl in der Handels- als auch in der Steuerbilanz, vgl. Fußnote 408.
[411] Näheres zum beizulegenden Wert vgl. unten, S. 211.

zahlungsbetrag (den sog. Anschaffungskosten der Verbindlichkeit), so verbietet das Höchstwertprinzip eine Abwertung dieser Verbindlichkeit. Es würde sich um einen nicht realisierten Gewinn handeln (Realisationsprinzip). Liegt der Zeitwert aufgrund gestiegener Wechselkurse über den Anschaffungskosten der Verbindlichkeit, so muß aufgrund des Imparitätsprinzips die Verbindlichkeit den aktuellen Wechselkursen entsprechend höher bewertet werden.

Allgemein gilt: Schulden und Rückstellungen sind zu ihren Anschaffungskosten, gegebenenfalls zu ihrem höheren Bilanzstichtagswert anzusetzen. Ein niedrigerer Rückzahlungsbetrag ist für die Bewertung irrelevant. Er ist erst im Zeitpunkt der tatsächlichen Rückzahlung gewinnerhöhend zu berücksichtigen. Der Wortlaut des Gesetzes in § 253 Abs. 1 HGB ist hier etwas irreführend: „Verbindlichkeiten sind zu ihrem Rückzahlungsbetrag ... anzusetzen." Für das obige Beispiel würde die wörtliche Befolgung dieser Gesetzesstelle bedeuten, daß die Auslandsverbindlichkeit zum aktuellen, niedrigeren Rückzahlungsbetrag zu bewerten wäre. Dies ist jedoch aufgrund des Realisationsprinzipes nicht zulässig. Die Vorschrift des § 253 HGB, wonach Verbindlichkeiten mit ihrem Rückzahlungsbetrag zu passivieren sind, kann die allgemeinen Bewertungsvorschriften des Imparitäts- und des Realisationsprinzipes nicht außer Kraft setzen[412].

1.9 Periodenabgrenzung

„Aufwendungen und Erträge des Geschäftsjahres sind unabhängig von den Zeitpunkten der entsprechenden Zahlungen im Jahresabschluß zu berücksichtigen" (§ 252 Abs. 1 Nr. 5 HGB). Dieser Bewertungsgrundsatz ist aus Art. 31 Abs. 1 lit. d der 4. EG-Richtlinie in das Gesetz übernommen worden. Durch die Aufnahme dieses Grundsatzes unter die allgemeinen Bewertungsgrundsätze des § 252 HGB wird der dynamische Charakter der Bilanz als Instrument der **periodenrichtigen Gewinnermittlung** hervorgehoben. Dies wird auch an anderer Stelle des Gesetzes betont, etwa durch die erweiterte Zulässigkeit von Aufwandsrückstellungen[413] oder bei den Rechnungsabgrenzungsposten[414]. Der Grundsatz der Abgrenzung wird im Schrifttum teilweise zu den GoB gezählt[415]. Ganz allgemein gehört zum Abgrenzungsgrundsatz die Periodisierung des Faktorverbrauches[416], z.B. die periodischen Aufwandsbuchungen von Abschreibungen, die unabhängig von tatsächlichen Zahlungen erfolgen. Weiterhin zählt neben der transitorischen und antizipativen Rechnungsabgrenzung auch das Realisations- und das Imparitätsprinzip zum zeitlichen Abgrenzungsprinzip. Das Realisationsprinzip trennt die Erfolgswirksamkeit von der Zahlungswirksamkeit, z.B. bei erhaltenen Anzahlungen. Das Imparitätsprinzip kann nur dann als Ausfluß des Vorsichtsprinzips gelten, wenn es sich auf unsichere künftige Wertminderungen oder Verluste bezieht. Sofern es sich um sichere Erwartungen handelt, fordert das Imparitätsprinzip eine Aufwandsantizipation i.S. der zeitlichen Aufwandsabgrenzung.

Aus dem Wortlaut, mit dem das Prinzip der Periodenabgrenzung in § 252 HGB formuliert ist, läßt sich außerdem erkennen, daß das Handelsrecht den sog. **paga-**

---

[412] Vgl. Moxter, A., Bilanzrechtsentwurf, BB, 1985, S. 1103.
[413] Vgl. oben, S. 133ff.
[414] Vgl. oben, S. 110, 158.
[415] Vgl. oben, S. 45, vgl. auch Leffson, U., Grundsätze, 1982, S. 269ff.
[416] Ebenda.

torischen, d.h. auf Zahlungsvorgängen beruhenden **Kostenbegriff** verwendet[417], da es Aufwendungen nur im Zusammenhang mit – zeitgleichen oder zeitlich verschobenen – Zahlungsvorgängen sieht.

1.10 Bewertungsstetigkeit

Die letzte, der in § 252 HGB aufgezählten Einzelvorschriften im Rahmen der allgemeinen Bewertungsgrundsätze betrifft die Bewertungsstetigkeit. „Die auf den vorhergehenden Jahresabschluß angewandten **Bewertungsmethoden sollen beibehalten werden**" (§ 252 Abs. 1 Nr. 6 HGB). Nach herrschender, jedoch nicht ganz unumstrittener Meinung, gehört der Grundsatz der Bilanzkontinuität oder Bilanzstetigkeit zu den GoB[418]. Die Bilanzstetigkeit wird hiernach mit Hilfe zweier Postulate erreicht, der Forderung nach formeller sowie nach materieller Bilanzstetigkeit. Der Grundsatz der **materiellen Bilanzstetigkeit** beinhaltet die Bewertungsstetigkeit[419].

„Ein Unternehmen **soll** seine Abschlußgrundsätze und Methoden selbst dann beibehalten, wenn die Verhältnisse eines einzelnen Jahres es zweckmäßig erscheinen lassen, bestimmte Positionen einmal in anderer Weise als in den Vorjahren abzugrenzen, z.b. Bestände nach einem anderen Grundsatz zu ermitteln und zu bewerten"[420]. Bemerkenswert sowohl am obigen Zitat von Leffson, als auch am Gesetzestext ist die Formulierung als **Sollvorschrift**. Die Bewertungsstetigkeit soll grundsätzlich, aber nicht ausnahmslos gelten. Sie hat im Bilanzrecht eine wichtige Aufgabe, sie wirkt objektivierend, verhindert also in gewissem Umfange Bewertungsmanipulationen[421]. Im Falle des **Konfliktes der beiden Grundsätze Stetigkeit und Vorsicht,** insb. Imparitätsprinzip, muß jedoch gewährleistet sein, daß das Vorsichtsprinzip Vorrang hat. Aus diesem Grund ist die Bewertungsstetigkeit als Soll- und nicht als Mußvorschrift formuliert. Methodenstetigkeit als Sollvorschrift heißt damit: Liegt kein Ausnahmefall vor, so muß die auf den vorangegangenen Jahresabschluß angewandte Bewertungsmethode beibehalten werden, liegt ein Ausnahmefall vor, so darf – bzw. muß – im Rahmen der GoB eine andere Bewertungsmethode angewandt werden. Wird aber die Stetigkeit der Bewertung z.B. aufgrund der Priorität des Vorsichtsprinzips durchbrochen, so besteht eine **Erläuterungspflicht im Anhang.** § 284 Abs. 2 Satz 3 HGB schreibt vor: „Im Anhang müssen ... Änderungen der Bilanzierungs- und Bewertungsmethoden angegeben und erläutert werden, deren Einfluß auf die Vermögens-, Ertrags- und Finanzlage ist gesondert darzustellen"[422]. Bei Personengesellschaften

---

[417] Zum pagatorischen und wertmäßigen Kostenbegriff vgl. unten, S. 196ff.

[418] Vgl. oben, S. 44, so auch ADS § 149 Tz 29; Wöhe, G., Bilanzierung, 1984, S. 165; Leffson, U., Grundsätze, 1982, S. 163ff., S. 394;
gegenteiliger Ansicht ist z.B. Schruff, L., Struktur, 1985, S. 46: „Der Grundsatz der Bewertungsstetigkeit ist nach überwiegender Meinung bislang kein Grundsatz ordnungsmäßiger Buchführung".

[419] Vgl. Wöhe, G., Bilanzierung, 1984, s. 165.

[420] Leffson, U., Grundsätze, 1982, S. 390.

[421] Vgl. Moxter, Bilanzrechtsentwurf, BB, 1985, S. 1102, vgl. auch Eckes, B., Bewertungsstetigkeit, BB 1985, S. 1435ff., Pfleger, G., In welchen Ausnahmefällen darf vom Grundsatz der Bewertungsstetigkeit abgewichen werden, DB 1986, S. 1133ff., Selchert, F. W., Bewertungsstetigkeit, DB 1984, S. 1889ff.

[422] Vgl. unten, S. 338ff.

und Einzelunternehmen entfällt die Erläuterungspflicht, da diese Rechtsformen keinen Anhang zu erstellen haben, selbst dann nicht, wenn sie unter das Publizitätsgesetz fallen[423].

1.11 Der Grundsatz des True and Fair View

Als allgemeinen Bewertungsgrundsatz für **Kapitalgesellschaften** kann man den Grundsatz des „True and Fair View" des § 264 Abs. 2 HGB bezeichnen, soweit er sich auf Bewertungsfragen erstreckt. Er besagt, daß der Jahresabschluß von Kapitalgesellschaften **ein den tatsächlichen Verhältnissen entsprechendes Bild der Vermögens-, Ertrags- und Finanzlage**[423a] zu vermitteln hat. Bei Bewertungsakten, insb. bei der Inanspruchnahme von Bewertungswahlrechten, muß die Kapitalgesellschaft ihre Bilanzierungsentscheidung stets an dieser Generalnorm messen und der Norm widersprechende Bewertungen im Anhang durch zusätzliche Angaben erläutern. Die vorrangige Bedeutung der Informationsaufgabe, die der Bilanz durch diese Generalnorm zugewiesen wird, kann dazu führen, daß bei der Bilanzierung und Bewertung gegen gesetzliche Einzelvorschriften verstoßen werden muß. Grundsätzlich steht die Generalklausel nach Ansicht des Gesetzgebers[424] zwar nicht in dem Sinne über der gesetzlichen Regelung, daß sie es erlauben würde, den Umfang und den Inhalt des Jahresabschlusses in Abweichung von den gesetzlichen Vorschriften zu bestimmen. Besondere Bedeutung kommt in diesem Zusammenhang der Verpflichtung zu, daß die Gesellschaft im Anhang zusätzliche Angaben machen muß, wenn besondere Umstände dazu führen, daß das Bild, das der Jahresabschluß vermittelt, nicht den tatsächlichen Verhältnissen entspricht. Darüber hinaus schreibt die 4. EG-Richtlinie ausdrücklich vor, daß in Ausnahmefällen, wenn die Anwendung einer Einzelvorschrift mit der Generalnorm unvereinbar ist, von der Einzelvorschrift abgewichen werden muß[425]. Diese generelle Abweichungsverpflichtung ist in das neue deutsche Handelsrecht nicht übernommen worden. Bezüglich der Bewertungsgrundsätze des § 252 HGB sieht allerdings Abs. 2 vor, daß in begründeten Ausnahmefällen hiervon abgewichen werden darf.

1.12 Zulässigkeit von Unterbewertungen (Stille Reserven)

Die handelsrechtliche Zulässigkeit von stillen Reserven[425a] wird im HGB an drei Stellen ausdrücklich betont:

---

[423] Vgl. § 5 Abs. 2 PublG, vgl. unten, S. 327.

[423a] Vgl. Niehus, R., J., Der „True and Fair View" – In Zukunft auch ein Bestandteil der deutschen Rechnungslegung, DB 1979, S. 221ff., zur Generalnorm vgl. auch Großfeld, B., Generalnorm, HuR 1986, S. 192ff., zum Begriff „Vermögenslage" vgl. Moxter, A., Vermögenslage, HuR 1986, S. 346ff. Zum Begriff „Ertragslage" vgl. Coenenberg, A., Ertragslage, HuR 1986, S. 155ff., zum Begriff „Finanzlage" vgl. Rückle, D., Finanzlage, HuR 1986, S. 168ff.

[424] Vgl. Bundestagsdrucksache 10/317 vom 26.8.1983, S. 76; kritisch hierzu vgl. Heinhold, M., Die Bewertungskonzeption, 1987, S. 125ff.

[425] Art. 2 Abs. 5 der 4. EG-Richtlinie.

[425a] Zum Begriff vgl. Heinhold, M., Grundfragen, 1985, S. 74ff., vgl. auch Seicht, G., Stille Rücklagen, HuR 1986, S. 281

1.12.1 Abschreibungen auf den nahen Zukunftswert

§ 253 Abs. 3 HGB läßt zu, daß Abschreibungen vorgenommen werden dürfen, soweit diese nach vernünftiger kaufmännischer Beurteilung notwendig sind, um zu verhindern, daß in der nächsten Zukunft der Wertansatz dieser Vermögensgegenstände aufgrund von Wertschwankungen geändert werden muß. Diese Vorwegnahme künftiger Abwertungen entspricht dem Imparitätsprinzip und war bereits im alten Recht in § 155 AktG a.f. enthalten.

1.12.2 Stille Reserven aufgrund steuerlicher Sonderabschreibungen

§ 254 HGB gestattet, daß Abschreibungen auch vorgenommen werden können, um Vermögensgegenstände des Anlage- oder Umlaufvermögens mit dem niedrigeren Wert anzusetzen, der auf einer nur steuerrechtlich zulässigen Abschreibung beruht. Auch diese Vorschrift ist nicht neu, sie war im alten § 154 AktG a.f. bereits enthalten. Sie ist erforderlich, da wegen des steuerrechtlichen Maßgeblichkeitsprinzips für die Zulässigkeit der steuerlichen Werte in der Handelsbilanz gesorgt werden muß.

1.12.3 Stille Reserven im Rahmen vernünftiger kaufmännischer Beurteilung

§ 253 Abs. 4 HGB erlaubt weitergehende Abschreibungen, die über die planmäßigen bzw. die durch Markt- oder beizulegende Werte begründeten Abschreibungen hinausgehen. Es heißt dort wörtlich: „Abschreibungen sind außerdem im Rahmen vernünftiger kaufmännischer Beurteilung zulässig". Diese allgemeine Ermächtigung zur Bildung stiller Reserven durch vernünftige kaufmännische Unterbewertung[425b] von Vermögensgegenständen gilt **nicht für Kapitalgesellschaften**. Für diese Rechtsformen schließt § 279 Abs. 1 HGB diese Sonderabschreibungsregelung ausdrücklich aus.

§ 253 Abs. 4 HGB mit seiner ausdrücklichen gesetzlichen **Legalisierung von stillen Willkürreserven** durch Unterbewertungen stellt eine wesentliche Abweichung vom alten Bilanzrecht dar. Vergleicht man diese, nur für Einzelunternehmen und Personengesellschaften geltende Vorschrift mit dem alten § 40 HGB, so wurde dort gefordert, daß die Vermögensgegenstände und Schulden mit den Werten anzusetzen sind, die ihnen am Bilanzstichtag beizulegen sind. Dieser in der handelsrechtlichen Literatur ausführlich abgehandelte „beizulegende Wert"[426] läßt keinen Raum für solche Unterbewertungen, wie sie im neuen § 253 Abs. 4 HGB für zulässig erklärt werden. Zur Verdeutlichung, welches Ausmaß diese Unterbewertungen annehmen können, ist auf Moxter zu verweisen[427]: „In Anbetracht der Bedeutung dieser Vorschrift ... sollte man vielleicht klarstellen, daß die Unterbewertungsklausel dem Einzelbewertungsgrundsatz vorgeht: Unterbewertungen sollten nicht nur erlaubt sein, wenn sie durch in einzelnen Bilanzposten steckende unwägbare Risiken angezeigt erscheinen, sondern auch, wenn sie im Interesse der Unternehmensstabilisierung geboten sind". In Anbetracht der unermeßlichen Gefahren, die weniger die Bildung als vielmehr die unerkann-

---

[425b] Zum Begriff der vernünftigen Kaufmännischen Beurteilung vgl. Westermann, H. P., Vernünftige Kaufmännische Beurteilung, HuR 1986, S. 351ff.

[426] Vgl. unten, S. 211, vgl. auch ADS § 155 Tz 171;
vgl. Wöhe, G., Bilanzierung, 1984, S. 468.

[427] Moxter, A., Bilanzrechtsentwurf, BB, 1985, S. 1102.

te, **verlustverschleiernde Auflösung von stillen Reserven** mit sich bringt[428], ist es außerordentlich zu bedauern, daß der Gesetzgeber für Personengesellschaften und Einzelunternehmen eine Entwicklung zuläßt, die man nur als Rückschritt bezeichnen kann. Es muß daran erinnert werden, daß es als ein Hauptmangel des alten Aktiengesetzes 1937 angesehen wurde, „daß die Vermögens- und Ertragslage einer Gesellschaft durch eine nicht erkennbare Bildung und Auflösung stiller Reserven verschleiert werden"[429] konnte. Dieser Hauptmangel wurde für Aktiengesellschaften durch die Aktienrechtsreform 1965 beseitigt, was auch Rückwirkungen auf Nicht-Aktiengesellschaften hatte, da die aktienrechtlichen Bilanzierungsvorschriften gemeinhin als GoB angesehen wurden[430]. Durch die neuerliche Bilanzrechtsreform von 1985 wurde dieses Verbot der Bildung stiller Willkürreserven nur auf **Kapitalgesellschaften** beschränkt. Hierdurch wird versucht, dem für Kapitalgesellschaften geltenden Grundpostulat der 4. EG-Richtlinie, dem „True and Fair View", gerecht zu werden, dem die Zulässigkeit solcher stillen Willkürreserven kraß widersprechen würde. Ein den tatsächlichen Verhältnissen entsprechendes Bild der Vermögens-, Ertrags- und Finanzlage (§ 264 Abs. 2 HGB) kann durch den Jahresabschluß nicht vermittelt werden, wenn Vermögens- und Ertragsteile in stillen Reserven versteckt werden. Zumindest müssen diese im Anhang durch entsprechende Erläuterungen wieder aufgedeckt werden, was bei Kapitalgesellschaften für die steuerlich bedingten stillen Reserven durch die Vorschrift des § 284 Abs. 2 ausreichend gesichert erscheint. Somit kann die Problematik stiller Reserven durch Unterbewertung von Vermögensgegenständen bei Kapitalgesellschaften theoretisch als beseitigt gelten. § 253 Abs. 4 HGB widerspricht aber auch der allgemeinen Bilanzierungsnorm des § 238 Abs. 1 HGB, nach der jeder Kaufmann die Lage seines Vermögens ersichtlich zu machen hat. Offensichtlich will der Gesetzgeber diese Norm nicht auf die stillen Reserven bei anderen Rechtsformen anwenden[430a].

Da die Gefahren stiller Reserven aber gleichermaßen bei anderen Rechtsformen bestehen, ist es unverständlich, daß die ungezügelte Bildung und damit verbunden die gefährliche Auflösung stiller Reserven nur bei Kapitalgesellschaften im obigen Sinne begrenzt werden soll. **Personengesellschaften und Einzelunternehmen** sind in der Reservenbildung grundsätzlich nicht eingeschränkt, selbst dann nicht, wenn sie aufgrund ihrer Größe dem Publizitätsgesetz unterliegen. Dieses bestimmt nämlich in § 5 Abs. 1, daß der hier wichtige § 279 Abs. 1 HGB, der die Bildung stiller Reserven einschränkt, nicht beachtet werden muß. Weiterhin befreit das Publizitätsgesetz alle Personengesellschaften und Einzelunternehmen von der Erstellung eines Anhangs und eines Lageberichtes, so daß nicht einmal zusätzliche Erläuterungen gegeben werden müssen.

Die **Bildung stiller Reserven aufgrund steuerlicher Sonderabschreibungen** (§ 254 HGB), die für alle Rechtsformen zulässig ist, bringt grundsätzlich die selben Gefahren mit sich, wie die Reservenbildung aufgrund von § 253 Abs. 4 HGB.

---

[428] Vgl. Leffson, U., Grundsätze, 1982, S. 76ff.
vgl. Heinhold, M., Grundfragen, 1985, S. 74ff., insbesondere S. 84 und S. 99-113.
[429] Vgl. ADS § 149 Tz 102.
[430] So z.B. im Vorentwurf eines Gesetzes zur Durchführung der Vierten Richtlinie des Rates der Europäischen Gemeinschaften vom 5.2.1980, Bd. 2 Begründung, S. 7, in dem festgelegt wird, „daß es sich bei der überwiegenden Anzahl der Regelungen um Grundsätze ordnungsmäßiger Buchführung (GoB) handelt".
[430a] Zu diesem Interessenkonflikt vgl. Walz, R., Stille Rücklagen, HuR 1986, S. 287ff.

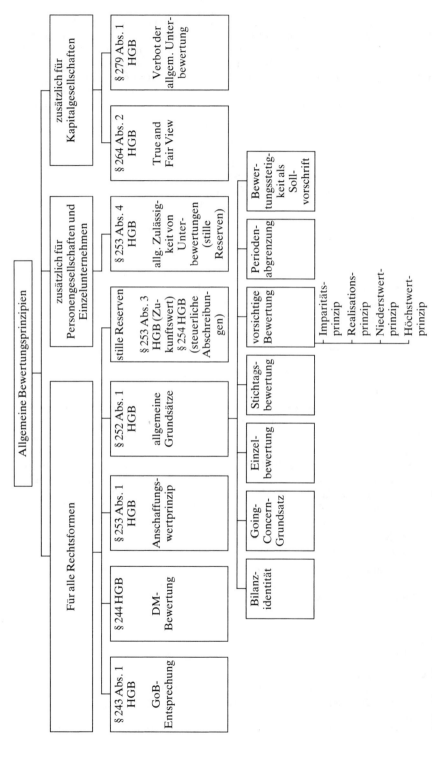

Abb. 28   Allgemeine Bewertungsprinzipien im Überblick

Jedoch läßt sich die Bildung und Auflösung solcher stillen Reserven in der Bilanz ersichtlich machen, wenn man die steuerlichen Sonderabschreibungen indirekt i.S. des § 281 HGB über den „Sonderposten mit Rücklageanteil" bucht[431]. Es ist zu bedauern, daß der Gesetzgeber diese indirekte Verbuchung nur als Methodenwahlrecht und nicht verpflichtend vorgeschrieben hat – im Gegensatz zu früheren Entwürfen des Bilanzrichtliniengesetzes.

Einen Gesamtüberblick über die hier als allgemeine Bewertungsprinzipien bezeichneten Grundsätze[431a] gibt die Abbildung 28.

1.13 Steuerrechtliche Bewertungsgrundsätze

Bei der Formulierung allgemeiner Bewertungsgrundsätze für die Steuerbilanz nehmen Rechtsprechung und Schrifttum[432] stets Bezug auf die handelsrechtlichen Bewertungsgrundsätze.

Das EStG besitzt zwar in § 6 einen eigenen Bewertungsparagraphen. Dieser enthält vor allem konkrete Bewertungsvorschriften zu den verschiedenen Gruppen von Wirtschaftsgütern, nicht jedoch allgemeine Grundsätze in der Art des § 252 HGB. **Für Kaufleute gelten nämlich die handelsrechtlichen Bewertungsgrundsätze auch in der Steuerbilanz.**

Dies ergibt sich aus dem sog. **Maßgeblichkeitsprinzip** der Handelsbilanz für die Steuerbilanz. Gemäß § 5 Abs. 1 EStG ist bei Gewerbetreibenden, soweit sie Bücher führen[433], „das Betriebsvermögen anzusetzen ..., das nach den handelsrechtlichen Grundsätzen ordnungsmäßiger Buchführung auszuweisen ist". Sofern also steuerliche Spezialvorschriften die handelsrechtlichen Wertansätze nicht ausdrücklich für unzulässig erklären, gelten in der Steuerbilanz dieselben Regeln wie in der Handelsbilanz. Jeder einzelne ordnungsgemäße Ansatz in der Handelsbilanz ist, soweit er mit den steuerlichen Bewertungsvorschriften im Einklang steht, auch für die Steuerbilanz maßgeblich[434]. Gewäht das Steuerrecht einen Bewertungsspielraum und liegt der Handelsbilanzwert innerhalb dieses Spielraums, dann muß der handelsrechtliche Wert auch in der Steuerbilanz Verwendung finden. Er verhindert die Ausübung eines steuerlichen Wahlrechts[435]. Diese bindende Wirkung der Handelsbilanz für die steuerliche Bilanzierung hat sehr häufig die **Umkehrung des Maßgeblichkeitsprinzips** zur Folge. Will nämlich der Bilanzierende spezifisch steuerliche Sonderabschreibungen oder andere Bewertungsprivilegien[436] in seiner Steuerbilanz geltend machen, dann erzwingt das

---

[431] Vgl. oben, S. 129.

[431a] Vgl. hierzu auch Buchner, R., Allgemeine Bewertungsgrundsätze, HuR 1986, S. 38ff., vgl. auch Küting, K., Die Bewertungskonzeption, DB 1984, S. 1-7, vgl. auch Heinhold, M., Die Bewertungskonzeption, in: Reform der Rechnungslegung in Österreich, 1987, S. 123ff.

[432] Vgl. z.B. Biergans, E., 1985, S. 110ff; Knobbe-Keuk, B., Bilanzsteuerrecht, 1985, S. 116ff.; Schmidt, L., EStG, § 6 Tz. 5-8; Tiedtke, K., Einkommensteuer, 1983, S. 269ff.

[433] Aufgrund gesetzlicher Verpflichtung (z.B. § 238 HGB) oder freiwillig.

[434] Vgl. WP-Handbuch 1985/86, Bd. 1, S. 546.

[435] Z.B. das Wahlrecht zwischen linearer und degressiver Abschreibung, vgl. S.   .

[436] Vgl. die Beispiele in Abb. 23, S. 131, zur umgekehrten Maßgeblichkeit vgl. auch Dziadkowski, D., Die steuergesetzliche Verankerung, BB 1986, S. 329ff., vgl. auch Schmitz, T., Maßgeblichkeitsprinzip, DB 1986, S. 14ff.

Maßgeblichkeitsprinzip denselben Wertansatz auch in der Handelsbilanz, da der niedrigere steuerliche Wert andernfalls in der Steuerbilanz nicht zulässig wäre (§ 6 Abs. 3 EStG). Um nicht die zahlreichen steuerlichen Sonderabschreibungen, erhöhten Absetzungen und sonstigen Bewertungsprivilegien zu konterkarieren, enthält das HGB in § 254 die Regelung, daß Abschreibungen in der Handelsbilanz auch vorgenommen werden dürfen, um den Handelsbilanzwert an den niedrigeren steuerlichen Wert anzupassen.

Die wenigen allgemeinen Bewertungsgrundsätze, die sich aus § 6 EStG ergeben, sind:

Das Anschaffungswertprinzip[437]. Einer gesonderten steuerlichen Regelung hätte es für Kaufleute aufgrund des Maßgeblichkeitsprinzips nicht bedurft.

Das Prinzip des uneingeschränkten Wertzusammenhangs. § 6 Abs. 1 Nr. 1 EStG sieht vor, daß für abnutzbare Wirtschaftsgüter des Anlagevermögens der Bilanzansatz nicht über den Vorjahreswert hinausgehen darf. Dies hat zur Folge, daß Zuschreibungen in der Steuerbilanz für diese Anlagegüter nicht möglich sind, selbst wenn in der Handelsbilanz Zuschreibungen[438] erfolgt sind (Durchbrechung des Maßgeblichkeitsgrundsatzes).

Von dieser Regel gibt es jedoch eine **Ausnahme**. Werden nämlich steuerliche Sonderabschreibungen in der Handelsbilanz durch Zuschreibungen rückgängig gemacht[439], dann erzwingt § 6 Abs. 3 EStG auch steuerlich die Zuschreibung und somit eine Durchbrechung des uneingeschränkten Wertzusammenhangs zugunsten des Maßgeblichkeitsprinzips[440]. Um dennoch die Möglichkeit offen zu lassen, daß obligatorische Wertaufholungen gemäß § 280 Abs. 1 HGB dem Zugriff der Einkommensteuer entzogen werden können, sieht § 280 Abs. 2 HGB ein Beibehaltungswahlrecht vor. Hiernach können die handelsrechtlich an sich gebotenen Zuschreibungen[441] dann unterbleiben, wenn man den Zuschreibungsbetrag nicht versteuern möchte[442]. Es ist Thiel[443] zuzustimmen, wenn er schreibt, daß der Sinn dieser komplizierten Regelungen nicht deutlich wird. Diese Zusammenhänge gelten allerdings nur, wenn steuerliche Sonderabschreibungen in der Handelsbilanz rückgängig gemacht werden. Werden dagegen spezifisch handelsrechtliche außerplanmäßige Abschreibungen durch Zuschreibungen rückgängig gemacht, dann gilt das Maßgeblichkeitsprinzip nicht, sondern der Grundsatz des uneingeschränkten Wertzusammenhangs, auch dann, wenn in der Steuerbilanz die frühere außerplanmäßige Abschreibung nachvollzogen worden war[444].

Das Prinzip des eingeschränkten Wertzusammenhangs erlaubt Zuschreibungen bis zu den Anschaffungs- bzw. Herstellungskosten und gilt steuerlich für alle anderen Wirtschaftsgüter (§ 6 Abs. 1 Nr. 2, nicht abnutzbares Anlagevermögen

---

[437] Vgl. oben, S. 159.
[438] Wegen § 253 Abs. 5 HGB sind Zuschreibungen handelsrechtlich grundsätzlich zulässig, vgl. auch S. 219ff.
[439] Vgl. das Wertaufholungsgebot für Kapitalgesellschaften des § 280 Abs. 1 HGB, vgl. auch S. 220.
[440] § 6 Abs. 3 letzter Satz EStG setzt die Regelung des § 6 Abs. 1 Nr. 1 letzter Satz EStG (uneingeschränkter Wertzusammenhang) für bestimmte Zuschreibungen außer Kraft.
[441] Gemäß § 280 Abs. 1 HGB.
[442] § 280 Abs. 2 HGB.
[443] Vgl. Thiel, J., Bilanzrecht, 1986, S. 244.
[444] Durch die sog. Teilwertabschreibung, vgl. S. 217.

und Umlaufvermögen). Hier gibt es keine Konflikte mit der Handelsbilanz, da auch handelsrechtlich ein generelles Zuschreibungswahlrecht besteht (§ 253 Abs. 5 HGB).

Das **strenge Niederstwertprinzip**, so wie es in der Handelsbilanz für das Umlaufvermögen und bei dauernder Wertminderung auch für das Anlagevermögen vorgesehen ist[445], ist in den steuerlichen Bewertungsvorschriften nicht enthalten. Es wirkt allerdings über das Maßgeblichkeitsprinzip auf die Steuerbilanz.

Schließlich findet der handelsrechtliche Grundsatz des § 253 Abs. 4 HGB, daß **stille Reserven**, die über das Vorsichtsprinzip hinausgehen, gebildet werden dürfen, im Steuerrecht keine Deckung. Sofern nicht steuerliche Sonderabschreibungen oder erhöhte Absetzungen denselben Effekt haben, sind die steuerlichen außerplanmäßigen Abwertungsmöglichkeiten auf den Ansatz des niedrigeren Teilwerts beschränkt. Der Teilwertbegriff[446] läßt jedoch keinen Raum für willkürliche Abwertungen.

Dagegen dürfte der niedrigere Zukunftswert[447] durch den Teilwertbegriff mit erfaßt sein.

2. Handelsrechtliche Wertbegriffe

Das Handelsrecht verwendet eine Vielzahl verschiedener Wertbegriffe. Man kann sie in Basiswerte, Vergleichswerte und fakultative Werte unterteilen[448]. Einen Überblick über die einzelnen zugehörigen Wertbegriffe gibt Abbildung 29.

Für Vermögensgegenstände sind die Anschaffungs- und Herstellungskosten der Ausgangspunkt der Bewertung (**Basiswerte**). Durch Heranziehen von Vergleichswerten (z.B. die aus dem Börsenpreis oder Marktpreis abgeleiteten Werte, Nr. 7, 8 und 9 der Abbildung 29) kann sich jedoch eine obligatorische oder fakultative Abwertung ergeben (§ 253 Abs. 2 und 3 HGB). Die Basiswerte für Passiva haben die Funktion von Anschaffungskosten der Passiva. Teilweise wird – insb. im steuerlichen Schrifttum – deshalb auch von Anschaffungskosten z.B. einer Verbindlichkeit gesprochen[449]. Der Nennwert (Nennbetrag) ist für die Bewertung des gezeichneten Kapitals relevant. Mit dem Rückzahlungsbetrag sind Verbindlichkeiten anzusetzen. Der Barwert ist der gebotene Wert, wenn Rentenverpflichtungen ohne künftige Gegenleistungen vorliegen. Der nach vernünftiger kaufmännischer Beurteilung notwendige Wert schließlich ist für Rückstellungen vorgeschrieben.

Zu diesen Basiswerten treten **Vergleichswerte**, die im allgemeinen nicht wie die Basiswerte aus der Buchhaltung abgeleitet werden können, sondern sich aus dem Markt (Beschaffungs- oder Absatzmarkt) ergeben. Anhand dieser Vergleichswerte ist zu prüfen, ob eine Abwertung von Vermögensgegenständen vorgenommen werden kann bzw. muß (§ 253 Abs. 2 und 3 HGB).

---

[445] § 253 Abs. 3 HGB, vgl. S. 218 und S. 250f.
[446] Vgl. unten S. 216f.
[447] § 253 Abs. 3 letzter Satz HGB, vgl. auch S. 215f.
[448] So z.B. Castan, E., Rechnungslegung, 1984, S. 46.
[449] Zum handelsrechtlichen Begriff vgl. z.B. Moxter, A., Bilanzrechtsentwurf, 1985, S. 1103; zum steuerrechtlichen Begriff vgl. z.B. Biergans, E., Einkommensteuer, 1985, S. 240.

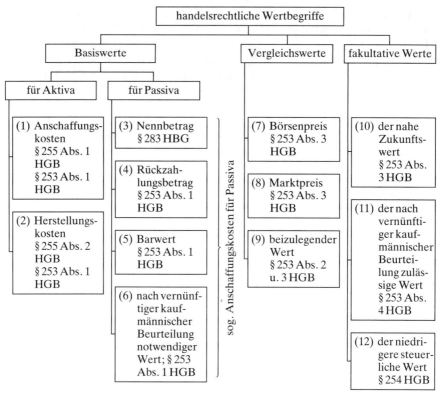

Abb. 29   Handelsrechtliche Wertbegriffe im Überblick

Schließlich sind für Vermögensgegenstände noch **drei fakultative Werte** vorgesehen, die, sofern sie niedriger sind als die Basis- oder Vergleichswerte, angesetzt werden dürfen.

Für die Bewertung in der **Steuerbilanz** sind neben den Anschaffungs- oder Herstellungskosten der Teilwert[450], vereinzelt auch der gemeine Wert[451] von Bedeutung.

2.1 Die Anschaffungskosten als Basiswert

Durch das Bilanzrichtliniengesetz wurde erstmals eine handelsrechtliche Definition der Anschaffungskosten kodifiziert. Bislang war der Begriff weder handels- noch steuergesetzlich bestimmt, sondern hat sich mit den jetzt kodifizierten Begriffsinhalten aus GoB und Steuerrechtsprechung entwickelt. Der Begriff ist im Handels- und im Steuerrecht im Prinzip inhaltsgleich[452]. Die Definition der Anschaffungskosten im § 255 Abs. 1 HGB lautet: **„Anschaffungskosten sind die**

---

[450] § 6 Abs. 1 Nr. 1 EStG, näheres vgl. unten, S. 216f.
[451] Zur Definition vgl. § 9 Abs. 2 BewG, näheres vgl. unten, S. 217f.
[452] Vgl. Knobbe-Keuk, B., Bilanzsteuerrecht, 1985, S. 123.

Aufwendungen, die geleistet werden, um einen Vermögensgegenstand zu erwerben und ihn in einen betriebsbereiten Zustand zu versetzen, soweit sie dem Vermögensgegenstand einzeln zugeordnet werden können. Zu den Anschaffungskosten gehören auch die Nebenkosten sowie die nachträglichen Anschaffungskosten. Anschaffungspreisminderungen sind abzusetzen". Die gesetzliche Definition bedarf in einigen Punkten der Erläuterung und Klarstellung.

2.1.1 Kosten, Aufwand, Ausgabe

Die handelsrechtlichen Anschaffungskosten sind der Geldbetrag, mit dem der erworbene Vermögensgegenstand in der Bilanz ausgewiesen wird. Es handelt sich weder um Kosten im betriebswirtschaftlichen Sinne der wertmäßigen Kosten (bewerteter Verbrauch von Produktionsfaktoren), noch um Kosten i.S. des handelsrechtlichen pagatorischen, auf Auszahlungen beruhenden Kostenbegriffes[453]. Das Verbrauchskriterium des wertmäßigen Kostenbegriffes ist nicht ausreichend, da sich Anschaffungen auch auf nicht abnutzbare (d.h. nicht verbrauchbare) Vermögensgegenstände beziehen können, z.B. Grundstücke, Wertpapiere. Das Kriterium Ausgabe bzw. Auszahlung trifft nicht stets zu, da auch auszahlungslose Anschaffungen möglich sind (Tausch, Geschenk). Abgesehen davon ist die Verwendung des Begriffs Kosten grundsätzlich unglücklich, da diese buchungstechnisch das Ergebnis des Jahres belasten. Dasselbe gilt für Aufwendungen. Anschaffungen werden aber i.d.R. zunächst erfolgsneutral gebucht und belasten das Ergebnis, wenn überhaupt, nur durch spätere Abschreibungen. Wegen der **irreführenden Verwendung des Kostenbegriffs** hat die Kommission Rechnungswesen im Verband der Hochschullehrer für Betriebswirtschaft vorgeschlagen, im Rahmen der Anschaffungen auf die Begriffe Kosten oder Aufwand ganz zu verzichten und nur von Anschaffungsbeträgen zu sprechen[454]. Dieser Vorschlag hat sich jedoch bei der Gesetzesformulierung nicht durchgesetzt.

2.1.2 Aufwendungen, die geleistet werden

Die Anschaffungskosten umfassen grundsätzlich die **tatsächlichen Ausgaben oder Aufwendungen,** die durch die Beschaffung entstanden sind. Hierzu zählt zunächst der Anschaffungspreis (Kaufpreis). Hinzu treten die Ausgaben oder Aufwendungen, die entstanden sind, um den Gegenstand in Betrieb nehmen zu können[454a] (z.B. Montagearbeiten, Fundamenterstellung, Beschaffung oder Herstellung von Spezialwerkzeug usw.). Für die Hinzurechnung dieser Aufwendungen oder Ausgaben ist es unerheblich, ob es sich um Fremd- oder Eigenleistungen handelt. Im einen Fall liegen Ausgaben (Auszahlung oder Entstehung einer Verbindlichkeit) vor, im anderen Falle Aufwendungen (Löhne, Materialverbrauch usw.).

Beim **unentgeltlichen Erwerb** (Geschenk) fehlen ein entsprechender Aufwand oder eine Ausgabe. Dieser Fall ist gesetzlich nicht geregelt, aber nach Schrittum und Kaufmannspraxis ist von einem Wahlrecht auszugehen, so daß entweder die

---

[453] Zu den Kostenbegriffen vgl. Küpper, H. U., Kostenbewertung, HWR, 1981, Sp. 1015; vgl. auch Schweitzer, M., Kostenkategorien, HWR, 1981, Sp. 1043ff.

[454] Kommission Rechnungswesen im Verband der Hochschullehrer für Betriebswirtschaft, Reformvorschläge, DBW, 1979, Heft 1a, S. 19.

[454a] Zum sog. „betriebsbereiten Zustand" vgl. Streim, H., Betriebsbereiter Zustand, HuR 1986, S. 78ff.

Nichtaktivierung[455] oder die Aktivierung zum Zeitwert möglich ist[456]. Dieser wird im Schrifttum als der Wert bezeichnet, der beim Verkauf als Preis zu erzielen wäre[457], bzw. als vorsichtig zu schätzender, sonst üblicher Anschaffungswert[458]. In jedem Fall handelt es sich beim Zeitwert um einen dem beizulegenden Wert verwandten Wertbegriff[459]. Da davon auszugehen ist, daß die Nichtaktivierung unentgeltlich erworbener Vermögensgegenstände den Einblick in die Vermögens-, Ertrags- und Finanzlage des Unternehmens beeinträchtigt (§ 264 Abs. 2 HGB), ist für Kapitalgesellschaften die Nichtaktivierung als problematisch anzusehen.

Auch beim **Tausch** fehlt ein Aufwand oder eine Ausgabe. Nach herrschender Lehre kann hier entweder der Buchwert oder der vorsichtig geschätzte Zeitwert des eingetauschten (hingegebenen) Vermögensgegenstandes als Wert angesetzt werden[460].

Die geleisteten Aufwendungen oder Ausgaben müssen dem erworbenen Vermögensgegenstand **einzeln zugerechnet** werden können. Die Einzelzurechenbarkeit wird in der Literatur insb. in Zusammehang mit Prozeßaufwendungen diskutiert, die nach herrschender Lehre dann nicht zu den Anschaffungskosten zählen, wenn nicht von vornherein damit gerechnet wurde, sondern es sich um nachträgliche Vorgänge handelt[461]. Ein weiteres Problem der Einzelzurechenbarkeit werfen **Fremdkapitalzinsen** auf. Die Aktivierung von Fremdkapitalzinsen ist ausnahmsweise nur dann zulässig, wenn der Kredit dazu dient, die Herstellung des Vermögensgegenstandes beim Lieferanten durch Anzahlungen und Vorauszahlungen zu finanzieren. Es muß ein nachweislicher Zusammenhang zwischen dem Anschaffungsvorgang und der Kreditaufnahme bestehen, zudem muß die Amortisation durch die künftige Ertragskraft der Anlage erwartet werden können[462]. Außerdem dürfen Fremdkapitalzinsen nur angesetzt werden, soweit sie auf den Zeitraum der Herstellung entfallen (§ 255 Abs. 3 HGB). Bis auf diesen sehr engen Ausnahmefall dürfen Fremdkapitalzinsen nicht in die Anschaffungskosten einbezogen werden[463].

Die vom Lieferanten **berechnete Umsatzsteuer** gehört nicht zu den Anschaffungskosten, wenn das bilanzierende Unternehmen sie im Wege des Vorsteuerabzugs geltend machen kann. Ist jedoch der Vorsteuerabzug ausgeschlossen, z.B. wegen genereller Umsatzsteuerbefreiung des Unternehmens oder wegen der Zurechnung zu steuerbefreiten Umsatzteilen[464], dann ist die Umsatzsteuer bei den Anschaffungskosten zu aktivieren.

---

[455] Vgl. oben, S. 73, FN 62.
[456] Vgl. WP-Handbuch, 1985/86, Bd. 1, S. 554,
vgl. ADS § 153 Tz 52-54.
[457] Vgl. Lück, W., Lexikon der Wirtschaftsprüfung, 1980, S. 609.
[458] Vgl. ADS § 153 Tz 53.
[459] Vgl. Glade, A., Rechnungslegung, 1986, § 253 Tz 38ff., vgl. auch unten, S. 211.
[460] Vgl. WP-Handbuch, 1985/86, Bd. 1, S. 543.
[461] Vgl. ADS § 153 Tz 15.
[462] Vgl. WP-Handbuch 1985/86, Bd. 1, S. 554,
gleichlautend Abschn. 33 Abs. 7 EStR.
[463] Zur Aktivierung von Fremdkapitalzinsen vgl. auch Rudolph, K., Zur Aktivierung, DB, 1975, S. 1566ff., vgl. auch Glade, A., Rechnungslegung, 1986, Teil I Tz 525ff., insbes. Tz 532f.
[464] Vgl. Heinhold, M., Grundlagen, 1982, S. 359ff.

2.1.3 Anschaffungsnebenkosten

Im Rahmen der Anschaffungskosten sind auch die Anschaffungsnebenkosten zu aktivieren. Hierzu zählen sämtliche anläßlich des Erwerbs und im Zusammenhang mit ihm entstehenden Aufwendungen und Ausgaben, z.B. Eingangsfrachten- und Zölle, Provisionen, Courtagen, Kommission, Spedition, Anfuhr- und Abladekosten, Verkehrsteuern (Ausnahme USt), Transportversicherungen, Notariats-, Gerichts- und Registerkosten. Bei Grundstücken kommen insb. die Grunderwerbsteuer und Ablösen für Mietverträge und Grunddienstbarkeiten als Anschaffungsnebenkosten in Frage sowie Abbruchkosten für Gebäude, sofern an deren Stelle neue Gebäude errichtet werden sollen[465].

2.1.4 Nachträgliche Anschaffungskosten

Zu den Anschaffungskosten gehören auch nachträgliche Aufwendungen oder Ausgaben, die auf früher beschaffte Vermögensgegenstände gemacht werden. Es ist allerdings erforderlich, daß ein **unmittelbarer sachlicher und wirtschaftlicher Zusammenhang** mit dem ursprünglichen Anschaffungsvorgang gegeben ist. Beispiele für nachträgliche Anschaffungskosten sind die Neufestsetzung der Grunderwerbsteuer (wenn eine geltend gemachte Grunderwerbsteuerbefreiung vom Finanzamt nicht anerkannt wird), die nachträgliche Erhöhung des Kaufpreises im Prozeßwege, Zölle, sofern sie nacherhoben werden.

Wertzuschreibungen, etwa i.S. von § 253 Abs. 5 HGB oder i.S. des Wertaufholungsgebots von § 280 HGB sind grundsätzlich keine nachträglichen Anschaffungskosten, da sie eine vorher erfolgte Abwertung rückgängig machen.

Der erforderliche sachliche und wirtschaftliche Zusammenhang mit dem ursprünglichen Anschaffungsvorgang ist vor allem bei späteren Umbauten, Verbesserungen und Reparaturen oft nicht mehr zweifelsfrei festzustellen. In solchen Fällen kommt die Aktivierung als Herstellungskosten in Betracht, sofern nicht eine sofortige Aufwandsbuchung möglich ist[466].

2.1.5 Anschaffungspreisminderungen

Es handelt sich hierbei um Preisnachlässe, Rabatte, Lieferantenskonti oder Boni. Da grundsätzlich nur die tatsächlichen Anschaffungsausgaben aktiviert werden dürfen, ist die Behandlung solcher Anschaffungspreisminderungen als Ertrag bei gleichzeitiger Aktivierung des ungekürzten Anschaffungsbetrages nicht zulässig[467], wenngleich die Praxis v.a. die Boni überwiegend als Ertrag behandelt[468], vor allem wenn ein längerer Zeitraum zwischen der Anschaffung und der Bonusgewährung liegt. Anschaffungspreisminderungen können bei der Buchung des Anschaffungsgeschäftes bekannt sein. In diesem Fall müssen sie sofort bestandsmindernd berücksichtigt werden. Die bestandsmindernde Behandlung der Anschaffungspreisminderungen ist auch dann erforderlich, wenn die Buchung bei Rechnungseingang, die Zahlung unter Berücksichtigung des Skontoabzugs jedoch erst später, mit Ablauf der Skontofrist erfolgt. **Nachträgliche Anschaffungspreisminderungen** liegen vor, wenn ein Lieferant einen Preisnachlaß nach-

---

[465] Vgl. ADS § 153 Tz 16f.
[466] Zum Problem Erhaltungsaufwand/Herstellungsaufwand vgl. oben, S. 89.
[467] Vgl. ADS § 153, Tz 19.
[468] Vgl. Castan, E., Rechnungslegung 1984, S. 50.

träglich zugesteht. Dies ist insb. bei Boni der Fall, die häufig zum Jahresende, z.B. als Umsatzbonus oder Treuebonus gewährt werden. Sofern der Vermögensgegenstand zum Zeitpunkt des Preisnachlasses noch vorhanden ist, muß die Buchung als Anschaffungskostenminderung erfolgen, andernfalls ist eine Ertragsbuchung vorzunehmen. Nachträgliche Anschaffungspreisminderungen beschränken sich nicht auf die im Geschäftsleben üblichen Zahlungsabzüge. Sie liegen auch dann vor, wenn z.B. im Prozeßwege der Anschaffungspreis reduziert wird. Alle nachträglichen Anschaffungspreisminderungen sind im Anlagenspiegel[469] als Abgang zu behandeln. Das Schrifttum hält die Buchung als Abschreibung teilweise ebenfalls für möglich[470].

Subventionen und Zuschüsse stellen ein besonderes Problem dar. Es kommen drei Buchungsmöglichkeiten in Betracht[471]:

1. Erfolgsneutral als Anschaffungspreisminderung (z.B. „Kasse an Maschinen"),
2. Erfolgsneutral ohne Minderung der Anschaffungskosten (z.B. „Kasse an Eigenkapital"),
3. Erfolgswirksam als Ertrag („z.B. Kasse an a.o. Ertrag").

ad 1: Für eine Buchung der Zuschüsse als **Anschaffungspreisminderung** spricht, daß die eigenen Ausgaben des Unternehmens gemindert werden. Da diese die Bemessungsgrundlage für die Abschreibung bilden (pagatorischer Kostenbegriff[472]), erscheint es gerechtfertigt, Zuschüsse als Anschaffungspreisminderung zu behandeln. Infolge der verringerten Abschreibungen wirken Zuschüsse, die auf diese Art gebucht werden, in späteren Jahren gewinnerhöhend, somit werden sie auch besteuert und möglicherweise ausgeschüttet. Ob Zuschüsse auf diese Weise behandelt werden dürfen, hängt letztlich von der Absicht des Zuschußgebers ab. Dies mag zutreffend sein bei Zuschüssen von Gesellschaftern und anderen privaten Zuschußgebern. Adler, Düring und Schmaltz[473] sprechen sich konsequent für diese Art der Zuschußbehandlung aus.

ad 2: Eine **erfolgsneutrale Buchung** ohne Minderung der Anschaffungskosten kommt vor allem bei den öffentlichen Zuschüssen in Betracht, in denen der Zuschußgeber durch seine Subvention eine wirtschafts- oder strukturpolitisch begründete Zuzahlung zu Investitionsprojekten leistet. In diesen Fällen ist es nicht im Sinne des Gesetzgebers, wenn durch die Subvention höhere Gewinne ausgewiesen, besteuert und möglicherweise auch ausgeschüttet werden. Solche Subventionen sollen i.d.R. nicht eine direkte Einkommenswirkung bei den Gesellschaftern (Ausschüttung) haben, sondern der Stärkung der Unternehmenssubstanz dienen. Sie sind deshalb wie eine Kapitaleinlage zu behandeln. Würde man diese Zulagen aktivisch bei den Anschaffungskosten absetzen, so wäre, wegen der reduzierten Abschreibungen eine Reinvestition nach Ablauf der Nutzungsdauer selbst dann nicht möglich, wenn die Preise gleichgeblieben wären. Eine Buchung als a.o. Ertrag im Jahr der Zu-

---

[469] Vgl. oben, S. 53ff.
[470] Vgl. ADS § 153 Tz 37.
[471] Vgl. vor allem die IdW-Stellungnahme HFA 1/84, Bilanzierungsfragen bei Zuwendungen, WPg, 1984, S. 612.
[472] Vgl. unten, S. 197f.
[473] Vgl. ADS § 153 Tz 20ff.

schußgewährung läuft den wirtschaftspolitischen Zielsetzungen ebenso zuwider, da der Zuschußbetrag über Ertragsbesteuerung und Ausschüttung möglicherweise zur Gänze und sofort wieder aus dem Unternehmen gezogen wird. Steuerrechtlich stellen deshalb die **Investitionszulagen** nach § 19 BerlinFG und nach §§ 1, 4, 4a und 5 InvZulG weder Betriebseinnahmen noch Anschaffungskostenminderungen dar, sie sind bei Kapitalgesellschaften dem unbelasteten Eigenkapital der Gruppe EKO2 gutzuschreiben[474]. Die entsprechende Buchung in der Handelsbilanz müßte als Kapitalrücklage erfolgen. Da dies wegen der Vorschriften zur Rücklagenzuführung des § 272 Abs. 1 HGB ausgeschlossen ist, kommt nur eine Behandlung als Gewinnrücklage in Frage, was wegen der leichteren Ausschüttbarkeit der Beträge jedoch nicht unproblematisch ist. Solange eine Rückzahlungsverpflichtung einer Investitionszulage droht, ist anstelle der Rücklage eine Rückstellung zu bilden (z.B. 3-jährige Bindung an das Betriebsvermögen bei Investitionszulagen nach dem InvZulG).

ad 3: **Erfolgswirksame Behandlung des Zuschusses als a.o. Ertrag**.

Steuerrechtlich besteht bei öffentlichen und privaten Zuschüssen, sofern es sich nicht um steuerfreie Investitionszulagen handelt, ein Wahlrecht[475], die Zuschüsse entweder als Anschaffungskostenminderung oder als a.o. Ertrag zu behandeln. Handelsrechtlich kann man nicht grundsätzlich von einem Wahlrecht ausgehen, es kommt vielmehr auf den Zweck des Zuschusses, d.h. auf die Absicht des Zuschußgebers an. Mehrheitlich wird im Schrifttum jedoch die aktivische Absetzung oder wahlweise die Bildung eines Passivpostens (z.B. Sonderposten für Investitionszuschüsse) befürwortet[476]. Letzterer ist über die Nutzungsdauer des bezuschußten Investitionsprojekts gewinnerhöhend aufzulösen. Im Interesse der Bilanzklarheit wird aber auch die folgende Lösung für sinnvoll erachtet[477]:

• Aktivierung der vollen Anschaffungskosten,
• Buchung der Zuschüsse als a.o. Ertrag,
• Korrektur der Anschaffungskosten durch eine Sonderabschreibung.

Sofern es sich nicht um sog. verlorene Zuschüsse handelt, sondern der Zuschuß für das Unternehmen künftige Verbindlichkeiten begründet (z.B. Baukostenzuschüsse von Mietern, die gegen spätere Mietzahlungen verrechnet werden) kommt eine Minderung der Anschaffungskosten nicht in Betracht. Hier hat eine Passivierung als erhaltene Anzahlung, ggf. als Rückstellung für ungewisse Verbindlichkeiten zu erfolgen[478].

2.1.6 Sonderfälle

2.1.6.1 Finanzierungsleasing

Bei den Finanzierungsleasing-Verträgen wird der geleaste Vermögensgegenstand dem Leasingnehmer wirtschaftlich zugerechnet[479]. Dieser hat ihn mit den

---

[474] Vgl. Heinhold, M., Grundlagen, 1982, S. 166.
[475] BFH vom 4.11.1965, BStBl. III., 1966, S. 167, vgl. Abschn. 34 EStR.
[476] Vgl. WP-Handbuch 1985/86, Bd. 1, S. 553, vgl. HFA 1/84, S. 612 (vgl. Fußnote 471).
[477] Vgl. z.B. Wöhe, G., Bilanzierung, 1984, S. 392,
vgl. ADS § 153 Tz 20.
[478] Vgl. ADS § 153 Tz 21, vgl. auch WP-Handbuch 1985/86, Bd. 1, S. 553f.
[479] Vgl. oben, S. 83ff.

Anschaffungs- oder Herstellungskosten zu aktivieren, die der Leasinggeber dem Leasing-Vertrag zugrunde legt[480], zuzüglich eventuell anfallender eigener Anschaffungsnebenkosten. Die Anschaffungskosten, die der Leasinggeber dem Vertrag zugrundelegt, müssen nicht identisch mit den ihm tatsächlich entstandenen Anschaffungskosten sein[481]. Das Leasingobjekt ist also beim Leasingnehmer mit fiktiven Anschaffungskosten zu bilanzieren. Die Höhe dieser Anschaffungskosten für den Leasingnehmer ergibt sich

1. entweder durch eine Mitteilung des Leasinggebers (z.B. durch Angabe des Betrags im Leasing-Vertrag),
2. oder durch den Marktpreis des Gegenstandes, falls eine solche Mitteilung des Leasinggebers nicht vorliegt,
3. oder durch Schätzung, falls ein Marktpreis nicht gegeben ist.

2.1.6.2 Tausch

Erfolgt die Anschaffung eines Vermögensgegenstandes im Tauschwege, so stellt sich die Frage, ob als Anschaffungskosten der Wert des hingegebenen oder der des erworbenen Vermögensgegenstandes maßgeblich ist. Da die Anschaffungskosten danach bemessen werden, was der Kaufmann für den Erwerb aufwendet[482], wird offensichtlich, daß der Wert (Zeitwert, Marktwert), den der erworbene Vermögensgegenstand nach der Verkehrsauffassung hat, nicht direkt für die Anschaffungskosten maßgeblich ist. Sofern der **Zeitwert** des hingegebenen Vermögensgegenstandes **größer als ihr Buchwert** ist, sind handelsrechtlich bezüglich des Tauschwertes drei Wertansätze möglich:

1. Die **Buchwerte sind fortzuführen**, die Anschaffungskosten des durch Tausch erworbenen Vermögensgegenstandes entsprechen dem Buchwert des hingegebenen Vermögensgegenstandes. Eine Auflösung stiller Reserven und eine Gewinnrealisierung erfolgen nicht. Dies ist die Auffassung, die vor allem im älteren handelsrechtlichen Schrifttum vertreten wird. Sie wird damit begründet, daß beim Tausch ein Umsatzakt nicht beabsichtigt sei und deswegen eine Gewinnrealisierung nicht in Frage komme[483].
2. Der Tausch erfolgt unter **vollständiger Gewinnrealisierung**. Die Anschaffungskosten des erworbenen Vermögensgegenstandes entsprechen dem vorsichtig geschätzten Zeitwert der hingegebenen Vermögensgegenstände. Diese Bewertung wird vom Schrifttum[484] für zulässig erachtet, wenn der Tauschvorgang durch betriebliche Notwendigkeiten bedingt ist und vernünftigen kaufmännischen Überlegungen entspricht. Bei Tauschgeschäften, die ausschließlich aus bilanzpolitischen Gründen durchgeführt werden (z.B. Gewinnerhöhung bzw. Verlustreduzierung), ist nach Adler/Düring/Schmaltz[485] die betriebliche Notwendigkeit nicht gegeben, so daß nur eine Buchwertfortführung in Frage kommt.

---

[480] Vgl. Erlaß zum Mobilien-Leasing, Schreiben betreff ertragsteuerliche Behandlung von Leasing-Verträgen über bewegliche Wirtschaftsgüter, vom 19.4.1971, BStBl. I, S. 264ff.
[481] Vgl. Biergans, E., Einkommensteuer, 1985, S. 167.
[482] Vgl. Wöhe, G., Bilanzierung, 1984, S. 395.
[483] Vgl. ADS § 153 Tz 27.
[484] Vgl. WP-Handbuch 1985/86, Bd. 1, S. 543, vgl. auch Glade, A., Rechnungslegung, 1986, Teil I, Tz 471ff.
[485] Vgl. ADS § 153 Tz 30

3. Der Tausch erfolgt unter **teilweiser Gewinnrealisierung**. Eine Gewinnrealisierung darf hiernach nur insoweit erfolgen, als dies erforderlich ist, um die mit dem Tausch verbundene zusätzliche Ertragsteuerbelastung im Ergebnis zu neutralisieren. Die Anschaffungskosten des erworbenen Vermögensgegenstandes bestehen aus zwei Komponenten,

- dem Buchwert der hingegebenen Vermögensgegenstände,
- der Ertragsteuerbelastung auf den durch den Tausch realisierten Gewinn.

Dieser Zwischenwert zwischen Buchwertfortführung und Vollgewinnrealisierung wird handelsrechtlich deshalb für sinnvoll erachtet, da **steuerlich stets eine volle Gewinnrealisierung** stattfindet. Die Anschaffungskosten entsprechen in der Steuerbilanz dem gemeinen Wert der hingegebenen Wirtschaftsgüter[486], entsprechend entstehen handelsrechtlich ein Körperschaftsteuer- und Gewerbesteueraufwand.

Andere als die drei genannten Wertansätze sind wegen des handelsrechtlichen Willkürverbotes (Bilanzwahrheit) unzulässig. Entsteht durch den Tausch ein **Buchverlust**, ist also der Zeitwert der erworbenen Vermögensgegenstände geringer als der Buch- oder Zeitwert der hingegebenen Vermögensgegenstände, dann ist dieser Buchverlust als solcher auszuweisen, die Anschaffungskosten entsprechen dem niedrigeren Zeitwert der erworbenen Vermögensgegenstände.

2.1.6.3 Anschaffungskosten bei steuerfreier Übertragung stiller Reserven

§ 6b EStG sieht die Möglichkeit vor, daß stille Reserven, die bei der Veräußerung eines Wirtschaftsgutes entstehen, zu maximal 80%, in Einzelfällen zu 100%, auf die Anschaffungs- bzw. Herstellungskosten eines Nachfolgeobjektes übertragen werden können. Dies hat zur Folge, daß die steuerlichen Anschaffungskosten dieses Vermögensgegenstandes um den Betrag der übertragenen stillen Reserven vermindert werden. Das Handelsrecht folgt dieser Vorgehensweise nicht. Hier sind die Anschaffungskosten ungekürzt um die übertragenen stillen Reserven zu aktivieren[487]. Wegen der Maßgeblichkeit der Handelsbilanz für die Steuerbilanz muß der handelsrechtliche Wertansatz über eine außerplanmäßige Abschreibung an den steuerlichen Wert angeglichen werden. Dies kann direkt, oder indirekt (bei Kapitalgesellschaften) über den Sonderposten mit Rücklageanteil erfolgen[488].

2.1.6.4 Anschaffungskosten von Einlagen

Erfolgt die Einlage in Geld, so entsprechen die Anschaffungskosten der Einlage dem Nennwert des Geldbetrages. Bezüglich eines Agios vgl. oben, S. 115f. Bei **Sacheinlagen** hängt der Betrag der Anschaffungskosten davon ab, ob der Zeitwert der eingebrachten Vermögensgegenstände größer ist als der Nennwert des hierfür gewährten gezeichneten Kapitals (Aktien- bzw. Stammanteile). Sind Zeitwert und Nominalwert des Kapitalanteils gleich, dann muß als Anschaffungskosten der Zeitwert aktiviert werden. Ist dieser **Zeitwert der eingelegten Vermögensgegenstände** jedoch **höher als der Nennbetrag** des hierfür gewährten gezeichneten Kapitals (i.S. eines Agios bei Aktienemissionen[489]), so werden vier

---

[486] Vgl. Biergans, E., Einkommensteuer, 1985, S. 266.
[487] Vgl. ADS § 153 Tz 39, vgl. auch Castan, E., Rechnungslegung, 1984, S. 50 sowie WP-Handbuch 1985/86, Bd. 1, S. 551.
[488] Vgl. oben, S. 129ff.
[489] Vgl. oben, S. 115f.

Wertansätze als Anschaffungskosten für die eingebrachten Vermögensgegenstände für zulässig gehalten[490]:

- Der Nennwert des zu gewährenden gezeichneten Kapitals (Aktien bzw. Stammanteil). In diesem Fall enthält der Wertansatz der Vermögensgegenstände stille Reserven in Höhe der Differenz zwischen Zeitwert der Vermögensgegenstände und Nennwert des gezeichneten Kapitals.
- Der Zeitwert der Vermögensgegenstände. Der über den Nennwert hinausgehende Betrag ist in die Kapitalrücklage einzustellen[491].
- Die Summe aus Nennwert des gezeichneten Kapitals plus Agio, das für Sacheinlagen in der Satzung vorgesehen ist. Voraussetzung ist, daß der Zeitwert der einzubringenden Vermögensgegenstände hierfür ausreicht.
- Die Fortführung der Buchwerte desjenigen, der die Vermögensgegenstände einbringt.

Wenn für die Anschaffungskosten der Sachanlage eine der vier obigen Methoden gewählt wurde, dann ist eine spätere Zuschreibung nicht mehr möglich, selbst dann nicht, wenn bei der Einbringung ein höherer Wertansatz nach einer anderen der zulässigen Methoden möglich gewesen wäre.

Steuerlich sind Sacheinlagen grundsätzlich mit dem Teilwert[491a] anzusetzen (§ 6 Abs. 1 Nr. 5 EStG). Erfolgt die Einlage in Zusammenhang mit einer wesentlichen Beteiligung an einer Kapitalgesellschaft oder wurde das Wirtschaftsgut innerhalb der letzten drei Jahre vor der Einlage angeschafft oder hergestellt, dann dürfen höchstens die Anschaffungs- bzw. Herstellungskosten aktiviert werden. Bei Personengesellschaften und nicht wesentlichen Beteiligungen an Kapitalgesellschaften dürfen die Teilwerte auch über den Anschaffungs- bzw. Herstellungskosten liegen.

2.1.6.5 Anschaffung auf Rentenbasis

Wird ein Vermögensgegenstand gegen Gewährung einer Zeit- oder Leibrente erworben, so entsprechen seine Anschaffungskosten dem **Barwert** der Rente, der nach versicherungsmathematischen Grundsätzen (Zinssatz, ggf. Lebenserwartung) zu berechnen ist. Die Rentenverpflichtung als solche ist zu passivieren[492]. Der tatsächliche Verlauf der Rentenzahlungen und die sich daraus ergebenden Auswirkungen auf den Barwert der Rente haben keinen Einfluß mehr auf die Anschaffungskosten[493], insb. führen beim Rentenkauf vereinbarte Wertsicherungsklauseln nicht zu einer nachträglichen Änderung der Anschaffungskosten.

2.1.6.6 Anschaffungskosten von Verbindlichkeiten – Rückzahlungsbetrag

Ausgehend vom Einkommensteuerrecht, das in § 6 Abs. 1 Nr. 3 EStG bestimmt, daß Verbindlichkeiten unter sinngemäßer Anwendung der Vorschriften für die Bewertung von Vermögensgegenständen zu bewerten sind, hat es sich im Schrifttum eingebürgert, auch bei Verbindlichkeiten von Anschaffungskosten zu sprechen. „Schulden sind zu ihren Anschaffungskosten ... oder zu einem höheren Bi-

---

[490] Vgl. ADS, § 153 Tz 55, vgl. auch Glade, A., Rechnungslegung, 1986, Teil I, Tz 480, 482.
[491] Vgl. Glade, A., Rechnungslegung, 1986, § 253 Tz 616.
[491a] Zum Teilwert vgl. S. 216.
[492] Vgl. unten, S. 273f.
[493] Vgl. WP-Handbuch, 1985/86 Bd. 1, S. 554.

lanzstichtagswert anzusetzen"[494]. Im Gesetz ist in § 253 Abs. 1 HGB nur vorgesehen, daß Schulden mit ihrem Rückzahlungsbetrag anzusetzen sind. Dieser Rückzahlungsbetrag ist i.d.R. identisch mit dem Betrag, mit dem die Verbindlichkeit eingegangen wurde[495]. Die Bewertungsvorschrift des § 253 HGB kann sich nur auf diesen ursprünglichen Rückzahlungsbetrag beziehen. Ein niedrigerer aktueller Rückzahlungsbetrag – z.B. aufgrund von geänderten Währungsparitäten – darf allein schon wegen des Vorsichtsprinzips nicht angesetzt werden[496]. Mit „Anschaffungskosten von Verbindlichkeiten" ist somit der ursprüngliche, historische Rückzahlungsbetrag der Schuld gemeint.

2.1.6.7 Anschaffungskosten von Forderungen

Bei Forderungen stellt der Nominalwert die Anschaffungskosten dar, also der Wert, auf dem die Forderung bei ihrem Entstehen gelautet hat, z.B. bei Forderungen aus Warenlieferungen der Rechnungsbetrag (incl. Mehrwertsteuer). Bei niedrig oder unverzinslichen Forderungen sieht das Schrifttum den Ansatz des Barwerts vor, wenn der Schuldner nicht andere, zinsersetzende Gegenleistungen zu erbringen hat[496a].

2.2 Die Herstellungskosten als Basiswert

2.2.1 Grundsätzliche Probleme

Während die Anschaffungskosten für die Bewertung der gekauften, getauschten oder unentgeltlich erworbenen Vermögensgegenstände maßgeblich sind, muß die Bewertung von **Vermögensgegenständen, die im Unternehmen selbst geschaffen werden**, mit den bei der Herstellung angefallenen Kosten erfolgen. Die Bewertung solcher selbst hergestellten Vermögensgegenstände bringt erhebliche Probleme mit sich. Anders als beim Kauf fallen hier nicht zwangsläufig Rechnungen an, aus denen sich der zu aktivierende Betrag direkt ergibt. Es müssen vielmehr die während des Herstellungsprozesses angefallenen und aufgezeichneten Kosten auf das einzelne Objekt verursachungsgerecht zugerechnet werden.

Hierbei ergeben sich vor allem zwei Probleme

1. Kostenerfassung nach Kostenarten und nicht nach Kostenträgern,
2. divergierende Kostendefinition in Kostenrechnung und bilanzieller Bewertung.

ad 1: Kostenerfassung nach Kostenarten

Üblicherweise werden die während eines Wirtschaftsjahres entstandenen Kosten nach Kostenarten unterteilt und entsprechend dem verwendeten Kontenrahmen auf den hierfür vorgesehenen Konten der betroffenen Kontenklasse gesammelt (z.B. Kontenklasse 4 beim Gemeinschaftskontenrahmen der Industrie). Die Ko-

---

[494] Vgl. Moxter, A., Bilanzrechtsentwurf, BB, 1985, S. 1103, vgl. auch Knobbe-Keuk, B., Bilanzsteuerrecht, 1985, S. 178.

[495] Vgl. WP-Handbuch 1985/86, Bd. 1, S. 645.

[496] Vgl. S. 173, 273.

[496a] So z.B. ADS § 153 Tz 110, vgl. auch unten, S. 247, 253; anders die Steuerrechtsprechung, die den Nennwert als Anschaffungskosten der Forderung und den Barwert als den Wert sieht, der nach erfolgter Abschreibung auf den Teilwert übrig bleibt, vgl. hierzu Knobbe-Keuk, B., Bilanzsteuerrecht, 1985, S. 176.

sten werden nach sachlichen Kriterien zusammengefaßt als Löhne, Gehälter, Sozialkosten, Fertigungsmaterialverbrauch, Gemeinkostenmaterialverbrauch, Betriebssteuern, Gebühren, Mieten, Bürokosten, Werbekosten, Abschreibungen usw. Für die Ermittlung der Herstellungskosten eines speziellen Vermögensgegenstandes, sei es im Anlagevermögen bei den selbsterstellten Anlagen, sei es im Umlaufvermögen bei den unfertigen oder fertigen Erzeugnissen, ist es erforderlich, die Kosten nach ihrer **Zurechenbarkeit auf Kostenträger** zu unterteilen in Einzel- und Gemeinkosten und diese den einzelnen Kostenträgern zuzurechnen. **Gemeinkosten** sind jene Kosten, die sich einer Bezugsgröße (z.B. dem einzelnen Erzeugnis) mangels erkennbarer oder erfaßter Verursachung nur mittelbar (indirekt) zurechnen lassen[497]. Während die Ermittlung und Zurechnung der **Einzelkosten** je Mengeneinheit der Bezugsgröße definitionsgemäß keine Probleme bereitet, kann die Zurechnung der Gemeinkosten nur näherungsweise mittels Schlüsselgrößen erfolgen. Die Art der Gemeinkostenzurechnung hängt hier entscheidend von der Produktionsstruktur und dem dadurch bedingten Kalkulationsverfahren ab. Mit abnehmender Homogenität des hergestellten Produktprogrammes wird das Kalkulationsverfahren und damit die Gemeinkosten-Zurechnung aufwendiger und komplexer.

Exkurs: Betriebswirtschaftliche Kalkulationsverfahren im Überblick

Im Rahmen der Kostenrechnung obliegt der Kalkulation (Kostenträgerrechnung) die Aufgabe, die Selbstkosten je Mengeneinheit zu ermitteln. Die Praxis verwendet verschiedene Verfahren, deren wichtigste im folgenden kurz dargestellt werden.

1. Divisionskalkulation

1.1 Einstufige Divisionskalkulation

$$K_s = \frac{K}{M} \; ; \; K_h = \frac{K - K_{Vw} - K_{Vt}}{M}$$

Anwendbarkeit:

Vollhomogenes Produktprogramm (z.B. Einproduktbetrieb); einstufige Produktion, ohne Zwischenlager.

K_s	= Selbstkosten je Mengeneinheit
K_h	= Herstellkosten je Mengeneinheit
K	= Gesamtkosten der Periode
M	= hergestellte Menge
K_{Vw}/K_{Vt}	= Verwaltungs-/Vertriebskosten der Periode

---

[497] Vgl. Sertl, W., Kotek, H., Kosten, Einzel- und Gemein, HWR, 1981, Sp. 945.

1.2 Mehrstufige Divisionskalkulation

$$K_s = \sum_i \frac{K_i}{MP_i} + \frac{K_{Vw} + K_{Vt}}{MA}$$

K_s = Selbstkosten je Mengeneinheit

K_i = Kosten je Kostenstelle (Produktionsstufe) i

MP_i = Menge der produzierten Leistung in Produktionsstufe i

MA = abgesetzte Menge

$K_{Vw} + K_{Vt}$ = Verwaltungs- und Vertriebsgemeinkosten

Bei der Berechnung der Herstellkosten K_h entfällt die Berücksichtigung der Verwaltungs- und Vertriebsgemeinkosten:

$$K_h = \sum_i \frac{K_i}{MP_i}$$

Anwendbarkeit:

Verschiedene Produktionsstufen mit jeweils homogenem Leistungsprogramm. Die Stufenleistungen müssen Bestandteil der Endleistung sein. Auch bei mehrstufigem Produktionsprozeß mit Zwischenlagern anwendbar (z.B. Chemische Industrie, Grundstoffindustrie).

1.3 Äquivalenzziffernkalkulation

$$K_h = \frac{HK}{\sum_i MP_i \cdot ä_i} \cdot ä_i$$

$$K_s = K_h + \frac{K_{Vw} + K_{Vt}}{\sum_i MA_i \cdot ä_i} \cdot ä_i$$

HK = Gesamte Herstellkosten der Periode (= Summe der Kostenarten exclusive Verwaltungs- und Vertriebskosten)

K_h = Herstellkosten je Stück (Mengeneinheit)

K_s = Selbstkosten je Stück (Mengeneinheit)

i = Index der erzeugten Produkte

$ä_i$ = Äquivalenzziffer (= Kostenrelation der einzelnen Produkte zu einem rechnerischen Einheitsprodukt)

Anwendbarkeit:

Inhomogenes Produktprogramm, bei dem sich die Kostenverursachung durch Austauschrelationen (Äquivalenzziffern) annähern läßt. Im übrigen wie Divisionskalkulation (z.B. Brauereiwesen).

2. Bezugsgrößen-(Zuschlags-)Kalkulation

Trennung der Gesamtkosten einer Periode in Einzel- und Gemeinkosten. Berechnung anteiliger Gemeinkosten an einzelkostenabhängigen Bezugsgrößen. Bezugsgrößen können Wert- oder Mengencharakter haben (z.B. Fertigungslöhne oder Maschinenstunden).

2.1 Einstufige summarische Zuschlagskalkulation

$$K_s = K_E \left(1 + \frac{GK}{EK}\right)$$

K_s = Selbstkosten je Produkteinheit
K_E = Einzelkosten je Produkteinheit
EK = gesamte Einzelkosten der Periode
GK = gesamte Gemeinkosten der Periode

Der Quotient $\frac{GK}{EK}$ wird als Gemeinkostenzuschlagsatz Z bezeichnet.

Anwendbarkeit:

Heterogene Produktstruktur, einfachste Produktionsstruktur (einstufig) und relativ geringe Bedeutung der Gemeinkosten.

Hauptmerkmal:

Nur eine einzige Bezugsgröße (z.B. Summe aller Einzelkosten oder Summe aller Fertigungslöhne); Berechnung nur eines Zuschlagsatzes, der den Anteil der Gemeinkosten an dieser Bezugsgröße angibt.

Prämisse:

Die Gemeinkosten ändern sich proportional zur einzigen Zuschlagsbasis.

2.2 Differenzierende einstufige Zuschlagskalkulation

$$K_h = FM \cdot (1 + Z_{FM}) + FL \cdot (1 + Z_{FL}) + SEKF$$

$$K_s = K_h \cdot (1 + Z_{Vw} + Z_{Vt}) + SEKV$$

K_h = Herstellkosten je Produkteinheit
K_s = Selbstkosten je Produkteinheit
FM = Fertigungsmaterialverbrauch
FL = Fertigungslöhne
SEKF = Sondereinzelkosten der Fertigung
SEKV = Sondereinzelkosten des Vertriebs
Z_{FM} = Gemeinkostenzuschlag auf Materialeinzelkosten
Z_{FL} = Gemeinkostenzuschlagssatz auf Fertigungslöhne
$Z_{Vw} + Z_{Vt}$ = Gemeinkostenzuschlagssatz auf Herstellkosten zur Abdeckung der Verwaltungs- und Vertriebsgemeinkosten

Merkmal:

Unterteilung der Bezugsgrößen nach Kostenarten. Verwendung von einzelkostenartenspezifischen Gemeinkostenzuschlagsätzen.

Anwendbarkeit:

Das Verfahren führt zu Ungenauigkeiten,

- wenn in einzelnen Fertigungskostenstellen stark unterschiedliche Gemeinkostenbelastungen auftreten;
- wenn in einzelnen Materialkostenstellen stark unterschiedliche Gemeinkostenbelastungen auftreten;
- insb., wenn die Produktion in mehreren Fertigungsstufen erfolgt;
- insb., wenn Zwischenlager auftreten.

Mit ausreichender Genauigkeit nur anwendbar, wenn die Fertigung in nur einer Fertigungsstufe erfolgt und die Gemeinkosten im Verhältnis zu den Einzelkosten relativ gering sind.

Prämisse:

Die Gemeinkosten ändern sich in Abhängigkeit von den als Bezugsgröße verwendeten Einzelkosten (FM, FL, K_h).

2.3 Mehrstufige summarische Zuschlagskalkulation

$$K_h = \sum_i FM_i \cdot (1 + Z_{ZM,i})$$

$$+ \sum_j FL_j \cdot (1 + Z_{FL,j}) + SEKF$$

$$K_s = K_h \cdot (1 + Z_{Vw} + Z_{Vt}) + SEKV$$

i = Index der Materialkostenstellen
j = Index der Fertigungskostenstellen

Merkmal:

Untergliederung nach Kostenstellen innerhalb des Material- und Fertigungsbereiches. Nur eine Bezugsgröße je Kostenstelle.

Anwendbarkeit:

Mehrstufige Produktionsprozesse mit Zwischenlagern und stark abweichender Gemeinkostenbelastung in den einzelnen Kostenstellen.

Prämisse:

Die Gemeinkosten je Kostenstelle ändern sich in Abhängigkeit von den als Bezugsgrößen verwendeten Einzelkosten.

FM 1 + MGK 1 + FM 2 + MGK 2 . .	(= Fertigungsmaterialverbrauch in Materialkostenstelle 1) (= anteilige Gemeinkosten der Materialkostenstelle 1, über Zuschlagssatz Z_{FM1})	Material-kosten		
FL 1 + FGK 1 + FL 2 + FGK 2 . . + SEKF	(= Fertigungslöhne der Fertigungskostenstelle 1) (= anteilige Gemeinkosten der Fertigungskostenstelle 1, über Zuschlagssatz Z_{FL1}) (= Sondereinzelkosten der Fertigung)	Fertigungs-kosten	Her-stellungs-kosten (K_h) je Produkt-einheit	Selbst-kosten (K_s) je Produkt-einheit
+ VwGK + VtGK + SEKV	(anteilige Verwaltungsgemeinkosten = $(K_h \cdot (1 + Z_{Vw}))$ (anteilige Vertriebsgemeinkosten = $K_h \cdot (1 + Z_{Vt}))$ (= Sondereinzelkosten des Vertriebs)			

Abb. 30 Kalkulationsschema der mehrstufigen summarischen Zuschlagskalkulation

2.4 Mehrstufige differenzierende Zuschlagskalkulation

$$K_h = \sum_i FM_i \cdot (1 + Z_{FMi})$$

$$+ \sum_j [FL_j \cdot (1 + Z_{FLj})$$

$$+ \sum_k MS_{jk} \cdot s_{jk}] + SEKF$$

$$K_s = K_h \cdot (1 + Z_{Vw} + Z_{Vt}) + SEKV$$

Merkmal:

Je Kostenstelle mehrere Bezugs-(Zu-schlags-)größen. Aufteilung der ge-samten Gemeinkosten der Periode nach Bezugsgrößen.

Anwendbarkeit:

i = Index der Materialkostenstel-len

j = Index der Fertigungskosten-stellen

k = Index der mengenmäßigen Bezugsgrößen

MS_{jk} = Maschinenstunden je Pro-dukteinheit auf Maschine k in Kostenstelle j

s_{jk} = zugehöriger Maschinenstun-densatz

$$(= \frac{Gemeinkosten}{Maschinenstd.})$$

Mehrstufige Produktionsprozesse mit Zwischenlagern und heterogen struk-turierten Kostenstellen (z.B. Zurech-nung von personal- und maschinenab-hängigen Gemeinkosten).

Prämissen:

Die Gemeinkosten ändern sich in Ab-hängigkeit von der jeweiligen Bezugs-größe FM_i, FL_j, MS_{jk} und K_h.

ad 2: Divergierende Kostendefinition in Kostenrechnung und bilanzieller Be-wertung

Betriebswirtschaftlich werden Kosten als sog. wertmäßige Kosten[498] **definiert.** Diese Begriffsdefinition geht auf Schmalenbach zurück[499] und geht vom Mengen-gerüst der Kosten aus (z.B. verbrauchte Stoffmengen, verbrauchte Zeiten). Der Mengenverzehr wird jedoch nur dann zu Kosten, wenn er in Zusammenhang mit der Erstellung betrieblicher Leistungen stattfindet. Die verbrauchten Mengen sind in Geldeinheiten zu bewerten.

Der wertmäßige Kostenbegriff umfaßt somit 3 wesensbestimmende Kompo-nenten:

1. den Mengenverzehr,
2. den Bezug zur betrieblichen Leistung (zu Erstellung von Produkten oder Dienstleistungen),
3. die Bewertung.

Der **Umfang des Mengenverzehrs** ist im wertmäßigen Kostenbegriff weit ge-faßt. Als Verzehrsmengen kommen in Frage[500]:

• der physische Verzehr von Stoffen (Roh-, Hilfs- Betriebsstoffe, Abnutzung von Gebäuden, Maschinen, Geschäftsausstattung),
• der rechtliche Verzehr (Lizenzen, Patente, Schutzrechte),
• der Verzehr von Arbeits- und Dienstleistungen,
• der Verzehr von Nutzungsmöglichkeiten des knappen Gutes „Kapital" (Kapi-talverzehr).

---

[498] Vgl. z.B. Heinen, E., Industriebetriebslehre, 1978, S. 792,
    vgl. z.B. Schweitzer, M., Kostenkategorien, HWR, 1981, S. 1043ff.
[499] Vgl. Schmalenbach, E., Kostenrechnung, 1963, S. 6.
[500] Vgl. Heinen, E., Industriebetriebslehre, 1978, S. 793.

Der **Leistungsbezug**, d.h. der Zusammenhang mit der betrieblichen Leistung ist gegeben, wenn eine „zumindest mittelbare Beziehung zur betrieblichen Endleistung festzustellen ist"[501]. Betriebsfremder Mengenverzehr wird nicht zu Kosten.

Für die **Bewertung** des Mengenverzehrs kommen v.a. Lenkungspreise in Frage. Man spricht hier von der sog. **Lenkungsfunktion** der Kostenbewertung[502]. Der anzusetzende Kostenwert hat betriebswirtschaftlich nicht nur die Aufgabe des Vergleichbarmachens ungleichnamiger Verzehrsmengen (Verrechnungsfunktion des Kostenwertes). Er hat sich auch an den Unternehmenszielen zu orientieren und den Mengenverzehr i.S. einer optimalen Zielerreichung zu bewerten. Neben den pagatorischen, d.h. auf Ausgaben beruhenden Kosten, kommen für die Kostenbewertung deshalb v.a. Opportunitätskosten in Frage. Unter Opportunitätskosten versteht man die Kosten der besten alternativen Verwendung des Produktionsfaktors, z.B. den entgangenen Ertrag. Das Opportunitätskostenkonzept ist insb. bei knappen Produktionsfaktoren von Bedeutung[503]. Völlig unerheblich ist es für den wertmäßigen Kostenbegriff, ob durch den Mengenverzehr Ausgaben verursacht werden.

Das Handelsrecht verwendet Kosten i.S. des pagatorischen Kostenbegriffs[504]. Pagatorische Kosten leiten sich ausschließlich aus Ausgaben ab. Die pagatorischen Kosten umfassen

- aufwandsgleiche Aufgaben derselben Periode und
- periodisierte Ausgaben (z.B. nicht mehr ausgabewirksamer Aufwand, d.h. Abschreibungen, z.B. noch nicht ausgabewirksamer Aufwand, d.h. Rückstellungszuführung).

Auch für die pagatorischen Kosten ist der Bezug zum Betriebszweck (Leistungsbezug) erforderlich. Neutrale Aufwendungen zählen nicht zu den pagatorischen Kosten[505]

Die **Bewertung der pagatorischen Kosten** orientiert sich folglich an den bei der Erstellung oder Anschaffung einzelner Produktionsfaktoren geleisteten Ausgaben. Besonders deutlich wird der Unterschied zwischen pagatorischem und wertmäßigem Kostenbegriff bei steigenden Wiederbeschaffungspreisen. Die Abschreibung im pagatorischen Sinne bemißt sich nach den historischen Anschaffungskosten (= Ausgaben). Im wertmäßigen Sinne muß sich die Abschreibung an den gestiegenen Wiederbeschaffungskosten orientieren, obwohl hierfür noch keine Ausgaben stattgefunden haben.

Der Zusammenhang zwischen pagatorischen und wertmäßigen Kosten wird in Abbildung 31 graphisch verdeutlicht.

Die **Unterschiede zwischen betriebswirtschaftlich/wertmäßigem und handelsrechtlich/pagatorischem Kostenbegriff** sollen folgende Beispiele verdeutlichen:

---

[501] Vgl. Eisele, W., Technik, 1985, S. 429.
[502] Vgl. Küpper, H. U., Kostenbewertung, HWR, 1981, Sp. 1015.
[503] Vgl. Adam, D., Entscheidungsorientierte Kostenbewertung, 1970, S. 30;
    vgl. derselbe, Grenzkostenrechnung, HWR, 1981, Sp. 696.
[504] Vgl. ADS § 155 Tz 19, vgl. S. 174, 198.
[505] Vgl. Koch, H., Grundprobleme, 1966, S. 14.

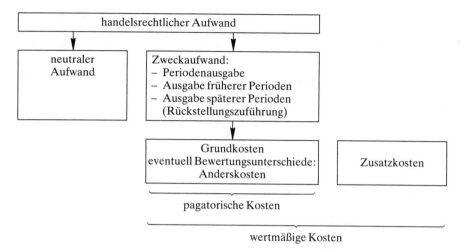

Abb. 31   Der Zusammenhang zwischen pagatorischen und wertmäßigen Kosten

Unterschiede im Umfang der Kosten:

Hierzu zählen diejenigen wertmäßigen Kostenarten, denen keine Aufwandsarten entsprechen (sog. **Zusatzkosten**):

* kalkulatorischer Unternehmerlohn
* kalkulatorische Eigenkapitalzinsen
* kalkulatorische Wagniskosten
* kalkulatorische Miete.

Unterschiede in der Bewertung:

Den wertmäßigen Kostenarten entsprechen zwar Aufwandsarten, die Bewertung weicht jedoch ab (sog. **Anderskosten**):

* kalkulatorische Abschreibungen im Anlagevermögen
* Verbrauch an Roh-, Hilfs- und Betriebsstoffen
* kalkulatorische Fremdkapitalzinsen (bei ungewöhnlich zinsgünstigen Krediten)

Die obigen Ausführungen machen deutlich, daß es u.U. nicht zulässig ist, bei der Bestimmung der handelsrechtlichen Herstellungskosten die Herstellkostenbestandteile und Wertansätze aus der betriebswirtschaftlichen Kalkulation unmodifiziert zu übernehmen. Daß ein Unterschied besteht, läßt sich schon aus der Begriffsbezeichnung erkennen:

* das Handelsrecht spricht von Herstellungskosten,
* die Kalkulation spricht von Herstellkosten.

Sowohl die handelsrechtlich nicht aktivierbaren Zusatzkosten, als auch die kalkulatorisch meist höheren Wertansätze (Anderskosten) führen zu Abweichungen zwischen handelsrechtlichen und betriebswirtschaftlichen Herstellungskosten. Hiervon sind hauptsächlich Gemeinkosten betroffen. Damit sind auch die kalkulatorischen und handelsrechtlichen Gemeinkostenzuschlagsätze getrennt zu berechnen[506].

2.2.2 Gesetzliche Definition derHerstellungskosten

Durch die Bilanzrechtsreform vom 19.12.1985 wird erstmals eine Legaldefinition des handelsrechtlichen Herstellungskostenbegriffs[506a] gegeben.

§ 255 Abs. 2 HGB lautet: **„Herstellungskosten sind die Aufwendungen, die durch den Verbrauch von Gütern und die Inanspruchnahme von Diensten für die Herstellung eines Vermögensgegenstands, seine Erweiterung oder für eine über seinen ursprünglichen Zustand hinausgehende wesentliche Verbesserung entstehen. Dazu gehören die Materialkosten, die Fertigungskosten und die Sonderkosten der Fertigung. Bei der Berechnung der Herstellungskosten dürfen auch angemessene Teile der notwendigen Materialgemeinkosten, der notwendigen Fertigungsgemeinkosten und des Wertverzehrs des Anlagevermögens, soweit er durch die Fertigung veranlaßt ist, eingerechnet werden. Kosten der allgemeinen Verwaltung sowie Aufwendungen für soziale Einrichtungen des Betriebs, für freiwillige soziale Leistungen und für betriebliche Altersversorgung brauchen nicht eingerechnet zu werden. Aufwendungen i.S. der Sätze 3 und 4 dürfen nur insoweit berücksichtigt werden, als sie auf den Zeitraum der Herstellung entfallen. Vertriebskosten dürfen nicht in die Herstellungskosten einbezogen werden"**.

| | Aktivierungs- | | |
	Pflicht	Wahlrecht	Verbot
a) Kalkulatorische Kosten (Zusatz- und Anderskosten)			X
b) Material(einzel)kosten	X		
c) Materialgemeinkosten		X	
d) Fertigungs(einzel)kosten	X		
e) Sondereinzelkosten der Fertigung	X		
f) Fertigungsgemeinkosten, u.a. auch Abschreibungen und Sozialaufwendungen (Sozialeinrichtungen, freiwillige Sozialleistungen, betriebliche Altersversorgung), soweit im Fertigungsbereich angefallen		X	
g) Verwaltungsgemeinkosten (Kosten der allgemeinen Verwaltung) u.a. auch Abschreibungen und Sozialaufwendungen, soweit im Verwaltungsbereich angefallen		X	
h) Vertriebskosten (Einzel- und Gemeinkosten)			X

Abb. 32 Bestandteile der handelsrechtlichen Herstellungskosten gem. § 255 Abs. 2 HGB

---

[506] Vgl. WP-Handbuch 1985/86, Bd. 1, S. 1030. Dasselbe gilt für die Steuerbilanz, in der ebenfalls nur pagatorische Kosten Verwendung finden, vgl. Knobbe-Keuk, B., Bilanzsteuerrecht, 1985, S. 127.

[506a] Vgl. auch Freidank, C. C., Die Analyse des Herstellungskostenbegriffs, WiSt 1985, S. 105ff., vgl. auch Göllert, K., Ringling, W., Herstellungskostenermittlung, Krp 1983, S. 159ff.

Stellt man die im Gesetz genannten Bestandteile der Herstellungskosten in einer tabellarischen Übersicht nach Aktivierungspflicht, Aktivierungswahlrecht und Aktivierungsverbot zusammen, so ergeben sich die in Abbildung 32 wiedergegebenen minimalen bzw. maximalen Herstellungskosten-Bestandteile.

Im einzelnen ist zu den Herstellungskostenbestandteilen anzumerken:

a) Verbot der Aktivierung kalkulatorischer Kosten

Da § 255 Abs. 2 HGB ausdrücklich von Aufwendungen spricht, wird klargestellt, daß die Herstellungskosten ausschließlich i.s. der pagatorischen Kosten zu verstehen sind. Dieser Bezug zu den pagatorischen Kosten wird bereits bei dem allgemeinen Bewertungsgrundsatz des § 252 Abs. 1 Nr. 5 HGB deutlich, der Aufwendungen nur anerkennt, wenn sie durch Zahlungen verursacht werden[507].

b) Materialkosten

Im Gesetz wird der Begriff „Materialkosten" verwendet. Es handelt sich hierbei um die unmittelbar in der Fertigung verbrauchten Stoffmengen (Einzelkosten) i.S. des Kostenrechnungsbegriffs „Fertigungsmaterial". Hierzu zählen die unmittelbar für die Herstellung der fertigen und unfertigen Erzeugnisse verbrauchten Roh-, Hilfs- und Betriebsstoffe, ferner der Verbrauch von selbstgefertigten Halb- und Teilerzeugnissen sowie der Verbrauch von fremdbezogenen Teilen und Handelswaren[508]. Verpackungsmaterial gehört dann zu den Materialkosten, wenn es sich hierbei um einen unverzichtbaren Bestandteil des Produkts handelt, das im Zusammenhang mit dem Produktionsprozeß anfällt (z.B. Zigarettenschachteln, Bierdosen u.ä.)[509].

c) Materialgemeinkosten

Hierzu zählen die Kosten der Einkaufsabteilung, der Warenannahme, der Material- und Rechnungsprüfung sowie die Kosten der Lager- und Materialverwaltung[510].

d) Fertigungseinzelkosten

Die aktivierungspflichtigen Fertigungskosten umfassen nur die Fertigungslöhne[511]. Andere Fertigungskosten gehören nicht dazu, da sie im Gesetz gesondert aufgeführt werden (Sonderkosten der Fertigung und Fertigungsgemeinkosten). Zu den Fertigungslöhnen zählen alle den Erzeugnissen direkt zurechenbaren Löhne (einschließlich Überstunden- und Feiertagszuschläge) und die zugehörigen gesetzlichen und tariflichen Sozialaufwendungen. Freiwillige Sozialaufwendungen gehören nicht zu den Fertigungslöhnen sondern zu den nicht aktivierungspflichtigen Gemeinkosten.

e) Sondereinzelkosten der Fertigung

Hierzu zählen v.a. Kosten für Modelle, Spezialwerkzeuge und Lizenzen. Auch Entwicklungs-, Versuchs- und Konstruktionskosten (sog. Forschungs- und Ent-

---

[507] Vgl. oben, S. 174, 197f.
[508] Vgl. ADS § 155 Tz 40 i.V.m. § 153 Tz 58,
vgl. auch WP-Handbuch 1985/86, Bd. 1 S. 602, vgl. auch Glade, A., Rechnungslegung, 1986, Teil I, Tz 558ff.
[509] Vgl. ADS § 155 Tz 40, vgl. auch Glade, Rechnungslegung, 1986, Teil I, Tz 562.
[510] Vgl. ADS § 155 Tz 43.
[511] Vgl. Glade, A., Rechnungslegung, 1986, Teil I, Tz. 572.

wicklungskosten) fallen hierunter, sofern sie notwendigerweise bei Erfüllung eines Auftrages oder in Zusammenhang mit der Herstellung eines Produktes anfallen[512]. Andere Entwicklungs-, Versuchs- und Konstruktionskosten, die einem Produkt oder Auftrag nicht direkt zurechenbar sind (Grundlagenforschung, Neuentwicklung) stellen nicht-aktivierungsfähigen Aufwand dar. Ihre Aktivierung würde dem Realisationsprinzip widersprechen[513]. Fremdkapitalzinsen i.S. des § 255 Abs. 3 HGB sind zwar grundsätzlich Einzelkosten und müßten hier pflichtgemäß angesetzt werden, i.d.R. werden sie in der Praxis aber als Gemeinkosten behandelt. Dem wird durch das gesetzliche Aktivierungswahlrecht Rechnung getragen.

f) Fertigungsgemeinkosten

Hierzu gehören all diejenigen Kosten, die in Zusammenhang mit der Leistungserstellung anfallen, aber nicht als Materialeinzel- oder -gemeinkosten, oder als Fertigungslöhne oder Sondereinzelkosten der Fertigung verrechnet werden können[514] und auch nicht Verwaltungs- und Vertriebskosten sind. Insbesondere zählen zu den Fertigungsgemeinkosten: Energiekosten, Brennstoff-, Hilfsstoff- und Betriebsstoffverbrauch, soweit er mangels Zurechenbarkeit nicht als Materialeinzelkosten erfaßt wird, Reparatur- und Instandhaltungsaufwendungen von Maschinen, Werkzeugen, Instandhaltungsaufwand für Betriebsbauten und Betriebsvorrichtungen, Sachversicherungsprämien, Post- und Fernsprechgebühren (soweit nicht Verwaltungs- oder Vertriebskosten), Aufwendungen für Werkstattverwaltung, Lohnbüro, Arbeitsvorbereitung, Innentransport, Gehälter von Meistern, Pförtnern, Wach- und Sicherheitsdienst, Lagerverwaltern (soweit nicht Materialgemeinkosten). Zu den Fertigungsgemeinkosten gehören auch die nicht gewinnabhängigen Steuern (GewKapSt, VSt, und GrSt). Für Verbrauchsteuern, die auf die aktivierten Vermögensgegenstände des Vorratsvermögens entfallen, und die nicht zu den Herstellungskosten gerechnet werden, kann ein aktiver Rechnungsabgrenzungsposten gebildet werden (§ 250 Abs. 1 Nr. 2 HGB)[515].

Auch **Abschreibungen auf Fertigungsanlagen** zählen nach gesicherter betriebswirtschaftlicher Lehre zu den Fertigungsgemeinkosten. Eine gesonderte Erwähnung im Gesetz wäre deshalb nicht erforderlich gewesen. Desgleichen sind Sozialaufwendungen (Sozialeinrichtungen, freiwillige Sozialleistungen und betriebliche Altersversorgung) Fertigungsgemeinkosten, sofern sie auf Beschäftigte im Fertigungsbereich entfallen.

Fremdkapitalzinsen[516] sind im Rahmen der Fertigungsgemeinkosten aktivierbar, soweit sie die Fertigung betreffen und auf den Zeitraum der Herstellung entfallen. Fremdkapitalzinsen, die nachweisbar in Zusammenhang mit der Herstellung und während des Herstellungszeitraumes anfallen, sind zwar definitionsgemäß Einzelkosten, müßten also dort obligatorisch berücksichtigt werden. Dem

---

[512] Vgl. Wöhe, G., Bilanzierung 1984, S. 410f., ebenso die steuerrechtliche Regelung, Erlaß über die Behandlung von Forschungs- und Entwicklungskosten, vom 4.12.1958, BStBl. II, S. 181ff.

[513] Vgl. oben, S. 170.

[514] Vgl. WP-Handbuch, 1985/86, Bd. 1 S. 602f.

[515] Vgl. oben, S. 111; steuerrechtlich besteht eine Aktivierungspflicht für diesen Rechnungsabgrenzungsposten, vgl. § 5 Abs. 4 EStG sowie Abschn. 33 Abs. 6 EStR.

[516] Vgl. Selchert, F. W., Fremdkapitalzinsen, DB 1985, S. 2413-2420.

widerspricht § 255 Abs. 3 HGB, der ein Wahlrecht (Bilanzierungshilfe) vorsieht. In der Praxis der betrieblichen Kostenrechnung werden Fremdkapitalzinsen als Kostenstellengemeinkosten verrechnet und gehen so in die Gemeinkostenzuschlagsätze ein. Für die bilanzielle Bewertung müssen aus den Fertigungsgemeinkosten nur diejenigen Fremdkapitalzinsen herausgerechnet werden, die nicht zur Finanzierung der Herstellung und während der Herstellungszeit angefallen sind. Sofern Fremdkapitalzinsen handelsrechtlich als Gemeinkosten aktiviert werden, steuerlich aber die Aktivierung unterbleiben muß (Abschn. 33 Abs. 7 EStR), ist die Berücksichtigung passivischer latenter Steuern bei den Rückstellungen erforderlich[517].

Eigenkapitalzinsen hingegen gehören bis auf den Ausnahmefall der langfristigen Fertigung[518] (z.B. Großbauprojekte) nicht zu den Herstellungskosten.

g) Verwaltungsgemeinkosten

Zu den Kosten der allgemeinen Verwaltung zählen diejenigen Gemeinkosten, die weder in den Materialkostenstellen noch in den Fertigungs- oder Vertriebskostenstellen verursacht werden. Solche Verwaltungsgemeinkosten sind insbesondere Gehälter und Löhne sowie Abschreibungen und andere Kosten, die im Verwaltungsbereich anfallen. Zum Verwaltungsbereich gehören u.a. die folgenden Organisationseinheiten: Kaufmännische Geschäftsleitung, Rechnungswesen (Finanzbuchhaltung, Betriebsbuchhaltung, Kalkulation, Statistik, Steuern, EDV), Personalbüro, Betriebsrat.

h) Vertriebskosten

Mit Inkrafttreten des Bilanzrichtliniengesetzes besteht für sämtliche Vertriebskosten ein Aktivierungsverbot – unabhängig davon ob es sich um Gemeinkosten oder Einzelkosten handelt. Früher galt ein handelsrechtliches Aktivierungswahlrecht für Sondereinzelkosten des Vertriebs, z.B. für Verpackungsmaterial, für auftragsbezogene Werbekosten, für Verkaufsprovisionen, soweit es sich um bereits angefallene Aufwendungen für verkaufte, aber noch nicht ausgelieferte Waren handelte[519].

Zu den Vertriebskosten zählen alle diejenigen Kosten, die die Bereiche nach der Produktion betreffen. Als Vertriebseinzelkosten (Sondereinzelkosten) kommen in Frage: Provisionen, Frachten, Kosten für Werbung, Transportversicherungen. Vertriebsgemeinkosten sind z.B. die Kosten der Fertigläger, der Vertriebsläger, der Verkaufsbüros, der Versandabteilungen, die Kosten für Werbung und Reklame, Ausstellungs- und Messekosten, Kosten für Marktuntersuchungen, für Verkäuferschulungen sowie die gesamten Kosten der Vertriebsabteilungen (Gehälter, Löhne, Abschreibungen, Energiekosten, Porti, Telefon usw.).

---

[517] Vgl. oben, S. 140f, vgl. Harms, J. E., Küting, K. H., Probleme, BB, 1985, S. 100ff.
[518] Vgl. ADS § 149 Tz 70, vgl. WP-Handbuch, 1985/86, Bd. 1 S. 599, 603, vgl. oben S. 171f.
[519] Vgl. Bolin, M., Haeger, B., Zürndorf, H., Einzelaspekte, DB, 1985, S. 609, vgl. auch ADS § 155 Tz 68 sowie WP-Handbuch, 1985/86, Bd. 1, S. 603, vgl. auch Busse von Colbe, W., Vertriebskosten, HuR 1986, S. 375ff.

Unterschiede zwischen handelsrechtlichen und steuerrechtlichen Herstellungs-kostenbestandteilen:

Inhaltlich lehnt sich die Definition der handelsrechtlichen Herstellungskosten des § 255 Abs. 2 HGB sehr eng an die entsprechende Bestimmung des ESt-Rechts an. Die in Abschn. 33 EStR präzisierten steuerlichen Herstellungskosten unterscheiden sich im wesentlichen durch abweichende Regelungen zu den obligatorischen bzw. fakultativen Bestandteilen der Herstellungskosten. Abbildung 33 gibt eine Gegenüberstellung der Aktivierungsbestimmungen zu den verschiedenen Herstellungskostenbestandteilen.

	Handelsbilanz § 255 Abs. 2 HGB	Steuerbilanz Abschn. 33 EStR
Materialeinzelkosten	Pflicht	Pflicht
Materialgemeinkosten	Wahl	Pflicht
Fertigungslöhne	Pflicht	Pflicht
Sondereinzelkosten der Fertigung	Pflicht	Pflicht
Fertigungsgemeinkosten	Wahl	Pflicht
Verwaltungsgemeinkosten	Wahl	Wahl
Vertriebskosten	Verbot	Verbot
kalkulatorische Kosten (Zusatz- und Anderskosten)	Verbot	Verbot

Abb. 33 Bestandteile der Herstellungskosten nach Handels- und Steuerrecht

2.2.3 Kostenrechnungssysteme und bilanzielle Herstellungskosten

Die betriebswirtschaftliche Kostenrechnung verwendet je nach Rechnungszweck unterschiedliche Kostenrechnungssysteme. Diese lassen sich nach 3 Kriterien untergliedern:

Nach dem **Zeitbezug** unterteilt man die Kostenrechnungssysteme in Systeme der

- Istkostenrechnung (tatsächlich angefallene Kosten),
- Normalkostenrechnung (durchschnittliche Kosten vergangener Perioden),
- Plankostenrechnung (zukünftige Kosten), in den Ausprägungen:
  Prognose-Kostenrechnung (prognostizierte zukünftige Kosten),
  Standardkostenrechnung (angestrebte Kosten, Kostenvorgaben).

Nach dem **Sachumfang** unterteilt man die Kostenrechnungssysteme in Systeme der

- Vollkostenrechnung (fixe und variable Kosten),
- Teilkostenrechnung (Trennung insb. von fixen und variablen Kosten).

Zusätzlich sind die Kosten nach ihrer **Zurechenbarkeit** auf den Kostenträger zu unterteilen in

- Einzelkosten und
- Gemeinkosten.

Wie Abbildung 34 verdeutlicht, können unterschiedlichste Kostenkategorien als Bestandteile der Herstellungskosten in Frage kommen.

Im folgenden wird untersucht, welche Bedeutung diese Kostenkategorien für die bilanziellen Herstellungskosten nach § 255 Abs. 2 HGB haben.

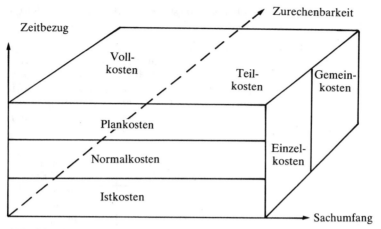

Abb. 34 Einteilung der Kostenrechnungssysteme nach den Kriterien Zeitbezug, Sachumfang und Zurechenbarkeit

2.2.3.1. Einzelkosten – Gemeinkosten

Das Kriterium der Zurechenbarkeit der Kosten ist das einzige Kriterium, auf das § 255 Abs. 2 HGB direkt Bezug nimmt. Er enthält eine eindeutige Regelung für die Handhabung der Einzel- und der Gemeinkosten. Voraussetzung für die Aktivierungspflicht eines Herstellungskostenbestandteils ist seine Einzelkosteneigenschaft. Gemeinkosten sind grundsätzlich nicht aktivierungspflichtig. Das Verhältnis der Einzel- zu den Gemeinkosten verschiebt sich in der Praxis immer stärker in Richtung der Gemeinkosten, insb. bei zunehmender Rationalisierung und Automatisierung und bei Zunahme der verwaltenden Tätigkeiten im Unternehmen. Durch die ausschließliche Anwendung des Kriteriums der Zurechenbarkeit der Kosten ergibt sich somit eine handelsrechtliche Wertuntergrenze für die Herstellungskosten, die wesentliche und betragsmäßig meist weitaus überwiegende Kostenbestandteile nicht enthält. Wegen der generellen Ausnahme aller Gemeinkosten von der Aktivierungspflicht brauchen, im Gegensatz zum alten § 153 Abs. 2 AktG a.F., nicht nur fixe sondern auch variable Gemeinkosten nicht aktiviert zu werden[520].

In der Steuerbilanz sind Gemeinkosten, soweit es sich nicht um Vertriebskosten handelt, grundsätzlich zu aktivieren (Abschn. 33 Abs. 1 EStR), wobei für Verwaltungsgemeinkosten ein Wahlrecht besteht.

2.2.3.2 Vollkosten – Teilkosten

Zwischen Einzelkosten und Gemeinkosten einerseits sowie fixen und variablen Kosten andererseits bestehen die in Abbildung 35 verdeutlichten Zusammenhänge.

---

[520] Vgl. ADS § 155 Tz 74f., vgl. auch die Stellungnahme des Fachausschusses Neues Aktienrecht des IdW, St/NA Nr. 4, 1966, WPg 1966, S. 329, vgl. auch Glade, A., Rechnungslegung, 1986, Teil I, Tz 582ff.

Einzelkosten	variable Kosten
Gemeinkosten	fixe Kosten

Abb. 35 Zusammenhang zwischen Einzel-/Gemeinkosten und variablen/fixen Kosten

Einzelkosten sind stets variable Kosten. Gemeinkosten hingegen können variable (z.B. Betriebsstoffverbrauch, Hilfsstoffverbrauch, leistungsanteilige Abschreibung) oder fixe Kosten (z.B. Gehälter, zeitanteilige Abschreibung) sein.

Nach § 255 Abs. 2 HGB ergeben sich für die Herstellungskosten folgende zulässigen Wertansätze:

Wertuntergrenze:
Aktivierung nur der Einzelkosten (Teilmenge der variablen Kosten).

Zwischenwerte:
Aktivierung von Einzelkosten und variablen Gemeinkosten (= Menge der variablen Kosten; Wertuntergrenze nach altem Recht i.S. von § 153 Abs. 2 AktG a.F.).

Wertobergrenze:
Aktivierung der Vollkosten (fixe und variable Kosten).

Da viele Gemeinkosten mehr oder weniger große Anteile variabler Kosten enthalten, bedeutet die Regelung, daß **variable Gemeinkosten nach neuem Recht nicht mehr aktivierungspflichtig** sind, einen erhöhten bilanzpolitischen Spielraum für das Unternehmen[521]. Besondere wissenschaftliche Diskussionen hat die Frage der Aktivierung anteiliger fixer Gemeinkosten ausgelöst. Insbesondere Albach[522] fordert ein Aktivierungsverbot fixer Gemeinkosten. Da fixe Kosten Periodenkosten sind, seien sie aus dem Periodengewinn abzudecken. Ihre Aktivierung verstoße somit gegen das Realisationsprinzip. Das betriebswirtschaftliche und handelsrechtliche Schrifttum hat sich ausführlich mit dem Vorschlag Albach's auseinandergesetzt und lehnt ihn überwiegend ab[523]. Ein weiteres Argument gegen die Aktivierung anteiliger fixer Kosten führt Seicht[524] an, der hierin einen Verstoß gegen den Grundsatz der Einzelbewertung sieht, „da fixe Kosten nur durch Schlüsselung auf Kostenträger gebracht werden können".

Selbst wenn man den Argumenten gegen die Fixkostenaktivierung betriebswirtschaftliches Gewicht beimißt, ist an der handelsrechtlichen Zulässigkeit der Aktivierung anteiliger Fixkosten nicht zu zweifeln, wie der Wortlaut des § 255 Abs. 2 HGB am Beispiel der Anlageabschreibung klar macht: „... dürfen auch angemessene Teile ... des Wertverzehrs des Anlagevermögens ... eingerechnet werden".

---

[521] Vgl. Bolin, M., Haeger, B., Zündorf, H., Einzelaspekte, DB, 1985, S. 608.

[522] Vgl. Albach, H., Rechnungslegung, NB, 1966, S. 180,
vgl. Albach, H., Bewertungsprobleme, BB, 1966, S. 380f.

[523] Zur Begründung vgl. z.B. Wöhe, G., Bilanzierung, 1984, S. 405-408, vgl. auch ADS
§ 155 Tz 65f.

[524] Vgl. Seicht, G., Bilanzierungsprobleme, 1984, S. 72.

Steuerlich stellt sich das Problem nicht, da grundsätzlich zu Vollkosten, d.h. auch inclusive aller notwendigen Gemeinkosten aktiviert werden muß (Absch. 33 EStR).

2.2.3.3 Ist-, Normal- oder Plankosten

Nach herrschender Lehre sind die tatsächlich angefallenen **Ist-Kosten** in jedem Fall als **Obergrenze** für die bilanziellen Herstellungskosten anzusehen. Ein höherer Ansatz führt zum Ausweis unrealisierter Gewinne und ist wegen des Realisationsprinzipes nicht zulässig[525]. Ein besonderes Problem bei der Aktivierung von Istkosten ergibt sich bei **rückläufiger Beschäftigung**. Hier werden Fixkosten in mehr oder weniger unveränderter Höhe auf kleinere Produktionsmengen umgelegt. Die Gemeinkostenzuschlagsätze werden größer, die Folge ist ein Steigen der Herstellungskosten je Produkteinheit.

Hier sind zwei Fälle zu unterscheiden:

Fall 1:
Die Fixkosten beziehen sich auf eine Anlage, die für die Leistungserstellung überhaupt nicht genutzt wird (**stillgelegte Maschine**). Da § 225 Abs. 2 HGB bestimmt, daß der Wertverzehr durch die Fertigung veranlaßt sein muß, ist eine Aktivierung anteiliger Abschreibungen hier nicht zulässig. Analoges gilt für andere Fixkosten, die durch die stillgelegte Maschine verursacht werden. Sofern es sich nicht um eine absatzbestimmte Stillegung, sondern um eine technisch notwendige Reserveanlage handelt, sind deren Fixkosten jedoch nicht von der Aktivierung ausgeschlossen, da sie durch die Fertigung veranlaßt sind.

Fall 2:
Die Maschine wird zwar genutzt, aber aufgrund der **Unterbeschäftigung** nicht im vollen bzw. normal üblichen Ausmaß. Sind diejenigen Fixkostenanteile, die auf die nichtgenutzte Kapazität entfallen (sog. **Leerkosten**) Bestandteil der Herstellungskosten? Die herrschende Lehre bejaht diese Frage, sofern die Herstellungskosten hierdurch nicht offensichtlich überhöht sind und somit gegen die GoB verstoßen[526]. Überhöht sind die anteiligen Fixkosten jedenfalls dann, wenn sie aus dem zu erwartenden Erlös nicht mehr gedeckt werden können. Es würden dann nicht realisierbare Gewinne ausgewiesen (Realisationsprinzip). Grundsätzlich jedoch dürfen Ist-Kosten auch bei Unterbeschäftigung angesetzt werden. Ein obligatorischer Ansatz von Normalkosten[527] anstelle der Ist-Kosten ist nicht vorgesehen.

Steuerlich gelten im wesentlichen dieselben Grundsätze wie in der Handelsbilanz (vgl. Abschn. 33 Abs. 8 EStR).

---

[525] Vgl. Wöhe, G., Bilanzierung, 1984, S. 409,
    vgl. ADS § 155 Tz 24.
[526] Zu den zahlreichen Befürwortern zählen z.B. ADS § 155 Tz 25, Castan, E., Rechnungslegung, 1984, S. 59, Coenenberg, A., Jahresabschluß, 1982, S. 73, WP-Handbuch, 1985/86, Bd. 1, S. 597, dagegen z.B. Glade, A., Rechnungslegung, 1986, § 255 Tz 45.
[527] Wie er z.B. im alten AktG 1937 enthalten war.

Normalkosten oder **Plankosten** (Sollkosten, Standardkosten) anstelle der Ist-kosten können verwendet werden, wenn die folgenden Bedingungen erfüllt sind:

- sie dürfen die Ist-Kosten nicht übersteigen,
- sie müssen einer vernünftigen kaufmännischen Überlegung entsprechen[528].

Als Plankosten kommen insb. in Betracht[529]

- Kosten auf der Basis der optimalen Beschäftigung,
- Kosten auf Basis des kostengünstigsten Betriebs eines Unternehmens.

In begrenzten Ausnahmefällen sind auch möglich:

- Kosten des kostengünstigsten Betriebs eines Konzerns,
- Kosten des nach dem jeweiligen Stand der Technik kostengünstigsten Betriebs.

Die beiden letzten Varianten der Plankosten kommen nur dann in Frage, wenn die Kostenvorteile des anderen Betriebs für den zu bilanzierenden Fall nachvollziehbar sind (z.B. nicht auf Standortvorteilen beruhen[530]).

2.3 Die Hilfswerte

2.3.1 Der Nennbetrag

Der Nennbetrag (Nennwert, Nominalwert) ist bei der Bewertung des gezeichneten Kapitals zu verwenden (§ 283 HGB). Bei der Aktiengesellschaft entspricht er dem auf einer Aktie aufgedruckten Geldbetrag, bei der GmbH entspricht er der laut Gesellschaftsvertrag von jedem Gesellschafter zu leistenden Stammeinlage (§ 3 GmbHG). Der Nennwert des gezeichneten Kapitals (Grund- oder Stammkapital) entspricht der Summe der Nennbeträge aller Aktien bzw. Stammanteile. Der Nennwert unterscheidet sich i.d.R. sowohl vom Kurswert (Marktwert) des Kapitalanteils als auch von dem Betrag, den der Erwerber des Kapitalanteils (z.B. der Aktie oder des Stammanteils) zu bezahlen hat, da meist eine Zuzahlung (Agio) vereinbart wird.

Der Nominalwert ist weiterhin auch bei Forderungen und Verbindlichkeiten von Bedeutung. Der Nominalwert von Forderungen ist der Betrag, auf den die Forderung bei ihrem Entstehen gelautet hat, er stellt die Anschaffungskosten der Forderung dar. Der Nennwert von Verbindlichkeiten (insb. Anleihen) ist der Betrag, von dem die Zinsen berechnet werden. Er ist für die handelsrechtliche Bewertung nicht relevant.

2.3.2 Der Rückzahlungsbetrag

Verbindlichkeiten sind mit dem Rückzahlungsbetrag zu bewerten, (§ 253 Abs. 1 HGB). Eine Bewertung mit dem Nennwert kann allgemein nicht gefordert werden, da der Rückzahlungsbetrag den Nennwert übersteigen kann (bei Über-Pari-Rückzahlung[531]). Auch der Ausgabebetrag (Verfügungsbetrag) einer Verbind-

---

[528] Vgl. ADS § 155 Tz 27-31, vgl. auch Glade, A., Rechnungslegung, 1986, Teil I, Tz 570 sowie § 255 Tz 42f.

[529] Vgl. Forster, K. H., Herstellungskosten, WPg 1967, S. 337.

[530] Vgl. ADS § 155 Tz 32-34, vgl. auch Glade, A., Rechnungslegung, 1986, § 255 Tz 42f.

[531] Vgl. Wöhe, G., Bilstein, J., Unternehmensfinanzierung, 1986, S. 161.

lichkeit kann vom Rückzahlungsbetrag abweichen, nämlich wenn ein Auszahlungsdisagio (Damnum) vereinbart wurde. Das Vorsichtsprinzip verbietet in diesen Fällen die Passivierung mit dem Nominalwert bzw. dem Verfügungsbetrag. Bei der seltenen Unter-Pari-Rückzahlung sind ebenfalls nicht der Nennwert oder der Ausgabebetrag, sondern der vereinbarte Rückzahlungsbetrag anzusetzen.

Probleme ergeben sich bei **Fremdwährungsverbindlichkeiten.** Sinkt der aktuelle Rückzahlungsbetrag aufgrund geänderter Wechselkurse, so ist aus Vorsichtsgründen dennoch der höhere, ursprüngliche Rückzahlungsbetrag anzusetzen[532].

2.3.3 Der Barwert

Der Barwert (Gegenwartswert) findet vor allem Verwendung bei **Rentenverpflichtungen** für die eine Gegenleistung nicht mehr zu erwarten ist (§ 253 Abs. 1 HGB), z.B. beim Kauf gegen Rente. Er ist unter Berücksichtigung von Zinseszinsen nach finanzmathematischen Grundsätzen zu ermitteln. Sofern es sich um Leibrenten handelt, ist nach den Grundsätzen der Versicherungsmathematik (Sterbetafeln) vorzugehen. Der anzusetzende Zinssatz soll sich in dem Intervall bewegen, das nach unten durch den Wert 3% und nach oben durch den Kapitalmarktzins für langfristiges Fremdkapital begrenzt ist[533]. Der nach versicherungsmathematischen Grundsätzen zu berechnende Barwert kann auch bei der Bewertung der **Pensionsrückstellung** angewandt werden, wenn der Berechtigte nicht noch zu einer wesentlichen Gegenleistung verpflichtet ist[534]. Als Hilfswert für die Anschaffungskosten gilt der Barwert auch bei unverzinslichen oder niedrig verzinslichen **Forderungen**[535]. Sein Ansatz bei unverzinslichen oder niedrig verzinslichen Verbindlichkeiten ist jedoch nicht erlaubt[535a].

2.3.4 Der nach vernünftiger kaufmännischer Beurteilung notwendige Wert

Dieser Hilfswert findet bei der Bewertung von Rückstellungen Verwendung (z.B. Gewährleistungsrückstellung, Prozeßkostenrückstellung usw.). Die Präzi-

---

[532] Vgl. S. 173, 191, 273.

[533] Vgl. WP-Handbuch 1985/86 Bd. 1, S. 646, vgl. auch ADS § 156 Tz 23; In der Steuerbilanz ist von einem Zinssatz von 5,5% auszugehen, soweit nicht vertraglich ein anderer Satz vereinbart ist, Abschn. 139 Abs. 13 EStR.

[534] Vgl. unten, S. 278ff, vgl. WP-Handbuch 1985/86, Bd. 1, S. 632. Für die Berechnung der Pensionsrückstellung in der Steuerbilanz ist das sog. Teilwertverfahren (vgl. S. 281f) unter Ansatz eines Rechnungszinssatzes von einheitlich 6% anzuwenden, vgl. § 6a Abs. 3 EStG sowie Abschn. 41 Abs. 11ff. EStR.

[535] Vgl. WP-Handbuch, 1985/86, Bd. 1, S. 591, 605 und 613; desgleichen in der Steuerbilanz, vgl. Knobbe-Keuk, B., Bilanzsteuerrecht, 1985, S. 176, vgl. Schmidt, L., EStG, 1984, § 6 Tz 48b, vgl. auch S. 191, 253.

[535a] Vgl. WP-Handbuch 1985/86, Bd. 1, S. 646, so auch nach neuem Recht, vgl. Glade, A., Rechnungslegung, 1986, § 253 Tz 632; dies gilt auch in der Steuerbilanz, vgl. Knobbe-Keuk, B., Bilanzsteuerrecht, 1985, S. 181, die nachweist, daß die gegenteilige Auffassung von Schrifttum und BFH (vom 12.3.1964, BStBl. III, S. 525, BFH vom 19.2.1975, BStBl. II, S. 480, so auch Schmidt, L., EStG, 1984, § 6 Tz 57, Herrmann/Heuer/Raupach, EStG und KStG, § 6 EStG Anm. 1156), nämlich die Barwertpassivierung dem GoB widerspricht. Deshalb sieht auch das neuere steuerliche Schrifttum den Ansatz eines Barwertes für unzulässig an (z.B. Biergans, E., Einkommensteuer, 1985, S. 292, vgl. Tiedtke, K., Einkommensteuer, 1983, S. 310, vgl. auch Beck'sches Steuerberater-Handbuch 1986, Abschn. B, Tz 1448f. sowie die dort angegebene Literatur).

sierung des Wertansatzes kann nur nach pflichtgemäßem Ermessen unter Beachtung der GoB, insbesondere des Vorsichtsprinzips, des Imparitätsprinzips und des Prinzips der Bilanzwahrheit (Richtigkeit und Willkürfreiheit) erfolgen. Das Verbleiben eines Schätzungsspielraums ist bei der Rückstellungsbewertung im allgemeinen unvermeidbar[536].

2.4 Vergleichswerte

Aufgrund des strengen Niederstwertprinzips bei der Bewertung des Umlaufvermögens[537] dürfen die Anschaffungs- bzw. Herstellungskosten nur angesetzt werden, wenn die Verkehrswerte (Marktwerte) höher sind. Zum Niederstwertvergleich müssen gem. § 253 Abs. 3 HGB Börsen- und Marktpreise am Abschlußstichtag, bzw. soweit diese nicht festzustellen sind, der den Vermögensgegenständen am Abschlußstichtag beizulegende Wert herangezogen werden.

Wesentlich an diesen Vergleichswerten ist die **Marktorientierung**. Unter Markt versteht man den ökonomischen Ort des Austausches von Gütern und Dienstleistungen, d.h. alle Gelegenheiten, bei denen Angebot und Nachfrage aufeinandertreffen, wobei sich die Preisbildung vollzieht[538].

2.4.1 Der sich aus dem Marktpreis ergebende Wert

Marktpreis ist der Preis, der auf einem solchen Markt für Waren einer bestimmten Gattung und von durchschnittlicher Art und Güte zu einem bestimmten Zeitpunkt im Durchschnitt gewährt wird[539]. Je nach Art des zu bewertenden Vermögensgegenstandes können der Absatzmarkt oder der Beschaffungsmarkt oder beide Märkte für die Bewertung relevant sein.

Der **Beschaffungsmarkt** ist maßgeblich für die Bewertung der Roh-, Hilfs- und Betriebsstoffe sowie für fertige und unfertige Erzeugnisse soweit für letztere auch ein Fremdbezug möglich wäre[540]. Der **Absatzmarkt** ist maßgeblich für die Bewertung der übrigen fertigen und unfertigen Erzeugnisse, sowie für die Überbestände an Roh-, Hilfs- und Betriebsstoffen und Wertpapieren[541]. Überbestände liegen vor, wenn die Roh-, Hilfs- und Betriebsstoffe für die künftige Produktion nicht in der vorrätigen Menge benötigt werden. Hier muß eine Bewertung unter dem Aspekt der Veräußerung dieser Bestände durchgeführt werden. Eine **doppelte Maßgeblichkeit** sowohl des Beschaffungs- als auch des Absatzmarktes liegt bei den Handelswaren und bei Überbeständen an fertigen und unfertigen Erzeugnissen vor. Überbestände an fertigen und unfertigen Erzeugnissen sind dann gegeben, wenn der Lagerbestand nur bei Einschränkung der künftigen Produktion abgesetzt werden kann[542].

---

[536] Vgl. Glade, A., Rechnungslegung, 1986, § 253 Tz 677-679, vgl. vor allem Heinhold, M., Grundfragen, 1985, S. 97f.; zur Steuerbilanz vgl. Knobbe-Keuk, B., Bilanzsteuerrecht, 1985, S. 182, wo dieselben Schätzungsspielräume bestehen.

[537] Vgl. S. 172, 250f.

[538] Vgl. Rentsch, F., Markt, HWA, 1974, Sp. 1301.

[539] Vgl. ADS § 155 Tz 164, so auch Glade, A., Rechnungslegung, 1986, § 253 Tz 478.

[540] Vgl. ADS § 155 Tz 152, vgl. Glade, A., Rechnungslegung, 1986, § 253 Tz 470 und 473.

[541] Vgl. ADS § 155 Tz 152, vgl. Glade, A., Rechnungslegung, 1986, § 253 Tz 471 und 473.

[542] Vgl. ADS § 155 Tz 157, vgl. WP-Handbuch, 1985/86, Bd. 1, S. 594.

Aus Vorsichtsgründen ist hier der niedrigere Wert (aus Absatz- und Beschaffungsmarkt) anzusetzen, um nicht unrealisierte Gewinne auszuweisen.

Ausgangswert für die Bewertung nach dem Beschaffungsmarkt ist der Marktpreis, d.h. die **Wiederbeschaffungskosten**, zuzüglich etwaiger noch anfallender Anschaffungsnebenkosten (z.B. für Transport, Zölle, Versicherungen u. dgl.) sowie abzüglich etwaiger Preisminderungen (z.B. Rabatte). Maßgeblich für die Bewertung ist nämlich nicht der Marktpreis als solcher, sondern der Wert, „... der sich aus einem Börsen- oder Marktpreis ergibt" (§ 253 Abs. 3 HGB). Der Vergleichswert muß aus dem Marktpreis abgeleitet werden.

Ausgangswert für die Bewertung nach dem **Absatzmarkt** ist der Marktpreis, d.h. **der zu erwartende Verkaufspreis**, von dem die noch anfallenden Aufwendungen (insb. Vertriebskosten) abzuziehen sind[543]. Man spricht hier von „**verlustfreier Bewertung**", verlustfrei deshalb, weil der Wertansatz nicht höher sein soll, als der zu erzielende Verkaufserlös. Da die Entfernung der Roh-, Hilfs- und Betriebsstoffe vom Absatzmarkt noch sehr groß ist, wird im allgemeinen die verlustfreie Bewertung dieser Vorräte nicht gefordert[544]. Sie kommt allenfalls bei Überbeständen in Frage.

Ein besonderes Problem werfen divergierende Marktpreise auf, z.B. Schwankungen auf Spotmärkten. Bei absatzmarktorientierter Bewertung sind die niedrigeren Werte heranzuziehen (mit Ausnahme von marktunüblichen Schleuder- und Dumpingpreisen). Bei beschaffungsmarktorientierter Bewertung werden im allgemeinen durchschnittliche Preise angenommen. Wenn man jedoch davon ausgehen kann, daß der gesamte Bedarf zu den niedrigeren Preisen gedeckt werden kann, ist auch die Verwendung eines niedrigeren Zufallspreises möglich[545].

Bei Vorliegen mehrerer Märkte, auf denen das Gut gehandelt wird, kommt als Vergleichsmarkt vor allem der Markt in Frage, auf dem das Unternehmen seine Einkäufe bzw. Verkäufe hauptsächlich abwickelt.

2.4.2 Der sich aus dem Börsenpreis ergebende Wert

Ein besonderer Markt ist die Börse (z.B. Waren- bzw. Produktbörsen, Effektenbörsen, Devisenbörsen). Börsenpreis i.S. von § 253 Abs. 3 HGB ist der an einer **amtlichen Börse festgestellte Kurs**. Dabei ist Voraussetzung, daß tatsächliche Umsätze stattgefunden haben. Werden für An- und Verkauf verschiedene Kurse notiert, so hängt die Wahl des Kurses davon ab, ob der zu bewertende Gegenstand vom Absatzmarkt oder vom Beschaffungsmarkt her zu bewerten ist. Ist die Börse am Bewertungsstichtag geschlossen (z.B. am 31. Dezember), dann sind die Vortagskurse zu verwenden. Liegen die Kurse am Bilanzstichtag aufgrund von Zufallsschwankungen unter dem allgemeinen Kursniveau (vor und nach dem Bilanzstichtag), dann sind die niedrigeren Kurse dennoch für die Bewertung maßgeblich (Imparitätsprinzip). Zufallskurse, die über dem allgemeinen Kursniveau liegen, sind für die Bewertung jedoch nicht maßgeblich[546].

---

[543] Vgl. ADS § 155 Tz 156, 166, Kritisch hierzu Glade, A., Rechnungslegung, 1986, § 255 Tz 473, der aufgrund des strengen Niederstwertprinzips eine noch weitere Abwertung um einen üblichen Gewinnabschlag fordert.

[544] Vgl. WP-Handbuch 1985/86, Bd. 1, S. 594

[545] Ebenda.

[546] Ebenda.

2.4.3 Der beizulegende Wert

Der beizulegende Wert ist dann als Vergleichswert heranzuziehen, wenn ein Börsen- oder Marktpreis nicht festzustellen ist (§ 253 Abs. 3 HGB). Wie bereits im alten AktG [547], wird dieser Wert auch im neuen HGB nicht näher präzisiert. Das Gesetz stellt nur fest, daß der beizulegende Wert dann angesetzt werden muß bzw. kann, wenn er niedriger ist als die – gegebenenfalls um planmäßige Abschreibung verminderten – Anschaffungs- oder Herstellungskosten. Die Abwertungspflicht auf den beizulegenden Wert besteht uneingeschränkt nur für das Umlaufvermögen, für das Anlagevermögen besteht sie nur, wenn die Wertminderung voraussichtlich von Dauer ist (§ 253 Abs. 2 letzter Satz HGB).

Die Konkretisierung des beizulegenden Wertes bringt gewisse Schwierigkeiten, da er vor allem dann von Bedeutung ist, wenn ein Markt- oder Börsenpreis nicht festzustellen ist. Je nachdem, ob für die Bewertung des Vermögensgegenstandes der Absatz- oder der Beschaffungsmarkt maßgeblich ist, ist bei der Ermittlung des beizulegenden Wertes von Verkaufs- oder von Wiederbeschaffungswerten auszugehen.

Bei der **beschaffungsmarktorientierten Bewertung** (insbes. bei den Roh-, Hilfs- und Betriebsstoffen) ist vom **Wiederbeschaffungs- oder Reproduktionswert** auszugehen, d.h. von den Anschaffungs- bzw. Herstellungskosten eines vergleichbaren Gegenstandes. Diesen sind angemessene Nebenkosten hinzuzurechnen. Falls die gelagerten Stoffe in ihrer Verwendbarkeit eingeschränkt sind, ist es erforderlich, Wertabschläge vorzunehmen (sog. Gängigkeitsabschreibungen). Ist das Material überhaupt nicht mehr für die Produktion brauchbar, so kommt der Schrottwert als Wertmaßstab in Frage (d.h. absatzorientierte Bewertung durch Verkaufswert).

Bei unfertigen und fertigen Erzeugnissen sowie bei Überbeständen von Roh-, Hilfs- und Betriebsstoffen ist die **absatzmarktorientierte Bewertung** maßgeblich. Hierbei ist vom **vorsichtig geschätzten Verkaufserlös** auszugehen, von dem alle noch anfallenden Aufwendungen abgezogen werden müssen. Die Bewertung soll **verlustfrei** sein, der Wertansatz soll so niedrig sein, daß der später zu erwartende Verkaufserlös sowohl den aktivierten Wert als auch die bis Fertigstellung und Vertrieb noch entstehenden Aufwendungen deckt.

Man geht hier von dem folgenden Rechenschema aus[548]:

Vorsichtig geschätzter Verkaufspreis
- Erlösschmälerungen
- Verpackungskosten und Ausgangsfrachten
- sonstige Vertriebskosten
- noch anfallende Verwaltungskosten
- Kapitaldienstkosten
- noch anfallende Herstellungskosten

= Beizulegender Wert am Bilanzstichtag

Die Berechnung des Wertes erfolgt nicht additiv aus den Einzelbestandteilen des Wertes, sondern rückwärtsschreitend, ausgehend vom Verkaufspreis zum

---

[547] § 154 Abs. 2 und § 155 Abs. 2 AktG a.F.
[548] Vgl. z.B. Wöhe, G., Bilanzierung, 1984, S. 470.

Wert des gelagerten Zwischen- oder Endprodukts. Man spricht deshalb auch von
retrograder Bewertung.

In den Fällen, in denen der Beschaffungs- oder Absatzmarkt für die Bewertung
nicht maßgeblich sind, ist der beizulegende Wert anhand anderer Kriterien zu
konkretisieren. Bei der Bewertung von Beteiligungen – sofern diese nicht an der
Börse gehandelt werden – ist der Ertragswert[548a] maßgeblich. Bei der Bewertung
von Forderungen kommt der für wahrscheinlich erachtete Wert der künftigen
Zahlungseingänge in Betracht. Besonders problematisch ist die Bestimmung des
beizulegenden Werts für Gegenstände des Anlagevermögens. Der Einzelveräußerungspreis kann nicht als Wertmaßstab verwendet werden, da er weder mit der
Definition des Anlagevermögens („dauernd dem Geschäftsbetrieb zu dienen", §
247 Abs. 2 HGB), noch mit dem Going-Concern-Grundsatz vereinbar ist. Der
theoretisch richtige Wert wäre hier der Ertragswert. Da dieser jedoch praktisch
nicht berechnet werden kann, wird vom Schrifttum[548b] der Wiederbeschaffungswert als Hilfsgröße für den beizulegenden Wert vorgeschlagen.

Für die Steuerbilanz tritt an die Stelle des Börsen-, Markt- oder beizulegenden
Werts als Vergleichswert der sog. Teilwert[549].

2.5 Die fakultativen Werte

Nach unserer Übersicht von S.182 sind fakultative Werte solche Werte, für die
keine Ansatzpflicht besteht, die aber angesetzt werden dürfen, wenn sie niedriger
als die Basiswerte (Anschaffungs- bzw. Herstellungskosten) oder als die Vergleichswerte (beizulegender Wert, Börsen- oder Marktpreis) sind. Bei genauer
Betrachtung des § 253 Abs. 2 HGB zeigt sich, daß der beizulegende Wert unter
bestimmten Voraussetzungen selbst ein fakultativer Wert ist: Eine Abwertung
auf den beizulegenden Wert darf beim Anlagevermögen unterbleiben, wenn die
Wertminderung nur vorübergehend, d.h. nicht von Dauer ist. Im Zweifel ist allerdings, entsprechend den GoB (Vorsichtsprinzip) von einer dauernden Wertminderung auszugehen[550]. Das Abwertungswahlrecht spielt deshalb praktisch
keine große Rolle – abgesehen von den wenigen Ausnahmefällen, in denen konkrete Anhaltspunkte für eine spätere Wertsteigerung vorliegen.

Als fakultative Werte bleiben deshalb die folgenden drei Werte übrig:

● der nach vernünftiger kaufmännischer Beurteilung zulässige Wert,
● der niedrigere steuerliche Wert,
● der nahe Zukunftswert.

2.5.1 Der nach vernünftiger kaufmännischer Beurteilung zulässige Wert

§ 253 Abs. 4 HGB lautet: „Abschreibungen sind außerdem im Rahmen vernünftiger kaufmännischer Beurteilung zulässig". Diese Regelung legalisiert die Bildung stiller Reserven[551]. Die Zulässigkeit der **Bildung von stillen Reserven,** die

---

[548a] D.h. die Summe der abgezinsten Zukunftserträge, zur Definition vgl. z.B. Bierle, K.,
       Ertragswert, HWStR, 1981 S. 440f.
[548b] Vgl. Baetge, J., Brockmeyer, K., Voraussichtlich dauernde Wertminderung, HuR
       1986, S. 382, vgl. auch S. 227.
[549] Vgl. unten S. 216f.
[550] Vgl. ADS § 154 Tz 83.
[551] Vgl. hierzu: Bericht über die Schmalenbachtagung 1985, DB, 1985, S. 1406.

über das unvermeidliche Maß hinausgehen, das ohnehin durch das Anschaffungswertprinzip und durch das Prinzip des uneingeschränkten Wertzusammenhangs gegeben ist, war in den verschiedenen Entwürfen zum Bilanzrichtliniengesetz ein besonderer Streitpunkt. Im ersten Vorentwurf zum Bilanzrichtliniengesetz aus dem Jahre 1980 war die Bildung stiller Reserven für bestimmte Unternehmen durch einen eigenen Paragraphen des HGB geregelt und für zulässig erklärt worden[552]. Der § 273 dieses HGB-Entwurfes mit der Überschrift „stille Reserven" lautete:

„Unternehmen ... dürfen von den §§ 263, 266 über die Bewertung von Wirtschaftsgütern und von § 272 Abs. 3 über die Bewertung von Rückstellungen abweichen, soweit die Bildung stiller Reserven durch einen niedrigeren Wertansatz auf der Aktivseite der Bilanz oder durch einen höheren Wertansatz auf der Passivseite der Bilanz nach vernünftiger kaufmännischer Beurteilung notwendig ist, um die Lebens- und Widerstandsfähigkeit des Unternehmens für einen hinsichtlich der wirtschaftlichen und finanziellen Notwendigkeiten übersehbaren Zeitraum zu sichern. Unter den gleichen Voraussetzungen dürfen über die §§ 264, 267 hinausgehende Abschreibungen vorgenommen werden".

Die Begründung zu dieser Regelung berief sich auf die Rücksicht, die auf die bisherige Bilanzierungspraxis genommen werden müsse[553]. Obwohl die finanzielle und substanzielle Vorsorge des Unternehmens durch Legung stiller Reserven für den **Aussagewert von Bilanzen** als höchst problematisch gilt[554], was auch der zitierte Gesetzentwurf aus dem Jahre 1980 ausdrücklich hervorhebt, wurde und wird die Bildung stiller Reserven durch das Gesetz für zulässig erklärt.

Die Frage, wo die absoluten Wertuntergrenzen bei den Aktiva und die Wertobergrenzen bei den Rückstellungen konkret liegen, läßt sich aus dem Wortlaut des nunmehr Gesetz gewordenen § 253 Abs. 4 HGB nicht beantworten. Weder Anschaffungs- bzw. Herstellungskosten, noch planmäßige Abschreibungen, noch Börsen-, Markt- oder beizulegender Wert sind als relevant zu erachten, sondern ausschließlich die vernünftige kaufmännische Beurteilung. Nach Ansicht des Gesetzgebers ist hiermit gegen eine **willkürliche Bildung stiller Reserven** ausreichend Vorsorge getroffen[555]. Die geforderte vernünftige kaufmännische Beurteilung kann jedoch keine Wertuntergrenze definieren, da sie vom Zweck der Bewertung abhängt. Soll etwa die Substanzerhaltung in Zeiten steigender Preise vorwiegend über die Legung stiller Reserven erfolgen[556], so entsprechen selbst exzessive Unterbewertungen durchaus einer vernünftigen kaufmännischen Beurteilung – sie werden sogar, wie sich rechnerisch nachweisen läßt – zu einer Notwendigkeit[557].

---

[552] Vgl. Vorentwurf eines Gesetzes zur Durchführung der Vierten Richtlinie des Rates der Europäischen Gemeinschaften zur Koordinierung des Gesellschaftsrechts, vom 5. Februar 1980, BMJ-9522/1-3-1aSH3-.

[553] Vgl. ebenda, Band 2, Begründung, S. 104f., desgleichen die Erläuterungen in Bundestagsdrucksache 10/4268 vom 18.11.1985, S. 101.

[554] Vgl. Heinhold, M., Grundfragen, 1985, S. 84ff.

[555] Vgl. Bundestagsdrucksache 10/4268 vom 18.11.1985, Erläuterungen zu § 253 Abs. 4, S. 100.

[556] Zu dieser Problematik vgl. Heinhold, M., Grundfragen der Bilanzierung, 1985, S. 204ff.

[557] Ebenda, S. 205.

Daß solche Unterbewertungen innerhalb der Bewertungsgrundsätze besondere Priorität haben, betont z.b. Moxter[558]: „... sollte man vielleicht klarstellen, daß die Unterbewertungsklausel dem Einzelbewertungsgrundsatz vorgeht: Unterbewertungen sollten nicht nur erlaubt sein, wenn sie durch in einzelnen Bilanzposten steckende unwägbare Risiken angezeigt erscheinen, sondern auch, wenn sie im Interesse der Unternehmensstabilisierung geboten sind". Der Wortlaut der Unterbewertungsklausel des § 253 Abs. 4 HGB schließt eine solche pauschale Abwertung jedenfalls nicht aus.

Hervorzuheben ist, daß die Bildung solcher stiller Reserven **für Kapitalgesellschaften nicht erlaubt** ist (§ 279 Abs. 1 HGB). Dies würde einen Verstoß gegen den Grundsatz des „True and Fair View" bedeuten, den die 4. EG-Richtlinie für Kapitalgesellschaften ausdrücklich vorsieht. Diese ausschließliche Orientierung an der Rechtsform hat zur Folge, daß auch für die kleinste GmbH die Bildung solcher stiller Reserven verboten ist, während sie für Großunternehmen in den Rechtsformen der Einzelunternehmung, der Personenhandelsgesellschaften oder der Genossenschaft zulässig ist, selbst wenn diese Unternehmen aufgrund des Publizitätsgesetzes ihren Jahresabschluß veröffentlichen müssen[559].

2.5.2 Der niedrigere steuerliche Wert

Aus der Maßgeblichkeit der Handelsbilanz für die Steuerbilanz[560] folgt, daß die im Steuerrecht vorgesehenen Abwertungen (AfA, Sonderabschreibungen, erhöhte Absetzungen, Bewertungsabschläge) nur dann steuerlich wirksam werden können, wenn sie auch in der Handelsbilanz vorgenommen werden. Diese **Umkehrung des Maßgeblichkeitsprinzips** macht eine Bestimmung erforderlich, die den steuerlichen Wert auch handelsrechtlich für zulässig erklärt. § 254 HGB enthält die entsprechende Vorschrift. Abschreibungen können hiernach auch vorgenommen werden, um die Vermögensgegenstände mit dem niedrigeren Wert anzusetzen, der auf einer nur steuerrechtlich zulässigen Abschreibung beruht. Das neue Recht übernimmt hier die Regelungen der alten §§ 154 Abs. 2 Nr. 2 und 155 Abs. 3 Nr. 2 AktG a.F. sinngemäß. Es besteht allerdings ein Unterschied in der Formulierung der neuen Vorschrift. Während früher die Abschreibung auf den steuerlich für zulässig gehaltenen Wert vorgesehen war, spricht das neue Recht nur noch von steuerlich zulässigen Werten. Sachlich dürfte jedoch kein Unterschied bestehen, da die definitive Zulässigkeit, d.h. die steuerliche Anerkennung des Wertansatzes zum Zeitpunkt der Bilanzierung im allgemeinen noch gar nicht feststehen kann. Es müssen jedoch ausreichende Anhaltspunkte für eine steuerliche Anerkennung vorliegen und die ernsthafte Absicht bestehen, diesen Wert auch in der Steuerbilanz anzusetzen[561]. Wird jedoch der niedrigere Wert in der Steuerbilanz nicht angesetzt oder wird nachträglich die steuerliche Anerkennung versagt, dann muß bei Kapitalgesellschaften eine entsprechende Zuschreibung

---

[558] Vgl. Moxter, A., Bilanzrechtsentwurf, BB, 1985, S. 1102.

[559] § 279 Abs. 1 HGB gilt nicht für publizitätspflichtige Unternehmen im Sinne des Publizitätsgesetzes; § 5 Abs. 1 PublG schließt die Anwendung von § 279 Abs. 1 HGB ausdrücklich aus.

[560] Vgl. § 5 Abs. 1 sowie § 6 Abs. 3 EStG, vgl. auch S. 179.

[561] Vgl. WP-Handbuch 1985/86, Bd. 1, S. 596.

erfolgen[562]. In allen anderen Fällen darf der niedrigere steuerliche Wert beibehalten werden, auch wenn die Gründe dafür nicht mehr bestehen (sog. **Beibehaltungswahlrecht** des § 253 Abs. 5 HGB). Soll er nicht beibehalten werden, so kann die Zuschreibung in jedem Jahr nach Wegfall der Gründe erfolgen[563].

Als **Beispiele** für steuerlich zulässige Abschreibungen können angeführt werden:

- § 7b EStG, erhöhte Absetzungen für Einfamilienhäuser, Zweifamilienhäuser und Eigentumswohnungen,
- § 7d EStG, erhöhte Absetzungen für Wirtschaftsgüter, die dem Umweltschutz dienen,
- § 7f EStG, Bewertungsfreiheiten für abnutzbare Wirtschaftsgüter des Anlagevermögens privater Krankenanstalten,
- § 7g EStG, Sonderabschreibung zur Förderung kleiner und mittlerer Betriebe,
- § 80 EStDV, sog. Importwarenabschlag,
- § 81 EStDV, Bewertungsfreiheiten für Wirtschaftsgüter des Anlagenvermögens im Kohlen- und Erzbergbau,
- § 82a EStDV, erhöhte Absetzungen bei Gebäuden,
- § 82d EStDV Bewertungsfreiheit für Wirtschaftsgüter, die der Forschung oder Entwicklung dienen,
- § 82f EStDV, Bewertungsfreiheiten für Schiffe und Luftfahrzeuge,
- § 3 Zonen RFG, Sonderabschreibungen bei Wirtschaftsgütern des Anlagevermögens bei Zonenrandbetrieben,
- § 14 BerlinFG, erhöhte Absetzungen für Wirtschaftsgüter des Anlagevermögens von Betriebsstätten in Berlin,
- § 6b EStG, steuerfreie Übertragung stiller Reserven,
- Abschn. 35 EStR, Rücklagen für Ersatzbeschaffung.

2.5.3 Der nahe Zukunftswert

Speziell bei der Bewertung des Umlaufvermögens sieht § 253 Abs. 3 HGB vor, daß Abschreibungen vorgenommen werden dürfen, soweit diese nach vernünftiger kaufmännischer Beurteilung notwendig sind, um zu verhindern, daß in der nächsten Zukunft der Wertansatz dieser Vermögensgegenstände aufgrund von **Wertschwankungen** geändert werden muß. Das Abwertungswahlrecht gilt für das gesamte Umlaufvermögen, insb. also für Vorräte, Wertpapiere, Forderungen und ist voll aus dem alten Recht[564] übernommen worden.

Diese Ausübung des Abwertungswahlrechts ist an folgende **Voraussetzungen** geknüpft[565]:

1. Es müssen Wertschwankungen zu erwarten sein, die sich auf den Wertansatz der zu bilanzierenden Wirtschaftsgüter auswirken werden. Wertschwankungen in diesem Sinne[565a] sind nicht nur laufende, periodische Preisbewegungen,

---

[562] Wegen § 280 Abs. 2 HGB (umgekehrte Maßgeblichkeit), so z.B. Glade, A., Rechnungslegung, 1986, § 254 Tz 4 sowie § 280 Tz 13. Anders ADS § 155 Tz 211, die auch für diese Fälle ein Beibehaltungswahlrecht sehen.

[563] Vgl. ADS § 155 Tz 214.

[564] § 155 Abs. 3 Nr. 1 AktG a.F.

[565] Vgl. ADS § 155 Tz 194ff., vgl. auch Glade, A., Rechnungslegung, 1986, § 253 Tz 502-512, insbes. 503.

[565a] Vgl. auch Schildbach, T., Wertschwankungen, HuR 1986, S. 428ff.

sondern auch einmalige Preisrückgänge. Durch die Vorschrift des § 253 Abs. 3 HGB wird eine zeitlich begrenzte Aufwandsantizipation für zulässig erklärt. Die Abwertung ist auch dann zulässig, wenn die Vermögensgegenstände veräußert werden sollen, allerdings ist sie dann auf den Veräußerungsverlust zu beschränken.

2. Die Wertschwankungen müssen in der nächsten Zukunft zu erwarten sein. Hierunter ist ein Zeitraum von zwei Jahren zu verstehen.
3. Die Abwertung muß vernünftiger kaufmännischer Beurteilung entsprechen. Ein bestimmtes Ausmaß der Wertschwankung ist nicht erforderlich. Es müssen jedoch objektive, in den tatsächlichen Verhältnissen begründete und sich unmittelbar auf das Bewertungsobjekt beziehende Anhaltspunkte für die sinkende Preisentwicklung vorhanden sein [566].

Steuerrechtlich ist dieser Wert nicht vorgesehen. Es kann allenfalls eine Abschreibung auf den niedrigeren Teilwert[567] in Frage kommen.

2.6 Zusätzliche steuerliche Wertbegriffe

Neben den oben erläuterten Basiswerten, die aufgrund des Maßgeblichkeitsprinzips der Hansdelsbilanz für die Steuerbilanz auch steuerrechtliche Bedeutung haben, kennt das Bilanzsteuerrecht vor allem zwei eigenständige steuerliche Wertbegriffe, den Teilwert und den gemeinen Wert.

2.6.1 Der Teilwert

Teilwert ist nach § 6 Abs. 1 Nr. 1 EStG der Betrag, den ein **Erwerber des ganzen Betriebes** im Rahmen des Gesamtkaufpreises **für das einzelne Wirtshcaftsgut** ansetzen würde; dabei ist davon auszugehen, daß der Erwerber **den Betrieb fortführt**.

Die Konkretisierung dieses Wertes bereitet erhebliche Schwierigkeiten, da er auf **drei fiktiven Grundannahmen** beruht[568].

1. Es ist ein fiktiver Gesamtkaufpreis zu finden.
2. Es ist ein fiktiver Erwerber des ganzen Betriebs zugrunde zu legen.
3. Dabei ist dieser fiktive Gesamtpreis fiktiv auf die einzelnen Wirtschaftsgüter zu verteilen.

Dieser fiktive Wert darf im allgemeinen nicht mit den Einzelverkaufspreisen gleichgesetzt werden, die man beim Verkauf der einzelncn Wirtschaftsgüter erzielen würde, da das Gesetz ausdrücklich die Betriebsfortführung (Going-Concern[569]) fordert. Der Teilwert spiegelt somit den inneren Wert des einzelnen Wirtschaftsgutes für das gesamte Unternehmen wieder, der sich neben dem Substanzwert vor allem auch an der künftigen Ertragskraft des Wirtschaftsgutes orientiert[570].

---

[566] Vgl. WP-Handbuch 1985/86, Bd. 1, S. 595, vgl. auch Glade, A., Rechnungslegung, 1986, § 253 Tz 508.
[567] Vgl. unten S. 217.
[568] Vgl. Knobbe-Keuk, B., Bilanzsteuerrecht, 1985, S. 132.
[569] Vgl. den handelsrechtlichen Grundsatz des „Going Concern" in § 252 Abs. 1 Nr. 2 HGB, vgl. oben S. 160f.
[570] Vgl. das Stichwort „Teilwert" im Lexikon der deutschen und internationalen Besteuerung, 1982, S. 764.

Die Praxis der Rechtsprechung hat sich – um die Teilwertermittlung konkret überhaupt möglich zu machen – von der ertragsorientierten Teilwertlehre weitestgehend gelöst und sog. **Teilwertvermutungen** formuliert, die sich überwiegend am Substanzwert orientieren.

Diese **Teilwertvermutungen** sind[571]:

1. Im Zeitpunkt der Anschaffung oder Herstellung liegt der Teilwert nicht unter den tatsächlichen Anschaffungs- bzw. Herstellungskosten, die gewöhnlich den Wiederbeschaffungskosten entsprechen.
2. Beim abnutzbaren Anlagevermögen entspricht der Teilwert in den Folgejahren den um die steuerlichen Abschreibungen gekürzten Anschaffungs- bzw. Herstellungskosten.
3. Beim nicht abnutzbaren Anlagevermögen entspricht der Teilwert auch in späteren Jahren den Anschaffungs- bzw. Herstellungskosten.
4. Beim Umlaufvermögen liegt der Teilwert nicht unter den Wiederbeschaffungskosten, die in der Regel dem Börsen- oder Marktpreis der Wirtschaftsgüter entsprechen.
5. Die Untergrenze für den Teilwert wird durch den Einzelveräußerungspreis gebildet (Liquidationswert, im Extremfall Schrottwert).
6. Die Obergrenze stellt der Wiederbeschaffungspreis für einen Ggenstand gleicher Art und Güte dar.

Sofern der Steuerpflichtige einen niedrigeren als den durch diese sechs Grundsätze vorgezeichneten Wert ansetzen möchte, muß er die Teilwertvermutungen widerlegen. Dies kann nur durch konkret nachprüfbare Tatsachen erfolgen[572].

Der Teilwert kommt in der Steuerbilanz stets dann zum Ansatz, wenn er bei positiven Wirtschaftsgütern (Vermögensgegenständen) niedriger ist als die Anschaffungs- bzw. Herstellungskosten bzw. niedriger ist als die um die planmäßige Abschreibung gekürzten Anschaffungs- bzw. Herstellungskosten (**niedrigerer Teilwert**). Den Ansatz des niedrigeren Teilwerts (§ 6 Abs. 1 Nr. 1 und 2 EStG) nennt man **Teilwertabschreibung**. Bei negativen Wirtschaftsgütern (Rückstellungen und Schulden) ist er analog als **höherer Teilwert** von Bedeutung (§ 6 Abs. 1 Nr. 3 EStG).

Der Teilwert stellt somit das steuerrechtliche Gegenstück zu all den handelsrechtlichen Werten dar, die dem Niederstwert- und Imparitätsprinzip Rechnung tragen. Durch die allgemeine steuerliche Zulässigkeit des niedrigeren (bzw. höheren) Teilwerts wird die Forderung nach Maßgeblichkeit der Handelsbilanz für die Steuerbilanz erst erfüllbar[573].

2.6.2 Der gemeine Wert

Gemäß § 9 Abs. 2 BewG wird der gemeine Wert durch den Preis bestimmt, der im gewöhnlichen Geschäftsverkehr nach der Beschaffenheit des Wirtschaftsgutes bei einer Veräußerung zu erzielen wäre. Es handelt sich hier um einen reinen **Ein-**

---

[571] Vgl. Biergans, E., Einkommensteuer, 1985, S. 285f.
[572] Knobbe-Keuk führt als Widerlegungsgründe an:
  1. Gesunkene Wiederbeschaffungskosten;
  2. Die Anschaffung/Herstellung hat sich als Fehlmaßnahme erwiesen;
  3. Die Verkaufspreise sind gesunken, sodaß die Selbstkosten nicht mehr gedeckt werden (Abschn. 36 Abs. 1 EStR), vgl. Knobbe-Keuk, B., Bilanzsteuerrecht, 1985, S. 133.
[573] Ebenda, S. 134.

zelveräußerungspreis, der im Gegensatz zu Teilwert nicht an die Bedingung der Unternehmensfortführung geknüpft ist.

Der gemeine Wert findet in der Hauptsache als Bemessungsgrundlage für Substanzsteuern[574] Verwendung.

In der **Steuerbilanz** kommt er nur in wenigen Fällen für die Bewertung von Wirtschftsgütern in Betracht, insbesondere[575]

- bei unentgeltlichem Erwerb von Wirtschaftsgütern[576],
- beim Tausch von Wirtschaftsgütern[577],
- bei Aufgabe des Betriebs und Überführung der Wirtschaftsgüter in das Privatvermögen (§ 16 Abs. 3 EStG),
- bei Auflösung einer Kapitalgesellschaft und Überführung von Wirtschaftsgütern der Gesellschaft an die Gesellschafter.

Ferner spielt der gemeinsame Wert als Hilfsgröße bei der Teilwertermittlung eine Rolle[578].

3. Die Bewertung des Anlagevermögens

3.1 Gemeinsame Bewertungsvorschriften für alle Gegenstände des Anlagevermögens

Zum Anlagevermögen zählen – wie aus der gesetzlichen Gliederungsvorschrift des § 266 HGB ersichtlich ist[579] – die folgenden drei Gruppen von Vermögensgegenständen:

- immaterielle Vermögensgegenstände des Anlagevermögens,
- Sachanlagen sowie
- Finanzanlagen.

Als gemeinsame Bewertungsvorschriften für alle Vermögensgegenstände des Anlagevermögens gelten:

3.1.1 Basiswert

Die Vermögensgegenstände sind höchstens mit den Anschaffungs- bzw. Herstellungskosten anzusetzen (§ 253 Abs. 1 HGB)[580].

3.1.2 Außerplanmäßige Abschreibungen

Bei voraussichtlich dauernden Wertminderungen müssen außerplanmäßige Abschreibungen vorgenommen werden, um die Vermögensgegenstände mit dem Wert anzusetzen, der ihnen am Abschlußstichtag beizulegen ist (§ 253 Abs. 2 HGB). Es gilt **das strenge Niederstwertprinzip**[581].

---

[574] Z.B. GewKapSt, GrSt, ErbSt, VSt.
[575] Vgl. Castan, E., Rechnungslegung, 1984, S. 66.
[576] Vgl. oben S. 73, 183f.
[577] Vgl. oben S. 184, 188f.
[578] Vgl. die obige Teilwertvermutung Nr. 5.
[579] Vgl. oben, S. 60ff.
[580] Steuerlich in § 6 Abs. 1 Nr. 1 und 2 EStG kodifiziert.
[581] Wegen des Maßgeblichkeitsprinzips gilt dies auch für die Steuerbilanz.

Wertminderungen, die nicht von Dauer sind, dürfen, müssen aber nicht durch eine außerplanmäßige Abschreibung berücksichtigt werden (Abwertungswahlrecht). Es gilt das **gemilderte Niederstwertprinzip**[582]. Sondervorschriften bestehen hier für Kapitalgesellschaften, für die das Abwertungswahlrecht wegen vorübergehender Wertminderung nur bei Finanzanlagen gilt (§ 279 Abs. 1 HGB), für Sachanlagen besteht ein Abwertungsverbot.

Ob eine Wertminderung von Dauer oder nur vorübergehend ist, kann bei der Bilanzerstellung häufig nicht abgesehen werden. Im Zweifel wird deshalb aus Gründen der Vorsicht eine Abwertungspflicht in Frage kommen, es sei denn, es liegen konkrete Anhaltungspunkte für die nur vorübergehende Dauer der Wertminderung vor (z.B. Marktpreise sind im Zeitraum zwischen Bilanzstichtag und Bilanzerstellung wieder gestiegen[583]). Bei Kapitalgesellschaften führt eine außerplanmäßige Abschreibung zur Berichts- und Begründungspflicht im Anhang (§ 284 Abs. 2 Nr. 3 HGB).

3.1.3 Stille Reserven durch Unterbewertung

Über die Abwertungsverpflichtung durch das strenge Niederstwertprinzip bei dauernder Wertminderung hinaus dürfen niedrigere Werte angesetzt, d.h. stille Reserven gebildet werden,

a) wenn dies vernünftiger kaufmännischer Beurteilung entspricht[584] (§ 253 Abs. 4 HGB). Lediglich für Kapitalgesellschaften ist dies unzulässig (§ 279 Abs. 1 HGB[585]).

b) Wenn steuerliche Sonderabwertungen von der gleichlautenden Behandlung in der Handelsbilanz abhängen (§ 254 HGB[586]).

3.1.4 Wertaufholung

Steigt der beizulegende Wert über den letzten Bilanzansatz, dann dürfen Wertzuschreibungen vorgenommen werden (§ 253 Abs. 5 HGB, **Zuschreibungswahlrecht bzw. Beibehaltungswahlrecht**). Wertobergrenze ist der den Vermögensgegenständen am Abschlußstichtag beizulegende Wert. Auch eine teilweise Zuschreibung, d.h. der Ansatz eines Zwischenwertes zwischen dem alten niedrigeren und dem neuen höheren beizulegenden Wert ist dann als zulässig anzusehen, wenn dieser sich mit dem Vorsichtsprinzip, der Bildung stiller Reserven gem. § 253 Abs. 4 HGB oder mit dem steuerlich zulässigen Wert (§ 254 HGB) begründen läßt[587]. Die in der Literatur kontrovers diskutierte Frage, ob nur außerplanmäßige oder auch planmäßige Abschreibungen durch Zuschreibungen wieder

---

[582] Dieses Abwertungswahlrecht ist steuerlich in § 6 Abs. 1 EStG ausdrücklich vorgesehen. Für eine gleichlautende Wahlrechtsausübung sorgt das Maßgeblichkeitsprinzip.

[583] ADS § 154 Tz 82f., Dem gegenüber schlagen Baetge/Brockmeyer vor, den Wertverlauf für die nächsten fünf Jahre zu prognostizieren. Eine voraussichtlich dauernde Wertminderung liegt dann vor, wenn sich innerhalb dieser 5-Jahresfrist keine Anhaltspunkte für eine Werterhöhung ergeben. Vgl. Baetge, J., Brockmeyer, K., Voraussichtlich dauernde Wertminderung, HuR 1986, S. 385.

[584] Steuerlich ist diese Abwertung unzulässig, sofern sie nicht im Teilwertgedanken Deckung findet.

[585] Vgl. oben, S. 176.

[586] Vgl. oben, S. 176.

[587] Ähnlich ADS § 154 Tz 89.

rückgängig gemacht werden dürfen, wird im folgenden Abschnitt 3.3 über das abnutzbare Anlagevermögen näher behandelt[588]. Als Sonderregelung sieht § 280 HGB ein **Wertaufholungsgebot für Kapitalgesellschaften**[588a] vor, wonach außerplanmäßige Abschreibungen (nicht planmäßige!) rückgängig gemacht werden müssen, wenn die Gründe für die Abschreibung nicht mehr bestehen. Von der Wertaufholung kann jedoch abgesehen werden, wenn das Steuerrecht eine Beibehaltung des niedrigeren Wertes von einer gleichlautenden Behandlung in der Handelsbilanz abhängig macht (§ 280 Abs. 2 HGB). Unterbleibt die Wertaufholung aus steuerlichen Gründen[588b], dann besteht eine Verpflichtung, die unterlassene Zuschreibung im Anhang anzugeben und zu begründen (§ 280 Abs. 3 HGB).

Da das Bilanzsteuerrecht ein eigenständiges Wertaufolungsgebot nicht kennt, bleibt das Beibehaltungswahlrecht in der Mehrzahl der Fälle auch für Kapitalgesellschaften erhalten. Wenn der Bilanzierende aus steuerlichen Gründen auf die Wertaufholung verzichten möchte, darf er auch in der Handelsbilanz die Zuschreibung unterlassen. Hiervon gibt es eine Ausnahme: Sofern beim abnutzbaren Anlagevermögen das steuerliche Zuschreibungsverbot des § 6 Abs. 1 Nr. 1 Satz 4 EStG gilt, dann muß handelsrechtlich zugeschrieben werden, da die Beibehaltung des niedrigen Wertes nicht mit dem Maßgeblichkeitsprinzip begründet werden kann (§ 280 Abs. 2 HGB).

In der **Steuerbilanz** gelten für die Wertaufholung die folgenden komplizierten Regeln:

- Erfolgt beim **nicht abnutzbaren Anlagevermögen** eine handelsrechtliche Zuschreibung, so muß diese wegen des Maßgeblichkeitsprinzips auch in der Steuerbilanz nachvollzogen werden. Es fallen Ertragsteuern an. Wegen § 280 Abs. 2 HGB darf jedoch in der Handelsbilanz auf die Zuschreibung aus steuerlichen Gründen verzichtet werden.
- Erfolgt die handelsrechtliche Zuschreibung im **abnutzbaren Anlagevermögen** so gilt steuerlich zunächst das grundsätzliche **Wertaufholungsverbot** des § 6 Abs. 1 Nr. 1 Satz 4 EStG, mit der oben erläuterten Konsequenz, daß handelsrechtlich zugeschrieben werden muß, jedoch ohne steuerliche Wirkung. Eine Ausnahme von diesem Zuschreibungsverbot besteht jedoch dann, wenn die handelsrechtliche Zuschreibung aus den in § 6 Abs. 3 letzter Satz EStG angesprochenen Gründen erfolgt (Rückgängigmachen von steuerlichen Sonderabschreibungen, erhöhten Absetzungen, Abschreibungen von geringwertigen Wirtschaftsgütern und Absetzungen nach § 6b Abs. 1 oder Abs. 3 Satz 2 EStG). Wird in der Handelsbilanz eine Zuschreibung aus diesen Gründen durchgeführt, dann muß dem in der Steuerbilanz gefolgt werden. § 6 Abs. 3 letzter Satz EStG erzwingt hier die Befolgung des Maßgeblichkeitsprinzips entgegen dem ausdrücklichen Zuschreibungsverbot des § 6 Abs. 1 Nr. 1 Satz 4 EStG. Dies hat wiederum handelsrechtlich zur Folge, daß die Ausnahmeregelung des § 280 Abs. 2 HGB ein Beibehalten des niedrigen Wertes aus steuerlichen Gründen zuläßt. Die Zuschreibung darf deshalb in Handels- und Steuer-

---

[588] Vgl. unten, S. 243f.

[588a] Vgl. Harms, J. E., Küting, K. H., Weber, C. P., Die Wertaufholungskonzeption, DB 1986, S. 653ff., zur Umgekehrten Maßgeblichkeit vgl. auch Dziadkowski, D., Die steuergesetzliche „Verankerung", BB 1986, S. 329ff.

	Handelsbilanz		Steuerbilanz
	allgemeine Regelungen	besondere Regelungen für Kapitalgesellschaften	
Basiswert und Wertobergrenze	Anschaffungs- bzw. Herstellungskosten (§ 253 Abs. 1 HGB)		wie Handelsbilanz (§ 6 Abs. 1 Nr. 1 u. 2 EStG)
dauernde Wertminderung	Abwertungspflicht (strenges Niederstwertprinzip, § 253 Abs. 2 HGB)		Maßgeblichkeitsprinzip
vorübergehende Wertminderung	Abwertungswahlrecht (gemildertes Niederstwertprinzip, § 253 Abs. 2 HGB)	Abwertungsverbot für immaterielle Anlagen und Sachanlagen; Abwertungswahlrecht für Finanzanlagen (§ 279 Abs. 1 HGB)	Maßgeblichkeitsprinzip
Unterbewertung nach vernünftiger kaufmännischer Beurteilung	zulässig (§ 253 Abs. 4 HGB)	verboten (§ 279 Abs. 1 HGB)	verboten, da nicht mit dem Teilwertbegriff vereinbar
Unterbewertung auf steuerlich zulässigen Wert	zulässig § 254 HGB (i. Vb. mit § 279 Abs. 2 HGB)		zulässig (per definitionem)
Wertsteigerungen	Zuschreibungswahlrecht bzw. Beibehaltungswahlrecht (§ 253 Abs. 5 HGB)	Zuschreibungspflicht (sog. Wertaufholungsgebot, § 280 Abs. 1 HGB) Beibehaltungswahlrecht aus steuerlichen Gründen (§ 280 Abs. 2 HGB)	Grundsätzlich Maßgeblichkeitsprinzip! Beim abnutzbaren Anlagevermögen in bestimmten Fällen Zuschreibungsverbot (§ 6 Abs. 1 Nr. 1 und Abs. 3 EStG)

Abb. 36 Allgemeine Bewertungsvorschriften für das Anlagevermögen

bilanz unterbleiben. Das steuerliche Zuschreibungsverbot wird in diesen Fällen faktisch zum Zuschreibungswahlrecht. Uneingeschränkt gilt das Zuschreibungsverbot in der Steuerbilanz nur noch dann, wenn handelsrechtliche außerplanmäßige Abschreibungen in der Handelsbilanz rückgängig gemacht werden. In der Praxis stellt sich die Frage der Zuschreibung vor allem, wenn die Finanzbehörden steuerlich geltend gemachte Sonderbewertungen (insbes. Sonderabschreibungen und erhöhte Absetzungen und Übertragung stiller Reserven auf Ersatzwirtschaftsgüter) nachträglich nicht anerkennen.

Falls eine Zuschreibung erfolgt, so kann hierfür eine **handelsrechtliche Wertaufholungsrücklage** gebildet werden, in die der voraussichtliche Eigenkapitalanteil der Zuschreibung eingestellt werden darf[589]. Der Anteil der Zuschreibung, der auf künftige Ertragsteuern entfällt, kann nicht als Rücklage ausgewiesen werden. Hier sind zwei Fälle zu unterscheiden:

Fall 1:
Die Zuschreibung ist auch steuerlich möglich. Dann muß sie wegen des Maßgeblichkeitsprinzips in der Steuerbilanz erfolgen. Der Ertragsteueranteil ist in die Steuerrückstellung gewinnmindernd einzustellen.

Fall 2:
Die Zuschreibung ist steuerlich nicht möglich (z.B. wegen des Aufwertungsverbots beim abnutzbaren Anlagevermögen, § 6 Abs. 1 Nr. 1 EStG). Die handelsrechtlichen Abschreibungen werden künftig größer sein als die steuerrechtlichen, was künftig zu einem höheren Steuerbilanzgewinn und somit zu latenten Steuern führt. Hierfür ist eine Rückstellung für latente Steuern zu bilden (§ 274 Abs. 1 HGB[590]).

3.1.5 Gesamtübersicht

Die für das Anlagevermögen allgemein geltenden Bewertungsvorschriften sind in Abbildung 36 übersichtlich zusammengefaßt.

3.2 Die Bewertung des immateriellen Anlagevermögens

Für das selbsterstellte (sog. originäre) immaterielle Anlagevermögen besteht ein generelles Aktivierungsverbot, und zwar in Handels- und Steuerrecht (§ 248 Abs. 2 HGB[591]). Das entgeltlich erworbene (sog. derivate) immaterielle Anlagevermögen hingegen muß bilanziert werden[592].

Eine Sonderregelung gilt für den derivativen Firmenwert. Wenngleich er im Bilanzgliederungsschema des § 266 Abs. 2 HGB zu den immateriellen Vermögensgegenständen gezählt wird, gilt für ihn ein handelsrechtliches Aktivierungswahlrecht (besser wohl eine Aktivierungshilfe, steuerlich besteht Aktivierungspflicht[593]). Auch für ihn sind die Anschaffungskosten als Bewertungsmaßstab

---

[589] Vgl. oben, S. 120, vgl. § 58a AktG.
[590] Vgl. hierzu S. 139ff, zur Problematik der latenten Steuern bei Wertaufholung vgl. insbesondere Ellerich, M., Wertaufholung und latente Steuern, BB, 1985, S. 26-30; vgl. auch Siegel, T., Latente Steuern, BB 1985, S. 500; vgl. auch Streim, H., Das Wertaufholungsgebot, WPg 1984, S. 412-416
[591] Vgl. oben, S. 44, 95.
[592] Vgl. oben, S. 73.
[593] Vgl. oben, S. 72.

maßgeblich. Weiterhin zählen laut Gesetz zu den immateriellen Vermögensgegenständen die Anzahlungen, die in Zusammenhang mit dem Erwerb immaterieller Vermögensgegenstände geleistet wurden[594].

3.2.1 Die Bewertung von Konzessionen, gewerblichen Schutzrechten und ähnlichen Rechten und Werten sowie von Lizenzen an solchen Rechten und Werten

Die Bewertung erfolgt zu den Anschaffungskosten, also zu dem Entgelt, das für den Erwerb geleistet wurde[595]. Bei der Bewertung muß außerdem zwischen abnutzbaren und nichtabnutzbaren immateriellen Anlagevermögensgegenständen unterschieden werden. Die abnutzbaren, d.h. diejenigen, die im Zeitablauf an Wert verlieren (z.B. Patente, Lizenzen, befristete gewerbliche Schutzrechte u. dgl.) müssen planmäßig abgeschrieben werden. Der Plan muß die Anschaffungskosten auf die Jahre verteilen, in denen die immateriellen Vermögensgegenstände voraussichtlich genutzt werden. Hierbei kommen alle Abschreibungsverfahren in Betracht, die für das abnutzbare Sachanlagevermögen zulässig sind[596].

Darüber hinaus gelten für die abnutzbaren ebenso wie für die nicht abnutzbaren immateriellen Vermögensgegenstände die unter 3.1 dargestellten allgemeinen Bewertungsgrundsätze für das Anlagevermögen, insb. auch der Zwang zur außerplanmäßigen Abschreibung bei voraussichtlicher dauernder Wertminderung bzw. das Abwertungswahlrecht bei vorübergehender Wertminderung sowie die dort behandelten weiteren Abwertungsmöglichkeiten und Zuschreibungsregelungen[597].

3.2.2 Die Bewertung des Geschäft- oder Firmenwerts

Die Anschaffungskosten des derivativen Firmenwerts sind in § 255 Abs. 4 HGB genau definiert.

Sie sind der Unterschiedsbetrag, um den die für die Übernahme eines Unternehmens bewirkte Gegenleistung den Wert der einzelnen Vermögensgegenstände des Unternehmens abzüglich der Schulden im Zeitpunkt der Übernahme übersteigt. Die Bewertung der übernommenen Gegenstände erfolgt unabhängig von den bisherigen Buchwerten und von vereinbarten Übernahmepreisen zum Zeitwert (Einzelveräußerungspreis[598]).

Beispiel zur Berechnung der Anschaffungskosten des Geschäfts- oder Firmenwerts:

Summe der einzelnen Zeitwerte der übernommenen Vermögensgegenstände	3,5 Mio
− übernommene Verbindlichkeiten	− 2,5 Mio
= Zeitwert des übernommenen Vermögens, netto	= 1,0 Mio
bezahlter Kaufpreis	2,0 Mio
Firmen- bzw. Geschäftswert (= Differenz)	1,0 Mio

---

[594] Vgl. oben, S. 96.
[595] Zur Definition der Anschaffungskosten vgl. oben, S. 182ff.
[596] Vgl. dort, S. 233ff.
[597] Vgl. hierzu die Abb. 36 auf S. 221.
[598] Vgl. ADS § 153 Tz 136, vgl. auch Glade, A., Rechnungslegung, 1986, § 253 Tz 90ff.

Nach dem neuen Handelsrecht ist die **Abschreibung** des Geschäfts- oder Firmenwertes obligatorisch. § 255 Abs. 4 HGB läßt allerdings die Wahlmöglichkeit,

- entweder den Firmenwert innerhalb der 4 Folgejahre zu mindestens 25 % jährlich abzuschreiben,
- oder die Abschreibung planmäßig auf die Geschäftsjahre zu verteilen, in denen der Geschäfts- oder Firmenwert voraussichtlich genutzt wird. In diesem Falle muß die Abschreibungsdauer im Anhang begründet werden (§ 285 Nr. 13 HGB).

Gegenüber der alten Regelung im § 153 Abs. 5 AktG a.F. und auch gegenüber den verschiedenen Entwürfen des Bilanzrichtliniengesetzes wird die planmäßige Abschreibung des Firmenwerts über die Nutzungsdauer alternativ vorgesehen. Gleichzeitig mit dem Bilanzrichtliniengesetz hat der Deutsche Bundestag eine Änderung des Einkommensteuergesetzes beschlossen, die den Firmenwert nunmehr **auch steuerlich** als **abschreibbar** (§ 6 Abs. 1 Nr. 1 EStG), und zwar mit einer betriebsgewöhnlichen Nutzungsdauer von 15 Jahren (§ 7 Abs. 1 EStG) behandelt. Durch diese Neuregelungen kann der Firmenwert in Handels- und Steuerbilanz – unter Zugrundelegung der 15-jährigen Nutzungsdauer – gleich behandelt werden. Es ist anzumerken, daß die verkürzte handelsrechtliche Abschreibungsdauer von 4 Jahren steuerlich nicht möglich ist. Neben den planmäßigen bzw. der 4-Jahresabschreibung des Firmenwertes kommt bei außerplanmäßigen Wertminderungen auch eine außerplanmäßige Abschreibung bzw. steuerlich eine Teilwertabschreibung in Betracht[599].

3.2.3 Auf immaterielle Vermögensgegenstände gleistete Anzahlungen

Hier treten i.d.R. keine Bewertungsprobleme auf, die geleisteten Anzahlungen sind mit dem hingegebenen Geldbetrag anzusetzen. Probleme können sich allerdings ergeben, wenn damit gerechnet werden muß, daß der Empfänger der Anzahlung die Leistung nicht voll erbringen wird. In diesem Fall erfolgt eine Bewertung wie bei Forderungen[600], insb. gilt dies auch für die Einbeziehung des allgemeinen Kreditrisikos in die Pauschalwertberichtigung[601]. Zweckmäßig erscheint bei völligem Ausfall des zur Leistung Verpflichteten die Umbuchung auf sonstige Vermögensgegenstände (§ 266 Abs. 2 B II 4 HGB) und die entsprechende Einzelwertberichtigung dieser Forderung.

3.3 Die Bewertung des Sachanlagevermögens

Aufgrund teilweise unterschiedlicher Bewertungsvorschriften ist das Sachanlagevermögen zu unterteilen in

- nicht abnutzbares Sachanlagevermögen und
- abnutzbares Sachanlagevermögen,

wobei letzteres noch in unbewegliches und bewegliches abnutzbares Sachanlagevermögen zu untergliedern ist.

---

[599] Das unter 3.1 Gesagte gilt analog, vgl. S. 218f.
[600] Vgl. unten, S. 253f.
[601] Vgl. WP-Handbuch 1985/86, Bd. 1, S. 605.

3.3.1 Das nicht abnutzbare Sachanlagevermögen

Für das nicht abnutzbare Sachanlagevermögen (insb. Grundstücke) bestehen keine besonderen Bewertungsvorschriften. Es gelten die allgemeinen Vorschriften für das Anlagevermögen, sowie sie oben[602] dargestellt wurden. Diese Regeln besagen, (vgl. Abb. 36 auf S. 221):

- Anschaffungs- bzw. Herstellungskosten als Basiswert und Wertobergrenze (§ 253 Abs. 1 HGB),
- strenges Niederstwertprinzip bei voraussichtlich dauernder Wertminderung (§ 253 Abs. 2 HGB),
- gemildertes Niederstwertprinzip bei vorübergehender Wertminderung (§ 253 Abs. 2 HGB, Ausnahme: Abwertungsverbot bei Kapitalgesellschaften, § 279 Abs. 1 HGB),
- Zuschreibungswahlrecht bei Wertsteigerungen bis zu den Anschaffungs- bzw. Herstellungskosten (§ 253 Abs. 5 HGB), Ausnahme: Wertaufholungsgebot bei Kapitalgesellschaften, das zu einem Wertaufholungswahlrecht abgemindert wird, wenn steuerliche Gründe vorliegen (§ 280 HGB).
- Bildung stiller Reserven aus steuerlichen Gründen zulässig (§ 254 HGB),
- Bildung stiller Reserven nach vernünftiger kaufmännischer Beurteilung zulässig (§ 253 Abs. 4 HGB, für Kapitalgesellschaften jedoch unzulässig, § 279 Abs. 1 HGB).

Wie alle Sachanlagen dürfen grundsätzlich auch die nicht abnutzbaren mit einem **Festwert** bewertet werden, wenn die Voraussetzungen des § 240 Abs. 3 HGB erfüllt sind. Diese Voraussetzungen sind[603]

- Gesamtwert von nachrangiger Bedeutung,
- geringe Veränderungen im Bestand (Größe, Wert und Zusammensetzung),
- regelmäßiger Ersatz der Vermögensgegenstände.

Diese Bedingungen sind bei den hier relevanten Vermögensgegenständen (vor allem Grundstücke und grundstücksgleiche Rechte) im allgemeinen nicht erfüllt[604].

3.3.2 Das abnutzbare Sachanlagevermögen

Im Gegensatz zum nicht abnutzbaren Anlagevermögen müssen die Anschaffungs- bzw. Herstellungskosten beim abnutzbaren Anlagevermögen um **planmäßige Abschreibungen** vermindert werden (§ 253 Abs. 2 HGB). Im Abschreibungsplan müssen die Anschaffungs- bzw. Herstellungskosten auf die voraussichtlichen Nutzungsjahre nach einem den GoB entsprechendem Abschreibungsverfahren verteilt werden. Abnutzbar ist jeder Vermögensgegenstand, dessen Nutzung zeitlich begrenzt ist. Eine zeitliche Nutzungsbegrenzung kann sich aus physisch-technischen Gründen (Verschleiß), aus rechtlichen Gründen (Ablauf von Schutzfristen), aus Absatzmarktgründen u.ä. ergeben.

Zusätzlich zur planmäßigen Abschreibung gelten die allgemeinen Vorschriften über die **außerplanmäßige Abschreibung**[605]. Wertzuschreibungen i.S. von § 253

---

[602] Vgl. 3.1, S. 313-317.

[603] Vgl. S. 163f, 248, 257ff.

[604] Vgl. auch die bei ADS § 153 Tz 64 genannten Beispiele.

[605] Bzw. für die Steuerbilanz über die Teilwertabschreibung und die Absetzung für außergewöhnliche technische und wirtschaftliche Abnutzung, AfaA, § 7 Abs. 1 Satz 5 EStG.

Abs. 5 HGB dürfen nur bis zu den um die planmäßigen Abschreibungen gekürzten Anschaffungs- bzw. Herstellungskosten vorgenommen werden (vgl. z.B. § 280 Abs. 1 HGB). Zur Rückgängigmachung planmäßiger Abschreibungen vgl. unten, S. 243f.

Für eine Teilmenge des abnutzbaren Sachanlagevermögens, nämlich für das bewegliche Sachanlagevermögen, bestehen vereinfachende **Gruppenbewertungsmöglichkeiten**. Dies wird unten, im Abschn. 3.5 „Bewertungsvereinfachung beim Anlagevermögen" auf S.248f ausführlich dargestellt.

3.3.3 Die Abschreibung

3.3.3.1 Die außerplanmäßige Abschreibung

Unabhängig davon, ob Vermögensgegenstände abnutzbar sind oder nicht, kann bzw. muß in bestimmten Fällen eine außerplanmäßige Abschreibung vorgenommen werden. Sie muß vorgenommen werden, wenn die Wertminderung, durch die die Abschreibung begründet ist, voraussichtlich von Dauer ist. Sie kann vorgenommen werden, wenn die Wertminderung nur vorübergehend ist (§ 253 Abs. 2 HGB). Bei Kapitalgesellschaften führt eine vorübergehende Wertminderung zum Abwertungsverbot, es sei denn, es handelt sich um Finanzanlagen. Dann gilt ein Abwertungswahlrecht (§ 279 Abs. 1 HGB). Ihrem a.o. Charakter entsprechend, ist die außerplanmäßige Abschreibung bei allen Vermögensgegenständen des Anlagevermögens möglich, gegebenenfalls zusätzlich zur planmäßigen Abschreibung. Das Bilanzsteuerrecht spricht nicht von außerplanmäßiger Abschreibung sondern von Teilwertabschreibung bzw. von Absetzung für außergewöhnliche technische oder wirtschaftliche Abnutzung (§ 7 Abs. 1 Satz 5 EStG)[606].

Gründe für eine außerplanmäßige Abschreibung können sein[607]:

- außergewöhnliche technische Wertminderung z.B. Brand, Explosion, Wasserschaden, aber auch Überbelastung z.B. durch Mehrschichtbetrieb;
- außergewöhnliche wirtschaftliche Wertminderung, z.B. Einschränkung der Verwendbarkeit durch technischen Fortschritt, durch Nachfrageverschiebungen oder durch Verlust von Marktanteilen;
- Sinken der Wiederbeschaffungspreise bzw. der Einzelveräußerungspreise des Anlagegutes.

Um die **Höhe der außenplanmäßigen Abschreibung** bestimmen zu können, müssen zwei Werte verglichen werden:

1. der höhere Vergleichswert,
2. der niedrigere Wert auf den abzuschreiben ist.

---

[606] Die Absetzung für außergewöhnliche technische oder wirtschaftliche Abnutzung (AfaA) erfaßt den technisch (z.B. Verschleiß) oder wirtschaftlich (z.B. Verminderung oder Fortfall der Verwendungsmöglichkeit der Anlagegutes) bedingten Wertverzehr. Die Teilwertabschreibung (vgl. oben, S. 217) berücksichtigt marktbedingte Wertverluste, insbesondere gesunkene Wiederbeschaffungspreise, vgl. Knobbe-Keuk, B., Bilanzsteuerrecht, 1985, S. 155ff.

[607] Vgl. Wöhe, G., Bilanzierung, 1984, S. 454.

Zu 1: Der **höhere Vergleichswert** ist einfach zu bestimmen. Es handelt sich um den Bilanzansatz, der am Ende des Jahres anzusetzen gewesen wäre, wenn keine außerplanmäßige Abschreibung stattgefunden hätte.

Anschaffungs- bzw. Herstellungskosten
− außerplanmäßige Abschreibungen früherer Jahre
− bisherige planmäßige Abschreibungen
  (incl. Jahr der außerplanmäßigen Abschreibung)
= höherer Vergleichswert

Die außerplanmäßige Abschreibung ist zusätzlich zu und nicht anstelle der planmäßigen Abschreibung vorzunehmen. Dies hat zur Folge, daß Wertzuschreibungen wegen Wegfall der außerplanmäßigen Abschreibungsgründe (§ 253 Abs. 5 HGB) nach oben durch die Anschaffungs- bzw. Herstellungskosten abzüglich der planmäßigen Abschreibung beschränkt sind.

Zu 2: Der **niedrigere Wert, auf den außerplanmäßig abgeschrieben wird**, ist im Gesetz als beizulegender Wert definiert („der ihnen am Abschlußstichtag beizulegen ist", § 253 Abs. 2 HGB). Als beizulegender Wert kommen folgende Hilfswerte in Betracht[608]:

- Der **Wiederbeschaffungswert**. Da gesunkene Wiederbeschaffungskosten die Wettbewerbsfähigkeit (geringere planmäßige Abschreibungen!) beeinflussen können, ist es aus Vorsichtsgründen sinnvoll, auf diesen Wert abzuschreiben, auch wenn das Unternehmen eine Wiederbeschaffung nicht plant und mit den alten Anlagen weiterarbeitet[609]. Grundsätzlich wird der Wiederbeschaffungszeitwert am Bilanzstichtag maßgeblich sein. Läßt sich dieser nicht feststellen, kommt der Wiederbeschaffungsneuwert in Betracht, der noch um die fiktive, bisher angefallene planmäßige Abschreibung zu kürzen ist.
- Der **Einzelveräußerungspreis** kommt nur in Ausnahmefällen als Hilfswert in Frage, etwa wenn es sich um stillgelegte Anlagen handelt, oder um Anlagen, die noch vor Ablauf ihrer dem Abschreibungsplan zugrundegelegten Nutzungsdauer verkauft werden sollen. Vermögensgegenstände, die dem Unternehmen noch länger zu dienen bestimmt sind, können nicht mit dem Einzelveräußerungspreis bewertet werden.
- Der **Ertragswert** kommt als beizulegender Wert für die Vermögensgegenstände in Frage, die als solche nicht wieder zu beschaffen sind[610], z.B. Patente, Lizenzen, Beteiligungen. Seiner konkreten Bestimmung stehen allerdings erhebliche praktische Schwierigkeiten entgegen.
- Als Hilfswert kann außerdem der **steuerliche Teilwert** herangezogen werden (§ 6 Abs. 1 Nr. 1 EStG). Rechtssprechung und Schrifttum zum Teilwert sind sehr umfangreich und können zur Konkretisierung des handelsrechtlichen beizulegenden Wertes beitragen[611].

3.3.3.2 Geringwertige Wirtschaftsgüter

Der Begriff der geringwertigen Wirtschaftsgüter stammt ursprünglich aus dem Einkommensteuerrecht (§ 6 Abs. 2 EStG). Geringwertige Wirtschaftsgüter sind

---

[608] Vgl. ADS § 154, Tz 73, vgl. auch Ballwieser, W., Abschreibung, HuR, 1986, S. 37f.
[609] Anderer Ansicht ist z.B. Albach, H., Zur Bewertung, WPg, 1963, S. 630.
[610] Vgl. ADS § 154 Tz 77f.
[611] Zum Teilwert vgl. Knobbe-Keuk, B., Bilanzsteuerrecht, 1985, S. 131ff., vgl. auch oben, S. 216f.

Wirtschaftsgüter (handelsrechtlich: Vermögensgegenstände), die aufgrund ihres geringen Wertes sofort im Jahr der Anschaffung oder Herstellung als Aufwand verrechnet werden können.

§ 6 Abs. 2 EStG lautet wörtlich: „Die Anschaffungs- oder Herstellungskosten … von abnutzbaren beweglichen Wirtschaftsgütern des Anlagevermögens, die einer selbständigen Nutzung fähig sind, können im Wirtschaftsjahr der Anschaffung, Herstellung … in voller Höhe als Betriebsausgaben abgesetzt werden, wenn die Anschaffungs- oder Herstellungskosten, vermindert um einen darin enthaltenen Vorsteuerbetrag … für das einzelne Wirtschaftsgut 800 DM nicht übersteigen".

Voraussetzungen für die steuerliche Sofortabschreibung sind:

- Beweglichkeit und Abnutzbarkeit der Anlagegüter,
- selbständige Nutzungsfähigkeit. Sie liegt nicht vor, wenn das Wirtschaftsgut Teil eines einheitlichen Ganzen (z.B. Produktionsanlage, Maschine) ist, bzw. wenn einzelne Wirtschaftsgüter so aufeinander abgestimmt sind, daß sie nur zusammen genutzt werden können. Nicht als geringwertige Wirtschaftsgüter anerkannt wurden vom Bundesfinanzhof z.B.[612] Schalungs- und Gerüstteile in der Bauwirtschaft, Kanaldielen, Leuchtstoffröhren, die in Lichtbändern verbunden sind, Werkzeuge, wie Bohrer, Fräser, Drehstähle, Stanzwerkzeuge, die für ihre betriebliche Verwendung mit entsprechenden Werkzeugmaschinen verbunden werden müssen. Als geringwertige Wirtschaftsgüter anerkannt wurden hingegen z.B. Flachpaletten zur Lagerung von Waren, Straßenleuchten, Schriftenminima, Spinnkannen einer Spinnerei, Möbel, Textilien, Wäsche und Geschirr eines Hotels, Grundausstattung einer Kfz-Werkstatt mit Spezialwerkzeugen, Einrichtungsgegenstände eines Ladens oder eines Büros u. dgl.

Im HGB werden geringwertige Wirtschaftsgüter nicht eigens erwähnt, so daß für die handelsrechtliche Behandlung die allgemeinen Abschreibungsvorschriften maßgeblich sind. Unzweifelhaft ist, daß geringwertige Wirtschaftsgüter in der **Handelsbilanz** unter denselben Voraussetzungen wie in der **Steuerbilanz** sofort abgeschrieben werden können[613]. Es stellt sich jedoch die Frage, ob es sich bei den geringwertigen um eine spezifisch steuerliche Abschreibung i.S. von § 254 HGB handelt, oder um eine eigenständige, unabhängig vom Steuerrecht bestehende handelsrechtliche Bewertungsvorschrift.

a) Behandlung als ausschließlich steuerliche Sonderabschreibung

Sieht man die Sonderabschreibung von geringwertigen Wirtschaftsgütern ausschließlich als steuerliche Bewertungsvorschrift, die auf die Handelsbilanz nur über die umgekehrte Maßgeblichkeit wirkt, wie dies z.B. Wöhe sieht[614], dann kann die Wertberichtigung auch indirekt i.S. des § 281 Abs. 1 HGB vorgenommen werden. Die Gegenbuchung würde nicht auf dem Bestandskonto, sondern im **Sonderposten mit Rücklagenanteil** erfolgen[615]. In der Handelsbilanz würde in diesem Falle der sich unter Berücksichtigung planmäßiger Abschreibungen erge-

---

[612] Vgl. Abschn. 40 Abs. 2 EStR.
[613] Vgl. Harms, J. E., Küting, K., Die Notwendigkeit, DB, 1984, S. 1997ff., vgl. auch ADS § 152 Tz 17 sowie WP-Handbuch 1985/86, Bd. 1, S. 513.
[614] Vgl. Wöhe, G., Bilanzierung, 1984, S. 673.
[615] Vgl. oben, S. 129ff.

bende Restbuchwert angesetzt. Die planmäßige Abschreibung ginge in die Abschreibungsspalte des Anlagenspiegels ein. Zur Illustration soll die indirekte Sofortabschreibung eines geringwertigen Wirtschaftsgutes über den Sonderposten mit Rücklagenanteil anhand eines Beispiels demonstriert werden.

Beispiel:	**Geringwertiges Wirtschaftsgut, Anschaffungskosten 800 DM,**			
	handelsrechtliche Nutzungsdauer 4 Jahre			
Bei Behandlung als spezifisch steuerliche Sonderabschreibung und indirekter Buchung ergibt sich folgendes Bild:				
Jahr	1	2	3	4
handelsrechtliche Abschreibung (z.B. linear)	200	200	200	200
handelsrechtlicher Restbuchwert	600	400	200	0
steuerliche Abschreibung	800	–	–	–
steuerlicher Restbuchwert	0	0	0	0
Bildung (+) bzw. Auflösung (−) des Sonderpostens mit Rücklagenanteil = Differenz zwischen handels- und steuerrechtlicher Abschreibung	+600	−200	−200	−200
Sonderposten mit Rücklagenanteil am Jahresende	+600	+400	+200	0

Abb. 37 Indirekte Sonderschreibung eines geringwertigen Wirtschaftsgutes über Sonderposten mit Rücklagenanteil

Allerdings handelt es sich bei der indirekten Sonderabschreibung des § 281 Abs. 1 HGB nur um ein Methodenwahlrecht, so daß die handelsrechtliche Sonderabschreibung auch im Bestandskonto direkt erfolgen kann.

b) Behandlung als eigenständige handelsrechtliche Abwertungsvorschrift

Überwiegend wird die Sofortabschreibung nicht als spezifisch steuerliche Regelung gesehen, sondern als eine der Vereinfachung dienende Sondervorschrift[616]. Die Sofortabschreibung ist i.S. der Grundsätze ordnungsmäßiger Buchführung (insb. Grundsatz der Wirtschaftlichkeit[617]) als handelsrechtliche Sonderabschreibung i.S. des § 253 HGB anzusehen[618]. Leitet man die Sonderabschreibung nicht aus dem umgekehrten Maßgeblichkeitsprinzip her, dann verbietet sich die indirekte Abschreibung über den Sonderposten mit Rücklagenanteil, da diese nur für steuerliche Sonderabschreibungen zulässig ist (§ 281 Abs. 1 HGB i.V.m. § 254 HGB).

Die geringwertigen Wirtschaftsgüter schlagen sich im **Anlagenspiegel**[619] des § 268 Abs. 2 HGB mehrfach nieder:

---

[616] Vgl. Schmidt, E., Geringwertige Wirtschaftsgüter, DB 1979, S. 1249.
[617] Vgl. oben, S. 46.
[618] So z.B. Hoffmann, W. D., Praxisorientierte Einführung, BB, 1983, Beilage zu Heft 5, S. 4.
[619] Vgl. oben, S. 53ff.

1. Als **Zugang:** Da es sich um aktivierungspflichtige Vermögensgegenstände handelt, muß der Zugang in Höhe der vollen Anschaffungs- bzw. Herstellungskosten aus der Bilanz ersichtlich sein. Eine Ausnahme gilt nur für Anlagegegenstände mit Anschaffungs- bzw. Herstellungskosten bis 100 DM, diese können aufgrund steuerlicher Bestimmungen sofort im Aufwand verbucht werden[620].

2. Die Sofortabschreibung kann im Anlagenspiegel in der **Abschreibungsspalte** erfolgen, sie kann aber auch als **Abgang** behandelt werden[621]. Da die steuerlichen Vorschriften eine Vollabschreibung („in voller Höhe" § 6 Abs. 2 EStG) vorsehen, hat auch in der Handelsbilanz der Ansatz eines Erinnerungswertes zu unterbleiben.

3. Die geringwertigen Wirtschaftsgüter gehen mit ihren vollen Anschaffungsbzw. Herstellungskosten in die **Spalte „Anschaffungs- bzw. Herstellungskosten"** ein, in der die ursprünglichen Anschaffungs- bzw. Herstellungskosten aller Anlagengüter des Unternehmens erfaßt sind.

3.3.3.3 Die planmäßige Abschreibung

a) Aufgabe und Arten

Die Abschreibungen haben die Aufgabe, die Anschaffungs- bzw. Herstellungskosten eines Anlagegutes entsprechend dem Wertverzehr auf die Jahre der Nutzung als Aufwand zu verteilen. Der Wertverzehr kann verschiedene **Ursachen** haben[622]:

- Verbrauchsbedingter, technischer Wertverzehr, z.B. Abnutzung durch Gebrauch, natürlicher Verschleiß (Witterung, Temperatureinflüsse, Rostschäden) sowie Substanzverringerung (etwa im Bergbau, bei Steinbrüchen).
- Wirtschaftlich bedingter Wertverzehr, z.B. Wertminderung infolge technischen Fortschritts, durch Nachfrageverschiebungen, durch sinkende Preise.
- Zeitlich bedingter Wertverzehr, z.B. Ablauf von Miet- und Pachtrechten, von Schutzrechten (Patente, Gebrauchsmuster, Markenschutzrechte) und von Konzessionen.

Je nachdem welchem **Zweck** die Abschreibung dient, unterscheidet man begrifflich zwischen

- planmäßiger Abschreibung (in der Handelsbilanz),
- Absetzung für Abnutzung (AfA, in der Steuerbilanz),
- Kalkulatorische Abschreibung (in der Kostenrechnung).

Während der handelsrechtlichen und steuerrechtlichen Bilanzierung der **pagatorische Kostenbegriff** zugrunde liegt, verwendet die Kosten- und Leistungsrechnung den wertmäßigen Kostenbegriff[623]. Entsprechend unterscheiden sich die bilanziellen Abschreibungen von den kalkulatorischen Abschreibungen. Die bilanzielle Abschreibung verteilt nur die auf tatsächlichen Ausgaben basierenden historischen Anschaffungs- bzw. Herstellungskosten auf die Nutzungsdauer. Dagegen berechnet sich die kalkulatorische Abschreibung von den künftigen Wiederbeschaffungskosten.

---

[620] Vgl. Abschn. 31 Abs. 3 EStR, die gleichlautende Behandlung in der Handelsbilanz wird durch das Maßgeblichkeitsprinzip erzwungen.

[621] Vgl. hierzu Harms, J. E., Küting, K., Die Notwendigkeit, BB, 1984, S. 2003f.

[622] Vgl. Wöhe, Allgemeine Betriebswirtschaftslehre, 1984, S. 972ff.

[623] Vgl. oben, S. 196ff.

b) Bestimmungsgründe der Abschreibungshöhe

Die Höhe der jährlichen bilanziellen Abschreibung wird von **vier Faktoren** beeinflußt:

1. Von den **Anschaffungs- bzw. Herstellungskosten**. Diese berechnen sich nach den Vorschriften des § 255 HGB[624]. Sie müssen entsprechend dem Wertverzehr auf den Zeitraum der Nutzung möglichst verursachungsgerecht verteilt werden.
2. Vom angewandten **Abschreibungsverfahren**[625].
3. Vom **Restverkaufserlös (Liquidationserlös)**. Kann ein abnutzbares Anlagegut nach Ablauf der geplanten betrieblichen Nutzung veräußert werden, dann erstreckt sich der Wertverzehr nur auf die Differenz zwischen den Anschaffungs- bzw. Herstellungskosten und dem erzielbaren Restverkaufserlös (eventuell Schrottpreis). Dieser ist eine Nettogröße, vom Verkaufspreis müssen die Verkaufs-, Stillegungs- und Demontagekosten abgezogen werden. Je höher der Restverkaufserlös ist, desto geringer sind die jährlichen Abschreibungsbeträge. Die Berücksichtigung des Restverkaufserlöses bringt das Problem der **Prognose** dieser Größe mit sich. Lassen sich keine konkreten Anhaltspunkte für die Höhe des Resterlöses finden, so entspricht es den Grundsätzen ordnungsmäßiger Buchführung (**Vorsichtsprinzip!**), die vollen Anschaffungs- bzw. Herstellungskosten auf die Nutzungsdauer zu verteilen und den Resterlös nicht bei der Abschreibungsbemessung zu berücksichtigen. Sollte sich später ein Verkaufserlös erzielen lassen, dann müssen die überhöht gebuchten Abschreibungen durch die Buchung eines sonst. betr. Ertrags[626] rückgängig gemacht werden. **Die Praxis berücksichtigt i.d.R. keine Restverkaufserlöse** bei der Bemessung der Abschreibungshöhe. Lediglich wenn die vorzeitige Veräußerung von vornherein geplant war und sich die Höhe des Resterlöses ausreichend sicher angeben läßt, werden Liquidationserlöse einbezogen. Das HGB enthält hierzu keine Bestimmungen, man geht allgemein von einem handelsrechtlichen Wahlrecht aus[627]. Die zu beobachtende Praxis, Resterlöse zu vernachlässigen, läßt sich auch mit der umgekehrten Maßgeblichkeit erklären. Bei der Bemessung der **steuerlichen Abschreibung** dürfen nämlich Resterlöse nicht berücksichtigt werden (§ 7 Abs. 1 EStG sieht eine Verteilung der gesamten Anschaffungs- oder Herstellungskosten auf die Nutzungsdauer vor). In Ausnahmefällen eines besonders hohen Schrottwertes hat allerdings auch der BFH die Berücksichtigung des Schrottwertes zugelassen[628].
4. Von der **Nutzungsdauer**.
   Nachdem Restverkaufserlöse im allgemeinen vernachlässigt werden, bleibt als Hauptproblem bei der Bestimmung der jährlichen Abschreibung die richtige Bemessung der Nutzungsdauer. Die **wirtschaftliche Nutzungsdauer** unterscheidet sich meist von der maximalen **technischen Nutzungsdauer**. Technischer Fortschritt, aber auch steigende Ausgaben für Wartung, Instandhaltung und Reparaturen gebieten häufig eine Desinvestition lange vor Ablauf der

---

[624] Vgl. oben, S. 182ff und 191ff.
[625] Vgl. unten, S. 233ff.
[626] Vgl. Nr. 4 der Gewinn- und Verlustrechnung nach dem Gesamtkostenverfahren bzw. Nr. 6 beim Umsatzkostenverfahren, vgl. unten, S. 308.
[627] Vgl. Wöhe, G., Bilanzierung 1984, S. 435.
[628] Nr für Seeschiffe, vgl. Abschn. 43 Abs. 4 EStR.

rein verschleißbedingten, technischen Nutzungsfähigkeit. In der Investitions-
theorie werden optimale Nutzungsdauern und optimale Ersatzzeitpunkte als
jene Nutzungsdauern berechnet, bei deren Überschreitung die Grenzkapital-
werte oder Grenzendwerte negativ werden[629]. Da in der Praxis kaum solch
theoretisch exakten Investitionsrechnungen durchgeführt werden, legen die
Unternehmen der Abschreibungsbemessung mehr oder weniger grobe Nut-
zungsdauerschätzungen zugrunde. Je kürzer die Nutzungsdauer geschätzt
wird, desto schneller werden die Anschaffungs- oder Herstellungskosten als
Aufwand verrechnet.

Die Wahl einer zu langen Nutzungsdauer widerspricht dem Grundsatz der
Vorsicht. Da bei einer möglicherweise kürzeren tatsächlichen Nutzung nicht
alle Anschaffungs- oder Herstellungskosten als Aufwand erfaßt werden können, werden Gewinne ausgewiesen, die nicht den tatsächlichen Aufwand berücksichtigen (Realisationsprinzip!). Am Ende der tatsächlichen Nutzung
muß dann eine Sonderabschreibung erfolgen. Es entspricht deshalb dem
Grundsatz der Vorsicht, **im Zweifel eher eine kürzere Nutzungsdauer** anzunehmen. Je größer die Unsicherheit über die künftige Entwicklung ist, desto
stärker ist diesem Grundsatz Rechnung zu tragen und desto kürzer ist die Nutzungsdauer anzusetzen. Einen Anhaltspunkt für die Länge der Nutzungsdauer können die **steuerlichen AfA-Tabellen** geben. Der Bundesminister der Finanzen hat unter Beteiligung der Fachverbände der Wirtschaft für die Bemessung der steuerbilanziellen Abschreibung (sog. AfA, d.h. Absetzung für Abnutzung) amtliche AfA-Tabellen[630] herausgegeben, die für allgemein ver-
wendbare Anlagegüter in den verschiedenen Branchen betriebsgewöhnliche
Nutzungsdauern vorgeben, von denen steuerlich nur in konkreten und besonders zu begründenden Einzelfällen abgewichen werden darf[631]. Eine Verpflichtung zur Übernahme dieser steuerlichen betriebsgewöhnlichen Nutzungsdauern bei der Bestimmung der handelsrechtlichen Nutzungsdauer besteht jedoch grundsätzlich nicht[632].

c) Beginn der planmäßigen Abschreibung

In engem Zusammenhang mit dem Problem der Nutzungsdauer steht das Problem des Beginns der planmäßigen Abschreibung. Nach herrschender Lehre beginnt die Abschreibung nicht erst mit der Inbetriebnahme (Nutzung) eines Anlagegutes, sondern bereits **mit dem Zeitpunkt der Lieferung bzw. Fertigstellung,** da
auch ohne technische Nutzung i.d.R. ein zeitbedingter Wertverzehr stattfindet[633].

Erfolgt die Lieferung bzw. Fertigstellung nicht exakt zum Bilanzstichtag, kann
die **Abschreibung des ersten Jahres** auf zwei Arten berechnet werden:

---

[629] Vgl. z.B. Wagner, F. W., Dirrigl, H., Die Steuerplanung, 1980, S. 42ff.

[630] Z.B. o.V., Die amtlichen AfA-Tabellen, Hrsg. Wachmann & Co GmbH, Fachverlag
für Steuer- und Wirtschaftsliteratur, Mönchengladbach, Loseblattausgabe.

[631] Vgl. Schmidt, L., Einkommensteuergesetz, 1984, § 7 Tz 5b.

[632] Das Prinzip der umgekehrten Maßgeblichkeit greift hier nicht, da steuerlich kein Ermessensspielraum besteht. Der steuerliche Ansatz ist vorgeschrieben, unabhängig davon wie in der Handelsbilanz bilanziert wird.

[633] Vgl. Wöhe, G., Bilanzierung, 1984, S. 435.

- Bei der exakten, **zeitanteiligen** Berechnung wird der Anteil der Jahresabschreibung angesetzt, der dem Restzeitraum von der Lieferung bis zum Jahresende entspricht.
- Häufiger ist in der Praxis eine vereinfachende **Halbjahreszurechnung**. Bei Anlagegütern, die in der ersten Jahreshälfte angeschafft oder hergestellt wurden, wird die volle Jahresabschreibung geltend gemacht. Liegt der Abschreibungsbeginn in der zweiten Jahreshälfte, so wird der halbe Betrag einer Jahresabschreibung berücksichtigt. Dieselbe Vereinfachungsregelung sieht das Bilanzsteuerrecht in § 43 Abs. 9 EStR vor, die allerdings nur für bewegliche Anlagegüter gilt.

d) Gesetzliche Vorschriften

Die Betriebswirtschaftslehre kennt zwei grundsätzlich verschiedene Kategorien der planmäßigen Abschreibung. Es sind dies:

- Die zeitbedingte Abschreibung. Hierzu zählen die lineare Abschreibung, die degressive Abschreibung sowie die progressive Abschreibung.
- Die leistungsbedingte Abschreibung.

Das HGB gibt keine Hinweise, welche der Abschreibungsverfahren im einzelnen angewandt werden sollen. Im § 253 Abs. 2 HGB wird lediglich gefordert, daß der Abschreibungsplan die Anschaffungs- oder Herstellungskosten auf die Geschäftsjahre verteilen muß, in denen der Vermögensgegenstand voraussichtlich genutzt wird. Weitergehende Verfahrensvorschriften bestehen nicht. Im konkreten Fall ist folglich immer zu prüfen, ob das gewählte Abschreibungsverfahren mit den allgemeinen Bewertungsgrundsätzen des § 252 HGB und mit den GoB in Einklang steht.

Das Steuerrecht sieht als allgemein anwendbares Verfahren die lineare Abschreibung vor (sog. Absetzung für Abnutzung – AfA – in gleichen Jahresbeträgen, § 7 Abs. 1 EStG). Für bewegliches Anlagevermögen läßt es auch die degressive Abschreibung (sog. AFA in fallenden Jahresbeträgen, § 7 Abs. 2 EStG) und die Leistungsabschreibung (sog. Afa nach Maßgabe der Leistung, § 7 Abs. 1 Satz 4 EStG) zu.

e) Die lineare Abschreibung

Dies ist das rechentechnisch einfachste Abschreibungsverfahren. Die Anschaffungs- oder Herstellungskosten werden gleichmäßig auf die Jahre der voraussichtlichen Nutzung verteilt.

Seien AHK = die Anschaffungs- oder Herstellungskosten,

T = die Nutzungsdauer

a = der jährliche Abschreibungsprozentsatz von den AHK,

so berechnet sich die jährliche Abschreibung (Abschreibungsquote) A

$$\text{entweder zu } A = \frac{AHK}{T}$$

$$\text{oder zu } A = \frac{a}{100} \cdot AHK, \text{ wobei}$$

$$a = \frac{100}{T} \text{ ist.}$$

Soll ein Restverkaufserlös R berücksichtigt werden[634], so vermindert sich der Abschreibungsbetrag A wie folgt:

$$A = \frac{AHK - R}{T} \, .$$

Der Abschreibungsprozentsatz a verändert sich nicht, er wird auf die um den Veräußerungserlös reduzierten Anschaffungs- oder Herstellungskosten angewandt,

$$A = a \cdot (AHK - R).$$

Wird das Anlagegut in der zweiten Jahreshälfte angeschafft, so ändert sich an den obigen Rechenvorschriften nichts, die Abschreibungsbeträge werden lediglich um ein halbes Jahr zeitlich verschoben als Aufwand gebucht (vgl. Abb. 38).

Beispiel:	Anschaffungs/Herstellungskosten		1.000	
	Nutzungsdauer		5 Jahre	
	Kein Restverkaufserlös			
	$A = \dfrac{1.000}{5} = 200$			

Jahr	Abschreibungsverlauf bei Anschaffung im 1. Halbjahr		Abschreibungsverlauf bei Anschaffung im 2. Halbjahr	
	Abschreibungsbetrag	Restbuchwert	Abschreibungsbetrag	Restbuchwert
1	200	800	100	900
2	200	600	200	700
3	200	400	200	500
4	200	200	200	300
5	200	0	200	100
6	0	0	100	0

Abb. 38   Lineare Abschreibung ohne Restverkaufserlös

Ist ein Restverkaufserlös von z.B. 200 zu berücksichtigen, so ergibt sich der in Abbildung 39 dargestellte Abschreibungsverlauf:

Beispiel:	Wie Abbildung 37, jedoch Restverkaufserlös von 200			
	$A = 20\% \cdot (1.000 - 200) = 160$			

Jahr	Abschreibungsverlauf bei Anschaffung im 1. Halbjahr		Abschreibungsverlauf bei Anschaffung im 2. Halbjahr	
	Abschreibungsbetrag	Restbuchwert	Abschreibungsbetrag	Restbuchwert
1	160	840	80	920
2	160	680	160	760
3	160	520	160	600
4	160	360	160	440
5	160	200 = Verkaufserlös	160	280
6	0	0	80	200 = Verkaufserlös

Abb. 39   Lineare Abschreibung bei Restverkaufserlös

---

[634] Vgl. oben, S. 231.

Die lineare Abschreibung ist ein praktisch sehr gebräuchliches Verfahren, entspricht allerdings in vielen Fällen nicht dem tatsächlichen Wertverzehr, insb. nicht dem Risiko der wirtschaftlichen Überholung (starker Wertverfall in den ersten Nutzungsjahren). Der lineare Wertverlauf läßt sich jedoch z.T. rechtfertigen durch erhöhte Instandhaltungs- und Reparaturaufwendungen in späteren Jahren. Bei ausreichend vorsichtiger, d.h. kurzer Schätzung der Nutzungsdauer entspricht das Verfahren den GoB[635].

f) Die degressive Abschreibung

Es handelt sich hier um eine Abschreibung mit fallenden jährlichen Abschreibungsbeträgen. Man unterscheidet v.a. zwei Varianten:

Die geometrisch degressive Abschreibung (Buchwertabschreibung): Ein konstanter Abschreibungsprozentsatz a wird auf den jeweiligen Restbuchwert angewandt. Auf diese Weise ergeben sich fallende Abschreibungsbeträge je Jahr. Da sich nach dieser Rechenvorschrift niemals ein Restbuchwert von 0 ergeben kann, ist es erforderlich, im letzten Jahr der Nutzung den übriggebliebenen Restbuchwert ohne Rücksicht auf den Abschreibungsprozentsatz voll abzuschreiben.

Die geometrisch degressive Abschreibung berechnet sich nach folgenden Formeln:

$$A_t = a \cdot RBW_{t-1}$$

wobei A_t = Abschreibungsbetrag des Jahres t,

        RBW_{t-1} = Restbuchwert am Ende von $t-1$,

        a   = Abschreibungssatz

Will man den jährlichen Abschreibungsbetrag und den jeweiligen Restbuchwert als Funktion der Anschaffungs- oder Herstellungskosten darstellen, so ergibt sich:

$$A_t = AHK \cdot (1-a)^{t-1} \cdot a$$

$$RBW_t = AHK \cdot (1-a)^t$$

wobei AHK = Anschaffungs- oder Herstellungskosten

Dies läßt sich in der folgenden Tabelle (Abb. 40) unschwer nachvollziehen.

Jahr	Restbuchwert vom Ende des Vorjahres	Abschreibung des Jahres	Restbuchwert am Ende des Jahres
0	–	–	AHK
1	AHK	$AHK \cdot a$	$AHK(1-a)^1$
2	$AHK(1-a)^1$	$AHK(1-a)^1 \cdot a$	$AHK(1-a)^1 -$ $- AHK(1-a)a =$ $= AHK(1-a)^2$
3	$AHK(1-a)^2$	$AHK(1-a)^2 \cdot a$	$AHK(1-a)^2 -$ $- AHK(1-a)^2 \cdot a =$ $= AHK(1-a)^3$
⋮			
t	$AHK(1-a)^{t-1}$	$AHK(1-a)^{t-1} \cdot a$	$AHK(1-a)^t$

Abb. 40   Die Entwicklung von Restbuchwerten und Abschreibungsbeträgen bei der geometrisch-degressiven Abschreibung

---

[635] Vgl. ADS § 154 Tz 36.

Will man nach Ende der Nutzungsdauer t noch einen bestimmten Restbuchwert übrig behalten (z.B. in Höhe des **Veräußerungserlöses**), dann muß man die Höhe des Abschreibungssatzes a entsprechend wählen.

Hierzu ist die obige Formel für den Restbuchwert nach a aufzulösen.

$$a = (1 - \sqrt[t]{\frac{RBW}{AHK}}).$$

Beispiel:	Anschaffungs-/Herstellungskosten:	1.000
	Nutzungsdauer:	5 Jahre
	Fall 1: vorgegebener Abschreibungssatz:	a = 30%
	Fall 2: vorgegebener Abschreibungssatz:	a = 50%
	Fall 3: vorgegebener Restbuchwert:	RBW = 100

hieraus ergibt sich $a = 1 - \sqrt[5]{\frac{100}{1.000}} = 36,9\%$

Jahr	Fall 1: a = 30%		Fall 2: a = 50%		Fall 3: RBW = 100	
	Abschreibungsbetrag	Restbuchwert	Abschreibungsbetrag	Restbuchwert	Abschreibungsbetrag	Restbuchwert
1	300	700	500	500	369	631
2	210	490	250	250	232,8	398,2
3	147	343	125	125	146,9	251,3
4	102,9	240,1	62,5	62,5	92,7	158,6
5	72,0	168,1	31,25	31,25	58,6	100

Abb. 41 Abschreibungsverläufe bei der geometrisch degressiven Abschreibung

Je geringer der Restbuchwert sein soll, desto größer ist der Abschreibungssatz a zu wählen. Ein Restbuchwert von 0 läßt sich theoretisch, wie man aus der Formel leicht erkennen kann, nur bei Sofortabschreibung (a = 1, d.h. 100%) erreichen.

Der wesentliche Nachteil der geometrisch degressiven Abschreibung ist, daß sich ein Restbuchwert von 0 für eine vorgegebene Nutzungsdauer planmäßig nicht ergeben kann (vom praktisch irrelevanten Ausnahmefall der einjährigen Nutzungsdauer abgesehen). Will man erreichen, daß der Restbuchwert des letzten Jahres möglichst klein wird, so ergeben sich unrealistisch hohe Abschreibungsprozentsätze wie Abildung 42 verdeutlicht.

Beispiel: AHK	= 1.000
Nutzungsdauer	= 5 Jahre
geforderter Restbuchwert	erforderlicher Abschreibungssatz
100	36,9%
50	45,1%
20	54,3%
10	60,2%
5	65,3%
1	74,9%

Abb. 42 Der Abschreibungssatz in Abhängigkeit vom geforderten Restbuchwert

Die arithmetisch degressive Abschreibung

Der Nachteil des geometrisch degressiven Verfahrens, nämlich daß Restbuchwerte von 0 überhaupt nicht und Erinnerungswerte von 1,– DM nur mit sehr hohen Abschreibungssätzen erreichbar sind, wird durch das arithmetisch-degressive Abschreibungsverfahren vermieden. Im Gegensatz zur geometrisch-degressiven Abschreibung, bei der der Quotient jeweils zweier aufeinanderfolgender
Jahresabschreibungen konstant ist, ist hier die Differenz jeweils zweier aufeinanderfolgender Jahresabschreibungen konstant. Man nennt diese Differenz den
Degressionsbetrag.

Man erhält den Degressionsbetrag d, indem man die Anschaffungs- oder Herstellungskosten durch die Summe der Jahreszahlen dividiert:

$$d = \frac{AHK}{\sum\limits_{i=1}^{T} i} = \frac{AHK}{\frac{T \cdot (T+1)}{2}}$$

T   = Nutzungsdauer
AHK = Anschaffungs- bzw. Herstellungskosten

Der jährliche Abschreibungsbetrag A_t des Jahres t berechnet sich zu

$$A_t = (T - t + 1) \cdot d.$$

Im ersten Jahr wird in Höhe von T mal Degressionsbetrag abgeschrieben, im
zweiten Jahr in Höhe von T – 1 mal Degressionsbetrag usw., im letzten Jahr wird
in Höhe von T – T + 1 = 1 mal Degressionsbetrag abgeschrieben. Den Abschreibungsverlauf verdeutlicht Abbildung 43.

Beispiel: AHK		= 1.000
Nutzungsdauer T		= 5 Jahre
Degressionsbetrag d		= 66,67
Jahr	Abschreibung	Restbuchwert
1	5 × d = 333,33	666,67
2	4 × d = 266,67	400,00
3	3 × d = 200,00	200,00
4	2 × d = 133,33	66,67
5	1 × d = 66,67	0

Abb. 43   Abschreibungsverlauf bei arithmetisch-degressiver Abschreibung

Es gibt noch **weitere planmäßige degressive Abschreibungsverfahren**, die jeweils unterschiedliche, innerhalb konstanter Zeitintervalle (z.B. 3 Jahre) gleiche,
aber von Zeitintervall zu Zeitintervall sinkende Abschreibungssätze verwenden[636]. Solch ein Verfahren ist z.B. für die steuerliche Gebäudeabschreibung relevant (§ 7 Abs. 5 EStG).

Grundsätzlich entspricht der Abschreibungsverlauf bei der degressiven Abschreibung dem tatsächlichen Wertverzehr einer Anlage besser als bei linearer
Abschreibung. Darüber hinaus schlägt eine falsch geschätzte Nutzungsdauer
nicht so stark zu Buch, wie dies bei der linearen Abschreibung der Fall ist, da der

---

[636] Ein Beispiel bringt Castan, E., Rechnungslegung, 1984, S. 106.

Hauptteil der Abschreibungen in den ersten Jahren liegt und die Abschreibungsbeträge in den späteren Jahren ohnehin nur sehr klein sind. Aus diesen Gründen kann man die degressive Abschreibung als die vorsichtigere Bewertungsmethode bezeichnen – i.S. der GoB. In den meisten Fällen sollte man sie deshalb der linearen Abschreibung vorziehen[637].

In der **Steuerbilanz** ist die degressive AfA[638] nur in Form der **Buchwertabschreibung** (geometrisch degressive AfA) zulässig[639].

Es müssen jedoch die folgenden **Voraussetzungen** erfüllt sein (§ 7 Abs. 2 EStG):

- Der Abschreibungsprozentsatz darf nicht größer als 30% sein.
- Der Abschreibungsprozentsatz darf außerdem nicht größer als der dreifache AfA-Satz bei linearer Abschreibung sein.
- Das abgeschriebene Wirtschaftsgut muß zum beweglichen Anlagevermögen gehören.

Darüber hinaus verbietet das Gesetz in § 7 Abs. 2 Satz 4 EStG bei Anwendung der degressiven AfA Absetzung für außergewöhnliche technische und wirtschaftliche Abnutzung, nicht jedoch eine Teilwertabschreibung[640].

g) Die progressive Abschreibung

Sie stellt rechentechnisch die Umkehrung der degressiven Abschreibung dar. Die besprochenen Verfahrensvarianten sind analog anwendbar. Praktisch kommt ihr jedoch kaum Bedeutung zu, da sie in den meisten Fällen sowohl dem tatsächlichen Entwertungsverlauf als auch dem Grundsatz der Vorsicht widerspricht. In Einzelfällen kann die Berücksichtigung jährlich steigender Abschreibungsbeträge gerechtfertigt sein. Im Schrifttum werden als Beispiele Anlagen genannt, die erst langsam in ihre Nutzung hineinwachsen (z.B. Talsperren im Zeitraum des Auffüllens[641], oder Obstplantagen[642]). In der Steuerbilanz ist die progressive Abschreibung verboten.

h) Die Leistungsabschreibung

Bei diesem Verfahren wird nicht die voraussichtliche Nutzungsdauer des Vermögensgegenstandes geschätzt, sondern die Gesamtleistung, die er während der Nutzungszeit erbringen kann (**Nutzungspotential, Leistungsvorrat**). Das Verfahren kommt deshalb für Maschinen und Fahrzeuge in Betracht, deren Leistungsabgabe im Zeitablauf Schwankungen unterliegt, z.B. bei saisonaler Beanspruchung oder bei stark auftragsabhängiger Beanspruchung. Bei der zu schätzenden Gesamtleistung kann es sich um gefahrene Kilometer (z.B. bei Lkw, Pkw), um Betriebsstunden (z.B. bei Baumaschinen) oder um hergestellte Stückzahlen

---

[637] So auch ADS § 154 Tz 40.
[638] Abgesehen von der Gebäudeabschreibung des § 7 Abs. 5 EStG und von speziellen Sonderabschreibungsregelungen, die einen sprunghaft degressiven Abschreibungsverlauf aufweisen, so z.B. § 3 ZonenRFG oder § 14BerlinFG.
[639] Früher (bis zum Steuerbereinigungsgesetz 1985 vom 14.12.1984, BGBl. I S. 1493) war auch die arithmetisch-degressive AfA steuerlich zulässig, vgl. § 7 Abs. 2 Satz 3 EStG in der damals gültigen Fassung, sowie den aufgehobenen § 11a EStDV.
[640] Vgl. oben S. 226, insbes. Fußnote 606.
[641] Vgl. ADS § 154 Tz 41.
[642] Vgl. Coenenberg, A., Jahresabschluß, 1982, S. 109.

(z.B. bei Produktionsautomaten) handeln. Das Verfahren ist auch steuerlich zulässig – allerdings nur für bewegliches Anlagevermögen (§ 7 Abs. 1 EStG).

Die Abschreibung A_t eines Jahres t berechnet sich durch Multiplikation des Abschreibungsbetrags a je Leistungseinheit mit der tatsächlich erbrachten Jahresleistung L_t des Jahres t.

$$a = \frac{AHK - R}{\text{geschätzte Gesamtleistung}}$$

$$A_t = a \cdot L_t$$

wobei AHK die Anschaffungs- bzw. Herstellungskosten und R den Restverkaufserlös symbolisieren.

Beispiel:	Anschaffungs-/Herstellungskosten:	500.000,– DM	
	geschätzte Gesamtleistung:	1.000 Mengeneinheiten	
	Nutzungsdauer:	5 Jahre	
	Abschreibungsbetrag je Mengeneinheit:	$a = \dfrac{500.000}{1.000} = 500 \left[\dfrac{DM}{ME}\right]$	

Jahr	Leistungsabgabe	Abschreibungsbetrag	Restwert
1	400 ME	500 × 400 = 200 000	300 000
2	100 ME	500 × 100 = 50 000	250 000
3	300 ME	500 × 300 = 150 000	100 000
4	50 ME	500 × 50 = 25 000	75 000
5	150 ME	500 × 150 = 75 000	0
	1 000 ME	500 000	

Abb. 44 Leistungsabschreibung

Das Verfahren weist einen gravierenden **Nachteil** auf: stillstandsbedingte Wertminderungen werden völlig vernachlässigt (z.B. Witterungsschäden an Baumaschinen während der Winterpause). Das gleiche gilt für wirtschaftlich bedingte Wertminderungen (z.B. technischer Fortschritt, Nachfrageverschiebungen). Die Praxis vermeidet diesen Mangel durch **Kombination der Leistungsabschreibung mit einem Verfahren der zeitbedingten Abschreibung**. Im allgemeinen werden Leistungsabschreibung und lineare Abschreibung derart kombiniert, daß

• der Abschreibungsbetrag nach linearer Abschreibung als Mindestabschreibung festgelegt wird.
• Sofern die leistungsbedingte Abschreibung eines Jahres höher ist, wird diese angesetzt (vgl. Abb. 45).

Gegen diese Verfahrenskombination bestehen im handelsrechtlichen Schrifttum keine Bedenken[643].

3.3.3.4 Sonderprobleme der Abschreibung

a) Wechsel des Abschreibungsverfahrens

Handelsrechtlich ist ein Wechsel des Abschreibungsverfahrens grundsätzlich zulässig, wenn das neue Verfahren mit den GoB vereinbar ist. Anders als im Steuerrecht bestehen in der Handelsbilanz **keine generellen Verbote des Wechsel** zwi-

---

[643] Vgl. ADS § 154 Tz 44.

Jahr	tatsächliche Leistungs- abgabe ME	Leistungs- ab- schreibung DM	zeitanteilige Ab- schreibung* DM	realisierte Ab- schreibung DM	Restbuch- wert DM
1	400	200 000	100 000	200 000	300 000
2	100	50 000	75 000	75 000	225 000
3	300	150 000	75 000	150 000	75 000
4	50	25 000	37 500	37 500	37 500
5	150	75 000	37 500	37 500**	0

Beispiel: Daten wie aus Abb. 44

* linear; gleichmäßige Verteilung des Restbuchwertes auf die Restnutzdauer z.B.

$$\text{Jahr 2:} \quad \frac{300\,000}{4} = 75\,000$$

$$\text{Jahr 3:} \quad \frac{225\,000}{3} = 75\,000$$

$$\text{Jahr 4:} \quad \frac{75\,000}{2} = 37\,500$$

** Da nicht über die Anschaffungskosten abgeschrieben werden darf, verbleibt für das letzte Jahr nur noch der lineare Abschreibungsbetrag.

Abb. 45 Leistungsabschreibung, kombiniert mit linearer Mindestabschreibung

schen bestimmten Verfahren[644]. Einschränkungen ergeben sich jedoch hinsichtlich der Ursache und der Häufigkeit des Methodenwechsels, denn solch ein Wechsel führt stets zu einer Durchbrechung des Grundsatzes der materiellen Bilanzkontinuität[645]. Da diese Kontinuität der Bewertungsmethoden eine Sollvorschrift ist, kann davon abgesehen werden, allerdings nur in begründeten Ausnahmefällen (§ 252 Abs. 1 Nr. 6 und Abs. 2 HGB). Insbesondere müssen Kapitalgesellschaften den Wechsel der Abschreibungsmethode im Anhang angeben, begründen und den dadurch bedingten Einfluß auf die Vermögens-, Ertrags- und Finanzlage des Unternehmens gesondert darstellen (§ 284 Abs. 2 Nr. 3 HGB).

Solch ein notwendiger und begründeter Wechsel liegt stets vor, wenn das neue Verfahren dem Wertverlauf des Anlagegutes besser entspricht[646].

Gründe für den Methodenwechsel in der Handelsbilanz sind z.B.:

- Die Abschreibungen nach dem bisherigen Plan belasten die ersten Jahre der Nutzung mit zu geringen Abschreibungsbeträgen. Es kommt ein Wechsel zur degressiven Abschreibung in Betracht.
- Die tatsächliche Nutzung unterliegt entgegen der Planung starken zeitlichen Schwankungen. Es kommt ein Wechsel zur Leistungsabschreibung, gegebenenfalls kombiniert mit linearer Mindestabschreibung in Betracht.
- Die Restbuchwerte bei degressiver Abschreibung sind gegenüber dem tatsächlichen Wertverlauf überhöht. Es kommt ein Wechsel zur linearen Abschreibung in Betracht.

---

[644] Steuerlich ist nur der Wechsel von der degressiven zur linearen AfA gestattet, § 7 Abs. 2 EStG.

[645] Vgl. S. 174, vgl. § 252 Abs. 1 Nr. 6 HGB.

[646] Vgl. ADS § 154 Tz 60, vgl. auch Glade, A., Rechnungslegung, 1986, § 253 Tz 247 und 360ff.

b) Korrektur der Nutzungsdauer

Hier sind zwei Fälle zu unterscheiden:

Fall 1: Die Nutzungsdauer wurde zu lang geschätzt

Stellt sich heraus, daß die Nutzungsdauer zu lang geschätzt war, so muß eine Korrektur vorgenommen werden. Andernfalls wären die verrechneten Abschreibungsbeträge im Vergleich mit dem tatsächlichen Wertverlauf zu niedrig. Das Vorsichtsprinzip würde mißachtet. Aufgrund der zu geringen Abschreibungen würden Gewinne ausgewiesen, die tatsächlich noch nicht entstanden sind. Im allgemeinen erfolgt die Korrektur so, daß der Restbuchwert auf die neue Restnutzungsdauer verteilt wird[647]. Ein Beispiel gibt Abbildung 46.

Beispiel:	Anschaffungskosten			1 000,–	
	ursprünglich geplante Nutzungsdauer			10 Jahre	
	im Jahr 4 stellt sich heraus, daß der Gegenstand nur noch 3 weitere Jahre genutzt werden kann.				

Jahr	ursprünglicher Abschreibungsplan		korrigierter Abschreibungsplan	
	Abschreibungs-betrag	Restbuchwert	Abschreibungs-betrag	Restbuchwert
1	100	900		
2	100	800		
3	100	700		
4	100	600		
5	100	500	200	400
6	100	400	200	200
7	100	300	200	0
8	100	200	–	–
9	100	100	–	–
10	100	0	–	–

Abb. 46 Abschreibungsplan bei Änderung der Nutzungsdauer

Eine rückwirkende Korrektur der Nutzungsdauer und somit der bisherigen Abschreibungsbeträge ist nicht möglich[648]. Ist allerdings der beizulegende Wert zum Zeitpunkt der Nutzungsdauerkorrektur bereits niedriger, als der sich nach dem ursprünglichen Abschreibungsplan ergebende Restbuchwert, dann ist zunächst eine außerplanmäßige Abschreibung auf den neuen beizulegenden Wert erforderlich, anschließend ist dieser Wert auf die neue Nutzungsdauer planmäßig zu verteilen.

Fall 2: Die Nutzungsdauer wurde zu kurz geschätzt

Da eine zu kurze Nutzungsdauer dem Grundsatz der Vorsicht nicht widerspricht, ist eine **Korrektur nur in Ausnahmefällen** erforderlich.

---

[647] Handelsrechtlich vgl. WP-Handbuch 1985/86, Bd. 1, S. 557; steuerrechtlich vgl. Biergans, E., Einkommensteuer, 1985, S. 302.

[648] Vgl. ADS § 154 Tz 54.

Solche Ausnahmefälle können sein:

● **Bei Kapitalgesellschaften:**
Die betragsgemäßige Auswirkung ist so groß, daß das Unterlassen der Korrektur der Generalnorm des § 264 Abs. 2 HGB widerspräche und deshalb die Darstellung der Vermögens-, Ertrags- und Finanzlage selbst unter Beachtung des Vorsichtsgrundsatzes nicht mehr den tatsächlichen Verhältnissen gerecht würde. Der hier auftretende Konflikt zwischen Generalnorm und Vorsichtsprinzip (§ 252 Abs. 1 Nr. 4 HGB) kann Kapitalgesellschaften im Einzelfall durchaus zu einer Änderung des Abschreibungsplanes zwingen, insbesondere auch deshalb, weil § 279 Abs. 1 HGB für diese Rechtsformen die Bildung stiller Reserven durch überhöhte Abschreibungen strikt untersagt. Die Korrektur der Nutzungsdauer und die Änderung des Abschreibungsplanes muß im Anhang angegeben, begründet und in ihrem Einfluß auf die Vermögens-, Ertrags- und Finanzlage dargestellt werden (§ 284 HGB). Hiervon betroffen sind jedoch ausschließlich Kapitalgesellschaften.

● **Bei anderen Rechtsformen** (Personengesellschaften, Einzelunternehmen, Genossenschaften) besteht hier grundsätzlich kein Zwang zur Korrektur des Abschreibungsplans. (§ 253 Abs. 4 HGB läßt für diese Rechtsformen ausdrücklich zu, daß Abschreibungen im Rahmen vernünftiger kaufmännischer Beurteilung zulässig sind). Das Beibehalten entspricht dem Vorsichtsprinzip und ist deshalb kaufmännisch vernünftig. Lediglich wenn die ursprüngliche Nutzungsdauer willkürlich, d.h. ohne sachlichen Grund zu niedrig angesetzt wurde, besteht auch hier ein Zwang zur Änderung der Nutzungsdauer und des Abschreibungsplans[649].

c) Kombination von planmäßiger und außerplanmäßiger Abschreibung

§ 253 Abs. 2 HGB schreibt ausdrücklich vor, daß stets dann, wenn der beizulegende Wert dauerhaft unter den Restbuchwert sinkt, eine außerplanmäßige Abschreibung vorgenommen werden muß – unabhängig davon, ob der Gegenstand im übrigen planmäßig abgeschrieben wird oder nicht. Der Maßgeblichkeitsgrundsatz erzwingt dieselbe Vorgehensweise in der Steuerbilanz[650]. Im Jahr des außerplanmäßigen Wertverzehrs hat die außerplanmäßige Abschreibung zusätzlich zur planmäßigen Abschreibung zu erfolgen, um den Restbuchwert laut bisherigem Abschreibungsplan auf den neuen beizulegenden Wert abzuschreiben.

Für die folgenden Jahre berechnet sich die planmäßige Abschreibung durch Aufteilung des neuen Restbuchwerts auf die verbleibende Restnutzungsdauer (vgl. Abb. 47).

Die außerplanmäßige Abschreibung ist bei Kapitalgesellschaften gemäß § 284 Abs. 2 Nr. 3 HGB im Anhang anzugeben, zu begründen und in ihrer Auswirkung auf die Vermögens-, Finanz- und Ertragslage darzustellen.

d) Rückgängigmachen von Abschreibungen

Wie bereits oben bei den allgemeinen Bewertungsvorschriften für das Anlagevermögen[651] angeführt wurde, können außerplanmäßige Abschreibungen stets dann rückgängig gemacht werden, wenn der Grund für die Sonderabwertung fortgefallen ist (§ 253 Abs. 5 HGB). Kapitalgesellschaften sind zur Zuschreibung gezwun-

---

[649] Zur Willkürfreiheit vgl. S. 44.
[650] Es erfolgt in der Regel eine Teilwertabschreibung.
[651] Vgl. oben, S. 218ff.

Beispiel:	Anschaffungskosten:	500 000,-
	Nutzungsdauer:	5 Jahre
	lineare Abschreibung	
	Im Jahr 2 wird eine außerplanmäßige Abschreibung erforderlich, da der beizulegende Wert auf 150 000,- gesunken ist.	

Jahr	planmäßige Abschreibung	außerplanmäßige Abschreibung	Restbuchwert
1	100 000	–	400 000
2	100 000	150 000	150 000*
3	50 000	–	100 000
4	50 000	–	50 000
5	50 000	–	0

$$\text{* künftige planmäßige Abschreibung:} \quad \frac{150\,000\,\text{DM}}{3\,\text{Jahre}} = 50\,000 \, \frac{\text{DM}}{\text{Jahr}}$$

Abb. 47 Kombination von planmäßiger und außerplanmäßiger Abschreibung

gen, wenn sie nicht aus steuerlichen Gründen den alten niedrigeren Wert wegen des Maßgeblichkeitsprinzips beibehalten müssen (§ 280 HGB).

Die **Obergrenze für die Zuschreibung** ist

- beim nichtabnutzbaren Anlagevermögen die ursprünglichen Anschaffungs- oder Herstellungskosten,
- beim abnutzbaren Anlagevermögen, die um planmäßige Abschreibungen verminderten Anschaffungs- oder Herstellungskosten[652].

Probleme ergeben sich bei der Frage, ob auch planmäßige Abschreibungen rückgängig gemacht werden können. Das Beibehaltungswahlrecht des § 253 Abs. 5 HGB gilt nur für niedrigere Wertansätze, die durch eine außerplanmäßige Abschreibung zustande gekommen sind. Es sagt deshalb nichts über die Zulässigkeit der **Rückgängigmachung planmäßiger Abschreibungen** aus.

Planmäßige Abschreibungen könnten grundsätzlich auf zwei Arten rückgängig gemacht werden·

1. Entweder pro rata temporis durch Korrektur der Abschreibungen in den Folgejahren, sei es durch geringere Abschreibungsbeträge oder durch Aussetzung der planmäßigen Abschreibung;
2. Oder durch Wertzuschreibungen an einem Bilanzstichtag.

Das **Aussetzen von planmäßiger Abschreibung,** d.h. der Verzicht auf Abschreibung in einzelnen Jahren **ist verboten.** § 253 Abs. 2 HGB schreibt ausdrücklich vor, daß die Anschaffungs- oder Herstellungskosten auf die Nutzungsjahre verteilt werden müssen. Abschreibungsfreie Jahre ließen sich allenfalls bei temporär stillgelegten Maschinen im Sinne der Leistungsabschreibung rechtfertigen, wobei i.d.R. auch hier ein zeitbedingter Wertverzehr zu berücksichtigen sein wird[653].

---

[652] Vgl. oben, S. 219ff.
[653] Vgl. oben, S. 239.

Die **sukzessive Anpassung** der Restbuchwerte an höhere Zeitwerte durch geringere Abschreibungsbeträge in Folgejahren dagegen ist **zulässig**, z.B. durch Übergang auf ein anderes Abschreibungsverfahren[654], insb. dann, wenn der ursprünglichen Abschreibung eine zu kurze Nutzungsdauer zugrunde gelegt worden war[655].

Die Frage, ob planmäßige Abschreibungen direkt durch **Zuschreibungen** rückgängig gemacht werden dürfen, wird im Schrifttum nicht einheitlich beurteilt. Teilweise wird dem Grundsatz der Richtigkeit des Bilanzansatzes der Vorrang gegeben und eine Zuschreibung uneingeschränkt bejaht[656]. Die Argumente hierfür sind: die Zulässigkeit der Zuschreibung wird durch die Generalnorm des § 264 Abs. 2 HGB gestützt, wonach der Jahresabschluß ein den tatsächlichen Verhältnissen entsprechendes Bild der Vermögens-, Ertrags- und Finanzlage zu geben hat. Darüber hinaus muß bei Kapitalgesellschaften eine solche Zuschreibung, wie jede Abweichung von den Bewertungsmethoden, im Anhang angegeben, begründet und in ihrem Einfluß auf die Vermögens-, Finanz- und Ertragslage dargestellt werden (§ 284 Abs. 2 Nr. 3 HGB). Dem wird von anderen Fachvertretern entgegengehalten[657], daß überhöhte planmäßige Abschreibungen nur im Rahmen einer Änderung des Abschreibungsplanes durch künftige Abschreibungen, nicht jedoch durch Korrektur der bereits verrechneten Abschreibung für die Vergangenheit berichtigt werden könnten. Grundsätzlich für zulässig wird die Zuschreibung aber für den Fall erachtet, daß der Steuerbilanzansatz aufgrund einer steuerlichen Betriebsprüfung nachträglich erhöht wurde[658]. Wegen der erzwungenen steuerlichen Werterhöhung kommt das Prinzip der umgekehrten Maßgeblichkeit zwar nicht als Begründung für die handelsrechtliche Zuschreibung in Frage. Aus Gründen der Arbeitsvereinfachung erscheint es dennoch zweckmäßig, den handelsrechtlichen Wertansatz anzugleichen. Zudem kann hierdurch das Problem der Bilanzierung aktiver latenter Steuern umgangen werden[659]. Die Voraussetzungen des § 274 Abs. 2 HGB für die Aktivierung latenter Steuern sind nämlich in diesem Fall gegeben: Das steuerliche Ergebnis ist im Zuschreibungsjahr im Vergleich zum handelsbilanziellen Ergebnis zu hoch und gleicht sich wegen der unterschiedlichen künftigen Abschreibungen in späteren Jahren wieder aus.

In der **Steuerbilanz** können planmäßige Abschreibungen nicht durch Zuschreibungen rückgängig gemacht werden (Zuschreibungsverbot des § 6 Abs. 1 Nr. 1 EStG)[660].

---

[654] Vgl. auch Wöhe, G., Bilanzierung, 1984, S. 427.

[655] Vgl. oben, S. 241f.

[656] Vgl. Brehmer, F., Zur Frage der Zuschreibung, WPg, 1969, S. 284ff., vgl. Castan, E., Rechnungslegung, 1984, S. 124, vgl. Wöhe, G., Bilanzierung, 1984, S. 427.

[657] Vgl. Coenenberg, A., Jahresabschluß, 1982, S. 114, grundsätzlich auch ADS § 149 Tz 73, der eine Wertzuschreibung nur in außergewöhnlichen Sonderfällen für zulässig hält, z.B. bei Sanierungen, Umwandlungen und Fusionen.

[658] Z.B. infolge einer Bilanzänderung oder Bilanzberichtigung (§ 4 Abs. 2 EStG, Abschn. 15 EStR), vgl. auch Knobbe-Keuk, B., Bilanzsteuerrecht, 1985, S. 41ff., vgl. ADS § 149 Tz 74.

[659] Vgl. oben, S. 112.

[660] Zur Zuschreibung bei außerplanmäßiger Abschreibung vgl. oben, S. 219ff.

3.4 Die Bewertung des Finanzanlagevermögens

Das Finanzanlagevermögen[661] setzt sich zusammen aus (§ 266 Abs. 2 A III HGB):

- Anteilen an verbundenen Unternehmen,
- Ausleihungen an verbundene Unternehmen,
- Beteiligungen,
- Ausleihungen an Unternehmen, mit denen ein Beteiligungsverhältnis besteht,
- Wertpapiere des Anlagevermögens,
- sonstige Ausleihungen.

Die Bewertung erfolgt zu den **Anschaffungskosten**. Da es sich bei den Finanzanlagen durchwegs um nicht abnutzbares Anlagevermögen handelt, gelten die allgemeinen Vorschriften des § 253 Abs. 2, 4 und 5 HGB über die außerplanmäßige Abschreibung[662]. Planmäßige Abschreibungen sind nicht möglich. Praktische Schwierigkeiten können sich bei der Bestimmung des beizulegenden Wertes bzw. des steuerlichen Teilwerts am Bilanzstichtag ergeben.

3.4.1 Beteiligungen und Anteilsrechte

Die Anschaffungskosten

Bei Anteils- oder Beteiligungserwerb von Dritten sind der Kaufpreis zuzüglich Nebenkosten wie z.B. Notargebühren, Börsenumsatzsteuer, Provisionen, Spesen u. dgl.[663] als Anschaffungskosten zu aktivieren. Wird die Beteiligung direkt durch Einlagen in das Beteiligungsunternehmen anläßlich einer Gründung oder Kapitalerhöhung erworben, dann muß man zwischen Geld- und Sacheinlagen unterscheiden. Bei **Geldeinlagen** bestehen handels- und steuerrechtlich keine Probleme, die Anschaffungskosten entsprechen dem hingegebenen Geldbetrag. Bei **Sacheinlagen** hat der Gesellschafter in der Handelsbilanz ein Wahlrecht zwischen dem Buchwert und dem Zeitwert der eingebrachten Gegenstände[664]. In der Steuerbilanz muß er die Beteiligung mit dem gemeinen Wert der hingegebenen Wirtschaftsgüter bewerten[665] (tauschähnlicher Vorgang).

Der beizulegende Wert bei Beteiligungen und Anteilen an Unternehmen

Grundsätzlich müssen Abschreibungen auf Beteiligungen durchgeführt werden, wenn der sog. innere Wert der Beteiligung oder des Anteils dauerhaft gesunken ist. Sie können durchgeführt werden bei vorübergehender Wertminderung[666]. Dieser innere Wert ist als **Ertragswert** zu verstehen, d.h. als Barwert der nachhaltig zu erwartenden künftigen Erträge. Die Diskontierung erfolgt im allgemeinen zum landesüblichen Zinssatz, der um Inflationsabschläge und Risikozuschläge modifiziert werden muß[667]. Bei börsennotierten Anteilen kann der Börsenkurs ein wichtiger Anhaltspunkt für den beizulegenden Wert sein. Allerdings bedeu-

[661] Näheres vgl. S. 100ff.

[662] Vgl. oben, S. 218 und S. 226ff.

[663] Vgl. WP-Handbuch 1985/86, Bd. 1, S. 585, 590.

[664] Vgl. ADS § 153 Tz 92, siehe auch den obigen Abschnitt zum Tausch, S. 188f.

[665] Vgl. Knobbe-Keuk, B., Bilanzsteuerrecht, 1985, S. 166, vgl. auch BFH vom 25.1.1984, BStBl. II, S. 422.

[666] Auch von Kapitalgesellschaften, § 279 Abs. 1 HGB, vgl. oben S. 219 und S. 221.

[667] Vgl. WP-Handbuch, 1985/86, Bd. 1, S. 587.

tet nicht jedes Sinken des Börsenkurses auch ein Sinken des inneren Wertes einer Aktie, da die Kursbildung auch von unternehmensfremden Daten beeinflußt wird (Änderung des Diskontsatzes, politische Entwicklungen). Insbesondere bei Beteiligungen kann der innere Wert eines Aktienpakets für das beherrschende Unternehmen (Muttergesellschaft) durchaus erheblich höher sein, als der sich aus dem Börsenkurs ergebende Wert. Bei Auslandsbeteiligungen hängt die Erfordernis zur Abwertung primär nicht von der Wechselkursentwicklung ab, sondern davon, ob der in DM ausgedrückte innere Wert der Beteiligung gesunken ist oder nicht.

Zuschüsse der Obergesellschaft an das Beteiligungsunternehmen können bei der Obergesellschaft aktiviert werden (Zugang oder Zuschreibung), wenn sie nachhaltig zu einer Wertsteigerung der Beteiligung führen[668]. Thesauriert die Untergesellschaft ihre Gewinne, so führt dies zwar zu einer Steigerung des inneren Wertes der Beteiligung, diese ist jedoch nicht aktivierbar, wenn die Untergesellschaft eine Kapitalgesellschaft ist. Thesauriert hingegen eine Personengesellschaft Gewinne, so ist der Gewinnanteil, soweit er auf die Obergesellschaft entfällt, dort aktivierungspflichtig. Diese Aktivierung erfolgt als Zugang oder Zuschreibung bei den Beteiligungen, wenn der Gewinnanteil zur Erfüllung einer Einlageverpflichtung, zur Rücklagenbildung oder zur Verlustauffüllung verwendet wird, sonst als Forderungen[669].

Der steuerliche Teilwert

Bei Beteiligungen an Personengesellschaften müssen die Anschaffungskosten um Gewinne und Verluste sowie um Einlagen und Entnahmen erhöht bzw. vermindert werden. Der Beteiligungswert muß in seiner Höhe stets dem Saldo des variablen Kapitalkontos entsprechen, er ist das Spiegelbild des Kapitalkontos (sog. **Spiegelbildtheorie**). Eine weitergehende Teilwertabschreibung ist deshalb nicht möglich[670].

Bei Anteilen an Kapitalgesellschaften sind Teilwertabschreibungen nur möglich, wenn sich die Anschaffung der Beteiligung als Fehlmaßnahme erwiesen hat oder wenn das gezeichnete Kapital zu einem großen Teil durch Verluste aufgezehrt worden ist[671]. Anlaufverluste nach der Gründung des Beteiligungsunternehmens rechtfertigen dagegen keine steuerliche Teilwertabschreibung.

3.4.2 Ausleihungen

Die Anschaffungskosten

Als Anschaffungskosten von Ausleihungen gelten die aufgewendeten Beträge, in der Regel also die **Auszahlungsbeträge**[672]. Erfolgt die Auszahlung unter Abzug

---

[668] Ebenda, S. 585.

[669] Ebenda, S. 586, vgl. auch Knobbe-Keuk, B., Bilanzsteuerrecht, 1985, S. 172f. Begründet wird diese unterschiedliche Behandlung bei Personengesellschaften mit der sog. *Spiegelbildtheorie*. Hiernach ist der Beteiligungswert das genaue Spiegelbild des variablen Kapitalkontos; vgl. die Stellungnahme 3/76 des HFA des Instituts der Wirtschaftsprüfer zur Bilanzierung von Beteiligungen an Personenhandelsgesellschaften, WPg 1976, S. 591.

[670] Vgl. Beck'sches Steuerberater-Handbuch 1986, Abschn. B, Tz 454, S. 177f., vgl. auch Schmidt, L., EStG 1984, § 6 Tz 38f., vgl. BFH vom 23.7.1975, BStBl. 1976, II, S. 73.

[671] Vgl. Schmidt, L., EStG, 1984, § 6 Tz 38f.

[672] Vgl. WP-Handbuch 1985/86 Bd. 1, S. 591.

eines **Damnums**, so darf in der Handelsbilanz nach herrschender Meinung ebenfalls nur der niedrigere Auszahlungsbetrag der Forderung aktiviert werden. Das Damnum stellt zusätzlichen Zins dar und ist erst während der Laufzeit ertragswirksam zu buchen[673], die Gegenbuchung erfolgt bestandserhöhend auf dem Forderungs-/Ausleihungskonto. Der Wertansatz der Ausleihung erhöht sich somit jährlich und erreicht am Fälligkeitstag den Rückzahlungsbetrag[674]. Steuerlich ist diese Vorgehensweise unzulässig.

Vereinzelt hält das Schrifttum auch die Aktivierung der Ausleihung zum Rückzahlungsbetrag (Nennbetrag) unter gleichzeitiger Passivierung des Damnums als passiven Rechnungsabgrenzungsposten[675] für handelsrechtlich zulässig, was überwiegend jedoch als Verstoß gegen das Anschaffungswertprinzip abgelehnt wird[676].

In der Steuerbilanz stellt die Aktivierung der Ausleihung zum Nennwert (Rückzahlungsbetrag) mit Passivierung des Damnums als Rechnungsabgrenzungsposten die einzig zulässige Bewertung dar[677].

Bei **unverzinslichen** bzw. **niedrig verzinslichen** Ausleihungen[678] stellt der Barwert die Anschaffungskosten dar. Die Differenz zwischen Barwert und Auszahlungsbetrag ist in der Regel als Aufwand zu behandeln[679]. Die jährlichen Aufzinsungsbeträge sind als Zugang zu aktivieren, sodaß am Fälligkeitstag der Nennwert (Rückzahlungsbetrag) der Forderung erreicht ist[680].

Muß jedoch der Schuldner eine zinsadäquate Gegenleistung erbringen, dann darf der Barwert nicht angesetzt werden. Steuerlich besteht bei niedrig bzw. unverzinslichen Ausleihungen ein Wahlrecht, es kann entweder der Nennwert angesetzt werden[681], oder eine Abzinsung auf den Barwert erfolgen. Während handelsrechtlich vom landesüblichen Zinssatz (jedoch nicht unter 3 %[682]) auszugehen ist, schreibt das Steuerrecht einen Zinssatz von 5,5 % vor[683]. Der Barwert wird in der Steuerbilanz nicht als Hilfswert für die Anschaffungskosten, sondern als niedrigerer Teilwert interpretiert[684].

Der beizulegende Wert bei Ausleihungen[685]

Dies ist der Wert, mit dem die Rückzahlungen des Darlehens zu erwarten ist. Wechselkursgewinne bei Forderungen, die auf ausländische Währung lauten,

---

[673] Vgl. ebenda, vgl. auch ADS § 153 Tz 112.
[674] Vgl. Beck'sches Steuerberaterhandbuch 1986, Abschn. B, Tz 488, S. 188.
[675] Ebenda, Tz. 489.
[676] Vgl. Glade, A., Rechnungslegung, 1986, § 253 Tz. 440, siehe auch ADS § 153 Tz. 112 und WP-Handbuch, 1985/86, Bd. 1, S. 591.
[677] Vgl. Knobbe-Keuck, B., Bilanzsteuerrecht, 1985, S. 176.
[678] Vgl. oben, S. 191, 208.
[679] Vgl. WP-Handbuch 1985/86, Bd. 1, S. 591.
[680] Vgl. ADS § 153 Tz. 110, Glade, A., Rechnungslegung, 1986, § 253 Tz. 441.
[681] BFH vom 23.4.1975, BStBl. II, S. 875, vgl. auch Knobbe-Keuk, B., Bilanzsteuerrecht, 1985, S. 177
[682] In Analogie zum Rentenbarwert, vgl. S. 278, vgl. auch WP-Handbuch 1985/86, Bd. 1, S. 646.
[683] Vgl. Beck'sches Steuerberaterhandbuch 1986, Abschn. B. Tz. 497, S. 190, vgl. auch Herrmann/Heuer/Raupach, § 6 EStG Tz. 933ff.
[684] Vgl. Knobbe-Keuk, B., Bilanzsteuerrecht, 1985, S. 176.
[685] Vgl. ADS § 153 Tz. 111f. sowie Glade, A., Rechnungslegung, 1986, § 253 Tz 441f.

dürfen nicht zugeschrieben werden (Realisationsprinzip), entsprechende Kurs-
verluste müssen zu einer Abschreibung führen, wenn sie voraussichtlich von
Dauer sind (§ 253 Abs. 2 letzter Satz HGB). Börsenverluste von börsennotierten
Ausleihungen (Schuldverschreibungen, Obligationen) sind i.d.R. für die Bewertung ohne Bedeutung, da der Rückzahlungsbetrag vertraglich vereinbart und
überdies meist dinglich gesichert ist. Bei ungesicherten Darlehen sind die persönlichen Verhältnisse des Schuldners im Wertansatz zu berücksichtigen (Zahlungsfähigkeit, Privatvermögen).

3.5 Bewertungsvereinfachungen beim Anlagevermögen

Das HGB sieht in § 240 Möglichkeiten der Bewertungsvereinfachung vor, die
auch für das Anlagevermögen Geltung haben. Es sind dies das

- Festwertverfahren[686] und das Verfahren der
- gewogenen Durchschnittswerte[687].

Beide Verfahren wurden im obigen Abschnitt 1.6.2.2[686] bei den zulässigen
Ausnahmen vom Grundsatz der Einzelbewertung bereits ausführlich behandelt.

3.5.1 Festwertverfahren

Das Festwertverfahren[687] ist zulässig, wenn Vermögensgegenstände

- regelmäßig ersetzt werden,
- im Gesamtwert für das Unternehmen von nachrangiger Bedeutung sind,
- in Größe, Wert und Zusammensetzung nur geringen Veränderungen unterliegen.

Für solche Gegenstände des Anlagevermögens kann in der Handels- und Steuerbilanz eine gleichbleibende Menge (**Festmenge**) und ein gleichbleibender Wert
(**Festwert**) angesetzt werden. Für die Festbewertung kommen vor allem Massengüter in Betracht, bei denen die Einzelbewertung organisatorisch aufwendig ist
und wegen des nachrangigen Wertes zu betragsmäßig unbedeutenden Abweichungen führt. Das Schrifttum nennt folgende Beispiele[688]: Werkzeuge, Stanzen,
Modelle, Formen, Hotelgeschirr, Hotelwäsche, Schreib- und Rechenmaschinen,
Laboratoriumseinrichtungen, Meß- und Prüfgeräte, Gerüst- und Schalungsteile.

Allerdings sind die Beispiele des Schrifttums, soweit sie das alte Recht betreffen, kritisch zu sehen, da der neue § 240 Abs. 3 HGB zwei wesentliche Verschär-
fungen im Vergleich mit dem alten § 40 Abs. 4 HGB a.F. enthält: Neu ist, daß die
Gegenstände regelmäßig ersetzt werden müssen und im Gesamtwert für das Unternehmen von nachrangiger Bedeutung sein müssen. Insofern kann sich die Zulässigkeit des Festwertverfahrens z.B. für Werkzeugmaschinen, Gleisanlagen,
Transporteinrichtungen, Lokomotiven[689] gegenüber der früheren Rechtslage in
konkreten Fällen durchaus ändern. Im **Anlagenspiegel**[690] nach § 268 Abs. 2 HGB
ist der Festwert in gleichbleibender Höhe in der Restbuchwertspalte enthalten

---

[686] § 240 Abs. 3 HGB sowie Abschn. 31 Abs. 5 EStR.
[687] § 240 Abs. 4 HGB, zur steuerlichen Zulässigkeit vgl. S.165 Fn. 378 sowie Knobbe-Keuk,
         B., Bilanzsteuerrecht, 1985, S. 118.
[688] Vgl. WP-Handbuch 1985/86, Bd. 1, S. 580.
[689] Vgl. ADS § 153 Tz 64.
[690] Vgl. oben, S. 53ff.

sowie ggf. mit höherem Wert in der Spalte der ursprünglichen Anschaffungs-
oder Herstellungskosten. Bei der erstmaligen Bildung des Festwertes ist ein pau-
schaler Wertabschlag vorzunehmen[691]. **Zugänge und Abgänge** bei den festbewer-
teten Vermögensgegenständen erscheinen nicht in der Bilanz und im Anlagenspiegel, sofern sie sich aus dem laufenden Ersatz ergeben. Zugänge werden jeweils sofort als Aufwand gebucht. Abgänge werden nicht gebucht, bzw. als a.o.
Ertrag, sofern Veräußerungserlöse erzielt werden. Abschreibungen sind definitionsgemäß nicht möglich. In dreijährigem Abstand[692] ist der Festwertansatz
durch eine Inventur zu überprüfen und ggf. zu korrigieren. Dies geschieht folgendermaßen:

Bei einer **Festwertaufstockung** werden die neu angeschafften Ersatzgegenstän-
de solange nicht als Aufwand verbucht, sondern als Zugang (Anlagenspiegel) aktiviert, bis der korrigierte Festwert erreicht ist. Ist der neue Festwert niedriger, so
erfolgt eine Abschreibung[693].

3.5.2 Das Verfahren der gewogenen Durchschnittspreise

Dieses Verfahren ist nach § 240 Abs. 4 HGB beim Anlagevermögen

- für bewegliche
- gleichartige
- oder annähernd gleichwertige

Gegenstände zulässig. Trotz des gegenteiligen Gesetzeswortlautes dürfen verschiedenartige Gegenstände, die nur zufällig annähernd wertgleich sind nicht zu
einer Gruppe zusammengefaßt werden, insb. dann nicht, wenn sie zu verschiedenen Posten der Bilanzgliederung (§ 266 Abs. 2 HGB) gehören[694]. Der gewogene
Durchschnittspreis p errechnet sich nach folgender Formel

$$p = \frac{\sum_{i=1}^{n} P_i M_i}{\sum_{i=1}^{n} M_i}$$

wobei

P_i = Preis (Anschaffungskosten) je Mengeneinheit bei der i-ten Anschaffung des Jahres,

M_i = angeschaffte Menge bei der i-ten Anschaffung des Jahres sind.

Das Verfahren gilt gleichermaßen für selbsthergestellte Anlagegegenstände,
(P_i sind dann Herstellungskosten je Mengeneinheit und M_i die hergestellte Menge).

Zahlenbeispiele finden sich auf den Seiten 261ff.

---

[691] Vgl. oben, S. 164.
[692] § 240 Abs. 3 HGB sowie Abschn. 31 Abs. 5 EStR, die beide einen 3-Jahreszeitraum vorsehen, mit der steuerlichen Möglichkeit, den Zeitraum auf 5 Jahre auszuweiten.
[693] Vgl. z.B. Wöhe, G., Bilanzierung, 1984, S. 498.
[694] Vgl. Glade, A., Rechnungslegung, 1986, § 240 Tz 73ff.
vgl. auch ADS § 155 Tz 100ff.

4. Die Bewertung des Umlaufvermögens

4.1 Strenges Niederstwertprinzip und Beibehaltungswahlrecht

Wie alle Vermögensgegenstände sind auch Gegenstände des Umlaufvermögens höchstens mit den Anschaffungs- oder Herstellungskosten anzusetzen (§ 253 Abs. 1 HGB). Wie bereits im alten § 155 AktG a.F., gilt für das gesamte Umlaufvermögen (Vorräte, Forderungen, Wertpapiere, liquide Mittel) das strenge Niederstwertprinzip. Die Bestimmung befindet sich in § 253 Abs. 3 HGB und gilt wegen des Maßgeblichkeitsprinzips auch in der Steuerbilanz. Hiernach müssen Abschreibungen vorgenommen werden, wenn

- der Börsenpreis[695] oder
- der Marktpreis[696] oder
- der beizulegende Wert[697]

am Abschlußstichtag niedriger sind, als der letzte Bilanzwert. Durch diese strenge Niederstwertvorschrift wird das **Imparitätsprinzip**[698] beim Umlaufvermögen ausnahmslos befolgt. Die Wertansätze sind so niedrig wie nötig zu halten, damit ein Ausweis unrealisierter Gewinne grundsätzlich verhindert wird. Selbst bei nur vorübergehender Wertminderung – also anders als beim Anlagevermögen – besteht die Abwertungsverpflichtung. Dies ist gerechtfertigt, da die Gegenstände des Umlaufvermögens nicht langfristig an das Unternehmen gebunden sind, sondern kurzfristig zum Verbrauch oder Verkauf bestimmt sind. Entsprechend wirken sich auch kurzfristige und vorübergehende Wertminderungen auf die Verkaufserlöse aus.

Erfolgt die Bewertung absatzmarktorientiert (z.B. bei fertigen Erzeugnissen und Waren[699]), dann führt das Unterlassen der Abschreibung zunächst zum Ausweis von unrealisierten Gewinnen, später beim Verkauf zu Verlusten, da der Markt die überhöhten Preise nicht bezahlen wird. Bei beschaffungsmarktorientierten Vorratsbewertungen[700] (im allgemeinen bei Roh-, Hilfs- und Betriebsstoffen) führt das Unterlassen marktbedingter Wertminderungen im Vergleich zur billiger einkaufenden Konkurrenz ebenfalls zu überhöhten Verkaufspreisen, die vom Markt nicht akzeptiert werden. Das Befolgen des strengen Niederstwertprinzips verhindert diese Effekte und gewährleistet eine **verlustfreie Bewertung** i.S. des Imparitätsprinzips. Die Verluste müssen bereits bei der Bestandsbewertung antizipiert werden.

Für weitergehende Wertminderungen, die nicht marktbedingt, also nicht durch den Börsen-, Markt- oder beizulegenden Wert begründet sind, besteht keine Abwertungspflicht. Wegen des Vorsichtsprinzips sind solche zusätzlichen Abschreibungen jedoch zulässig, sofern sie nicht dem Grundsatz der Willkürfreiheit widersprechen.

---

[695] Vgl. oben, S. 210.
[696] Vgl. oben, S. 209.
[697] Vgl. oben, S. 211.
[698] Vgl. oben, S. 170, vgl. § 252 Abs. 1 Nr. 4 HGB.
[699] Vgl. oben, S. 209.
[700] Vgl. oben, S. 209.

Hier sind vom Gesetz zwei Gründe für **fakultative weitergehende Abwertungen** anerkannt:

- **Antizipation künftiger Abwertungen im Umlaufvermögen**
  Abschreibungen dürfen zu Werten unter dem Börsen-, Markt oder beizulegenden Wert führen, soweit dies nach vernünftiger kaufmännischer Beurteilung notwendig ist, um zu verhindern, daß in nächster Zukunft der Wertansatz dieser Vermögensgegenstände aufgrund von Wertschwankungen geändert werden muß (§ 253 Abs. 3 HGB[701]). Die Abwertung auf einen niedrigeren Wert, der zwar noch nicht am Bilanzstichtag gilt, aber in naher Zukunft (ca. 2 Jahre) zu erwarten ist, entspricht dem Imparitätsprinzip. Eine Abwertung muß wegen des strengen Niederstwertprinzips später sowieso stattfinden. Ganz i.S. des Vorsichtsprinzips wird auch das zeitliche Vorziehen dieser Abschreibung erlaubt. Sofern sich dies mit dem Teilwertbegriff begründen läßt, ist der nahe Zukunftswert auch in der Steuerbilanz möglich.

- **Abschreibungen auf den niedrigeren steuerlichen Wert**
  Gesteht das Steuerrecht Sonderabschreibungen zu, die im Handelsrecht nicht vorgesehen sind, so kann, um die steuerliche Abschreibung nicht am Maßgeblichkeitsprinzip scheitern lassen zu müssen, auch in der Handelsbilanz eine entsprechende Abschreibung vorgenommen werden (§ 254 HGB). Diese Regelung gilt gleichermaßen für das Anlage- und das Umlaufvermögen[702]. Allerdings hat sie wegen der zahlreichen Sonderabschreibungsmöglichkeiten für das Anlagevermögen erheblich mehr Bedeutung als für das Umlaufvermögen. Hier ist vor allem der maximal 20%-ige Importwarenabschlag des § 80 EStDV betroffen[703]. Die Einhaltung des Maßgeblichkeitsprinzips der Handelsbilanz für die Steuerbilanz wird für diesen Importwarenabschlag im ESt-Recht[704] ausdrücklich gefordert. Die Rücklage für Preissteigerungen im Umlaufvermögen[705] ist für die handelsrechtliche Abschreibung auf den niedrigeren steuerlichen Wert nicht relevant; erstens gilt für sie das Maßgeblichkeitsprinzip nicht, zweitens berührt sie nicht den Wertansatz des Umlaufvermögens, sondern stellt nur die Gegenbuchung für eine steuermindernde Aufwandsbuchung dar, die spätestens nach 6 Jahren wieder rückgängig gemacht werden muß.

Ist in der Handelsbilanz eine Abschreibung auf den niedrigeren Wert erfolgt, so **darf der niedrigere Wertansatz beibehalten werden**, auch wenn die Gründe dafür nicht mehr bestehen (§ 253 Abs. 5 HGB). Für Kapitalgesellschaften ergibt sich durch das Wertaufholungsgebot des § 280 Abs. 1 HGB eine Aufwertungsverpflichtung, die jedoch wegen des steuerlichen Beibehaltungswahlrechtes (§ 6 Abs. 1 Nr. 2 EStG) in Verbindung mit dem Maßgeblichkeitsgrundsatz praktisch beliebig umgangen werden kann (§ 280 Abs. 2 HGB). Ausführlicheres hierzu wurde bei der Wertaufholung im Anlagevermögen auf S. 219ff. behandelt. Das dort Gesagte gilt gleichermaßen für das Umlaufvermögen.

---

[701] Vgl. oben, S. 215f; diese Regelung entspricht dem alten § 155 Abs. 3 Nr. 1 AktG a.F.

[702] Vgl. oben, S. 214; auch diese Regelung war im alten § 155 Abs. 3 Nr. 2 AktG a.F. enthalten.

[703] Vgl. Biergans, E., Einkommensteuer, 1985, S. 348ff.

[704] Zur Gültigkeit des Maßgeblichkeitsprinzips in diesem Fall vgl. Abschnitt 233a Abs. 8 EStR.

[705] Abschn. 228 EStR.

	Handelsbilanz		Steuerbilanz
	allgemeine Regelungen	besondere Regelungen für Kapitalgesellschaften (§ 253 Abs. 1 HGB)	
Basiswert und Wertobergrenze	Anschaffungs- bzw. Herstellungskosten (§ 253 Abs. 1 HGB)		wie Handelsbilanz, (§ 6 Abs. 1 Nr. 2 EStG)
Wertminderungen (dauernde und vorübergehende)	Abwertungspflicht: strenges Niederstwertprinzip (§ 253 Abs. 3 HGB) – Börsenpreis – Marktpreis – beizulegender Wert		Maßgeblichkeitsprinzip! Abwertungspflicht auf Teilwert
Abwertung auf nahen Zukunftswert	Abwertungswahlrecht (§ 253 Abs. 3 Satz 3 HGB)		sofern mit dem Teilwertbegriff vereinbar zulässig, dann: Maßgeblichkeitsprinzip
Abwertung auf den niedrigen steuerlichen Wert	Zulässig (§ 254 HGB)		Zulässig (per definitionem)
Unterbewertung nach vernünftiger kaufmännischer Beurteilung	zulässig (§ 253 Abs. 4 HGB)	verboten (§ 279 Abs. 1 HGB)	verboten, da nicht mit dem Teilwertbegriff vereinbar
Wertsteigerungen	Zuschreibungs- bzw. Beibehaltungswahlrecht (§ 253 Abs. 5 HGB)	Zuschreibungspflicht (sog. Wertaufholungsgebot, § 280 Abs. 1 HGB) sofern steuerliche Begründung: Beibehaltungswahlrecht (§ 280 Abs. 2 HGB)	generelles Beibehaltungswahlrecht (§ 6 Abs. 1 Nr. 2 EStG) aber: Maßgeblichkeitsprinzip

Abb. 48   Allgemeine Bewertungsvorschriften für das Umlaufvermögen

4.2 Besondere Bewertungsfragen bei einzelnen Posten des Umlaufvermögens

Die Bewertung der **Vorräte** (Roh-, Hilfs- und Betriebsstoffe, unfertige und fertige Erzeugnisse, Waren) erfolgt zu den Anschaffungs- bzw. Herstellungskosten[706], zum Börsen-[707], Marktpreis[708], zum beizulegenden Wert[709] (steuerlich zum Teilwert[710]) oder zu den niedrigeren fakultativen Werten[711]. Zur Problematik der verschiedenen Wertbegriffe sei auf die Ausführungen des Abschnittes „2 Handelsrechtliche Wertbegriffe"[712] verwiesen. Die Frage der sog. **verlustfreien Bewertung** soll jedoch nochmals hervorgehoben werden, da sie als spezielle Ausprägung des Vorsichtsprinzips für das Umlaufvermögen von besonderer Bedeutung ist. Die Wertansätze des Umlaufvermögens dürfen auf keinen Fall so hoch sein, daß bei der späteren Veräußerung der Erzeugnisse ein bewertungsbedingter Verlust unausweichlich ist. Dies führt beim beizulegenden Wert zur Notwendigkeit, die bis zum Verkauf noch anfallenden Aufwendungen, z.B. für Fertigung, Verwaltung, Vertrieb ebenso wie Erlösschmälerungen beim Verkauf selbst zu berücksichtigen[713]. Bei der Ermittlung der Herstellungskosten in Zeiten der Unterbeschäftigung hat dies zur Folge, daß Leerkosten (anteilige Fixkosten der nicht genutzten Kapazität) jedenfalls dann nicht mehr aktiviert werden dürfen, wenn sie zu einem Wertansatz führen, der durch die Preise des Absatzmarktes nicht mehr verdient werden kann[714].

Für die Bewertung von **Forderungen** gelten die gleichen Grundsätze wie für das übrige Umlaufvermögen. Lediglich die Konkretisierung der einzelnen Vergleichswerte kann Schwierigkeiten bereiten. Die Anschaffungskosten von Forderungen als Wertobergrenze entsprechen dem Nominalwert der Forderung zuzüglich aller Nebenkosten, bei Forderungen aus Lieferungen und Leistungen dem Rechnungsbetrag incl. Umsatzsteuer[715]. Forderungen, deren Eingang zweifelhaft ist, müssen auf den wahrscheinlichen Wert des Zahlungseingangs abgeschrieben werden (beizulegender Wert des § 253 Abs. 3 HGB), uneinbringliche Forderungen müssen zur Gänze abgeschrieben werden.

Ein Unterlassen der Abschreibung bedeutet einen Verstoß gegen das Vorsichtsprinzip: es werden im Jahr der unterlassenen Abschreibung zu hohe Gewinne (bzw. zu geringe Verluste) ausgewiesen, im Jahr der Fälligkeit entstehen entsprechend höhere Verluste. Bei der Bestimmung des Wertes, der einer Forderung am Abschlußstichtag beizulegen ist, müssen alle Umstände des Einzelfalles berücksichtigt werden[716], insbesondere auch bestehende Bürgschaften, Garantien, Delkredereversicherungen, die persönlichen Vermögensverhältnisse des Schuldners usw. **Unverzinsliche oder niedrig verzinsliche Forderungen** sind mit dem Barwert anzusetzen. Die Abzinsungsverpflichtung wird damit begründet,

---

[706] Vgl. oben, S. 182ff und 191ff.
[707] Vgl. oben, S. 210.
[708] Vgl. oben, S. 209.
[709] Vgl. oben, S. 211.
[710] Vgl. oben, S. 216.
[711] Vgl. oben, S. 212ff.
[712] Vgl. oben, S. 181ff.
[713] Vgl. hierzu S. 211.
[714] Vgl. hierzu S. 206.
[715] Vgl. Glade, A., Rechnungslegung, 1986, § 253 Tz 564.
[716] Vgl. WP-Handbuch, 1985/86, Bd. 1, S. 605f.

daß der Zinsverlust den Wert der Forderung mindert. Bei unverzinslichen Forderungen berechnet sich der Zinsverlust aus dem landesüblichen und fristadäquaten Zinssatz, bei niedrig verzinslichen Forderungen aus der Differenz zwischen
landesüblichem und tatsächlich erhaltenem Zinssatz. Bei Forderungen, die auf
ausländische Währung lauten, ergibt sich im Fall der DM-Aufwertung entsprechend dem strengen Niederstwertprinzip stets eine Abschreibungsverpflichtung.
Kursgewinne aus einer DM-Abwertung dürfen hingegen nicht schon bei der Bewertung der Forderung, sondern erst bei Eingang der Forderung bilanziert werden (Realisationsprinzip[717]).

Die Abschreibung auf Forderungen kann aus zwei Gründen erfolgen

- einmal, weil konkrete und individuelle Informationen zu einzelnen Forderungen vorliegen (**Einzelwertberichtigung),**
- zum anderen aufgrund des allgemeinen Kreditrisikos, von dem statistisch bekannt ist, daß ein bestimmter Prozentsatz des Forderungsbestandes im Durchschnitt nicht einbringbar ist (**Pauschalwertberichtigung**). Diese Pauschalabwertung bemißt sich nach Erfahrungswerten der Vergangenheit.

Methodisch ging man nach dem „alten" Aktienrecht stets so vor, daß die individuelle Einzelwertberichtigung aufgrund spezieller Informationen zu einem konkreten Schuldner im Wege der direkten Abschreibung aktivisch abgesetzt wurde.
Die Pauschalwertberichtigung dagegen mußte indirekt gebucht werden und auf
der Passivseite der Bilanz im Posten „Pauschalwertberichtigung zu Forderungen"
ausgewiesen werden. Eine Verrechnung mit den einzelnen Forderungen war
nicht möglich[718]. Im neuen Recht sind **passive Wertberichtigungsposten** im Bilanzgliederungsschema des § 266 HGB nicht mehr vorgesehen. Es liegt deshalb
nahe, die pauschale Abwertung aller Forderungen nunmehr **stets aktivisch abzusetzen**. Dies gilt zumindest für Kapitalgesellschaften, für die die Gliederungsvorschriften des § 266 HGB ausschließlich Bedeutung haben. Andere Rechtsformen
können indirekte Forderungsabschreibungen in der bisherigen Form über den
Passivposten „Delkredere" bzw. „Pauschalwertberichtigungen zu Forderungen"
auch weiterhin durchführen. In der Buchführung, d.h. bei den Buchungen auf
Hauptbuchkonten bleibt es auch für Kapitalgesellschaften empfehlenswert, die
Pauschalabschreibung auf Forderungen indirekt über ein Delkrederekonto vorzunehmen. Der sachliche Unterschied zwischen Einzelwertberichtigungen und
Pauschalwertberichtigungen macht diese unterschiedliche Handhabung erforderlich. Lediglich im Bilanzausweis ist im Gliederungsschema kein Raum mehr
für einen Wertberichtigungsposten auf der Passivseite vorgesehen.

Die **Wertpapiere des Umlaufvermögens**[719] stellen einen Sammelposten von heterogener Zusammensetzung dar. Dazu gehören neben Anteilen an verbundenen Unternehmen und eigenen Anteilen vor allem auch die sonstigen Wertpapiere, insbesondere Aktien, festverzinsliche Wertpapiere, sofern sie nicht zum Anlagevermögen gehören, also nicht dauernd oder längerfristig dem Geschäftsbetrieb zu dienen bestimmt sind. Weiter gehören dazu Wechsel, abgetrennte Zins-
und Dividendenscheine. Die Bewertung hat das Niederstwertprinzip stets zu be-

---

[717] Ebenda, S. 606, vgl. auch Verlautbarung des HFA zur Währungsumrechnung im Jahres- und Konzernabschluß, WPg, 1984, S. 585ff., vgl. auch Groh, M., Zur Bilanzierung
von Fremdwährungsgeschäften, DB 1986, S. 869ff.

[718] Vgl. § 152 Abs. 6 AktG a.F., vgl. auch WP-Handbuch, 1985/86, Bd. 1, S. 628.

[719] Vgl. oben, S. 109f.

achten (strenges Niederstwertprinzip bezüglich Markt-, Börsen- oder beizulegendem Wert[720], gemildertes Niederstwertprinzip bezüglich des nahen Zukunfts-
werts bzw. des steuerlichen Wertes[721]). Soweit ein Börsen- oder Marktpreis exi-
stiert bereitet die Bewertung keine größeren Probleme. Bei eigenen Aktien ist eine Bewertung unter den Anschaffungskosten bzw. unter dem Börsenpreis notwendig, wenn die Aktien der Belegschaft mit einem Kursabschlag angeboten
werden sollen[722]. Wertpapiere, die auf fremde Währung lauten, müssen zum
Geldkurs in DM umgerechnet werden. Bei einer DM-Aufwertung muß eine entsprechende Abschreibung erfolgen, bei einer späteren DM-Abwertung kann eine Zuschreibung erfolgen (Beibehaltungswahlrecht des § 253 Abs. 5 HGB), die
jedoch die ursprünglichen Anschaffungskosten (DM-Umrechnung zum Anschaf-
fungsstichtag) nicht übersteigen darf.

Besitzwechsel sind wie die ihnen zugrunde liegenden Forderungen zu bewerten, wobei im beizulegenden Wert auch die Zahlungsfähigkeit der übrigen Wechselverpflichteten berücksichtigt werden muß (Indossanten, Aussteller). Grundsätzlich sind die Wechsel mit dem Barwert[723] anzusetzen. Die Erstattung von Dis-
kont- und Wechselspesen wird erfolgswirksam gebucht, sofern der Erstattungs-
anspruch aktiviert wird, erfolgt dies bei den sonstigen Vermögensgegenständen
(Pos. B. II. 4 des Bilanzgliederungsschemas nach § 266 Abs. 2 HGB).

Die letzte Position des Umlaufvermögens stellen die **liquiden Mittel** dar
(Schecks, Kasse, Bankguthaben, Postgiroguthaben, Bundesbankguthaben).
Diese Vermögensgegenstände, die unter der Position B. IV. des Bilanzgliederungsschemas auszuweisen sind, bereiten bewertungsmäßig im allgemeinen keine Probleme. Maßgebend ist der **Nominalwert**. Eine Abwertungsnotwendigkeit
kann sich bei Guthaben ergeben, die bei notleidenden Banken bestehen; hier gelten die selben Grundsätze, wie bei der Bewertung von Forderungen[724]. Zahlungsmittel und Bankguthaben, die auf ausländische Währungen lauten, sind zum Ta-
geskurs umzurechnen. Nach § 253 Abs. 1 HGB muß jedoch das Anschaffungskostenprinzip auch für Zahlungsmittel gelten. DM-Abwertungen dürfen deshalb
z.B. bei Auslandsschecks oder Guthaben nicht zu einem Bilanzausweis führen,
der über den ursprünglichen Anschaffungskosten liegt (umgerechnet zum Kurs
der bei der Erstverbuchung gegolten hat[725]).

4.3 Retrograde Wertermittlung

Im Einzelhandel ist es üblich, die einzelnen Artikel des Warenlagers bereits beim
Einkauf mit den Verkaufspreisen auszuzeichnen. Insbesondere bei großen La-
gerbeständen, breitem Artikelsortiment und laufenden Nachlieferungen, ist es
unwirtschaftlich bzw. unmöglich, die tatsächlichen Anschaffungskosten der einzelnen Artikel exakt festzustellen. In der Praxis werden sie deshalb aus dem Verkaufspreis abgeleitet. Man vermindert den **Verkaufspreis** um den **Rohgewinn**

---

[720] Vgl. oben, S. 250.
[721] Vgl. oben, S. 251.
[722] Vgl. WP-Handbuch 1985/86, Bd. 1, S. 609.
[723] Ebenda, S. 607.
[724] Vgl. S. 253f.
[725] Vgl. Entwurf einer Verlautbarung des HFA „Zur Währungsumrechnung im Jahres- und
Konzernabschluß", WPg, 1984, S. 586.

und erhält so die zu bilanzierenden Anschaffungskosten. Der Rohgewinn wird mit Hilfe der **Handelsspanne** (Bruttospanne) berechnet. Diese stellt den prozentualen Abschlag auf die Nettoumsatzerlöse (Umsätze ./. Rücksendungen und Gutschriften) dar (sog. Rohgewinnabschlag)[726]. Diese Vorgehensweise ist handels- und steuerrechtlich zulässig[727]. Betriebswirtschaftlich zweckmäßig und für die steuerliche Anerkennung erforderlich ist es allerdings, das Warenlager in Warengruppen zu unterteilen und mit warengruppenspezifischen Handelsspannen zu rechnen. Auf diese Weise lassen sich die Schätzungsfehler in Grenzen halten. Von den ermittelten Einstandspreisen sind erhaltene Preisnachlässe (Boni, Skonti, Rabatte) noch abzuziehen, um zu den bilanziellen Anschaffungskosten zu gelangen. Probleme ergeben sich bei der Rückrechnung von **preisreduzierter Ware**. Soll mit der normalen, kalkulierten Handelsspanne rückgerechnet werden, oder mit der tatsächlichen Handelsspanne, die sich aufgrund des geringeren Verkaufspreises ergibt? Offensichtlich neigt die Finanzverwaltung hier zur Ansicht, daß die höheren Anschaffungskosten, d.h. die effektive Handelsspanne zum Tragen kommen soll, während das Schrifttum[728] teilweise die Rückrechnung mit der höheren kalkulierten Handelsspanne, d.h. den Ansatz niedrigerer Anschaffungskosten befürwortet.

4.4 Bewertungsvereinfachung beim Umlaufvermögen

4.4.1 Überblick über die einzelnen Verfahren

Bei exakter Befolgung des Grundsatzes der Einzelbewertung müßte jeder Vermögensgegenstand mit seinen individuellen Anschaffungs- bzw. Herstellungskosten bewertet werden. Dies würde in vielen Fällen, insbesondere beim Vorratsvermögen zu hohem Organisationsaufwand führen. Die einzelnen Vermögensgegenstände müßten nach unterschiedlichen Anschaffungs- bzw. Herstellungskosten buchmäßig erfaßt und getrennt gelagert werden, um zu gewährleisten, daß beim Verbrauch oder Verkauf eines Gutes auch die von diesem Gut verursachten Anschaffungs- oder Herstellungskosten zu Aufwand werden. In vielen Fällen ist eine entsprechende organisatorische Vorsorge grundsätzlich nicht möglich (z.B. Treibstoffvorräte in Großtankanlagen). Da laufende Entnahmen und Wiederauffüllungen der Lagerbestände erfolgen, müssen Annahmen über die Zuordnung von Verbrauchsmengen und zugehörigen Werten ebenso wie über die Zuordnung von Lagerbestandsmengen und zugehörigen Werten getroffen werden. Das Handelsgesetzbuch enthält an drei Stellen Regelungen, die solche vereinfachenden Verbrauchszuordnungen zulassen:

§ 240 Abs. 3 HGB: Bei der **Festwertbewertung**[729] wird unabhängig von der tatsächlichen Nutzung jede Anschaffung sofort als Verbrauch behandelt. Der feste Wertansatz in der Bilanz bleibt hiervon unberührt.

§ 240 Abs. 4 HGB: Bei der Bewertung mit **gewogenen Durchschnittspreisen**[730] werden die verbrauchten und die noch lagernden Güter gleich behandelt. Jede

---

[726] Vgl. Heinhold, M., Buchführung 1980, S. 152f.

[727] Vgl. Glade, A., Rechnungslegung, 1986, § 253 Tz 520, 524; vgl. Knobbe-Keuk, B., Bilanzsteuerrecht, 1985, S. 126 sowie die dort zitzierten BFH-Urteile.

[728] Vgl. Kallweit, D., Retrograde Wertermittlung, BB, 1985, S. 370ff.

[729] Vgl. oben, S. 163f, 168, 248.

[730] Vgl. S. 249f, 261ff.

Mengeneinheit, ob gelagert oder verbraucht, wird mit dem sich aus den einzelnen Zugängen der Periode ergebenden Durchschnittspreis bewertet.

§ 256 HGB: Durch die Annahme von bestimmten **Verbrauchsfolgen** lassen sich andere pauschale Zuordnungen von Verbrauchs- bzw. Lagermengen zu Preisen realisieren. Hierbei werden entweder Annahmen über die zeitliche Reihenfolge des mengenmäßigen Verbrauchs getroffen (z.B. FIFO = First-in-first-out, LIFO = Last-in-first-out), oder es erfolgt eine Reihung nach der Höhe der Anschaffungs- bzw. Herstellungskosten derart, daß die Zugänge mit den höchsten Werten je Mengeneinheit zuerst (HIFO = Highest-in-first-out) bzw. zuletzt (LOFO = Lowest-in-first-out) verbraucht werden. Darüber hinaus kann eine Verbrauchsfolge nach konzernorganisatorischen Gesichtspunkten erfolgen, indem angenommen wird, daß konzerninterne Lieferungen zuerst als verbraucht gelten (KIFO = Konzern-in-first-out).

Zur handels- und steuerrechtlichen Zulässigkeit gilt:

Fest- und Durchschnittsbewertung sind bei Vorliegen der Voraussetzungen (vgl. Abb. 49) stets zulässig. Die Verbrauchsfolgeverfahren sind handelsrechtlich zulässig, wenn sie den GoB entsprechen. Die steuerliche Anerkennung wird mit wenigen Ausnahmen abgelehnt, wenn es sich bei den Verbrauchsfolgen um Unterstellungen (Verbrauchsfiktionen) handelt. Erfolgt der Verbrauch tatäschlich und nachweisbar in der jeweiligen Abfolge, dann sind die Wertansätze nach dem Grundsatz der Einzelbewertung zulässig.

Einen Überblick über die verschiedenen Verfahren gibt Abbildung 49.

Auch bei der Bewertung mit Gruppenbewertungs- und Verbrauchsfolgeverfahren ist das **strenge Niederstwertprinzip** des § 253 Abs. 3 HGB zu beachten. Ist der Börsen-, Markt- oder beizulegende Wert, der am Bilanzstichtag gilt, niedriger als der sich nach obigen Verfahren ergebende Wert, so muß auf den Tageswert (steuerlich: Teilwert) abgeschrieben werden[731].

4.4.2 Das Festwertverfahren

Nach § 240 Abs. 3 HGB können neben bestimmten Vermögensgegenständen des Anlagevermögens auch die Roh-, Hilfs- und Betriebsstoffe mit einem gleichbleibenden Festwert in der Bilanz angesetzt werden, nicht jedoch die unfertigen und die fertigen Erzeugnisse sowie die Waren. Voraussetzung ist, daß die Gegenstände regelmäßig ersetzt werden, daß ihr Gesamtwert von nachrangiger Bedeutung ist und ihr Bestand nach Größe, Wert und Zusammensetzung nur geringfügigen Veränderungen unterliegt. Alle drei Jahre muß eine körperliche Bestandsaufnahme durchgeführt und erforderlichenfalls der Restwert korrigiert werden. Die steuerlichen Voraussetzungen des Abschn. 36 Abs. 4 EStR sind etwas weniger restriktiv. Es gilt das Maßgeblichkeitsprinzip. Dieses Verfahren wurde bereits ausführlich in Zusammenhang mit dem Einzelbewertungsgrundsatz[732] sowie bei der Bewertung des Anlagevermögens[733] behandelt. Es kann deshalb auf die obigen Ausführungen verwiesen werden. An dieser Stelle soll lediglich noch einmal eine kurze Zusammenfassung der wesentlichen Vorgänge bei der Buchung und Bilanzierung nach dem Festwertverfahren gegeben werden.

---

[731] Vgl. ADS § 155 Tz 91, vgl. Glade, A., Rechnungslegung, 1986, § 240 Tz 79.
[732] Vgl. oben, S. 163.
[733] Vgl. oben, S. 248f.

Verfahren	Gesetzliche Regelung	Anwendbar für	Voraussetzungen	Verbrauchsfiktion	Verhältnis zu GoB	Steuerliche Regelung
Festbewertung	§ 240 Abs. 3 HGB i. Vb. mit § 256 HGB	– Sachanlagevermögen – Roh-, Hilfs- und Betriebsstoffe	– regelmäßiger Ersatz, – nachrangige Bedeutung des Gesamtwerts der betroffenen Gegenstände für das Unternehmen – nur geringfügige Veränderungen in Größe, Wert und Zusammensetzung des Bestands – alle drei Jahre Inventur, erforderlichenfalls Korrektur des Festwerts	Konstanter Bestand, Zu- und Abgänge gleichen sich aus, d.h. Zugänge werden sofort als Verbrauch gebucht	Entspricht bei Vorliegen der Voraussetzungen dem Grundsatz der Wirtschaftlichkeit (Verwaltungsvereinfachung). Widerspricht bei fallenden Preisen dem Vorsichts- und Niederstwertprinzip	Zulässig, vgl. Abschn. 36 Abs. 4 EStR Maßgeblichkeitsprinzip
Gruppenbewertung mit gewogenen Durchschnittspreisen	§ 240 Abs. 4 HGB i. Vb. mit § 256 HGB	– Vorratsvermögen (d.h. Roh-, Hilfs- und Betriebsstoffe, unfertige und fertige Erzeugnisse, Waren)	Gleichartigkeit	Jeder einzelne Verbrauch und der Endbestand setzt sich aus den Einzelmengen zusammen (Mengenverhältnis), nach denen der Durchschnittspreis berechnet wurde	Kann dem Niederstwertprinzip widersprechen	Zulässig Abschn. 36 Abs. 2 und 3 EStR Maßgeblichkeitsprinzip
		– andere bewegliche Vermögensgegenstände	Gleichartigkeit oder annähernde Gleichwertigkeit			

Abb. 49 Verfahren zur Bewertungsvereinfachung im Umlaufvermögen (Teil I)

Verfahren	Gesetzliche Regelung	Anwendbar für	Voraussetzungen	Verbrauchsfiktion	Verhältnis zu GoB	Steuerliche Regelung
FIFO (First-In-First-Out)	§ 256 HGB	Zulässig für das gesamte Vorratsvermögen (d.h. Roh-, Hilfs-, Betriebsstoffe, unfertige und fertige Erzeugnisse, Waren), bei gleichartigen Gegenständen	Zulässig, falls das Verfahren im Einzelfall den GoB und dem strengen Niederstwertprinzip entspricht	Der Verbrauch erfolgt in der zeitlichen Reihenfolge der Lagerzugänge. Der Endbestand setzt sich aus den letzten Lieferungen zusammen.	Widerspricht bei steigenden Preisen dem Vorsichtsprinzip, kann bei fallenden Preisen dem Niederstwertprinzip widersprechen.	Zulässig bei Glaubhaftmachung des tatsächlichen Lagerdurchgangs in dieser Reihenfolge Abschn. 36 Abs. 2 EStR
LIFO (Last-In-First-Out)				Der Verbrauch erfolgt in der umgekehrten zeitlichen Reihenfolge der Lagerzugänge. Der Endbestand setzt aus den ersten Lieferungen zusammen.	Widerspricht bei fallenden Preisen dem Vorsichtsprinzip und dem Niederstwertprinzip.	LIFO bei Edelmetallen generell zulässig (§ 74a EStDV)

Abb. 49 Verfahren zur Bewertungsvereinfachung im Umlaufvermögen (Fortsetzung)

Verfahren	Gesetzliche Regelung	Anwendbar für	Voraussetzungen	Verbrauchsfiktion	Verhältnis zu GoB	Steuerliche Regelung
HIFO (Highest-In-First-Out)	§ 256 HGB	Gesamtes Vorratsvermögen, sofern gleichartige Gegenstände	Zulässig, falls das Verfahren im Einzelfall den GoB und dem strengen Niederstwertprinzip entspricht	Zunächst werden die teuersten Lieferungen verbraucht. Der Endbestand setzt sich aus den billigeren Lieferungen zusammen.	Entspricht dem Vorsichtsprinzip. Kann in bestimmten Fällen dem Niederstwertprinzip widersprechen.	steuerlich unzulässig
LOFO (Lowest-In-First-Out)				Zunächst werden die billigen Lieferungen verbraucht. Der Endwert setzt sich aus den teueren Lieferungen zusammen.	Widerspricht dem Vorsichtsprinzip. Widerspricht bei fallenden Preisen dem Niederstwertprinzip.	
KIFO (Konzern-In-First-Out)				Zunächst werden konzerninterne Lieferungen verbraucht. Im Endbestand ist der Anteil konzerninterner Lieferungen minimiert.	Kann dem Niederstwert- und Vorsichtsprinzip widersprechen. Minimiert die Eliminierung konzerninterner Zwischengewinne (Liefergewinne).	

Abb. 49   Verfahren zur Bewertungsvereinfachung im Umlaufvermögen (Fortsetzung)

● Erstverbuchung des Festwertes:
Bestandserhöhung mit korrespondierender Ertragsgegenbuchung
Buchung: Festwertkonto an Erfolgskonto.
Als Gegenkonto kommen die GuV-Positionen „Aufwendungen für Roh-,
Hilfs- und Betriebsstoffe" oder „sonstige betriebliche Erträge" in Frage, auf
denen eine Gutschrift erfolgt[734].

● Buchung der laufenden Neuzugänge:
Der Festwert bleibt unverändert, der Zugang wird sofort als Materialaufwand
gebucht.

● Behandlung der laufenden Abgänge:
Es erfolgt keine buchhalterische Erfassung, da der Verbrauch bereits bei der
Aufwandsbuchung der Zugänge berücksichtigt wurde.

● Festwerterhöhung aufgrund der 3-Jahresinventur:
Es erfolgt die Buchung „Festwertkonto an Materialaufwand/sonstiger betrieblicher Aufwand"[735].

● Festwertherabsetzung aufgrund der 3-Jahresinventur:
Es erfolgt die Buchung: „Materialaufwand/sonstiger betrieblicher Aufwand an
Festwertkonto"[736].

Das Festwertverfahren dient der Verwaltungsvereinfachung und entspricht damit einem wichtigen Grundsatz ordnungsmäßiger Buchführung, nämlich dem
Grundsatz der Wirtschaftlichkeit. In Zeiten steigender Preise werden durch den
Festwertansatz stille Reserven gebildet (Vorsichtsprinzip), die allerdings im 3-
jährigen Turnus der regelmäßigen Inventur wieder aufgelöst werden[737].

Bei sinkenden Preisen widerspricht der Festwertansatz dem Vorsichts- und
dem Niederstwertprinzip.

4.4.3 Gruppenbewertung mit Durchschnittspreisen

Die sog. Durchschnittsmethode ist – da sie handels- und steuerrechtlich gleicher-
maßen zulässig ist – eines der praktisch wichtigsten Verfahren der Gruppen- oder
Sammelbewertung. Sie findet in zwei Varianten Anwendung, als gewogene
Durchschnittsmethode und als gleitende Durchschnittsmethode.

Die gewogene Durchschnittsmethode

Aus den mengenmäßigen Zugängen und den zugehörigen Preisen (d.h. Anschaf-
fungs- bzw. Herstellungskosten) wird ein gewogener Durchschnittspreis ermittelt. Dies erfolgt mit der Formel

$$P_{\varnothing} = \frac{\sum\limits_{i} M_i \cdot P_i}{\sum\limits_{i} M_i}$$

wobei M_i = Lagerzugang in Mengeneinheiten beim i-ten Lagerzugang,
P_i = Zugehöriger Preis (Anschaffungs- bzw. Herstellungskosten),
i = 1 ... fortlaufende Nummer der Lagerzugänge des Jahres.

---

[734] Vgl. WP-Handbuch 1985/86, Bd. 1, S. 659, 666, vgl. ADS § 157 Tz 76,. vgl. Glade, A.,
Rechnungslegung, 1986, § 275 Tz 107.

[735] Ebenda.

[736] Ebenda.

[737] Nach Abschn. 31 Abs. 5 EStR braucht der Festwert nicht korrigiert zu werden, wenn die
Erhöhung nicht mehr als 10% beträgt.

Die Abgänge und der Endbestand werden mit den Durchschnittspreis bewertet, sofern nicht ein niedrigerer Tageswert am Bilanzstichtag (Markt-, Börsen- oder beizulegender Wert[738]) einen niedrigeren Wert des Endbestandes erzwingt.

Anfangsbestand:	200 Stück à	10,– DM =	2 000,– DM
1. Zugang:	100 Stück à	12,– DM =	1 200,– DM
1. Abgang:	120 Stück		
2. Zugang:	100 Stück à	14,– DM =	1 400,– DM
2. Abgang:	150 Stück		
3. Zugang:	100 Stück à	16,– DM =	1 600,– DM
3. Abgang:	50 Stück		
Stückpreis am Abschlußstichtag:		17,– DM	
Summe von Anfangsbestand und Zugängen:	500 Stück		6 200,– DM

$$\text{Durchschnittspreis} = \frac{6\,200}{500} = 12{,}40 \text{ DM je Stück}$$

Bewertung der Abgänge:	320 Stück à	12,40 DM =	3 968,– DM
Bewertung des Endbestands:	180 Stück à	12,40 DM =	2 232,– DM

Da der Tageswert am Bilanzstichtag 17,– DM je Stück beträgt, verstößt der Wertansatz nicht gegen das Niederstwertprinzip.

Abb. 50 Gewogene Durchschnittsmethode bei steigenden Preisen

Anfangsbestand:	200 Stück à	10,– DM =	2 000,– DM
1. Zugang:	100 Stück à	9,– DM =	900,– DM
1. Abgang:	120 Stück		
2. Zugang:	100 Stück à	8,– DM =	800,– DM
2. Abgang:	150 Stück		
3. Zugang:	100 Stück à	7,– DM =	700,– DM
3. Abgang:	50 Stück		
Stückpreis am Abschlußstichtag:		6,– DM	
Summe von Anfangsbestand und Zugängen:	500 Stück		4 400,– DM

$$\text{Durchschnittspreis} = \frac{4\,400}{500} = 8{,}80 \text{ DM je Stück}$$

Bewertung der Abgänge:	320 Stück à	8,80 DM =	2 816,– DM
Bewertung des Endbestands:	180 Stück à	8,80 DM =	1 584,– DM
Der Tageswert am Bilanzstichtag beträgt	180 Stück à	6,– DM =	1 080,– DM
Um dem Niederstwertprinzip Rechnung zu tragen, muß eine zusätzliche Abwertung um erfolgen			504,– DM

Abb. 51 Gewogene Durchschnittsmethode bei sinkenden Preisen

---

[738] Vgl. oben S. 250, vgl. auch Hömberg, R., Gewogener Durchschnittswert, HuR 1986, S. 205ff.

Es gilt ja das strenge Niederstwertprinzip des § 253 Abs. 3 HGB in der Handels- und wegen des Maßgeblichkeitsgrundsatzes auch in der Steuerbilanz. In diesem Fall muß der nach dem gewogenen Durchschnittspreisverfahren bewertete Endbestand auf den Stichtagswert abgewertet werden. Beispiele zur gewogenen Durchschnittsmethode geben die Abbildungen 50 und 51.

Die gleitende Durchschnittsmethode

Die gewogene Durchschnittsmethode ist vor allem dann unbefriedigend, wenn sich Lagerzugänge und -abgänge im zeitlichen Verlauf abwechseln. Dann nämlich trifft die Fiktion nicht mehr zu, daß jeder Abgang und der Endbestand den gleichen Mengen- und Preisrelationen unterliegen. Abhilfe schafft hier das Verfahren der gleitenden Durchschnittspreise, das sofort nach jedem Zugang den neuen Durchschnittspreis berechnet (**Skontration**). Die Abgänge werden jeweils mit den zuletzt berechneten Durchschnittspreisen (Anschaffungs- bzw. Herstellungskosten) bewertet. Beispiele zur gleitenden Durchschnittsmethode geben die Abbildungen 52 und 53.

Anfangsbestand:	200 Stück à	10,– DM =	2 000,– DM
+ 1. Zugang:	100 Stück à	12,– DM =	+2 000,– DM
= Bestand:	300 Stück	=	3 200,– DM

$$\text{Durchschnittspreis} = \frac{3\,200\,\text{DM}}{300\,\text{Stk}} = 10{,}67\,\text{DM je Stück}$$

− 1. Abgang:	120 Stück à	10,67 DM =	−1 280,40 DM
= Bestand:	180 Stück	=	1 919,60 DM
+ 2. Zugang:	100 Stück à	14,– DM =	+1 400,– DM
= Bestand:	280 Stück	=	3 319,60 DM

$$\text{Durchschnittspreis} = \frac{3\,319{,}60\,\text{DM}}{280\,\text{Stück}} = 11{,}86\,\text{DM je Stück}$$

− 2. Abgang:	150 Stück à	11,86 DM =	−1 779,– DM
= Bestand:	130 Stück	=	1 540,60 DM
+ 3. Zugang:	100 Stück à	16,– DM =	+1 600,– DM
= Bestand:	230 Stück	=	3 140,60 DM

$$\text{Durchschnittspreis} = \frac{3\,140{,}60\,\text{DM}}{230\,\text{Stück}} = 13{,}65\,\text{DM je Stück}$$

− 3. Abgang:	50 Stück à	13,65 DM =	− 682,50 DM
= Endbestand:	180 Stück	=	2 458,10 DM

Da der Tageswert am Bilanzstichtag 3 060,– DM (= 180 Stück à 17,– DM) beträgt, verstößt der Wertansatz nicht gegen das Niederstwertprinzip.

Abb. 52 Gleitende Durchschnittsmethode bei steigenden Preisen (Zahlen wie in Abb. 50)

Anfangsbestand:	200 Stück à	10,– DM =	2 000,– DM
+ 1. Zugang:	100 Stück à	9,– DM =	+ 900,– DM
= Bestand:	300 Stück	=	2 900,– DM

$$\text{Durchschnittspreis} = \frac{2\,900\,\text{DM}}{300\,\text{Stück}} = 9{,}67\,\text{DM je Stück}$$

– 1. Abgang:	120 Stück à	9,67 DM =	–1 160,40 DM
= Bestand:	180 Stück	=	1 739,60 DM
+ 2. Zugang:	100 Stück à	8,– DM =	+ 800,– DM
= Bestand:	280 Stück	=	2 539,60 DM

$$\text{Durchschnittspreis} = \frac{2\,539{,}60\,\text{DM}}{280\,\text{Stück}} = 9{,}07\,\text{DM je Stück}$$

– 2. Abgang:	150 Stück à	9,07 DM =	–1 360,50 DM
= Bestand:	130 Stück	=	1 179,10 DM
+ 3. Zugang:	100 Stück à	7,– DM =	+ 700,– DM
= Bestand:	230 Stück	=	1 879,10 DM

$$\text{Durchschnittspreis} = \frac{1\,879{,}10\,\text{DM}}{230\,\text{Stück}} = 8{,}17\,\text{DM je Stück}$$

– 3. Abgang:	50 Stück à	8,17 DM =	– 408,50 DM
= Endbestand:	180 Stück	=	1 470,60 DM

Der Tageswert am Bilanzstichtag beträgt 180 Stück à 6,– DM = 1 080,– DM.
Um den Niederstwertprinzip Rechnung zu tragen, muß eine zusätzliche Abwertung um 390,60 DM erfolgen.

Abb. 53 Gleitende Durchschnittsmethode bei sinkenden Preisen
(Zahlen wie in Abb. 51)

4.4.4 Das FIFO-Verfahren

Hier wird unterstellt, daß die zuerst angeschafften oder hergestellten Vermögensgegenstände auch zuerst verbraucht oder verkauft werden. Der Endbestand setzt sich aus der bzw. den letzten Lieferungen, bewertet mit den zugehörigen Anschaffungs- bzw. Herstellungskosten zusammen. Die praktische Handhabung des Verfahrens ist relativ einfach. Anders als bei der Durchschnittsmethode und auch anders als bei der LIFO-Methode, ist es für die Bewertung des Endbestandes ohne Einfluß, ob die Abgänge laufend bei jedem einzelnen Abgang oder ob sie am Ende der Periode bewertet werden. Man muß nur den Anfangsbestand und die Zugänge in zeitlicher Reihenfolge solange dem Gesamtverbrauch zuordnen, bis die noch nicht zugeordneten Zugänge mengenmäßig dem Endbestand entsprechen. Bei sinkender Preistendenz führt das FIFO-Verfahren im allgemeinen zu einem Verstoß gegen das Niederstwertprinzip (vgl. Abb. 55). Im übrigen wird es generell als zulässig angesehen, wie auch der Wortlaut des § 256 HGB verdeutlicht. Steuerlich ist es zulässig, wenn man glaubhaft machen kann, daß der tatsächliche Lagerdurchgang in dieser Art erfolgt[739]. Beispiele zum FIFO-Verfahren befinden sich in den Abbildungen 54 und 55.

Anfangsbestand:	200 Stück à	10,– DM =	2 000,– DM
1. Zugang:	100 Stück à	12,– DM =	1 200,– DM
1. Abgang:	120 Stück		
2. Zugang:	100 Stück à	14,– DM =	1 400,– DM
2. Abgang:	150 Stück		
3. Zugang:	100 Stück à	16,– DM =	1 600,– DM
3. Abgang:	50 Stück		
Endbestand:	180 Stück		
Gesamtabgang:	320 Stück		

Nach dem FIFO-Verfahren gelten als verbraucht:

200 Stück à	10,– DM	(aus Anfangsbestand) =	2 000,– DM
100 Stück à	12,– DM	(aus 1. Zugang) =	1 200,– DM
20 Stück à	14,– DM	(aus 2. Zugang) =	280,– DM
Gesamtverbrauch:	320 Stück	=	3 480,– DM

Für die Bewertung des Lagerbestands verbleiben:

80 Stück á	14,– DM	(2. Zugang) =	1 120,– DM
100 Stück à	16,– DM	(3. Zugang) =	1 600,– DM
Endbestand:	180 Stück	=	2 720,– DM

Da der Wertansatz am Bilanzstichtag 3 060,– DM (= 180 × 17,– DM) beträgt, verstößt der Wertansatz nicht gegen das Niederstwertprinzip.

Abb. 54 FIFO-Methode bei steigenden Preisen (Zahlen wie in Abb. 50 und 52)

4.4.5 Das LIFO-Verfahren

Hier wird die umgekehrte Verbrauchsfolge wie im FIFO-Verfahren unterstellt. Die zuletzt angeschafften Güter gelten als zuerst verbraucht. Hierdurch wird der Verbrauch mit zeitnahen Preisen bewertet, während die Bestände mit weiter zurückliegenden Preisen bewertet werden. Zur handelsrechtlichen Zulässigkeit gilt: Sofern das LIFO-Verfahren im Einzelfall nicht gegen das Niederstwertprinzip (z.B. bei gesunkenen Preisen zum Bilanzstichtag) oder gegen das Vorsichtsprinzip verstößt (z.B. bei kontinuierlich fallenden Preisen), gilt es als zulässig, da es vom Wortlaut des § 256 HGB erfaßt ist. Steuerlich ist das Verfahren zulässig, wenn der tatsächliche Lagerdurchgang in dieser Abfolge glaubhaft gemacht wird (Abschn. 36 Abs. 2 EStR). In bestimmten Fällen (Edelmetalle, § 74a EStDV) darf es auch ohne „Glaubhaftmachung" angewandt werden. Ähnlich wie bei der Durchschnittspreismethode, lassen sich auch hier zwei Verfahrensvarianten unterscheiden.

---

[739] Wenngleich Abschn. 36 Abs. 2 EStR hier nur das LIFO-Verfahren erwähnt, wird auch das FIFO-Verfahren im Schrifttum bei Glaubhaftmachung allgemein für zulässig gehalten, vgl. Schmidt, L., EStG, 1984, § 6 Tz 42.

Anfangsbestand:	200 Stück à	10,– DM =	2 000,– DM
+ 1. Zugang:	100 Stück à	9,– DM =	900,– DM
– 1. Abgang:	120 Stück		
+ 2. Zugang:	100 Stück à	8,– DM =	800,– DM
– 2. Abgang:	150 Stück		
+ 3. Zugang:	100 Stück à	7,– DM =	700,– DM
– 3. Abgang:	50 Stück		
Endbestand:	180 Stück		
Gesamtabgang:	320 Stück		

Der Marktpreis je Stück am Bilanzstichtag beträgt   6,– DM

Nach dem FIFO-Verfahren gelten als verbraucht:

200 Stück à	10,– DM	(aus Anfangsbestand)	=	2 000,– DM
100 Stück à	9,– DM	(aus 1. Zugang)	=	900,– DM
20 Stück à	8,– DM	(aus 2. Zugang)	=	160,– DM

Gesamtverbrauch:	320 Stück		=	3 060,– DM

Für die Bewertung des Lagerbestands verbleiben:

80 Stück á	8,– DM	(Rest aus 2. Zugang)	=	640,– DM
100 Stück à	7,– DM	(aus 3. Zugang)	=	700,– DM

Endbestand:	180 Stück		=	1 340,– DM

Der Tageswert am Bilanzstichtag beträgt   1 080,– DM
(180 × 6,– DM). Um den Niederstwertprinzip Rechnung zu tragen,
muß eine zusätzliche Abschreibung um   260,– DM
erfolgen.
Selbst wenn sich der Stückpreis seit dem 3. Zugang nicht mehr geändert hätte (also bei
7,– DM geblieben wäre), läge ein Verstoß gegen das Niederstwertprinzip vor, da 80
Stück des Endbestandes noch mit dem teureren Preis der 2. Lieferung (8,– DM) bewertet wurden.

Abb. 55   FIFO-Methode bei fallenden Preisen (Zahlen wie in Abb. 51 und 53)

Variante 1: Perioden-LIFO

Der Bestand wird nur einmal, zum Jahresende bewertet – unter Beachtung der
LIFO-Reihenfolge. Wenn sich Zugänge und Abgänge abwechseln, dann kann
dieses Perioden-LIFO nicht mit dem tatsächlichen Wertverlauf übereinstimmen,
da jeder Abgang nur mit den Preisen der letzten Vorgängerlieferungen bewertet
werden kann, nicht jedoch mit denen der Nachfolgelieferungen. Ist beim Perioden-LIFO der Endbestand genauso groß wie der Anfangsbestand, entsprechen
sich also die mengenmäßigen Zu- und Abgänge einer Periode, dann ergibt sich
der Bilanzansatz des Vorjahres zwangsläufig als neuer Wertansatz. Da die späteren Zugänge dem Verbrauch zugerechnet werden, bleibt für den Endbestand nur
der Vorjahreswert übrig. Ist der Endbestand kleiner als der Anfangsbestand, so
wird für die Bestandsbewertung noch weiter in das Vorjahr zurückgegangen,
oder es wird der Vorjahresdurchschnittspreis zur Bewertung der Bestandsminderungen herangezogen[740]. Ist der Endbestand größer als der Anfangsbestand, so
wird der Mehrbestand – entsprechend der LIFO-Regel mit den frühesten Liefer-
preisen des Jahres bewertet. Unabhängig von steigenden oder fallenden Preisent-
wicklungen führt das Perioden-LIFO-Verfahren stets zum selben Wert für den

---

[740] Vgl. ADS § 155 Tz 119.

Endbestand (vgl. Abb. 56 und Abb. 57). Bei fallenden Preisen zwingt das Niederstwertprinzip jedoch zum Ansatz des niedrigeren Börsen-, Markt- oder beizulegenden Wertes, sodaß der zu hohe Wertansatz laut Perioden-LIFO-Verfahren unzulässig ist. Beispiele zum Perioden-LIFO-Verfahren befinden sich in den Abbildungen 56 und 57.

Anfangsbestand:	200 Stück à	10,– DM	=	2 000,– DM
1. Zugang:	100 Stück à	12,– DM	=	1 200,– DM
1. Abgang:	120 Stück			
2. Zugang:	100 Stück à	14,– DM	=	1 400,– DM
2. Abgang:	150 Stück			
3. Zugang:	100 Stück à	16,– DM	=	1 600,– DM
3. Abgang:	50 Stück			

Endbestand:	180 Stück
Gesamtabgang:	320 Stück

Nach dem Perioden-LIFO-Verfahren gelten als verbraucht:

100 Stück à	16,– DM	(aus 3. Zugang)	=	1 600,– DM
100 Stück à	14,– DM	(aus 2. Zugang)	=	1 400,– DM
100 Stück à	12,– DM	(aus 1. Zugang)	=	1 200,– DM
20 Stück à	10,– DM	(aus Vorjahr)	=	200,– DM

Gesamtverbrauch:	320 Stück		=	4 400,– DM

Der Endbestand ergibt sich zu 180 Stück à 10,– DM   1 800,– DM

Da der Marktpreis am Bilanzstichtag mit DM 17,– angenommen wurde, ergibt sich keine Notwendigkeit einer zusätzlichen Abwertung zur Einhaltung des Niederstwertprinzipes.

Abb. 56   Perioden-LIFO bei steigenden Preisen (Zahlen wie in Abb. 50, 52, 54)

Nach dem Perioden-LIFO-Verfahren gelten als verbraucht:

100 Stück à	7,– DM	(aus 3. Zugang)	=	700,– DM
100 Stück à	8,– DM	(aus 2. Zugang)	=	800,– DM
100 Stück à	9,– DM	(aus 1. Zugang)	=	900,– DM
20 Stück à	10,– DM	(aus Vorjahr)	=	200,– DM

Gesamtverbrauch:	320 Stück		=	2 600,– DM

Für die Bewertung des Lagerbestands verbleiben 180 Stück à 10,– DM (aus Vorjahr)   1 800,– DM

Der Marktpreis am Bilanzstichtag beträgt 6,– DM je Stück, der Tageswert folglich   1 080,– DM

Um den Niederstwertprinzip Rechnung zu tragen, muß eine zusätzliche Abwertung um   720,– DM erfolgen.

Abb. 57   Perioden-LIFO bei sinkenden Preisen (Zahlen wie in Abb. 51, 53, 55)

Variante 2: Permanentes LIFO

Hier wird jeder Abgang sofort erfaßt und entsprechend dem LIFO-Kriterium bewertet. Die für das Perioden-LIFO-Verfahren festgestellten Gesetzmäßigkeiten gelten hier nicht mehr. Beispiele befinden sich in den Abbildungen 58 und 59.

Anfangsbestand:	200 Stück à	10,– DM =	2 000,– DM
+ 1. Zugang:	100 Stück à	12,– DM =	+1 200,– DM
= Bestand:	300 Stück	=	3 200,– DM
– 1. Abgang:	100 Stück à	12,– DM =	–1 200,– DM
	20 Stück à	10,– DM =	– 200,– DM
= Bestand:	180 Stück	=	1 800,– DM
+ 2. Zugang:	100 Stück à	14,– DM =	+1 400,– DM
= Bestand:	280 Stück	=	3 200,– DM
– 2. Abgang:	100 Stück à	14,– DM =	–1 400,– DM
	50 Stück à	10,– DM =	– 500,– DM
= Bestand:	130 Stück	=	1 300,– DM
+ 3. Zugang:	100 Stück à	16,– DM =	+1 600,– DM
= Bestand:	230 Stück	=	2 900,– DM
– 3. Abgang:	50 Stück à	16,– DM =	– 800,– DM
= Endbestand:	180 Stück	=	2 100,– DM

Der Tageswert am Bilanzstichtag beträgt (= 180 × 17,– DM)   3 060,– DM
Eine Abwertung aufgrund des Niederstwertprinzipes ist nicht erforderlich.

Abb. 58   Permanentes LIFO bei steigenden Preisen (Zahlen wie in Abb. 50, 52, 54, 56)

Anfangsbestand:	200 Stück à	10,– DM =	2 000,– DM
+ 1. Zugang:	100 Stück à	9,– DM =	+ 900,– DM
= Bestand:	300 Stück	=	2 900,– DM
– 1. Abgang:	100 Stück à	9,– DM =	– 900,– DM
	20 Stück à	10,– DM =	– 200,– DM
= Bestand:	180 Stück	=	1 800,– DM
+ 2. Zugang:	100 Stück à	8,– DM =	+ 800,– DM
= Bestand:	280 Stück	=	2 600,– DM
– 2. Abgang:	100 Stück à	8,– DM =	– 800,– DM
	50 Stück à	10,– DM =	– 500,– DM
= Bestand:	130 Stück	=	1 300,– DM
+ 3. Zugang:	100 Stück à	7,– DM =	+ 700,– DM
= Bestand:	230 Stück	=	2 000,– DM
– 3. Abgang:	50 Stück à	7,– DM =	– 350,– DM
= Endbestand:	180 Stück	=	1 650,– DM

Da der Tageswert (180 × 6,–)   = 1 080,– DM
beträgt, muß eine Abwertung um   570,– DM
erfolgen, um dem Niederstwertprinzip gerecht zu werden.

Abb. 59   Permanentes LIFO bei sinkenden Preisen (Zahlen wie in Abb. 51, 53, 55, 57)

4.4.6 Das HIFO-Verfahren

Das HIFO-Verfahren zählt zu den Verfahren, die Verbrauchsfolgen nicht nach der zeitlichen Reihenfolge der Anschaffung bzw. Herstellung unterstellen, sondern nach der Höhe der Anschaffungs- bzw. Herstellungskosten. Das Verfahren wird vom Wortlaut des § 256 HGB erfaßt, wo es heißt: „Kann ... unterstellt werden, daß die ... Vermögensgegenstände ... in einer sonstigen bestimmten Folge verbraucht oder veräußert worden sind." Beim HIFO-Verfahren werden zunächst die Lieferungen mit den höchsten Anschaffungs- bzw. Herstellungskosten als Verbrauch gebucht. Für die Bestandsbewertung bleiben die niedrigsten Preise übrig. Dieses Verfahren entspricht v.a. bei schwankenden Preisen dem Vorsichtsprinzip. Bei kontinuierlich steigenden Preisen führt es zum selben Ergebnis wie das LIFO-Verfahren, bei kontinuierlichen fallenden Preisen entspricht es den FIFO-Verfahren. Die entsprechenden Beispiele finden sich in den Abbildungen 54 bis 57. Ebenso wie bei der LIFO-Methode unterscheidet man ein Perioden-HIFO- und ein permanentes HIFO-Verfahren. Der Unterschied liegt wieder darin, daß die Verbrauchsbuchungen im einen Fall dem Jahresende zugeordnet werden (Perioden-HIFO), im anderen Fall zum Zeitpunkt des tatsächlichen Verbrauchs erfolgen (permanentes HIFO). Während die handelsrechtliche Zulässigkeit des FIFO- und des LIFO-Verfahrens im Schrifttum weitgehend unumstritten ist, teilen sich die Ansichten beim HIFO-Verfahren. Befürworter sind etwa Adler/Düring/Schmaltz[741]. Steuerlich ist es als Verbrauchsfiktion nicht zulässig. Beispiele zum HIFO-Verfahren befinden sich in den Abbildungen 60 und 61.

Anfangsbestand:	100 Stück à	100,– DM =	10 000,– DM
1. Zugang:	200 Stück à	120,– DM =	24 000,– DM
1. Abgang:	150 Stück		
2. Zugang:	100 Stück à	110,– DM =	11 000,– DM
2. Abgang:	200 Stück		
3. Zugang:	150 Stück à	130,– DM =	19 500,– DM
3. Abgang:	50 Stück		
Anfangsbestand und Zugänge:	550 Stück		
Abgänge:	400 Stück		
Nach dem Perioden-HIFO gelten als verbraucht:			
150 Stück à	130,– DM	=	19 500,– DM
200 Stück à	120,– DM	=	24 000,– DM
50 Stück à	110,– DM	=	5 500,– DM
400 Stück Gesamtverbrauch:		=	49 000,– DM
Für die Bestandsbewertung ergibt sich:			
50 Stück à	110,–	=	5 500,– DM
100 Stück à	100,–	=	10 000,– DM
150 Stück Endbestand		=	15 500,– DM

Liegt der Marktpreis am Bilanzstichtag unter 103,33 DM $(= \dfrac{15\,500,- \text{DM}}{150\,\text{Stück}})$ je Stück, so führt das HIFO-Verfahren zu einem zu hohen Wertansatz. Es ist eine Abwertung durchzuführen, um nicht gegen das Niederstwertprinzip zu verstoßen.

Abb. 60 Perioden-HIFO-Verfahren

---

[741] Vgl. ADS § 155 Tz 129ff.; weitere Literaturangaben zum Meinungsstand des Schrifttums vgl. WP-Handbuch, 1985/86, Bd. 1, S. 598, Fußnote 241.

Anfangsbestand:	100 Stück à	100,– DM =	10 000,– DM
+ 1. Zugang:	200 Stück à	120,– DM =	+24 000,– DM
= Bestand:	300 Stück	=	34 000,– DM
– 1. Abgang:	150 Stück à	120,– DM =	–18 000,– DM
= Bestand:	150 Stück	=	16 000,– DM
+ 2. Zugang:	100 Stück à	110,– DM =	+11 000,– DM
= Bestand	250 Stück	=	27 000,– DM
– 2. Abgang:	50 Stück à	120,– DM =	– 6 000,– DM*
	100 Stück à	110,– DM =	–11 000,– DM**
	50 Stück à	100,– DM =	– 5 000,– DM***
= Bestand:	50 Stück	=	5 000,– DM
+ 3. Zugang:	150 Stück à	130,– DM =	+19 500,– DM
= Bestand:	200 Stück	=	24 500,– DM
– 3. Abgang:	50 Stück à	130,– DM =	– 6 500,– DM
= Endbestand:	150 Stück	=	18 000,– DM

*   Rest aus 1. Zugang
**   aus 2. Zugang
*** aus Anfangsbestand

Liegt der Marktpreis am Bilanzstichtag unter 120,– DM $(= \dfrac{18\,000,–\,DM}{150\,Stück})$ je Stück,
dann ist der Wertansatz laut permanentem HIFO-Verfahren zu hoch. Es ist eine Abwertung durchzuführen, um nicht gegen das Niederstwertprinzip zu verstoßen.

Abb. 61   Permanentes HIFO-Verfahren (Zahlen wie in Abb. 60)

4.4.7 Das LOFO-Verfahren

Ebenso wie das HIFO-Verfahren ist das LOFO-Verfahren vom Wortlaut des § 256 HGB als sonstige bestimmte Verbrauchsfolge erfaßt. Hierbei gelten zuerst die Güter mit den niedrigsten Anschaffungs- bzw. Herstellungskosten als verbraucht. Für die Bestandsbewertung kommen die höheren Anschaffungs- bzw. Herstellungskosten zur Anwendung. Bei kontinuierlich fallenden Preisen führt das LOFO-Verfahren zum selben Wert wie das LIFO-Verfahren. Beide Verfahren verstoßen in diesem Fall gegen das Niederstwertprinzip. Bei kontinuierlich steigenden Preisen führen LOFO- und FIFO-Verfahren zum selben Ergebnis. Das LOFO-Verfahren widerspricht schon von seiner Konzeption her dem Vorsichtsprinzip, da es die grundsätzliche Eigenschaft hat, Bestände mit möglichst hohen Werten auszuweisen[742]. Seine handelsrechtliche Zulässigkeit und seine betriebswirtschaftliche Zweckmäßigkeit wird im Schrifttum deshalb eher ablehnend beurteilt[743]. Verfahrenstechnisch läßt sich wiederum ein Perioden-LOFO-Verfahren und ein permanentes LOFO-Verfahren unterscheiden. Ein Beispiel zum Perioden-LOFO-Verfahren befindet sich in Abb. 62.

---

[742] Vgl. ADS § 155 Tz 133.
[743] Ebenda, vgl. auch Coenenberg, A., Jahresabschluß, 1982, S. 137, vgl. Wöhe, G., Bilanzierung, 1984, S. 49.2

Nach dem Perioden-LOFO-Verfahren gelten als verbraucht:

100 Stück	à	100,– DM	10 000,– DM
100 Stück	à	110,– DM	11 000,– DM
200 Stück	à	120,– DM	24 000,– DM
400 Stück	Gesamtverbrauch		45 000,– DM

Für die Bestandsbewegung ergibt sich:

150 Stück	à	130,– DM	19 500,– DM

Abb. 62   Das Perioden-LOFO-Verfahren (Zahlen wie in Abb. 60 u. 61)

4.4.8 Das KIFO-Verfahren

Gehört ein Unternehmen zu einem Konzern und setzen sich seine Lagerzugänge sowohl aus Lieferungen von anderen Unternehmen des Konzerns, als auch von konzernfremden Dritten bzw. aus Eigenfertigungen zusammen, so kann es zweckmäßig sein, der Anwendung der FIFO-, LIFO- oder HIFO-Verbrauchsfolgen ein Verbrauchsfolgeverfahren vorzuschalten, das zunächst die konzerninternen Lieferungen als verbraucht gelten läßt. Dies hat den Vorteil, daß bei der Erstellung der konsolidierten Konzernbilanz Zwischengewinne nicht eliminiert werden müssen.

§ 304 HGB schreibt nämlich vor, daß Lieferungen oder Leistungen zwischen den einzelnen Konzerngliedern mit dem Wert anzusetzen sind, mit dem sie anzusetzen wären, wenn der Konzern ein einziges, rechtlich selbständiges Unternehmen wäre. In diesem letzteren Falle nämlich dürfen Vertriebskosten und Gewinnaufschläge nicht als Anschaffungskosten aktiviert werden. Da es aber im Lieferverkehr zwischen den einzelnen, rechtlich selbständigen Konzerngliedern üblich ist – allein schon aus Gründen der steuerlichen Gewinnverlagerung – Gewinnaufschläge in Rechnung zu stellen, müssen bei der Erstellung der Konzernbilanz die sog. **Zwischengewinne eliminiert** werden – ein rechentechnisch höchst umständliches Verfahren[744]. Von dieser Zwischengewinneliminierung kann nur dann abgesehen werden, wenn die Lieferung zu marktüblichen Bedingungen vorgenommen wurde, wenn die Eliminierung einen unverhältnismäßig hohen Aufwand erfordern würde oder für die Vermittlung eines den tatsächlichen Verhältnissen entsprechenden Bildes der Vermögens-, Finanz- und Ertragslage des Konzerns von untergeordneter Bedeutung ist (§ 304 Abs. 2 und 3 HGB). In allen anderen Fällen muß die Zwischengewinneliminierung erfolgen. Durch Vorschaltung des KIFO-Verfahrens (**Konzern-in-first-out**) wird erreicht, daß für Verbrauchsbuchungen **zunächst die konzerninternen Lieferungen** herangezogen werden. Im Endbestand sind dann möglicherweise gar keine, zumindest aber weniger konzerninterne Lieferungen enthalten. Zusätzlich kann die Verbrauchsfiktion KIFO dahingehend erweitert werden, daß von den konzerninternen Lieferungen **vorrangig diejenigen mit hohen Zwischengewinnen** als verbraucht gelten, so daß für die im Endbestand noch verbleibenden Konzernlieferungen eine Zwischengewinneliminierung wegen untergeordneter Bedeutung möglicherweise unterbleiben kann (§ 304 Abs. 3 HGB). Ist der Verbrauch größer als die konzerninternen Lieferungen, so ist für den Verbrauch der konzernexternen Lieferungen eine der bekannten Verbrauchsfolgen (FIFO usw.) zu unterstellen, bzw. es ist mit konzernexternen Durchschnittspreisen zu bewerten.

---

[744] Vgl. z.B. Coenenberg, A., Jahresabschluß, 1982, S. 290ff.

5. Die Bewertung des Eigenkapitals

Eigenständige Bewertungsprobleme können sich beim Eigenkapital nicht ergeben, da es als Differenzgröße zwischen Vermögen und Schulden in seinem Wert eindeutig bestimmt ist.

Das Eigenkapital setzt sich aus folgenden Bestandteilen zusammen (§ 266 Abs. 3, A HGB):

I.   Gezeichnetes Kapital;
II.   Kapitalrücklage;
III.   Gewinnrücklagen:
    1. Gesetzliche Rücklage;
    2. Rücklage für eigene Anteile;
    3. Satzungsmäßige Rücklage;
    4. andere Gewinnrücklagen;
IV.   Gewinnvortrag/Verlustvortrag;
V.   Jahresüberschuß/Jahresfehlbetrag.

Das **gezeichnete Kapital** ist zum Nennbetrag anzusetzen. Nennbetrag ist bei Kapitalgesellschaften der Betrag, auf den die Haftung der Gesellschafter für die Verbindlichkeiten der Gesellschaft gegenüber Gläubigern beschränkt ist (§ 272 Abs. 1 HGB). Bei Aktiengesellschaften setzt sich der Nennbetrag des gezeichneten Kapitals aus der Summe der Nennwerte der einzelnen Aktien zusammen (§§ 6-8 AktG). Bei der GmbH entspricht der Nennbetrag des gezeichneten Kapitals dem Stammkapital, d.h. der Summe der von den einzelnen Gesellschaftern zu leistenden[745] Stammeinlagen (§ 5 GmbHG).

Die **Kapitalrücklagen**[746] entstehen durch Zuzahlungen der Gesellschafter z.B. bei Emissionen von Aktien, Wandel- oder Optionsschuldverschreibungen. Da es sich hierbei um Geldleistungen handelt, entstehen keine Bewertungsprobleme. Folgt eine Dotierung der Kapitalrücklage aufgrund eines den Nennwert der gewährten Kapitalanteile übersteigenden Zeitwerts von Sacheinlagen, dann besteht kein Bewertungsproblem bei der Rücklagenbewertung, sondern vorgelagert bei der Bewertung der Anschaffungskosten der Sacheinlagen[747].

Auch für die **Gewinnrücklagen** ergeben sich keine eigenständigen Bewertungsprobleme. Der Gewinn als Saldo der Erträge und Aufwendungen wird zwar durch die Bewertung des Vermögens und der Schulden beeinflußt. Da die Gewinnrücklagen Gewinnverwendung darstellen, bestehen bei der Bemessung der Rücklagenhöhe keine Bewertungsspielräume mehr. Dasselbe gilt für die Eigenkapitalpositionen **Gewinnvortrag/Verlustvortrag** sowie **Jahresüberschuß/Jahresfehlbetrag**. Es handelt sich wie bei allen Eigenkapitalposten um ein reines Ausweisproblem ohne bewertungsmäßige Relevanz.

Bewertungsprobleme können sich bei Entnahmen und Einlagen ergeben, die nicht in Geld, sondern als Sacheinlagen/-entnahmen getätigt werden. Auch hier bezieht sich der Bewertungsvorgang auf die Bewertung der betroffenen Vermö-

---

[745] Zur bilanziellen Behandlung von ausstehenden Einlagen vgl. S.91f sowie § 272 Abs. 1 HGB und § 36a AktG.
[746] Vgl. S. 115ff.
[747] Vgl. S. 189.

gensgegenstände, d.h. bei **Sacheinlagen** auf ihre Anschaffungskosten. In der Satzung wird lediglich der Nennbetrag der Aktien (§ 27 AktG) bzw. der Betrag der Stammeinlage (§ 5 Abs. 4 GmbHG) festgestellt. Zur Bewertung der Anschaffungskosten von Sacheinlagen vgl. S. 189f.

Entnahmen zulasten des Eigenkapitals sind nur bei bestimmten Rechtsformen möglich. Z.B. können der Einzelunternehmer, der OHG-Gesellschafter (§ 122 HGB) und der Komplementär einer KG (§§ 161, 169 HGB) Entnahmen zulasten ihres Eigenkapitalkontos tätigen. Diese Entnahmen mindern den Bestand des variablen Kapitalkontos. Die Bewertung der entnommenen Gegenstände erfolgt zum Wiederbeschaffungswert bzw. steuerlich zum Teilwert[748].

6. Die Bewertung von Verbindlichkeiten

Das HGB gibt im § 253 Abs. 1 folgende Bewertungsvorschrift: Verbindlichkeiten sind mit dem **Rückzahlungsbetrag** anzusetzen[749]. Weder der Auszahlungsbetrag (Verfügungsbetrag), der bei Vereinbarung eines Auszahlungsdisagios unter dem Rückzahlungsbetrag liegen kann, noch der Nennwert (z.B. einer Teilschuldverschreibung[750]), der bei Überpari-Rückzahlung ebenfalls unter dem Rückzahlungsbetrag liegen kann, sind für die Bewertung maßgeblich[751]. Die Abzinsung von niedrig oder unverzinslichen Verbindlichkeiten ist wegen des Wortlauts des § 253 Abs. 1 HGB („Rückzahlungsbetrag") nicht zulässig. Wird die niedrigere Verzinsung durch einen Auszahlungsverlust (**Disagio**) erkauft, so gibt das Wahlrecht zur Aktivierung dieses Disagios bei gleichzeitiger Passivierung des vollen Rückzahlungsbetrags die Möglichkeit, faktisch einen Barwertansatz zu wählen[752]. Ist der Rückzahlungsbetrag unsicher, weil es sich um eine auf fremde Währung lautende Verbindlichkeit handelt (**Valutaschuld**), so kommen das Höchstwertprinzip[753] und das Imparitätsprinzip[754] zur Anwendung. Bei Aufwertung der DM darf der Wertansatz der Verbindlichkeit deshalb nicht vermindert werden[755]. Besteht eine Verpflichtung zu **laufenden Rentenzahlungen**, so ist der Barwert anzusetzen[756]. Handelt es sich um eine Leibrente, so ist bei der Berechnung des Barwertes nach versicherungsmathematischen Grundsätzen vorzugehen (Sterbewahrscheinlichkeiten). Der Zinssatz darf im allgemeinen 3% nicht unterschreiten, als Obergrenze gelten die Zinssätze für langfristig aufgenommenes Kapital[757]. Bei wertgesicherten Renten ist der reale Zinssatz (nicht der höhere nominale Zinssatz) zu verwenden. Andernfalls ergäbe sich ein Verstoß gegen das Vor-

---

[748] Vgl. Schulze zur Wiesche, D. W., Gesellschafterentnahmen, BB, 1985, S. 1522ff.

[749] Vgl. oben, S. 190f, 207f.

[750] Vgl. oben, S. 207.

[751] Vgl. auch WP-Handbuch, 1985/86, Bd. 1, S. 645.

[752] Vgl. Moxter, A., Fremdkapitalbewertung, WPg, 1984, S. 401.

[753] Vgl. oben, S. 172f.

[754] Vgl. oben, S. 170.

[755] Vgl. oben, S. 208, vgl. auch den Entwurf einer Verlautbarung des HFA zur Währungsumrechnung im Jahres- und Konzernabschluß, WPg, 1984, S. 585ff., vgl. auch Groh, M., Zur Bilanzierung von Fremdwährungsgeschäften, DB 1986, S. 869ff.

[756] Vgl. oben, S. 208.

[757] Vgl. WP-Handbuch 1985/86, Bd. 1, S. 646, vgl. oben, S. 247; steuerlich ist ein einheitlicher Zinssatz von 5,5% vorgeschrieben, wenn nicht vertraglich ein anderer Satz vereinbart ist, Abschn. 139 Abs. 13 EStR.

sichtsprinzip[758]. Der Barwert der Rente ist jedes Jahr neu zu ermitteln. Steigt der Marktzinssatz in späteren Jahren, so verbietet das Realisationsprinzip eine Abwertung des Rentenbarwertes. Es muß also mit dem ursprünglichen, niedrigeren Zinssatz diskontiert werden. Sinkt hingegen der für die Barwertberechnung relevante Zinssatz (z.B. der Marktzinssatz), so ergibt sich ein höherer Barwert, der aufgrund des Imparitätsprinzips auch zu passivieren ist.

7. Die Bewertung von Rückstellungen

Nach § 249 HGB dürfen folgende **Rückstellungs-Arten** gebildet werden[759]:

- Rückstellungen für ungewisse Verbindlichkeiten (Passivierungspflicht)[760],
- Rückstellungen für drohende Verluste aus schwebenden Geschäften (Passivierungspflicht)[761],
- Rückstellungen für unterlassene Aufwendungen für Instandhaltung (Passivierungspflicht, falls Nachholung innerhalb 3 Monate, sonst Passivierungswahlrecht[762]),
- Rückstellungen für Abraumbeseitigung (Passivierungspflicht, falls Nachholung im folgenden Jahr)[763],
- Rückstellungen für Gewährleistung ohne rechtliche Verpflichtung (Passivierungspflicht)[764],
- Aufwandsrückstellungen (Passivierungswahlrecht)[765],
- Rückstellungen für latente Steuern (Passivierungspflicht)[766].

Für andere Zwecke dürfen Rückstellungen nicht gebildet werden. Abweichend von diesen Rückstellungszwecken erfolgt der **Ausweis in der Bilanz**[767] unter den folgenden 3 Positionen (§ 266 Abs. 3 B. 1-3 HGB):

- Rückstellungen für Pensionen und ähnliche Verpflichtungen,
- Steuerrückstellungen,
- sonstige Rückstellungen.

Eine zusammenfassende Übersicht über Zulässigkeit und Ausweis von Rückstellungen gibt Abbildung 25 auf S. 151.

---

[758] Vgl. Moxter, A., Fremdkapitalbewertung, WPg, 1984, S. 403.

[759] Vgl. oben, S. 136ff, 151.

[760] Vgl. oben, S. 137ff, auch steuerliche Passivierungspflicht, vgl. S. 147ff.

[761] Vgl. oben, S. 142f, auch steuerliche Passivierungspflicht, vgl. S. 147.

[762] Vgl. oben, S. 143f, innerhalb der 3-Monatsfrist auch steuerliche Passivierungspflicht, vgl. S. 148.

[763] Vgl. oben, S. 143f, auch steuerliche Passivierungspflicht, vgl. S. 148.

[764] Vgl. oben, S. 144, auch steuerliche Passivierungspflicht, vgl. S. 149.

[765] Vgl. oben, S. 144ff, steuerlich Passivierungsverbot, vgl. S. 148.

[766] Vgl. oben, S. 139ff, je nach Grund der Bildung entweder mehr als Aufwandsrückstellung (z.B. wenn durch Aktivierung von Ingangsetzungskosten oder anderen Bilanzierungshilfen verursacht) oder mehr als Rückstellungen für ungewisse Verbindlichkeiten zu sehen, steuerlich besteht ein Passivierungsverbot, vgl. S. 149.

[767] Vgl. oben, S. 150f.

7.1 Allgemeine Bewertungsgrundsätze für Rückstellungen

Für die Bewertung der Rückstellungen wird in § 253 Abs. 1 HGB gefordert, daß sie „nur in Höhe des Betrages anzusetzen (sind), der nach **vernünftiger kaufmännischer Beurteilung** notwendig ist"[768]. Durch Verwendung des Wortes „nur" signalisiert der Gesetzgeber, daß andere Wertansätze als die, die sich durch kaufmännische vernünftige Beurteilung begründen lassen, weder nach oben, noch nach unten zulässig sind[769]. Ausgeschlossen ist vor allem ein zu niedriger Wertansatz, da dieser nicht dem **Vorsichtsprinzip** und somit der vernünftigen kaufmännischen Beurteilung entspricht. Ausgeschlossen sind allerdings auch Wertansätze, die das Vorsichtsprinzip überzeichnen. Offensichtlich überhöhte und den tatsächlichen wirtschaftlichen Verhältnissen nicht gerecht werdende Wertansätze sind unzulässig. Der Grundsatz der Vorsicht verlangt zwar, daß insbesondere die negativen Gesichtspunkte überprüft und erforderlichenfalls berücksichtigt werden. Er verlangt jedoch nicht, daß sich die Schätzung der Rückstellungshöhe ausschließlich auf negative Merkmale aufbaut[770]. Rückstellungen sind folglich in Höhe des Betrags zu bilden, mit dem die Gesellschaft voraussichtlich in Anspruch genommen wird oder den sie zur Abdeckung des Risikos benötigt[771]. Diese Regelung gilt für alle Rechtsformen. Eine über den unvermeidlichen **Schätzungsspielraum** hinausgehende, willkürliche Überbewertung ist ebenso unzulässig wie der Ausweis fingierter Verbindlichkeiten[772]. Besonders schwierig wird die Schätzung der Rückstellungshöhe bei Ereignissen, die durch Einzigartigkeit und außergewöhnliche Höhe des rückzustellenden Betrags gekennzeichnet sind, z.B. bei Produkthaftung, bei Schadensersatzhaftung und Sachmängelgewährleistung in bestimmten Bereichen (etwa Bau und Betrieb von Kernkraftwerken, Verwendung neuer Technologien und neuer Materialien im Produktionsprozeß u. dgl.). In solchen Fällen bestehen i.d.R. keine objektiven Wahrscheinlichkeiten zur Quantifizierung der künftigen Belastung. Die Erfahrungen der Vergangenheit liefern keine oder nur beschränkte Anhaltspunkte, wenn z.B. eine veränderte Bauweise, ein neues Verfahren, noch nicht erprobtes Material u. dgl. größere Wagnisse bringen[773]. Die Schwierigkeit der Schätzung und Berechnung der Rückstellungshöhe darf jedoch in keinem Fall zur Unterlassung der notwendigen Rückstellung führen[774]. Diese Grundsätze gelten auch für die steuerliche Bewertung[775].

An **methodischen Werkzeugen zur Schätzung der Rückstellungshöhe** stehen dem Bilanzierenden zur Verfügung:

- **Kausal fundierte Berechnungsmodelle** aufgrund sicherer Daten. Die Höhe der Rückstellung ergibt sich aufgrund der bestehenden Ursache-Wirkungszusam-

---

[768] Vgl. oben, S. 208, durch das neue Recht hat sich keine Änderung gegenüber dem alten § 156 Abs. 4 AktG a.F. ergeben

[769] Vgl. WP-Handbuch 1985/86, Bd. 1, S. 630.

[770] Vgl. ADS § 156 Tz 43.

[771] Vgl. WP-Handbuch 1985/86, Bd. 1, S. 630.

[772] Vgl. Gross, G., Schruff, L., Jahresabschluß, 1986, S. 122.

[773] Vgl. Wöhe, G., Bilanzierung, 1984, S. 548.

[774] Vgl. ADS § 156 Tz 45.

[775] Mit Ausnahme des § 6a EStG enthält das kodifizierte Steuerrecht keine detaillierten Vorschriften für die Bewertung von Rückstellungen. Aufgrund des Maßgeblichkeitsprinzips gelten deshalb die handelsrechtlichen Vorschriften auch für die Steuerbilanz, vgl. etwa Knobbe-Keuk, B., Bilanzsteuerrecht, 1985, S. 182f.

menhänge aus bekannten und verfügbaren Werten, etwa bei der Berechnung von Steuerrückstellungen.

- **Statistische Prognoseverfahren** unter Verwendung objektiver Wahrscheinlichkeiten. Die Höhe der Rückstellung ergibt sich aus Prognoserechnungen, in die Zufallsvariablen eingehen, die sich durch Wahrscheinlichkeitsverteilungen objektiv beschreiben lassen. Beispiel ist die Verwendung von Sterbetafeln (Sterbewahrscheinlichkeiten in Abhängigkeit vom jeweiligen Lebensalter) bei der Berechnung von Pensionsrückstellungen. Ein weiteres Beispiel ist die Inanspruchnahme aus Gewährleistungsverträgen, die sich aus den Häufigkeitsverteilungen der Vergangenheit bei ausreichender Fallanzahl objektivieren läßt.
- Die Verwendung sog. **subjektiver Wahrscheinlichkeiten:** Sind objektive, d.h. intersubjektiv nachprüfbare Wahrscheinlichkeiten, z.B. wegen fehlender Häufigkeit des Rückstellungsgrundes nicht vorhanden, so wird im Schrifttum die Verwendung subjektiver Wahrscheinlichkeiten und ihre Einbeziehung in Prognosemodelle vorgeschlagen[776]. Man versteht hierunter die Verwendung subjektiv geschätzter Glaubwürdigkeitsziffern[777] für einzelne Ereignisse (z.B. für verschiedene Schadensursachen oder unterschiedliche Schadenshöhen). Weiterhin wird vorgeschlagen, objektive und subjektive Verfahren zu kombinieren, indem subjektive Schätzungen in objektive Prognosemodelle eingehen[778].

Einzelbewertung – Pauschalbewertung

§ 252 Abs. 1 HGB enthält den Grundsatz der Einzelbewertung[779]. Dieser gilt auch für die Bewertungen der Rückstellungen. Sofern eine Einzelbewertung möglich ist, sind Rückstellungsdotierungen deshalb stets einzeln zu bewerten. Dies ist für die überwiegende Anzahl der Rückstellungen der Fall.

Bei den Rückstellungen für ungewisse Verbindlichkeiten sind deshalb i.d.R. einzeln zu bewerten:

- Steuerrückstellungen (incl. Rückstellungen für latente Steuern),
- Rückstellungen für Sozialplanverpflichtungen,
- Rückstellungen für Kosten der Jahresabschlußprüfung und der Hauptversammlung,
- Rückstellungen für Provisionen, Tantiemen, Gratifikationen,
- Rückstellungen für Boni und Rabatte,
- Rückstellungen aufgrund nicht verbrauchter Urlaubsansprüche,
- Rückstellungen für den Ausgleichsanspruch des Handelsvertreters[780],
- Rückstellungen zur Abdeckung des Prozeßrisikos,
- Rückstellungen für Patent- und Markenzeichenverletzungen,

[776] Vgl. Leffson, U., Grundsätze, 1982, S. 428ff.
[777] Näheres vgl. bei Schneider, D., Investition und Finanzierung, 1983, S. 67ff. Diese Glaubwürdigkeitsziffern werden, den Postulaten der Wahrscheinlichkeitstheorie entsprechend, normiert, so daß ihre Summe den Wert 1 ergibt.
[778] vgl. hierzu Hanssmann, F., Systemforschung, 1985, S. 97-101, der aus durch subjektive Schätzungen gewonnenen Wahrscheinlichkeitsverteilungen mit Hilfe objektiver, d.h. kausal begründeter Prognosemodelle Risikoprofile ableitet.
[779] Vgl. oben, S. 162ff.
[780] Steuerlich unzulässig, vgl. Beck'sches Steuerberater-handbuch 1986, Abschnitt B, Tz 1252, S. 328.

- Rückstellungen für Inanspruchnahme aus dem Wechselobligo und aus Bürgschaften,
- Rückstellungen für Heimfallverpflichtungen,
- Rückstellungen für Bergschäden u.ä.

Bei den Rückstellungen für drohende Verluste aus schwebenden Geschäften[781] sind i.d.R. einzeln zu bewerten:

- Rückstellungen für drohende Verluste aus Einkaufs- und Verkaufskontrakten,
- Rückstellungen für drohende Verluste aus Mietverträgen,
- Rückstellungen für drohende Verluste aus Arbeitsverträgen[782].

Bei den Aufwandsrückstellungen[783] sind vor allem die sich nicht laufend wiederholenden Rückstellungsgründe und die betragsmäßig besonders ins Gewicht fallenden Rückstellungsarten einzeln zu bewerten.

Ein **Abweichen vom Einzelbewertungsgrundsatz** bei Rückstellungen kann aus zwei Gründen erforderlich sein:

1. Bei faktischer Unmöglichkeit der Einzelbewertung
2. Aufgrund des Wirtschaftlichkeitspostulates[784].

Pauschalbewertungen von Rückstellungen sind dann unausweichlich, wenn eine **Einzelbewertung faktisch nicht möglich ist**. Zu diesen nur kollektiv bewertbaren Rückstellungsarten gehören insbesondere

- die Pensionsrückstellung und
- die Garantie- und Gewährleistungsrückstellung (mit und ohne rechtliche Verpflichtung).

Die Einzelbewertung ist bei **Pensionsrückstellungen** deshalb nicht möglich, weil die Verwendung von Wahrscheinlichkeitsverteilungen (Sterbetafeln) stets nur für eine Vielzahl von Ereignissen, jedoch nicht für das einzelne Ergebnis aussagekräftig ist (z.B. das Ableben eines bestimmten Arbeitnehmers). Die Einzelbewertung bei Garantie- und **Gewährleistungsrückstellungen** ist faktisch unmöglich, da einer einzelnen verkauften Produkteinheit ein entsprechender Aufwand nicht zugerechnet werden kann, solange keine Ansprüche vom Kunden geltend gemacht worden sind. Dann aber liegt i.d.R. nicht ein Rückstellungsgrund, sondern bereits eine echte Verbindlichkeit (Sachleistungsverpflichtung[785]) vor. „Dagegen läßt sich bei einem umfangreichen Bestand an gleichgearteten Verkaufseinheiten bei Ausnutzung wahrscheinlichkeitstheoretischer Gesetzmäßigkeiten objektiv nachprüfbar ein Wertebereich für die künftigen Garantieverpflichtungen zuweisen. Dies aus dem Grunde, da für eine Vielzahl wesensidentischer Sachverhalte im Durchschnitt eben gerade der Durchschnittsgarantieaufwand auftritt"[786]. Die pauschale Rückstellungsbemessung orientiert sich an **Schlüsselgrößen**, etwa den nach Risikogruppen unterteilten Umsatzerlösen. Die Praxis

---

[781] Vgl. oben, S. 142f.
[782] Vgl. Herzig, N., Erfüllungsrückstände, DB, 1985, S. 1301ff.
[783] Vgl. oben, S. 143ff.
[784] Vgl. Faller, E., Der Grundsatz der Einzelbewertung, BB, 1985, S. 2017ff.
[785] Vgl. oben, S.68.
[786] Vgl. Faller, E., Der Grundsatz der Einzelbewertung, BB, 1985, S. 2023.

verwendet hier branchenübliche Prozentsätze, z.b. beim Hochbau: für Maurerarbeiten 0,5% des Umsatzes, für Stahlbetonarbeiten 0,75% des Umsatzes[787].

Pauschalbewertungen aufgrund des Wirtschaftlichkeitspostulats können in Frage kommen, wenn die Einzelbewertung unverhältnismäßig hohen Aufwand verursacht[788] oder wenn die Beträge von untergeordneter Bedeutung sind[789]. Hierzu können zählen

- Rückstellungen für unterlassene Instandhaltung[790],
- Rückstellungen für drohende Inanspruchnahme aus dem Wechselobligo[791].

7.2 Die Bewertung von Pensionsrückstellungen[792]

Grundsätzlich ist hier zu unterscheiden, ob die Rückstellung für bereits laufende Pensionen oder für Pensionsanwartschaften gebildet wird.

7.2.1 Pensionsrückstellungen bei laufenden Renten

Ist der Pensionsempfänger bereits im Ruhestand und erhält laufend seine Betriebspension, dann ist der nach versicherungsmathematischen Gesichtspunkten berechnete Barwert der noch zu erbringenden Leistungen der Höchstbetrag für die Rückstellung. Dieser Barwert einer Altersrente wird ermittelt, indem die Pensionszahlung jedes Jahres mit der Erlebenswahrscheinlichkeit multipliziert, jeweils auf den Bilanzstichtag abgezinst und über alle Jahre aufsummiert wird[793]. Als Zinssatz sind mindestens 3%[794] für die handelsrechtliche Rückstellungsdotierung, bzw. genau 6% für die Rückstellungsdotierung in der Steuerbilanz zu verwenden (§ 6a Abs. 2 EStG).

7.2.2 Pensionsrückstellungen bei Pensionsanwartschaften

Ist der vertraglich vorgesehene Versorgungsfall noch nicht eingetreten, dann liegt eine Pensionsanwartschaft vor. Ausgangspunkt für die Höhe der Pensionsrückstellung bei Pensionsanwartschaften ist wiederum der Barwert der künftigen Pensionszahlungen, abgezinst auf den Zeitpunkt, in dem der Versorgungsfall eintritt (z.B. das 65. Lebensjahr des Arbeitnehmers).

Die Bildung und laufende Erhöhung der Pensionsrückstellung für einen Arbeitnehmer erfolgt durch **gleichmäßige Verteilung des Barwertes** auf die Zeit von der Entstehung der Pensionsverpflichtung bis zum vertraglichen Eintritt des Versorgungsfalls nach versicherungsmathematischen Methoden. Je nach dem Zeitpunkt des Beginns dieser Gleichverteilung unterscheidet man zwei handelsrechtlich zulässige Verfahren, das Gegenwartswertverfahren und das Teilwertverfahren. Steuerrechtlich ist nur das Teilwertverfahren zugelassen (§ 6a Abs. 3 EStG).

---

[787] Vgl. Rux, H. J. Garantierückstellungen, HdBil, 1983, S. 7-8a.

[788] Vgl. oben, S. 46.

[789] Sogenannter Grundsatz der Materiality, d.h. der Wesentlichkeit, vgl. Leffson, U., Grundsätze, 1982, S. 164ff, vgl. auch S. 332.

[790] Vgl. Castan, E., Rechnungslegung, 1984, S. 98.

[791] BFH vom 19.12.1972, BStBl. II, 1973, S. 218, vgl. auch Biergans, E., Einkommensteuer, 1985, S. 214.

[792] Zur handels- und steuerrechtlichen Zulässigkeit von Pensionsrückstellungen vgl. S. 137f.

[793] Vgl. Hardes, W., Zur Bewertung von Pensionsrückstellungen, DB, 1985, S. 1802.

[794] Vgl. WP-Handbuch, 1985/86, Bd. 1, S. 632.

7.2.2.1 Das Gegenwartsverfahren

Hier wird unterstellt, daß die Gleichverteilung mit dem Zeitpunkt der Pensionszusage beginnt[795].

Betrachten wir folgenden **Beispielfall**:

Betriebseintritt zu Beginn des Jahres 1
Pensionszusage zu Beginn des Jahres 6
Versorgungsfall ab Beginn des Jahres 15

Es sind folgende **Berechnungsschritte** durchzuführen:

1. Schritt: Bestimmung des Barwerts der Rente, bezogen auf den Beginn des Versorgungsfalls:

$$BW_{Vers} = Rente \times Rentenbarwertfaktor$$

$$= Rente \times \frac{q^n - 1}{q^n (q-1)}$$

n = Laufzeit der Rente
q = 1 + i mit i = Zinssatz

2. Schritt: Abzinsen dieses Barwertes auf den Zeitpunkt der Pensionszusage (= Anwartschaftsbarwert):

$$BW_{Zusage} = BW_{Vers} \cdot q^{-9}$$

(9 Jahre zwischen Pensionszusage und Versorgungsfall in unserem unterstellten Beispielfall).

3. Schritt: Ermittlung der gleichbleibenden Jahresprämien

(Annuitäten) im Zeitraum von der Pensionszusage bis zum Beginn des Versorgungsfalls:

$$Annuität = BW_{Zusage} \times Annuitätenfaktor (9 Jahre)$$

$$= BW_{Zusage} \times \frac{q^9 \cdot (q-1)}{q^9 - 1}$$

4. Schritt: Ermittlung des Barwertes der gleichbleibenden Jahresprämien (Annuitäten) am Bilanzstichtag

Am Ende des Jahres 6 (noch 8 Jahre bis zum Versorgungsfall):

$$BW_{Ann,6} = \sum_{t=1}^{8} Annuität \cdot q^{-t}$$

Am Ende des Jahres 7 (noch 7 Jahre bis zum Versorgungsfall):

$$BW_{Ann,7} = \sum_{t=1}^{7} Annuität \cdot q^{-t}$$

---

[795] Vgl. ADS § 156 Tz 67ff. Vgl. auch Wöhe, G., Bilanzierung, 1984, S. 536ff.

Am Ende des Jahres 8 (noch 6 Jahre bis zum Versorgungsfall):

$$BW_{Ann,8} = \sum_{t=1}^{6} \text{Annuität} \cdot q^{-t}$$

usw.

5. Schritt: Bestimmung des Barwerts der Rente, bezogen auf den Bilanzstichtag:

$BW_{Stichtag} = BW_{Vers} \cdot \text{Abzinsungsfaktor}$

z.B. Stichtag = 31.12. des Jahres 6 (d.h. 8 Jahre abzinsen):

$BW_{Stichtag=6} = BW_{Vers} \cdot q^{-8}$

z.B. Stichtag = 31.12. des Jahres 7:

$BW_{Stichtag=7} = BW_{Vers} \cdot q^{-7}$

usw.

6. Schritt: Bestimmung des Gegenwartswertes = Rückstellungshöhe in der Bilanz:

Gegenwartswert am Stichtag t =

   Barwert der Rente am Bilanzstichtag (nach Schritt 5)
./. Barwert der Annuitäten am Stichtag (nach Schritt 4)

$GW_t = BW_{Stichtag=t} - BW_{Annuität,t}$

Betriebseintritt:	am 1.1. des Jahres 1
Pensionszusage:	am 1.1. des Jahres 6
Pensionsbeginn (Versorgungsfall):	am 1.1. des Jahres 15

Barwert der Rente, bezogen auf den Beginn des Versorgungsfalls (BW_{Vers}) = 100
Zinssatz: 6%

Bilanzstichtag Ende des Jahres	Barwert der Rente bezogen auf den Bilanzstichtag (Schritt 5 des Rechenschemas)	Barwert der Annuitäten (Schritt 4 des Rechenschemas)	Gegenwartswert = Bilanzansatz (Schritt 6 des Rechenschemas)	Zuführung zur Rückstellung
05	59,19	–	–	–
06	62,74	54,038	8,702	8,702
07	66,51	48,58	17,93	9,228
08	70,50	42,79	27,71	9,78
09	74,73	36,66	38,07	10,36
10	79,21	30,15	49,06	10,99
11	83,96	23,26	60,70	11,64
12	89,00	15,95	73,05	12,35
13	94,34	8,21	86,13	13,08
14	100,00	–	100,00	13,87

1. BW_{Vers} = 100
2. BW_{Zusage} = $100 \times 1,06^{-9} = 59,19$
3. Annuität = $59,19 \times 0,147022$ (9 Jahre) = 8,702

Abb. 63   Vereinfachtes Beispiel zum Gegenwartswertverfahren

Abbildung 63 verdeutlicht den Rückstellungsverlauf beim Gegenwartswertverfahren für eine Pensionsrückstellung an einen Arbeitnehmer anhand des obigen einfachen Beispiels.

Es ist hinzuzufügen, daß das Gegenwartswertverfahren steuerlich nicht anerkannt wird (§ 6a EStG).

7.2.2.2 Das Teilwertverfahren

Während dem Gegenwartswertverfahren die steuerliche Anerkennung versagt wird, ist das Teilwertverfahren sowohl handelsrechtlich als auch steuerrechtlich zulässig. Im Unterschied zum Gegenwartswertverfahren wird hier unterstellt, daß die Gleichverteilung der Pensionslast nicht erst ab dem Zeitpunkt der Pensionszusage beginnt, sondern bereits mit dem Zeitpunkt des Betriebseintritts. Dem liegt die Vorstellung zugrunde, daß der Arbeitnehmer sich die spätere Rente auch schon vor der Pensionszusage in den Jahren seiner Betriebszugehörigkeit erarbeitet (verdient) hat[796]. Diese Regelung hat folgende Auswirkung: Die Gleichverteilung des Barwerts der Rente erstreckt sich auf mehr Jahre als beim Gegenwartswertverfahren (vom Ausnahmefall abgesehen, daß die Pensionszusage bereits bei Betriebseintritt erteilt wird). Die jährlichen Annuitäten sind deshalb kleiner. Im Jahr der Pensionszusage erfolgt eine Nachholung der bislang unterlassenen Pensionsrückstellungszuführung (die sog. Einmalrückstellung). Die Rückstellungszuführungen der Folgejahre sind folglich kleiner als beim Gegenwartswertverfahren.

Im einzelnen sind beim Teilwertverfahren folgende **Berechnungsschritte** durchzuführen:

1. Schritt: Bestimmung des Barwerts der Rente, bezogen auf den Beginn des Versorgungsfalls:
(wie beim Gegenwartswertverfahren)

2. Schritt: Abzinsen dieses Barwertes auf den Zeitpunkt der Pensionszusage
(wie beim Gegenwartswertverfahren)

3. Schritt: Ermittlung der gleichbleibenden Jahresprämien

(Annuitäten) im Zeitraum vom Betriebseintritt bis zum Beginn des Versorgungsfalls:

$$\text{Annuität} = BW_{\text{Zusage}} \times \text{Annuitätenfaktor} \,(14 \,\text{Jahre})$$

$$= BW_{\text{Zusage}} \times \frac{q^{14} \cdot (q-1)}{q^{14} - 1}$$

(Abweichung vom Gegenwartswertverfahren aufgrund anderer Annuitätenfaktoren)

---

[796] War der Arbeitnehmer bei Betriebseintritt jünger als 30 Jahre, so gilt als Jahr des Betriebseintritts das Jahr, bis zu dessen Mitte der Arbeitnehmer das 30. Lebensjahr vollendet hat, § 6a Abs. 3 Nr. 1 EStG.

4. Schritt: Ermittlung des Barwertes der gleichbleibenden Jahresprämien:

Am Ende des Jahres 6 (noch 8 Jahre bis zum Versorgungsfall):

$$BW_{Ann,6} = \sum_{t=1}^{8} \text{Annuität} \cdot q^{-t},$$

analog für die Folgejahre bis zum Beginn des Versorgungsfalls.

(Abweichung zum Gegenwartswertverfahren, wegen anderen Betrags der Annuität)

5. Schritt: Bestimmung des Barwerts der Rente, bezogen auf den Bilanzstichtag:

(wie beim Gegenwartswertverfahren)

6. Schritt: Bestimmung des Teilwerts = Rückstellungshöhe in der Bilanz:

Teilwert am Stichtag t =

Barwert der Rente am Bilanzstichtag (nach Schritt 5)
./. Barwert der Annuitäten am Stichtag (nach Schritt 4)

$$TW_t = BW_{Stichtag=t} - BW_{Annuität,t}$$

(wie beim Gegenwartswertverfahren, jedoch anderer Betrag des Annuitätenbarwerts)

Betriebseintritt:	am 1.1. des Jahres 1
Pensionszusage:	am 1.1. des Jahres 6
Pensionsbeginn (Versorgungsfall):	am 1.1. des Jahres 15
Barwert der Rente, bezogen auf den Beginn des Versorgungsfalls = 100	
Zinssatz: 6%	

Bilanzstichtag Ende des Jahres	Barwert der Rente bezogen auf den Bilanzstichtag (Schritt 5 des Rechenschemas)	Barwert der Annuitäten (Schritt 4 des Rechenschemas)	Teilwert		Zuführung zur Rückstellung
			Zahlen in Klammern = entsprechender Wert beim Gegenwartswertverfahren (Schritt 6 des Rechenschemas)		
05	59,19	–	–	–	–	–
06	62,74	39,54	23,20 (8,702)	23,20	(8,702)
07	66,51	35,55	30,96 (17,93)	7,76	(9,228)
08	70,50	31,31	39,19 (27,71)	8,23	(9,78)
09	74,73	26,82	47,91 (38,07)	8,72	(10,36)
10	79,21	22,07	57,14 (49,06)	9,23	(10,99)
11	83,96	17,02	66,94 (60,70)	9,80	(11,64)
12	89,00	11,68	77,32 (73,05)	10,38	(12,35)
13	94,34	6,01	88,33 (86,13)	11,01	(13,08)
14	100,00	–	100,00 (100,00)	11,67	(13,87)

1. BW_{Vers} = 100
2. BW_{Zusage} = $100 \times 1,06^{-9}$ = 59,19
3. Annuität = $59,19 \times 0,107585$ (14 Jahre) = 6,368

Abb. 64 Vereinfachtes Beispiel zum Teilwertverfahren (Daten wie in Abb. 63)

Der Vergleich des Teilwertverfahrens mit dem Gegenwartswertverfahren zeigt, daß die wegen des Nachholeffekts hohe erste Rückstellungszuführung beim Teilwertverfahren durch spätere niedrigere Zuführung kompensiert wird. In Abb. 65 sind die Höhe und die Zuführungen zur Pensionsrückstellung für das obige Beispiel nochmals graphisch veranschaulicht.

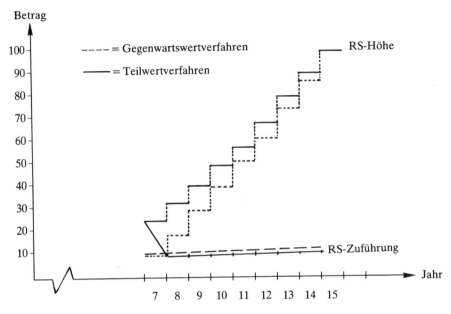

Abb. 65 Entwicklung der Pensionsrückstellung beim Teilwert- und Gegenwartswertverfahren (vgl. Abb. 63 und 64)

7.3 Die Bewertung von Aufwandsrückstellungen

Nach § 249 Abs. 2 HGB dürfen sog. Aufwandsrückstellungen gebildet werden[797]. Das sind Rückstellungen „für ihrer Eigenart nach genau umschriebene, dem Geschäftsjahr oder einem früheren Jahr zuzuordnende Aufwendungen, die am Abschlußstichtag wahrscheinlich oder sicher sind, aber hinsichtlich ihrer Höhe oder des Zeitpunkts ihres Eintritts unbestimmt sind". Es handelt sich hierbei nicht um eine allgemeine Vorsorge für die Zukunft, wie sie durch eine Rücklagenbildung vorgenommen wird, sondern um Vorsorge für konkrete künftige Aufwendungen, denen sich der Kaufmann nicht entziehen kann, wenn er seinen Geschäftsbetrieb fortführen will[798]. Auch hier gelten die allgemeinen Grundsätze für die Bewertung von Rückstellungen[799]. Der Wertansatz muß **vernünftiger kaufmännischer Beurteilung** entsprechen und frei von willkürlichen Wertbestandteilen sein.

---

[797] Vgl. oben, S. 143ff, 75, 151.

[798] Vgl. Bundestagsdrucksache 10/4268 vom 18.11.1985, Beschlußempfehlung und Bericht des Rechtsausschusses, S. 99.

[799] Vgl. oben, S. 275ff.

Bewertungsfragen besonderer Art ergeben sich bei Aufwandsrückstellungen jedoch aus 3 Gesichtspunkten, die mit den Problemen der Zurechenbarkeit von Aufwandsarten, der Prognose sowie der zeitlichen Nachholung der Rückstellungsbildung in Zusammenhang stehen.

Untersuchen wir das Bewertungsproblem für Aufwandsrückstellungen zunächst anhand des konkreten Beispiels der Rückstellung für unterlassene Großreparaturen. Wenngleich das Nachholen solcher unterlassener Reparaturaufwendungen in keinem Fall einen aktivierungspflichtigen Vermögensgegenstand schafft[800], handelt es sich bei den Großreparaturen um einen der Herstellung durchaus vergleichbaren Vorgang[801]. Es ist eine artmäßige Abgrenzung zu treffen, **welche Aufwendungen** in die Rückstellung einzubeziehen sind. In **Analogie zum Herstellungskostenbegriff** des § 255 Abs. 2 HGB sind deshalb die Materialeinzelkosten, die Fertigungseinzelkosten sowie die Sondereinzelkosten der Fertigung in jedem Fall passivierungsfähig. Aus eben dieser Analogie zum § 255 Abs. 2 HGB leitet das Schrifttum[802] auch ein Passivierungswahlrecht für angemessene Teile der notwendigen Materialgemeinkosten, der Fertigungsgemeinkosten, des Wertverzehrs der Anlagen sowie der Verwaltungsgemeinkosten und der Kosten für freiwillige Sozialeinrichtungen, für freiwillige soziale Leistungen und betriebliche Altersversorgung ab[803]. Diese Überlegungen lassen sich auch auf andere Aufwandsarten (z.B. Werbefeldzug) übertragen. Wird die zunächst unterlassene Maßnahme später durch Fremdleistungen erbracht, kommt die **analoge Anwendung des Anschaffungskostenbegriffs** in § 255 Abs. 1 HGB in Betracht[804].

Betont man den Liquiditätsaspekt, d.h. den statischen Charakter der Bilanz, dann steht das Passivierungswahlrecht der genannten Gemeinkosten allerdings in Frage, da der Unternehmung durch das Unterlassen der Aufwendung Zahlungsverpflichtungen auch durch die künftigen Gemeinkosten entstehen, die bei der Nachholung der unterlassenen Maßnahme über Schlüsselgrößen (Zuschlagsätze u. dgl.) dieser Maßnahme zugerechnet werden. Soll die Rückstellung den Wert ausweisen, mit dem das Unternehmen voraussichtlich in Anspruch genommen wird[805], dann ist eine Antizipation auch dieser künftigen Gemeinkosten unerläßlich.

Praktisch steht es allerdings außer Frage, daß es im konkreten Fall sehr schwer und wenn, dann nur subjektiv zu präzisieren sein wird, welche Aufwandsart in welcher Höhe jetzt durch eine irgendwann in der Zukunft durchzuführende Maßnahme betroffen ist. Die Höhe des Wertansatzes wird zudem vom Problem der Wertprognose betroffen. Das **Prognoseproblem** besteht deshalb, weil es nur sinnvoll ist, die künftigen Mengen und Beträge zu antizipieren, die in dem Zeitpunkt gelten werden, in dem die Maßnahme nachgeholt wird[806]. Anders wäre eine Aufwandsrückstellung, z.B. für Preissteigerungen von Verbrauchsgütern[807]

---

[800] Vgl. Streim, H., Rückstellungen für Großreparaturen, BB, 1985, S. 1581.
[801] So Selchert, W., Rückstellungen für Großreparaturen, DB 1985, S. 1542.
[802] Ebenda.
[803] Zu den Bestandteilen der Herstellungskosten vgl. oben, S. 199.
[804] Vgl. oben, S. 182ff.
[805] Vgl. WP-Handbuch 1985/86, Bd. 1, S. 630.
[806] Vgl. Selchert, W., Rückstellungen für Großreparaturen, DB 1985, S. 1542.
[807] Vgl. S.146, vgl. Maul, K. H., Aufwandsrückstellungen, BB 1986, S. 631ff.

kaum sinnvoll. Die gesamte Problembreite der Schätzungs- und Prognosetoleranzen wirkt hier wertbeeinflussend.

Das Problem der obligatorischen oder fakultativen Einbeziehung einzelner Arten der künftigen Gemeinkosten in die Aufwandsrückstellung sowie das Prognoseproblem werden praktisch weitgehend entschärft durch das Passivierungswahlrecht, das für diese Rückstellungsart generell besteht sowie durch die **Möglichkeit, unterlassene Rückstellungen später nachzuholen.** Da die Rückstellungen auch für Aufwendungen eines früheren Geschäftsjahres gebildet werden können (§ 249 Abs. 2 HGB), ist das Nachholen unterlassener Aufwandsrückstellungen immer zulässig. Es kann folglich frei gewählt werden, welche Perioden in welcher Höhe mit den antizipierten Aufwendungen belastet werden[808].

Durch das Fehlen eines Nachholverbots und durch die Tatsache, daß objektiv kaum festgestellt werden kann, welche künftigen zahlungswirksamen Aufwendungen einem früheren Geschäftsjahr zuzuordnen sind, erwächst dem Bilanzierenden ein **weitestgehender Gestaltungsfreiraum.** In diesem Sinne kann man den Aufwandsrückstellungen die betriebswirtschaftliche Funktion einer „Rückstellung für drohende Gewinne"[809] zuweisen.

---

[808] Vgl. Streim, H., Rückstellungen für Großreparaturen, BB, 1985, S. 1582.
[809] Ordelheide, D., Hartle, J., Rechnungslegung, GmbHR, 1986, S. 16.

Abschnitt 4
Die Gewinn- und Verlustrechnung

Kapitel 1
Allgemeines

1. Die Funktion der Gewinn- und Verlustrechnung

In der Bilanz werden Bestände ausgewiesen – Vermögen, Schulden, Rechnungsabgrenzungsposten und das Eigenkapital als Differenzgröße. Gewinne oder Verluste, die das Unternehmen in einem Jahr erwirtschaftet hat, führen zur Veränderung der Eigenkapitalhöhe. Sie wird in der Bilanz im Posten Jahresüberschuß
bzw. Jahresfehlbetrag ausgewiesen[1]. Falls die Bilanz erst nach vollständiger oder
teilweiser Zuführung des Jahresüberschusses in die Rücklagen erstellt wird, erscheint als Erfolgsgröße der Bilanzgewinn bzw. Bilanzverlust im Gliederungsschema der Bilanz[2]. Die Höhe des Jahreserfolgs (Jahresüberschuß/Jahresfehlbe-
trag) wird ausschließlich durch die Wertansätze der Vermögensgegenstände und
Schulden in der Bilanz bestimmt. Bei der Erstellung der Gewinn- und Verlustrechnung (GuV) gibt es deshalb keine Bewertungsprobleme mehr zu lösen. Eine
detailliertere Unterteilung des Jahresüberschusses oder Jahresfehlbetrags in Einzelbestandteile findet jedoch nicht in der Bilanz statt. Diese Zusammensetzung
des Gewinns aus den Ertrags- und Aufwandsarten wird in der Gewinn- und Verlustrechnung (GuV) sichtbar gemacht. Die GuV stellt somit einen organisatorisch ausgegliederten Teil des Eigenkapitalpostens dar, auf dem erfolgswirksame
Eigenkapitalmehrungen (Erträge) und -minderungen (Aufwendungen) eines
Jahres systematisch gesammelt und nach sachlichen Gesichtspunkten strukturiert
werden.

Aufgabe der GuV-Rechnung ist es folglich, **Einblicke in die Erfolgslage** des
Unternehmens zu geben und die Bestimmungsgründe für den Unternehmenserfolg oder -mißerfolg im Geschäftsjahr zu verdeutlichen.

Bei der GuV-Rechnung handelt es sich um ein ausschließlich handelsrechtliches Instrument der Rechnungslegung. Da die Höhe des Jahreserfolgs aus dem
Vermögensvergleich (Bilanz) ersichtlich ist und die Zusammensetzung des Er-
folgs aus einzelnen Komponenten für die Besteuerung unerheblich ist, ist die
GuV-Rechnung steuerlich ohne Bedeutung.

2. Handelsrechtliche Vorschriften zur GuV-Rechnung

Gesetzliche Vorschriften zur GuV-Rechnung finden sich zunächst im **Handelsgesetzbuch**. Für Kapitalgesellschaften schreibt § 275 HGB die Staffelform, den
Mindestumfang und die Reihenfolge der auszuweisenden Aufwands- und Er-

---

[1] Vgl. oben, S. 122.
[2] § 268 Abs. 1 HGB, vgl. oben, S. 122.

tragsposten vor. § 276 erlaubt hier unternehmensgrößenabhängige Verkürzungen des Gliederungsumfangs. § 277 und § 278 HGB enthalten Vorschriften zu einzelnen Posten der GuV. Soweit sie auf die GuV-Rechnung sinnvoll übertragen werden können, finden auch die allgemeinen Vorschriften der §§ 242-245 HGB, die Ansatzvorschriften der §§ 246-251 HGB, hier insb. das Verrechnungsverbot von Aufwendungen und Erträgen des § 246 Abs. 2 HGB und die Aufbewahrungsvorschriften der §§ 257-261 HGB Anwendung.

Im **Kreditwesengesetz** (§ 25a Abs. 2 KWG) werden für die GuV-Rechnung von Kreditinstituten gesonderte Gliederungs- und Ausweisvorschriften vorgesehen, für die eigene Formblätter vorliegen[3].

Für **Versicherungsunternehmen** bestehen gesonderte Gliederungsvorschriften, die in der Verordnung über die Rechnungslegung von Versicherungsunternehmen[4] und den zugehörigen Formblättern konkretisiert sind. Weiterhin bestehen Sonderregelungen u.a. für Krankenhäuser[5] und für Wohnungsunternehmen[6].

§ 5 Abs. 5 PublG enthält Sondervorschriften für Einzelkaufleute und Personengesellschaften, wonach wesentliche Auszüge aus der GuV-Rechnung, insbesondere die Umsatzerlöse, die Erträge aus Beteiligungen, die Löhne und Gehälter, die sozialen Abgaben sowie Aufwendungen für Altersversorgung und Unterstützung in einem Anhang zur Bilanz zu veröffentlichen sind, wenn die GuV als solche nicht veröffentlicht wird. Eine Publikationspflicht der GuV-Rechnung besteht für diese Unternehmen gem. § 9 Abs. 2 PublG nicht.

3. Gestaltungsformen der GuV-Rechnung

3.1 Bruttoprinzip – Nettoprinzip

Durch das Bilanzrichtliniengesetz wird das Bruttoprinzip erstmals im Gesetz ausdrücklich verankert. Unter der Überschrift „Verrechnungsverbot" schreibt § 246 Abs. 2 HGB vor, daß Aktiva nicht mit Passiva und Aufwendungen nicht mit Erträgen verrechnet werden dürfen. Inhaltlich galt das Bruttoprinzip schon im AktG 1965, es ließ sich dort allerdings nur aus dem Aufbau des GuV-Gliederungsschemas ableiten. Im Gesetz selbst wurde es nirgendwo direkt gefordert. Nach dem alten AktG von 1937 mußten nur einige Aufwands- und Ertragsarten gesondert ausgewiesen werden, die meisten jedoch wurden im sog. „Rohüberschuß" (Überschuß der nicht gesondert ausweispflichtigen Erträge über die nicht gesondert ausweispflichtigen Aufwendungen) gegeneinander verrechnet und netto in einem Betrag ausgewiesen. In diesen Rohüberschuß flossen so wichtige Positionen wie die Umsatzerlöse, die Bestandsveränderungen, die aktivierten Ei-

---

3 Vgl. VO über Formblätter für die Gliederung des Jahresabschlusses von Kreditinstituten, vom 20.12.1967, BGBl. I, S. 1300, mit späteren Änderungen, vgl. VO über Formblätter für die Gliederung des Jahresabschlusses von Hypothekenbanken vom 17.12.1968 mit späteren Änderungen, BGBl. I, S. 1337, vgl. auch WP-Handbuch, 1985/86, Bd. 1, S. 274ff.

4 Vom 11.7.1973, BGBl. I, S. 1209, mit späteren Änderungen, vgl. § 55 Abs. 2a VAG.

5 § 4 Krankenhausbuchführungsverordnung (KHBV) vom 10.4.1978, BGBl. I. S. 473.

6 Vgl. WP-Handbuch 1985/86, Bd. 1, S. 413ff.

genleistungen, die Aufwendungen für Roh-, Hilfs- und Betriebsstoffe, Zugänge zur Pauschalwertberichtigung zu Forderungen und anderes[7].

Daß eine Saldierung von Erträgen und Aufwendungen den Einblick in die Ertragslage erschwert oder gar verhindert, liegt auf der Hand. Entsprechend der Stellung des Paragraphen mit dem Verrechnungsverbot (§ 246 HGB) in der Gliederung des Handelsgesetzbuches gilt das Bruttoprinzip für alle Kaufleute, unabhängig von der Rechtsform, in die das Unternehmen gekleidet ist[8].

3.2 Gliederungstiefe der Aufwendungen und Erträge

Je detaillierter die einzelnen Aufwands- und Ertragsarten untergliedert und gesondert ausgewiesen werden müssen, desto besser lassen sich die Bestimmungsgründe für die Höhe des Jahresüberschusses bzw. des Jahresfehlbetrags analysieren. Während das AktG 1937 zusätzlich zum Rohüberschuß/Rohverlust[9] nur 8 Aufwands- und 5 Ertragsarten vorsah[10], wurde das Gliederungsschema im AktG 1965 im wesentlichen auf 12 Ertragspositionen und 12 Aufwandspositionen erweitert[11]. Im neuen Gliederungsschema des § 275 HGB fand wieder eine Straffung statt. Beim Schema für das Gesamtkostenverfahren (und nur dieses ist mit dem bisher gültigen Schema des alten § 157 AktG a.f. vergleichbar) wurde die Zahl der Aufwandsposten mit gleichbleibend 13, die der Ertragsposten jedoch nur mit 8 festgelegt (§ 275 Abs. 2 HGB)[12]. Beim Schema für das Umsatzkostenverfahren reduziert sich die Zahl der Positionen zwangsläufig, da im wesentlichen nicht nach Kostenarten, sondern nach Unternehmensbereichen untergliedert wird[13]. Beim Umsatzkostenverfahren gem. § 275 Abs. 3 HGB ergeben sich 6 Ertragsposten und 9 Aufwandsposten.

3.3 Konto- oder Staffelform

Ebenso wie die Bilanz, kann auch die GuV-Rechnung grundsätzlich sowohl in Konto- als auch in Staffelform aufgestellt werden. Die in Abbildung 66 wiedergegebene GuV-Rechnung stellt die Aufwands- und Ertragspositionen des § 275 Abs. 2 HGB (Gesamtkostenverfahren) einander in Kontoform gegenüber.

---

[7] § 132 AktG 1937.
[8] § 246 befindet sich im ersten Abschnitt des Dritten Buches, der die gemeinsamen Vorschriften für alle Kaufleute enthält, vgl. oben, S. 29.
[9] § 132 AktG 1937.
[10] Auf der Seite der Aufwendungen: 1. Löhne und Gehälter, 2. Soziale Abgaben, 3. Abschreibungen auf Anlagen, 4. Aufwandszinsen, 5. Steuern, 6. Beiträge an Berufsvertretungen, 7. best. Wertminderungen, 8. a.o. Aufwendungen, 9. Rohverlust (Überschuß der nicht gesondert ausweispflichtigen Aufwendungen über die nicht gesondert ausweispflichtigen Erträge).
Auf der Seite der Erträge: 1. Rohüberschuß, 2. Erträge aus Beteiligungen, 3. Ertragszinsen, 4. a.o. Erträge, 5. Erträge aus der Auflösung der gesetzlichen Rücklage, 6. a.o. Zuwendungen.
[11] Vgl. § 157 AktG, a.F.
[12] Eine sehr anschauliche Gegenüberstellung der alten und der neuen GuV-Gliederung geben Gross, G., Schruff, L., Der Jahresabschluß, 1986, S. 182f.; vgl. auch die synoptische Darstellung bei Popp, M. Hantke, H., Der Einzelabschluß, 1986, s. 84ff.
[13] Vgl. unten, S. 304.

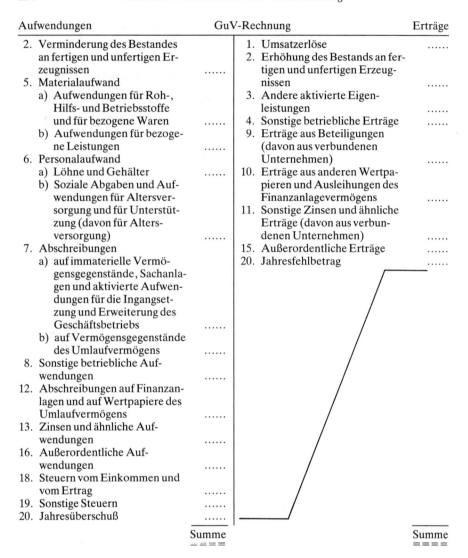

Aufwendungen	GuV-Rechnung	Erträge
2. Verminderung des Bestandes an fertigen und unfertigen Erzeugnissen	1. Umsatzerlöse	
5. Materialaufwand	2. Erhöhung des Bestands an fertigen und unfertigen Erzeugnissen	
a) Aufwendungen für Roh-, Hilfs- und Betriebsstoffe und für bezogene Waren	3. Andere aktivierte Eigenleistungen	
b) Aufwendungen für bezogene Leistungen	4. Sonstige betriebliche Erträge	
6. Personalaufwand	9. Erträge aus Beteiligungen (davon aus verbundenen Unternehmen)	
a) Löhne und Gehälter		
b) Soziale Abgaben und Aufwendungen für Altersversorgung und für Unterstützung (davon für Altersversorgung)	10. Erträge aus anderen Wertpapieren und Ausleihungen des Finanzanlagevermögens	
7. Abschreibungen	11. Sonstige Zinsen und ähnliche Erträge (davon aus verbundenen Unternehmen)	
a) auf immaterielle Vermögensgegenstände, Sachanlagen und aktivierte Aufwendungen für die Ingangsetzung und Erweiterung des Geschäftsbetriebs	15. Außerordentliche Erträge	
b) auf Vermögensgegenstände des Umlaufvermögens	20. Jahresfehlbetrag	
8. Sonstige betriebliche Aufwendungen		
12. Abschreibungen auf Finanzanlagen und auf Wertpapiere des Umlaufvermögens		
13. Zinsen und ähnliche Aufwendungen		
16. Außerordentliche Aufwendungen		
18. Steuern vom Einkommen und vom Ertrag		
19. Sonstige Steuern		
20. Jahresüberschuß		
Summe		Summe

Abb. 66 GuV-Rechnung nach dem Gesamtkostenverfahren in Kontoform
(Die Positionsnummern entsprechen denen des Gliederungsschemas
in § 275 Abs. 2 HGB)

Die **Kontoform** hat zwei unmittelbar einleuchtende **Vorteile**. Sie weist die Aufwendungen und Erträge jeweils auf getrennten Seiten des Kontos aus, so daß das Gewicht einzelner Aufwandsarten im Verhältnis zu den übrigen Aufwendungen bzw. zum Gesamtaufwand unmittelbar überblickbar ist. Dasselbe gilt für die Ertragsseite. Der zweite Vorteil ist, daß die Gesamtsumme der Aufwendungen bzw. der Erträge ausgewiesen werden. Diesen Vorteilen stehen allerdings gravierende **Nachteile** gegenüber, die die Staffelform besser geeignet erscheinen lassen, das in § 264 Abs. 2 HGB geforderte Bild der Ertragslage zu vermitteln. Nur bei der **Staffelform** können sachlich zusammengehörige Aufwands- und Ertragspositionen zusammengefaßt und die jeweiligen Zwischensummen ausgewiesen werden. Hierdurch wird ein getrennter Ausweis einzelner Ergebniskomponenten möglich[13a]. Bei entsprechender Gestaltung der Staffelform läßt sich die für die Beurteilung der Ertragslage eines Unternehmens so wichtige **Aufgliederung des Periodenergebnisses** (Jahresüberschuß/Jahresfehlbetrag) in **Betriebsergebnis, Finanzergebnis, Geschäftsergebnis** und **a.o. Ergebnis** unmittelbar und ohne Nebenrechnungen ablesen. Für die GuV-Rechnung von Kapitalgesellschaften schreibt deshalb § 275 Abs. 1 HGB die Staffelform ausdrücklich vor – unabhängig davon, ob die GuV-Rechnung nach dem Gesamtkostenverfahren oder nach dem Umsatzkostenverfahren erstellt wird. Allerdings sind beim Gesamtkostenverfahren für das Betriebsergebnis und für das Finanzergebnis keine gesonderten Zeilen mit Zwischensummen vorgesehen. Sofern die Unternehmen nicht zusätzliche Zwischensummen einschieben[14], bleiben dem Leser der GuV-Rechnung kleinere Nebenrechnungen nicht erspart. Einzelunternehmen und Personengesellschaften, für die § 275 HGB nicht gilt[15], sind nicht verpflichtet, die Staffelform anzuwenden. Sie dürfen die GuV-Rechnung auch in Kontoform erstellen. Dies ist insbesondere dann vorteilhaft, wenn die Erfolgsrechnung außer dem Betriebsergebnis keine nennenswerten weiteren Zwischensummen aufweist (Finanzergebnis, a.o. Ergebnis). Das gleiche gilt für einige Unternehmen, die die GuV-Rechnung nach bestimmten Formblattvorschriften[16] aufstellen müssen, z.B. Kreditinstitute und Wohnungsunternehmen.

Da das Schema der GuV-Rechnung im AktG 1937 nur die Kontoform vorsah, konnten einzelne Erfolgsquellen in Form von Zwischensummen überhaupt nicht ausgewiesen werden. Sie mußten, soweit dies bei der spärlichen Gliederungstiefe der GuV-Rechnung überhaupt möglich war, in Nebenrechnungen durchgeführt werden. Die **GuV-Rechnung des AktG 1965 a.F.**, die gem. § 157 in Staffelform zu erstellen war, sah als Zwischensummen vor:

- die Gesamtleistung (als Summe der Umsatzerlöse, Bestandsänderungen und aktivierten Eigenleistungen),
- das Rohergebnis (als Überschuß der Gesamtleistung über den Materialaufwand),
- das Jahresergebnis (als Überschuß der Aufwendungen über die Erträge),
- das Bilanzergebnis (nach Einstellung von Teilen des Jahresergebnisses in bzw. Entnahmen aus den offenen Rücklagen).

Der gesonderte Ausweis des Betriebsergebnisses, des Finanzergebnisses, des Geschäftsergebnisses und des a.o. Ergebnisses war nicht vorgesehen (vgl. Abb. 67).

[13a] Vgl. Hauschildt, J., Grenz, T., Gemünden, H. G., Entschlüsselung von Unternehmenskrisen durch Erfolgsspaltung, DB 1985, S. 877ff., vgl. auch Küting, K. H., Erfolgsspaltung, BB 1981, S. 529ff., vgl. auch Niehus, R. J., Die Gliederung der Ergebnisrechnung, DB 1982, S. 657ff.

[14] Was im Sinne des Übersichtlichkeitsgrundsatzes der GoB wünschenswert und wegen § 265 Abs. 5 HGB grundsätzlich auch zulässig ist.

[15] Zum Geltungsbereich der einzelnen Rechnungslegungsvorschriften des HGB vgl. oben, S. 298.

[16] Vgl. hierzu WP-Handbuch 1985/86, Bd. 1, S. 284, 316f., 326, 333, 339 (für Kreditinstitute) sowie S. 420f. für Wohnungsunternehmen.

Auch **nach neuem Recht** sind das Betriebsergebnis und das Finanzergebnis nicht auszuweisen. Nicht auszuweisen sind ferner die Gesamtleistung und das Rohergebnis. Hingegen müssen das Geschäftsergebnis und das a.o. Ergebnis zusätzlich zum Jahresergebnis gesondert ausgewiesen werden.

Das Bilanzergebnis ist nur dann auszuweisen, wenn die Bilanz nach vollständiger oder teilweiser Gewinnverwendung, d.h. nach erfolgter Rücklagenzuführung bzw. -entnahme erstellt wird (§ 268 Abs. 1 HGB[17]).

möglicher Ausweis von Zwischensummen	gesetzlich geforderter Ausweis von Zwischensummen	
	nach neuem Recht § 275 Abs. 2 HGB	nach altem Recht § 157 AktG a.F.
Umsatzerlöse +/. Bestandsveränderungen + aktivierte Eigenleistungen		
= **Gesamtleistung**	nicht vorgeschrieben	Position 4
/. Materialaufwand		
= **Rohergebnis**	für kleine und mittelgroße Kapitalgesellschaften als aggregierte erste GuV-Position möglich (§ 276 HGB)	Position 6
+/. betriebliche Erträge und Aufwendungen		
(= **Betriebsergebnis**, jedoch ohne Steuer- und Zinskosten) +/. Finanzerträge und -aufwendungen	nicht vorgeschrieben	nicht vorgeschrieben
= **Finanzergebnis**	nicht vorgeschrieben	nicht vorgeschrieben
= **Geschäftsergebnis**	Position 14	nicht vorgeschrieben
+/. a.o. Erträge und a.o. Aufwendungen		
= **a.o. Ergebnis**	Position 17	nicht vorgeschrieben
/. Steueraufwand		
= **Jahresergebnis** (Jahresüberschuß/-fehlbetrag) +/. Gewinn-/Verlustvortrag +/. Entnahmen aus bzw. Einstellungen in Gewinnrücklagen	Position 20	Position 28
= **Bilanzergebnis** (Bilanzgewinn/-verlust)	ggf. auszuweisen gem. § 158 AktG	Position 32

Abb. 67   Der Nachweis von Erfolgsquellen (Zwischensummen) bei der GuV-Rechnung in Staffelform nach dem Gesamtkostenverfahren

Zur Definition der Begriffe[18]:

Betriebsergebnis ist das Ergebnis, das aufgrund von Investitionen im Unternehmen erzielt wurde. Es berechnet sich aus den Betriebserträgen und den Be-

---

[17] Vgl. S. 122, 322.
[18] Vgl. Eisele, W., Technik, 1985, S. 46.

triebsaufwendungen. Das Betriebsergebnis enthält alle Betriebserträge und alle Kosten, d.h. auch den Zins- und den Steueraufwand, sofern es sich hierbei um Kosten handelt (z.B. Gewerbesteuer). Die Zwischensumme, die sich aus den Positionen 1 bis 8 des GuV-Gliederungsschemas (§ 275 Abs. 2 HGB) errechnen läßt, gibt nicht das gesamte Betriebsergebnis wieder, da sie weder Steuern noch Zinskosten enthält. Dies ist auch der Grund, warum diese Zwischensumme im gesetzlichen Gliederungsschema nicht gesondert ausgewiesen werden muß. In der obigen Abb. 67 ist deshalb das Wort Betriebsergebnis in Klammern gesetzt. Hierdurch soll daran erinnert werden, daß die beiden Kostenbestandteile Steuern und Zinsen noch nicht enthalten sind, und daß diese Zwischensumme, dem aus der betriebswirtschaftlichen Kosten- und Leistungsrechnung stammenden Begriff des Betriebsergebnisses nicht voll entspricht (vgl. auch Abb. 68 und 69).

Finanzergebnis ist das Ergebnis, das aufgrund von Investitionen außerhalb des Unternehmens erzielt wird. Es berechnet sich aus den Finanzerträgen und den Finanzaufwendungen. Soweit die letzteren ordentlichen Betriebsaufwand, d.h. Kosten darstellen, gehören sie aus betriebswirtschaftlicher Sicht nicht zum Finanzergebnis, sondern zum Betriebsergebnis, wie oben bereits dargelegt wurde.

Das **Geschäftsergebnis** (Ergebnis aus der gewöhnlichen Geschäftstätigkeit) umfaßt das Betriebs- und das Finanzergebnis.

Das **außerorderntliche Ergebnis** ist das außerhalb der üblichen Geschäftstätigkeit erzielte Ergebnis. Es berechnet sich aus den a.o. Erträgen und den a.o. Aufwendungen.

Das **Jahresergebnis** umfaßt das Betriebsergebnis, das Finanzergebnis, das a.o. Ergebnis und den Steueraufwand. Es ist die Differenzgröße aus sämtlichen Erträgen und sämtlichen Aufwendungen eines Jahres.

Das **Bilanzergebnis** schließlich stellt die Größe dar, die sich aus dem Jahresergebnis errechnet, nachdem dieses um einen Gewinn-/Verlustvortrag sowie um Rücklagenentnahmen bzw. -einstellungen vermehrt bzw. vermindert wurde. Das Bilanzergebnis ist der Betrag, über den die Hauptversammlung im Rahmen ihrer Gewinnverwendungsentscheidung zu beschließen hat[19].

Einen Überblick über die möglichen und über die nach altem bzw. neuem Recht vorgeschriebenen Ergebnisausweise gibt Abbildung 67. Eine vollständige Wiedergabe aller Positionen der neuen gesetzlichen GuV-Gliederung, sowohl nach dem Gesamtkostenverfahren als auch nach dem Umsatzkostenverfahren, unterteilt nach den obigen Erfolgsquellen, geben die Abbildungen 68 und 69.

3.4 Gesamtkostenverfahren – Umsatzkostenverfahren

Entsprechend Artikel 25 der 4. EG-Richtlinie ist alternativ zum bisher in der BRD gebräuchlichen Gesamtkostenverfahren auch das Umsatzkostenverfahren als verfahrenstechnische Variante zur Berechnung des Jahresergebnisses vorgesehen. Obwohl in früheren Entwürfen zum deutschen Bilanzrichtliniengesetz nur das Gesamtkostenverfahren als einzig zulässiges Verfahren enthalten war, hat sich der Rechtsausschuß des deutschen Bundestages zuletzt doch entschlossen,

---

[19] Vgl. oben, S. 119, 122.

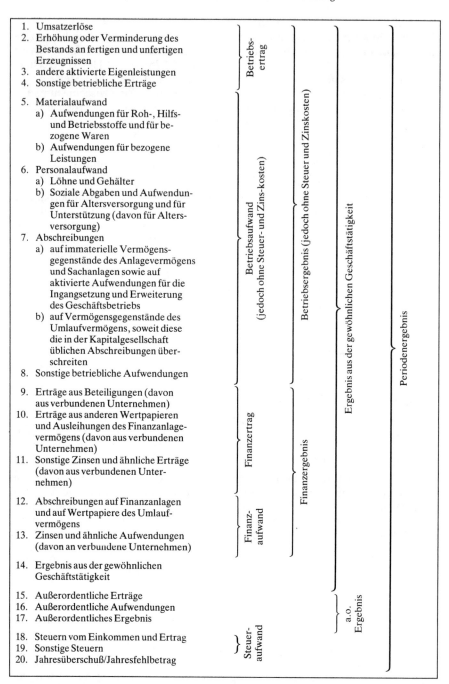

 1. Umsatzerlöse
 2. Erhöhung oder Verminderung des Bestands an fertigen und unfertigen Erzeugnissen
 3. andere aktivierte Eigenleistungen
 4. Sonstige betriebliche Erträge
 5. Materialaufwand
    a) Aufwendungen für Roh-, Hilfs- und Betriebsstoffe und für bezogene Waren
    b) Aufwendungen für bezogene Leistungen
 6. Personalaufwand
    a) Löhne und Gehälter
    b) Soziale Abgaben und Aufwendungen für Altersversorgung und für Unterstützung (davon für Altersversorgung)
 7. Abschreibungen
    a) auf immaterielle Vermögensgegenstände des Anlagevermögens und Sachanlagen sowie auf aktivierte Aufwendungen für die Ingangsetzung und Erweiterung des Geschäftsbetriebs
    b) auf Vermögensgegenstände des Umlaufvermögens, soweit diese die in der Kapitalgesellschaft üblichen Abschreibungen überschreiten
 8. Sonstige betriebliche Aufwendungen
 9. Erträge aus Beteiligungen (davon aus verbundenen Unternehmen)
10. Erträge aus anderen Wertpapieren und Ausleihungen des Finanzanlagevermögens (davon aus verbundenen Unternehmen)
11. Sonstige Zinsen und ähnliche Erträge (davon aus verbundenen Unternehmen)
12. Abschreibungen auf Finanzanlagen und auf Wertpapiere des Umlaufvermögens
13. Zinsen und ähnliche Aufwendungen (davon an verbundene Unternehmen)
14. Ergebnis aus der gewöhnlichen Geschäftstätigkeit
15. Außerordentliche Erträge
16. Außerordentliche Aufwendungen
17. Außerordentliches Ergebnis
18. Steuern vom Einkommen und Ertrag
19. Sonstige Steuern
20. Jahresüberschuß/Jahresfehlbetrag

Abb. 68   Das vollständige GuV-Gliederungsschema nach dem Gesamtkostenverfahren (§ 275 Abs. 2 HGB)

1. Umsatzerlöse
2. Herstellungskosten der zur Erzielung der Umsatzerlöse erbrachten Leistungen
3. Bruttoergebnis vom Umsatz
4. Vertriebskosten
5. allgemeine Verwaltungskosten
6. Sonstige betriebliche Erträge
7. Sonstige betriebliche Aufwendungen
8. Erträge aus Beteiligungen (davon aus verbundenen Unternehmen)
9. Erträge aus anderen Wertpapieren und Ausleihungen des Finanzanlage-vermögens (davon aus verbundenen Unternehmen)
10. Sonstige Zinsen und ähnliche Erträge (davon aus verbundenen Unter-nehmen)
11. Abschreibungen auf Finanzanlagen und auf Wertpapiere des Umlauf-vermögens
12. Zinsen und ähnliche Aufwendungen (davon an verbundene Unternehmen)
13. Ergebnis aus der gewöhnlichen Geschäftstätigkeit
14. Außerordentliche Erträge
15. Außerordentliche Aufwendungen
16. Außerordentliches Ergebnis
17. Steuern vom Einkommen und Ertrag
18. Sonstige Steuern
19. Jahresüberschuß/Jahresfehlbetrag

Abb. 69 Das vollständige GuV-Gliederungsschema nach dem Umsatzkostenverfahren (§ 275 Abs. 3 HGB)

auch das Umsatzkostenverfahren als Alternative für die GuV-Rechnung zuzulassen. Begründet wird dies damit, daß das Umsatzkostenverfahren insbesondere im angloamerikanischen Wirtschaftsraum vorherrschend sei. Zwar ist das Umsatzkostenverfahren in der BRD bislang wenig üblich. Mit der Zulassung dieses Verfahrens soll es den deutschen Unternehmen jedoch ermöglicht werden, sich in einer international vergleichbaren Form darzustellen. Nach Ansicht des Rechtsausschusses des deutschen Bundestages würde es der internationalen Harmonisierung der Rechnungslegungsvorschriften nicht dienlich sein, wenn für deutsche Unternehmen das Umsatzkostenverfahren nicht zugelassen werden würde[20].

---

[20] Vgl. Bundestagsdrucksache Nr. 10/4268 vom 18.11.1985, S. 107f.

Die beiden Verfahren unterscheiden sich grundsätzlich nur in der **Behandlung von Lagerbestandsveränderungen** bei der Ermittlung des Betriebsergebnisses. Das Gesamtkostenverfahren stellt den Umsatzerlösen die **gesamten Kosten der Periode** gegenüber – ohne Rücksicht darauf, ob diese Kosten für die Produktion von verkauften Erzeugnissen oder für die Produktion von auf Lager genommenen Erzeugnissen angefallen sind. Dagegen stellt das Umsatzkostenverfahren den Umsatzerlösen nur diejenigen **Herstellungskosten** gegenüber, die auf die Produktion **der tatsächlich verkauften Leistung** entfallen sind. Um die Abweichungen zwischen beiden Verfahren auszugleichen, wird beim Gesamtkostenverfahren eine entsprechende Korrektur auf der Umsatzseite durchgeführt. Ohne diese Korrektur der Umsatzerlöse beim Gesamtkostenverfahren würden beide Verfahren nur dann zum gleichen Betriebsergebnis führen, wenn die Produktions- und die Absatzmenge in der Periode gleich groß wären.

Im allgemeinen wird in einem Jahr jedoch nicht genau die Menge der Produkte verkauft, die in diesem Jahr auch hergestellt wurde. Es kann auf Lager produziert werden bzw. vom Lager, das im Vorjahr aufgefüllt wurde, verkauft werden. Will man das Betriebsergebnis eines Jahres ermitteln, dann müssen den Verkaufserlösen genau die Herstellungskosten der verkauften Produkte gegenübergestellt werden. Vom beschriebenen Ausnahmefall **(Produktionsmenge = Absatz)** abgesehen, ergibt sich ein falsches Betriebsergebnis, wenn man die gesamten Kosten eines Jahres von den Umsätzen dieses Jahres subtrahiert. Hier sind zwei Fälle zu unterscheiden:

Fall 1: Produktion kleiner als Absatz: Wurden im Berichtsjahr Umsätze aus dem Verkauf von Erzeugnissen erzielt, die im Vorjahr produziert und auf Lager genommen worden sind, dann geben die Kosten des Jahres nicht die Herstellungskosten der verkauften Produkte wieder. Die Gesamtkosten des Berichtsjahres sind in Höhe der Herstellungskosten der Lagerverkäufe zu niedrig. Deshalb ist eine Korrekturbuchung in Höhe der Bestandsminderung nötig.

Fall 2: Produktion größer als Absatz: Konnte im Berichtsjahr weniger verkauft werden, als in diesem Jahr produziert wurde (Produktion auf Lager), dann sind die Gesamtkosten des Jahres (z.B. Löhne, Gehälter, Materialverbrauch usw.) im Verhältnis zum Umsatz zu groß. Die Herstellungskosten der verkauften Produkte sind kleiner, es muß eine Korrekturbuchung in Höhe der Lagerbestandsmehrung erfolgen.

Für die Ermittlung des Betriebsergebnisses ist es also erforderlich, Kosten und Umsätze vergleichbar zu machen. Hier gehen das Umsatzkostenverfahren und das Gesamtkostenverfahren verschiedene Wege.

3.4.1 Das Umsatzkostenverfahren

3.4.1.1 Die Funktionsweise des Umsatzkostenverfahren

Dieses Verfahren geht den direkten Weg, indem es den Umsätzen auch nur die von den tatsächlich verkauften Produkten (bzw. von der tatsächlich erbrachten Leistung) verursachten Kosten gegenüberstellt[21].

---

[21] Zur buchhalterischen Handhabung vgl. Heinhold, M., Buchführung, 1987, S. 107ff.

Umsatzerlöse
+ sonstige betriebliche Erträge
./. Herstellungskosten der abgesetzten Produkte (bzw. der erbrachten Leistung),
   sog. Umsatzkosten
./. übrige Kosten, die nicht zu den Umsatzkosten zählen
   (z.B. allg. Verwaltungskosten, Vertriebskosten, sonstige betriebliche Aufwendungen, auch Material- und Fertigungsgemeinkosten, soweit diese nicht in die Herstellungskosten einbezogen wurden)

= Betriebsergebnis

Abb. 70 Berechnung des Betriebsergebnisses beim Umsatzkostenverfahren

Da in das Betriebsergebnis alle **betrieblichen Erträge** eingehen müssen, ist es erforderlich, die sonstigen betrieblichen Erträge als zusätzliche Summanden zu berücksichtigen. Das gilt für beide Verfahren, für das Umsatzkostenverfahren, wie für das Gesamtkostenverfahren. Die **aktivierten Eigenleistungen** dürfen beim Umsatzkostenverfahren nicht als positiver Bestandteil in die Betriebsergebnisrechnung eingehen, da sie keine Umsatzerlöse darstellen. Entsprechend sind die hierfür aktivierten Herstellungskosten nicht in den Umsatzkosten enthalten. Kostenbestandteile, die nicht in den Herstellungskosten der aktivierten Eigenleistungen aktiviert wurden (z.B. anteilige Gemeinkosten, wenn in den Herstellungskosten nur Einzelkosten berücksichtigt sind[22]), erscheinen unter den übrigen Kosten der Abb. 70 (allgemeine Verwaltungskosten oder sonstige betriebliche Aufwendungen). Dasselbe gilt für die Bestandsveränderungen bei fertigen und unfertigen Erzeugnissen. Die übrigen Kosten enthalten somit alle diejenigen Kostenarten und Kostenbestandteile, die vom Unternehmen nicht in die Herstellungskosten einbezogen werden.

Wie bei der Besprechung der **Herstellungskosten** bereits ausführlich dargelegt wurde[22], besteht ein Wahlrecht bezüglich der Einbeziehung bestimmter Gemeinkosten in die Herstellungskosten. Bewertet ein Unternehmen seine Herstellungskosten nur mit **Einzelkosten** (Fertigungsmaterial, Fertigungslöhne und Sondereinzelkosten der Fertigung), dann werden im Umsatzkostenverfahren bei den Herstellungskosten der abgesetzten Produkte nur diese Einzelkosten berücksichtigt. In diesem Falle zählen alle Gemeinkosten zu den sonstigen betrieblichen Aufwendungen. Bewertet das Unternehmen seine Herstellungskosten dagegen mit Vollkosten, d.h. mit Einzelkosten, variablen **Gemeinkosten** und anteiligen fixen Gemeinkosten[23] dann gehören diese Gemeinkosten beim Umsatzkostenverfahren nicht zu den sonstigen betrieblichen Aufwendungen, sondern zu den Herstellungskosten der abgesetzten Produkte (Umsatzkosten).

Aus dem **Zusammenwirken von Kostenrechnung und Bilanzierung** können sich Probleme ergeben. Für den Fall, daß die produzierte Menge und die abgesetzte Menge gleich groß sind, ist es unerheblich, ob die Herstellungskosten mit Voll- oder Teilkosten bewertet werden. Die Gemeinkosten werden jeweils in voller Höhe, entweder bei den Herstellungskosten der abgesetzten Produkte oder bei den sonstigen betrieblichen Aufwendungen in Abzug gebracht.

Sind Produktion und Absatz jedoch nicht gleich groß, so können sich unterschiedliche Betriebsergebnisse ergeben, je nachdem, ob die Herstellungskosten

---

[22] Vgl. oben, S. 199ff, 307f.
[23] Vgl. S. 205.

mit Voll- oder mit Teilkosten bewertet werden. Werden sie mit Teilkosten bewertet, dann gehen die vollen Gemeinkosten der Periode in den sonstigen betrieblichen Aufwand. Werden sie mit Vollkosten bewertet, so erfolgt die Verrechnung der Gemeinkosten im Rahmen der Herstellungskosten der abgesetzten Produkte. Wurde in der Periode mehr verkauft als produziert, so werden über die **fixen Gemeinkostenzuschlagsätze**[24] Gemeinkostenanteile aus der Vorperiode in die Abrechnungsperiode übernommen. Es werden folglich mehr Gemeinkosten verrechnet, als tatsächlich in der Periode entstanden sind. Das Betriebsergebnis ist deshalb kleiner als bei Anwendung der Teilkostenrechnung (vgl. Abb. 74). Da es nicht mehr den Periodenerfolg wiedergibt, muß korrekterweise eine **Korrekturbuchung** erfolgen. Wurde dagegen in einer Periode auf Lager produziert, dann werden in dieser Periode über die Gemeinkostenzuschlagsätze weniger Gemeinkosten verrechnet, als tatsächlich entstanden sind. Das Betriebsergebnis würde ungerechtfertigt günstig (vgl. Abb. 73). Deshalb muß eine Korrekturbuchung als sonstiger betrieblicher Aufwand erfolgen. Die Höhe der Korrekturbuchung ergibt sich aus der Differenz zwischen den Gemeinkosten, die über Zuschlagsätze verrechnet wurden, und den tatsächlich entstandenen Gemeinkosten. Es geht jedoch weder aus dem Gesetz noch aus der Erläuterung zu § 275 Abs. 3 HGB in der betroffenen Bundestagsdrucksache[25] hervor, daß diese Korrekturbuchung vorzunehmen ist. Der Posten „Sonstiger betrieblicher Aufwand" wird hier nur für den Fall des Umsatzkostenverfahrens mit Teilkostenrechnung vorgesehen, um die in den Herstellungskosten nicht enthaltenen Materialgemeinkosten und Fertigungsgemeinkosten beim Betriebsergebnis korrekt berücksichtigen zu können, nicht jedoch, um Ergebniskorrekturen bei Anwendung der Vollkostenrechnung durchzuführen[26]. Es ist allerdings **in der Praxis unüblich**, das Umsatzkostenverfahren als Vollkostenrechnung anzuwenden, sodaß der hier beschriebene Fehler praktisch selten auftreten dürfte.

Produzierte Menge Verkaufspreis je Stück		10 000 Stück 50, – DM/Stück
Einzel- kosten	Fertigungsmaterial (FM) das ergibt Fertigungsmaterialeinzelkosten je Stück Fertigungslöhne (FL) das ergibt Fertigungslöhne je Stück	20 000, – DM 2, – DM/Stück 40 000, – DM 4, – DM/Stück
Perioden- gemein- kosten	Materialgemeinkosten (MGK) der Periode Materialgemeinkosten-Zuschlagsatz Fertigungsgemeinkosten (FGK) der Periode Fertigungsgemeinkostenzuschlagsatz Verwaltungs- und Vertriebsgemeinkosten der Periode (VwVtGK)	20 000, – DM 100% auf FM 200 000, – DM 500% auf FL 100 000, – DM

Abb. 71   Beispielsdaten zum Umsatzkostenverfahren

---

[24] Vgl. S. 194ff insbesondere das Beispiel in Abb. 71ff.
[25] Bundestagsdrucksache 10/4268, S. 108.
[26] Ebenda, vgl. auch Gross, G., Schruff, L., Der Jahresabschluß, 1986, S. 192; ebenso bei Glade, A., Rechnungslegung, 1986, § 275 Tz 194f.

Fall 1: Produzierte Menge = Verkaufte Menge = 10000 Stück			
Teilkostenrechnung		Vollkostenrechnung	
Umsatzerlöse	500 000,–	Umsatzerlöse	500 000,–
∕. Herstellungskosten der abgesetzten Menge:		∕. Herstellungskosten der abgesetzten Menge:	
FM 20 000		FM 20 000	
FL 40 000	∕. 60 000,–	MKG 20 000	
∕. übrige Kosten der Periode:		FL 40 000	
MGK 20 000		FGK 200 000	∕. 280 000,–
FGK 200 000		∕. übrige Kosten der Periode:	
VwVtGK 100 000	∕. 320 000,–	VwVtGK	∕. 100 000,–
Betriebsergebnis	+ 120 000,–	Betriebsergebnis	+ 120 000,–

Abb. 72 Beispiel 1 zum Umsatzkostenverfahren

Fall 2: Produzierte Menge = 10000 Stück verkaufte Menge = 8000 Stück			
Teilkostenrechnung		Vollkostenrechnung	
Umsatzerlöse (50×8000)	400 000,–	Umsatzerlöse	400 000,–
∕. Herstellungskosten der abgesetzten Produkte:		∕. Herstellungskosten der abgesetzten Produkte:	
FM (2×8000) 16 000		FM (2×8000) 16 000	
FL (4×8000) 32 000	∕. 48 000,–	MKG	
∕. übrige Kosten der Periode:		(100% v.FM) 16 000	
MGK 20 000		FL (4×8000) 32 000	
FGK 200 000		FGK	
VwVtGK 100 000	∕. 320 000,–	(500% v. FL) 160 000	∕. 224 000,–
		∕. übrige Kosten der Periode:	
		VwVtGK	∕. 100 000,–
= Betriebsergebnis	+ 32 000,–	= Betriebsergebnis	+ 76 000,–
Abb. 73		erforderliche Korrektur (so. betr. Aufwand)	∕. 44 000,–
Beispiel 2 zum Umsatzkostenverfahren			

Fall 3: Produzierte Menge = 10000 Stück verkaufte Menge = 12000 Stück			
Teilkostenrechnung		Vollkostenrechnung	
Umsatzerlöse (50×12000)	600 000,–	Umsatzerlöse	600 000,–
∕. Herstellungskosten der abgesetzten Produkte:		∕. Herstellungskosten der abgesetzten Produkte:	
FM (2×12000) 24 000		FM (2×12000) 24 000	
FL (4×12000) 48 000	∕. 72 000,–	MKG	
∕. übrige Kosten der Periode:		(100% v.FM) 24 000	
MGK 20 000		FL (4×12000) 48 000	
FGK 200 000		FGK	
VwVtGK 100 000	∕. 320 000,–	(500% v.FL) 240 000	∕. 336 000,–
		∕. übrige Kosten der Periode:	
		VwVtGK	∕. 100 000,–
= Betriebsergebnis	+ 208 000,–	= Betriebsergebnis	+ 164 000,–
Abb. 74		erforderliche Korrektor (so. betr. Ertrag)	+ 44 000,–
Beispiel 3 zum Umsatzkostenverfahren			

3.4.1.2 Organisatorische Voraussetzungen für das Umsatzkostenverfahren

Das Umsatzkostenverfahren stellt hohe Anforderungen an die Organisation des Unternehmens, insb. im Bereich der Kostenrechnung und der Lagerverwaltung.

a) Vorhandensein einer Kostenstellenrechnung

Beim Umsatzkostenverfahren können die Kostenarten so, wie sie in der Finanzbuchhaltung erfaßt werden (Löhne, Gehälter, Abschreibungen, Mieten usw.) im allgemeinen nicht unmodifiziert verwendet werden, da sie nicht die Herstellungskosten des Umsatzes wiedergeben. Die Kostenarten müssen vielmehr **nach Einzel- und Gemeinkosten getrennt** auf die Kostenstellen umgelegt werden. Die Herstellungskosten je Mengeneinheit ergeben sich sodann z.b. im Falle der Zuschlagkalkulation[27] aus den verschiedenen Einzelkostenbestandteilen (Fertigungsmaterialverbrauch, Fertigungslöhne) und den zugehörigen Gemeinkostenzuschlagsätzen[28]. Bei Verwendung anderer Kalkulationsverfahren[29] erfolgt eine entsprechende Zuordnung. Die nötige Existenz einer Kostenstellenrechnung ist ein wesentlicher organisatorischer Unterschied gegenüber dem Gesamtkostenverfahren[30]. Da beim Umsatzkostenverfahren die wichtigsten betrieblichen Kostenarten nach ihrer Zusammensetzung und Höhe nicht aus der GuV-Rechnung ersehen werden können, schreibt § 285 Nr. 8 HGB vor, daß der **Materialaufwand und der Personalaufwand im Anhang** in der Untergliederung angeführt werden müssen, wie dies die GuV-Rechnung beim Gesamtkostenverfahren vorsieht.

Mittelgroße Kapitalgesellschaften[31] müssen nur den Personalaufwand gesondert angeben, jedoch ohne ihn nach a) Löhne und Gehälter und b) soziale Abgaben usw. zu untergliedern. Der Materialaufwand braucht bei diesen Unternehmensgrößen nicht gesondert nachgewiesen zu werden, da auch das Gesamtkostenverfahren eine Zusammenfassung des Materialaufwands mit den Umsatzerlösen und anderen Positionen zum Rohergebnis vorsieht (§ 276 HGB).

Große Kapitalgesellschaften müssen dagegen im Anhang folgende Angaben machen:

Materialaufwand:
a) Aufwendungen für Roh-, Hilfs- und Betriebsstoffe und bezogene Waren,
b) Aufwendungen für bezogene Leistungen

Personalaufwand:
a) Löhne und Gehälter,
b) soziale Abgaben und Aufwendungen für Altersversorgung und Unterstützung, davon für Unterstützung.

Für **Personengesellschaften** und Einzelkaufleute ist zwar die Anwendung des Umsatzkostenverfahrens zulässig, Angaben im Anhang erübrigen sich jedoch, da ein Anhang von diesen Rechtsformen nicht zu erstellen ist (§ 242 HGB), auch dann nicht, wenn das Unternehmen aufgrund des Publizitätsgesetzes publizitätspflichtig ist (§ 5 Abs. 2 PublG).

---

[27] Vgl. oben, S. 194ff.
[28] Vgl. das obige Beispiel (Abb. 71 bis 74).
[29] Vgl. oben, S. 192ff.
[30] Vgl. auch Gross, G., Schruff, L., Der Jahresabschluß, 1986, S. 184.
[31] Zu den Größenklassen vgl. S. 31, 353, vgl. auch § 267 Abs. 2 HGB.

b) Lagerbuchführung

Die rationelle Anwendung des Umsatzkostenverfahrens erfordert die **exakte Mengenerfassung** der Erzeugnisse in einer Lagerbuchführung. Die permanente mengenmäßige Erfassung ist deshalb nötig, weil **nach produzierten** und **nach abgesetzten Mengen** unterschieden werden muß. Weiterhin ist eine getrennte Mengenerfassung nach den einzelnen Erzeugnisarten erforderlich, da je Erzeugnisart verschiedene Einzelkosten je Mengeneinheit und verschiedene Gemeinkostenzuschläge gelten. Ohne Lagerbuchführung mit erzeugnisbezogener Aufzeichnung der Zugänge und Abgänge ist das Umsatzkostenverfahren nicht anwendbar. Wird nämlich nur eine jährliche Inventur durchgeführt, so geben die dort ermittelten Endbestände sowie die Bestandsveränderungen gegenüber dem Jahresbeginn keine Auskunft über die Höhe der Abgänge und der Zugänge zum Lager. Diese Informationen sind aber unerläßlich um die Herstellungskosten der abgesetzten Erzeugnisse ermitteln zu können.

3.4.2 Das Gesamtkostenverfahren

Beim Gesamtkostenverfahren gehen die gesamten Kosten des Jahres in die Betriebsergebnisberechnung ein. Die Synchronisation mit den Umsatzerlösen wird dadurch erreicht, daß die auf die Lagerzugänge entfallenden Herstellungskosten wie zusätzliche Umsätze behandelt werden. Entsprechend werden die auf die Lagerabgänge entfallenden Herstellungskosten wie Umsatzminderungen behandelt[32].

```
  Umsatzerlöse
+ aktivierte Eigenleistungen
+ sonstige betriebliche Erträge
+ Herstellungskosten der Lagerzugänge  ⎫ Bestandsveränderungen
⁒ Herstellungskosten der Lagerabgänge  ⎭
⁒ gesamte Kosten des Jahres
─────────────────────────────────────────────────────
= Betriebsergebnis
```

Abb. 75 Berechnung des Betriebsergebnisses beim Gesamtkostenverfahren

Da die **gesamten Kosten des Jahres** beim Aufwand berücksichtigt werden, müssen diejenigen Kosten neutralisiert werden, die nicht zur Erzielung des Umsatzes, sondern zur **Bestandsveränderung** beim Anlagevermögen und beim Umlaufvermögen verwendet wurden. Die **aktivierten Eigenleistungen** im Anlagevermögen[33] sind deshalb wie ein zusätzlicher Umsatz zu behandeln, allerdings nur in Höhe der durch sie verursachten Herstellungskosten. Die Erhöhung der Bestände an fertigen und unfertigen Erzeugnissen wirkt ebenfalls wie eine Umsatzerhöhung. Da es sich hierbei um noch nicht verkaufte Zusatzbestände handelt, darf auch hier die **Bewertung nur zu den Herstellungskosten** erfolgen[34]. Ein höherer Wertansatz verstößt gegen das Realisationsprinzip und gegen § 253 Abs. 1 HGB. Die Verminderung von Beständen an fertigen und unfertigen Erzeugnissen wirkt in umgekehrter Richtung. Umsatzerlöse und die Gesamtkosten bezie-

---

[32] Zur buchhalterischen Handhabung vgl. Heinhold, M., Buchführung, 1987, S. 105f.
[33] Vgl. S. 90, 297.
[34] Vgl. oben, S. 199ff.

hen sich in Höhe der Lagerverkäufe auf verschiedene Jahre. Beim Betriebsergebnis darf deshalb der Teil der Umsatzerlöse nicht berücksichtigt werden, der auf die Herstellungskosten des Vorjahres entfällt. Deshalb sind die Umsatzerlöse um die Herstellungskosten der Bestandsminderungen zu kürzen.

Zur Demonstration des Gesamtkostenverfahrens soll auf die Zahlen des Beispiels zum Umsatzkostenverfahren[35] zurückgegriffen werden.

Der Vergleich mit dem Beispiel zum Umsatzkostenverfahren (Abb. 73, S. 299) zeigt, daß beide Verfahren, Gesamtkostenverfahren und Umsatzkostenverfahren, zum jeweils selben Ergebnis führen – ob sie nun auf der Basis von Teil- oder von Vollkosten angewandt werden.

Daten (vgl. Abb. 71, S. 298):		
Produzierte Menge		10 000 Stück
Verkaufspreis je Stück		50, – DM je Stück
Einzel-kosten	Fertigungsmaterial (FM)	20 000, – DM
	das sind FM je Stück	2, – DM je Stück
	Fertigungslöhne (FL)	40 000, – DM
	das sind FL je Stück	4, – DM je Stück
Perioden-gemein-kosten	Materialgemeinkosten (MGK) der Periode	20 000, – DM
	MGK-Zuschlagsatz	100% auf FM
	Fertigungsgemeinkosten (FGK) der Periode	200 000, – DM
	FGK-Zuschlagsatz	500% auf FL
	Verwaltugns- und Vertriebsgemeinkosten der Periode (VwVtGK)	100 000, – DM

Abb. 76 Beispiel zum Gesamtkostenverfahren

Produzierte Menge	= 10 000 Stück
Verkaufte Menge	= 8 000 Stück
Bestandserhöhung	= 2 000 Stück

Teilkostenrechnung			Vollkostenrechnung		
Umsatzerlöse		400 000, –	Umsatzerlöse		400 000, –
+ Bestandserhöhung:			+ Bestandserhöhung:		
FM: 2×2000	4000		FM (2×2000)	4000	
FL: 4×2000	8000	+ 12 000, –	MGK (100% v. FM)	4000	
⅄ Gesamte Kosten der			FL (4×2000)	8000	
Periode:			FGK (500% v. FL)	40 000	+ 56 000, –
FM	20 000		⅄ Gesamte Kosten der		
MKG	20 000		Periode:		
FL	40 000		FM	20 000	
FGK	200 000	⅄ 280 000, –	MGK	20 000	
⅄ VwVtGK		⅄ 100 000, –	FL	40 000	
			FGK	200 000	⅄ 280 000, –
			VwVtGK		⅄ 100 000, –
= Betriebsergebnis		+ 32 000, –	= Betriebsergebnis		+ 76 000, –

Abb. 77 Beispiel zum Gesamtkostenverfahren

---

[35] Vgl. Abb. 71 auf S. 298.

Der wesentliche **Vorteil des Gesamtkostenverfahrens** liegt in den geringen organisatorischen Voraussetzungen. Es ist **ohne Lagerbuchführung**, d.h. ohne exakte mengenmäßige Erfassung der Lagerzu- und -abgänge anwendbar. Für das Gesamtkostenverfahren genügen die inventurmäßigen Bestandsveränderungen. Treten solche Bestandsveränderungen auf, dann kommt auch das Gesamtkostenverfahren i.d.R. nicht ohne Kostenstellen- und Kostenträgerrechnung aus, da die Bestandsdifferenzen zu Herstellungskosten bewertet werden und deshalb Gemeinkostenzuschlagsätze bekannt sein müssen[36]. Der **Hauptnachteil** des Gesamtkostenverfahrens ist, daß es **für eine erzeugnisbezogene Erfolgsanalyse unbrauchbar** ist. Anders als beim Umsatzkostenverfahren werden hier die einzelnen Kostenarten jeweils in einer Summe ausgewiesen. Sie können nicht nach Erzeugnisgruppen untergliedert werden. Es kann deshalb keine Auskunft auf die Frage geben, welche Produkte in welchem Ausmaß zum Betriebserfolg beigetragen haben. Insbesondere die Anwendung des Gesamtkostenverfahrens auf Teilkostenbasis ist deshalb betriebswirtschaftlich relativ sinnlos. Wenngleich das Gesamtkostenverfahren den Betriebserfolg mit demselben Betrag wie das Umsatzkostenverfahren ausweist, ist es aufgrund der fehlenden Zurechenbarkeit der Kosten zu den Erzeugnisgruppen für betriebswirtschaftliche Analyse- und Planungszwecke denkbar ungeeignet.

Wie in Abbildung 73[37] und Abbildung 77[38] für einen konkreten Beispielsfall verdeutlicht wird, führen beide Verfahren zum selben Betriebsergebnis. Die Kostenbeträge der einzelnen Kostenarten bleiben im Umsatzkostenverfahren teilweise unberücksichtigt (soweit sie auf aktivierte Eigenleistungen und auf Bestandsänderungen entfallen). Der Rest geht in das Umsatzkostenverfahren ein, jedoch nicht nach Kostenarten untergliedert, sondern nach Kostenstellen und Kostenträgern.

Einen anschaulichen Überblick über die unterschiedliche Behandlung der Kostenarten in beiden Verfahren gibt Abb. 78[39]. Besonders hervorzuheben ist, daß die Beträge der betrieblichen Kostenrechnung nicht unmodifiziert in die GuV-Rechnung übernommen werden dürfen. Da in der Kostenrechnung der wertmäßige Kostenbegriff verwendet wird, in der handelsrechtlichen GuV-Rechnung aber der **pagatorische Kostenbegriff**[40], unterscheiden sich die Kosten sowohl artmäßig (Zusatzkosten) als auch betragsmäßig (Anderskosten). Deshalb können auch die Gemeinkosten-Zuschlagsätze der betrieblichen Kostenstellenrechnung nicht unmodifiziert für das Umsatzkostenverfahren im Rahmen der GuV-Rechnung übernommen werden[41].

---

[36] Vgl. Eisele, W., Technik, 1985, S. 573.
[37] Vgl. oben, S. 299.
[38] Vgl. oben, S. 302.
[39] Vgl. S. 304, in Anlehnung an die Darstellung bei Gross, G., Schruff, L., Der Jahresabschluß, 1986, S. 185.
[40] Zum Unterschied vgl. oben, S. 196ff.
[41] Vgl. auch WP-Handbuch, 1985/86, Bd. 1, S. 1030.

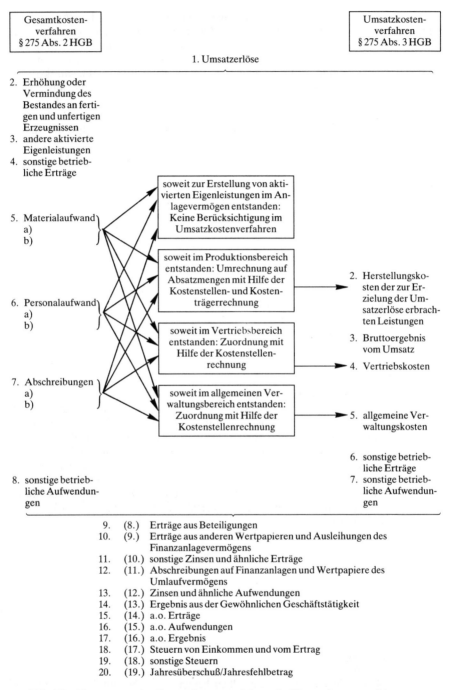

Abb. 78 Kostenarten des Gesamtkostenverfahrens im Umsatzkostenverfahren
(Nrn entsprechend § 275 HGB, Nrn. in Klammern: Umsatzkostenverfahren)

Kapitel 2
Die einzelnen Positionen der Gewinn- und Verlustrechnung

1. Im gesetzlichen Gliederungsschema nach dem Gesamtkostenverfahren

Nr. 1: Umsatzerlöse

Diese Position entspricht der alten Nr. „1 Umsatzerlöse" des § 157 Abs. 1 AktG a.F. Als Umsatzerlöse sind wie bisher **Erlöse aus der gewöhnlichen Geschäftstätigkeit** des Unternehmens anzusetzen (§ 277 Abs. 1 HGB). Erlösschmälerungen (z.B. Rabatte, Boni, Skonti) müssen abgezogen werden. Desgleichen darf die Umsatzsteuer nicht in die Umsatzerlöse einbezogen werden. Dasselbe gilt auch für andere umsatzbezogene Steuern, insb. also für Verbrauchsteuern, deren Entstehung an den Umsatzakt gebunden ist (Mineralölsteuer, Biersteuer, Sektsteuer)[42]. Bei Unternehmen, deren Geschäftszweck in der Erzeugung oder Fertigung von Gegenständen oder im Vertrieb von Waren besteht, gehören zu den Umsatzerlösen nur die Erlöse aus dem Verkauf dieser Gegenstände und Waren. **Erlöse aus Nebengeschäften**, etwa dem Betrieb einer Kantine oder Weiterberechnungen für die Inanspruchnahme von EDV-Dienstleistungen oder anderer Verwaltungseinrichtungen gehören nicht zur gewöhnlichen Geschäftstätigkeit und dürfen deshalb nicht unter den Umsatzerlösen ausgewiesen werden. Erlöse aus Dienstleistungen gehören nur dann zu den Umsatzerlösen, wenn die Dienstleistungen zur gewöhnlichen Geschäftstätigkeit des Unternehmens zu rechnen sind (z.B. Planungs- und Projektierungsunternehmen, Beratungsunternehmen, Werbeagenturen u. dgl.). Was unter gewöhnlicher Geschäftstätigkeit zu verstehen ist, ergibt sich in jedem Einzelfall aus dem tatsächlichen Erscheinungsbild[43], u.U. auch abweichend von den in der Satzung der Gesellschaft angegebenen Geschäftszwecken.

Im folgenden werden einige **Sonderprobleme** der Zuordnung von Erträgen zur Position Umsatzerlöse behandelt[44].

a) Erlöse aus dem **Verkauf von Erzeugnissen und Handelswaren**: Alles was der Betrieb regelmäßig produziert und absetzt gehört beim Industriebetrieb zu den Umsatzerlösen. Wenn der Verkauf von unfertigen Erzeugnissen zum normalen Geschäftsbetrieb gehört, dann zählen auch die hieraus erlösten Beträge zu den Umsatzerlösen. Soweit Fracht- und Verpackungskosten im Rechnungsbetrag enthalten sind, gehören auch sie dazu[45].

b) Erlöse aus **Dienstleistungen**: Sofern sich die Dienstleistungen direkt aus dem Unternehmenszweck ergeben (Beratungsuntenehmen, Personalvermittlungsunternehmen, vgl. oben), ergeben sich keine Zuordnungsprobleme. Werden jedoch Dienstleistungen als Nebenleistungen erbracht, so sind die Branchenüblichkeit und der Zusammenhang mit dem Hauptzweck des Unternehmens zu prüfen (z.B. typische Kundendienstleistungen). Sind diese

---

[42] Vgl. Art. 28 der 4. EG-Richtlinie: „der Mehrwertsteuer und anderer, unmittelbar auf den Umsatz bezogener Steuern".
[43] Vgl. WP-Handbuch 1985/86, Bd. 1, S. 656.
[44] Vgl. ADS § 158 Tz 8ff., vgl. Glade, A., Rechnungslegung, 1986, § 275 Tz 8ff.
[45] Vgl. ADS § 158 Tz 9.

Voraussetzungen nicht erfüllt, dann dürfen die Erträge aus diesen Dienstleistungen nicht unter den Umsatzerlösen ausgewiesen werden. Dienstleistungserträge aus Lohnaufträgen etwa zur Auslastung der Produktionskapazität werden i.d.R. als Umsatzerlöse anzusehen sein. Nicht dazu zählen dagegen Erträge aus Dienstleistungen, die Hilfsbetriebe (z.B. Rechenzentren, Werkdsdruckereien, Betriebswäschereien) zur Kapazitätsauslastung an Dritte erbringen[46].

c) Erlöse aus dem **Verkauf von nicht mehr benötigten Roh-, Hilfs- und Betriebsstoffen**[47] gehören in dem Umfang zu den Umsatzerlösen, in dem solche Verkäufe branchenüblich sind. Darüber hinausgehende Magazinverkäufe sind unter den sonstigen betrieblichen Erträgen auszuweisen[48].

d) Erlöse aus dem **Verkauf von Schrott, Abfall und Kuppelprodukten** zählen stets zu den Umsatzerlösen. Bezieht sich der Schrottverkauf allerdings auf Gegenstände des Anlagevermögens, so kann sich ein Ausweis unter den Umsatzerlösen verbieten, wenn die Branchenüblichkeit nicht gegeben ist. In diesem Fall hat der Ausweis unter den sonstigen betrieblichen Erträgen zu erfolgen.

e) **Miet- und Pachteinnahmen** sind z.B. bei Leasingunternehmen und bei Wohnungsunternehmen Bestandteil der gewöhnlichen Geschäftätigkeit und deshalb unter den Umsatzerlösen auszuweisen. Auch Brauereien weisen die Erlöse aus der Verpachtung von Gaststätten i.d.R. hier aus[49].

f) **Patent- und Lizenzeinnahmen** sind immer dann Umsatzerlöse, wenn die Erlangung und Verwertung von diesen Rechten Unternehmenszweck ist. Lizenzverträge sind auch dann den Umsatzerlösen zuzurechnen, wenn der Lizenzgeber die Erzeugnisse selbst herstellt und einem Dritten die Herstellung aufgrund der Lizenzeinräumung ermöglicht. Dann treten die Lizenzerträge an die Stelle möglicher eigener Umsätze[50].

g) **Versicherungsentschädigungen** sind dann Bestandteil der Umsatzerlöse, wenn sich die Entschädigung auf bereits verkaufte Ware bezieht, wenn z.B. Brand-, Wasserschäden oder Diebstahl an diesen Gegenständen vorliegt. Dann tritt die Versicherungsleistung an die Stelle des eigenen Umsatzes. In allen anderen Fällen sind die Versicherungsentschädigungen den entsprechenden GuV-Positionen zuzuordnen, etwa als sonstige betriebliche Erträge oder als a.o. Erträge.

Nr. 2: Erhöhung und Verminderung des Bestands an fertigen und unfertigen Erzeugnissen

Diese Position entspricht der alten Nr. 2 des § 157 Abs. 1 AktG a.F. Die Bestandsveränderungen, die in diesem Posten zu berücksichtigen sind, können sich aus **zwei Komponenten** zusammensetzen (§ 277 Abs. 2 HGB):

• Änderungen der Menge,
• Änderungen des Wertes.

---

[46] Vgl. ADS § 158 Tz 15.
[47] Vgl. ADS § 158 Tz 10.
[48] Position Nr. 4 des Gliederungsschemas beim Gesamtkostenverfahren.
[49] Vgl. ADS § 158 Tz 12.
[50] Vgl. ADS § 158 Tz 13.

Die **Mengenänderungen** ergeben sich, wenn die Jahresproduktion größer oder kleiner als der Verkauf war, bzw. wenn Lagerbestände durch Schwund, Verderb oder Diebstahl abgegangen sind. Die Mengenänderungen sind mit den Herstellungskosten zu bewerten, wobei die Herstellungskosten i.S. von § 255 Abs. 2 HGB definiert sind. Im Mindestansatz für die Herstellungskosten werden demnach nur die Einzelkosten, im Höchstansatz werden zusätzlich alle Materialgemeinkosten, alle Fertigungsgemeinkosten sowie die anteiligen Verwaltungsgemeinkosten berücksichtigt[51]. **Wertänderungen** können sich aus einer Veränderung der Herstellungskosten ergeben, z.B. durch Lohnerhöhungen, durch Preiserhöhungen bei den Rohstoffen. Sie können weiterhin durch Abschreibungen auf den niedrigeren Börsen-, Markt- oder beizulegenden Wert begründet sein. Eine ungewöhnlich hohe Abwertung aufgrund des strengen Niederstwertprinzipes darf nicht als Bestandsminderung ausgewiesen werden. § 277 Abs. 2 HGB schreibt nämlich ausdrücklich vor, daß Abschreibungen nur insoweit als Bestandsveränderungen gelten, als sie die in der Kapitalgesellschaft sonst üblichen Abschreibungen nicht überschreiten. Abschreibungen auf den nahen Zukunftswert sind gem. § 253 Abs. 3 Satz 3 HGB deshalb ebenso wie die außergewöhnlichen Abwertungen aufgrund des strengen Niederstwertprinzipes[52] unter Pos. 7b gesondert auszuweisen (§ 277 Abs. 3 HGB). Eine analoge Handhabung empfiehlt sich auch für Nicht-Kapitalgesellschaften bezüglich der stillen Reserven gem. § 253 Abs. 4 HGB[53]. Mit Ausnahme dieser Ausklammerung der Sonderabschreibungen aus den Bestandsveränderungen ergeben sich keine Abweichungen zur früheren aktienrechtlichen Regelung[54].

Inhaltlich sind von diesem Posten nur die unfertigen und die fertigen Erzeugnisse betroffen. Da **selbsterstellte Roh-, Hilfs- oder Betriebsstoffe** streng genommen als unfertige Erzeugnisse anzusehen sind (es fand eine Be- oder Verarbeitung im Unternehmen statt), muß die Bestandsmehrung dieser Stoffe ebenfalls hier ausgewiesen werden[55], soweit nicht eine Berücksichtigung als Aufwandsminderung (Haben-Buchung) unter Nr. 5a „Aufwendungen für Roh-, Hilfs- und Betriebsstoffe und für bezogene Waren" aus Vereinfachungsgründen in Betracht kommt. Veränderungen des Bestandes von **Handelswaren** sind nicht hier, unter Nr. 2, sondern stets unter Nr. 5a zu berücksichtigen.

Nr. 3: Andere aktivierte Eigenleistungen

Diese Position entspricht der alten Nr. 3 „Andere aktivierte Eigenleistungen" des § 157 Abs. 1 AktG a.F. Bei den aktivierten Eigenleistungen handelt es sich um **selbst hergestellte Vermögensgegenstände des Anlagevermögens**. Bei der Herstellung sind Kosten verursacht worden (Materialverbrauch, Löhne usw.), die sich gewinnmindernd in den einzelnen Posten der GuV-Rechnung und vermögensmindernd (Lohnzahlungen, Materialbestand usw.) in der Bilanz ausgewirkt haben. Da gleichzeitig eine Vermögensmehrung (Aktivierung) stattgefunden hat, ergäbe sich ein zu niedrigeres Jahresergebnis, wenn nicht ein entsprechender Ertrag ausgewiesen würde. Dieser Ertragsausweis erfolgt im GuV-Posten „andere aktivierte Eigenleistungen". Durch diesen Ertrag entsteht für das Unterneh-

---

[51] Vgl. oben, S. 199.
[52] Vgl. S. 250f.
[53] Vgl. S. 212ff.
[54] § 157 Abs. 1 AktG a.F.
[55] Vgl. WP-Handbuch, 1985/86, Bd. 1, S. 658.

men kein zusätzliches Vermögen, es findet nur eine Vermögensumschichtung statt (weniger liquide Mittel, Roh-, Hilfs- und Betriebsstoffbestände usw., mehr Anlagevermögen). Hauptbestandteil dieses Postens bilden selbsterstellte Anlagen, **aktivierungspflichtige Großreparaturen** (Herstellungsaufwand[56]) sowie die aktivierten **Kosten der Ingangsetzung** und Erweiterung des Geschäftsbetriebes[57]. Strittig ist, ob auch Erträge aus der Aktivierung selbsterstellter Roh-, Hilfs- und Betriebsstoffe hier ausgewiesen werden dürfen. Nach dem Wortlaut „andere aktivierte Eigenleistungen" scheint dies zulässig zu sein[58]. Da es sich bei selbsterstellten Stoffen streng genommen um unfertige Erzeugnisse handelt, wird im Schrifttum überwiegend jedoch ein Ausweis des Ertrags unter Nr. 2 „Erhöhungen des Bestandes an fertigen und unfertigen Erzeugnissen" bzw. vereinfachend ein Ertrag unter Nr. 5a „Aufwendungen für Roh-, Hilfs- und Betriebsstoffe und bezogene Waren" befürwortet[59].

Nr. 4: Sonstige betriebliche Erträge

Diese Position findet an dieser Stelle kein Pendant im alten Gliederungsschema des § 157 Abs. 1 AktG a.f. Sie enthält Teile der alten Nr. 14 „sonstige Erträge". Eine gesetzliche Abgrenzung dieses Postens fehlt auch im neuen Recht. Es handelt sich um eine Sammelposition, in der alle Erträge aus der gewöhnlichen Geschäftstätigkeit auszuweisen sind, die nicht von anderen Ertragspositionen erfaßt werden. Hierzu zählen insbesondere

- Erträge aus Abgängen im Anlagevermögen,
- Erträge aus Zuschreibungen im Anlagevermögen,
- Erträge aus der Auflösung von Rückstellungen,
- Erträge aus der Auflösung des Sonderpostens mit Rücklagenanteil (§ 281 Abs. 2 HGB), unabhängig davon, ob dieser als steuerfreie Rücklage[60], oder als Wertberichtigungsposten bei indirekter steuerlicher Sonderabschreibung gebildet wurde[61],
- Erträge aus der Auflösung der Wertaufholungsrücklage[62],
- Erträge aus der Zuschreibung zu Forderungen,
- Erträge aus der Herabsetzung der Pauschalwertberichtigung zu Forderungen.

Soweit es sich um periodenfremde Erträge handelt, muß eine Erläuterung im Anhang erfolgen (§ 277 Abs. 4 HGB), wenn dies für die Beurteilung der Ertragslage von Bedeutung ist.

Nr. 5: Materialaufwand

Neu im Vergleich mit der früheren Regelung des § 157 AktG a.F. ist der getrennte Ausweis von Stoffverbrauch und Aufwendungen für fremdbezogene Leistungen. Im übrigen besteht kein Unterschied zur bisherigen Rechtslage.

---

[56] Vgl. oben, S. 89.
[57] Vgl. oben, S. 93.
[58] So z.B. auch Castan, E., Rechnungslegung, 1984, S. 173 sowie Peat/Marwick, Bilanzrichtliniengesetz, 1986, S. 59f.
[59] So z.B. ADS § 157 Tz 61, ebenso WP-Handbuch 1985/86, Bd. 1, S. 658.
[60] Vgl. S. 125ff, 131, z.B. die Preissteigerungsrücklage gemäß Abschn. 228 EStR, z.B. die § 6b-Rücklage aus der steuerfreien Übertragung stiller Reserven u. dgl.
[61] Vgl. S. 127, 131.
[62] Vgl. S. 222.

Nr. 5a Aufwendungen für Roh-, Hilfs- und Betriebssoffe und für bezogene Waren

Hier ist zunächst der gesamte **Materialverbrauch** aus dem Fertigungsbereich betroffen. Das sind vor allem

- Fertigungsstoffe,
- Brenn- und Heizstoffe,
- andere Energieaufwendungen (z.b. Stromkosten),
- Reinigungsmaterial,
- Reparaturstoffe,
- Baumaterial,
- Reserveteile,
- Werksgeräte,
- Verpackungsmaterial (des Fertigungsbereichs, nicht jedoch des Vertriebsbereichs).

Neben dem verarbeitungsbedingten Verbrauch werden hier auch die **Wertverluste** ausgewiesen, die sich aus Schwund, Verderb, Diebstahl, Verfall der Marktpreise (strenges Niederstwertprinzip[63]) sowie aus anderen Gründen ergeben, sofern die Höhe oder der Grund der Abwertung nicht für die Gesellschaft unüblich ist. Bei unüblichen Wertverlusten ist ein Ausweis unter Position 7b obligatorisch.

Weiterhin sind die Einstandswerte der verkauften Handelswaren hier auszuweisen (der sog. **Wareneinsatz**). Zugänge zu Roh-, Hilfs- oder Betriebsstoffen, die in der Bilanz mit einem Festwert angesetzt werden, werden hier sofort als Verbrauchsaufwand behandelt. Auch Festwerterhöhungen können hier aufwandsmindernd gebucht werden[64].

Umstritten ist die Frage, ob unter diesem Posten auch der Stoffverbrauch angesetzt werden darf, der nicht auf den Fertigungsbereich entfällt. Zulässig wird dies jedenfalls dann sein, wenn es sich um unbedeutende Beträge handelt. Sind die **Materialverbräuche anderer Unternehmensbereiche** (z.b. Beschaffung, Verwaltung, Vertrieb) nicht von untergeordneter Bedeutung, so geht aus dem Wortlaut des Gesetzes zwar kein Verbot des Ausweises unter Nr. 5a hervor. Die Tatsache, daß kleine und mittelgroße Kapitalgesellschaften[65] gem. § 276 HGB die GuV-Positionen Nr. 1 bis 5 zu einem einzigen Posten „Rohergebnis" zusammenfassen dürfen, läßt es jedoch angeraten erscheinen, hier nur den Materialverbrauch des Fertigungsbereichs auszuweisen. Andernfalls wäre das Rohergebnis eine Erfolgsgröße, die entgegen ihrer betriebswirtschaftlichen Definition vom Materialverbrauch anderer Unternehmensbereiche verfälscht würde[66].

Nr. 5b: Aufwendungen für bezogene Leistungen

Im Gegensatz zum alten Recht sind Aufwendungen für bezogene Leistungen von den übrigen Materialaufwendungen getrennt auszuweisen. Es handelt sich hierbei nicht um Materialverbrauch, sondern um Fremdleistungen von Dritten, die ähnlich wie der Materialverbrauch in die Fertigung eingehen. Beispiele sind die Lohnbe- und -verarbeitung von Rohstoffen und Erzeugnissen, etwa das Um-

---

[63] Vgl. S. 250.
[64] Vgl. S.249, 261 sowie WP-Handbuch 1985-/86, Bd. 1, S. 660.
[65] Zur Abgrenzung der Größenklasse vgl. S. 31 oder 353.
[66] Vgl. WP-Handbuch 1985/86, Bd. 1, S. 659.

schmelzen von Metallen, Stanzarbeiten, Entgraten von Gußteilen, Lackierungs-
arbeiten, Gummierung von Laufrädern u. dgl.[67]. Fremdreparaturen z.b. an Maschinen gehören ebensowenig zu den Aufwendungen für bezogene Leistungen,
wie alle anderen Fremdleistungen, die nicht der Be- und Verarbeitung von Rohstoffen und Erzeugnissen dienen[68]. Insbesondere Mieten, Werbekosten, Tele-
fongebühren, Porti usw. sind nicht hier, sondern unter Nr. 8 „Sonstige betriebliche Aufwendungen" auszuweisen.

Nr. 6: Personalaufwand

Unter dieser Position werden die alten Nummern 16. Löhne und Gehälter, 17. soziale Abgaben, 18. Aufwendungen für Altersversorgung und Unterstützung des
§ 157 Abs. 1 AktG a.f. zusammengefaßt.

Nr. 6a: Löhne und Gehälter

Hier sind sämtliche Löhne und Gehälter **brutto**, als einschließlich Lohnsteuer
und Arbeitnehmeranteil zur Sozialversicherung sowie alle sonstigen Vergütungen an eigene Arbeiter, Angestellte einschließlich der Vorstandsmitglieder auszuweisen. Dabei ist es unerheblich, ob es sich um **Geld- oder Sachleistungen** handelt. Neben den laufenden Bruttolöhnen und -gehältern gehören u.a. hierzu[69]:
Deputate, mietfreie Dienstwohnungen, Nebenbezüge, allgemeine Aufwands-
und Trennungsentschädigungen, Gratifikationen, Vorstandstantiemen, Provisionen an angestellte Reisende, Kinderzulagen, Weihnachtsgelder, Zahlungen
aufgrund des Lohnfortzahlungsgesetzes, Zahlungen nach dem Vermögensbil-
dungsgesetz, Entgelte für Überstunden, Erfindervergütungen, Jubiläumszahlun-
gen, Abfindungszahlungen an ausscheidende Belegschaftsmitglieder usw.

Nicht hinzu gehören Löhne und Gehälter für Arbeitskräfte fremder Firmen,
auch wenn die Entgelte von der Unternehmung berechnet und ausbezahlt werden. Solche Zahlungen sind entweder unter Position 5b „Aufwendungen für bezogene Leistungen" oder unter Position 8 „Sonstige betriebliche Aufwendungen" auszuweisen. Nicht hierzu gehören auch Aufsichtsratvergütungen, da Aufsichtsratmitglieder in keinem Anstellungsverhältnis zur Gesellschaft stehen. Sie
sind ebenfalls unter Position 8 auszuweisen. Desgleichen sind Lohn- und Gehaltsvorschüsse nicht als Personalaufwand zu behandeln. Sie gehen nicht in die GuV-
Rechnung ein, sondern werden als kurzfristige Forderungen unter Position
„B.II.4 Sonstige Vermögensgegenstände" erfolgsneutral erfaßt.

Nr. 6b: Soziale Abgaben und Aufwendungen für Altersversorgung und Unter-
stützung

Dieser Posten faßt die Positionen 17. und 18. des alten § 157 Abs. 1 AktG a.f. zusammen.

Soziale Abgaben sind die gesetzlichen Pflichtabgaben, soweit sie vom Unternehmen zu tragen sind (sog. Arbeitgeberanteil). Inhaltlich umfassen sie die Ar-
beitgeberbeiträge an

---

[67] Vgl. ADS § 157 Tz 78f., vgl. auch Glade, A., Rechnungslegung, 1986, § 275 Tz 109 ff.
[68] Anderer Ansicht ist Glade, A., Rechnungslegung, 1986, § 275 Tz 112.
[69] Vgl. WP-Handbuch 1985/86, Bd. 1, S. 667, vgl. Glade, A., Rechnungslegung, 1986, § 275
    Tz 133-135.

- die Sozialversicherung (Rentenversicherung für Arbeiter und Angestellte, Krankenversicherung, Arbeitslosenversicherung, ggf. Bundesknappschaft),
- die Berufsgenossenschaften,
- die Insolvenzversicherung von betrieblichen Versorgungszusagen an den Pensionssicherungsverein.

Aufwendungen für Alterversorgung sind folgende Aufwendungen an aktive und nicht mehr tätige Betriebsangehörige (inkl. Vorstandsmitglieder):

- Pensionszahlungen, soweit sie nicht erfolgsneutral zu Lasten der Pensionsrückstellung gebucht werden,
- Zuführungen zu Pensionsrückstellungen (Neuzuführungen und Erhöhung der Pensionsrückstellung aufgrund der Barwertzunahmen[70]),
- Zuweisungen an Pensions- und Unterstützungskassen,
- Prämienzahlungen an Versicherungsunternehmen zur Direktversicherung der Arbeitnehmer.

Aufwendungen für Unterstützung sind freiwillige Zahlungen an aktive oder ehemalige Belegschaftsmitglieder, z.B. Krankheits- und Unfallunterstützungen, Erholungsbeihilfen, Heirats- und Geburtsbeihilfen, Unterstützungszahlungen an Invalide, Rentner und Hinterbliebene.

Der unter 6b gehörende Betrag ist in einer Summe auszuweisen. Die Aufwendungen für Altersversorgung sind gesondert zu vermerken (davon Aufwendungen für Altersversorgung).

Nr. 7 Abschreibungen

Nr. 7a: auf immaterielle Vermögensgegenstände des Anlagevermögens und Sachanlagen sowie auf aktivierte Aufwendungen für die Ingangsetzung und Erweiterung des Geschäftsbetriebs

Die Abschreibungen auf Sachanlagen und immaterielle Anlagen waren im alten AktG a.F. unter Position 19. des GuV-Gliederungsschemas auszuweisen. Neu ist die ausdrückliche Erwähnung der Ingangsetzungskosten.

Unter dieser Position 7a müssen die **planmäßigen**[71] **und außerplanmäßigen**[72] **Abschreibungen** auf das Anlagevermögen gem. § 253 Abs. 2 HGB ebenso ausgewiesen werden, wie die Abschreibungen auf die Ingangsetzungskosten gem. § 282 HGB – soweit von der Bilanzierungshilfe Gebrauch gemacht wurde[73]. Die außerplanmäßigen Abschreibungen auf den beizulegenden Wert[74] müssen entweder in der GuV-Rechnung gesondert ausgewiesen werden, oder im Anhang angegeben werden (§ 277 Abs. 3 HGB). Da zusätzliche Abschreibungen im Rahmen vernünftiger kaufmännischer Beurteilung (§ 253 Abs. 4 HGB) für Kapitalgesellschaften nicht zulässig sind, erübrigt sich eine entsprechende Ausweisverpflichtung in § 277 HGB. Sofern Nicht-Kapitalgesellschaften die GuV-Rechnung gem. der Gliederung des § 275 Abs. 2 HGB erstellen, empfiehlt sich auch ein gesonderter Ausweis dieser Sonderabschreibungen – allein schon aus Gründen der Selbstinformation des Unternehmens[75]. Auch **direkte steuerliche Sonderabschrei-**

---

[70] Vgl. oben, S. 278ff.
[71] Vgl. oben, S. 230ff.
[72] Vgl. oben, S. 226.
[73] Vgl. oben, S. 71, 93.
[74] Im Sinne von § 253 Abs. 2 Satz 3 HGB, vgl. oben, S. 211.
[75] Zu den Abschlußaufgaben gl. oben, S. 5ff, 16.

bungen i.S. des § 254 HGB werden hier berücksichtigt. Sofern die steuerliche Sonderabschreibung indirekt, über den Sonderposten mit Rücklagenanteil gebucht wird (§ 281 Abs. 1 HGB), darf ihr Ausweis nicht unter den Abschreibungen (Nr. 7a) erfolgen. Er muß dann vielmehr unter den „sonstigen betrieblichen Aufwendungen", Nr. 8 der GuV-Rechnung stattfinden (§ 281 Abs. 2 HGB).

Die hier unter Position 7a angegebenen Abschreibungsbeträge gehen in die Abschreibungssummenspalte des Anlagenspiegels ein[76].

Nr. 7b: Abschreibungen auf Vermögensgegenstände des Umlaufvermögens, soweit diese die in der Kapitalgesellschaft üblichen Abschreibungen überschreiten

Diese Position entspricht teilweise der alten Nr. 21 des § 157 Abs. 1 AktG a.F. Übliche Abschreibungen[76a] auf das Umlaufvermögen gehen entweder in die Verminderung des Bestandes an fertigen und unfertigen Erzeugnissen (Position 2[77]) oder in die „Aufwendungen für Roh-, Hilfs- und Betriebsstoffe und für bezogene Waren" (Nr. 5a[78]) ein. Nur die darüber hinausgehenden Abschreibungen sind hier unter 7b auszuweisen. Insbesondere kommen außergewöhnlich hohe Abschreibungen aufgrund des strengen Niederstwertprinzips bei stark sinkenden Börsen-, Markt- oder beizulegendem Wert in Frage, sowie Abschreibungen auf den nahen Zukunftswert i.S. vom § 253 Abs. 3 letzter Satz HGB[79].

Nr. 8: Sonstige betriebliche Aufwendungen

Diese Position entspricht weitgehend der alten Nr. 26 „Sonstige Aufwendungen" des § 157 Abs. 1 AktG a.F. Dieser Aufwandsposten ist ein **Sammelbecken** für alle Aufwendungen aus der gewöhnlichen Geschäftstätigkeit, die nicht an anderer Stelle gesondert ausgewiesen werden.

Er umfaßt u.a.

- die Einstellungen in den Sonderposten mit Rücklagenanteil (gesonderte Ausweispflicht nach § 281 Abs. 2 HGB),
- Verluste aus dem Abgang von Gegenständen des Anlagevermögens,
- Verluste aus dem Abgang von Gegenständen des Umlaufvermögens,
- Abschreibungen auf Forderungen, soweit sie das übliche Ausmaß nicht übersteigen (höhere Abschreibungen sind unter den Abschreibungen gem. Nr. 7b auszuweisen),
- Materialaufwendungen, soweit sie nicht unter Nr. 5 auszuweisen sind,
- weitere betrieblich bedingte Aufwendungen, z.B. Fremdreparaturen, Werbeaufwand, Versicherungsaufwand, Mieten, Pachten, Provisionen, Reisespesen, Lizenzgebühren, Transport- und Lageraufwand, Post-, Telefon- und Fernschreibgebühren, Spenden, Kosten des Aufsichtsrates und der Hauptversammlung, Zuführungen zu Rückstellungen (sofern nicht Pensions- und Steuerrückstellungen), Zugänge zum Anlagevermögen für die in der Bilanz ein Festwert angesetzt wird (sofern nicht unter Materialaufwand, Nr. 5a erfaßt).

---

[76] Vgl. oben, S. 54.
[76a] Vgl. hierzu Hömberg, R., Übliche Abschreibungen, HuR 1986, S. 298ff.
[77] Vgl. oben, S. 306f.
[78] Vgl. oben, S. 309.
[79] Vgl. oben, S. 250f.

Nr. 9: Erträge aus Beteiligungen

Diese Position entspricht der alten Position 8 „Erträge aus Beteiligungen" des
§ 157 AktG a.F. Beteiligungen sind solche Anteile an anderen Unternehmen, die
bestimmt sind, dem eigenen Geschäftsbetrieb durch Herstellung einer dauerhaf-
ten Verbindung zum Beteiligungsunternehmen zu dienen[80]. Unter den Erträgen
aus Beteiligungen sind **alle laufenden Erträge** auszuweisen, die im Beteiligungsverhältnis begründet sind.

Hierzu zählen vor allem:

• Dividenden von Kapitalgesellschaften und Genossenschaften,
• Gewinnanteile von Personenhandelsgesellschaften und stillen Gesellschaften,
• Ausbeuten von Gewerkschaften.

Die Beträge sind brutto auszuweisen, eine ggf. einbehaltene Kapitalertragsteuer darf nicht abgezogen werden. Des weiteren gehört die **KSt-Gutschrift**
(gem. § 36 Abs. 2 Nr. 3 EStG) zu den hier auszuweisenden Beteiligungserträgen.
Sie entsteht bei Ausschüttungen von unbeschränkt körperschaftssteuerpflichtigen
Unternehmen (z.B. Kapitalgesellschaften mit Sitz oder Geschäftsleitung im Inland). Eine Verrechnung von Beteiligungserträgen aus einem mit Beteiligungs-
verlusten aus einem anderen Beteiligungsunternehmen ist unzulässig. Erträge
aus Verlustübernahmen müssen in einer gesonderten GuV-Position unter entsprechender Bezeichnung ausgewiesen werden[81] – unabhängig davon, ob es sich
um Verluste aus Beteiligungsverhältnissen oder andere Verlustübernahmen handelt (§ 277 Abs. 3 HGB).

Soweit es sich bei dem Beteiligungsunternehmen gleichzeitig um ein **verbundenes Unternehmen** handelt, sind die Erträge gesondert zu vermerken (davon aus
verbundenen Unternehmen). Ein verbundenes Unternehmen liegt nur vor, wenn
es gem. § 290 HGB als Mutter- oder Tochterunternehmen in den Konzernabschluß einbezogen werden muß. Hierfür ist die Mehrheit der Stimmrechte (mehr
als 50% bzw. das Recht, die Mehrheit der Aufsichts- und Leitungsorgane zu bestellen, bzw. das Recht einen beherrschenden Einfluß auszuüben) erforderlich.
Es ist deshalb möglich, daß ein Beteiligungsunternehmen nicht gleichzeitig verbundenes Unternehmen ist, z.B. wenn die Beteiligungsquote 50% nicht erreicht[82].

Nicht zu den Beteiligungserträgen zählen Gewinne aus der Veräußerung von
Beteiligungen sowie aus Zuschreibungen zu Beteiligungen. Diese sind unter den
sonstigen betrieblichen Erträgen (Nr. 4 des Gliederungsschemas) auszuweisen.
Weiterhin dürfen Beteiligungserträge nicht hier ausgewiesen werden, wenn sie
aufgrund einer Gewinngemeinschaft eines Gewinnabführungs-oder Gewinnteil-
abführungsvertrags zugeflossen sind. § 277 Abs. 3 HGB verlangt hierfür einen gesonderten Ausweis[83], der wohl am besten im Anschluß an die Beteiligungserträge
zusätzlich in das Gliederungsschema eingefügt wird. Dieser zusätzliche Ertragsposten umfaßt nicht nur Beteiligungserträge aus Gewinnpoolungs- und Gewinn-

---

[80] Vgl. oben, S. 101.
[81] Vgl. unten, S. 321.
[82] An Kapitalgesellschaften liegt eine Beteiligung ab einer Beteiligungsquote von 20% vor.
    An Personengesellschaften liegt sie stets vor, unabhängig von der Beteiligungsquote,
    vgl. oben, S. 101, vgl. § 271 Abs. 1 HGB.
[83] Vgl. unten, S. 320.

abführungsverträgen, sondern jegliche derartige Zuflüsse, unabhängig ob es sich um Beteiligungen handelt oder nicht. Da Gewinnabführungsverträge eine der Voraussetzungen für die Anerkennung der KSt-lichen Organschaft[84] sind, werden hier v.a. die noch nicht mit KSt belasteten Gewinnanteile von Organunternehmen auszuweisen sein. Der steuerliche Korrekturausweis erfolgt unter Pos. 18 „Steuern vom Einkommen und vom Ertrag".

Nr. 10: Erträge aus anderen Wertpapieren und Ausleihungen des Finanzanlagevermögens

Diese Position entspricht der alten Position 9 „Erträge aus anderen Finanzanlagen" des § 157 AktG a.F. Hierunter fallen alle Erträge aus den Finanzanlagen, soweit sie nicht unter den Beteiligungserträgen erfaßt sind und nicht aus Gewinngemeinschafts- oder Gewinnabführungsverträgen zugeflossen sind. Neben Dividenden und Zinsen gehören hierzu auch die Erträge aus der periodisch erfolgenden Aufzinsung von abgezinsten langfristigen Ausleihungen[85]. Sofern die Erträge aus verbundenen Unternehmen stammen, ist dies zu vermerken (davon aus verbundenen Unternehmen). Im Schrifttum wird es auch für möglich angesehen, Zuschreibungen zu den Bilanzansätzen der Wertpapiere und Ausleihungen hier auszuweisen[86]. Solche Zuschreibungen können jedoch auch unter Position 4 „Sonstige betriebliche Erträge" angesetzt werden[87].

Nr. 11: Sonstige Zinsen und ähnliche Erträge

Diese Position entspricht der alten Nr. 10 „Sonstige Zinsen und ähnliche Erträge" des § 157 Abs. 1 AktG a.F. Hierunter fallen alle Zinsen, soweit sie noch nicht unter Position 9 (Beteiligungserträge) und 10 (Erträge aus anderen Wertpapieren und Ausleihungen des Finanzanlagevermögens) ausgewiesen sind.

Zu den hier auszuweisenden **Ertragszinsen** zählen

- Zinsen aus Bankguthaben, aus Darlehensforderungen und Hypothekenforderungen (soweit nicht Finanzanlagen), Zinsen für Wechselforderungen und für andere Ausleihungen,
- Zinsen und Dividenden auf Wertpapiere des Umlaufvermögens einschließlich eines etwaigen Körperschaftsteuergutschriftbetrags[88],
- Aufzinsungsbeträge für unverzinsliche und niedrig verzinsliche Forderungen. Solche Forderungen sind abgezinst mit ihrem Barwert[89] in der Bilanz anzusetzen. Da der Abzinsungszeitraum von Jahr zu Jahr kleiner wird, wächst der Barwert entsprechend, was einer Aufzinsung des Barwertes gleichkommt.

Zu den **„ähnlichen Erträgen"** zählen z.B. Erträge aus einem Disagio[90] (Damnum) bei Darlehensvergaben sowie Kreditprovisionen, Teilzahlungszuschläge und ähnliches.

---

[84] Vgl. § 14 KStG.
[85] Zum Problem der Abzinsung von Forderungen vgl. oben, S. 253
[86] Vgl. WP-Handbuch 1985/86, Bd. 1, S. 662,
vgl. Castan, E., Rechnungslegung, 1984, S. 178.
[87] Vgl. oben, S. 308.
[88] § 36 Abs. 2 Nr. 3 EStG.
[89] Vgl. oben, S. 253.
[90] Das Disagio wird, über die Darlehenslaufzeit verteilt, jährlich ertragswirksam eingenommen, vgl. oben, S. 247.

Sofern Fremdkapitalzinsen im Rahmen von Anschaffungskosten oder Herstellungskosten aktiviert wurden, sind sie nicht hier, sondern als Bestandsänderungen von fertigen oder unfertigen Erzeugnissen (Position 2 des GuV-Gliederungsschemas) oder als aktivierte Eigenleistungen (Position 3) auszuweisen.

Wegen des generellen Verrechnungsverbots in § 246 Abs. 2 HGB dürfen Zinserträge nicht mit Zinsaufwendungen verrechnet werden. Das **Verrechnungsverbot** gilt sowohl für Ertrags- und Aufwandszinsen desselben Bankkontos, die im Jahresablauf abwechselnd entstanden sind, als auch für Zinserträge und -aufwendungen verschiedener gleichzeitig bestehender Bankkonten[91]. Sofern die sonstigen Zinsen und ähnlichen Erträge aus verbundenen Unternehmen entstanden sind, ist dies zu vermerken (davon aus verbundenen Unternehmen).

Nr. 12: Abschreibungen auf Finanzanlagen und auf Wertpapiere des Umlaufvermögens

Ein gleichlautender Posten war im alten Gliederungsschema der GuV-Rechnung des § 157 Abs. 1 AktG a.F. nicht vorgesehen. Die alte Position 20 umfaßte nur Abschreibungen auf Finanzanlagen, jedoch nicht auf das Finanzumlaufvermögen.

Nach neuem Recht sind hier grundsätzlich alle Abschreibungen auf das Finanzanlagevermögen und auf die Wertpapiere des Umlaufvermögens auszuweisen. Da es sich beim Finanzvermögen um nicht abnutzbares Vermögen handelt, kommen nur **außerplanmäßige Abschreibungen** in Betracht. Für die Wertpapiere des Umlaufvermögens gilt das strenge Niederstwertprinzip[92]. Für die Finanzanlagen gilt das gemilderte Niederstwertprinzip, sofern die Wertminderung vorübergehend ist, besteht ein Abwertungswahlrecht (§ 279 Abs. 1 HGB). Sofern die Abschreibung nur aus steuerlichen Gründen erfolgt (§ 254 HGB), ist zu unterscheiden, ob die Abschreibung indirekt über den Sonderposten mit Rücklagenanteil oder direkt zulasten des Bestandskontos durchgeführt wird. Im ersten Fall (Einstellung in den Sonderposten mit Rücklagenanteil) muß der Abschreibungsaufwand unter Position 8 „Sonstige betriebliche Aufwendungen" erfolgen (§ 281 Abs. 2 HGB). Im zweiten Fall (direkte Belastung des Bestandskontos) ist die Abschreibung hier unter Position 12 auszuweisen.

Nr. 13: Zinsen und ähnliche Aufwendungen

Diese Position entspricht der alten Nr. 23 „Zinsen und ähnliche Aufwendungen" des § 157 Abs. 1 AktG a.F. Hierzu zählen vor allem[93]:

- Zinsen für Verbindlichkeiten jeder Art, z.B. für Bankkredite, Lieferantenkredite, Hypotheken, Schuldverschreibungen, Schuldscheindarlehen;
- Diskontbeträge für Wechsel und Schecks,
- Kreditprovisionen, Überziehungsgebühren, Kreditbereitstellungsgebühren, Bürgschaftsprovisionen,
- Abschreibungen für ein aktiviertes Disagio[94].

---

[91] Vgl. WP-Handbuch 1985/86, Bd. 1, S. 663.
[92] Vgl. oben, S. 250, vgl. § 253 Abs. 3 HGB.
[93] Vgl. ADS § 157 Tz 166.
[94] Vgl. oben, S. 112.

Die obigen Ausführungen über das Verrechnungsverbot von Zinsaufwendungen mit Zinserträgen gelten hier analog[95].

Nr. 14: Ergebnis aus der gewöhnlichen Geschäftstätigkeit

Diese Zwischensumme war im Gliederungsschema für die GuV-Rechnung nach dem alten § 157 Abs. 1 AktG a.f. nicht vorgesehen. Sie gibt das Ergebnis vor Berücksichtigung der außerordentlichen Vorgänge und vor Berücksichtigung des Steueraufwandes wieder. Die Bezeichnung als Ergebnis aus der gewöhnlichen Geschäftstätigkeit ist **betriebswirtschaftlich etwas irreführend**, da steuerliche Sonderabschreibungen hier ebenso als gewöhnliche Aufwendungen angesehen werden, wie die Einstellungen und Auflösungen des steuerlichen Sonderpostens mit Rücklagenanteil. Desgleichen zählen die reinen Finanzerträge und Finanzaufwendungen außer bei Banken und Versicherungen wohl eher nicht zu den gewöhnlichen geschäftlichen Transaktionen. Bemerkenswert ist auch, daß dieses Ergebnis aus der gewöhnlichen Geschäftstätigkeit von Erträgen und Aufwendungen beeinflußt ist, die man in der Betriebswirtschaftslehre bislang üblicherweise als außerordentlich bezeichnet hat – etwa die Gewinne und Verluste aus dem Abgang von Gegenständen des Anlagevermögens u. dgl.[96]. Insofern ist das „Ergebnis aus der gewöhnlichen Geschäftstätigkeit" betriebswirtschaftlich vorsichtig zu interpretieren.

Um zu einem etwas aussagefähigeren Zwischenergebnis zu gelangen, sind **Nebenrechnungen unter Zuhilfenahme des Anhangs** durchzuführen. Vor allem können dann die steuerlichen Sonderabschreibungen[97] und Gewinnminderungen aufgrund anderer steuerlicher Bewertungsprivilegien[98] (im Sonderposten mit Rücklagenanteil) aus dem Ergebnis herausgerechnet werden. Nach § 285 Abs. 5 HGB sind die hierfür erforderlichen Informationen im Anhang auszuweisen. Ebenso können die Steuern vom Einkommen und vom Ertrag (Position 18 der GuV-Rechnung) mit Hilfe der Anhanginformationen (§ 285 Nr. 6 HGB) auf das a.o. Ergebnis und auf das gewöhnliche Geschäftsergebnis aufgeteilt werden. Dies ist aus betriebswirtschaftlicher Sicht deshalb erforderlich, da Betriebssteuern (z.B. die GewSt, z.B. die Vermögensteuer auf das Betriebsvermögen, die Kfz-Steuer, die Wechselsteuer, u. dgl.) zweifelsfrei Kosten, d.h. betriebstypische Aufwendungen sind.

Auch die periodenfremden Aufwendungen und Erträge lassen sich aus dem Anhang ersehen. § 277 Abs. 4 HGB schreibt vor, daß Erträge und Aufwendungen, die einem anderen Geschäftsjahr zuzurechnen sind, hinsichtlich ihrer Beträge und ihrer Art im Anhang zu erläutern sind, sofern sie für die Beurteilung der Ertragslage nicht von untergeordneter Bedeutung sind. Folglich können auch betragserhebliche Erträge aus der Auflösung stiller Reserven (z.B. Buchgewinne beim Anlagevermögen und bei den Rückstellungen) und aufgedeckte negative stille Reserven (Buchverluste durch Überwertungen im Anlagevermögen) in die Nebenrechnung zur betriebswirtschaftlichen Korrektur des Ergebnisses aus der gewöhnlichen Geschäftstätigkeit eingehen. Schließlich wird auch die Bildung stil-

---

[95] Vgl. oben, S. 315.
[96] Vgl. z.B. Wöhe, G., Einführung in die allgemeine Betriebswirtschaftslehre, 1984, S. 885ff., vgl. auch Niehus, R., J., Aufwendungen und Erträge, DB 1986, S. 1293ff.
[97] Gemäß § 254 HGB und § 280 Abs. 2 HGB.
[98] Gemäß § 273.

ler Reserven durch außerplanmäßige Abschreibungen auf den nahen Zukunftswert (§ 253 Abs. 3 HGB) wegen der Ausweisvorschrift in § 277 Abs. 3 HGB erkennbar.

Nr. 15: Außerordentliche Erträge

A.o. Erträge waren im alten Gliederungsschema für die GuV-Rechnung des § 157 Abs. 1 AktG a.f. bei den sonstigen Erträgen gesondert zu vermerken. Gegenüber dem alten Recht hat sich aber nicht nur eine andere Position innerhalb des Gliederungsschemas, sondern vor allem auch eine **wichtige inhaltliche Änderung** ergeben.

Nach bisherigem Recht zählten zu den a.o. Erträgen zwei Ertragsgruppen:

- **Zeitlich bedingte a.o. Erträge**
  Diese zwar betrieblich bedingten aber periodenfremden Erträge (z.B. Steuerrückzahlungen, Erträge aus dem Abgang von zu hoch abgeschriebenen Anlagevermögen, Erträge aus dem Eingang von zu hoch abgeschriebenen Forderungen, Wertzuschreibungen) hätten korrekterweise in einem früheren Jahr berücksichtigt werden müssen.
- **Sachlich bedingte a.o. Erträge**
  Es handelt sich hierbei um Erträge, die einmalig oder sehr selten anfallen, aber periodenrichtig bilanziert werden (z.B. Subventionen, Nachlässe auf Verbindlichkeiten).

Nach altem Recht waren unter den a.o. Erträgen in erster Linie periodenfremde Erträge i.S. der obigen Nummer 1 zu verstehen[99]. **Das neue Bilanzrecht erkennt** – nach angelsächsichem Vorbild – **nur noch die sachlich bedingten a.o. Erträge als außerordentlich an.** Gem. § 277 Abs. 4 HGB sind als a.o. Erträge diejenigen Erträge auszuweisen, die außerhalb der gewöhnlichen Geschäftstätigkeit anfallen. Periodenfremde Erträge zählen nicht dazu, da sie betrieblich bedingt, also innerhalb der gewöhnlichen Geschäftstätigkeit angefallen sind. Auf den Zeitpunkt der Ertragsbuchung kommt es nach neuem Recht nicht mehr an. Die periodenfremden Erträge sind im allgemeinen unter Position 4 „Sonstige betriebliche Erträge" auszuweisen[100].

Die a.o. Erträge neuen Rechts sind im **Anhang** hinsichtlich ihrer Art und ihres Betrags näher zu erläutern, sofern der ausgewiesene Betrag für die Beurteilung der Ertragslage nicht von untergeordneter Bedeutung ist[101].

Nr. 16: Außerordentliche Aufwendungen

In Analogie zu den a.o. Erträgen gelten nach neuem Recht nur noch die sachlich bedingten außergewöhnlichen, jedoch nicht mehr die periodenfremden Aufwendungen als a.o. Aufwand. Inhaltlich bleibt für diese Position nicht mehr viel übrig (z.B. Gründungsaufwand, Ingangsetzungskosten, Aufwendungen aufgrund von

---

[99] Vgl. ADS § 157 Tz 134, zum neuen Recht vgl. auch Großfeld, B., Leffson, U., Außerordentliche Erträge und Aufwendungen, HuR 1986, S. 68ff., vgl. auch Ballwieser, W., Erträge und Verluste, HuR 1986, S. 154.

[100] Vgl. Glade, A., Rechnungslegung, 1986, § 275 Tz 312ff.

[101] § 277 Abs. 4 letzter Satz HGB, diese Erläuterungpflicht besteht auch für periodenfremde Erträge, vgl. unten, S. 335

Schadensfällen wie Brand, Diebstahl, Überschwemmung u. dgl.). Auch hier besteht eine Erläuterungspflicht im Anhang[102].

Nr. 17: Außerordentliches Ergebnis

Das a.o. Ergebnis ist die rechnerische Differenz zwischen Position 15, a.o. Erträge und Position 16, a.o. Aufwendungen. Es gibt somit nur das sachlich bedingte a.o. Ergebnis wieder. Periodenfremde Elemente bleiben ausgeklammert. Der gesonderte Ausweis des a.o. Ergebnisses war im alten Gliederungsschema des § 157 Abs. 1 AktG a.f. nicht vorgesehen.

Nr. 18: Steuern vom Einkommen und vom Ertrag

Die hier angesprochenen Steuern waren im alten Gliederungsschema des § 157 Abs. 1 AktG a.F. in Nr. 24a „Steuern vom Einkommen, vom Ertrag und vom Vermögen" mit enthalten.

Bei **Kapitalgesellschaften** kommen nach neuem Recht hier nur noch die **Körperschaftsteuer (KSt)** und die **Gewerbeertragsteuer (GewESt)** zum Ausweis. Da periodenfremde Aufwendungen nicht mehr gesondert ausgewiesen werden müssen, setzt sich der Steueraufwand aus zwei zeitlichen Komponenten zusammen, dem aus dem Berichtsjahr resultierenden Steueraufwand und möglichen Steuernachzahlungen (z.B. aufgrund von Betriebsprüfungen). Insofern lassen sich aus dem hier ausgewiesenen Steueraufwand keine Rückschlüsse auf den Steuerbilanzgewinn ziehen. Darüber hinaus ist das auch deswegen nicht möglich, weil auch die GewESt in der Aufwandsumme enthalten ist.

Bei der Bemessung des Steueraufwands ist für die **KSt** von **zwei Steuersätzen** auszugehen[103]:

- 56% KSt-Satz für den Ergebnisteil, der durch Gesetz, Satzung oder Vorstand/ Aufsichtsrat in die Gewinnrücklagen eingestellt wird sowie für den Teil, der voraussichtlich von der Hauptversammlung in die Gewinnrücklagen eingestellt werden wird. Sofern ein Gewinnverwendungsbeschluß der Hauptversammlung noch nicht vorliegt, ist vom Vorschlag des Vorstands zur Verwendung des Ergebnisses auszugehen. Weicht der spätere Beschluß vom Vorschlag ab, so braucht der Jahresabschluß nicht geändert zu werden (§ 278 HGB).
- 36% für den verbleibenden, restlichen Bilanzgewinn. Weist die Hauptversammlung hiervon weitere Teile den Gewinnrücklagen zu, so ist die zusätzliche KSt im Jahre des Beschlusses als Steueraufwand zu behandeln. § 174 Abs. 3 AktG bestimmt hierfür, daß der Gewinnverwendungsbeschluß der Hauptversammlung nicht zu einer Änderung des festgestellten Jahresabschlusses führt. Wird noch nicht mit KSt belastetes Eigenkapital (das sog. EKO1 bis EKO4) ausgeschüttet, so ist die erforderliche KSt-Erhöhung ebenfalls hier als Steueraufwand auszuweisen[104].

Besondere Probleme ergeben sich bei **Einzelunternehmen und Personengesellschaften**, die gem. §§ 1 und 9 PublG zur Rechnungslegung und Publizität verpflichtet sind. Das Unternehmen als solches ist in diesen Fällen nicht KSt- bzw.

---

[102] § 277 Abs. 4 letzter Satz HGB, vgl. unten, S. 335.
[103] Vgl. oben, S. 139.
[104] Vgl. oben, S. 123.

ESt-pflichtig, statt dessen werden die einzelnen Gesellschafter mit ihren Gewinn-anteilen zur Einkommensteuer herangezogen (§ 15 Abs. 1 EStG). Sofern diese Unternehmen die GuV-Rechnung gem. § 275 HGB erstellen, also nicht von der Wahlmöglichkeit einer verkürzten GuV-Darstellung in einer Anlage zur Bilanz Gebrauch machen (§ 5 Abs. 5 PublG), darf hier auch die persönliche ESt der Ge-sellschafter als Steueraufwand ausgewiesen werden, soweit sie durch den Ge-winnanteil des Gesellschafters begründet ist.

Die Rückerstattung von zuviel bezahlten Steuern darf nicht aufwandsmin-dernd beim Steueraufwand berücksichtigt werden. Wegen des Verrechnungsver-bots von Aufwendungen und Erträgen (§ 246 Abs. 2 HGB) muß in diesen Fällen ein Ausweis als Ertrag erfolgen – und zwar unter Position 4 „sonstige betriebliche Erträge".

Nr. 19: Sonstige Steuern

Hierzu zählen alle anderen Steuern, soweit sie handelsrechtlichen Aufwand dar-stellen. Weder aktivierungspflichtige Steuern (GrESt, BUSt, Umsatzsteuer auf den Eigenverbrauch, Branntweinsteuer, Eingangszölle) noch Steuern, die durch-laufende Posten darstellen (USt im Normalfall, Lohnsteuer) dürfen deshalb hier ausgewiesen werden.

Gegenüber der alten Position 24b „sonstige Steuern" des § 157 Abs. 1 AktG a.F. sind nunmehr hier auch die Steuern vom Vermögen auszuweisen. Zu den sonstigen Steuern zählen somit die VSt, die GewKapSt, die Grundsteuer, die Erbschaft-/Schenkungssteuer, Ausfuhrzölle, die Kfz-Steuer, die Wechselsteuer, die Gesellschaftssteuer sowie zahlreiche kleinere Steuerarten, insb. Verbrauchs-steuern (Mineralölsteuer, Biersteuer, Getränkesteuer, Jagdsteuer, Kaffeesteu-er, Salzsteuer, Sektsteuer, Tabaksteuer, Zuckersteuer, Versicherungssteuer und viele mehr).

Soweit Einzelgesellschaften oder Personengesellschaften gemäß PublG zur Rechnungslegung und Publizität verpflichtet sind, gilt für die persönliche VSt so-wie für die Erbschaftsteuer der Gesellschafter (bzw. des Einzelunternehmers) analog zur ESt-lichen Regelungen, daß die auf ihre Beteiligung entfallenden Steuern als sonstiger Steueraufwand in die GuV-Rechnung eingehen dürfen (§ 5 Abs. 5 PublG).

Steuererstattungen sind wiederum nicht aufwandsmindernd, sondern als son-stiger betrieblicher Ertrag (Position 4) auszuweisen.

Nr. 20: Jahresüberschuß/Jahresfehlbetrag

Diese Position gibt den Saldo aller Erträge und Aufwendungen wieder.

2. Der Ausweis zusätzlicher Positionen im Schema der GuV-Rechnung im Einzelfall

Gesonderte Ausweisvorschriften für die GuV-Rechnung sieht § 277 Abs. 3 und 4 HGB in bestimmten Fällen vor.

2.1 Außerplanmäßige Abschreibungen im Anlagevermögen

Gem. § 253 Abs. 2 Satz 3 HGB müssen diese bei voraussichtlich dauernder Wertminderung bzw. können sie bei vorübergehender Wertminderung aufgrund des strengen bzw. gemilderten Niederstwertprinzipes[105] durchgeführt werden. Diese Abschreibungen müssen **entweder im Anhang** gesondert angegeben **oder in der GuV-Rechnung** gesondert ausgewiesen werden (§ 277 Abs. 3 HGB). Beim Ausweis in der GuV-Rechnung empfiehlt sich die Aufnahme des Zusatzpostens im Anschluß an Posten 7a, der dann nur noch die planmäßigen Abschreibungen enthält.

2.2 Abschreibungen gem. § 253 Abs. 3 Satz 3 HGB

Diese Abschreibungen betreffen den sog. **nahen Zukunftswert** bei Vermögensgegenständen des Umlaufvermögens[106]. Soweit es nach vernünftiger kaufmännischer Beurteilung notwendig ist, um zu verhindern, daß der Wertansatz eines Gegenstandes des Umlaufvermögens in der nächsten Zukunft aufgrund von Wertschwankungen geändert werden muß, darf eine entsprechende Abschreibung erfolgen. Sie ist jedoch entweder in der GuV-Rechnung gesondert auszuweisen oder im Anhang anzugeben. Beim Ausweis in der GuV-Rechnung empfiehlt es sich, diesen Zusatzposten im Anschluß an Position 7b anzusetzen, der dann nur noch die über das übliche Maß hinausgehenden Abschreibungen aufgrund des strengen Niederstwertprinzips enthält[107].

2.3 Erträge aus Gewinngemeinschaften, Gewinnabführungs- und Teilgewinnabführungsverträgen

Die zusätzliche Aufnahme dieses Postens in das Gliederungsschema wird in § 277 Abs. 3 HGB gefordert – sofern entsprechende Erträge vorliegen. Diese Position war bereits im alten Gliederungsschema des § 157 Abs. 1 AktG a.F. vorgesehen. Im neuen Recht ist sie nicht mehr im Schema des § 275 Abs. 2 HGB enthalten, weil sie für die überwiegende Mehrzahl der vom neuen Recht betroffenen Unternehmungen ohne Bedeutung sein dürfte, nämlich für die Gesellschaften mit beschränkter Haftung. Unter diesen Posten sollen Erträge aus Unternehmensverträgen i.S. des § 292 AktG ausgewiesen werden.

Gewinngemeinschaften liegen vor (§ 292 Abs. 1 Nr. 1 AktG), wenn sich mehrere Unternehmen verpflichten, ihren Gewinn oder den Gewinn einzelner Teilbetriebe zusammenzulegen, um den gemeinschaftlichen Gewinn untereinander aufzuteilen. Bei **Gewinnabführungsverträgen** (Teilgewinnabführungsverträgen) liegt eine einseitige Verpflichtung zur Abführung des Gewinns oder eines Teilgewinnes vor. Erträge aus Beherrschungsverträgen dürfen hier nicht ausgewiesen werden, ebensowenig die Erträge aus Verlustübernahmen.

Aufwendungen aus solchen Gewinnabführungs- oder Gewinngemeinschaftsverträgen dürfen nicht mit entsprechenden Erträgen verrechnet werden (§ 246

---

[105] Im Falle vorübergehender Wertminderung: bei Kapitalgesellschaften nur beim Finanzanlagevermögen, vgl. § 279 Abs. 1 HGB, vgl. oben, S. 219.
[106] Vgl. oben, S. 215, 251.
[107] Vgl. S. 250.

Abs. 2 HGB), es ist jeder Vertrag einzeln zu betrachten. Wegen der inhaltlichen Verwandtschaft ist es sinnvoll, diesen Zusatzposten im Anschluß an Position 9 „Erträge aus Beteiligungen" auszuweisen. Auf alle Fälle muß der Posten noch im Rahmen der gewöhnlichen Geschäftstätigkeit ausgewiesen werden[108]. Sofern es sich gleichzeitig um einen Beteiligungsertrag handelt, muß der Ausweis hier, und nicht bei den Beteiligungserträgen erfolgen.

2.4 Erträge aus Verlustübernahmen

Sofern ein anderes Unternehmen Verluste übernimmt – sei es, daß die Erstattung bereits erfolgt ist, sei es, daß nur ein Anspruch hierauf besteht – ist der zugehörige Ertrag gesondert auszuweisen (§ 277 Abs. 3 HGB). Solche Verlustübernahmen kommen insb. bei Ergebnisabführungsverträgen im Rahmen der steuerlichen Organschaft vor. Diese Erträge betreffen nicht die gewöhnliche Geschäftstätigkeit, sie stehen vielmehr in einem engen Zusammenhang mit dem Jahresergebnis, deshalb ist der Ausweis unmittelbar vor diesem (vor Position 20) zweckmäßig[109].

2.5 Aufwendungen aus Gewinngemeinschaften, Gewinnabführungs- und Teilgewinnabführungsverträgen

Führt ein Unternehmen seine Gewinne aufgrund der genannten Verträge ab, so sind die entsprechenden Aufwendungen gesondert auszuweisen (§ 277 Abs. 3 HGB). Wegen ihres engen Zusammenhangs mit dem Jahresergebnis wird der Ausweis wiederum unmittelbar vor dem Jahresergebnis erfolgen[110].

2.6 Aufwendungen aus Verlustübernahmen

Ist das bilanzierende Unternehmen verpflichtet, Verluste anderer Unternehmen auszugleichen, so schreibt § 277 Abs. 3 HGB den gesonderten Ausweis dieser Aufwendungen vor. Die Verlustübernahmeverpflichtung kann aufgrund vertraglicher Vereinbarungen (Ergebnisabführungsvertrag, Betriebspachtvertrag, Betriebsüberlassungsvertrag, § 292 AktG), sie kann aber auch aufgrund gesetzlicher Vorschriften bestehen (z.B. Verlustübernahme gem. § 302 AktG bei Bestehen eines Beherrschungs- oder Gewinnabführungsvertrages, Verlustübernahme bei sog. eingegliederten Gesellschaften gem. § 324 Abs. 3 AktG). Die Verlustübernahmeaufwendungen sind unter den Finanzaufwendungen (z.B. im Anschluß an Position 12 des GuV-Gliederungsschemas) auszuweisen, damit sie Eingang in das Ergebnis aus der gewöhnlichen Geschäftstätigkeit finden[111].

---

[108] Vgl. Gross, A., Schruff, L., Der Jahresabschluß, 1986, S. 195.
[109] Ebenda, S. 197.
[110] Ebenda.
[111] Ebenda, S. 195.

3. Überleitung des Jahresergebnisses zum Bilanzergebnis

Die folgenden Positionen der GuV-Rechnung sind nicht mehr im HGB enthalten. Da § 268 Abs. 1 HGB jedoch zuläßt, daß die Bilanz auch nach vollständiger oder teilweiser Verwendung des Jahresabschlusses aufgestellt werden darf, muß die GuV-Rechnung um diejenigen Positionen erweitert werden, die den Jahresüberschuß/Jahresfehlbetrag in den Bilanzgewinn/Bilanzverlust überführen[112]. Dies ist vor allem für Aktiengesellschaften von Bedeutung.

Die GuV-Rechnung ist deshalb gem. § 158 AktG wie folgt fortzuführen:

20. Jahresüberschuß/Jahresfehlbetrag
21. Gewinnvortrag/Verlustvortrag aus dem Vorjahr[113]
22. Entnahmen aus der Kapitalrücklage[114]
23. Entnahmen aus Gewinnrücklagen
    a) aus der gesetzlichen Rücklage[115]
    b) aus der Rücklage für eigene Aktien[116]
    c) aus satzungsmäßigen Rücklagen[117]
    d) aus anderen Gewinnrücklagen[118]
24. Einstellungen in Gewinnrücklagen
    a) in die gesetzliche Rücklage[119]
    b) in die Rücklage für eigene Aktien[120]
    c) in satzungsmäßige Rücklagen[121]
    d) in andere Gewinnrücklagen[122]
25. Bilanzgewinn/Bilanzverlust[123]

Zum Inhalt der einzelnen Positionen ist auf die Ausführungen zum Eigenkapitalausweis in Abschnitt 3 des Buches zu verweisen. Die Überleitung des Jahresergebnisses in das Bilanzergebnis muß nicht in der GuV-Rechnung erfolgen. Die erforderlichen Angaben können auch im Anhang gemacht werden (§ 158 Abs. 1 AktG).

4. Abweichungen bei Verwendung des Umsatzkostenverfahrens

Erstellt das Unternehmen die GuV-Rechnung nach dem Umsatzkostenverfahren, so ergeben sich grundlegende Abweichungen bei der Zuordnung der fertigungsbedingten Kostenarten. Da nach dem Grundkonzept des Umsatzkosten-

---

[112] Vgl. oben, S. 122ff, vgl. auch Knop, W., Die Bilanzaufstellung nach vollständiger oder teilweiser Ergebnisverwendung, DB 1986, S. 549ff., vgl. auch Liebs, R., Zur Neuregelung der Ergebnisverwendung, GmbHR 1986, S. 145ff.
[113] Vgl. S. 123.
[114] Vgl. S. 117.
[115] Vgl. S. 117.
[116] Vgl. S. 118.
[117] Vgl. S. 118f.
[118] Vgl. S. 120f.
[119] Vgl. S. 118.
[120] Vgl. S. 118.
[121] Vgl. S. 119.
[122] Vgl. S. 121.
[123] Vgl. S. 122f.

verfahrens als **Umsatzkosten** nur die Herstellungskosten derjenigen Produkte bzw. Leistungen als Aufwand in die GuV-Rechnung eingehen dürfen, die auf die tatsächlich abgesetzte Betriebsleistung entfallen[124], müssen die in Position 5-7 des Gliederungsschemas nach dem Gesamtkostenverfahren (§ 275 Abs. 2 HGB) ausgewiesenen Aufwandsarten (Kosten) mit Hilfe der Techniken der Kostenstellen- und Kostenträgerrechnung auf die umgesetzten Mengeneinheiten umgerechnet werden (Position 2 des Gliederungsschemas nach dem Umsatzkostenverfahren, vgl. Abb. 78 auf S. 304. Das Vorgehen hierbei wurde auf den Seiten 296 bis 301 besprochen. Da **Vertriebskosten** und i.d.R. auch **allgemeine Verwaltungskosten** nicht in die Herstellungskosten einbezogen werden[125], müssen die Kostenarten (Löhne, Gehälter, Materialverbrauch, Abschreibungen), soweit sie auf Verwaltungs- und Vertriebskostenstellen entfallen, als Periodenaufwand ausgewiesen werden. Sie werden in den Positionen 4 „Vertriebskosten" und 5 „allgemeine Verwaltungskosten" des Gliederungsschemas nach § 275 Abs. 3 HGB beim Umsatzkostenverfahren erfaßt. Die **sonstigen betrieblichen Erträge** und die **sonstigen betrieblichen Aufwendungen** tragen eine andere Positionsnummer im Gliederungsschema und enthalten außer den Bestandteilen, die schon vom Gesamtkostenverfahren bekannt sind[126], auch noch diejenigen Gemeinkosten, die nicht in den Herstellungskosten berücksichtigt wurden[127]. Ab Position 8 „Erträge aus Beteiligungen" (beim Gesamtkostenverfahren ist dies die Position Nr. 9, vgl. Abb. 78 auf S. 304) sind die Gliederungspunkte der GuV-Rechnung beim Umsatzkostenverfahren und beim Gesamtkostenverfahren identisch, ihre Numerierung weicht lediglich um 1 voneinander ab, da das Gesamtkostenverfahren bei den das Betriebsergebnis betreffenden Positionen einen Unterpunkt mehr enthält.

Neben der grundsätzlich anderen Berechnungstechnik beim Betriebsergebnis[128] weist das Umsatzkostenverfahren eine weitere Abweichung vom Gesamtkostenverfahren auf. Die Zwischensumme „**Bruttoergebnis vom Umsatz**" (Position Nr. 3 beim Umsatzkostenverfahren) ist beim Gesamtkostenverfahren definitionsgemäß nicht möglich. Sie stellt beim Umsatzkostenverfahren den Überschuß der Umsatzerlöse über die Herstellungskosten der umgesetzten Mengen (Umsatzkosten) dar. Je nach angewandter Herstellungskosten-Definition (nur Einzelkosten oder auch Einbeziehung der anteiligen Material- und Fertigungsgemeinkosten[129]) berechnet sich ein anderer Wert für dieses Bruttoergebnis vom Umsatz. Dagegen ist das gesamte Betriebsergebnis immer gleich groß, unabhängig ob es nach dem Gesamtkostenverfahren oder nach dem Umsatzkostenverfahren berechnet wurde[130]. Definitionsgemäß bleiben deshalb auch das Ergebnis aus der gewöhnlichen Geschäftstätigkeit und das Jahresergebnis von der Wahl des Umsatzkostenverfahrens oder Gesamtkostenverfahrens unbeeinflußt.

---

[124] Vgl. S. 296ff.
[125] Vgl. S. 195.
[126] Vgl. S. 308 und 312.
[127] Bei Anwendung der Teilkostenrechnung z.B. die Materialgemeinkosten und die Fertigungsgemeinkosten, vgl. oben, S. 199.
[128] Vgl. S. 297, 301.
[129] Vgl. das Beispiel in Abb. 71 bis 74 sowie S. 298f, zur Regelung der Herstellungskosten vgl. S. 199.
[130] Vgl. das Beispiel in Abb. 77 auf S. 302 sowie das Beispiel bei Gross, G., Schruff, L., Der Jahresabschluß, 1986, S. 201.

Abschnitt 5
Anhang und Lagebericht

Der Jahresabschluß kann die an ihn gestellten Aufgaben nur dann zufriedenstellend erfüllen, wenn die Zahlen der Bilanz und der GuV-Rechnung ausreichend erläutert und ergänzt werden. Vor allem die Informationsfunktion[1] des Jahresabschlusses erzwingt einen entsprechenden Erläuterungsteil zu Bilanz und GuV-Rechnung. Insbesondere ein Unternehmensexterner ist sonst nicht in der Lage, sich ein vollständiges und den tatsächlichen Verhältnissen entsprechendes Bild von der Vermögens-, Finanz- und Ertragslage des Unternehmens zu verschaffen (§ 264 Abs. 2 HGB). Die zusätzlichen Informationen, die hierzu benötigt werden, beziehen sich auf zwei grundsätzlich verschiedene Bereiche. Einmal ist es erforderlich, die verdichteten und von Ermessensfreiräumen und Wahlrechten beeinflußten Zahlen der **Bilanz und GuV-Rechnung** zu **erläutern** und ihre Bedeutung für die Vermögens-, Finanz- und Ertragslage darzustellen. Hierzu sind auch Angaben erforderlich, die in Bilanz und GuV-Rechnung grundsätzlich nicht enthalten sind, z.B. Angaben über bestehende Beteiligungsverhältnisse oder über die Beziehungen, insbesondere finanzieller Art zu Unternehmensorganen (z.B. Vorstand und Aufsichtsrat). All diese Informationen soll der Anhang vermitteln (§§ 284 bis 288 HGB). Zum Zweiten ist es erforderlich den Informationsgehalt des Jahresabschlusses aus zeitlicher Sicht zu ergänzen. Neben die vergangenheitsorientierten Erläuterungen des Anhangs müssen **zukunftsgerichtete Angaben** treten. Diese Informationen sollen vor allem vom sog. Lagebericht (§ 289 HGB) vermittelt werden.

Kapitel 1
Der Anhang

1. Zweck und Wesen des Anhangs

Der Anhang ist für Kapitalgesellschaften ein unverzichtbarer Teil des Jahresabschlusses. § 264 Abs. 1 HGB schreibt zwingend vor, daß der Jahresabschluß gem. § 242 HGB, der – für alle Kaufleute geltend – nur aus Bilanz- und GuV-Rechnung besteht, bei Kapitalgesellschaften um einen Anhang zu erweitern ist. Bilanz, GuV-Rechnung und Anhang bilden eine Einheit und stellen den Jahresabschluß der Kapitalgesellschaften dar. Aus diesem Grunde sind alle Vorschriften, die für die Erstellung des Jahresabschlusses berücksichtigt werden müssen, auch bei der Aufstellung des Anhangs zu beachten. Insbesondere die Forderung des § 243 Abs. 2 HGB nach Klarheit und Übersichtlichkeit sowie die Generalnorm des § 264 Abs. 2 HGB sind zu befolgen.

---

[1] Dritt- und Selbstinformation, vgl. S. 6ff.

Die **Aufgaben**, die vom Gesetzgeber dem Anhang zugewiesen werden, lassen sich nicht direkt aus dem Gesetzestext erkennen. Eine Teilauskunft gibt § 284 HGB. Er weist dem Anhang eine **Erläuterungsfunktion**[1a] zu und trägt die Überschrift „Erläuterung der Bilanz und GuV-Rechnung". Bei den wesentlich weiter gehenden und detaillierteren Vorschriften zu den sonstigen Pflichtangaben des Anhangs beruft sich § 285 HGB dagegen nicht auf eine übergeordnete Definition der Anhangaufgaben. Diese Aufgaben des Anhangs müssen deshalb aus den allgemeinen **Jahresabschlußaufgaben** hergeleitet werden[2]. In Abschnitt 1 dieses Buches[3] wurden vor allem die folgenden Jahresabschlußaufgaben herausgestellt:

- Informationsfunktion,
- Dokumentationsfunktion,
- Gewinnfeststellungsfunktion,
- Ausschüttungsregelungsfunktion,
- Schuldendeckungskontrollfunktion.

Der Anhang ist vorwiegend aus der **Informationsfunktion** des Jahresabschlusses zu sehen. Er hat dazu zu dienen, die Informationsbedürfnisse der Bilanzadressaten zu befriedigen. Das Gesetz legt in den §§ 284 und 285 HGB den Mindestumfang der zusätzlichen Abschlußinformationen fest, die der Anhang vermitteln muß. Hierdurch soll gewährleistet werden, daß der Jahresabschluß besser verständlich und die Gefahr von Fehlinterpretationen durch die Bilanzadressaten verringert wird. Nach dem Willen des Gesetzgebers hat der Anhang folglich die Aufgabe, dafür zu sorgen, daß der Jahresabschluß ein den tatsächlichen Verhältnissen entsprechendes Bild der Vermögens-, Finanz- und Ertragslage vermittelt, d.h. der sog. Generalnorm des § 264 Abs. 2 HGB entspricht. Den Anhanginformationen kommt vor allem dann Bedeutung zu, wenn die Zahlen der Bilanz und GuV-Rechnung aufgrund gesetzlicher Vorschriften oder durch die Beachtung der GoB, insb. des Vorsichtsgrundsatzes, ein von der Realität abweichendes Bild vermitteln. Solche Konflikte zwischen den durch Gesetz oder GoB erzwungenen Bilanzansätzen und der Generalnorm des § 264 Abs. 2 HGB sind z.B. möglich bei Wertsteigerungen, die aus steuerlichen Gründen nicht in der Bilanz nachvollzogen werden[4].

Über diese gesetzlich fixierten Mindestregelungen hinaus bietet der Anhang dem bilanzierenden Unternehmen auch die Möglichkeit der Beeinflussung von Bilanzadressaten durch **gezielte Selbstdarstellung**[5]. In diesem Sinne ist die Gestaltung des Anhangs, insbesondere die Ausführlichkeit von Zusatzangaben, die über den gesetzlichen Mindestumfang hinausgehen, ein Instrument der unternehmerischen **Bilanzpolitik**. Im Gegensatz zu den materiellen Instrumenten (Ergebnisbeeinflussung durch Ansatz- und Bewertungswahlrechte) zählt die freiwillige Erweiterung des Anhangs zu den formellen Instrumenten der Bilanzpolitik[6].

[1a] Vgl. auch das Buch von Russ, W., Der Anhang als dritter Teil des Jahresabschlusses – eine Analyse der bisherigen und der künftigen Erläuterungsvorschriften für die Aktiengesellschaft, Bergisch-Gladbach, 1984.
[2] Vgl. S. 5ff.
[3] Vgl. S. 5 bis S. 19, vor allem die Übersicht in Abb. 3 auf S. 16.
[4] Zu weiteren Beispielen für derartige Konflikte zwischen Generalnorm und Gesetz bzw. GoB vgl. bei Heinhold, M., Die Bewertungskonzeption, 1987, S. 129.
[5] Vgl. Selchert, F., Karsten, J., Inhalt und Gliederung, BB, 1985, S. 1889.
[6] Vgl. Heinhold, M., Instrumente, WiSt, 1984, S. 454.

Die **freiwilligen Zusatzinformationen** können sowohl in Form einer ausführlicheren Erläuterung der einzelnen Bilanz- und GuV-Posten als auch durch die Angabe von Zusatzrechnungen vermittelt werden. Als solche Zusatzrechnungen kommen z.B. in Frage:

- Kapitalflußrechnungen[7]
- Wertschöpfungsrechnungen[8]
- Sozialbilanzen bzw. Sozialberichte[9].

2. Rechtsvorschriften für die Erstellung und den Inhalt des Anhangs

Die zwingende Verpflichtung, daß **Kapitalgesellschaften** zusätzlich zur Bilanz und zur GuV-Rechnung einen Anhang erstellen müssen, befindet sich in § 264 Abs. 1 HGB. Die entsprechende Vorschrift für **Genossenschaften** ist in § 336 HGB enthalten. Unternehmen die nach **Publizitätsgesetz** zur Rechnungslegung und Veröffentlichung verpflichtet sind (§§ 1 und 9 PublG) müssen einen Anhang dann erstellen, wenn sie nicht in den Rechtsformen der **Personenhandelsgesellschaft** oder des **Einzelkaufmanns** geführt werden. § 5 Abs. 2 PublG nimmt diese beiden Rechtsformen ausdrücklich von der Verpflichtung aus, den Jahresabschluß um einen Anhang zu erweitern.

Rechtsform	Pflicht zur Erstellung des Anhangs?	Rechtsgrundlagen
Einzelunternehmen und Personengesellschaft (nicht publizitätspflichtig)	nein	§ 242 HGB
Einzelunternehmen und Personengesellschaft (publizitätspflichtig)	nein	§ 5 Abs. 2 PublG
Kapitalgesellschaften	ja	§ 264 Abs. 1 HGB
eingetragene Genossenschaften	ja	§ 336 HGB i. Vb. mit § 33 Abs. 1 GenG
andere Rechtsformen, soweit publizitätspflichtig (z.B. bergrechtliche Gewerkschaft, Verein mit wirtschaftlichem Geschäftsbetrieb, gewerblich tätige privatrechtliche Stiftungen, bestimmte Körperschaften, Stiftungen und Anstalten des öffentlichen Rechts)	ja	§ 5 Abs. 2 PublG

Abb. 79 Die Pflicht zur Anhangerstellung

Ausführliche Einzelvorschriften zum Pflichtinhalt des Anhangs befinden sich in den §§ 284 und 285 HGB. Weitere gesetzliche Vorschriften, die zum Teil **Pflichtangaben**, zum Teil nur **wahlweise Angaben** vorsehen, sind in den allgemeinen Vorschriften[10], in den Bilanzansatzvorschriften[11], in den Vorschriften zur

---

[7] Zum Aufbau und Aussagegehalt von Kapitalflußrechnungen, vgl. Heinhold, M., Grundfragen, 1985, S. 142ff.
[8] Zur Wertschöpfungsrechnung vgl. Coenenberg, A., Jahresabschluß, 1982, S. 458ff.
[9] Zur Sozialbildung, vgl. z.B. v. Wysocki, K., Sozialbilanzen, 1981.
[10] §§ 264, 265 HGB.
[11] §§ 266-274 HGB.

GuV-Rechnung[12] sowie in den Bewertungsvorschriften[13] für Kapitalgesellschaften enthalten. Zusätzlich finden sich im Aktiengesetz und im GmbHGesetz Hinweise auf den Anhang. Einen Überblick über die einzelnen Vorschriften gibt Abb. 80.

lfd. Nr.	Rechtsgrundlage	Anhanginhalt	Weitere Erläuterungen auf S.
Pflichtangaben im Anhang			
1.	§ 284 HGB	Erläuterung der Bilanz und Gewinn- und Verlustrechnung	
2.	§ 285 HGB	sonstige Pflichtangaben	
3.	§ 264 Abs. 2 HGB	zusätzliche Angaben aufgrund der Generalnorm	333
4.	§ 265 Abs. 1, 2, 4 u. 7 Nr. 2 HGB	Angaben zur Bilanzgliederung	333f.
5.	§ 268 Abs. 4 u. 5 HGB	Angaben zu antizipativen Forderungen und Verbindlichkeiten von größerem Umfang[14]	334
6.	§ 269 HGB	Erläuterungspflicht für aktivierte Ingangsetzungs- und Erweiterungsaufwendungen	335
7.	§ 274 Abs. 2 HGB	Erläuterungspflicht bei Aktivierung von latenten Steuern als Bilanzierungshilfe	335
8.	§ 277 Abs. 4 HGB	Erläuterungspflicht für a.o. Aufwendungen und Erträge	335
9.	§ 280 Abs. 3 HGB	Angabe und Begründung von unterlassenen Zuschreibungen	335
10.	§ 281 Abs. 2 HGB	Angabe und Begründung von steuerrechtlichen Abschreibungen	336
11.	§ 160 Abs. 1 AktG	Zusätzliche Pflichtangaben für Aktiengesellschaften	–
12.	§ 240 AktG	Verwendung von Erträgen aus Kapitalherabsetzungen von Aktiengesellschaften	–
13.	Art. 24 Abs. 6 EGHGB	Bei erstmaliger Erstellung des Anlagespiegels: Angabe, daß die Buchwerte des Vorjahres und nicht die ursprünglichen Anschaffungs-/Herstellungskosten angesetzt wurden.	–
14.	Art. 28 Abs. 2 EGHGB	Angabe des Betrags nicht passivierter Pensionsrückstellungen aus Anwartschaften vor dem 1.1.1987	–
15.	§ 261 Abs. 1 AktG	Zusatzangaben bei aktienrechtlichen Sonderprüfungen	–
16.	§ 287 HGB	Hinweis auf gesonderte Aufstellung des Anteilsbesitzes und den Ort ihrer Hinterlegung	–

Abb. 80   Überblick über die Anhanginformationen (Fortsetzung →)

---

[12] §§ 275-278 HGB.
[13] §§ 279-283 HGB.
[14] Erträge und Aufwendungen des Jahres mit Zahlungsfälligkeit erst nach dem Bilanzstichtag, vgl. S. 108f.

lfd. Nr.	Rechtsgrundlage	Anhanginhalt
Wahlweise Angaben, die entweder im Anhang oder in der Bilanz erfolgen müssen		
17.	§ 265 Abs. 3 HGB	Mitzugehörigkeitsvermerke zu anderen Bilanzpositionen
18.	§ 268 Abs. 1 HGB	Angabe des Gewinn-/Verlustvortrags, falls die Bilanz nach vollständiger oder teilweiser Gewinnverwendung erstellt wird
19.	§ 268 Abs. 2 Satz 1 HGB	Entwicklung des Anlagevermögens im Anlagenspiegel
20.	§ 268 Abs. 2 Satz 3 HGB	Angabe der Abschreibung des Geschäftsjahres beim Anlagevermögen und bei den Ingangsetzungskosten
21.	§ 268 Abs. 6 HGB	Angabe eines aktivierten Disagios
22.	§ 268 Abs. 7 HGB	Angabe von Haftungsverhältnissen
23.	§ 273 HGB	Angabe der Rechtsgrundlagen für die Bildung des Sonderpostens mit Rücklagenanteil
24.	§ 274 Abs. 1 HGB	gesonderte Angabe der Rückstellungen für latente Steuern
25.	§ 281 Abs. 1 HGB	Angabe der Rechtsgrundlagen bei Ausweis der steuerrechtlichen Sonderabschreibungen im Sonderposten mit Rücklagenanteil
26.	§ 42 Abs. 3 GmbHG	Angabe der finanziellen Verflechtungen zwischen GmbH und Gesellschaftern (Ausleihungen, Forderungen, Verbindlichkeiten)
27.	§ 152 Abs. 2 AktG	Einstellungen in die und Entnahmen aus der Kapitalrücklage
28.	§ 152 Abs. 3 AktG	Einstellungen und Entnahmen bei Gewinnrücklagen
29.	§ 29 Abs. 4 GmbHG	Angabe des Eigenkapitalanteils von Wertaufholungen und von steuerlichen Passivposten, soweit in Gewinnrücklagen eingestellt
30.	§ 58 Abs. 2a AktG	
31.	§ 327 Nr. 1 HGB	Angabe bestimmter Bilanzpositionen von mittelgroßen Kapitalgesellschaften, die die Bilanz in verkürzter Form nach § 266 Abs. 3 HGB zum Handelsregister einreichen
Wahlweise Angaben, die entweder im Anhang oder in der Gewinn- und Verlustrechnung erfolgen müssen		
32.	§ 277 Abs. 3 HGB	Angabe der außerplanmäßigen handelsrechtlichen Abschreibungen des Geschäftsjahres
33.	§ 281 Abs. 2 HGB	Angabe der Erträge aus der Auflösung und der Aufwendungen aus der Einstellung in den Sonderposten mit Rücklagenanteil
34.	§ 158 Abs. 1 AktG	Fortführung der GuV-Rechnung vom Jahresergebnis bis zum Bilanzergebnis (Gewinnverwendungsrechnung)

Abb. 80 (Fortsetzung)

Für kleine und mittelgroße Kapitalgesellschaften[15] gelten **größenabhängige Erleichterungen**. Die Erleichterungen für **kleine Kapitalgesellschaften** ergeben sich vor allem aus der Tatsache, daß diese Unternehmen die Bilanz und die GuV-Rechnung in verkürzter Form erstellen dürfen. Bei der Bilanz sind nur die mit römischen Zahlen bezeichneten Posten des Gliederungsschemas nach § 266 HGB gesondert auszuweisen[16]. Gemäß § 276 HGB dürfen **kleine und mittelgroße Kapitalgesellschaften** die Umsatzerlöse mit den Bestandsveränderungen, den aktivierten Eigenleistungen, den sonstigen betrieblichen Erträgen und dem Materialaufwand zu einer Position „Rohergebnis" zusammenfassen, wenn sie die GuV-Rechnung nach dem Gesamtkostenverfahren erstellen. Wird die GuV-Rechnung nach dem Umsatzkostenverfahren erstellt (§ 275 Abs. 3 HGB), dann dürfen die Postennummern 1 bis 3 und 6 des Gliederungsschemas zu einem Posten Rohergebnis zusammengefaßt werden (Umsatzerlöse, Herstellungskosten der zur Erzielung der Umsatzerlöse erbrachten Leistung, Bruttoergebnis vom Umsatz und sonstige betriebliche Erträge). Die vollständigen Pflichtangaben des § 285 HGB sind für diese Unternehmen teilweise nicht sinnvoll, da die Bilanz die entsprechenden Einzelpositionen nicht enthalten muß. § 288 HGB zählt die **größenabhängigen Erleichterungen bei der Erstellung des Anhangs** erschöpfend auf. Sie sind in Abb. 81 wiedergegeben. In den Genuß dieser Erleichterungen kommen uneingeschränkt nur die GmbH und die Genossenschaften. Aktiengesellschaften müssen ihren Aktionären – sofern diese es verlangen – den Jahresabschluß in der Hauptversammlung in ungekürzter Form vorlegen (§ 131 Abs. 1 AktG). Für die **Veröffentlichung des Anhangs** (Einreichung zum Handelsregister, §§ 326 und 327 HGB) dürfen kleine und mittelgroße Kapitalgesellschaften den Anhang noch weiter kürzen (vgl. Abb. 81). Es kann somit passieren, daß diese Untrnehmen drei verschiedene Fassungen des Anhangs erstellen müssen:

1. den ungekürzten Anhang, falls die Aktionäre dies verlangen (nur bei Aktiengesellschaften);
2. den gemäß § 288 HGB gekürzten Anhang zur Gesellschafter- und Selbstinformation;
3. den noch weiter gekürzten Anhang für die Einreichung zum Handelsregister.

Schließlich regelt § 286 HGB die Fälle, in denen an sich **obligatorische Anhangangaben unterlassen** werden dürfen. Folgende Angaben dürfen bzw. brauchen hiernach nicht in den Anhang aufgenommen zu werden:

• Sämtliche Angaben, soweit es für das Wohl der Bundesrepublik Deutschland[16a] oder eines ihrer Länder erforderlich ist.
• Die Aufgliederung der Umsatzerlöse nach Tätigkeitsbereichen und Marktgebieten, sofern hierdurch der Gesellschaft oder einem Unternehmen, an dem sie zu mindestens 20% beteiligt ist, ein erheblicher[16b] Nachteil zugefügt wird.
• Die Angabe von Unternehmen, an denen die Kapitalgesellschaft zu mindestens 20% beteiligt ist sowie die zugehörige Beteiligungsquote, das Eigenkapital und das Ergebnis dieser Beteiligungsunternehmen. Die Berichterstattung im Anhang darf nur unterbleiben, wenn durch diese Angaben der Kapitalgesellschaft oder dem Beteiligungsunternehmen ein erheblicher[16b] Nachteil zu-

---

[15] Zu den Größenmerkmalen vgl. S. 31 oder 353.
[16] Vgl. § 266 Abs. 1 HGB, vgl. auch S. 57.
[16a] Zur Konkretisierung vgl. Bleckmann, A., Wohl der Bundesrepublik, HuR 1986, S. 461ff.
[16b] Vgl. Flämig, C., Erhebliche Nachteile, HuR 1986, S. 141ff.

Von den Pflichtangaben im Anhang entfallen	
für kleine Kapitalgesellschaften	für mittelgroße Kapitalgesellschaften

Bei der Erstellung des Anhangs (§ 288 HGB):

§ 285		
Nr. 2	Die Angabe des „Verbindlichkeitenspiegels" für jeden einzelnen Verbindlichkeitsposten	
Nr. 3	Die Angabe des Gesamtbetrags der finanziellen Verpflichtungen, die nicht in der Bilanz oder in den Bilanzvermerken nach § 251 HGB erscheinen	
Nr. 4	Die Aufgliederung der Umsatzerlöse nach Tätigkeitsbereichen und geographischen Märkten	§ 285 Nr. 4 HGB: Die Aufgliederung der Umsatzerlöse nach Tätigkeitsbereichen und geographischen Märkten
Nr. 5	Die Angabe des Ausmaßes der Ergebnisbeeinflussung durch steuerliche Sonderabschreibungen oder durch Bildung steuerlicher Sonderposten mit Rücklagenanteil	
Nr. 7	die durchschnittliche Zahl der Arbeitnehmer	
Nr. 8a	Angaben zum Materialaufwand bei Anwendung des Umsatzkostenverfahrens	
Nr. 9a,b	Vergütungen an Organe der Gesellschaft (aktive oder frühere Geschäftsführer, Aufsichtsräte)	
Nr. 12	Erläuterungen der „sonstigen Rückstellungen"	

Die Angaben zu denjenigen Bilanzposten, die im Gliederungsschema des § 266 HGB mit arabischen Ziffern versehen sind, da kleine Kapitalgesellschaften diese Posten zusammenfassen dürfen (§ 266 Abs. 1 HGB).	

Für die Veröffentlichung des Anhangs:
(Einreichung zum Handelsregister)

§ 326 HGB: Alle die GuV-Rechnung betreffenden Angaben, da kleine Kapitalgesellschaften die GuV nicht veröffentlichen müssen.	§ 327 HGB: Anhangangaben gemäß: § 285 Nr. 2, Nr. 5, Nr. 8a, Nr. 12

Abb. 81 Größenabhängige Erleichterungen für den Anhang

gefügt wird oder wenn die Angaben für die Beurteilung der Vermögens-, Finanz- und Ertragslage von untergeordneter Bedeutung sind. Die Angabe des Eigenkapitals und des Jahresergebnisses darf stets unterlassen werden, wenn das Beteiligungsunternehmen seinen Jahresabschluß nicht offenlegen muß und die Beteiligung 50% nicht erreicht.

3. Allgemeine Grundsätze zur Anhanggestaltung

Da der Anhang Teil des Jahresabschlusses ist, gelten auch für ihn alle Grundsätze, die bei der Erstellung des Jahresabschlusses zu befolgen sind.

Der Anhang ist in deutscher Sprache und in DM zu erstellen (§ 244 HGB). Er muß **klar und übersichtlich** sein (§ 243 Abs. 2 HGB). Es ist deshalb nicht zweckmäßig, Teile des Anhanginhalts als Fußnoten in Bilanz und GuV-Rechnung aufzunehmen, wie dies vereinzelt im Schrifttum gefordert wird[17], vielmehr soll der Anhang eine geschlossene und zusammenhängende Darstellung unter Verwendung einer sinnvollen Gliederung sein[18]. Auch für den Anhang gilt der Stetigkeitsgrundsatz der **formellen Kontinuität**[19]. Art und Gliederung der Anhanginformationen dürfen deshalb nicht ohne Grund geändert werden. Für den Anhanginhalt gilt der **Grundsatz der Wesentlichkeit (Materiality)**. Es sind deshalb nur solche Informationen in den Anhang aufzunehmen, die für die Beurteilung der Vermögens-, Finanz- und Ertragslage wesentlich sind. Unwesentliche Informationen können vernachlässigt werden. Das HGB gibt allerdings keine gesetzliche Definition des Grundsatzes der Wesentlichkeit. In der Praxis wird die Wesentlichkeit danach behandelt, in welchem Ausmaß durch einen Sachverhalt das Jahresergebnis beeinflußt wird. In Anlehnung an den Regierungsentwurf zum Bilanzrichtliniengesetz[20] und an den „alten" § 160 Abs. 2 AktG a.F. wird als Orientierungsgröße ein Wert von 5-10% des Jahresergebnisses genannt[21]. Die Wesentlichkeit eines Tatbestandes kann jedoch nicht allein auf quantitativen Richtgrößen beruhen[22]. Sie ist ganz allgemein dann anzunehmen, wenn sie für die Urteilsfindung der Bilanzadressaten von Bedeutung ist[23].

4. Die Anhangangaben im einzelnen

4.1 Die erläuternden Pflichtangaben nach § 284 HGB

Die in § 284 HGB geforderten erläuternden Angaben zu Bilanz und GuV-Rechnung entsprechen weitestgehend den früheren Erläuterungspflichten des alten § 160 Abs. 2 AktG a.F.

4.1.1 Anhangangaben nach § 284 Abs. 1 HGB

§ 284 Abs. 1 HGB spricht nochmals diejenigen Anhangangaben an, die nicht in dem mit „Anhang" überschriebenen Teil des HGB (§§ 284-288), sondern in anderen Teilen, insb. bei den Ansatz-, Gliederungs- und Bewertungsvorschriften aufgeführt sind. Hierzu gehören zunächst die Angaben, die vom Gesetz ausdrücklich in den Anhang verwiesen worden sind (z.B. die lfd. Nr. 3 bis 15 der obigen Abb. 80[24]). Weiterhin gehören dazu die Angaben, die zu den einzelnen Posten der Bilanz oder GuV-Rechnung zwar vorgeschrieben, aber aufgrund eines Ausweiswahlrechts nicht in der Bilanz oder GuV-Rechnung, sondern im Anhang erfolgen. Im einzelnen handelt es sich um die in Abb. 80 unter den lfd. Nr. 17 bis 34 angeführten Angaben[25].

---

[17] Vgl. Niehus, R. J., Rechnungslegung, 1982, Anm. 530 zu § 42 GmbHG.
[18] Vgl. Selchert, F. W., Karsten, J., Inhalt und Gliederung des Anhangs, BB, 1985, S. 1889ff.
[19] Vgl. S. 44.
[20] Bundestagsdrucksache 10/317 vom 26.8.1983, § 270 Nr. 3 HGB, Regierungsentwurf.
[21] Vgl. auch Heuser, P., Die neue Bilanz, 1986, Tz 192.
[22] Vgl. Leffson, U., Grundsätze, 1982, S. 168, vgl. auch Leffson, U., Wesentlich, HuR 1986, S. 434ff.
[23] Vgl. Glade, A., Rechnungslegung, 1986, 5. Titel, Vorbemerkung, Tz 8, S. 1611f.
[24] Vgl. S. 328.
[25] Vgl. S. 329.

4.1.1.1 Die wichtigsten Pflichtangaben

Im folgenden werden die wichtigsten derjenigen Anhangangaben kurz behandelt, die von § 284 Abs. 1 HGB betroffen sind, und deren Ausweis ausschließlich im Anhang erfolgen darf. Eine Ausweisalternative in Bilanz oder GuV-Rechnung besteht hier nicht.

Zusätzliche Angaben aufgrund der Generalnorm (Nr. 3 in Abb. 80):

§ 264 Abs. 2 HGB schreibt für Kapitalgesellschaften zwingende Anhangangaben vor, wenn Bilanz und GuV-Rechnung aufgrund besonderer Umstände nicht in der Lage sind, ein den tatsächlichen Verhältnissen entsprechendes Bild der Vermögens-, Finanz- und Ertragslage zu vermitteln. Ein besonderer Umstand liegt nicht vor, wenn das Bild der tatsächlichen Verhältnisse durch die Anwendung gesetzlicher Vorschriften (z.B. Abwertungswahlrechte) oder durch die Beachtung der Grundsätze ordnungsmäßiger Buchführung (insbesondere des Vorsichtsprinzips) beeinträchtigt wird. Glade[26] nennt erhebliche Schwankungen im Bestand der unfertigen Erzeugnisse als Beispiel. Allgemein ist anzunehmen, daß die Erläuterungspflicht nur dann gegeben ist, wenn es sich um **außergewöhnliche Umstände** und um **bedeutsame Sachverhalte** handelt. Insbesondere können geschäftspolitische Maßnahmen, die aus der Bilanz nicht ersichtlich sind, jedoch von entscheidender Bedeutung für die Beurteilung der Unternehmenslage sind, für die Berichtspflicht in Frage kommen (z.B. bei Leasing, Factoring, Betriebsaufspaltungen). Bloße Bewertungskonflikte, die sich aus der unterschiedlichen Zielsetzung der Generalnorm und den einzelnen Bewertungsvorschriften (z.B. dem Anschaffungswertprinzip[27]) ergeben, führen nach vorherrschender Ansicht im Schrifttum im allgemeinen nicht zur Berichtspflicht[28].

Angaben zur Bilanzgliederung (Nr. 4 in Abb. 80):

Gemäß § 265 HGB sind folgende Zusatzangaben zur Bilanzgliederung in den Anhang aufzunehmen:

- Abweichungen der **Form der Darstellung** von Bilanz und GuV-Rechnung (§ 265 Abs. 1 HGB). Wird ein anderer Ausweis oder gar eine gänzlich abweichende Gliederungsform[29] gewählt, so muß dies im Anhang angegeben und begründet werden.
- **Vorjahresbeträge**: In der Bilanz und GuV-Rechnung muß jeweils der entsprechende Vergleichswert des vorangegangenen Geschäftsjahres angegeben werden. Sind die Beträge aus dem Geschäftsjahr und dem Vorjahr nicht vergleichbar, so ist eine Angabe und Erläuterung im Anhang erforderlich (§ 265 Abs. 2 HGB). Es genügt, wenn die Abweichungen erläutert werden, eine Anpassung des Vorjahresbetrags ist nicht erforderlich, aber zulässig[30].

---

[26] Vgl. Glade, A., Rechnungslegung, 1986, § 264, Tz 41.

[27] Vgl. S. 159.

[28] Vgl. hierzu Heinhold, M., Die Bewertungskonzeption, 1987, S. 132f.

[29] Z.B. die Kontoform für die GuV-Rechnung, etwa bei Kreditinstituten in der Rechtsform der Kapitalgesellschaft, vgl. S. 291.

[30] Vgl. Glade, A., Rechnungslegung, 1986, § 265 Tz 23, vgl. auch Art. 4 Abs. 4 Satz 2 der 4. EG-Richtlinie, der den EG-Mitgliedstaaten die Möglichkeit der Anpassungsverpflichtung offenläßt.

- **Divergierende Gliederungsvorschriften bei mehreren Geschäftszweigen** (§ 265 Abs. 4 HGB): Ist ein Unternehmen in mehreren Geschäftszweigen tätig, für die jeweils verschiedene Gliederungsvorschriften gelten (z.B. Banken, Versicherungen, Wohnungsunternehmen, Handels- und Industrieunternehmen)[31] so muß die Gliederung nach einer dieser Vorschriften einheitlich erstellt werden. Im Anhang muß eine Ergänzung der Gliederung erfolgen, um dem Bilanzleser die Bilanz und GuV-Rechnung auch nach den anderen Gliederungsvorschriften zu verdeutlichen. Besonders wichtig erscheint diese Forderung nach Anhangergänzungen bei Kreditinstituten zu sein, die gleichzeitig ein Waren- oder Produktionsgeschäft betreiben. Kreditinstitute weisen – im Gegensatz zu § 266 HGB – z.B. die Aktiva in umgekehrter Reihenfolge, beginnend mit dem Kassenbestand aus[32]. Die Bankbilanz enthält keinen Anlagenspiegel[33]. Ein gesonderter Ausweis des Vorratsvermögens ist nach den für Kreditinstitute geltenden Formblattvorschriften ebenfalls nicht erforderlich. Sofern der Einblick in die Vermögenslage bei solchen Unternehmen nicht durch zusätzliche bzw. weiter untergliederte Posten in Bilanz und GuV-Rechnung ermöglicht wird (§ 265 Abs. 5 HGB), kommt dem Anhang hier eine bedeutende Informationsaufgabe zu.
- **Zusammengefaßte Gliederungsposten** (§ 265 Abs. 7 Nr. 2 HGB): Die mit arabischen Zahlen versehenen Bilanzposten dürfen in der Bilanz jeweils zusammengefaßt werden, wenn dadurch die Klarheit der Darstellung vergrößert wird und wenn dem keine Formblattvorschriften[34] entgegenstehen. Die zusammengefaßten Posten müssen dagegen im Anhang gesondert ausgewiesen werden. Diese Verpflichtung zur Aufgliederung entfällt natürlich bei kleinen Kapitalgesellschaften[35], die stets nur eine verkürzte Bilanz zu erstellen brauchen – ohne gesonderten Ausweis der arabisch bezifferten Posten.

Angaben zu antizipativen Forderungen und Verbindlichkeiten (§ 268 Abs. 4 und 5 HGB, Nr. 5 in Abb. 80):

Werden sonstige Vermögensgegenstände bzw. Verbindlichkeiten ausgewiesen, die erst nach dem Abschlußstichtag rechtlich entstehen, so müssen Beträge größeren Umfangs im Anhang erläutert werden. Inhaltlich handelt es sich um Posten der sog. antizipativen Rechnungsabgrenzung, also z.B. um Mieten, Zinsen, Versicherungsprämien u. dgl. die als Ertrag oder Aufwand das abgelaufene Geschäftsjahr betreffen, aber als Forderung oder Verbindlichkeiten erst im Folgejahr entstehen – z.B. aufgrund vertraglicher Vereinbarungen. Die Erläuterungspflicht besteht nur dann, wenn die Beträge einen größeren Umfang haben. Ein solcher größerer Umfang dürfte dann vorliegen, wenn die ganze entsprechende Bilanzposition überwiegend aus solche antizipativen Beträgen besteht. Es kommt stets auf das Verhältnis der antizipativen Beträge zum jeweiligen Bilanzposten an, nicht jedoch auf den absoluten Betrag.

---

[31] Vgl. S. 291 über die GuV-Rechnung in Kontoform bzw. grundsätzlich abweichende Reihenfolge der Bilanzposten, z.B. bei Bankbilanzen, vgl. WP-Handbuch 1985/86, Bd. 1, S. 274ff.

[32] Ebenda, S. 277.

[33] Vgl. Glade, A., Rechnungslegung, 1986, § 265 Tz 33.

[34] Z.B. bei Bilanzen von Kredit-, Versicherungs- und Wohnungsunternehmen, vgl. WP-Handbuch, 1985/86, Bd. 1, S. 277ff., 396ff., 416ff.

[35] Zu den Größenmerkmalen vgl. § 267 Abs. 1 HGB sowie S. 31 oder 353.

Erläuterungspflicht für aktivierte Ingangsetzungs- und Erweiterungsaufwendungen (§ 269 HGB, Nr. 6 in Abb. 80):

Wird die Bilanzierungshilfe in Anspruch genommen[36] und erfolgt eine Aktivierung von Ingangsetzungs- und Erweiterungskosten, dann muß dies im Anhang erläutert werden. Insbesondere muß erläutert werden, welche Kostenarten in welchem Umfang (Einzelkosten, anteilige Gemeinkosten) aktiviert wurden.

Erläuterungspflicht bei Aktivierung von latenten Steuern (§ 275 Abs. 2 HGB, Nr. 7 in Abb. 80):

Werden latente Steuern als Bilanzierungshilfe aktiviert[37], so muß eine Erläuterung im Anhang erfolgen. Hierbei sind Angaben erforderlich über die Höhe der zugrundeliegenden Gewinndifferenz nach Handels- und Steuerbilanz, über den verwendeten Steuersatz sowie darüber, ob es sich um eine erstmalige Ausnutzung dieser Bilanzierungshilfe und somit um einen Wechsel der Bilanzierungs- und Bewertungsmethoden i.S. von § 284 Abs. 2 Nr. 3 HGB handelt.

Erläuterungspflicht für außerordentliche und periodenfremde Aufwendungen und Erträge (§ 277 Abs. 4 HGB, Nr. 8 in Abb. 80):

Sofern diese Aufwendungen und Erträge nicht von untergeordneter Bedeutung sind, müssen sie im Anhang erläutert werden. Hierzu sind Angaben zur Art und zum Betrag erforderlich, d.h. es müssen sowohl die Ursache als auch die Höhe der einzelnen Aufwands- und Ertragsbuchungen angegeben werden. Die Frage, wann solche Aufwendungen und Erträge von untergeordneter Bedeutung sind, ist schwierig zu beantworten. Es kommt in jedem Fall darauf an, in welchem Ausmaß das Jahresergebnis durch diese Geschäftsvorfälle beeinflußt wird. Im Schrifttum finden sich Schwellenwerte von 5-10% des Jahresergebnisses[38]. Diese Erläuterungspflicht gilt nicht für kleine Kapitalgesellschaften[39], da diese ihre GuV-Rechnung nicht veröffentlichen müssen (§ 326 HGB).

Angabe und Begründung von unterlassenen Zuschreibungen (§ 280 Abs. 3 HGB, Nr. 9 in Abb. 80):

Die einzige Möglichkeit, das Wertaufholungsgebot des § 280 Abs. 1 HGB zu umgehen, besteht im sog. umgekehrten Maßgeblichkeitsprinzip[40]. Macht das Steuerrecht die Anerkennung eines niedrigeren Wertansatzes von einem gleichlautenden Ansatz in der Handelsbilanz abhängig, dann braucht in der Handelsbilanz das Wertaufholungsgebot nicht befolgt zu werden[41]. Um dem Bilanzleser dennoch einen Einblick in die handelsrechtlich richtigen Wertansätze zu geben, schreibt § 280 Abs. 3 HGB vor, daß diese unterlassenen Zuschreibungsbeträge im Anhang anzugeben und hinreichend zu begründen sind. Der Bilanzleser erhält somit einen gewissen Einblick in die vom Unternehmen auf diese Art gebildeten stillen Reserven. Die Begründung muß sich nicht auf den Zweck der unterlassenen Zuschreibung beziehen – dieser ist stets steuerlicher Art, sie muß viel-

---

[36] Vgl. S. 71, 93.
[37] Vgl. S. 112, 244.
[38] Vgl. Glade, A., Rechnungslegung, 1986, § 277 Tz 12.
[39] Zu den Größenmerkmalen vgl. S. 31 oder 353.
[40] Vgl. S. 179.
[41] Vgl. S. 219f.

mehr die Ursache der ursprünglichen Zuschreibungsverpflichtung angeben, z.B. nicht eingetretene Nachfrageverschiebungen, Schwankungen der Marktpreise u. dgl.

Angabe und Begründung von steuerrechtlichen Abschreibungen (§ 281 Abs. 2 HGB, Nr. 10 in Abb. 80):

Wurden Abschreibungen allein nach steuerrechtlichen Vorschriften vorgenommen[42], so muß der Betrag im Anhang, getrennt nach Anlage- und Umlaufvermögen angegeben werden. In der Begründung muß die steuerliche Rechtsvorschrift für die Sonderabschreibung genannt werden. Sind diese Informationen bereits aus der Bilanz oder der GuV-Rechnung ersichtlich, so kann die Angabe im Anhang entfallen.

Die in Abb. 80[43] unter den Nummern 11-16 angeführten Pflichtangaben sollen nicht näher erläutert werden. Sie erstrecken sich im wesentlichen auf rechtsformspezifische Probleme oder behandeln Übergangsregelungen bei der erstmaligen Anwendung des neuen Rechts.

4.1.1.2 Wahlweise Angaben

Die unter den Nummern 17-34 der obigen Abb. 80 angeführten Angaben können **wahlweise in der Bilanz bzw. der GuV-Rechnung oder im Anhang** gemacht werden. Die alternativ zur Verfügung stehenden Ausweismöglichkeiten sind grundsätzlich als gleichwertig anzusehen. Ob der Ausweis in der Bilanz bzw. GuV-Rechnung oder im Anhang erfolgt, steht deshalb im freien Ermessen des Bilanzierenden. Im Sinne der Klarheit und Übersichtlichkeit des Jahresabschlusses ist es jedoch zweckmäßig, bei der Handhabung dieser Ausweiswahlrechte einheitlich zu verfahren und nicht einzelne Angaben in den Anhang, andere in den engeren Jahresabschluß zu verlegen. Dies gilt für jedes einzelne Wahlrecht, z.B. sind alle Mitzugehörigkeitsangaben zu anderen Bilanzposten im Sinne von § 265 Abs. 3 HGB entweder stets in der Bilanz oder stets im Anhang zu machen. Diese Forderung nach Einheitlichkeit sollte grundsätzlich auch für die Gesamtheit aller Ausweiswahlrechte gelten, so daß der Bilanzleser davon ausgehen kann, daß entweder alle Angaben, für die ein Ausweiswahlrecht gilt, in den Anhang verlagert wurden, oder daß alles in Bilanz und GuV-Rechnung angegeben und vermerkt wurde.

Bei den hier betroffenen wahlweisen Anhangangaben handelt es sich jeweils um kurze Angaben ohne große Erläuterungs- oder Begründungspflicht. Im wesentlichen erstrecken sie sich auf

- die Angabe zusätzlicher Positionen oder Bilanzvermerke im Gliederungsschema[44],
- die Angabe von Rechtsgrundlagen[45].

Eine tiefere Einzelbehandlung dieser Ausweiswahlrechte soll hier nicht erfolgen.

---

[42] Betroffen sind insbesondere Sonderabschreibungen und erhöhte Absetzungen im Rahmen der Investitionsförderung, z.B. § 7d EStG, § 14 BerlinFG, § 3 Zonen RFG.

[43] Vgl. S. 328f.

[44] Z.B. die Nrn. 17-22, 24, 26-30 der obigen Abb. 80 auf S. 329.

[45] Z.B. die Nrn. 23 und 25 der obigen Abb. 80

4.1.2 Anhangangaben nach § 284 Abs. 2 HGB

§ 284 Abs. 2 HGB zählt 5 Mindestangaben auf, die zur Erläuterung von Bilanz und GuV-Rechnung gemacht werden müssen. Im einzelnen handelt es sich um die folgenden Angaben:

1. Angewandte Bilanzierungs- und Bewertungsmethoden
2. Grundlagen der Währungsumrechnung
3. Abweichungen von Bilanzierungs- und Bewertungsmethoden
4. Abweichungen bei Anwendung bestimmter Verfahren zur Bewertungsvereinfachung (Durchschnittswert- und Verbrauchsfolgeverfahren)
5. Einbeziehung von Fremdkapitalzinsen in die Herstellungskosten.

Zu 1. Angewandte Bilanzierungs- und Bewertungsmethoden

Nach der Vorschrift des § 284 Abs. 2 Nr. 1 HGB müssen die auf die Posten der Bilanz und der GuV-Rechnung angewandten Bilanzierungs- und Bewertungsmethoden angegeben werden. Die Angaben sind nach dem Gesetzeswortlaut für alle Posten der Bilanz und GuV-Rechnung zu machen. Allerdings erübrigen sich zusätzliche Angaben zur Bewertungsmethode in der GuV-Rechnung, da durch die Bewertung in der Bilanz die entsprechenden Aufwendungen und Erträge bereits festliegen. Angaben zur GuV-Rechnung können folglich nur Ausweis- oder Gliederungsprobleme umfassen, über die bereits nach den oben dargelegten Rechtsvorschriften berichtet werden muß (z.B. § 265 Abs. 1, 2, 4 und 7 HGB). Die gemäß § 284 Abs. 2 Nr. 1 HGB anzugebenden Bilanzierungs- und Bewertungsmethoden erstrecken sich folglich **nur auf die Posten der Bilanz**[46]. Eine Bezugnahme auf Erläuterungen in früheren Jahresabschlüssen sowie dies nach altem Recht möglich war[47] ist nicht mehr zulässig. Die Bilanzierungs- und Bewertungsmethoden sind **in jedem Jahr vollständig zu erläutern**[48]. Es empfiehlt sich, die erforderlichen Angaben in der Reihenfolge der Bilanzposten zu machen. Beim Anlagevermögen sind insbesondere die in den Herstellungskosten aktivierten Aufwendungen anzugeben (Einzelkosten, anteilige Material- und Fertigungsgemeinkosten, ggf. anteilige Verwaltungsgemeinkosten[49]). Die verwendeten Abschreibungsmethoden müssen angegeben werden (lineare, degressive, Leistungsabschreibung usw.[50]). Desgleichen muß dargestellt werden, in welchem Umfang geringwertige Wirtschaftsgüter sofort abgeschrieben und andere Bewertungsvereinfachungen in Anspruch genommen wurden. Beim Umlaufvermögen sind Angaben über die angewandten Bewertungsverfahren erforderlich, also z.B. darüber, welche Vermögensgegenstände des Vorratsvermögens einzeln mit ihren individuellen Anschaffungs- oder Herstellungskosten oder mit Durchschnittswerten oder mit Hilfe von Verbrauchsfolgeverfahren bewertet wurden, und auf welche das Festwertverfahren angewandt wurde. Zur Bewertung der fertigen und unfertigen Erzeugnisse sind Angaben über das Ausmaß der Aktivierung anteiliger Gemeinkosten erforderlich. Sofern aufgrund des strengen Niederstwertprinzips eine Abwertung auf den Börsen-, Markt- oder beizulegenden Wert erforderlich war, müssen ebenso Angaben gemacht werden, wie bei Ab-

[46] Vgl. Heuser, P., Die neue Bilanz, 1986, Tz 829.
[47] § 160 Abs. 2 AktG 1965 in der Fassung vor Inkrafttreten des Bilanzrichtliniengesetzes.
[48] Vgl. Glade, A., Rechnunglegung, 1986, § 284 Tz 10-24.
[49] Vgl. S. 199ff.
[50] Vgl. S. 233ff.

schreibungen auf den nahen Zukunftswert[51]. Bei Forderungen und sonstigen Vermögensgegenständen müssen Angaben zur Einzel- und Pauschalwertberichtigung gemacht werden. Auf die Abzinsung unverzinslicher Forderungen muß hingewiesen werden. Auf der Passivseite sind Angaben insbesondere zum Sonderposten mit Rücklagenanteil und zu den Rückstellungen erforderlich. Zum Sonderposten mit Rücklagenanteil ist zusätzlich zur Rechtsgrundlage seiner Bildung auch über seine Auflösung (planmäßig oder vorzeitig) zu berichten. Bei Rückstellungen genügt i.d.R. der Hinweis, daß sie im Sinne von § 253 Abs. 1 HGB nach vernünftiger kaufmännischer Beurteilung gebildet wurden. Lediglich bei Pensionsrückstellungen sind detailliertere Angaben unerläßlich, etwa ob sie nach dem Teilwert- oder Gegenwartswertverfahren berechnet wurden[52] und welche Zinssätze verwendet wurden.

Zu 2. Grundlagen der Währungsumrechnung

§ 284 Abs. 2 Nr. 2 HGB verlangt hier Einzelangaben über die zur Umrechnung verwendeten Wechselkurse. Je nach Bilanzposten und Wechselkursentwicklung können historische oder Stichtagskurse sowie Geld-, Brief- oder Mittelkurse Verwendung finden. Diese Angaben betreffen alle diejenigen Bilanzpositionen, denen Beträge zugrunde liegen, die auf fremde Währung lauten oder ursprünglich gelautet haben (z.B. Forderungen, Verbindlichkeiten, Schecks, ausländische Bankguthaben, aber auch Sachanlagen und Vorratsvermögen, die sich in ausländischen Betriebsstätten befinden[53]).

Zu 3. Abweichungen von Bilanzierungs- und Bewertungsmethoden

Grundsätzlich wird unterschieden zwischen Abweichungen von Bilanzierungsmethoden und Abweichungen von Bewertungsmethoden. Eine Abweichung von Bilanzierungsmethoden liegt vor, wenn der Bilanzierende Ausweiswahlrechte, Gliederungswahlrechte oder Ansatzwahlrechte anders ausgeübt hat als in den Vorjahren. Eine Abweichung von Bewertungsmethoden liegt vor, wenn Bewertungswahlrechte anders als in Vorjahren ausgeübt werden. Solche, nach § 284 Abs. 2 Nr. 3 HGB berichtspflichtige Abweichungen liegen jedoch nicht bereits dann vor, wenn der Bilanzierende den erforderlichen Wechsel von der degressiven zur linearen Abschreibung nicht erst im letzten Abschreibungsjahr durchführt, sondern aus steuerlichen Gründen bereits früher. Auch außerplanmäßige Abschreibungen im Anlagevermögen oder die Befolgung des strengen Niederstwertprinzips im Umlaufvermögen sind keine Abweichungen i.S. von § 284 Abs. 2 Nr. 3 HGB.

Zu den berichtspflichtigen Abweichungen zählen dagegen[54]:

- der Übergang von tatsächlichen Anschaffungskosten auf Durchschnittswerte,
- der Wechsel von Verbrauchsfolgeverfahren,
- Änderungen im Umfang der aktivierten Herstellungskosten, insb. wenn anteilige Gemeinkosten erstmals einbezogen oder außer Ansatz gelassen wurden,
- Änderungen der Abschreibungsmethode (z.B. von der linearen zur degressiven Abschreibung, Änderung der zugrundegelegten Nutzungsdauer, Ände-

---

[51] Vgl. S. 215, 251.
[52] Vgl. S. 279ff.
[53] Näheres vgl. S. 159, sowie Glade, A., Rechnungslegung, 1986, § 284 Tz 25–29.
[54] Vgl. Glade, A., Rechnungslegung, 1986. § 284 Tz 34.

rung der Gepflogenheiten bei der Behandlung von geringwertigen Wirtschaftsgütern),
- Änderung der Prozentsätze für Pauschalwertberichtigungen u. dgl.

Die Abweichungen von Bilanzierungs- und Bewertungsgrundsätzen lösen **Anhangangaben in dreifacher Hinsicht** aus:

- Die Abweichung als solche muß angegeben werden.
- Die Abweichung muß begründet werden.
- Der Einfluß auf die Vermögens-, Finanz- und Ertragslage muß gesondert dar-
gestellt werden.

Die Angabe der Abweichung erfordert nicht notwendigerweise auch die Angabe des sich ergebenden Änderungsbetrags. Im Gegensatz zum alten § 160 Abs. 2
Satz 5 AktG a.F. wird dieser Unterschiedsbetrag im neuen Recht nicht ausdrücklich gefordert. Allerdings ist der Aussagegehalt des Jahresabschlusses ohne entsprechende Zahlenangaben stark beeinträchtigt, so daß sich die Verpflichtung
zur Angabe von Änderungsbeträgen im Einzelfall aus der Generalnorm des § 264
Abs. 2 HGB ableiten lassen kann[55]. In der Begründung muß angegeben werden,
warum das bilanzierende Unternehmen diese Änderung vorgenommen hat –
z.B.: bei der Aktivierung einer Bilanzierungshilfe[56], um keine Verluste ausweisen zu müssen.

Bezüglich der Darstellung des Einflusses auf die Vermögens-, Finanz- und Ertragslage treten Probleme bei der Frage auf, wann eine Abweichung so wesentlich ist, daß sie zur Berichtspflicht führt. Wegen des Grundsatzes der Wesentlichkeit (**Materiality**[57]) sind unwesentliche Angaben zu unterlassen. Die Konkretisierung des Materiality-Grundsatzes bereitet jedoch Schwierigkeiten. Eine wesentliche Abweichung liegt nach der bisherigen Regelung des alten § 160 Abs. 2 Satz 5
AktG a.F. vor, wenn sich das Jahresergebnis um mehr als 10% geändert und der
Abweichungsbetrag 0,5% des Grundkapitals überstiegen hat. Da solche starren
Wertschwellen nicht in das neue Recht übernommen wurden, ist davon auszugehen, daß der Bilanzierende nach pflichtgemäßem Ermessen über die Wesentlichkeit der Abweichungen von den Bilanzierungs- und Bewertungsmethoden ent-
scheiden muß.

Zu 4. Abweichungen bei Anwendung bestimmer Verfahren zur Bewertungsver-
einfachung

§ 284 Abs. 2 Nr. 4 HGB fordert die Angabe von **Unterschiedsbeträgen**, wenn die
Anwendung von Bewertungsvereinfachungsverfahren einen erheblich anderen
Wert als bei Bewertung mit Börsen- oder Marktpreisen bewirkt. Die hier angesprochenen Bewertungsvereinfachungsverfahren sind das Verfahren der gewogenen Durchschnittspreise gemäß § 240 Abs. 4 HGB[58] sowie alle Verbrauchsfolgeverfahren gemäß § 256 HGB[59]. Aufgrund dieser Vorschrift kann sich der Bilanzleser einen Einblick über die Wirkung gestiegener Wiederbeschaffungspreise
verschaffen. Der Sinn dieser Vorschrift ist nicht ganz verständlich, da auch bei

---

[55] So z.B. Heuser, P., Die neue Bilanz, 1986, Tz 834.
[56] Vgl. S. 71f.
[57] Vgl. S. 332, vgl. auch Leffson, U., Wesentlich, HuR 1986, S. 434ff.
[58] Vgl. S. 164, 249, 261.
[59] Vgl. S.264 bis S. 271.

einzelbewerteten Vermögensgegenständen ein wesentlicher Unterschied zwischen Bilanzansatz und Wiederbeschaffungswerten bestehen kann – worüber im Anhang jedoch nicht berichtet werden muß.

Zu 5. Einbeziehung von Fremdkapitalzinsen in die Herstellungskosten

Werden Zinsen für Fremdkapital gem. § 255 Abs. 3 HGB in die Herstellungskosten mit einbezogen[60], so sind hierüber im Anhang Angaben zu machen. Das Schrifttum ist sich offensichtlich nicht einig, ob auch Angaben über die Höhe der aktivierten Fremdkapitalzinsen erforderlich sind, oder ob der bloße Hinweis auf die Tatsache genügt, daß diese Zinsen aktiviert wurden[61]. Im Sinne des True and Fair View ist eine Betragsangabe m.E. erforderlich.

4.2 Die sonstigen Pflichtangaben des § 285 HGB

Zusätzlich zu den oben behandelten erläuternden Pflichtangaben zu Bilanz- und GuV-Rechnung ist eine Reihe von weiteren Pflichtangaben erforderlich, die zum Teil weit über die bloße Erläuterung des Jahresabschlusses hinausgehen. Diese sonstigen Pflichtangaben sind grundsätzlich für alle Kapitalgesellschaften verpflichtend, soweit nicht die Ausnahmeregelungen des § 286 HGB[62] oder des § 288 HGB über größenabhängige Erleichterungen zutreffen. Abb. 82 gibt eine Zusammenstellung der Pflichtangaben sowie die geltenden Vereinfachungsregelungen bezüglich der Gesellschaftsgröße. Der Vollständigkeit wegen sind die über § 285 HGB hinausgehenden Pflichtangaben für Genossenschaften (§ 338 HGB) in die Tabelle aufgenommen worden. Im übrigen gelten für Genossenschaften dieselben größenabhängigen Erleichterungen wie für Kapitalgesellschaften. Aus Platzgründen wurde deshalb nur die mittelgroße Genossenschaft in Abb. 82 aufgenommen.

Angaben zu Verbindlichkeiten (Nr. 1 und 2 in Abb. 82):

Verbindlichkeiten mit einer **Restlaufzeit von mehr als 5 Jahren** sind gesondert anzugeben. In Abweichung von der alten aktienrechtlichen Regelung ist von der Restlaufzeit und nicht von der Gesamtlaufzeit der Verbindlichkeiten auszugehen. Weiterhin müssen die dinglich gesicherten Verbindlichkeiten unter Angabe von **Art und Form der Sicherheiten** aufgeführt werden. Zu den Sicherungsformen (Pfandrechte und ähnliche Rechte) zählen[63]

- Grundpfandrechte (Grundschulden, Hypothckcn)
- Pfandrechte an beweglichen Sachen und Rechten (z.B. Verpfändung von Waren und Forderungen)
- Sicherungsübereignung und
- Sicherungsabtretungen von Forderungen.

Eigentumsvorbehalte zählen nur dann zu den „ähnlichen Rechten", wenn sie branchenunüblich sind.

---

[60] Vgl. S. 201f.
[61] Letztere Ansicht vertritt z.B. Heuser, P., Die neue Bilanz, 1986, Tz 836; dagegen Glade, A., Rechnungslegung, 1986, § 284 Tz 48.
[62] Vgl. S. 330.
[63] Vgl. WP-Handbuch 1985/86, Bd. 1, S. 524f., vgl. Glade, A., Rechnungslegung, 1986, § 285 Tz 13-20.

§ 285 Nr. … HGB	Inhalt der Angabe	große Kapitalgesellschaften (Aufstellungs- und Veröffentlichungspflicht)	mittelgroße Kapitalgesellschaften Aufstellungspflicht	mittelgroße Kapitalgesellschaften Veröffentlichungspflicht	kleine Kapitalgesellschaften Aufstellungspflicht	kleine Kapitalgesellschaften Veröffentlichungspflicht	mittelgroße Genossenschaften Aufstellungspflicht	mittelgroße Genossenschaften Veröffentlichungspflicht	Einzelunternehmen und Personengesellschaften (Aufstellungs- und Veröffentlichungspflicht)
					Obligatorisch für				
1.	Angabe des Gesamtbetrags von Verbindlichkeiten:								
1a	– mit einer Laufzeit von mehr als 5 Jahren	ja	ja	ja	ja	ja	ja	ja	nein
1b	– die durch Pfand- oder ähnliche Rechte gesichert sind (mit Angabe von Art und Form der Sicherheit)	ja	ja	ja	ja	ja	ja	ja	nein
2.	Aufgliederung der Angaben nach Nr. 1a und 1b für jeden Verbindlichkeitsposten	ja	ja	nein	nein	nein	ja	nein	nein
3.	Angabe des Gesamtbetrags der sonstigen finanziellen Verpflichtungen (sofern nicht passiviert oder vermerkt)	ja	ja	ja	nein	nein	ja	ja	nein
4.	Aufgliederung der Umsatzerlöse nach Tätigkeitsbereichen und Regionen	ja	nein	nein	nein	nein	nein	nein	nein
5.	Ausmaß der Beeinflussung des Jahresergebnisses und künftige Belastungen aus steuerlichen Sondervergünstigungen	ja	ja	nein	nein	nein	nein	nein	nein
6.	Aufgliederung der Ertragsteuern auf gewöhnliches Geschäftsergebnis und a.o. Ergebnis	ja	ja	ja	nein	nein	nein	nein	nein
7.	Durchschnittliche Zahl der Arbeitnehmer, getrennt nach Gruppen	ja	ja	ja	ja	nein	ja	ja	nein
8.	Bei Anwendung des Umsatzkostenverfahrens:								
8a	– Angabe des Materialaufwandes	ja	ja	nein	nein	nein	ja	nein	nein
8b	– Angabe des Personalaufwandes	ja	ja	ja	ja	ja	ja	ja	nein

Abb. 82 Pflichtangaben des § 285 HGB in Abhängigkeit von Unternehmensgröße und Rechtsform

		Obligatorisch für							
§ 285 Nr. ... HGB	Inhalt der Angabe	große Kapitalgesellschaften (Aufstellungs- und Veröffentlichungspflicht)	mittelgroße Kapitalgesellschaften Aufstellungspflicht	mittelgroße Kapitalgesellschaften Veröffentlichungspflicht	kleine Kapitalgesellschaften Aufstellungspflicht	kleine Kapitalgesellschaften Veröffentlichungspflicht	mittelgroße Genossenschaften Aufstellungspflicht	mittelgroße Genossenschaften Veröffentlichungspflicht	Einzelunternehmen und Personengesellschaften (Aufstellungs- und Veröffentlichungspflicht)
9.	Angaben für Mitglieder der Geschäftsführung, eines Aufsichts- oder Beirats oder einer ähnlichen Einrichtung (jeweils je Gruppe)								
9a	– Gesamtbezüge der tätigen Mitglieder	ja	ja	ja	nein	nein	nein, jedoch Angabe der Forderungen gegen Mitglieder § 338 Abs. 3 HGB		nein
9b	– Gesamtbezüge der früheren Mitglieder und Hinterbliebenen	ja	ja	ja	nein	nein			nein
9c	– gewährte Vorschüsse und Kredite, übernommene Haftungen	ja	ja	ja	ja	ja			nein
10.	Namensangaben von Mitgliedern der Geschäftsführung und des Aufsichtsrats	ja	ja	ja	ja	ja	ja	ja	nein
11.	Angaben zu Beteiligungen (Namen, Sitz, Kapitalanteil, Eigenkapital, letztes Ergebnis)	ja	ja	ja	ja	ja	ja	ja	nein
12.	Erläuterung von sonstigen Rückstellungen, soweit in der Bilanz nicht gesondert ausgewiesen	ja	ja	nein	nein	nein	ja	nein	nein
13.	Angabe der Gründe für die Abschreibung des Firmenwertes	ja	ja	ja	ja	ja	ja	ja	nein
14.	Name und Sitz der Mutterunternehmen, die für größten bzw. kleinsten Kreis von Unternehmen den Konzernabschluß aufstellen	ja	ja	ja	ja	ja	ja	ja	nein

Zusätzliche Angaben für Genossenschaften:

Änderungsbetrag bei Geschäftsguthaben und Haftsummen	§ 338 Abs. 1 HGB
Zahl der eingetretenen bzw. ausgeschiedenen Genossen und Endbestand	§ 338 Abs. 1 HGB
Name und Anschrift des genossenschaftlichen Prüfungsverbandes	§ 338 Abs. 2 Nr. 1 HGB

Abb. 82 (Fortsetzung)

Unter die Angabepflichten fallen nur Verbindlichkeiten, die im Bilanzgliederungsschema des § 266 Abs. 3 HGB unter der Position „C Verbindlichkeiten"
ausgewiesen wurden. Grundsätzlich ist nur der jeweilige Gesamtbetrag der Verbindlichkeiten anzugeben, lediglich große Kapitalgesellschaften müssen die Beträge auf die einzelnen Verbindlichkeitspositionen aufteilen.

Zusammen mit der Vermerkspflicht von kurzfristigen Verbindlichkeiten mit
einer Restlaufzeit von unter einem Jahr[64] (§ 268 Abs. 5 HGB) wird im Schrifttum[65] vorgeschlagen, alle Angaben zu Verbindlichkeiten im Anhang in einem
sog. „**Verbindlichkeitsspiegel**" zusammenzufassen. Abb. 83 gibt eine mögliche
Darstellungsform eines solchen VB-Spiegels wieder. Selbst wenn die Verbindlichkeiten mit einer Restlaufzeit von weniger als einem Jahr im Anhang im Verbindlichkeitenspiegel enthalten sind (was nicht obligatorisch ist), ist trotzdem ein
Bilanzvermerk erforderlich (davon mit einer Restlaufzeit bis zu einem Jahr), da
§ 268 Abs. 5 HGB hierfür keinen Alternativausweis im Anhang vorsieht.

Verbindlich-keit	Gesamt-betrag (DM)	mit einer Restlaufzeit von			gesicherte Beträge (DM)	Art der Sicherheit
		bis zu 1 Jahr (DM)	1 bis 5 Jahren (DM)	mehr als 5 Jahren (DM)		
1. Anleihen						
2. Verbind-lichkeiten gegenüber Kredit-instituten						z.B. Grund-pfandrechte
3. erhaltene Anzahlun-gen						Forderungs-abtretung
4. Verbind-lichkeiten aus Liefe-rungen und Leistungen						Sicherungs-übereignung u. dgl.
5. Verbind-lichkeiten aus der An-nahme gezo-gener und Ausstellung eigener Wechsel usw.						
Summe						

Abb. 83   Verbindlichkeitenspiegel

---

[64] Vgl. S. 152.
[65] Vgl. S. 153 sowie Hoffmann, W. D., Problemorientierte Einführung, BB 1983, Beilage 1
zu Heft 5, S. 9, vgl. Göllert, K., Ringling, W., Bilanzrichtliniengesetz, Sonderveröffentlichung des Betriebsberaters, 1985, S. 32.

Grundsätzlich besteht keine Verpflichtung, einen solchen Verbindlichkeiten-spiegel im Anhang in der obigen Tabellenform anzuführen. Insbesondere bei kleinen Kapitalgesellschaften genügt es, die Aufteilung der Verbindlichkeiten mit zwei kurzen Sätzen anzugeben, etwa „Der Gesamtbetrag der Verbindlichkeiten mit einer Restlaufzeit von mehr als 5 Jahren beträgt ... DM. Vom Gesamtbetrag der Verbindlichkeiten sind ... DM durch Grundschulden, ... DM durch Hypotheken, ... DM durch Sicherungsübereignung von Waren usw. gesichert".

Angabe des Gesamtbetrags der sonstigen finanziellen Verpflichtungen (Nr. 3 in Abb. 82):

Hier sind all diejenigen finanziellen Verpflichtungen anzugeben, die nicht in der Bilanz erscheinen und auch nicht als Haftungsverpflichtungen (Wechselhaftung, Bürgschaften usw.[66]) unter der Bilanz angegeben werden müssen. Solche sonstigen finanziellen Verpflichtungen können z.B. sein[67]

• mehrjährige Verpflichtungen aus Miet- und Leasingverträgen,
• Verpflichtungen aus begonnenen Investitionsvorhaben,
• Verpflichtungen aus künftigen Großreparaturen,
• Verpflichtungen aus notwendigen Umweltschutzmaßnahmen.

Die Angaben müssen nur gemacht werden, wenn sie für die Beurteilung der Finanzlage von Bedeutung sind[68]. Es genügt die Angabe eines Gesamtbetrags, eine Aufteilung auf die einzelnen Verpflichtungsarten ist nicht erforderlich. Soweit diese Verpflichtungen gegenüber verbundenen Unternehmen[69] bestehen, ist ein gesonderter Vermerk nötig (davon gegenüber verbundenen Unternehmen). Kleine Kapitalgesellschaften sind grundsätzlich von der Angabe der sonstigen finanziellen Verpflichtungen befreit.

Aufgliederung der Umsatzerlöse nach Tätigkeitsbereichen und Regionen (Nr. 4 in Abb. 82):

Große Kapitalgesellschaften und Genossenschaften müssen die Umsatzerlöse nach Tätigkeitsbereichen und nach geographisch bestimmten Märkten aufgliedern. Dies ist jedoch nur dann zwingend, soweit sich die Tätigkeitsbereiche und geographischen Märkte voneinander erheblich unterscheiden. Auch hier ist also der Grundsatz der Wesentlichkeit[70] zu beachten. Die Aufgliederung kann weiterhin unterbleiben, wenn die Organisation des Verkaufs diese Angaben nicht zuläßt. Insbesondere sind Unternehmen, die Produktion und Vertrieb im Sinne der Spartenorganisation oder in Profit Centern organisiert haben, von dieser Aufteilungsvorschrift betroffen[71]. Die Aufgliederung muß dann nicht vorgenommen werden, wenn die Schutzklausel des § 286 Abs. 2 HGB greift, d.h. wenn die Angaben geeignet sind, der Gesellschaft oder einem Beteiligungsunternehmen einen erheblichen Nachteil zuzufügen.

---

[66] Vgl. S. 156.
[67] Diese Beispiele sind in § 272 Abs. 1 Nr. 2 des Regierungsentwurfs zum Bilanzrichtliniengesetz vom 26.8.1983 enthalten, Bundestagsdrucksache 10/317.
[68] Zur Materiality vgl. S. 332, vgl. Leffson, U., Grundsätze, 1982, S. 164ff.
[69] Zur Definition des verbundenen Unternehmens vgl. S. 102.
[70] Siehe Fußnote 68.
[71] Vgl. hierzu das Beispiel bei Glade, A., Rechnungslegung, 1986, § 285 Tz 36.

Ausmaß der Beeinflussung des Jahresergebnisses und künftige Belastungen aus steuerlichen Sondervergünstigungen (Nr. 5 in Abb. 82):

Nach dieser Vorschrift ist von großen und mittelgroßen Kapitalgesellschaften das Ausmaß anzugeben, in dem das Jahresergebnis dadurch beeinflußt wurde, daß bei Vermögensgegenständen im Geschäftsjahr oder in früheren Geschäftsjahren Abschreibungen nach § 254[72] und § 280[73] HGB aufgrund steuerrechtlicher Vorschriften vorgenommen oder beibehalten wurden oder ein Sonderposten mit Rücklageanteil[74] gebildet wurde. Wegen des Maßgeblichkeitsgrundsatzes müssen alle steuerlichen Sonderabschreibungen[75] und die Bildung steuerfreier Rücklagen[76] auch in der Handelsbilanz vorgenommen werden. Die Angabevorschrift im Anhang **soll das Ausmaß der Ergebnisverfälschung** durch solche ausschließlich steuerlichen Bewertungsakte **sichtbar machen**. Da durch vorgezogene Abschreibungen und durch die Bildung steuerfreier Rücklagen nicht nur das Ergebnis des Berichtsjahres beeinflußt wird, sind auch Auswirkungen bereits früher in Anspruch genommener Sondervergünstigungen auf das Jahresergebnis anzugeben. Aus demselben Grund sind die daraus resultierenden Belastungen künftiger Jahre anzugeben. Vorgezogene Abschreibungen verbrauchen das Abschreibungspotential vorzeitig. Steuerfreie Rücklagen müssen i.d.R. gewinnerhöhend aufgelöst werden[77] oder führen durch Minderung des Abschreibungspotentials zu späteren Aufwandsminderungen[78]. In jedem Fall ergeben sich hieraus künftige Steuerbelastungen, die höher sind als bei Unterlassen der steuerrechtlichen Sonderabwertung oder Rücklagenbildung. Die Angaben im Anhang müssen das Ausmaß der Ergebnisbeeinflussung jetzt und in Zukunft erkennbar machen. Hierbei genügen prozentuale Angaben, etwa: „Durch Bildung einer steuerfreien Rücklage nach § 1 Auslandsinvestitionsgesetz hat sich das Ergebnis um 10% vermindert". Die künftige **latente Steuerbelastung** ist zweckmäßigerweise als Barwert unter Angabe des verwendeten Zinssatzes anzugeben[79].

Aufgliederung der Ertragsteuern auf das gewöhnliche Geschäftsergebnis und auf das außerordentliche Ergebnis (Nr. 6 in Abb. 82):

Die Aufgliederung soll dem Bilanzleser die Möglichkeit geben, das Ergebnis aus gewöhnlicher Geschäftstätigkeit[80] nach Steuern zu berechnen. Zu den Ertragsteuern zählen die KSt und die GewESt[81]. Die Aufteilung dürfte i.d.R. unproblematisch sein, da für beide Steuern konstante Steuersätze gelten, so daß die Ertragsteuern einfach im Verhältnis der Ergebnisse aufzuteilen sind. Schwierigkeiten können sich bei der Frage ergeben, wie partielle Steuerbegünstigungen oder -befreiungen zu berücksichtigen sind. Sind z.B. steuerbegünstigte Einnahmen (z.B. aus Auslandsbeteiligungen[82]) oder die Körperschaftssteuerminderung auf-

---

[72] Vgl. S. 214f.
[73] § 280 Abs. 2 HGB, vgl. S. 220.
[74] Vgl. S. 125ff.
[75] Vgl. S. 131.
[76] Mit Ausnahme der Preissteigerungsrücklage gemäß Abschn. 228 EStR, vgl. S. 131.
[77] Z.B. gemäß § 2 Auslandsinvestitionsgesetz nach 6 Jahren.
[78] Z.B. bei Übertragung stiller Reserven aus der Veräußerung von bestimmten Anlagegütern auf ein Ersatzwirtschaftsgut gemäß § 6 EStG.
[79] Vgl. Glade, A., Rechnungslegung, 1986, § 285 Tz 48.
[80] Vgl. S. 316.
[81] Vgl. S. 318.
[82] Begünstigt wegen Anrechnung der ausländischen KSt gemäß § 26 KStG.

grund von Ausschüttungen der gewöhnlichen Geschäftstätigkeit oder dem a.o. Ergebnis zuzurechnen? Dieselbe Frage stellt sich bei Steuern aufgrund verdeckter Gewinnausschüttungen, die sachlich an sich keinem der beiden Ergebnisse zugehören. In diesen Sonderfragen bleibt den Unternehmen ein gewisser Ermessensspielraum.

Durchschnittliche Zahl der Arbeitnehmer (Nr. 7 in Abb. 82):

Wer als Arbeitnehmer gilt, richtet sich nach dem Arbeitsrecht[83]. Arbeitnehmer ist demnach, wer aufgrund eines Arbeitsvertrags im Dienst eines anderen fremdbestimmte Arbeit in persönlicher Abhängigkeit leistet[84]. Nicht zu den Arbeitnehmern gehören die Mitglieder des Vorstands bzw. der Geschäftsführung (sog. Organpersonen). Leitende Angestellte hingegen zählen hier als Arbeitnehmer, desgleichen Teilzeitbeschäftigte, die voll gezählt werden. Dagegen sind Auszubildende keine Arbeitnehmer i.S. dieser Anhangangabe. Das Gesetz gibt keine Rechenvorschrift, wie die Arbeitnehmerzahl, zu berechnen ist. Es steht dem Unternehmen folglich frei die einfachste Mittelwertberechnung aus Jahresanfangs- und -endbestand oder differenziertere Berechnungsmethoden anzuwenden. Für die geforderte **Untergliederung nach Gruppen** kommt zweckmäßigerweise die Aufgliederung nach Arbeitern, Angestellten und leitenden Angestellten in Betracht. Zusätzlich ist auch eine Aufteilung nach weiteren Kriterien möglich (z.B. nach Tarifgruppen, nach Geschlecht, nach Ausbildung), entsprechende Angaben im Anhang sind aber wohl nicht obligatorisch.

Angabe des Materialaufwands und des Personalaufwands beim Umsatzkostenverfahren (Nr. 8a und 8b in Abb. 82):

Wenn die GuV-Rechnung nach dem Umsatzkostenverfahren erstellt wird, entfällt eine Untergliederung nach Aufwandsarten[85]. Der Personal- und Materialaufwand sind als einzige Kostenarten im Anhang gesondert auszuweisen. Der Personalaufwand ist anzugeben, weil dies die 4. EG-Richtlinie fordert[86]. Der Materialaufwand muß angegeben werden, weil er nach Ansicht des Bundestags für volkswirtschaftliche Untersuchungen besonders bedeutsam ist[87]. Die Posten müssen entsprechend der Gliederungsvorschrift des § 275 Abs. 2 untergliedert werden in:

Personalaufwand (bei allen Kapitalgesellschaften)
a) Löhne und Gehälter
b) Soziale Abgaben und Aufwendungen für Altersversorgung und Unterstützung (davon für Altersversorgung)

Materialaufwand (bei mittelgroßen und großen Kapitalgesellschaften)
a) Aufwendungen für Roh-, Hilfs- und Betriebsstoffe und für bezogene Waren
b) Aufwendungen für bezogene Leistungen.

---

[83] Vgl. Niehus, R. J., Rechnungslegung, 1982, Tz 554 zu § 42 GmbHG.
[84] Vgl. Glade, A., Rechnungslegung, 1986, § 285 Tz 59.
[85] Vgl. S. 296ff, 304.
[86] Art. 43 Abs. 1 Nr. 9 der Richtlinie.
[87] Vgl. Bundestagsdrucksache 10/4268 vom 18.11.1985, S. 110.

Angaben der Gesamtbezüge von Mitgliedern der Geschäftsführung, des Aufsichtsrats, des Beirats oder einer ähnlichen Einrichtung (Nr. 9a und 9b in Abb. 82):

Entsprechend dieser Vorschrift sind sowohl für die aktiv Tätigen als auch für die früheren Mitglieder die im Geschäftsjahr bezahlten Gesamtbezüge jeweils nach Gruppen anzugeben. Es sind jeweils getrennt aufzuführen

- der Gesamtbezug der aktiven Vorstands-(Geschäftsführungs-)Mitglieder
- der Gesamtbetrag der aktiven Aufsichtsrats-, Beiratsmitglieder oder Mitglieder ähnlicher Einrichtungen,
- der Gesamtbetrag der an frühere Vorstandsmitglieder und deren Hinterbliebene bezahlte Bezüge,
- der Gesamtbetrag der an frühere Aufsichtsrats-(Beirats-)Mitglieder oder deren Hinterbliebene bezahlte Bezüge.

Von der Angabepflicht sind alle Organmitglieder betroffen, d.h. Mitglieder der Geschäftsführungsorgane (Vorstand bei der Aktiengesellschaft, Geschäftsführung bei der GmbH), des Aufsichtsrats, des Beirats oder ähnlicher Einrichtungen. Unter den ähnlichen Einrichtungen sind solche Verwaltungs-, Aufsichts- und Kontrollorgane zu verstehen, die laut Satzung oder Gesellschaftsvertrag eingerichtet worden sind, obwohl hierzu keine gesetzliche Verpflichtung bestanden hat.

Der Begriff der **Gesamtbezüge** ist weit gefaßt.

Für die **aktiv tätigen Organmitglieder** zählen hierzu – in Übereinstimmung mit der bisherigen Regelung des alten § 160 Abs. 3 Nr. 8 AktG a.F.[88]:

- Gehälter inkl. Weihnachts- und Urlaubsgeld und sonstiger Nebenvergütungen,
- Gewinnbeteiligungen,
- Aufwandsentschädigungen,
- Versicherungsprämien, soweit die Versicherung zugunsten eines Organmitglieds abgeschlossen ist (insb. Pensions- und Lebensversicherungen),
- Aufwandsentschädigungen,
- Provisionen,
- Naturalbezüge jeder Art, z.B. durch zur Verfügungstellen von Wohnung, Personal, Kraftfahrzeugen u. dgl.,
- Sondervergütungen (z.B. Einräumung von Bezugsrechten, Konsortialbeteiligungen, Options- und Vorkaufsrechten).

In die Gesamtbezüge sind auch Bezüge einzubeziehen, die nicht ausbezahlt, sondern in andere Ansprüche umgewandelt oder zur Erhöhung solcher Ansprüche verwendet werden, z.B. bei Umwandlung in eine Pensionszusage. Außer den Bezügen für das Geschäftsjahr sind auch die weiteren Bezüge anzugeben, die im Geschäftsjahr gewährt, bisher aber in keinem Jahresabschluß angegeben worden sind – es kommt also nicht auf den Zahlungszeitpunkt, sondern auf den Zeitpunkt des wirtschaftlichen Entstehens der Bezüge an. Zuführungen zu Pensionsrückstellungen gehören nicht zu den Gesamtbezügen der aktiv tätigen Organmitglieder.

---

[88] Vgl. WP-Handbuch 1985/86, Bd. 1, S. 525f.

Zu den Gesamtbezügen der **früheren Organmitglieder** zählen

- Abfindungen,
- Ruhegehälter (Renten, Pensionen),
- Hinterbliebenenbezüge,
- Leistungen verwandter Art.

Für frühere Organmitglieder muß auch die Bildung von Pensionsrückstellungen (für laufende Pensionen und für Anwartschaften[89]) berichtet werden. Wurden in der Bilanz diese Rückstellungen nicht passiviert[90], dann ist trotzdem der entsprechende Betrag im Anhang anzugeben.

Während das alte Aktiengesetz in § 160 Abs. 3 Nr. 9 AktG a.F. die Angabe der Ruhebezüge nur für Vorstandsmitglieder vorsah, sind nach neuem Recht ausdrücklich auch die Bezüge der anderen Organmitglieder (Aufsichtsrat, Beirat) angabepflichtig. Die Pflicht zur Angabe von Aktiv- und Ruhebezügen gilt nur für große und mittelgroße Kapitalgesellschaften. Kleine Kapitalgesellschaften sind hiervon ausgenommen (§ 288 HGB).

Gewährte Vorschüsse und Kredite an Organmitglieder und übernommene Haftungen (Nr. 9c in Abb. 82):

Im Gegensatz zu den Bezügen müssen die Vorschüsse und Kredite an Organmitglieder sowie die übernommenen Haftungen auch bei kleinen Kapitalgesellschaften angegeben werden. Im einzelnen sind anzugeben:

- gewährte Vorschüsse (d.h. alle Vorauszahlungen auf Gehälter, Tantiemen und sonstigen Vergütungen),
- gewährte Kredite (mit Angabe der Zinssätze und der Kreditbedingungen),
- von den Organmitgliedern zurückbezahlte Beträge (Tilgungen aufgrund früherer Kreditgewährungen),
- zugunsten von Organmitgliedern eingegangene Haftungsverhältnisse (auch wenn die entsprechenden Beträge bereits in der Bilanzfußnote nach § 251 HGB berücksichtigt sind).

Namensangaben von Mitgliedern der Geschäftsführung und des Aufsichtsrates (Nr. 10 in Abb. 82):

Kapitalgesellschaften jeder Größenklasse müssen diese Namensangaben machen. Hierbei ist der Familienname und ein ausgeschriebener Vorname anzugeben. Der Aufsichtsratsvorsitzende und sein Stellvertreter sowie der Vorsitzende der Geschäftsführung sind als solche kenntlich zu machen. Diese Angaben müssen auch erfolgen, wenn das Organmitglied im Geschäftsjahr oder später ausgeschieden ist.

Angaben zu Beteiligungen (Nr. 11 in Abb. 82):

Es sind Name und Sitz anderer Unternehmen anzugeben, an denen die Gesellschaft zu mindestens 20% unmittelbar oder mittelbar beteiligt ist. Hiervon sind sowohl Beteiligungen an Kapitalgesellschaften als auch an Personengesellschaf-

---

[89] Vgl. S. 278ff.

[90] Z.B. aufgrund der Übergangsregelung des Art. 28 des Einführungsgesetzes zum HGB (EGHGB).

ten betroffen. Grundsätzlich ist auch die Höhe des Anteils am Kapital dieser Unternehmen anzugeben.

Weiterhin sind anzugeben:

- das Ergebnis des letzten Geschäftsjahres dieser Unternehmen. Hierunter ist der Jahresüberschuß bzw. Jahresfehlbetrag zu verstehen, nicht der nach Gewinnverwendung verbliebene Bilanzgewinn/Bilanzverlust.
- das Eigenkapital dieser Unternehmen.

Probleme können sich ergeben, wenn Beteiligungen an Personengesellschaften oder ausländischen Unternehmen bestehen, da hier inhaltliche Abweichungen bei den Posten des Eigenkapitals und des Jahresergebnisses bestehen können. Die Angabe des Eigenkapitals und des Jahresergebnisses von Beteiligungsunternehmen darf unterbleiben, wenn das Beteiligungsunternehmen selbst nicht zur Offenlegung verpflichtet ist und wenn die berichtspflichtige Kapitalgesellschaft weniger als 50% der Anteile besitzt (§ 286 Abs. 3 HGB). Weiterhin gilt die Schutzklausel, daß die Angaben zu den Beteiligungsunternehmen dann unterbleiben können, wenn hierdurch der Gesellschaft oder dem Beteiligungsunternehmen ein erheblicher Nachteil zugefügt würde[91], insb. wenn sich die Wettbewerbssituation der Unternehmen hierdurch verschlechtern würde[92]. Wenn die Angaben für die Darstellung der Vermögens-, Finanz- und Ertragslage von untergeordneter Bedeutung sind, dann dürfen sie ebenfalls unterbleiben (§ 286 Abs. 3 Nr. 1 HGB).

Sämtliche Angaben zu den Beteiligungsunternehmen müssen zusammen mit dem Jahresabschluß **zum Handelsregister eingereicht** werden. § 287 HGB sieht hier eine Erleichterung vor, wodurch die Aufstellung des Anteilsbesitzes gesondert, d.h. außerhalb des Anhangs gemacht werden darf und von der Veröffentlichungspflicht im Bundesanzeiger ausgenommen ist. Dies gilt nur für große Kapitalgesellschaften, da nur diese zur Veröffentlichung des Abschlusses im Bundesanzeiger verpflichtet sind[93]. Die Aufstellung ist folglich nur beim Handelsregister einzureichen, jedoch muß bei Veröffentlichung des Jahresabschusses im Bundesanzeiger angegeben werden, bei welchem Handelsregister diese Aufstellung hinterlegt ist. Die Bundesanzeiger-Publizität wird für diese Aufstellung des Anteilsbesitzes folglich zur Registerpublizität abgemildert[94].

Erläuterung sonstiger Rückstellungen (Nr. 12 in Abb. 82):

Rückstellungen, die unter dem Bilanzposten „sonstige Rückstellungen"[95] nicht gesondert ausgewiesen werden, müssen im Anhang einzeln erläutert werden. Die Erläuterungspflicht besteht allerdings nur, wenn es sich um wesentliche Beträge handelt[96], d.h. um Beträge, die prozentual, im Verhältnis zu den gesamten Rückstellungen, nicht vernachlässigbar sind. Zu den sonstigen Rückstellungen nach § 266 Abs. 3 B. 3. HGB gehören sachlich die folgenden Rückstellungsarten[97]:

---

[91] § 286 Abs. 3 Nr. 2 HGB.
[92] Vgl. Glade, A., Rechnungslegung, 1986, § 286 Tz 15.
[93] § 325 Abs. 2 HGB, vgl. S. 357.
[94] Vgl. Heuser, P., Die neue Bilanz, 1986, Tz 876.
[95] Vgl. S. 150f.
[96] Vgl. S. 332.
[97] Vgl. Abb. 25, S. 151.

- Rückstellungen für ungewisse Verbindlichkeiten (soweit nicht Pensionsrückstellungen und Steuerrückstellungen, z.b. Gewährleistungsrückstellungen, Schadensersatzstellungen, Prozeßrückstellungen usw.[98]),
- Rückstellungen für drohende Verluste aus schwebenden Geschäften[99],
- sämtliche Aufwandsrückstellungen[100].

Von der Erläuterungspflicht sind kleine Kapitalgesellschaften ausgenommen (§ 288 HGB).

Angabe der Gründe für die Abschreibung des Firmenwertes (Nr. 13 in Abb. 82):

Der aktivierte Firmenwert kann entweder mit jährlich 25% abgeschrieben werden, so wie dies § 255 Abs. 4 Satz 2 HGB vereinfachend vorsieht. Er kann aber auch planmäßig über seine voraussichtliche Nutzungsdauer abgeschrieben werden (§ 255 Abs. 4 Satz 3 HGB). Im ersten Fall sind keine Erläuterungen im Anhang nötig. Im zweiten Fall sind die Gründe anzugeben, warum eine längere Nutzungsdauer angenommen wurde. In der Praxis werden diese Gründe im Maßgeblichkeitsprinzip liegen, da § 7 Abs. 1 EStG regelmäßig eine betriebsgewöhnliche Nutzungsdauer von 15 Jahren vorsieht. Die Erläuterung wird sich deshalb in den meisten Fällen auf den einfachen Hinweis beschränken, daß die steuerliche betriebsgewöhnliche Nutzungsdauer von 15 Jahren auch der handelsrechtlichen Abschreibung zugrunde gelegt wurde. Diese Angaben sind von allen Kapitalgesellschaften, unabhängig von ihrer Größe, zu machen.

Name und Sitz von Mutterunternehmen (Nr. 14 in Abb. 82):

Durch die Angabe von Mutterunternehmungen sollen dem Bilanzleser Hinweise darüber gegeben werden, in welchen Konzernabschlüssen das Unternehmen berücksichtigt wird. Da bei mehrstufigen Konzernen von jedem übergeordneten Konzernglied ein Konzernabschluß erstellt werden und deshalb eine Vielzahl von Mutterunternehmungen bestehen kann[101], beschränkt § 285 Nr. 14 HGB die Berichtspflicht auf **eine Minimal- und eine Maximalangabe.**

Anzugeben sind demnach Name und Sitz

- des Mutterunternehmens, das den Konzernabschluß für den kleinsten Kreis von Unternehmungen aufstellt sowie
- des Mutterunternehmens, das den Konzernabschluß für den größten Kreis von Unternehmen aufstellt.

Der **kleinste Kreis** von Unternehmen kann aus nur 2 Unternehmungen bestehen, nämlich der berichtenden Kapitalgesellschaft und ihrer unmittelbaren Obergesellschaft. Sofern diese Muttergesellschaft einen Konzernabschluß erstellt, ist sie anzugeben. Macht sie von den Befreiungsvorschriften der §§ 291f. HGB Gebrauch, dann ist die nächste übergeordnete Unternehmung zu nennen, die einen Konzernabschluß erstellt. Die Mutterunternehmung im **größten Kreis**

---

[98] Vgl. S. 137ff.

[99] Vgl. S. 142f.

[100] Vgl. S. 143f.

[101] Zu den sogenannten befreienden Konzernabschlüssen vgl. § 291 HGB. Zwischengesellschaften dürfen einen Konzernabschluß aufstellen, sie sind jedoch dazu im allgemeinen nicht verpflichtet.

ist jeweils die oberste Konzernspitze, die ihren Sitz in einem EG-Mitgliedsstaat hat.

Die Angaben zu den Mutterunternehmen sind von allen Kapitalgesellschaften zu machen. Es bestehen keine größenabhängigen Erleichterungen.

Kapitel 2
Der Lagebericht

Der Lagebericht hat die Aufgabe, den Jahresabschluß durch zusätzliche Informationen zu ergänzen. Seiner Konzeption nach ist er weniger vergangenheitsorientiert, sondern mehr zukunftsorientiert. Er soll die **wirtschaftliche Gesamtbeurteilung der Gesellschaft** ermöglichen. Der Inhalt des Lageberichts wird in § 289 HGB geregelt. Dort wird eine inhaltliche Untergliederung in einen Mindestbericht und in weitergehende Angaben vorgesehen.

Im **Mindestbericht** (§ 289 Abs. 1 HGB) sind der Geschäftsverlauf und die Lage der Kapitalgesellschaft so darzustellen, daß ein den tatsächlichen Verhältnissen entsprechendes Bild vermittelt wird. Diese Angaben entsprechen voll den Pflichtangaben zum Lagebericht nach dem alten § 160 Abs. 1 AktG a.F. Neu ist lediglich die Forderung nach dem den tatsächlichen Verhältnissen entsprechenden Bild. Insbesondere sind Angaben zu machen über die Marktstellung und die Struktur der Gesellschaft, über Auftragseingang, Produktion und Beschäftigungsgrad, über den mengen- und wertmäßigen Umsatz, über die Entwicklung von Kosten und Erlösen, über Rentabilität, Liquidität und Finanzierung[102]. In der Praxis werden die Angaben häufig durch Kapitalflußrechnungen und Sozialberichte ergänzt. Solche und weitere Ergänzungen sind zulässig, da im Gesetz nur ein Mindestinhalt vorgeschrieben ist. Da das Gesetz keine detaillierten Darstellungsvorschriften enthält, bleibt die konkrete Gestaltung und die Ausführlichkeit der Berichterstattung dem pflichtgemäßen Ermessen des Bilanzierenden überlassen. Wesentlich ist, daß das durch den Bericht vermittelte Bild des Geschäftsverlaufs und der Lage des Unternehmens den tatsächlichen Verhältnissen entspricht.

§ 289 Abs. 2 HGB enthält eine **Sollvorschrift zur Angabe von sonstigen Zusatzerläuterungen**:

„Der Lagebericht soll auch eingehen auf

1. Vorgänge von besonderer Bedeutung, die nach dem Schluß des Geschäftsjahres eingetreten sind,
2. die voraussichtliche Entwicklung der Kapitalgesellschaft,
3. den Bereich von Forschung und Entwicklung".

Aufgrund der Tatsache, daß nach dem Gesetzeswortlaut auf diese Punkte nur eingegangen werden soll, aber nicht muß, wird im Schrifttum teilweise die Ansicht vertreten, daß es sich hierbei um freiwillige Zusatzerläuterungen handelt[103].

---

[102] Vgl. WP-Handbuch 1985/86, Bd. 1, S. 509, vgl. auch Glade, A., Rechnungslegung, 1986, § 289 Tz 5f.

[103] So z.B. Maul, K. H., Der Lagebericht, WPg 1984, S. 193, so auch Heuser, P., Die neue Bilanz, 1986, Tz 940.

Andere Autoren sind der Ansicht, daß eine ordnungsgemäße Rechenschaftslegung es zwingend erforderlich macht, über alle Vorgänge von besonderer Bedeutung zu berichten[104].

Zu 1: Vorgänge von besonderer Bedeutung

Diese Vorgänge waren auch schon im alten Lagebericht nach § 160 Abs. 1 AktG a.F. berichtspflichtig. Neu ist die Abwandlung der früheren Muß-Vorschrift in eine Soll-Vorschrift. Zu solchen Vorgängen können zählen: Abschluß wichtiger Verträge, Erweiterung oder Einschränkung des Betriebs, Ausgliederung von Unternehmen, Filialgründungen, Ausgang wichtiger Prozesse, Unglücksfälle, schwebende Geschäfte, besondere Verluste[105].

Zu 2: Die voraussichtliche Entwicklung der Kapitalgesellschaft

Diese Zusatzangabe war im alten Aktienrecht nicht vorgesehen. Die Angaben, die hier gemacht werden können (Sollvorschrift) beziehen sich auf voraussichtliche Entwicklungen und Planungen insb. im Personal-, Produktions- und Absatzbereich. Die Berichte hierzu sind sowohl durch Prognoseungenauigkeiten als auch durch die subjektive Einschätzung der jeweiligen Sachverhalte seitens der Geschäftsführung beeinflußt. Probleme stellen hier sowohl die Form als auch der Zeitraum der Prognose dar[106]. Im allgemeinen sollte auf quantitative Zahlenangaben nicht verzichtet werden. Um Fehlinterpretationen der prognostizierten Werte zu vermeiden, müssen die Prämissen mit angegeben werden, unter denen die Prognose erfolgt ist[107]. Inwieweit sich die Praxis dennoch nur auf verbale Darstellungen beschränken wird, bleibt abzuwarten. Der Prognosezeitraum sollte nicht viel mehr als ein Jahr umfassen, da sonst die Prognoseungenauigkeiten zu groß werden könnten[108].

Zu 3: Erläuterungen zum Bereich Forschung und Entwicklung

Hier können Angaben über die Schwerpunkte der Forschungs- und Entwicklungstätigkeit, über die Personalentwicklung in diesem Bereich und möglicherweise über Budget- und Finanzierungsfragen gemacht werden.

Der Lagebericht ist von allen Kapitalgesellschaften zu erstellen, es bestehen keine größenabhängigen Erleichterungen. Veröffentlicht muß er jedoch nur von großen und mittelgroßen Kapitalgesellschaften werden.

---

[104] So z.B. Glade, A., Rechnungslegung 1986, § 289 Tz 11.
[105] Vgl. WP-Handbuch 1985/86, Bd. 1, S. 509.
[106] Vgl. Heuser, P., Die neue Bilanz, 1986, Tz 945.
[107] Vgl. Bretzke, W. R., Lagebericht, WPg 1979, S. 343.
[108] Vgl. Heuser, P., Die neue Bilanz, 1986, Tz 947.

Abschnitt 6
Prüfung und Offenlegung des Jahresabschlusses

Für die Prüfungs- und Offenlegungspflichten kommt es wesentlich auf die Unternehmensgröße an.

Nach § 267 HGB gilt hier folgende Regelung:

Kleine Kapitalgesellschaften sind solche, die mindestens 2 der 3 der nachstehenden Merkmale nicht überschreiten:

Bilanzsumme (nach Abzug eines Fehlbetrags) $\leq 3,9$ Mio. DM
Umsatzerlöse ≤ 8 Mio. DM
Arbeitnehmer (im Jahresdurchschnitt) ≤ 50.

Mittelgroße Kapitalgesellschaften sind solche, die mindestens 2 der 3 nachstehenden Bedingungen erfüllen:

3,9 Mio. DM $<$ Bilanzsumme $\leq 15,5$ Mio. DM
8 Mio. DM $<$ Umsatz ≤ 32 Mio. DM
50 $<$ Arbeitnehmerzahl ≤ 250.

Große Kapitalgesellschaften liegen vor, wenn mindestens 2 der 3 für mittelgroße Kapitalgesellschaften geltenden Obergrenzen überschritten werden.

Um ein jährliches Springen zwischen zwei Größenklassen grundsätzlich zu verhindern, sieht § 267 Abs. 4 HGB vor, daß ein Größenklassenwechsel nur dann stattfindet, wenn die Ober- bzw. Untergrenzen an zwei aufeinanderfolgenden Jahren überschritten worden sind. Lediglich bei Verschmelzung, Umwandlung und Neugründung erfolgt die Einordnung in die neue Größenklasse sofort zum ersten Bilanzstichtag[1].

Bezüglich der Ermittlung der durchschnittlichen Arbeitnehmerzahl schreibt § 267 Abs. 5 HGB vor, daß die Summe der Personalbestände am Quartalsende durch 4 zu dividieren ist. Als Arbeitnehmer gelten alle Beschäftigten mit Ausnahme der Organmitglieder (Vorstand, Aufsichtsrat oder Beirat) und der Auszubildenden. Teilzeitbeschäftigte werden voll gezählt.

Unternehmen, die in anderen Rechtsformen geführt werden, können **nach dem Publizitätsgesetz offenlegungs- und prüfungspflichtig** werden. Die entsprechenden Größenmerkmale sind (§ 1 PublG):

Bilanzsumme > 125 Mio. DM
Umsatz > 250 Mio. DM
Arbeitnehmer > 5000.

Auch hier müssen 2 der 3 Merkmale über mindestens 2 Jahre erfüllt sein, es sei denn, es liegt eine Umwandlung oder Verschmelzung vor[2].

---

[1] § 267 Abs. 4 HGB, vgl. auch Glade, A., Rechnungslegung, 1986, § 267 Tz 30f.
[2] § 2 Abs. 1 PublG.

Kapitel 1
Die Prüfung des Jahresabschlusses

1. Rechtsgrundlagen und Prüfungspflichten

Die **Rechtsgrundlagen** für die Prüfung des Jahresabschlusses befinden sich in folgenden Paragraphen:

für Kapitalgesellschaften:	§§ 316-324 HGB
für Genossenschaften:	§§ 53-64c GenG
für andere Rechtsformen:	§ 6 PublG.

Darüber hinaus gibt es branchenspezifische Sondervorschriften, z.B. für Kreditinstitute[3], für Versicherungen[4], für gemeinnützige Wohnungsunternehmungen[5]. Sonderprüfungen bei Aktiengesellschaften sind in den §§ 142-146 AktG geregelt.

Gemäß § 316 HGB erstreckt sich die Prüfungspflicht nur auf mittelgroße und große Kapitalgesellschaften. **Kleine Kapitalgesellschaften sind von der Prüfungspflicht grundsätzlich befreit**. Da dies für alle Kapitalgesellschaften, d.h. auch für die kleine Aktiengesellschaft gilt, besteht hier ein wesentlicher Unterschied zur bisherigen Rechtslage: Kleine Aktiengesellschaften sind nach neuem Recht von der Prüfungspflicht befreit. Personengesellschaften und Einzelunternehmen sind nur dann prüfungspflichtig, wenn sie die Größenmerkmale nach § 1 PublG erfüllen. Dann sind sie nach § 6 PublG zu prüfen.

2. Gegenstand der Prüfung

Die Prüfung hat sich nach § 317 HGB auf den Jahresabschluß, den Lagebericht und die Buchführung zu erstrecken.

In die **Prüfung des Jahresabschlusses** ist die Buchführung einzubeziehen. Der Abschlußprüfer hat hier zu prüfen, ob

- die gesetzlichen Vorschriften und
- die ergänzenden Bestimmungen des Gesellschaftsvertrags oder der Satzung

beachtet worden sind.

Die **Prüfung der Gesetzmäßigkeit** muß sich auf alle gesetzlichen Vorschriften erstrecken, die vom geprüften Unternehmen zu beachten sind. Neben dem Handelsgesetzbuch sind auch die relevanten Spezialgesetze (z.B. AktG, GmbHG, GenG, KWG, VAG, usw.) zu berücksichtigen. Im Rahmen der Gesetzmäßigkeitsprüfung muß der Prüfer auch die Einhaltung der Grundsätze ordnungsmäßiger Buchführung prüfen.

Die **Prüfung gesellschaftsvertraglicher Regelungen** erstreckt sich nur auf diejenigen Bestimmungen des Gesellschaftsvertrags bzw. der Satzung, die den Jahresabschluß betreffen.

---

[3] §§ 27ff. KWG.
[4] §§ 57ff. VAG.
[5] § 26 WGG.

Zusätzlich zur Prüfung der Gesetzmäßigkeit und der gesellschaftsvertraglichen Regelungen hat der Prüfer auch **ergänzende Prüfungen** durchzuführen, die sich auf Gebiete außerhalb des Jahresabschlusses erstrecken. Hierzu zählt vor allem die **Prüfung der Rechtsgrundlagen** und **der rechtlichen Verhältnisse**.

Diese Ausdehnung der Prüfungspflicht ist erforderlich, weil von den Rechtsgrundlagen und Rechtsbeziehungen Wirkungen ausgehen können, die ihren Niederschlag in der Buchhaltung finden (z.B. Zusammensetzung des Grundkapitals aus einzelnen Aktiengattungen, bestehende Sonderrechte von Gesellschaftern, Zeitpunkt und ordnungsgemäße Einberufung der Hauptversammlung, Beschlüsse der Hauptversammlung, bestehende Verträge mit Lieferanten, Kunden, Lizenzgebern, Leasingverträge, Beherrschungsverträge, Gewinnabführungsverträge u. dgl.[6]).

Bei der **Prüfung des Lageberichts** ist festzustellen, ob dieser mit dem Jahresabschluß in Einklang steht und ob die sonstigen Angaben im Lagebericht nicht eine falsche Vorstellung von der Lage des Unternehmens erwecken.

Das Ergebnis der Prüfung ist gemäß § 321 HGB im **Prüfungsbericht** schriftlich festzuhalten. Der Bericht ist den gesetzlichen Vertretern der Gesellschaft vorzulegen. Hierin sind die Posten des Jahresabschlusses aufzuschließen und ausreichend zu erläutern. Nachteilige Veränderungen in der Vermögens-, Finanz- und Ertragslage gegenüber dem Vorjahr und Verluste, die das Jahresergebnis nicht unwesentlich beeinflußt haben, sind aufzuführen und ausreichend zu erläutern.

In § 321 Abs. 2 HGB ist die sog. **Redepflicht** des Abschlußprüfers geregelt. Stellt dieser bei der Wahrnehmung seiner Aufgaben Tatsachen fest, die den Bestand eines geprüften Unternehmens gefährden oder seine Entwicklung wesentlich beeinträchtigen können oder schwerwiegende Verstöße der gesetzlichen Vertreter gegen Gesetz, Gesellschaftsvertrag oder Satzung erkennen lassen, dann muß er darüber berichten.

Sind nach dem abschließenden Ergebnis der Prüfung keine Einwendungen zu erheben, dann hat der Abschlußprüfer den sog. **Bestätigungsvermerk** (§ 322 HGB) zu erteilen. Bestehen Einwendungen, dann ist der Bestätigungsvermerk einzuschränken oder zu versagen.

Kapitel 2
Die Offenlegung des Jahresabschlusses

In Zusammenhang mit der Publizität des Jahresabschlusses werden im Gesetz unterschiedliche Begriffe verwendet. Der Vierte Unterabschnitt des HGB, der sich mit diesem Fragenkomplex befaßt, trägt die Überschrift: „Offenlegung (Einreichung zu einem Register, Bekanntmachung im Bundesanzeiger), Veröffentlichung und Vervielfältigung, Prüfung durch das Registergericht".

Unter **Offenlegung** ist demnach der Vorgang der Einreichung zu einem Register (z.B. zum Handelsregister) und der Bekanntmachung im Bundesanzeiger zu verstehen.

---

[6] Vgl. den umfangreichen Fragenkatalog im WP-Handbuch 1985/86, Bd. 1, S. 1015ff.

Der vom Gesetz als Oberbegriff verwendete Begriff der **Veröffentlichung**[7] um-faßt jede an die Öffentlichkeit gerichtete Bekanntgabe, auch außerhalb von Handelsregister und Bundesanzeiger. Der ebenfalls im Gesetz verwendete Begriff der **Vervielfältigung** (§ 328 HGB) bezieht sich auf die mechanische Reproduktion von Unterlagen.

Bei den Veröffentlichungspflichten haben sich wesentliche formale und inhaltliche Veränderungen gegenüber dem bisherigen Recht ergeben.

Die **formalen Änderungen** betreffen die Zusammenfassung aller Regelungen zur Veröffentlichung in den §§ 325-329 HGB. Die alten §§ 177 und 178 AktG a.F. zur Bekanntmachung des Jahresabschlusses wurden aufgehoben. Die Veröffentlichungsvorschriften im § 9 PublG schreiben die sinngemäße Anwendung der §§ 325-329 HGB vor.

Die **inhaltlichen Änderungen** beziehen sich zum einen auf den Kreis der publizitätspflichtigen Unternehmen, zum anderen auf den Umfang der offenzulegenden Unterlagen.

1. Der Kreis der publizitätspflichtigen Unternehmen

Nach neuem Recht unterliegen grundsätzlich **alle Kapitalgesellschaften** der Publizitätspflicht (§ 325 Ab. 1 HGB), für kleine und mittelgroße Gesellschaften sind jedoch Erleichterungen im Umfang der Offenlegung vorgesehen. Im Gegensatz dazu waren früher Gesellschaften mit beschränkter Haftung nur dann publizitätspflichtig, wenn sie die Größenordnungen des § 1 PublG erreichten[8].

In die Veröffentlichungspflicht neu einbezogen, wurden auch die bislang von der Publizität befreiten eingegliederten Gesellschaften, das sind bestimmte 100%-ige Tochterunternehmen i.S. der §§ 319ff. AktG. Aufgrund der Zusammenfassung aller die Offenlegung betreffenden Rechtsvorschriften im neuen Dritten Buch des HGB wurden die entsprechenden alten Vorschriften im AktG (§ 325 AktG a.F. und § 16 PublG) aufgehoben.

Einzelunternehmen und Personengesellschaften sind unverändert nur dann publizitätspflichtig, wenn sie unter das PublG fallen (§ 6 PublG), d.h. wenn sie die o.a. Größenordnungen des § 1 PublG erreichen.

Für **Genossenschaften** gelten dieselben Regelungen wie für Kapitalgesellschaften (§ 339 HGB).

2. Umfang der offenzulegenden Unterlagen und Art der Offenlegung

Der Umfang der Publizität, d.h. die Frage, welche Unterlagen offenzulegen sind, ist nach Größenordnungen gestaffelt.

---

[7] Vgl. Glade, A., Rechnungslegung, 1986, Teil I, Tz 1006ff.
[8] Vgl. S. 353.

2.1 Große Kapitalgesellschaften

Große Kapitalgesellschaften müssen gem. § 325 Abs. 1 HGB folgende Unterlagen offenlegen:

- den Jahresabschluß (einschließlich Anhang),
- den Bestätigungsvermerk des Wirtschaftsprüfers oder den Vermerk über die Versagung des Bestätigungsvermerks,
- den Lagebericht,
- den Bericht des Aufsichtsrates (bei der GmbH jedoch nur falls ein Aufsichtsrat besteht),
- den Ergebnisverwendungsvorschlag (soweit sich dieser nicht aus dem Jahresabschluß ergibt),
- den Beschluß über die Verwendung des Ergebnisses (soweit sich dieser nicht aus dem Jahresabschluß ergibt, unter Angabe des Jahresüberschusses bzw. Jahresfehlbetrags),
- die Aufstellung des Anteilsbesitzes (nur zum Handelsregister einzureichen)[9].

Die große Kapitalgesellschaft hat die offenzulegenden Unterlagen **zunächst im Bundesanzeiger** bekanntzumachen. Zusätzlich sind die publizitätspflichtigen Unterlagen und die Bekanntmachung im Bundesanzeiger zum Handelsregister einzureichen (§ 325 Abs. 2 HGB). Die Aufstellung des Anteilsbesitzes gem. § 287 HGB braucht nicht im Bundesanzeiger veröffentlicht zu werden. Für sie gilt nur die sog. Registerpublizität (§ 325 Abs. 2 HGB).

Zur **Offenlegungsfrist** sieht § 325 Abs. 1 HGB vor, daß der Jahresabschluß unverzüglich nach seiner Vorlage an die Gesellschafter (in der Hauptversammlung bzw. Gesellschafterversammlung) beim Handelsregister eingereicht werden muß. Dies muß auf jeden Fall innerhalb von 9 Monaten nach dem Bilanzstichtag erfolgen (§ 325 Abs. 1 und 4 HGB). Die 9-Monatsfrist bezieht sich nur auf den Jahresabschluß und den Lagebericht. Für die übrigen Unterlagen besteht eine Nachfrist. Wird der Jahresabschluß bei nachträglicher Prüfung oder Feststellung geändert, so ist auch die Änderung einzureichen. Zur Einreichung verpflichtet sind die gesetzlichen Vertreter der Gesellschaft.

2.2 Mittelgroße Kapitalgesellschaften

Mittelgroße Kapitalgesellschaften können bei der Veröffentlichung Erleichterungen in Anspruch nehmen. Sie müssen zwar auch alle der oben bei den großen Kapitalgesellschaften aufgezählten Unterlagen offenlegen. Die Erleichterung besteht jedoch darin, daß Teile dieser Unterlagen, nämlich die **Bilanz, die GuV-Rechnung und Anhang in verkürzter Form** eingereicht werden dürfen.

Im einzelnen dürfen diese Gesellschaften bei der Veröffentlichung folgende Verkürzungen vornehmen:

Die Bilanz muß nur in der für kleine Kapitalgesellschaften nach § 266 Abs. 1 Satz 3 HGB vorgeschriebenen Form zum Handelsregister eingereicht werden, d.h. die mit arabischen Ziffern versehenen Positionen dürfen – von den folgenden Ausnahmen abgesehen – zusammengefaßt und unter dem römisch bezifferten

---

[9] Vgl. oben, S. 348f.

Oberbegriff ausgewiesen werden. In der Bilanz oder im Anhang sind jedoch die folgenden Posten des § 266 Abs. 2 und 3 HGB zusätzlich gesondert anzugeben:

Auf der Aktivseite:

A I 2   Geschäfts- oder Firmenwert;

A II 1 Grundstücke, grundstücksgleiche Rechte und Bauten einschließlich der Bauten auf fremden Grundstücken;

A II 2 technische Anlagen und Maschinen;

A II 3 andere Anlagen, Betriebs- und Geschäftsausstattung;

A II 4 geleistete Anzahlungen und Anlagen im Bau;

A III 1 Anteile an verbundenen Unternehmen;

A III 2 Ausleihungen an verbundene Unternehmen;

A III 3 Beteiligungen;

A III 4 Ausleihungen an Unternehmen, mit denen ein Beteiligungsverhältnis besteht;

B II 2 Forderungen gegen verbundene Unternehmen;

B II 3 Forderungen gegen Unternehmen, mit denen ein Beteiligungsverhältnis besteht;

B III 1 Anteile an verbundenen Unternehmen;

B III 2 eigene Anteile.

Auf der Passivseite:

C 1 Anleihen,
    davon konvertibel;

C 2 Verbindlichkeiten gegenüber Kreditinstituten;

C 6 Verbindlichkeiten gegenüber verbundenen Unternehmen;

C 7 Verbindlichkeiten gegenüber Unternehmen, mit denen ein Beteiligungsverhältnis besteht.

In der **Gewinn- und Verlustrechnung** dürfen ebenfalls wichtige Posten zusammengefaßt werden. Wird das Gesamtkostenverfahren[10] verwendet (§ 275 Abs. 2 HGB), so darf anstelle des Einzelausweises der Posten Nr. 1-5 des gesetzlichen Gliederungsschemas nur ein Posten mit der Bezeichnung „**Rohergebnis**" ausgewiesen werden. Das Rohergebnis setzt sich aus den folgenden Einzelpositionen des GuV-Gliederungsschemas zusammen:

1. Umsatzerlöse
2. Erhöhung oder Verminderung des Bestands an fertigen und unfertigen Erzeugnissen
3. andere aktivierte Eigenleistungen
4. sonstige betriebliche Erträge
5. Materialaufwand
   a) für Roh-, Hilfs- und Betriebsstoffe und für bezogene Waren
   b) für bezogene Leistungen

} Rohergebnis beim Gesamtkostenverfahren

Bei Anwendung des Umsatzkostenverfahrens[11] nach § 275 Abs. 3 HGB dürfen die Posten Nr. 1 bis 3 und 6 zu einem Posten „Rohergebnis" zusammengefaßt werden. Die Einzelbestandteile sind im Folgenden wiedergegeben:

---

[10] Vgl. S. 301ff.
[11] Vgl. S. 296ff.

1. Umsatzerlöse
2. Herstellungskosten der zur Erzielung
   der Umsatzerlöse erbrachten Leistungen
3. Bruttoergebnis vom Umsatz
6. sonstige betriebliche Erträge

$\left.\vphantom{\begin{array}{c}1\\2\\3\\4\end{array}}\right\}$ Rohergebnis beim
Umsatzkostenverfahren

Im Gegensatz zur obigen Bilanzverkürzung, die nur für die Veröffentlichung erfolgen darf, ist die Kürzung der GuV-Rechnung bereits bei der Erstellung des Abschlusses möglich. Die mittelgroße Kapitalgesellschaft braucht grundsätzlich keine lange GuV-Rechnung zu erstellen.

Der **Anhang** darf von mittelgroßen Kapitalgesellschaften gem. § 327 HGB ohne die folgenden Angaben eingereicht werden (vgl. Abb. 81 auf S. 331):

Anhangangaben nach § 285 Nr. 2 HGB: Die Aufgliederung der nach Fristigkeit und Sicherheiten untergliederten Verbindlichkeiten auf die einzelnen Verbindlichkeitsposten braucht nicht zu erfolgen. Statt dessen braucht nur der Gesamtbetrag der Verbindlichkeit, jedoch mit der erforderlichen Fristigkeitsangabe (Restlaufzeit unter 5 Jahren) und mit den Angaben von Art und Form der Sicherheiten[12] zu erfolgen.

Anhangangaben nach § 285 Nr. 5 HGB: Die Angabe des Ausmaßes, in dem das Ergebnis durch steuerliche Sonderbewertungen beeinflußt wurde, ist nicht erforderlich. Hierdurch wird dem Bilanzleser Einblick in die steuerlich bedingten stillen Reserven und in die daraus resultierenden künftigen Belastungen verwehrt[13].

Anhangangaben nach § 285 Nr. 8a HGB: Die Angabe des Materialaufwands bei Verwendung des Umsatzkostenverfahrens[14] ist nicht nötig.

Anhangangaben nach § 285 Nr. 12 HGB: Eine Untergliederung und Erläuterung der sonstigen Rückstellungen[15] nach Einzelpositionen braucht nicht zu erfolgen.

Die obigen Angaben zur Bilanz und zum Anhang müssen zwar bei der Erstellung des Jahresabschlusses berücksichtigt werden. Sie stehen also dem Insider (z.B. dem Vorstand, dem Aufsichtsrat und den Gesellschaftern) zur Verfügung. Lediglich für die Veröffentlichung ist die Kürzung vorzunehmen. Die Untergliederung des Umsatzes nach Tätigkeitsbereichen und regionalen Märkten braucht bereits bei der Aufstellung des Anhangs nicht vorgenommen zu werden[16]. Folglich erübrigt sich auch ihre Veröffentlichung.

Der Jahresabschluß und die weiteren Unterlagen brauchen von mittelgroßen Kapitalgesellschaften **nicht im Bundesanzeiger** veröffentlicht zu werden, es ist lediglich die Einreichung zum **Handelsregister** (sog. **Registerpublizität**) erforderlich. Im Bundesanzeiger muß jedoch bekanntgemacht werden, bei welchem Handelsregister und unter welcher Nummer die Unterlagen eingereicht wurden. Die **Offenlegungsfristen** sind dieselben wie für große Kapitalgesellschaften, d.h. grundsätzlich muß die Veröffentlichung unmittelbar nach Vorlage an die Gesell-

---

[12] Vgl. S. 343.
[13] Vgl. S. 345.
[14] Vgl. S. 346.
[15] Vgl. S. 349.
[16] § 288 HGB.

schafter, jedoch spätestens vor Ablauf des 9. Monats nach dem Bilanzstichtag erfolgen (§ 325 Abs. 1 HGB).

2.3 Kleine Kapitalgesellschaften

Kleine Kapitalgesellschaften bekommen eine Fristverlängerung auf 12 Monate zugestanden (§ 326 HGB). Sie müssen die Bilanz nur in verkürzter Form erstellen und offenlegen (§ 266 Abs. 1 HGB[17]). Desgleichen ist der Anhang nur in verkürzter Form zu erstellen und offenzulegen (§ 288 HGB[18]). Die GuV-Rechnung braucht von kleinen Kapitalgesellschaften überhaupt nicht offengelegt zu werden. Deshalb braucht auch der ohnehin schon verkürzte Anhang diejenigen Angaben nicht zu enthalten, die die GuV-Rechnung betreffen.

Soweit sich – aufgrund der gewährten Erleichterungen –

- das Jahresergebnis,
- der Vorschlag über die Gewinnverwendung und
- der Beschluß über die Gewinnverwendung

nicht aus dem eingereichten Jahresabschluß ergeben, sind diese Angaben beim Handelsregister zusätzlich einzureichen. Der Lagebericht braucht von kleinen Kapitalgesellschaften nicht eingereicht zu werden. Die Offenlegungspflicht fordert nur die sog. Registerpublizität, also die Einreichung zum Handelsregister unter gleichzeitiger Bekanntmachung im Bundesanzeiger, bei welchem Handelsregister und unter welcher Nummer die Unterlagen hinterlegt wurden.

2.4 Einzelunternehmungen und Personengesellschaften

Sie sind zur Offenlegung nur verpflichtet, wenn sie die Größenordnungen des § 1 PublG überschreiten[19]. Diese Unternehmen brauchen keinen Anhang und keinen Lagebericht zu erstellen (§ 5 Abs. 2 PublG) und deshalb auch nicht offenzulegen.

Darüber hinaus gelten die folgenden Erleichterungen (§ 9 Abs. 2 und 3 PublG):

- Die GuV-Rechnung sowie
- der Beschluß über die Verwendung des Ergebnisses brauchen nicht offengelegt zu werden.
- Das Eigenkapital darf in einem Betrag ausgewiesen werden, (d.h. Zusammenfassung der Kapitalanteile der Gesellschafter, der Rücklagen, des Gewinnvortrags und des Gewinns, abzüglich Verlustanteile und Verlustvortrag).

Wenn die GuV-Rechnung nicht offengelegt wird, sind die folgenden Angaben in einer Anlage zur Bilanz zu machen und offenzulegen (§ 5 Abs. 5 PublG):

---

[17] Nur die mit römischen Ziffern bezeichneten Posten des Gliederungsschemas von § 266 Abs. 2 und 3 HGB sind auszuweisen, vgl. S. 57.

[18] Vgl. S. 330f, insbes. Abb. 81.

[19] Vgl. S. 353.

- die Umsatzerlöse,
- die Erträge aus Beteiligungen,
- die Löhne, Gehälter, sozialen Abgaben sowie Aufwendungen für Altersversorgung und Unterstützung,
- die Bewertungs- und Abschreibungsmethoden einschließlich wesentlicher Änderungen,
- die Zahl der Beschäftigten.

Die Offenlegung der Bilanz und der Zusatzangaben erfolgt durch Einreichung beim Handelsregister. Im Bundesanzeiger sind lediglich das zuständige Handelsregister und die Nummer bekannt zu machen, unter der die Unterlagen eingereicht wurden. Auch für Personengesellschaften und Einzelunternehmen gilt eine Einreichfrist von 9 Monaten.

Abkürzungsverzeichnis

Abb.	Abbildung
Abs.	Absatz
Abschn.	Abschnitt
ADS	Adler/Düring/Schmaltz
AfA	Absetzung für Abnutzung
AfaA	Absetzung für außergewöhnliche technische oder wirtschaftliche Abnutzung
AG	Aktiengesellschaft
AHK	Anschaffungs- bzw. Herstellungskosten
AktG	Aktiengesetz
AktG a.F.	Aktiengesetz alter Fassung
Anm.	Anmerkung
a.o.	außerordentlich
AO	Abgabenordnung
AR	Accounting Report
Art.	Artikel
AuslinvG	Auslandsinvestitionsgesetz
AWV	Ausschuß für wirtschaftliche Verwaltung in Wirtschaft und öffentlicher Hand
BB	Betriebsberater
Bd.	Band
BerlinFG	Berlinförderungsgesetz
BetrAV	Betriebliche Altersversorgung
BFH	Bundesfinanzhof
BFHE	Sammlung der Entscheidungen und Gutachten des BFH
BFuP	Betriebswirtschaftliche Forschung und Praxis
BGB	Bürgerliches Gesetzbuch
BGBl	Bundesgesetzblatt
BGH	Bundesgerichtshof
BGHZ	Entscheidungen des Bundesgerichtshofs in Zivilsachen
BMF	Bundesminister der Finanzen
BMJ	Bundesminister der Justiz
BStBl	Bundessteuerblatt
BW	Barwert
DB	Der Betrieb
DBW	Die Betriebswirtschaft
DStZ	Deutsche Steuerzeitung
DV	Datenverarbeitung
EDV	elektronische Datenverarbeitung
EG	Europäische Gemeinschaft
EGHGB	Einführungsgesetz zum HGB
EntwLStG	Entwicklungsländer-Steuergesetz
ErbbauVO	Erbbauverordnung
ErbSt	Erbschaft- und Schenkungsteuer
Erg. Liefg.	Ergänzungslieferung
EStDV	Einkommensteuerdurchführungsverordnung

EStG	Einkommensteuergesetz
EStR	Einkommensteuerrichtlinien
f.	folgende
FAMA	Fachausschuß für moderne Abrechnungssysteme
ff.	fortfolgende
FGK	Fertigungsgemeinkosten
FIFO	First-in-first-out
FL	Fertigungslöhne
FM	Fertigungsmaterial
Fn	Fußnote
GBO	Grundbuchordnung
gem.	gemäß
GenG	Genossenschaftsgesetz
GewESt	Gewerbeertragsteuer
GewKSt	Gewerbekapitalsteuer
GewSt	Gewerbesteuer
GewStG	Gewerbesteuergesetz
GG	Grundgesetz
GKV	Gesamtkostenverfahren
GmbH	Gesellschaft mit beschränkter Haftung
GmbHG	GmbH-Gesetz
GmbHR	GmbH-Rundschau
GoB	Grundsätze ordnungsmäßiger Buchführung
GoDV	Grundsätze ordnungsmäßiger Datenverarbeitung
GoS	Grundsätze ordnungsmäßiger Speicherbuchführung
GrSt	Grundsteuer
GuV	Gewinn und Verlust
GW	Gegenwartswert
HBA	Handbuch der Bilanz und Abschlußprüfung
HdBil	Handbuch der Bilanzierung
HdSW	Handwörterbuch der Sozialwissenschaften
HFA	Hauptfachausschuß des Instituts der Wirtschaftsprüfer
HGB	Handelsgesetzbuch
HIFO	Highest-in-first-out
HuR	Handwörterbuch unbestimmter Rechtsbegriffe
HWA	Handwörterbuch der Absatzwirtschaft
HWB	Handwörterbuch der Betriebswirtschaft
HWR	Handwörterbuch des Rechnungswesens
HWRev	Handwörterbuch der Revision
HWStR	Handwörterbuch des Steuerrechts
i.d.R.	in der Regel
IdW	Institut der Wirtschaftsprüfer
i.e.S.	im engeren Sinne
i.S.	im Sinne
i.w.S.	im weiteren Sinne

JbFStR	Jahrbuch der Fachanwälte für Steuerrecht
JF	Jahresfehlbetrag
JÜ	Jahresüberschuß
JfB	Journal für Betriebswirtschaft
KaperhG	Kapitalerhöhungsgesetz
KG	Kommanditgesellschaft
KGaA	Kommanditgesellschaft auf Aktien
KHBV	Krankenhausbuchführungsverordnung
KIFO	Konzern-in-first-out
Krp	Kostenrechnungspraxis
KSt	Körperschaftsteuer
KStDV	Körperschaftsteuerdurchführungsverordnung
KStG	Körperschaftsteuergesetz
KWG	Kreditwesengesetz
LIFO	Last-in-first-out
LOFO	Lowest-in-first-out
ME	Mengeneinheit
MGK	Materialgemeinkosten
Mio	Millionen
MitbestG	Mitbestimmungsgesetz
MontanMitbestG	Montanmitbestimmungsgesetz
NB	Neue Betriebswirtschaft
NJW	Neue Juristische Wochenschrift
Nr.	Nummer
OHG	Offene Handels-Gesellschaft
o.V.	ohne Verfasser
PublG	Publizitätsgesetz
RBW	Restbuchwert
RHB-Stoffe	Roh-, Hilfs- und Betriebsstoffe
RL	Rücklage
RS	Rückstellung
Rz	Randziffer
S.	Seite
SEKF	Sondereinzelkosten der Fertigung
SEKV	Sondereinzelkosten des Vertriebs
Sp.	Spalte
StBauFG	Städtebau-Förderungsgesetz
StbJB	Steuerberaterjahrbuch
TW	Teilwert
Tz	Textziffer

u.ä.	und ähnliche
u.dgl.	und dergleichen
UKV	Umsatzkostenverfahren
USt	Umsatzsteuer
UStG	Umsatzsteuergesetz
v.a.	vor allem
VAG	Versicherungsaufsichtsgesetz
vgl.	vergleiche
VO	Verordnung
VSt	Vermögensteuer
VtGK	Vertriebsgemeinkosten
VwGK	Verwaltungsgemeinkosten
VwVtGK	Verwaltungs- und Vertriebsgemeinkosten
WGG	Gesetz über Gemeinnützigkeit im Wohnungswesen
WiSt	Wirtschaftswissenschaftliches Studium
WPg	Die Wirtschaftsprüfung
WP-Handbuch	Wirtschaftsprüfer-Handbuch
z.B.	zum Beispiel
ZfB	Zeitschrift für Betriebswirtschaft
ZfbF	Zeitschrift für Betriebswirtschaftliche Forschung
ZfhF	Zeitschrift für handelswissenschaftliche Forschung
ZonenRFG	Zonenrand-Förderungsgesetz

Literaturverzeichnis

Adam, D., Entscheidungsorientierte Kostenbewertung, Wiesbaden 1970

Adam, D., Grenzkostenrechnung, HWR, Stuttgart 1981, Sp. 691ff.

ADS (Adler, Düring, Schmaltz), Rechnungslegung und Prüfung der Aktiengesellschaft, Handkommentar, 4. Auflage, bearbeitet von K. Schmaltz, K.-H. Forster, R. Goerdeler und H. Havermann, Band 1, Rechnungslegung, Stuttgart 1968

Ahsen, B., von, Sammelbewertung des Vorratsvermögens, Wiesbaden 1977.

Albach, H., Zur Bewertung von Wirtschaftsgütern mit dem Teilwert, WPg 1963, S. 624ff.

Albach, H., Grundgedanken einer synthetischen Bilanztheorie, ZfB 1965, S. 21ff.

Albach, H., Bewertungsprobleme des Jahresabschlusses nach dem AktG 1965, BB 1966, S. 377ff.

Albach, H., Rechnungslegung im neuen Aktienrecht, NB 1966, S. 178ff.

Albach, H., Die Bilanzierung von Rückstellungen in der Ertragsteuerbilanz, StbJb 1970/71, S. 305ff.

Anders, J., Das Lifoverfahren im Steuerbereinigungsgesetz 1985, BB 1985, S. 312ff.

Baetge, J., GoB, HWR, Stuttgart 1981, Sp. 702ff.

Baetge, J., (Hrsg.), Das neue Bilanzrecht – ein Kompromiß divergierender Interessen? Düsseldorf 1985.

Baetge, J., Brockmeyer, K., Voraussichtlich dauernde Wertminderung, in: Leffson, U. et al. (Hrsg.), Handwörterbuch unbestimmter Rechtsbegriffe im Bilanzrecht des HGB, (HuR), Köln 1986, S. 377ff.

Baetge, J., Commandeur, D., Vergleichbar – vergleichbare Beträge in aufeinanderfolgenden Jahresabschlüssen, in: Leffson, U. et al. (Hrsg.), Handwörterbuch unbestimmter Rechtsbegriffe im Bilanzrecht des HGB, (HuR), Köln 1986, S. 326ff.

Baetge, J., Knüppe, W., Vorhersehbare Risiken und Verluste, in: Leffson, U. et al. (Hrsg.), Handwörterbuch unbestimmter Rechtsbegriffe im Bilanzrecht des HGB, (HuR), Köln 1986, S. 394ff.

Ballwieser, W., Sind mit der neuen Generalklausel zur Rechnungslegung auch neue Prüfungspflichten verbunden?, BB 1985, S. 1034ff.

Ballwieser, W., Erträge und Verluste aus dem Abgang von Gegenständen des Anlagevermögens, in: Leffson, U. et al. (Hrsg.), Handwörterbuch unbestimmter Rechtsbegriffe im Bilanzrecht des HGB, (HuR), Köln 1986, S. 154f.

Ballwieser, W., Abschreibung, in: Leffson, U. et al. (Hrsg.), Handwörterbuch unbestimmter Rechtsbegriffe im Bilanzrecht des HGB (HuR), Köln 1986, S. 29ff.

Bareis, H. P., Latente Steuern in bilanzieller Sicht, BB 1985, S. 1235ff.

Bauer, J., Grundlagen einer handels- und steuerrechtlichen Rechnungslegungspolitik der Unternehmung, Wiesbaden 1981

Beck'sches Steuerberater-Handbuch 1986, Schriften des Deutschen Wissenschaftlichen Steuerinstituts der Steuerberater und Steuerbevollmächtigten, München 1986

Bernert, G., Gleichartige Vermögensgegenstände des Vorratsvermögens sowie andere gleichartige oder annähernd gleichwertige bewegliche Vermögensgegenstände, in: Leffson, U. et al. (Hrsg.), Handwörterbuch unbestimmter Rechtsbegriffe im Bilanzrecht des HGB, (HuR), Köln 1986, S. 216ff.

Beschorner, D., Eichhorn, J., Horvath, P., Handelsbilanz – Steuerbilanz, Eine programmierte Unterweisung, Wiesbaden 1976

Bieg, H., Ermessensentscheidungen beim Handelsbilanzausweis von „Finanzanlagen" und „Wertpapieren des Umlaufvermögens" – auch nach neuem Bilanzrecht? DB, Beilage Nr. 24/1985

Biener, H., Der Stand der Anpassung des deutschen Rechts an die vierte gesellschaftsrechtliche Richtlinie der EG, DB, Beilage Nr. 10/1985

Biergans, E., Einkommensteuer und Steuerbilanz, München 1985

Bilsdorfer, P., Pfleger, G., Zur Aufteilung von Anschaffungskosten, DB 1986, S. 923ff.

Bleckmann, A., Wohl der Bundesrepublik Deutschland, in: Leffson, U. et al. (Hrsg.), Handwörterbuch unbestimmter Rechtsbegriffe im Bilanzrecht des HGB, (HuR), Köln 1986, S. 461ff.

Bleckmann, A., Die Richtlinie im Europäischen Gemeinschaftsrecht und im Deutschen Recht, in: Leffson, U. et al. (Hrsg.), Handwörterbuch unbestimmter Rechtsbegriffe im Bilanzrecht des HGB, (HuR), Köln 1986, S. 11ff.

Blumers, W., Neue handels- und steuerrechtliche Bilanzierungsfristen und die Risiken der neuen Rechtslage, DB 1986, S. 2033ff.

BMF, Erlaß über die Behandlung von Forschungs- und Entwicklungskosten, vom 4.12.1958, BStBl. II, S. 181ff.

BMF, Erlaß betr. Festwertbewertung von Gerüst- und Schalungsteilen, vom 12.12.1961, BStBl. II, S. 194, abgedruckt z.b. im Handbuch der ESt-Veranlagung 1985. Beck-Verlag, München 1986, S. 269f.

BMF, Schreiben betr. ertragsteuerliche Behandlung von Leasing-Verträgen über bewegliche Wirtschaftsgüter, vom 19.4.1971, BStBl. I S. 264, abgedruckt z.b. im Handbuch der ESt-Veranlagung 1985, Beck-Verlag, München 1986, S. 241ff.

BMF, Schreiben betreffend Verwendung von Mikrofilmaufnahmen zur Erfüllung gesetzlicher Aufbewahrungspflichten vom 21. Dezember 1971, BStBl. I, S. 647.

BMF, Schreiben betr. ertragsteuerliche Behandlung von Finanzierungs-Leasing-Verträgen über unbewegliche Wirtschaftsgüter, vom 21.3.1972, BStBl. I S. 188, abgedruckt im Handbuch der ESt-Veranlagung 1985, Beck-Verlag, München, 1986, S. 245ff.

BMF, Schreiben betr. ertragsteuerliche Behandlung von Finanzierungs-Leasing-Verträgen; hier: Aufteilung der Leasing-Raten in einen Zins- und einen Kostenanteil sowie in einen Tilgungsanteil, vom 13.12.1973, abgedruckt z.b. im Handbuch der ESt-Veranlagung 1985, Beck-Verlag, München 1986, S. 248ff.

BMF, Schreiben betr. steuerrechtliche Zurechnung des Leasing-Gegenstandes beim Leasing-Geber, vom 22.12.1975, abgedruckt z.b. im Handbuch der ESt-Veranlagung 1985, Beck-Verlag, München 1986, S. 250f.

BMF, GoS, Grundsätze ordnungsmäßiger Speicherbuchführung, vom 5. Juli 1978, BStBl. I S. 250ff.

BMF, Schreiben betr. bilanzmäßige Behandlung von Leasing-Verträgen beim Leasing-Geber, vom 13.5.1980, abgedruckt z.b. im Handbuch der ESt-Veranlagung 1985, Beck-Verlag, München 1986, S. 251f.

Bohl, W., Der Jahresabschluß nach neuem Recht, WPg 1986, S. 29ff.

Bolin, M., Haeger, B., Zündorf, H., Neue Bilanzierungs- und Bewertungstechniken nach dem Bilanzrichtlinien-Gesetz, BB 1984, S. 506ff.

Bolin, M., Haeger, B., Zündorf, H., Einzelaspekte des künftigen Bilanzrechts, DB 1985, S. 605ff.

Brehmer, F., Zur Frage der Zuschreibungen bei abnutzbaren Anlagegegenständen, WPg 1969, S. 284ff.

Brockhoff, K., Forschung und Entwicklung im Lagebericht, WPg 1982, S. 237ff.

Bucher, H. J., Zu den inflationsbedingten Fehlern in der Anschaffungswertbilanz, ZfB 1985, S. 495ff.

Buchner, R., Allgemeine Bewertungsgrundsätze, in: Leffson, U. et al. (Hrsg.), Handwörterbuch unbestimmter Rechtsbegriffe im Bilanzrecht des HGB, (HuR), Köln 1986, S. 38ff.

Burkel, P., Arten, Aufgaben und Aussagekraft externer Bilanzen, BB 1985, S. 838ff.

Busse von Colbe, W., Aufbau und Informationsgehalt von Kapitalflußrechnungen, ZfB, 1. Ergänzungsheft 1966, S. 53ff.

Busse von Colbe, W., Ordelheide, D., Vorratsbewertung und Ermittlung konzerninterner Erfolge mit Hilfe des Kifo-Verfahrens, ZfB 1969, S. 221ff.

Busse von Colbe, W., Zum Bilanzansatz von Beteiligungen, ZfbF 1972, S. 145ff.

Busse von Colbe, W., Bilanzen, Wiesbaden 1981

Busse von Colbe, W., Vertriebskosten, in: Leffson, U. et al. (Hrsg.), Handwörterbuch unbestimmter Rechtsbegriffe im Bilanzrecht des HGB, (HuR), Köln 1986, S. 375ff.

Busse von Colbe, W., Bilanzierungshilfe, in: Leffson, U. et al. (Hrsg.), Handwörterbuch unbestimmter Rechtsbegriffe im Bilanzrecht des HGB, (HuR), Köln 1986, S. 86ff.

Busse von Colbe, W., Chmielewicz, K., Das neue Bilanzrichtlinien-Gesetz, DBW, 1986, S. 289ff.

Castan, E., Rechnungslegung der Unternehmung, München, 1984

Castan, E., Sonstige Verbindlichkeiten, in: Leffson, U. et al. (Hrsg.), Handwörterbuch unbestimmter Rechtsbegriffe im Bilanzrecht des HGB, (HuR), Köln 1986, S. 278ff.

Coenenberg, A., et al., Jahresabschluß und Jahresabschlußanalyse, Betriebswirtschaftliche, handels- und steuerrechtliche Grundlagen, Landsberg am Lech, 1982

Coenenberg, A., Die Einzelbilanz nach neuem Handelsrecht, Hrsg. Industriekreditbank AG, Deutsche Industriebank, Düsseldorf 1986

Coenenberg, A. G., Ertragslage, in: Leffson, U. et al. (Hrsg.), Handwörterbuch unbestimmter Rechtsbegriffe im Bilanzrecht des HGB, (HuR), Köln 1986, S. 155ff.

Coenenberg, A. G., Gliederungs-, Bilanzierungs- und Bewertungsentscheidungen bei der Anpassung des Einzelabschlusses nach dem Bilanzrichtlinien-Gesetz, DB 1986, S. 1581ff.

Le Coutre, W., Grundzüge der Bilanzkunde, Teil I, Wolfenbüttel 1949.

Le Coutre, W., Bilanztheorien, HWB, 3. Aufl. Bd. 1, Stuttgart 1957, Sp. 1173ff.

Cyert, R. M., March, J. G., Behavioural Theory of the Firm, Englewood Cliffs, N. J., 1963

Döll, B., Bilanzierung langfristiger Fertigung. Eine theoretische und empirische Untersuchung aktienrechtlicher Rechnungslegung, in: Coenenberg, A. G. et al. (Hrsg.), Beiträge zum Rechnungs-, Finanz- und Revisionswesen, Bd. 9, Augsburg 1984.

Döllerer, G., Gedanken zur Bilanzierung im Rechtssinne, JbFSt, 1979/80, S. 195ff.

Dziadkowski, D., Bilanzhilfsposten (Bilanzierungshilfen) und Bewertungshilfen im künftigen Handelsbilanzrecht, BB, 1982, S. 1336ff.

Dziadkowski, D., Die steuergesetzliche „Verankerung" der „umgekehrten" Maßgeblichkeit im Rahmen der Bilanzrechtsreform, BB 1986, S. 329ff.

Ebenroth, C. T., Unbestimmte Zeitbegriffe, in: Leffson, U. et al. (Hrsg.), Handwörterbuch unbestimmter Rechtsbegriffe im Bilanzrecht des HGB, (HuR), Köln 1986, S. 310ff.

Ebenroth, C. T., Klar und übersichtlich, in: Leffson, U. et al. (Hrsg.), Handwörterbuch unbestimmter Rechtsbegriffe im Bilanzrecht des HGB, (HuR), Köln 1986, S. 264ff.

Ebke, W., Vermögensgegenstände und Verbindlichkeiten, die erst nach dem Bilanzstichtag rechtlich entstehen, in: Leffson, U. et al. (Hrsg.), Handwörterbuch unbestimmter Rechtsbegriffe im Bilanzrecht des HGB, (HuR), Köln 1986, S. 343ff.

Ebke, W., Verrechnungsverbot, in: Leffson, U. et al. (Hrsg.), Handwörterbuch unbestimmter Rechtsbegriffe im Bilanzrecht des HGB, (HuR), Köln 1986, S. 365ff.

Eckes, B., Bewertungsstetigkeit – Muß- oder Sollvorschrift, BB 1985, S. 1435ff.

Egner, H., Der Ausweis steuerlicher Sonderabschreibungen in der Aktienbilanz, WPg 1979, S. 37ff.

Eibelshäuser, M., Immaterielle Anlagewerte in der höchstrichterlichen Finanzrechtsprechung, Wiesbaden, 1983

Eifler, G., Grundsätze ordnungsmäßiger Bilanzierung für Rückstellungen, Düsseldorf 1976

Eisele, W., Der Jahresabschluß nach der 4. EG-Richtlinie und seine Transformation durch den Regierungsentwurf eines Bilanzrichtlinie-Gesetzes, BB, 1982, S. 1025ff.

Eisele, W., Technik des betrieblichen Rechnungswesens, Buchführung – Kostenrechnung – Sonderbilanzen, München, 1985

Ellerich, M., Wertaufholung und latente Steuern, BB 1985, S. 26ff.

Emmerich, G., Künnemann, M., Zum Lagebericht der Kapitalgesellschaft, WPg 1986, S. 145ff.

Engels, W., Bemerkungen zu den Bilanztheorien von Moxter und Stützel, in: Baetge, J. et al. (Hrsg.), Bilanzfragen, Festschrift zum 65. Geburtstag von Ulrich Leffson, Düsseldorf 1976

Faller, E., Der Grundsatz der Einzelbewertung und die Notwendigkeit zu seiner Durchbrechung unter Berücksichtigung des Bilanzrichtlinie-Gesetzentwurfs, BB 1985, S. 2017ff.

FAMA (Fachausschuß für moderne Abrechnungssysteme des Instituts der Wirtschaftsprüfer), Stellungnahme 1/75 zur Auslegung der GoB beim Einsatz von EDV-Anlagen im Rechnungswesen, WPg 1975, S. 555ff.

Federmann, R., Bilanzierung nach Handels- und Steuerrecht, Bielefeld 1979.

Feuerbaum, E., Die polare Bilanz, Berlin 1966.

Feuerbaum, E., Aktuelle Fragen zur Eliminierung von Scheingewinnen in der Bilanz, DB 1973, S. 737ff. und S. 785ff.

Flämig, C., Erhebliche Nachteile, in: Leffson, U. et al. (Hrsg.), Handwörterbuch unbestimmter Rechtsbegriffe im Bilanzrecht des HGB, (HuR), Köln 1986, S. 141ff.

Forster, K. H., Zur Frage der Ermittlung der Herstellungskosten nach § 153 Abs. 2 AktG 1965, WPg 1967, S. 337ff.

Forster, K. H., Ausgewählte Fragen zur Rechnungslegung nach dem Publizitätsgesetz, WPg 1972, S. 469ff.

Forster, K. H., Anhang, Lagebericht, Prüfung und Publizität im Regierungsentwurf eines Bilanzrichtlinie-Gesetzes, DB 1982, S. 1577ff. und S. 1631ff.

Forster, K. H., Bilanzpolitik und Bilanzrichtlinie-Gesetz – welche Freiräume bleiben noch?, BB 1983, S. 32ff.

Forster, K. H., Das Bilanzrichtlinie-Gesetz aus der Sicht der Wirtschaftsprüfer, ZfbF, 1985, S. 742ff.

Freericks, W., Bilanzierungsfähigkeit und Bilanzierungspflicht in Handels- und Steuerbilanz, Köln, Berlin, Bonn und München 1976

Freericks, W., Erweiterung des Geschäftsbetriebs, in: Leffson, U. et al. (Hrsg.), Handwörterbuch unbestimmter Rechtsbegriffe im Bilanzrecht des HGB, (HuR), Köln 1986, S. 163ff.

Freericks, W., Ingangsetzung des Geschäftsbetriebs, in: Leffson, U. et al. (Hrsg.), Handwörterbuch unbestimmter Rechtsbegriffe im Bilanzrecht des HGB, (HuR), Köln 1986, S. 250ff.

Freidank, C. C., Die Analyse des Herstellungskostenbegriffes aus betriebswirtschaftlicher Sicht, WiSt 1985, S. 105ff.

Friederich, H., Grundsätze ordnungsmäßiger Bilanzierung für schwebende Geschäfte, Düsseldorf, 1976

Fülling, F., Grundsätze ordnungsmäßiger Bilanzierung für Vorräte, Düsseldorf 1976

Funk, J., Die Bilanzierung nach neuem Recht aus der Sicht eines international tätigen Unternehmens, in: Baetge, J. (Hrsg.), Das neue Bilanzrecht, Düsseldorf 1985, S. 145ff.

Geisthardt, A., Bedeutung der Vierten EG-Richtlinie für den Aussagegehalt des aktienrechtlichen Jahresabschlusses, Thun und Frankfurt, 1980

Geßler, E., Hefermehl, W., Eckardt, U., Kropff, B., Aktiengesetz, Bd. III, München 1973

Glade, A., Rechnungslegung und Prüfung nach dem Bilanzrichtlinien-Gesetz, Systematische Darstellung und Kommentar, Herne und Berlin, 1986

Göllert, K., Bilanzrichtlinie-Gesetz: Neuer Ausschußentwurf, BB 1985, S. 711ff.

Göllert, K., Ringling, W., Herstellungskostenermittlung im Lichte des neuen Bilanzrechts, Krp 1983, S. 159ff.

Göllert, K., Ringling, W., Der Unterausschuß-Entwurf zum Bilanzrichtlinie-Gesetz, BB 1985, S. 966ff.

Göllert, K., Ringling, W., Bilanzrichtlinien-Gesetz: Verabschiedung noch vor Jahresende, BB 1985, S. 1828f.

Göllert, K., Ringling, W., Bilanzrichtlinien-Gesetz, Einführung, Texte, Materialien, Sonderveröffentlichung des Betriebsberaters (BB), Heidelberg, 1986

GoS, Grundsätze ordnungsmäßiger Speicherbuchführung, Bundesminister der Finanzen, vom 5. Juli 1978, BStBl. I S. 250ff.

Groh, M., Wertabschläge im Warenlager, DB 1985, S. 1245ff.

Groh, M., Das werdende Bilanzrecht in steuerlicher Sicht, DB 1985, S. 1849ff.

Groh, M., Zur Bilanzierung von Fremdwährungsgeschäften, DB 1986, S. 869ff.

Gross, G., Schruff, L., Der Jahresabschluß nach neuem Recht, Aufstellung – Prüfung – Offenlegung, Düsseldorf, 1986

Großfeld, B., Generalnorm (ein den tatsächlichen Verhältnissen entsprechendes Bild der Vermögens-, Finanz- und Ertragslage), in: Leffson, U. et al. (Hrsg.), Handwörterbuch unbestimmter Rechtsbegriffe im Bilanzrecht des HGB, (HuR), Köln 1986, S. 192ff.

Großfeld, B., Leffson, U., Außerordentliche Erträge und Aufwendungen, gewöhnliche Geschäftstätigkeit, in: Leffson, U. et al. (Hrsg.), Handwörterbuch unbestimmter Rechtsbegriffe im Bilanzrecht des HGB, (HuR), Köln 1986, S. 68ff.

Handbuch der Steuerveranlagungen 1985, Schriften des deutschen Instituts der Steuerberater und Steuerbevollmächtigten e.V., München 1986

Hanssmann, F., Systemforschung, München 1978

Hantke, H., Popp, M., Der Einzelabschluß nach dem Bilanzrichtlinie-Gesetz, vergleichende Gegenüberstellung der handelsrechtlichen und der steuerrechtlichen Vorschriften, Herne und Berlin 1986

Hardes, W., Zur Bewertung von Pensionsrückstellungen, DB 1985, S. 1801ff.

Harms, J. E., Küting, K. H., Die Notwendigkeit einer Sonderregelung für geringwertige Wirtschaftsgüter im künftigen Bilanzrecht, DB 1984, S. 1997ff.

Harms, J. E., Küting, K. H., Probleme latenter Steuern im Entwurf des Bilanzrichtlinie-Gesetzes, BB 1985, S. 94ff.

Harms, J. E., Küting, K. H., Weber, C. P., Die Wertaufholungskonzeption des neuen Bilanzrechts – eine handels- und steuerrechtliche Analyse, DB 1986, S. 653ff.

Harrmann, A., Der Anlagespiegel nach dem Entwurf des Bilanzrichtlinie-Gesetzes und die praktischen Konsequenzen, DB 1984, S. 1416ff.

Harrmann, A., Fertige und unfertige Erzeugnisse in der Bilanz nach neuem Bilanzrecht, DB 1986, S. 1412ff.

Hartmann, B., Anschaffungen im Handels- und Steuerrecht anhand typischer Fälle, Freiburg 1980

Hartung, W., Latente Steuern bei unterlassener freiwilliger Zuwendung an eine Unterstützungskasse, BB 1985, S. 635ff.

Hartung, W., Berücksichtigung aufwandsgleicher Gemeinkosten bei der Bewertung von Rückstellungen, BB 1985, S. 32ff.

Hasenack, W., Wirtschaftslage und Bilanzgestaltung, Stuttgart und Berlin 1938.

Hasenack, W., Buchhaltung und Abschluß, Essen 1955.

Hauschildt, J., Grenz, T., Gemünden, H. G., Entschlüsselung von Unternehmenskrisen durch Erfolgsspaltung, DB 1985, S. 877ff.

Havermann, H., Ansatzvorschriften für Kapitalgesellschaften, BFuP, 1986, S. 114ff.

Hax, K., Die Substanzerhaltung der Betriebe, Köln Opladen 1957.

Heinen, E., Grundfragen der entscheidungsorientierten Betriebswirtschaftslehre, München 1976

Heinen, E., Handelsbilanzen, Wiesbaden, 1986

Heinen, E., Industriebetriebslehre, Wiesbaden, 1986

Heinhold, M., Fachwissen Wirtschaft, Buchführung, Stuttgart 1980

Heinhold, M., Grundlagen der Steuerlehre in Fallbeispielen, unter Mitarbeit von P. Storz, Stuttgart 1982

Heinhold, M., Bilanzpolitik, Wesen, Ziele und Stellung in der Unternehmensplanung, WiSt, 1984, S. 388ff.

Heinhold, M., Instrumente der unternehmerischen Bilanzpolitik, WiSt 1984, S. 449ff.

Heinhold, M., Grundfragen der Bilanzierung. München, Wien, 1985

Heinhold, M., Die Bewertungskonzeption, in: Reform der Rechnungslegung in Österreich, Hrsg. A. Egger und H. G. Ruppe, Wien 1987, S. 123ff.

Heinhold, M., Buchführung in Fallbeispielen, Stuttgart, 1987

Helmrich, II., Umsetzung der Bilanz- und Konzernbilanzrichtlinie in das deutsche Recht, WPg 1984, S. 627ff.

Helmrich, H., Zur Umsetzung der 4. und 7. EG-Richtlinie in deutsches Handels- und Gesellschaftsrecht, ZfbF, 1985, S. 723ff.

Helmrich, H., Europäische Rechtssetzung und die Aufgabe des nationalen Gesetzgebers, in: Baetge, J. (Hrsg.), Das neue Bilanzrecht, Düsseldorf 1985, S. 13ff.

Helmrich, H., Aufbau und Auslegung des Bilanzrichtlinien-Gesetzes, GmbHR 1986, S. 6ff.

Herrmann-Heuer-Raupach, Einkommensteuer- und Körperschaftsteuergesetz, mit Nebengesetzen, Kommentar, Loseblattausgabe, Köln.

Herzig, N., Esser, K., Erfüllungsrückstände und drohende Verluste bei Arbeitsverhältnissen, DB 1985, S. 1301ff.

Herzig, N., Kessler, W., Die begrenzte Steuerrechtsfähigkeit von Personenmehrheiten nach dem Beschluß des Großen Senats des BFH vom 25.6.1984, DB 1985, S. 2476ff.

Hesselmann, M., Auswirkungen der 4. und 7. EG-Richtlinie, insbesondere der Konzernrichtlinie auf die GmbH & Co.KG, BFuP 1985, S. 129ff.

Heuser, P., Die neue Bilanz der GmbH, ihre Prüfung und Publizität, Köln, 1986

Heydkamp, W., Grundsätzliche Überlegungen zur Steuerabgrenzung im Einzelabschluß nach dem neuen Bilanzrecht, DB 1986, S. 1345ff.

HFA des IdW (Hauptfachausschuß des Instituts der Wirtschaftsprüfer), Stellungnahme 1/73 zur Behandlung von Finanzierungs-Leasing-Verträgen im Jahresabschluß des Leasing-Nehmers, WPg 1973, S. 101ff.

HFA des IdW (Hauptfachausschuß des Instituts der Wirtschaftsprüfer), Stellungnahme 3/1976, Zur Bilanzierung von Beteiligungen an Personenhandelsgesellschaften nach aktienrechtlichen Grundsätzen, WPg 1976, S. 591

HFA des IdW (Hauptfachausschuß des Instituts der Wirtschaftsprüfer), Entwurf einer Verlautbarung zur Währungsumrechnung im Jahres- und Konzernabschluß, WPg 1984, S. 585ff.

Hille, K., Latente Steuern im Einzel- und Konzernabschluß, Frankfurt und Bern 1982.

Höfer, R., Versorgungspflichten im künftigen Bilanzrecht, in: Baetge, J. (Hrsg.), Das neue Bilanzrecht, Düsseldorf 1985, S. 119ff.

Hömberg, R., Gewogener Durchschnittswert, in: Leffson, U. et al. (Hrsg.), Handwörterbuch unbestimmter Rechtsbegriffe im Bilanzrecht des HGB, (HuR), Köln 1986, S. 205ff.

Hömberg, R., Übliche Abschreibungen, in: Leffson, U. et al. (Hrsg.), Handwörterbuch unbestimmter Rechtsbegriffe im Bilanzrecht des HGB, (HuR), Köln 1986, S. 298ff.

Hoffmann, G., Bilanzieren kein Problem nach dem neuen Bilanzrichtlinien-Gesetz, Freiburg i. Br., 1986

Hoffmann, W. D., Praxisorientierte Einführung in die Rechnungslegungsvorschriften des Regierungsentwurfs zum Bilanzrichtlinie-Gesetz, BB, Beilage 1/1983

Hoffmann, W. D., Die Gliederung des Jahresabschlusses von nicht publizitätspflichtigen Vollkaufleuten (Einzelunternehmen, Personenhandelsgesellschaften) nach künftigem Handelsrecht, BB 1985, S. 630ff.

Hommelhoff, P., Eigenkapital der Kapitalgesellschaften, in: Leffson, U. et al. (Hrsg.), Handwörterbuch unbestimmter Rechtsbegriffe im Bilanzrecht des HGB, (HuR), Köln 1986, S. 134ff.

Hüttemann, U., Grundsätze ordnungsmäßiger Bilanzierung von Verbindlichkeiten, Düsseldorf, 1976.

Institut der Wirtschaftsprüfer (IdW), Hauptfachausschuß (HFA), Stellungnahme 1/73 zur Berücksichtigung von Finanzierungs-Leasing-Verträgen im Jahresabschluß des Leasing-Nehmers, WPg 1973, S. 101ff.

Institut der Wirtschaftsprüfer (IdW), Stellungnahme des Fachausschusses für moderne Abrechnungssysteme, FAMA, 1/75 zur Auslegung der GoB beim Einsatz von EDV-Anlagen im Rechnungswesen, WPg 1975, S. 555ff.

Institut der Wirtschaftsprüfer (Id), Hauptfachausschuß (HFA), Stellungnahme 3/1976, Zur Bilanzierung von Beteiligungen an Personenhandelsgesellschaften nach aktienrechtlichen Grundsätzen, WPg 1976, S. 591.

Institut der Wirtschaftsprüfer (IdW), Hauptfachausschuß (HFA), Entwurf einer Verlautbarung zur Währungsumrechnung im Jahres- und Konzernabschluß, WPg 1984, S. 585ff.

Institut der Wirtschaftsprüfer (IdW), Gemeinsame Stellungnahme zur geänderten Konzeption des Bilanzrichtlinie-Gesetzes, WPg 1985, S. 349ff.

Jacobs, O. H., Rupp, R., Voraussichtliche Steuerbelastung oder Steuerentlastung nachfolgender Geschäftsjahre, in: Leffson, U. et al. (Hrsg.), Handwörterbuch unbestimmter Rechtsbegriffe im Bilanzrecht des HGB, (HuR), Köln 1986, S. 386ff.

Jansen, F. C., Überlegungen zum „Going Concern Concept", WPg 1984, S. 341ff.

Jonas, H., Die in der aktienrechtlichen Handelsbilanz zulässige Rückstellung für ungewisse Verbindlichkeiten, Teil I, DB 1986, S. 337ff.

Jonas, H., Die in der aktienrechtlichen Handelsbilanz zulässige Rückstellung für ungewisse Verbindlichkeiten, Teil II, DB 1986, S. 389ff.

Jonas, H., Die in der aktienrechtlichen Handelsbilanz zulässige Rückstellung für drohende Verluste aus schwebenden Geschäften, DB 1986, S. 1733ff.

Jung, W., Die Konzeption des neuen Rechts einschließlich der Grundzüge der Pflichten zur Offenlegung und Prüfung, BFuP, 1986, S. 93ff.

Käfer, K., Die Bilanz als Zukunftsrechnung, Zürich 1962.

Käfer, K., Kapitalflußrechnungen, Funds-Statement, Liquiditätsausweis und Bewegungsbilanz, Stuttgart 1967.

Käfer, K., Kapitalflußrechnung, HWF, Stuttgart 1976, Sp. 1040ff.

Kaiser, H., Aktivierung, HWStR, München 1981, S. 50ff.

Kallweit, D., Berechnung der Anschaffungskosten durch retrograde Wertermittlung, BB 1985, S. 370ff.

Kallweit, D., Sisterhenn, M., Gedanken zur Findung des Teilwertabschlags bei der Warenbewertung im Einzelhandel, DB 1985, S. 2209ff.

Knobbe-Keuk, B., Bilanz- und Unternehmenssteuerrecht, Köln, 1985

Knop, W., Die Gliederungskonzeption des Bilanzrichtlinie-Gesetzes, DB 1984, S. 569ff.

Knop, W., Küting, K. H., Weber, C. P., Die Bestimmung der Wertuntergrenze der Herstellungskosten nach dem Entwurf eines Bilanzrichtlinien-Gesetzes, DB 1985, S. 2517ff.

Knop, W., Die Bilanzaufstellung nach teilweiser oder vollständiger Ergebnisverwendung, DB 1986, S. 549ff.

Knüppe, W., Die Berücksichtigung einer Delkredereversicherung bei der Forderungsbewertung, DB 1985, S. 2361ff.

Koch, H., Die Problematik des Niederstwertprinzips, WPg 1957, S. 1ff., S. 31ff., S. 60ff.

Koch, H., Grundprobleme der Kostenrechnung, Köln und Opladen 1966.

Koch, H., Die Betriebswirtschaftslehre als Wissenschaft vom Handeln, Tübingen 1975

Koltermann, J., Steuerfachkurs, Fallsammlung Bilanzsteuerrecht, Herne und Berlin 1986

Kommission Rechnungswesen im Verband der Hochschullehrer für Betriebswirtschaft e.V., Reformvorschläge zur handelsrechtlichen Rechnungslegung, DBW, Heft 1a, 1979

Kosiol, E., Bilanztheorie, HdSW, Bd. 2, Stuttgart 1959, S. 222ff.

Kostka, G., Bilanzen, Wiesbaden 1978

Kretschmer, H. J., Problem der Gemeinkostenzurechnung bei der Bewertung fertiger und unfertiger Erzeugnisse, BFuP 1981, S. 27ff.

Kropff, B., Der Lagebericht nach geltendem und künftigem Recht, BFuP 1980, S. 514ff.

Krumnow, J., Bilanzanalyse auf der Basis der neuen Rechnungslegungsvorschriften, ZfbF, 1985, S. 783ff.

Küpper, H. U., Kostenbewertung, HWR, Stuttgart 1981, Sp. 1012ff.

Küppers, C., Der Firmenwert in Handels- und Steuerbilanz nach Inkrafttreten des Bilanzrichtlinien-Gesetzes – Rechtsnatur und bilanzpolitische Spielräume, DB 1986, S. 1633ff.

Küting, K. H., Die Erfolgsspaltung – ein Instrument der Bilanzanalyse, BB 1981, S. 529ff.

Küting, K. H., Die Bewertungskonzeption des Bilanzrichtlinie-Gesetzes – Eine Einführung in die Bewertungsvorschriften nach künftigem Bilanzrecht, DB 1984, S. 1ff.

Küting, K. H., Externe Liquiditätsanalyse auf der Grundlage der Bilanz nach künftigem Bilanzrecht, DB, 1985, S. 1089ff.

Küting, K. H., Haeger, B., Zündorf, H., Die Erstellung des Anlagengitters nach künftigem Bilanzrecht, BB 1985, S. 1948ff.

Küting, K. H., Weber, C. P., Der Übergang auf die neue Rechnungslegung – Fallstudie zur Umstellung auf das künftige Bilanzrecht, Stuttgart 1986.

Kupsch, P., Bilanzierung von Rückstellungen und ihre Berichterstattung, Herne und Berlin, 1975

Kupsch, P., Unternehmensziele, Stuttgart, New York, 1979.

Lachnit, R., Freidank, C. C., Unternehmensumwandlung als bilanzpolitische Vermeidungsstrategie angesichts des Bilanzrichtlinien-Gesetzes, DB 1986, S. 1081ff.

Lamers, A., Aktivierungsfähigkeit und Aktivierungspflicht immaterieller Werte, München, 1981

Lang, J., Grundsätze ordnungsmäßiger Buchführung I, in: Leffson, U. et al. (Hrsg.), Handwörterbuch unbestimmter Rechtsbegriffe im Bilanzrecht des HGB, (HuR), Köln 1986, S. 221ff.

Lang, J., Grundsätze ordnungsmäßiger Buchführung II, in: Leffson, U. et al. (Hrsg.), Handwörterbuch unbestimmter Rechtsbegriffe im Bilanzrecht des HGB, (HuR), Köln 1986, S. 240ff.

Lauth, B., Buchhaltungs- und Bilanzierungsprobleme im Gefolge des geplanten Bilanzrichtlinie-Gesetzes, BB 1982, S. 2002ff.

Leffson, U., Der Ausbau der unternehmerischen Rechenschaft durch vollständigen Kapitaldispositionsnachweis, NB 1968, S. 1ff.

Leffson, U., Die Grundsätze ordnungsmäßiger Buchführung, Düsseldorf 1982

Leffson, U., Bild der tatsächlichen Verhältnisse, in: Leffson, U. et al. (Hrsg.), Handwörterbuch unbestimmter Rechtsbegriffe im Bilanzrecht des HGB, (HuR), Köln 1986, S. 94ff.

Leffson, U., Lage des Vermögens gem. § 238, in: Leffson, U. et al. (Hrsg.), Handwörterbuch unbestimmter Rechtsbegriffe im Bilanzrecht des HGB, (HuR), Köln 1986, S. 272f.

Leffson, U., Das neue deutsche Bilanzrecht der Kapitalgesellschaften unter der Forderung des true and fair view, JfB 1986, S. 25ff.

Leffson, U., Unfertige Leistungen, in: Leffson, U. et al. (Hrsg.), Handwörterbuch unbestimmter Rechtsbegriffe im Bilanzrecht des HGB, (HuR), Köln 1986, S. 315ff.

Leffson, U., Wesentlich, in: Leffson, U. et al. (Hrsg.), Handwörterbuch unbestimmter Rechtsbegriffe im Bilanzrecht des HGB, (HuR), Köln 1986, S. 434ff.

Leffson, U., Baetge, J., Buchführungsvorschriften, HWR, 1. Aufl., Stuttgart 1970, S. 315ff.

Lehmann, M. R., Die Quintessenz der Bilanztheorie, ZfB 1955, S. 537ff., 669ff.

Liebs, R., Zur Neuregelung der Ergebnisverwendung in der GmbH durch das Bilanzrichtlinien-Gesetz, GmbHR 1986, S. 145ff.

Lück, W., (Hrsg.), Lexikon der Wirtschaftsprüfung – Rechnungslegung und Prüfung, München 1980

Lück, W., (Hrsg.), Lexikon der Betriebswirtschaft, Landsberg am Lech 1983

Lück, W., Schönbrunn, N., Vergleich ausgewählter Bewertungsvorschriften nach dem Entwurf eines Bilanzrichtlinie-Gesetzes und nach AktG 1965, DB 1984, S. 2469ff.

Lutter, M., Fortführung der Unternehmenstätigkeit, in: Leffson, U. et al. (Hrsg.), Handwörterbuch unbestimmter Rechtsbegriffe im Bilanzrecht des HGB, (HuR), Köln 1986, S. 185ff.

Mann, G., Bilanzsteuerliche Probleme nach dem Inkrafttreten des Bilanzrichtlinien-Gesetzes, DB 1986, S. 2199ff.

Marx, P., Delp, U. A., Einbeziehung der GmbH & Co. KG in die Publizititäts- und Prüfungspflicht nach neuem Recht?, DB 1986, S. 289ff.

Maul, K. H., Der Lagebericht nach der 4. EG-Richtlinie und dem Entwurf des Bilanzrichtlinie-Gesetz, WPg 1984, S. 187ff.

Maul, K. H., Mitteilungspflichten über qualifizierte Beteiligungsverhältnisse, BB 1985, S. 897ff.

Maul, K. H., Aufwandsrückstellungen im neuen Bilanzrecht, BB 1986, S. 631ff.

Mellwig, W., Zur Ermittlung der Anschaffungskosten von Aktien und Bezugsrechten, DB 1986, S. 1417ff.

Metz, M., Gesamtplanung mit Planbilanzen, DB 1977, S. 2ff.

Meyer, C., Bilanzierung nach Handels- und Steuerrecht unter Einschluß der Konzernrechnungslegung, des Bilanzrichtlinie-Gesetzes und der 7. EG-Richtlinie, Darstellung, Kontrollfragen, Aufgaben, Lösungen, Herne und Berlin 1984

Moxter, A., Bilanzlehre, 2. Auflage, Wiesbaden, 1976

Moxter, A., Die Geschäftswertbilanzierung in der Rechtsprechung des Bundesfinanzhofes und nach EG-Bilanzrecht, BB 1979, S. 741ff.

Moxter, A., Immaterielle Anlagewerte im neuen Bilanzrecht, BB 1979, S. 1102ff.

Moxter, A., Bilanztheorien, statische, HWR, Stuttgart 1981, S. 294ff.

Moxter, A., Bilanzierung nach der Rechtsprechung des Bundesfinanzhofs, Tübingen 1982

Moxter, A., Grundsätze ordnungsmäßiger Unternehmensbewertung, Wiesbaden 1983

Moxter, A., Fremdkapitalbewertung nach neuem Bilanzrecht, WPg 1984, S. 397ff.

Moxter, A., Bilanzlehre, Band 1, Einführung in die Bilanztheorie, 3., vollständig umgearbeitete Auflage. Wiesbaden, 1984

Moxter, A., Zum neuen Bilanzrechtsentwurf, BB 1985, S. 1101ff.

Moxter, A., Bilanzlehre, Band 2, Einführung in das neue Bilanzrecht, 3. vollständig umgearbeitete Auflage, Wiesbaden, 1986

374 *Literaturverzeichnis*

Moxter, A., Immaterielle Vermögensgegenstände des Anlagevermögens, in: Leffson, U. et al. (Hrsg.), Handwörterbuch unbestimmter Rechtsbegriffe im Bilanzrecht des HGB, (HuR), Köln 1986, S. 246ff.

Moxter, A., Vermögenslage gem. § 264, in: Leffson, U. et al. (Hrsg.), Handwörterbuch unbestimmter Rechtsbegriffe im Bilanzrecht des HGB, (HuR), Köln 1986, S. 346ff.

Neuburger, E., Ansatz der Rückstellungen für Verpflichtungen aus Vorruhestandsregelungen, BB 1985, S. 767ff.

Nicklisch, H., Die Betriebswirtschaft, Stuttgart 1932.

Nicklisch, H., Bilanz (allgemein), HWB, 2. Aufl. Bd. 1, Stuttgart 1938, Sp. 1003ff.

Niehus, R., „True and Fair View" – In Zukunft auch ein Bestandteil der deutschen Rechnungslegung, DB 1979, S. 221ff.

Niehus, R., Die Gliederung der Ergebnisrechnung nach der 4. EG-Richtlinie bzw. nach dem Entwurf eines Bilanzrichtlinie-Gesetzes, DB 1982, S. 657ff.

Niehus, R., Rechnungslegung und Prüfung der GmbH nach neuem Recht, Berlin und New York 1982

Niehus, R., Aufwendungen und Erträge aus der „nicht gewöhnlichen Geschäftstätigkeit" der Kapitalgesellschaft, DB 1986, S. 1293ff.

Ordelheide, D., **Hartle, J.**, Rechnungslegung und Gewinnermittlung von Kapitalgesellschaften nach dem Bilanzrichtlinien-Gesetz, GmbHR 1986, Teil I, S. 9ff. Teil II S. 38ff.

Peat, Marwick, Mitchell & Co., Bilanzrichtlinien-Gesetz, Der Leitfaden für die Praxis, München, 1986

Perridon, L., **Steiner, M.**, Finanzwirtschaft der Unternehmung, München 1986

Pfleger, G., In welchen Ausnahmefällen darf vom Grundsatz der Bewertungsstetigkeit abgewichen werden, DB 1986, S. 1133ff.

Rappaport, A., Establishing objectives for Published Corporate Accounting Reports, AR 1964, S. 951ff.

Rentsch, F., Markt, HWA, Stuttgart 1974, Sp. 1301ff.

Reuter, E., Bilanzierung in Ländern mit hohen Inflationsraten aus der Sicht einer multinationalen Unternehmung, in: Baetge, J. (Hrsg.), Das neue Bilanzrecht, Düsseldorf 1985, S. 177ff.

Richter, G., Die laufende betriebswirtschaftlich-mathematische Überwachung einer über Pensionsrückstellungen durchgeführten betrieblichen Altersversorgung, BB 1985, S. 900ff.

Richter, G., Form und Inhalt des versicherungsmathematischen Gutachtens für Pensionsrückstellungen, BB 1985, S. 1636ff.

Rieger, W., Einführung in die Privatwirtschaftslehre, 1. Aufl. Nürnberg 1929, 2. unveränderte Auflage, Nürnberg 1959.

Rose, G., Betrieb und Steuer, 1. Buch, Die Ertragsteuern, Wiesbaden 1982

Rosenbach, G., Bewertungs- und Gliederungsvorschriften für Kapitalgesellschaften, BFuP, 1986, S. 129ff.

Rudolph, K., Zur Aktivierung von Fremdkapitalzinsen, DB 1975, S. 1566ff.

Rückle, D., Finanzlage, in: Leffson, U. et al. (Hrsg.), Handwörterbuch unbestimmter Rechtsbegriffe im Bilanzrecht des HGB, (HuR), Köln 1986, S. 168ff.

Rückle, D., Vorsicht, in: Leffson, U. et al. (Hrsg.), Handwörterbuch unbestimmter Rechtsbegriffe im Bilanzrecht des HGB, (HuR), Köln 1986, S. 403ff.

Rückle, D., **Klatte, V.**, Eigenkapital des Kaufmanns und der Personenhandelsgesellschaften, in: Leffson, U. et al. (Hrsg.), Handwörterbuch unbestimmter Rechtsbegriffe im Bilanzrecht des HGB, (HuR), Köln 1986, S. 113ff.

Russ, W., Der Anhang als dritter Teil des Jahresabschlusses – Eine Analyse der bisherigen und der künftigen Erläuterungsvorschriften für die Aktiengesellschaft, Bergisch-Gladbach, 1984.

Rux, H. J., Garantierückstellungen, HdBil, 38. Erg. Liefg. Freiburg, 1983

Schedlbauer, H., Die Aktivierung latenter Steuern wird aktuell, DB 1985, S. 2469ff.

Schepers, W., Konversion, in: W. Lück (Hrsg.), Lexikon der Betriebswirtschaft, München 1983

Schildbach, T., Wertschwankungen, in: Leffson, U. et al. (Hrsg.), Handwörterbuch unbestimmter Rechtsbegriffe im Bilanzrecht des HGB, (HuR), Köln 1986, S. 428ff.

Schindler, J., Die Probleme bei langfristiger Fertigung nach derzeitgem und zukünftigem Handelsrecht, BB 1984, S. 1654ff.

Schlegelberger, F., Handelsgesetzbuch, 4. Aufl., Band 1, Berlin und Frankfurt 1960

Schlüter, W., Sachverständiger Dritter, in: Leffson, U. et al. (Hrsg.), Handwörterbuch unbestimmter Rechtsbegriffe im Bilanzrecht des HGB, (HuR), Köln 1986, S. 273ff.

Schmalenbach, E., Grundlagen dynamischer Bilanzlehre, 1. Aufl. Leipzig 1919.

Schmalenbach, E., Grundsätze ordnungsmäßiger Bilanzierung, ZfhF 1933, S. 225ff.

Schmalenbach, E., Kostenrechnung und Preispolitik, Köln und Opladen, 1963

Schmalenbach, E., Die dynamische Bilanz, Köln, Opladen 1963.

Schmidt, E., Geringwertige Wirtschaftsgüter des Anlagevermögens, DB 1979, S. 1249ff.

Schmidt, F., Die organische Bilanz im Rahmen der Wirtschaft, Leipzig 1921.

Schmidt, F., Die organische Tageswertbilanz, 3. Aufl. (unveränderter Nachdruck der 1. Aufl.), Wiesbaden 1951.

Schmidt, H., Bilanztraining nach dem Bilanzrichtlinien-Gesetz, Ein Trainings-Handbuch zur Rechnungslegung auf der Grundlage des Bilanzrichtlinien-Gesetzes und des Bilanzsteuerrechts, Freiburg i.Br., 1986

Schmidt, L., EStG, Einkommensteuergesetz, Kommentar, München 1984

Schmitz, T., Maßgeblichkeitsprinzip und Steuervergünstigungen, DB 1986, S. 14ff.

Schneeloch, D., Besteuerung und betriebliche Steuerpolitik, Band 1: Besteuerung, München 1986

Schneider, D., Abschreibungsverfahren und GoB, WPg 1974, S. 365ff.

Schneider, D., Steuerbilanzen, Wiesbaden 1978.

Schneider, D., Geschichte der Buchhaltung und Bilanzierung, HWR, Stuttgart 1981, Sp. 616ff.

Schneider, D., Grundzüge der Unternehmensbesteuerung, Wiesbaden 1982

Schneider, D., Investition und Finanzierung, Wiesbaden 1983

Schneider, D., Vollkostenrechnung oder Teilkostenrechnung, DB 1985, S. 2159ff.

Schneider, D., Vermögensgegenstände und Schulden, in: Leffson, U. et al. (Hrsg.), Handwörterbuch unbestimmter Rechtsbegriffe im Bilanzrecht des HGB, (HuR), Köln 1986, S. 335ff.

Schönfeld, A., Die Kapitalflußrechnung als Bestandteil eines Finanzlagenpostulats nach geltendem und zukünftigem Bilanzrecht, BB 1985, S. 561ff.

Schreiber, U., Aufwendungen und Erträge des Geschäftsjahres, in: Leffson, U. et al. (Hrsg.), Handwörterbuch unbestimmter Rechtsbegriffe im Bilanzrecht des HGB, (HuR), Köln 1986, S. 58ff.

Schruff, L., Struktur und Inhalt der geänderten Konzeption eines Bilanzrichtlinie-Gesetzes, in: Baetge, J. (Hrsg.), Das neue Bilanzrecht, Düsseldorf 1985, S. 29ff.

Schulte, K. W., Steuerliche Rechnungszinsfußerhöhung und handelsrechtliche Bilanzierung von Pensionsrückstellungen, BB 1985, S. 702ff.

Schulze zur Wiesche, D., Gesellschafterentnahmen bei Personengesellschaften, BB 1985, S. 1522ff.

Schwark, E., Grundsätzliche rechtliche Aspekte des Bilanzrichtlinie-Gesetzentwurfs, BB 1982, S. 1149ff.

Schweitzer, M., Struktur und Funktion der Bilanz, Grundfragen der betriebswirtschaftlichen Bilanz in methodologischer und entscheidungsorientierter Sicht, Berlin 1972.

Schweitzer, M., Aufwendungen, in: Leffson, U. et al. (Hrsg.), Handwörterbuch unbestimmter Rechtsbegriffe im Bilanzrecht des HGB, (HuR), Köln 1986, S. 53ff.

Schwierz, M., Plädoyer für eine Erweiterung der 4. und 7. EG-Richtlinie auf die Kapitalgesellschaft & Co., BFuP 1985, S. 176ff.

Seicht, G., Die kapitaltheoretische Bilanz und die Entwicklung der Bilanztheorien, Berlin 1970.

Seicht, G., Bilanztheorien, Würzburg und Wien 1982

Seicht, G., Buchhaltungs- und Bilanzierungsprobleme, Wien 1986.

Seicht, G. Stille Rücklagen I, in: Leffson, U. et al. (Hrsg.), Handwörterbuch unbestimmter Rechtsbegriffe im Bilanzrecht des HGB, (HuR), Köln 1986, S. 281ff.

Selchert, F. W., Bewertungsstetigkeit nach dem Bilanzrichtlinie-Gesetz, DB 1984, S. 1889ff.

Selchert, F. W., Nochmals: Rückstellungen für Großreparaturen, DB 1985, S. 2314f.

Selchert, F. W., Rückstellungen für Großreparaturen, DB 1985, S. 1541ff.

Selchert, F. W., Wird die Warnfunktion des Abschlußprüfers nach dem Bilanzrichtlinie-Gesetz ausgeweitet?, DB 1985, S. 981ff.

Selchert, F. W., Fremdkapitalzinsen in der Kalkulation der bilanziellen Herstellungskosten, DB 1985, S. 2413ff.

Selchert, F. W., Der Bilanzansatz von Aufwendungen für die Erweiterung des Geschäftsbetriebs, DB 1986, S. 977ff.

Selchert, F. W., Karsten, J., Inhalt und Gliederung des Anhangs, BB 1985, S. 1889ff.

Sertl, W., Kotek, H., Kosten, Einzel- und gemein, HWR, Stuttgart 1981, Sp. 945ff.

Sieben, G., Ossadnik, W., Dauernd, in: Leffson, U. et al. (Hrsg.), Handwörterbuch unbestimmter Rechtsbegriffe im Bilanzrecht des HGB, (HuR), Köln 1986, S. 105ff.

Sieben, G., Ossadnik, W., Ertrag für eine bestimmte Zeit nach dem Abschlußstichtag, in: Leffson, U. et al. (Hrsg.), Handwörterbuch unbestimmter Rechtsbegriffe im Bilanzrecht des HGB, (HuR), Köln 1986, S. 153ff.

Sieben, G., Ossadnik, W., Aufwand für eine bestimmte Zeit nach dem Abschlußstichtag, in: Leffson, U. et al. (Hrsg.), Handwörterbuch unbestimmter Rechtsbegriffe im Bilanzrecht des HGB, (HuR), Köln 1986, S. 46ff.

Siegel, T., Probleme latenter Steuern im Entwurf des Bilanzrichtlinie-Gesetzes, BB 1984, S. 1909ff.

Siegel, T., Latente Steuern, 4. EG-Richtlinie und Bilanzrichtlinie-Gesetz, BB 1985, S. 495ff.

Siegel, T., Zur Irrelevanz fixer Kosten bei Unsicherheit, DB 1985, S. 2157ff.

Siegel, T., Zur Behandlung pensionsähnlicher Verpflichtungen im Regierungsentwurf eines Bilanzrichtlinie-Gesetzes, DB 1985, S. 1033ff.

Siegel, T., Zum wunderbaren Gewerbesteuervorteil bei latenten Steuern, BB 1985, S. 1373ff.

Siegel, T., Instandhaltungsrückstellungen als Anwendungsfall von „Grundsätzen ordnungswidriger Bilanzierung", WPg 1985, S. 14ff.

Siegel, T., Bilanzierung latenter Steuern, in: Baetge, J. (Hrsg.), Das neue Bilanzrecht, Düsseldorf 1985, S. 81ff.

Siegel, T., Der Zeitbezug von Instandsetzungsmaßnahmen und seine bilanziellen Konsequenzen, DB 1985, S. 2313f.

Siegel, T., Wahlrecht, in: Leffson, U. et al. (Hrsg.), Handwörterbuch unbestimmter Rechtsbegriffe im Bilanzrecht des HGB, (HuR), Köln 1986, S. 417ff.

Simon, H. V., Die Bilanzen der Aktiengesellschaften und der Kommanditgesellschaften a.A., Berlin 1899.

Sommerfeld, H., Eudynamische Bilanzlehre, HWB, Bd. 1, Stuttgart 1926, Sp. 1340ff.

Sommerfeld, H., Der Unternehmer als Verwalter von Volksvermögen, Hamburg 1934.

Stein, II. G., Das Bilanzrichtlinie-Gesetz aus steuerlicher Sicht, ZfbF, 1985, S. 752ff.

Stoppkotte, H. W., Optisches Steuerrecht, Heft 2, 18 Schaubilder zur Einkommensteuer, Herne, Berlin 1984

Streim, H., Das Wertaufholungsgebot – eine zweckmäßige handelsrechtliche Schutzvorschrift, WPg, 1983, S. 671ff., WPg 1984, S. 412ff.

Streim, H., Rückstellungen für Großreparaturen, BB 1985, S. 1575ff.

Streim, H., Kugel, B., GmbH & Co. KG und Rechnungslegungsreform, Analyse der Zweckmäßigkeit der geplanten Regelungen, BFuP 1985, S. 102ff.

Streim, H., Betriebsbereiter Zustand, in: Leffson, U. et al. (Hrsg.), Handwörterbuch unbestimmter Rechtsbegriffe im Bilanzrecht des HGB, (HuR), Köln 1986, S. 78ff.

Strobel, W., Die Prüfer-Neuerungen des Bilanzrichtlinien-Gesetzes und die Gesetzesübertragung in die Praxis, BB 1985, S. 2082ff.

Stüdemann, K., Grundlagen zur Unterscheidung von materiellen und immateriellen Gütern und zu ihrer Aktivierung in der Bilanz, DB 1985, S. 345ff.

Stützel, W., Bemerkungen zur Bilanztheorie, ZfB 1967, S. 314ff.

Sudhoff, H., Bilanzierung nur zur Benutzung eingebrachter betriebsnotwendiger Wirtschaftsgüter, DB 1974, S. 842ff.

Tenhof, D., Die GmbH & Co. KG ist keine Kapitalgesellschaft, BFuP 1985, S. 93ff.

Thiel, J., Bilanzrecht, Handelsbilanz, Steuerbilanz nach dem Bilanzrichtlinien-Gesetz, Köln, 1986

Tiedtke, K., Einkommensteuer und Bilanzsteuerrecht, Berlin und New York 1983

Tietze, H., Bilanzierungsverbot für die unversteuerten Rücklagen der Kapitalgesellschaft? DB 1986, S. 1885ff.

Tipke, K., Steuerrecht, Ein systematischer Grundriß, Köln, 1985

Tipke, K., Auslegung unbestimmter Rechtsbegriffe, in: Leffson, U. et al. (Hrsg.), Handwörterbuch unbestimmter Rechtsbegriffe im Bilanzrecht des HGB, (HuR), Köln 1986, S. 1ff.

Tjaden, W., Bilanzierungsfragen bei Zuwendungen der öffentlichen Hand, WPg 1985, S. 33ff.

Treuberg, H. Graf von, Auswirkungen der Reform für „Kaufleute", BFuP, 1986, S. 145ff.

Uelner, A., Zur Umsetzung der 4. gesellschaftsrechtlichen EG-Richtlinie (Bilanzrichtlinie) in deutsches Recht -steuerliche Aspekte, DStZ, 1980, S. 283ff.

Veit, K. R., Zur Bilanzierung von Organisationsausgaben und Gründungskosten, WPg 1984, S. 65ff.

Veit, K. R., Die Bilanzierung von Organisationsausgaben nach künftigem Rcht, WPg 1984, S. 68ff.

Veit, K. R., Die Aktivierung immaterieller Wirtschaftsgüter und langfristig wirkender Ausgaben in der Steuerbilanz, DB 1985, S. 557ff.

Vodrazka, K. (Hrsg.), Handbuch der Bilanz- und Abschlußprüfung (HBA), Wien 1983

Vodrazka, K., Inhalt des Jahresabschlusses, HBA, Wien 1983, S. 57ff.

Vodrazka, K., Wesentliche Verbesserung, in: Leffson, U. et al. (Hrsg.), Handwörterbuch unbestimmter Rechtsbegriffe im Bilanzrecht des HGB, (HuR), Köln 1986, S. 447ff.

Vormbaum, H., Finanzierung der Betriebe, Wiesbaden 1981

Wacker, W. H. (Hrsg.), Lexikon der deutschen und internationalen Besteuerung, München 1982

Wagner, F. W., Dirrigl, H., Die Steuerplanung der Unternehmung, Stuttgart und New York, 1980

Walb, E., Finanzwirtschaftliche Bilanz, Wiesbaden 1966.

Walz, R., Stille Rücklagen II, in: Leffson, U. et al. (Hrsg.), Handwörterbuch unbestimmter Rechtsbegriffe im Bilanzrecht des HGB, (HuR), Köln 1986, S. 287ff.

Weber, C. P., Damm, U., Haeger, B., Zündorf, H., Die Übergangsvorschriften des Bilanzrichtlinien-Gesetzes, DB, Beilage 17/1986.

Weber, H., Unrichtige Wiedergabe und Verschleierung, in: Leffson, U. et al. (Hrsg.), Handwörterbuch unbestimmter Rechtsbegriffe im Bilanzrecht des HGB, (HuR), Köln 1986, S. 319ff.

Weilbach, E. A., Das „verkehrte" Bruttoprinzip – eine Schöpfung des neuen Bilanzrechts, BB 1984, S. 1077ff.

Weilbach, E. A., Das Imparitätsprinzip im neuen Bilanzrecht, BB 1985, S. 1503ff.

Westermann, H. P., Vernünftige kaufmännische Beurteilung, in: Leffson, U. et al. (Hrsg.), Handwörterbuch unbestimmter Rechtsbegriffe im Bilanzrecht des HGB, (HuR), Köln 1986, S. 351ff.

Weyand, S., Die Bilanzierung latenter Steuern nach § 274 HGB, DB 1986, S. 1185ff.

Wirtschaftsprüfer-Handbuch (WP- Handbuch) 1985/86, Band 1, Düsseldorf 1985 und Band 2, Düsseldorf 1986

Wöhe, G., Die Handels- und Steuerbilanz, München, 1977

Wöhe, G., Bilanz, HWStR, München 1981, S. 265ff.

Wöhe, G., Handelsbilanz, HWStR, München 1981, S. 744ff.

Wöhe, G., Rücklage, steuerfreie, HWStR, München 1981, S. 1153ff.

Wöhe, G., Verbindlichkeiten, Bewertung der, HWR, Stuttgart 1981, Sp. 1615ff.

Wöhe, G., Rücklage, HWStR, München 1981, S. 1148ff.

Wöhe, G., Rückstellung, HWStR, München 1981, S. 1158ff.

Wöhe, G., Steuerbilanz, HWStR, München 1981, S. 1278ff.

Wöhe, G., Bilanzierung und Bilanzpolitik, München, 1984

Wöhe, G., Einführung in die Allgemeine Betriebswirtschaftslehre, München 1986

Wöhe, G., Bieg, H., Grundzüge der betriebswirtschaftlichen Steuerlehre, München 1984.

Wöhe G., Bilstein, J., Grundzüge der Unternehmensfinanzierung, München, 1986

Wohlgemuth, M., Herstellungskosten, Ermittlung der, HWR, Stuttgart 1981, Sp. 724ff.

Wohlgemuth, M., Maßgeblichkeitsprinzip, HWR, Stuttgart 1981, Sp. 1161ff.

Wohlgemuth, M., Zeitraum der Herstellung, in: Leffson, U. et al. (Hrsg.), Handwörterbuch unbestimmter Rechtsbegriffe im Bilanzrecht des HGB, (HuR), Köln 1986, S. 470ff.

Woltmann, A., Die Bilanz der Personenhandelsgesellschaft an der Schwelle des Bilanzrichtlinie-Gesetzes, WPg, 1985, S. 245ff. und S. 275ff.

Wysocki v., K., Sozialbilanzen, Stuttgart und New York 1981

Wysocki von, K., Das Bilanzrichtlinie-Gesetz aus der Sicht der Betriebswirtschaftslehre, ZfbF, 1985, S. 735ff.

Wysocki von, K., Halbinger, J., Bilanz, handelsrechtliche, HWR, Stuttgart 1981, Sp. 161ff.

Zwehl, v. W., Untersuchung zur Erstellung einer Planbilanz als Ergänzung des Jahresabschlusses, Berlin 1968

o.V. Die amtlichen AfA-Tabellen, Hrsg. Wachmann & Co. GmbH, Fachverlag für Steuer- und Wirtschaftsliteratur, Mönchengladbach, Loseblattausgabe.

o.V. Gemeinsame Stellungnahme der Wirtschaftsprüferkammer und des Instituts der Wirtschaftsprüfer zum Vorentwurf eines Bilanzrichtlinie-Gesetzes, WPg, 1980, S. 501ff.

o.V. Der Regierungsentwurf des Bilanzrichtlinie-Gesetzes, DB, 1982, S. 609ff.

o.V. Anpassung des deutschen Rechts an die vierte und siebte EG-Richtlinie – Besorgnisse und Nutzen –, DB 1985, S. 1405ff.

o.V. Bundesregierung gegen Einbeziehung der GmbH & Co. KG in die Prüfungs- und Publizitätspflicht, DB 1986, S. 1416.

o.V. Thesen zu ausgewählten Problemen bei der Anwendung des Bilanzrichtlinie-Gesetzes – Stellungnahme des GEFIU-Arbeitskreises, DB 1986, S. 1985ff.

o. V. Bilanzrichtlinie-Gesetz: Zeitpunkte des Inkrafttretens, DB 1986, S. 926ff.

Übersicht über die einzelnen Vorentwürfe des Bilanzrichtliniengesetzes

Bundesminister der Justiz, Vorentwurf eines Gesetzes zur Durchführung der Vierten Richtlinie des Rates der Europäischen Gemeinschaften zur Koordinierung des Gesellschaftsrechts, -9522/1-3-1 a SH 3 – vom 5. Februar 1980. Band 1: Vorentwurf, Band 2: Begründung

Bundesminister der Justiz, Entwurf eines Gesetzes zur Durchführung der Vierten Richtlinie des Rates der Europäischen Gemeinschaften zur Koordinierung des Gesellschaftsrechts, -3507/8 – 30784/81 – vom 18. Mai 1981

Deutscher Bundesrat, Drucksache 61/82 vom 19.3.1982, Entwurf eines Gesetzes zur Durchführung der Vierten Richtlinie des Rates der Europäischen Gemeinschaften zur Koordinierung des Gesellschaftsrechts (Bilanzrichtlinie-Gesetz)

Deutscher Bundestag, Drucksache 9/1878 vom 27.7.1982, Entwurf eines Gesetzes zur Durchführung der Vierten Richtlinie des Rates der Europäischen Gemeinschaften zur Koordinierung des Gesellschaftsrechts (Bilanzrichtlinie-Gesetz)

Deutscher Bundestag, Drucksache 10/317 vom 26.8.1983, Entwurf eines Gesetzes zur Durchführung der Vierten Richtlinie des Rates der Europäischen Gemeinschaften zur Koordinierung des Gesellschaftsrechts (Bilanzrichtlinie-Gesetz)

Entwurf einer geänderten Konzeption von Vorschriften des Bilanzrichtlinie-Gesetzes (Regierungsentwurf, Bundestags-Drucksache 10/317), soweit sie im Dritten Buch des Handelsgesetzbuches enthalten sind, vom 29. März 1985, Teil 1: Inhaltsübersicht und Gesetzentwurf. Teil 2: Erläuterungen

Deutscher Bundestag, Rechtsausschuß, Unterausschuß „Bilanzrichtlinie-Gesetz", Entwurf eines Gesetzes zur Durchführung der Vierten, Siebenten und Achten Richtlinie des Rates der Europäischen Gemeinschaften zur Koordinierung des Gesellschaftsrechts (Bilanzrichtlinie-Gesetz) vom 1. August 1985

Deutscher Bundestag, Rechtsausschuß, Unterausschuß „Bilanzrichtlinie-Gesetz", Erläuterungen zum Entwurf eines Gesetzes zur Durchführung der Vierten, Siebenten und Achten … vom 1. August 1985

Deutscher Bundestag, Drucksache 10/4268 vom 18.11.1985, Beschlußempfehlung und Bericht des Rechtsausschusses (6. Ausschuß) zu dem von der Bundesregierung eingebrachten Entwurf eines Gesetzes zur Durchführung der Vierten Richtlinie des Rates der Europäischen Gemeinschaften zur Koordinierung des Gesellschaftsrechts (Bilanzrichtlinie-Gesetz) – Drucksache 10/317. Entwurf eines Gesetzes zur Durchführung der Siebenten und Achten Richtlinie des Rates der Europäischen Gemeinschaften zur Koordinierung des Gesellschaftsrechts – Drucksache 10/3440 –

Sachregister

Ergänzungen und Korrekturen

Die im folgenden angeführten Korrekturen sollen inhaltliche Fehler des Buches richtigstellen (z.b. falsche Paragraphenzahlen, falsche Zahlenangaben in den Beispielen).

Darüberhinaus enthält der Buchtext noch eine Reihe von Druckfehlern, die leicht zu erkennen und deshalb nicht sinnentstellend sind. Aus Gründen der Übersichtlichkeit habe ich hier auf eine Berichtigung verzichtet.

Zusätzlich zu den Fehlerberichtigungen wurden zu einigen Stellen des Buches Ergänzungen hinzugefügt, die den Stoff teilweise inhaltlich erweitern, teilweise aber auch die zwischenzeitlich erfolgte Entwicklung im Meinungsbild des Fachschrifttums berücksichtigen.

Korrektur zu S. 35, zehntletzte Zeile:

Es muß heißen: § 238 Abs. 1. HGB statt § 328 Abs. 1 HGB

Korrektur zu S. 37, oben:

In der kleinen GuV-Rechnung muß der Gewinn selbstverständlich auf der Aufwandsseite (im Soll) stehen.

Ergänzung auf S. 39:

In einem einzigen Sonderfall gilt selbst für den derivativen (entgeltlich erworbenen) Firmenwert keine Aktivierungspflicht sondern ein Aktivierungsverbot. Nämlich dann, wenn das Unternehmen zum Zweck der sofortigen Stillegung gekauft wurde (vgl. z.b. Beck'scher Bilanzkommentar, München, 1986, § 246 Tz 591).

Ergänzung zu S. 74:

Zum gewillkürten Betriebsvermögen: Für sog. gemischt genutzte Grundstücke gilt die ausschließende Zuordnungsregel – entweder voll zum gewillkürten Betriebsvermögen oder voll zum Privatvermögen – nicht. Diese Grundstücke dürfen anteilig nach der Nutzung in Betriebs- und Privatvermögen aufgeteilt werden (Abschn. 14 Abs. 1 EStR). Voraussetzung ist, daß es sich um ein bebautes Grundstück handelt.

Ergänzung auf S. 113:

Der Text unter der Überschrift: 2.6. Nicht durch Eigenkapital gedeckter Fehlbetrag, soll lauten:
Wenn das Eigenkapital durch Verluste (Verlustvortrag, Jahresfehlbetrag, Bilanzverlust) aufgebraucht ist, und die Summe der Eigenkapitalpositionen A.I. bis A.V. dadurch negativ würde, dann darf der Fehlbetrag (Verlust) auf der Passivseite nur so hoch ausgewiesen werden, daß die Eigenkapitalsumme A.I. bis A.V. (vgl. die Eigenkapitalgliederung auf S. 62) insgesamt nicht negativ wird. Der übersteigende Fehlbetrag muß gemäß § 268 Abs. 3 HGB

– auf der Aktivseite,
– am Schluß der Bilanz,

– unter der Bezeichnung „Nicht durch Eigenkapital gedeckter Fehlbetrag"
– gesondert ausgewiesen werden.

Dieser Posten zeigt die Höhe der buchmäßigen Überschuldung der Gesellschaft an. Zwar ist die Überschuldung die sachliche Voraussetzung für die Konkurseröffnung unter anderem

– bei der Aktiengesellschaft (§ 207 KO, § 92 Abs. 2 AktG),
– bei der GmbH (§ 63 GmbHG),
– bei Personenhandelsgesellschaften, wenn keine natürliche Person Vollhafter ist (§ 209 Abs. 1 KO).

Dennoch führt das Entstehen des Postens „Nicht durch Eigenkapital gedeckter Fehlbetrag" nicht zwangsläufig zum Konkurs, da die konkursrechtliche Überschuldung sich nicht aus dem buchmäßigen Jahresabschluß ergibt, sondern aus einem, nach anderen Bewertungsregeln zu erstellenden gesonderten Überschuldungsstatus (vgl. WP-Handbuch 1985/86 Band I, S. 1370ff.).

Ergänzung auf Seite 115:

Zum gezeichneten Kapital bei der AG ist zu ergänzen:
Die Anmeldung der AG zum Handelsregister darf erst erfolgen, wenn auf jede Aktie, soweit nicht Sacheinlagen vereinbart sind, der eingeforderte Betrag eingezahlt worden ist (§ 36 Abs. 2 AktG). Bei Bareinlagen muß der eingeforderte und damit sofort einzuzahlende Betrag mindestens 25% des Nennbetrages ausmachen. Werden die Aktien zu einem höheren als dem Nennwert ausgegeben (Agio), dann muß das Agio voll einbezahlt werden (§ 36a Abs. 1 AktG). Bei Sacheinlagen gibt es keine 25-%ige Mindesteinzahlung, sie sind stets vollständig zu leisten (§ 36a Abs. 2 AktG).

Korrektur zu S. 117:

Die Beschränkungen der Auflösung einer Kapitalrücklage bei Kapitalgesellschaften gelten nur für den Teilbetrag der Kapitalrücklage, der gemäß § 272 Abs. 2 Nr. 1 bis 3 HGB gebildet wurde. Das sind: Agio bei Anteilsemission, der Betrag, der bei der Ausgabe von Schuldverschreibungen für Wandlungs- und Optionsrechte erzielt wird, Zuzahlungen von Gesellschaftern gegen Gewährung von Vorzugsrechten. Hingegen unterliegt der Teil der Kapitalrücklage, der gemäß § 272 Abs. 2 Nr. 4 HGB gebildet wurde (andere Zuzahlungen der Gesellschafter) keinerlei Einschränkungen bei der Verwendung der Rücklage. Er kann z.B. auch für Gewinnausschüttungen verwendet werden (vgl. WP-Handbuch 1985/86, Band 2, S. 173).

Ergänzung zu S. 125, Eigenkapitalspiegel:

Der gesonderte Nachweis der Eigenkapitalveränderungen während des Geschäftsjahres gemäß § 152 Abs. 2 und 3 AktG ist streng genommen nur für die Kapitalrücklage und für die einzelnen Posten der Gewinnrücklagen gesetzlich vorgeschrieben. Das Schrifttum schlägt hier jedoch teilweise vor, auch das gezeichnete Kapital sowie den Gewinn-/Verlustvortrag und den Jahresüberschuß/-fehlbetrag in den Eigenkapitalspiegel aufzunehmen.

Ergänzung zu S. 141, vor der Abbildung:
Durch die Berechnungsvorschrift des § 274 Abs. 2 und 3 HGB wird eindeutig vorgegeben, daß eine Zusammenfassung der aktivischen Steuerabgrenzung (zur Bilanzierungshilfe für latente Steuern, vgl. S. 112ff.) mit der passivischen Steuerabgrenzung zu einem Betrag in einem Bilanzposten zu erfolgen hat, je nach konkretem Fall als Aktiv- oder Passivposten (vgl. WP-Handbuch 1985/86, Band 2, S. 166). Da in einem Geschäftsjahr grundsätzlich beide Arten von Geschäftsvorfällen gleichzeitig vorkommen können (also solche, die zu einer künftigen Steuerbelastung und solche, die zu einer künftigen Steuerentlastung führen), wird durch die Saldierung die Aussagekraft des Bilanzpostens zunichte gemacht. Darüber hinaus wird auch die Ausschüttungssperrwirkung des § 274 Abs. 2 Satz 3 HGB vermindert, gegebenenfalls sogar gänzlich verhindert. Sinnvoll wäre hier der unsaldierte Ausweis der aktivischen und passivischen Steuerabgrenzungsbeträge.

Ergänzung zu S. 147, letzter Absatz zu Punkt „3. Aufwandsrückstellungen für Preissteigerungen":
Das neueste Schrifttum wendet sich teilweise gegen die handelsrechtliche Zulässigkeit solcher preissteigerungsbedingter Aufwandsrückstellungen (vgl. Beck-'scher Bilanzkommentar, München, 1986, § 249 Tz. 424). Zur endgültigen Klärung dieser Frage muß die weitere Entwicklung des Meinungsbildes im Fachschrifttum abgewartet werden.

Korrektur zu S. 233, Zeile 9:
Es muß heißen: Abschn. 43 Abs. 9 EStR (nicht § 43 Abs. 9).

Korrektur zu S. 263, zweite Zeile in Abb. 52:
Es muß heißen: DM 1.200,– (nicht DM 2.000,–).

Korrektur zu S. 316, Zeile 24:
Es muß heißen: § 285 Nr. 5 HGB (nicht § 285 Abs. 5).

Korrektur zu S. 335, Überschrift zum 2. Absatz:
Es muß heißen: § 274 Abs. 2 HGB (nicht § 275 Abs. 2).

Ergänzung zu S. 351:
Der erste Absatz des Kapitels 2 ist wie folgt zu erweitern:
Während der Jahresabschluß (Bilanz, GuV und Anhang) wegen des Wortlauts von § 264 Abs. 2 HGB „unter Beachtung der Grundsätze ordnungsmäßiger Buchführung ein den tatsächlichen Verhältnissen entsprechendes Bild ..." zu vermitteln hat, ist der Lagebericht nicht an die Zwänge der GoB gebunden. Er hat den Geschäftsverlauf und die Lage der Gesellschaft ohne Rücksicht auf die GoB darzustellen (§ 289 Abs. 1 HGB).

Ergänzungen zum Literaturverzeichnis

Zwischenzeitlich sind einige Kommentare, Nachschlagewerke und Lehrbücher neu erschienen bzw. neu aufgelegt worden. Nachstehend werden die wichtigsten dieser Neuerungen auf dem Buchsektor aufgeführt:

Albach, H., Forster, K. H., (Hrsg.), Bilanzrichtlinien-Gesetz, ZfB, Ergänzungsheft 1/87;

Biener, H., Berneke, W., Bilanzrichtlinien-Gesetz, Düsseldorf, 1986;

Clemm, H., Pankow, M., Sarx, M. (Hrsg.), Beck'scher Bilanzkommentar, München 1986;

Coenenberg, A., et al., Jahresabschluß und Jahresabschlußanalyse, Landsberg, Neuauflage 1987;

Federmann, R., Bilanzierung nach Handels- und Steuerrecht, Bielefeld, Neuauflage 1987;

Hofbauer, M. A., Kupsch, P., (Hrsg.) Bonner Handbuch der Rechnungslegung, Bonn 1986;

Küting, K., Weber, C., P., (Hrsg.), Handbuch der Rechnungslegung, Kommentar zur Bilanzierung und Prüfung, Stuttgart 1986;

Leffson, U., Grundsätze ordnungsmäßiger Buchführung, Düsseldorf, Neuauflage 1987;

Lück, W., Rechnungslegung – Einführung, Band 1 der Schriftenreihe des Marburger Treuhandseminars, Marburg 1988;

Lück, W., Praxis der Rechnungslegung – Fallstudien, Arbeitsbuch, Band 2 der Schriftenreihe des Marburger Treuhandseminars, Marburg 1988;

Lück, W., (Hrsg.), Lexikon der Rechnungslegung und Abschlußprüfung, Marburg 1988;

Vodratzka, K., (Hrsg.), Handbuch Bilanz und Abschlußprüfung (HBA), Wien, Neuauflage 1987;

Wöhe, G., Bilanzierung und Bilanzpolitik, München, Neuauflage 1987.

Oldenbourg · Wirtschafts- und Sozialwissenschaften · Steuer · Recht

Betriebswirtschaftslehre

Allgemeine Betriebswirtschaftslehre

Bestmann
Kompendium der Betriebswirtschaftslehre
Herausgegeben von Professor Dr. Uwe Bestmann unter Mitarbeit von Prof.Dr.Ebert,Prof.Dr.Grimm-Curtius, Prof.Dr.Pfeiffer,Prof.Dr.Preißler,Prof. Dr.Wanner, Prof. Dr. Wenzel und Prof. Dr.Wiese.

Brede
Betriebswirtschaftslehre für Juristen
Von Dr. Helmut Brede, o. Professor der Betriebswirtschaftslehre.

Dinkelbach · Lorscheider
Übungsbuch zur Betriebswirtschaftslehre
Entscheidungsmodelle und lineare Programmierung.
Von Professor Dr. Werner Dinkelbach und Dr. Ulrich Lorscheider.

Hanssmann
Quantitative Betriebswirtschaftslehre
Lehrbuch der modellgestützten Unternehmensplanung.
Von Dr. Friedrich Hanssmann, o. Professor.

Hummel
Betriebswirtschaftslehre
Gründung und Führung kleiner und mittlerer Unternehmen.
Von Dipl.-Kfm. Dipl.-Hdl. Thomas Hummel.

Peters
Betriebswirtschaftslehre
Einführung
Von Dr. Sönke Peters, Professor für Betriebswirtschaftslehre.

Schierenbeck
Grundzüge der Betriebswirtschaftslehre
Von Dr. Henner Schierenbeck, o. Professor der Betriebswirtschaftslehre.

Schierenbeck
Übungsbuch zu Grundzüge der Betriebswirtschaftslehre
Von Dr. Henner Schierenbeck, o. Professor der Betriebswirtschaftslehre.

Schneider
Allgemeine Betriebswirtschaftslehre
Von Dr. Dieter Schneider, o. Professor der Betriebswirtschaftslehre.

Selchert
Einführung in die Betriebswirtschaftslehre
in Übersichtsdarstellungen
Von Prof. Dr. F. W. Selchert, Professor für Betriebswirtschaftslehre.

Rechnungswesen

Bechtel
Einführung in die moderne Finanzbuchführung
Grundlagen der Buchungs- und Abschlußtechnik und der Programmierung von Buchungs-Software.
Von Dr. rer. pol. Wilfried Bechtel, Akademischer Oberrat.

Eilenberger
Betriebliches Rechnungswesen
Einführung in Grundlagen · Jahresabschluß · Kosten- und Leistungsrechnung
Von Dr. Guido Eilenberger.

Freidank
Kostenrechnung
Von Dr. Carl-Christian Freidank, Professor für Betriebswirtschaftslehre.

Hahn · Wilkens
Buchhaltung und Bilanz Teil A: Grundlagen der Buchhaltung
Einführung am Beispiel der Industriebuchführung.
Von Dr. Heiner Hahn und Dr. Klaus Wilkens, beide Dozenten für Betriebswirtschaftslehre.

Hahn · Wilkens
Buchhaltung und Bilanz Teil B: Bilanzierung
Von Dr. Heiner Hahn und Dr. Klaus Wilkens, beide Dozenten für Betriebswirtschaftslehre.

Heinhold
Grundfragen der Bilanzierung
Von Dr. Michael Heinhold, o. Universitäts-Professor für Betriebswirtschaftslehre.

Moews
Kosten- und Leistungsrechnung
Von Professor Dr. Dieter Moews.

Schöttler · Spulak
Technik des betrieblichen Rechnungswesens
Lehrbuch der Finanzbuchhaltung
Von Dr. Jürgen Schöttler und Dr. Reinhard Spulak.

Schöttler · Spulak · Baur
Übungsbuch
mit ausführlichen Lösungen zu
Technik des betrieblichen Rechnungswesens
Von Dr. Jürgen Schöttler, Dr. Reinhard Spulak und Dr. Wolfgang Baur.

Weickert
Das Recht der Rechnungslegung
Von Dipl.-Kfm. Dr. Hans-Günther Weickert, Wirtschaftsprüfer und Lehrbeauftragter.

Wilkens
Kosten- und Leistungsrechnung
Lern- und Arbeitsbuch.
Von Dr. Klaus Wilkens, Dozent für Betriebswirtschaftslehre.

Wilkens
Kosten- und Leistungsrechnung Lösungsheft zur 5. Auflage
Von Dr. Klaus Wilkens, Dozent für Betriebswirtschaftslehre.

Zimmermann
Betriebliches Rechnungswesen
Von Dr.-Ing. Werner Zimmermann, Professor für Betriebswirtschaftslehre.

Controlling

Preißler
Controlling
Lehrbuch und Intensivkurs.
Von Dr. Peter R. Preißler, Professor für Betriebswirtschaftslehre.

Oldenbourg · Wirtschafts- und Sozialwissenschaften · Steuer · Recht

Betriebswirtschaftslehre

Investition und Finanzierung

Eilenberger
Betriebliche Finanzwirtschaft
Einführung in die Finanzpolitik und das Finanzmanagement von Unternehmen, Investition und Finanzierung.
Von Dr. Guido Eilenberger.

Heinhold
Arbeitsbuch zur Investitionsrechnung
Von Dr. Michael Heinhold, Professor der Betriebswirtschaftslehre.

Spremann
Finanzierung
Von Dr. Klaus Spremann, o. Professor für Wirtschaftswissenschaften.

Produktion

Kahle
Produktion
Lehrbuch zur Planung der Produktion und Materialbereitstellung.
Von Dr. Egbert Kahle, Professor für Betriebswirtschaftslehre.

Unternehmensführung

Koreimann
Management
Einführung
Von Dr. Dieter S. Koreimann.

Marketing

Bänsch
Verkaufspsychologie und Verkaufstechnik
Von Dr. Axel Bänsch, Privatdozent.

Bänsch
Käuferverhalten
Von Dr. Axel Bänsch, Privatdozent.

Hünerberg
Marketing
Von Dr. Reinhard Hünerberg, Privatdozent und Leiter der Abteilung Marketing an der E.A.P. Europäische Wirtschaftshochschule Paris, Oxford, Berlin.

Jaspert
Marketing Intensivkurs
Von Prof. Dr. Friedhelm Jaspert.

Personalwesen

Oechsler
Personal und Arbeit – Einführung in die Personalwirtschaft
Von Dr. Walter A. Oechsler, o. Professor für Betriebswirtschaftslehre.

Planung, Organisation und Information

Bühner
Betriebswirtschaftliche Organisationslehre
Von Dr. Rolf Bühner, o. Professor für Betriebswirtschaftslehre.

Hammer
Unternehmensplanung
Lehrbuch der Planung und strategischen Unternehmensführung.
Von Dr. Richard M. Hammer.

Heinrich · Burgholzer
Systemplanung I
Prozeß der Systemplanung, Vorstudie und Feinstudie.
Von Dr. Lutz J. Heinrich, o. Professor für Betriebswirtschaftslehre und Wirtschaftsinformatik, und Peter Burgholzer, Leiter EDV/Organisation.

Heinrich · Burgholzer
Systemplanung II
Prozeß der Grobprojektierung, Feinprojektierung, Implementierung, Pflege und Weiterentwicklung.

Heinrich · Burgholzer
Informationsmanagement

Hoffmann
Computergestützte Informationssysteme
Einführung für Betriebswirte.
Von Dr. Friedrich Hoffmann, o. Professor der Betriebswirtschaftslehre.

Schertler
Unternehmensorganisation
Lehrbuch der Organisation und strategischen Unternehmensführung.
Von Dr. Walter Schertler.

Voßbein
Organisation
Von Dr. Reinhard Voßbein, Professor für Organisation und Planung.

 Oldenbourg · Wirtschafts- und Sozialwissenschaften · Steuer · Recht

Oldenbourg · Wirtschafts- und Sozialwissenschaften · Steuer · Recht

Betriebswirtschaftliche Entscheidungslehre

Hanf
Entscheidungslehre
Einführung in Informationsbeschaffung, Planung und Entscheidung unter Unsicherheit.
Von Dr. C.-Henning Hanf, o. Universitäts-Professor.

Kahle
Betriebliche Entscheidungen
Lehrbuch zur Einführung in die betriebswirtschaftliche Entscheidungstheorie.
Von Dr. Egbert Kahle, Professor für Betriebswirtschaftslehre.

Saliger
Betriebswirtschaftliche Entscheidungstheorie
Einführung in die Logik individueller und kollektiver Entscheidungen.
Von Dr. Edgar Saliger, Akad. Rat.

Operations Research

Hanssmann
Einführung in die Systemforschung
Methodik der modellgestützten Entscheidungsvorbereitung.
Von Dr. Friedrich Hanssmann, o. Professor an der Univerität München, Vorstand des Seminars für Systemforschung.

Logistik

Domschke
Logistik: Transport
Von Dr. Wolfgang Domschke, o. Professor für Betriebswirtschaftslehre.

Domschke
Logistik: Rundreisen und Touren
Von Dr. Wolfgang Domschke, o. Professor für Betriebswirtschaftslehre.

Domschke · Drexl
Logistik: Standorte
Von Dr. Wolfgang Domschke, o. Professor für Betriebswirtschaftslehre, und Dr. Andreas Drexl.

Industriebetriebslehre

Hansmann
Industriebetriebslehre
Von Dr. Karl-Werner Hansmann, o. Professor der Betriebswirtschaftslehre und Industriebetriebslehre.

Bankbetriebslehre

Eilenberger
Bankbetriebswirtschaftslehre
Grundlagen · Internationale Bankleistungen · Bank-Management
Von Dr. Guido Eilenberger, Institut für Bankwirtschaft.

Priewasser
Bankbetriebslehre
Von Dr. Erich Priewasser, o. Prof. für Bankbetriebslehre.

 Oldenbourg · Wirtschafts- und Sozialwissenschaften · Steuer · Recht

Oldenbourg · Wirtschafts- und Sozialwissenschaften · Steuer · Recht

EDV
für Wirtschafts- und Sozialwissenschaften

Bechtel
BASIC
Einführung für Wirtschaftswissenschaftler
Von Dr. rer. pol. Wilfried Bechtel, Akad. Oberrat.

Biethahn
Einführung in die EDV für Wirtschaftswissenschaftler
Von Dr. Jörg Biethahn, o. Professor für Wirtschaftsinformatik.

Biethahn · Staudt
Datenverarbeitung in praktischer Bewährung
Herausgegeben von Professor Dr. Jörg Biethahn und Professor Dr. Dr. Erich Staudt.

Curth · Edelmann
APL
Problemorientierte Einführung
Von Dipl.-Kfm. Michael A. Curth und Dipl.-Kfm. Helmut Edelmann.

Wirtz
Einführung in PL/1 für Wirtschaftswissenschaftler
Von Dr. Klaus Werner Wirtz, Lehrbeauftragter für Betriebsinformatik.

Heinrich · Burgholzer
Systemplanung I
Prozeß für Systemplanung, Vorstudie und Feinstudie.
Von Dr. Lutz J. Heinrich, o. Professor für Betriebswirtschaftslehre und Wirtschaftsinformatik, und Peter Burgholzer, Leiter EDV/Organisation.

Heinrich · Burgholzer
Systemplanung II
Prozeß der Grobprojektierung, Feinprojektierung, Implementierung, Pflege und Weiterentwicklung.

Heinrich · Burgholzer
Informationsmanagement

Hoffmann
Computergestützte Informationssysteme
Einführung für Betriebswirte.
Von Dr. Friedrich Hoffmann, o. Professor der Betriebswirtschaftslehre.

Bechtel
Einführung in die moderne Finanzbuchführung
Grundlagen der Buchungs- und Abschlußtechnik und der Programmierung von Buchungs-Software.
Von Dr. rer. pol. Wilfried Bechtel, Akademischer Oberrat.

Schult
STEUERBASIC
Von Dr. Eberhard Schult, Professor für Allgemeine Beriebswirtschaftslehre und Betriebswirtschaftliche Steuerlehre, Steuerberater.

 Oldenbourg · Wirtschafts- und Sozialwissenschaften · Steuer · Recht

Oldenbourg · Wirtschafts- und Sozialwissenschaften · Steuer · Recht

Wirtschaftslexika von Rang!

Kyrer
Wirtschafts- und EDV-Lexikon

Von Dr. Alfred Kyrer, o. Professor für Wirtschaftswissenschaften.
ISBN 3-486-29911-5
Kompakt, kurz, präzise: In etwa 4000 Stichwörtern wird das Wissen aus Wirtschaftspraxis und -theorie unter Einschluß der EDV für jeden verständlich dargestellt.

Heinrich / Roithmayr
Wirtschaftsinformatik-Lexikon

Von Dr. L. J. Heinrich, o. Professor und Leiter des Instituts f. Wirtschaftsinformatik, und Dr. Friedrich Roithmayr, Betriebsleiter des Rechenzentrums der Universität Linz.
ISBN 3-486-20045-3

Das Lexikon erschließt die gesamte Wirtschaftsinformatik in einzelnen lexikalischen Begriffen. Dabei ist es anwendungsbezogen, ohne Details der Hardware: Zum „Führerscheinerwerb" in anwendungsorientierter Informatik in Wirtschaft und Betrieb geeignet, ohne „Meisterbriefvoraussetzung" für das elektronische Innenleben von Rechenanlagen.

Woll
Wirtschaftslexikon

Herausgegeben von Dr. Artur Woll, o. Professor der Wirtschaftswissenschaften unter Mitarbeit von Dr. Gerald Vogl, sowie von Diplom-Volksw. Martin M. Weigert, und von über einhundert z. Tl. international führenden Fachvertretern.
ISBN 3-486-29691-4
Der Name „Woll" sagt bereits alles über dieses Lexikon!